U0137868

上海市「十二五」重点图书

本书由韬奋基金会资助出版

邹韬奋年谱长编

下卷

邹嘉骊 ◎ 编著

上海交通大学出版社

SHANGHAI JIAO TONG UNIVERSITY PRESS

1937 年(民国二十六年) 43 岁

2 月　《中共中央给中国国民党三中全会电》提出五项要求,列有"保障言论、集会、结社之自由,释放一切政治犯"条。

7 月 7 日　卢沟桥事变爆发。北平陷落。8 月,天津陷落。8 月 13 日,日军进攻上海,"淞沪会战"开始。14 日,国民政府发表自卫抗战声明。12 月,南京失守,日军制造"南京大屠杀"。

7 月　庐山谈话会第一期开幕。十七日,蒋介石发表"庐山谈话"。8 月,中央通讯社发表《中国共产党为公布国共合作宣言》。次日,蒋介石发表谈话,承认共产党合法地位。国共第二次合作建立,抗日民族统一战线形成。

8 月　中苏两国在南京签订《中苏互不侵犯条约》。

9 月　八路军一一五师在平型关歼灭日军板垣师团第二十一旅团一部,史称"平型关大捷"。

11 月　国民政府发表移驻重庆宣言。次年 8 月,国民政府驻汉口各行政机关全部迁移重庆。

12 月　日本扶持王克敏等人在北京组建临时政府。

是年　《红色中华》改名《新中华报》在延安出版。初期是陕甘宁边区政府机关报,后改组成中共中央机关报。《解放》(延安)周刊在延安创刊。是中共中央机关刊物。红色中华通讯社迁至延安,改名为新华通讯社,博古为社长。《救亡日报》在上海创刊,上海市文化界救亡协会主办。郭沫若任社长,夏衍任总编辑。《群众》周刊在汉口创刊,后迁重庆出版。为中国共产党在国民党统治区公开出版的刊物。中国青年新闻记者协会在上海成立,后改名为中国青年新闻记者学会。

1 月 1 日　经与当局反复交涉,仍未获准接见亲友,只能由狱卒传递纸条,与来访亲友笔谈。元旦前,沈钧儒等向看守所要求,因念子心切,要求允许幼年子女到监狱里探望,以解想念之苦,得到看守所所长的同情。每天有一家能将幼年子女白天送进监狱,傍晚接出。孩子成了秘密通讯员,借机由孩子携带信件、通讯。邹、章、李三家子女均在十岁上下,遂当此任务。此事一直延续数月。(沈谱、沈人骅编

《沈钧儒年谱》第 162 页)

1月2日　由韬奋子女带出沈钧儒致其子沈谦的函。(沈谱、沈人骅编《沈钧儒年谱》第 162 页)

1月12日　沈钧儒接检察官通知：嘱转告家属"来信勿提时事"。沈发明信片告沈谦，并嘱与各位夫人加强联系，务必隔二三日约定见面一次"庶能消息相通"。(沈谱、沈人骅编《沈钧儒年谱》第 163 页)

1月15日　潘汉年致电张闻天："已电请大姐(注：宋庆龄)同宋子文说项，设法由他负责调停"，"已派人去孙(孙科)、冯(冯玉祥)、川、桂活动"，"已嘱杜重远、叶挺设法公开往南京"等。(《潘汉年史料简编》第 68—69 页)

1月20日　上海各界救国联合会请愿慰问代表团21人，公开具名，备了呈文，到苏州高等法院请愿，要求尽快无条件释放"七君子"等。并要求入狱探视，未获批准。仅留下呈文、慰问信及慰问品送入。在打开慰问品时，发现食品盒的底面和包扎的"招牌纸"的反面，都写上了简单热情的辞句，如"希望你们早日恢复自由。""救国会的组织愈加健全，工作依然不懈！"等语。(沙千里《七人之狱》第 107—109 页,沈谱、沈人骅编《沈钧儒年谱》第 163 页)

1月22日　写完《经历》一书最后一篇：《五一　前途》(下午五点,脱稿于江苏高等法院看守分所)。(全集第 7 卷第 259—261 页)

《五一　前途》摘要：

"我在二十年前想要做个新闻记者，在今日要做的还是个新闻记者——不过意识要比二十年前明确些，要在'新闻记者'这个名词上面，加上'永远立于大众立场的'一个形容词。我所仅有的一点微薄的能力，只是提着这枝秃笔和黑暗势力作坚苦的抗斗，为民族和大众的光明前途尽一部分的推动工作。我要肩着这枝秃笔，挥洒我的热血，倾献我的精诚，追随为民族解放和大众自由而冲锋陷阵的战士们，'冒着敌人的炮火前进'！""我写到这里，要写几句结束这《二十年来的经历》的话了。这篇文共有五十一节，第六节以前是曾在《生活星期刊》上发表过的，第七节以后是在苏州高等法院看守所里写的。自廿五年十二月十四日起动笔，至廿六年一月廿二日写完。写这一节的时候，正是在一月廿二日这天的下午，很静寂地坐在看守所的餐室里一个方桌的一旁，在这方桌的右边坐着章先生，对面坐着沙先生，都在和我一样地拿着笔很快地写着，右边坐着王先生，很静默地看着他的书。""我们几时能离开这个监狱生活，或竟要再关下去，在我写的时候都还不得而知。但是这本书，我这时却想先把它结束一下付排，关于我们的消息，让我在最后付排的《弁言》里报告吧。"(全集第

7 卷第 260—261 页)

1 月 28 日 经三四天的筹备商议,沈钧儒、韬奋等六人决定举行一个简单而庄严的仪式,纪念"一·二八"五周年。看守所会客室布置得整洁严肃,作为会场。10 时整,六人肃立于会场,李公朴领唱《义勇军进行曲》,继而六人又合唱一遍。随后肃立五分钟,为"一·二八"遇难将士、民众及历年因抗日救国而牺牲的同胞默哀。默毕后,沈钧儒以沉重的语调说道:"一定把日本帝国主义打倒,对于救国运动决不退缩!"以表示共同的誓言。纪念会就在肃穆的气氛中结束。史良在女牢也进行了纪念活动。(沙千里《七人之狱》第 103 页,沈谱、沈人骅编《沈钧儒年谱》第 164 页)

1—3 月 《萍踪忆语(三○)由大瀑布到大工厂》、《萍踪忆语(三一)又看到几个"大"》、《萍踪忆语(三二)美国青年运动》、《萍踪忆语(三三)美国农民的怒潮》、《萍踪忆语(三四)两个农家的访问》、《萍踪忆语(三五)黄石公园和离婚胜地》、《萍踪忆语(三六)劳工运动的先锋》、《萍踪忆语(三七)美国的殖民地——夏威夷》,以上八篇写于江苏高等法院看守所,收入《萍踪忆语》,1937 年 5 月生活书店上海版。(全集第 7 卷第 502—550 页)

2 月 1 日 杜重远至南京冯玉祥家中,商议如何营救沈钧儒、邹韬奋、李公朴等七君子出狱问题。(杜毅《"我必凯旋归"》上海文史资料选辑第 85 辑)

2 月 3 日 苏州江苏高等法院裁定,延长七人羁押期两个月。(沈谱、沈人骅编《沈钧儒年谱》第 165 页)

2 月 5 日 美国著名学者杜威、爱因斯坦等,为营救"七君子"致电南京政府蒋介石、孔祥熙、冯玉祥。称:"当美国人士中有人发起援救运动时,美国有名教授、学者及其他社会人士均纷纷起而响应,或为学术界泰斗,或为社会要人,至为难得。"电文摘要:"我们以中国朋友的资格,同情中国联合及言论结社自由,对于上海全国各界救国联合会七位学者被捕的消息传到美国,闻者至感不安,同人尤严重关怀。"(《救国会》第 223 页)

2 月 9 日 《在江苏高等法院看守所题词之一》,收入《韬奋手迹》。(全集第 7 卷第 3 页)

同日 1936 年底,"七君子"之一李公朴的岳父张小麋将自己的新作一幅《新篁解箨》墨竹画赠给"七君子"以示慰问。后经沈钧儒赠给同情"七君子"的看守所所长朱材因。1937 年 2 月,朱请沈等七人以墨竹为题,在画上题词。韬奋写了"成竹在胸"四个字。(朱君宜《七君子题画》,载《美术》1980 年第 9 期第 46 页,全集第 7 卷第 3 页注释)

2 月 11 日 春节,家属均可入内探视。(沈谱、沈人骅编《沈钧儒年谱》第 165 页)

2月14日 翁检察官告沈钧儒等:"关于接见事,如各家属真有要事,可格外通融,准许接见。惟尚不能公开,暂不必向外宣布。"(沈谱、沈人骅编《沈钧儒年谱》第165页)

2月29日 "七君子"接到国民党江苏高等法院的裁定书,根据检察官的申请,裁定:"沈钧儒、王造时、李公朴、章乃器、邹韬奋、沙千里之羁押期间,自民国二十六年二月四日起延长二月。"(沙千里《七人之狱》第95—96页)

是月 生活书店广州分店成立。(《生活书店史稿》第531页)

3月28日 《在江苏高等法院看守所题词之二》、《在江苏高等法院看守所题词之三》以上两篇收入《韬奋手迹》第63页、64页。(全集第7卷第3页、4页)

《在江苏高等法院看守所题词之二》:

"还我河山 痛念国难常追怀岳武穆和他的这句话 韬奋书于苏州看守所"。(全集第7卷第3页)

《在江苏高等法院看守所题词之三》:

"推母爱以爱我民族与人群 韬奋书于看守所"。(全集第7卷第4页)

同日 为沙千里《七人之狱》一书题写"七个人的羁押感想"。韬奋题的是:

"自从和几位朋友,同过羁押生活以来,对于同舟共济的意义,愈有深切的感觉。一人的安危,就是七人的安危;六人的安危,也就是其他任何一人的安危。同患难,共甘苦,这种同舟共济的意义,推之于民族,与全国同胞,便是团结御侮的精神。""朋友相处日久,对于彼此个性的认识,也愈益深刻。这种深刻的认识,倒不在乎什么大处,却在平日造次,一语一动之微。这也是在这时期内所得到的一种感想。三月二十八日韬奋写在苏州。"(沙千里《七人之狱》第121—122页。全集未收)

4月3日 国民党政府对"七君子"法定羁押侦查两个月,以后又延长两个月,在其最后的一天,江苏高等法院以"危害民国紧急治罪法第六条嫌疑"对邹韬奋等人正式提起公诉,立即引起全国人民的愤怒和抗议。(《爱国无罪——"七君子"事件》第13—23页)

同日 江苏高等法院检察官对"七君子"提起所谓起诉书。黄炎培随即赴苏州监狱探望,并合影留念。(《黄炎培》第72页)

4月4日 晚8时,江苏高等法院送去《起诉书》。《起诉书》罗列十大罪状。所谓罪状有:有意阻挠根绝'赤祸'之国策;欲在现政府之外更行组织政府;作有利共产党之宣传;妄倡人民阵线,有国际背景和政治野心;抨击宪法;煽惑工潮;宣传与三民主义不相容的主义;人民阵线与救国阵线为同一名词,系第三国际之口号;勾结军人,谋为轨外行动;以危害民国为目的而组织团体;参加以危害民国为目的之团体等。共犯《危害民国紧急治罪法》第六条之罪,即以危害民国为目的而组织团体,并宣传与三民主义不相容之主义,提起公诉。(《爱国无罪——"七君子"事件》第13—23 页,沙千里《漫话救国会》第 55—56 页)

根据当时法律中关于每个"被告"可以请律师三人为辩护人的规定,决定每人请律师三人,组成一个强大的辩护团。为韬奋辩护的律师是刘崇佑、陈霆锐、孙祖基。(沙千里《漫话救国会》第 56 页)

在请律师的同时,开始起草《答辩状》。这项工作以张志让律师为主,胡愈之予以协助。(沙千里《漫话救国会》第 57 页)

4 月 11 日　　毛泽东致电潘汉年:"闻法院对沈钧儒等起诉将判罪,南京又有通缉陶行知事,爱国刊物时遭封禁,我方从上海所购之书被西安政训处扣留,南京令华北特务机关密捕我党党员。以上各事完全违反民意,违反两党团结对外主旨,望即入京向陈(注:陈立夫)、张(注:张冲)诸君提出严正抗议,并要求迅即具体解决。"(《毛泽东年谱》第 668 页)

4 月 12 日　　中共中央发表《中国共产党中央委员会对沈、章诸事起诉宣言》,指出:"日本帝国主义的疯狂侵略,国民党的不抵抗政策,造成了数年来沉重的国难,大好版图,沦亡异域,民族生命,危若累卵。""稍有热血之人,莫不奔走呼号,以解除国难,解放民族为己任。沈、邹、章、李、王、沙诸先生,则为此种救国运动之民众爱戴之领袖。诸先生以坦白之襟怀,热烈之情感,光明磊落之态度,提倡全国团结,共赴国难,停止内战,一致抗日,此实为我中华男女之应尽责任与光荣模范,而为中国及全世界人民所敬仰。""吾人对此爱国有罪之冤狱,不能不与全国人民一起反对,并期望国民党中有识领袖之切实反省。""吾人为中华民族之解放与进步计,自当要求国民党之彻底放弃其过去之错误政策,而此种彻底转变之表示,应由立即释放沈、章、邹、李、王、沙、史诸爱国领袖及全体政治犯,并彻底修改《危害民国紧急治罪法》开始。"(《解放》周刊创刊号,1937 年 4 月 24 日,《救国会》第 318 页)

4 月 15 日　　周恩来致函蒋介石,要求释放韬奋等爱国领袖七君子。(周恩来《释放七君子以一新天下耳目——致蒋介石》,收入《周恩来书信选集》第 131 页)

《释放七君子以一新天下耳目——致蒋介石》全文:

"蒋先生赐鉴:前电计达。阅报见上海被捕之爱国分子沈钧儒、章乃器、邹韬奋等七人,竟以救国罪名为苏州法院提起公诉,并通缉陶行知等五人,此举已引起全国不安。良以三中全会后,先生即以释放政治犯、容许言论自由晓谕全国,会今沈、章、邹诸人,政治犯也,其行容或激越,其心纯在救国,其拥护统一尤具真诚,锒铛入狱已极冤,抑乃苏州法院竟违背先生意旨诉以违害民国之罪,不特群情难平,抑大有碍于政府开放民主之旨。先生洞照四方,想能平反此狱,释沈等七人并取消陶等通缉,以一新天下耳目,是则举国民众所引颈仰望者也。谨电陈辞,敬祈鉴察。   周恩来 叩。"

是月 《展望》、《经历》由生活书店出版。

《〈展望〉弁言》(3 月 3 日记于苏州江苏高等法院看守所),收入单行本。(全集第 7 卷第 7—8 页)

《〈展望〉弁言》摘要:

"这本书的内容,是我在一九三六年八月到十一月底的三个月里所公开发表过的文字里选编而成的。一九三六年的八月底是我由香港回到上海'重振旗鼓'(指办刊物)的时候,同年的十一月底是我在上海被捕的时候:这短短的三个月,在我的文字生涯中可算是自成一个阶段;在国事方面也是一个很可注意的时期,那便是全国各方面都在积极提倡全国团结,一致对外,我所发表的一些管见,只是这个澎湃怒涛中的一个支流而已。""在这本书里,有个题目是《沉痛的回顾与光明的展望》,在这里也很有着令人深思的意义。'光明的展望!''光明的前途已向着我们招手!'(也是这篇文章里的话)。我就把'展望'称我这本集子吧。""'展望'在现在还有一种意义,那就是我们——整个中国同胞们——都要继续不断地睁开眼睛展望展望世界的大势,展望展望中国的现实,不为任何个人或任何集团的利益所蒙蔽,放大眼光,展开胸怀,时时刻刻把整个民族的利益做一切的思想和行动的目标。我们要万众一心,向着这个目标共同努力,共同奋斗!"(全集第 7 卷第 7 页)

《〈经历〉开头的话》(4 月 3 日记于苏州),收入单行本。(全集第 7 卷第 129—131 页)

《〈经历〉开头的话》摘要:

"时间过得真快!在我提笔写这篇《开头的话》的时候,离开这本书的脱稿又有两个多月了。在这两个多月里,我和几位朋友在羁押中的生活和以前差不多。关于我自己在这时期内的'工作',完成了两本书,除这本《经历》外,还有一本是《萍踪忆语》;随后把我从香港回上海后所发表的文章略加整理,编成一书,名叫《展望》;同时看了十几本书。""这本书的写成,也许还靠我的被捕,因为在外面也许有更重要的文字要写,没有时间来写这样的书;而且在羁押中写别的著作,参考材料不易带,只有写这样回想的东西,比较地便当些,所以无意中居然把它写完了。""我们在羁押中,除看书写作和运动外,大家对各种问题也时有讨论。关于讨论问题，我们的'家长'常说起两句话，那就是'主张坚决，态度和平'。""这里所谓的主张，当然是指合理的切于现实的主张；如果现实变化了，主张需要修正，或甚至更换，那又是另一回事了。所谓和平是指在讨论或说服的时候，用不着面红耳赤，大声咆哮，因为这并不能丝毫增加你的理由。"（全集第 7 卷第 129—131 页）

5 月 7 日　《为邹恩俊题词》，收入《韬奋手迹》65 页。（全集第 7 卷第 551 页）
《为邹恩俊题词》全文：

> "从事实做出发点的斗争决不是没有阻碍的有阻碍便必然地有困难　解决困难也必然要经过艰苦的历程　录拙著坦白集中语　与俊妹共识之　韬奋　廿六年五月七日　江苏高院看守所。"（全集第 7 卷第 551 页）

5 月 23 日　　周恩来致电中共中央：准备赴庐山见蒋介石，商议共同纲领、联盟或改组国民党、释放政治犯等包括释放"七君子"等问题。（《周恩来年谱》第 364 页）

5 月间　　开庭之前，国民党又施诱降诡计。一场劝降迫降和坚持救国无罪的斗争，在法庭内外紧张地展开。5 月 23 日叶楚伧的信函中阴谋充分体现。信函表面上是写给杜月笙、钱新之的，实际是写给七君子的。信中称："沈事宣判之日，自当同时谕交反省院，以便一气呵成。至就近交反省院一节，弟意不如在京，因在京出院以后，出国以前，更可多得谈话机会。中央同人颇愿与倾心互谈，一扫过去隔阂，而于其出国之时，归国之时，均可于此时日中重开坦白光明之前途，于公于私，均为有益。若虑及途中引起注意，自可设法避免一般递解之形式，毫无形迹可寻也。"该信由沈钧儒长子沈谦于 5 月 25 日带入狱中。（周天度编《救国会》第 240—241 页，沙千里《漫话救国会》第 59 页）

　　5 月 25 日　　沈钧儒、韬奋等六人致函杜月笙、钱新之，就 23 日叶楚伧函表示意见："政府既有意扫除隔阂，何妨再示宽大。""就法律方面言，目前尚可撤回公诉，或宣判无罪，此不但无损于政府之威信，反可表示政府之德意，似不必坚持判罪。就政治救济方面言，判罪后尚可特赦，似亦不必坚持进反省院。衡以扫除隔阂之原则，似不宜再令案情表现过于严重；而进南京反省院一层，尤难索解。倘仅为谈话方便起见，则钧等本意，不论撤回公诉，或判决无罪，或在苏保释，均拟即日赴京面谈以期完全谅解。""此外当日保释一层，楚伧先生信内未提只字，亦属可异。诚恐夜长梦多尔。"（周天度编《救国会》第 241 页，沈谱、沈人骅编《沈钧儒年谱》第 174 页，沙千里《漫话救国会》第 60 页）

　　是月　　《萍踪忆语》生活书店上海初版。（全集第 7 卷第 293—550 页）
　　《〈萍踪忆语〉弁言》（3 月 26 日记于江苏高等法院看守分所夜十点钟），收入单

行本。(全集第7卷第293—294页)

《〈萍踪忆语〉弁言》摘要：

　　"这本书是我于一九三五年夏季在美国视察所得的结果。""这本书的材料虽是在美国所得到,但是回国以后才把它整理追记下来,只得称为'忆语'了。有一部分曾在《世界知识》上陆续发表过,现在经我再加修订一番;最后八篇是在江苏高等法院看守分所里写的。这本书原可早些完成出版,因为我于去年十一月下旬在上海被捕,羁押苏州八个月,所以延搁到现在,这是对读者诸君深为歉然的。""世界上有三个泱泱大国:一个是美国,一个是苏联,一个是中国。这三个国家的土地特广,人民特多,富源特厚;它们对现在和将来的世界大势,都有着左右的力量! 不仅如此,这三个大国,在太平洋的关系上更有着重大的关系。""这本书对于美国的政治、经济、社会、文化各方面,如政治背景,劳工运动,青年运动,杂志和新闻事业等等,都根据种种事实,有所论述;尤其注意的是旧的势力和新的运动的消长,由此可以明了资本主义发达到最高度的国家的真相和它的未来的出路。""我们研究美国,从美国是一个资本主义发达到最高度的代表型的国家看去,从国际的形势看去,从太平洋的风云看去,都有它的重要意义;就是从中国取长去短的立场看去,也很有它的意义。"(全集第7卷第293—294页)

　　6月1日　沈钧儒、韬奋等六人亲笔签名再次致函杜月笙、钱新之:"自问无罪,天下亦尽知其无罪,为国家民族前途计,亦终认救国无罪四字应令其永留于史册。""复思通常反省人出院以后,行动须受监视,仍为不自由之人。钧儒等如遭同样待遇,则反不如在监静待执行期满之取得完全自由。""当庭声明不服上诉与抗议送反省院,于理于情于法,均难缄默。"严辞拒绝送反省院。(周天度编《救国会》第242页,沙千里《七人之狱》第143页,沈谱、沈人骅编《沈钧儒年谱》第174页)

　　6月6日　在上海的全救会部分负责人胡愈之、潘震亚、钱俊瑞等召开辩护律师会议,商讨案情及出庭辩护策略和要旨。各界知名人士及家属亦参加。会上除揭露国民党消极抗日积极反共外,同时扩大宣传救国会的正义主张。会上明确了辩护律师的分工等事。韬奋的辩护律师三位:刘崇佑、陈霆锐、孙祖基。(《救国无罪——"七君子"事件》第25页)

　　6月7日　送出《沈钧儒等答辩状》。上海许多报纸全文刊登。用大量事实驳斥《起诉状》中所列的"所谓"十大罪状。(《救国无罪——"七君子"事件》第25页,沙千里《七人之狱》第143页)

　　6月9日　《沈钧儒、韬奋等致函杜月笙、钱新之》摘要:

"钧等对本案态度,始终坚守不妨碍救国运动及不侮辱个人人格之原则,为救国无罪而努力,诚以个人受屈事小,国家前途及民族气节事大也。""现开庭之期已迫,深恐法院匆促宣判,我方依法力争,同时进行上诉,不但有损司法尊严,且使本案之解决,愈感困难,故切盼先生等立即设法延迟判决,一面再为筹更妥之解决。弟等辩诉状发表后,深信各方当能愈加谅解。"(六人签发,上午 11 时 30 分发出。)(周天度编《救国会》第 270 页)

6 月 11 日　上午 11 时 30 分,和沈钧儒等在武装警察押解下,乘车到达法庭。途中,经养育巷"观者塞途"。院门前贴出布告,称"规定决议停止公开审理"。"所有已发出之旁听券一律无效"。从上海去的新闻记者,被告家属,一起被挡驾在门外。"法院门口挤满了人群,遍站了宪兵和警察。"家属们在门外喊着:"为什么不公开?""这就是司法吗?"夏雨不停地落在法院门前千余民众的身上。一点钟开庭时间到了。二十几位律师在休息室集中等候,被告们一致表示此案没有秘密审理的必要,要是不公开审理,他们决定拒绝答话。律师转述被告的抗议和态度。几经交涉,当局被迫答应新闻记者和家属进法庭旁听。从远道赶来的一部分人,非家属,非新闻记者,全被挡在法庭门外。(《立报》6 月 12 日第 1 版,《救国无罪——"七君子"事件》第 112—113 页,张树年编《张元济年谱》第 443 页)

同日　下午 1 时 50 分在江苏高等法院刑事第一法庭首次开庭,审理"七君子"事件案。邹韬奋作为第五被告受到审问。审理记录:

(问邹韬奋)你加入过国民党吗?

(邹答)没有。

(问)你属于哪个救国会?

(答)上海文化界救国会。

(问)担任什么职务?

(答)执行委员。

(问)有多少委员?

(答)我担任的是另外的工作,有多少委员我不大清楚。

(问)全救大会你参加的么?

(答)当时在香港,并未参加。七月到上海后接到通知,才知道被选为执委。

(问)全救会宣言和政治纲领你同意吗?

(答)我赞成。

(问)宣言里的大意是什么?

（答）主要的是抗日救国。

（问）联合各党各派怎样联合呢？

（答）主要是由国民党出来，用和平的方法联合各党各派，集中国力抗日。我们站在民众的立场上，希望全国各党各派，团结抗日，非常殷切。

（问）联合各党各派是指共产党吗？

（答）宣言中说的是联合各党各派，没有单独提出联合共产党的话。

（问）政治纲领中有各党各派联合起来建立统一政权是什么意思？

（答）是指国民党领导各党各派的意思。

（问）纲领中说召集救亡会议是何意思？

（答）集中全国人才，抗日救国。

（问）对于一党专政有什么意见吗？

（答）中山先生也提倡宪政，不主张永远专政的。

（问）那末，为什么你要反对宪法与国民大会呢？

（答）批评是有的，没有说过不要宪法和国民大会。

（问）救国会是公开的还是秘密的？

（答）是公开的。上海军政当局都知道。并且吴市长还为此事请我们在国际饭店吃过饭，希望救国会与当局合作。上海各界救国联合会代表到南京去请愿的时候，承国民政府正式派员接见。由此可知救国会是完全公开的。不过因为外交上的关系，手续上没有正式立案。

（问）你们发表小册子，是什么意思？

（答）是在说明我们抗日救国的主张。

（问）联合各党各派有条件吗？

（答）以抗日救国为前提。凡是主张抗日救国的各党各派都要联合起来。

（问）人民阵线与救国阵线有什么区别？

（答）外国的人民阵线含有对内意味；救国阵线是抗日。收回东北四省，恢复华北主权，完全对付日本。

（问）毛泽东给你们的油印信说的是什么？

（答）他发表抗日的主张。

（问）事前和他有没有来往？

（答）没有。

（问）西安事变你知道么？

（答）被押在看守所里，不知道。

（问）给张学良的电报说些什么话？

（答）是请他出兵援绥。

（问）什么时候发出的？

（答）记不清楚。

（问）上海日厂罢工后援会的事你知道吗？

（答）不知道它的内容。为了援助工人，我曾捐了一天的薪水。

（问）还有话要说吗？

（答）我们为了完成救国的任务，希望在政府领导之下，全国团结抗日为最大目标。（《救国无罪——"七君子"事件》第84—86页）

同日　为陈北鸥题词，收入《韬奋手迹》第66页。

"鞠躬尽瘁　努力救国　北鸥先生南下慰问书此共勉　韬奋　廿六年六月十一日受审日。"（全集第7卷第551页）

同日　为《立报》特派员题词：

"力争救国无罪力保民族人格。"（全集未收，《立报》6月12日第1版）

同日　晚，"被告们"和"律师们"分析白天的审判，根据国民党当局决定第二天结审后，将按照《危害民国紧急治罪法》判罪"七君子"，送反省院的情况，决定打乱国民党反动派的部署。几位大律师提出可以根据法律提出声请回避。随即递上《声请回避状》。（沙千里《漫话救国会》第66页）

6月12日　鉴于国民党法庭审判长及推事"拒绝调查证据，已具成见"，沈钧儒、韬奋等分别具状，向江苏高等法院提出"因合议庭之推事全体执行职务，显有偏颇之虞，合议声请回避事"，要求依法"诉讼程序暂时停止"。下午3时25分，开庭继续审理时，法庭内外警察林立，宪兵密布，戒备森严，但却是冷冷清清，法院门外没有一个群众，全体律师没有一个到庭。法庭不得不宣布："被告对本审判长及推事声请回避，现静候裁定！退庭。"为此，取得了推迟审判的结果，使国民党政府妄图随审随判罪，强迫送南京反省院的阴谋彻底破产，迫使他们只能搞更新审理。退庭后，韬奋等"在候审室大讲其笑话，笑声充满庭院"，还与新闻记者交谈。（沙千里《漫话救国会》第66—67页，《立报》6月13日第1版）

6月13日　端阳节，黄炎培去苏州看守所探访"七君子"。杜月笙、钱新之再次奉蒋介石命来苏州探视，转达"关怀宽大"之意。韬奋等六人遂即作函并亲笔签名，请杜、钱转致蒋介石，表示愿面谈以求合理解决。（黄炎培《八十年来》第100页，沈谱、沈人骅编《沈钧儒年谱》第179页）

6月16日　《致张菊生之一》收入《韬奋手迹》第26页。（全集第7卷第552页）

（注：张菊生即张元济[1867—1959]，浙江海盐人，现代著名出版家）

《致张菊生之一》摘要：

"韬十年前主办《生活》周刊时，即蒙先生爱护有加，赐书勉励，长者扶掖之隆情厚谊，十年来未尝须臾或忘也。此间诸友自陷身囹圄以来，个人利害非所计及，惟救国无罪与民族人格则不得不誓死力争。拜读大著《中华民族的人格》，实获我心。韬等所始终坚持生死不渝者，正为先生所谆谆训诲者也。此书在国难危迫如今日，尤弥足珍贵。韬得间当作一文介绍于国人广播。先生之爱国精神，努力服膺先生之懿训，为国奋斗，亦即所以报答厚爱于万一也。"

（张树年编《张元济年谱》第 443 页，全集第 7 卷第 552 页）

6 月 17 日　沈钧儒、韬奋等在给杜月笙、钱新之的信中明确表示："对于经过反省院一点，钧等认为于国家前途无益，于个人人格有损，万难接受，不得不誓死力争，唯有尽其在我，依法应诉而已。"（《李公朴日记》）

同日　国民党江苏高等法院裁定，照准沈钧儒、邹韬奋等申请推事回避状，改派刑事第二庭承办。

6 月 18 日　《在江苏高等法院看守所题词之四》，收入《韬奋手迹》第 67 页。（《国民》周刊第 1 卷第 7 期，全集第 7 卷第 553 页）

《在江苏高等法院看守所题词之四》全文：

"在羁押中，朋友们对于各种问题常有讨论。衡山先生常提起两句话就是：主张坚决，态度和平。我觉得这两句话很有意思，可作为我们的座右铭。这里所谓主张是指合理的切于现实的主张，所谓和平是指在辩论或说服的时候用不着面红耳赤肆意咆哮。韬奋写在苏州看守所。"（全集第 7 卷第 553 页）

6 月 19 日　法院签发传票定于 6 月 25 日上午 9 时公开审理。

6 月 22 日　沈钧儒、韬奋等七人向江苏高等法院提出《政治意见书——第二次答辩状》，进一步驳斥《起诉书》内所列的所谓政治"罪状"，论证了爱国无罪。（《救国无罪——"七君子"事件》第 56 页，沈谱、沈人骅编《沈钧儒年谱》第 181 页，沙千里《漫话救国会》第 68 页）

6 月 23 日　在看守所接受上海《新闻报》记者陆诒采访，介绍"七君子"在看守所的生活情况，临别时在记者的笔记本上题词：

"力争救国无罪不是为个人　是为着救亡运动的前途　不许侮辱人格也不是为个人　是为中华民族人格的光辉　韬奋　廿六年六月廿三日写于江苏高院看守分所。"（陆诒《学习韬奋同志的革命精神》，收入《忆韬奋》第 339 页，《韬奋手迹》第 68 页，全集第 7 卷第 553 页）

　　同日　杜月笙、钱新之带着蒋介石给叶楚伧的电报，以及叶楚伧给杜、钱的电报到看守所来"高压"劝降，要他们写悔过书。大家气愤填膺，沈钧儒和韬奋斩钉截铁地回答："我们没有'过'，用不着'悔'。"其他几位也都拒绝写悔过书。当晚，七人写信给蒋介石，并附上他们的答辩状，表明无过可悔的鲜明态度。（沙千里《漫话救国会》第 68—69 页）

　　同日　《在江苏高等法院看守所题词之五》，收入《韬奋手迹》第 68 页。（全集第 7 卷第 553 页）

　　同日　《伦敦的博物院图书馆》（记于江苏高院看守所），收入《读书偶译》，1937 年 10 月生活书店上海版。（全集第 14 卷第 15 页）

　　6 月 24 日　第二次开庭前夕，"七君子"又向法院提出《声请调查证据状》，除要求法院调查前次提出的二十多个问题外，另提出十个问题，要求调查证据。（沙千里《漫话救国会》第 68 页）

　　6 月 25 日　上午 10 时，在江苏高等法院进行第二次开庭审理，全日询问达七小时之久。主审判长换了朱宗周，推事李岳、张泽浦，书记官管翎飞，检察官为翁赞年，旁听者仍仅限于家属和新闻记者。邹韬奋在回答提问时发音特别响亮，语句组织完密，态度坚决激昂。审判长问：开全国各界救国会成立大会时，你参加否？答：我在香港办《生活日报》，没有参加。八月里在上海接到通知，才知被选为执行委员。问：大会宣言和政治纲领你赞成吗？答：我完全赞成。问：救国会不曾登记，是秘密的吗？答：据我所知道，大会后沈钧儒带宣传纲领去见地方当局，且曾用救国会名义推代表向中央政府请愿，亦承接见。我到上海后，亦曾于一次宴会中，与当地某某诸先生谈过本会宗旨。为了避免外交困难，所以不曾登记。问：全救会是什么宗旨？答：宣言上有一句话：我们唯一的目的，在集中全力对日。问：主张联合各党各派是指容共吗？答：是指一切党派，共产党也在内。在二十三年国难会议宣言上，在三中全会宣言等等宣言上，都曾说起各党各派团结的话。中午 12 点宣告退庭，下午两时续审。问：《生活日报》上说人民阵线与人民救国阵线一样的，是不是？审判长又就"人民阵线"一事询问邹韬奋，邹列举去年在香港《生活日报》上发表的文章为证，说明"《生活日报》中关于人民阵线一文，是读者写信来问，我回答他错用了'人民阵线'一名词，原意是指正错用了'人民阵线'一词"。他反对用"人民阵线"字眼，而《起诉书》中竟诬陷他为提倡"人民阵线"。他厉声道："这是断章取义，罗织入罪！"检察官想了半晌后斥责道："被告刚才说本检察官断章取义，罗织入罪，这是不对的。你们给张学良的电报，叫他出兵抗日，他没有得到中央命令怎能抗日？并且他离绥远很远，事实上也不能抗日。本检察官代表国家行施职权,被告不能随意指摘!"邹韬奋愤慨地回答:"我刚说断章取义,罗织入罪,是指'人民阵线'证物而言,检察官却牵涉到张学良的问题上去了,真是牛头不对马嘴!"审判官摇手制止他发言。韬奋激忿地说,"我不能侵害检察官发表起诉意见的权利,但是检察官也没有无理禁止我发表意见的权利",并严正驳斥了检察官指控的"勾结西安叛变"的"罪状",声明"被告参加救亡运动,可看平常舆论态度,前已有一本书(《坦白集》)存案,还有《展望集》一本系被捕前所著,其中《现代国家民众运动》一文可以看出我对抗日救国的主张,现存案供参考。"邹韬奋毅然决然地回答:"如果审判长认为检察官的话是对的,那么请不必再审下去了!"审判长递全救会给张学良的电文给邹看,邹看后大声说:"这个电报内容明明说希望张学良请命中央出兵援绥抗日,并非叫他举行兵谏。且同时打同样性质的电报给国民政府和宋哲元、韩复榘、傅作义,为什么不说勾结国民政府?请检察官说明电报与西安事变究竟有什么因果关系!"检察官哑口无语。"七君子"与辩护人就起诉书的问题,与检察官发生激烈争辩。下午5时35分,审判长宣布暂时退庭评议,评议后宣布继续调查,于不了了之中退庭。(周天度编《救国会》第315—316页,心炎《〈爱国无罪〉案二次听审记》,收入《救国无罪》——"七君子"事件》第115页,陆诒《抗战前夕的救国会》,收入《文史杂忆》上海文史资料第75辑第129页,沙千里《漫话救国会》第71页)

同日 宋庆龄、何香凝、诸青来、彭文应、张定夫、胡愈之、汪馥炎、张宗麟、潘大逵、王统照、张天翼、沈兹九、刘良模、胡子婴、陈波儿、潘白山等十六人为"七君子"案呈文江苏高等法院,文中称:"具状人等或为救国会会员,或为救国会理事,或虽未加入救国会而在过去与沈钧儒等共同从事救国工作。爱国如竟有罪,则具状人等皆在应与沈钧儒等同受制裁之列。具状人等不忍独听沈钧儒等领罪而愿与沈钧儒等同负因奔走救国而发生之责任。"(《孙夫人廖夫人等为沈案呈苏州高等法院文》,收入《〈救国无罪〉——"七君子事件"》第338页)

6月26日 宋庆龄、何香凝、彭文应、王统照、胡愈之、沈兹九、汪馥炎、胡子婴、张天翼、张宗麟、诸青来、张定夫、陈波儿、潘白山、刘良模、潘大逵等十六人,声援营救"七君子",发起"救国入狱运动",向新闻界发表书面谈话,发布了《救国入狱运动宣言》。《宣言》称:

> "我们准备好去进监狱了!我们自愿为救国而入狱,我们相信这是我们的光荣,也是我们的责任。""沈钧儒等七位先生关在牢里已经七个月了。现在第二次开审,听说还要判罪。沈先生等犯了什么罪?就只是犯了救国罪,救国如有罪,不知谁才没有罪?""我们都是中国人,我们都要抢救这危亡的中国。我们不能畏罪,就不爱国,不救国。所以我们要求我们所拥护信任的政府和法

院，立即把沈钧儒等七位先生释放。""沈先生等一天不释放，我们受良心驱使，愿意永远陪沈先生等坐牢。""我们准备去入狱，不是专为了营救沈先生等。我们要使全世界知道中国人决不是贪生怕死的懦夫，爱国的中国人决不只是沈先生等七个，而有千千万万个。中国人心不死，中国永不会亡！""我们都为救国而入狱罢！中国人都有为救国而入狱的勇气，再不能害怕敌人，再不用害怕日本帝国主义的侵略！"（《救国无罪——"七君子事件"》第 344—345 页，胡愈之《我的回忆》第 41 页）

6 月 29 日　"七君子"在狱中同幅题词。沈钧儒题：

"监屋四周老树甚多每晨闻鸦群争吵而庭际鹊声清脆亦一一传至枕上诗以纪之昔读忠愍诗吉凶各有辞今乃同时至将何决此疑吾人重自信真理终不移倔仰仰无愧鸣噪一任之　忠愍谓明杨公继盛　二十六年六月二十九日　沈钧儒书于江苏高等法院看守分所。"韬奋题："在民族危机十分深重的今日统一的目标就是抗敌救国离开了这目标就无法统一起来　录拙作坦白集中语　韬奋。"章乃器题："眼对着前面的曙光脚踏着身边的实地一步步迈进　廿六年六月二十九日　章乃器。"沙千里题："风不断地呼号狂雪倒压在荒漠的原野今夜要出发夺回我们的百灵庙心在飞跃血在燃烧单衣在身上不觉得一点寒冷锐利的刺刀装上了枪子弹放入了枪膛队伍如汹涌滔天的奔向前方把血肉来夺取广大的国土即使一寸也好今夜有死没有生有我没有你　二十六年六月二十九日　沙千里时在苏州。"李公朴题："中国长久的有国内无国内（外）道德与教育都不提倡斗争为的避免与统治者冲突统治者历来提倡无斗争的思想养成了中国人在危险时低头屈服不肯牺牲的习惯　第一行无国外误写无国内博作义将军的话　李公朴书于苏州高院看守分所。"王造时题："我们是爱和平的但是亦爱正义更不能不图民族的生存我们愿意接受平等的和平但亦不辞为正义为生存而战　王造时。"史良题："唤起民众及联合世界上以平等待我之民族共同奋斗这是我们目前救国的唯一良策　史良。"（横幅由李公朴夫人张曼筠珍藏，一九五九年捐赠给中国革命博物馆）

7 月 3 日　国民政府准备重新审查沈钧儒等"七君子"案，毛泽东、周恩来致电潘汉年，要潘立即通过"七君子"的家属和律师同"七君子"磋商，设法与 CC 方面出面调解的人谈判，以"不判罪只到庐山谈话则为上策，只判轻罪而宣告满期释放此为中策，释放而请到南京做事或出洋此为下策"。经"七君子"坚决斗争和各界人士的援助，七月底，国民政府将"七君子"交保释放。（《周恩来年谱》第 370 页）

7 月 5 日　宋庆龄抱病，偕同胡愈之、诸青来、彭文应、汪馥炎、张定夫、张宗麟、潘大逵、陈波儿、沈兹九、张天翼等十二人,为抗议当局无故逮捕"七君子",从上海乘火车赴苏州。(何香凝、潘白山、刘良模、王统照四位因事因病未能同去。)十二人坐黄包车,像一条长蛇阵,直至江苏高等法院自请入狱。会客室里幽暗、潮湿、郁闷,蚊子成片。大家坐等首席检察官和高院院长。十分钟、二十分钟、三十分钟过去。宋庆龄终于按捺不住,怒火升起,说:"他们一天不出来,我们等一天!两天不出来,我们等两天!"首席检察官慑于十二人的阵势,出场了。他态度傲慢地说:"我现在是以私人资格来见你们,不然我们也不能在此相见。我现在开导你们,希望你们还是马上回去,现在时候已不早了,至于沈案的有罪无罪,现在也不得而知,诸位一定要请求收押,我的开导无效,我也没办法。"狱中七位,得悉宋庆龄等来法院投案,于下午五点钟的时候,请出他们的亲属,沈钧儒的女儿沈谱,李公朴夫人张曼筠,邹韬奋夫人沈粹缜,一同买了水果、饼干、蚊香等来慰问。正谈得热闹,书记官领进会客厅一位夏姓检察官。坐定后,他先述说他是首席检察官指定派他来办理这个案件的。他的态度很谦逊。宋庆龄第一个表示,她说:"我是救国会兼全救执委,我与他们七位在工作上做同样的事情,在法律上也愿意负同样的责任,请你把我收押起来,与他们七位一样的受不自由的处分。"大约谈了三刻钟,有人将夏检察官说的话整理成文,请他过目,他认为不错,有人再递去与法院院长看,院长不仅表示同意,还答应发表这份文稿。几经交涉,十二人表示满意,决定返沪补递证据,再听候传押。至晚上九点多,宋庆龄等才乘上火车回上海。(《救国无罪——"七君子事件"》第346页,胡子婴《赴苏投案始末记》,载同年7月《妇女生活》)

7月6日 沈钧儒、邹韬奋等七人联名致函宋庆龄表示感谢。全文:

"庆龄先生钧鉴:闻昨日扶病率诸友莅苏投案,正义热情,使钧儒等衷心感动,无可言状。但一念及先生之健康,关系民族解放之前途至深至大,则又为忧惶不已。钧儒等深信先生之伟大号召,必能使全国人心为之振奋,司法积弊,逐渐澄清,民主权利,奠定基础。其在历史上意义之重大,实不可思议也。惟劳顿之后,务请善自珍摄,以慰千百人喁喁之望。谨布微忱。专送钧安。"

(沈谱、沈人骅编《沈钧儒年谱》第185页,《李公朴》第53页)

7月7日 日侵略军炮轰宛平城和卢沟桥,"卢沟桥事变"爆发,当地驻军奋起反抗,抗日战争爆发。

同日 《宋庆龄致林森等电》摘要:

国民政府主席林森、行政院长蒋介石、中央政治会议主席汪精卫和军事委员会副委员长冯玉祥等……前日,同往苏州,于晨间九时余先后谒见同院院长,与首席检察官面陈,首席检察官竟不愿论理,中途离席,欲以不理了之。庆龄等愿牺牲个人全部之自由，以明沈等之忠诚，立愿而来，岂能因长官之充耳高居而自罢？自惟有留院守候，静待理解处置，时阅整个下午，充耳高居如故。庆龄等本携有入狱用具，当即准备在院守候彻宵，庶冀翌日或可得一合法合理之处置。迨至傍晚，忽由夏检察官出见，接受庆龄等所提出之四点，嘱庆龄等一面回沪，自将证据检出呈递，即当从事侦查云云。并通告首席检察官及院长亦均同意。庆龄等始午后七时余离院回沪。""沈钧儒等爱国救亡，不应有罪。迄今被押已逾半载，自应一面从速先予停止羁押。庆龄等及全国救亡运动中人，断不敢坐视沈等瘦困，而己身独享自由。除一面仍依所立志愿并遵检察官之指示进行外，特亟专电奉达，务祈予主张公道，勿失全国志士之心。"（《救国无罪——"七君子事件"》第 337—338 页）

同日 江苏高等法院送达沈钧儒等裁定书一件，原文云：

"刑事裁定，二十六年度高示一五号，右（指七君子）被告等因危害民国一案，经本院于民国二十六年四月五日羁押，业已届满三月，证据尚未调查完备，尚有继续羁押之必要，合依刑事诉讼法第一〇八条第二项之规定，将该被告等羁押期间，自本年七月五日起，延长二月，特为裁定如右。"（《救国无罪——"七君子"事件》第 120 页）

7 月 8 日 宋庆龄电函冯玉祥，冯读后心中"难过"，遂将昨日给蒋介石的信记在日记里："委员长介公赐鉴：顷间畅谈，至快至快，关于沈钧儒等七人事，祥意应立即无条件释放，请其来庐居住，以便接受我公训迪指导。此事关系收拾人心至大也。祥信此今日拥护中央与国人当无二致，此后如有反动，再为逮捕，国人当无不谅政府者。近读我公笔记，对张学良、杨虎城二人，愿以耶稣爱人精神待之，高怀海量，令人钦佩。愿对沈等亦以此宽大待之也！党部工作同志对公此举定能体会，盖党部同志有党部同志责任，中央亦有中央责任也。我祈我公毅然决然采取释放办法，党国同利赖之，专此奉陈，敬明刻祺！ 冯玉祥 二六、七、二一"（**编者按：日记记载，此处"二一"应是"七"之误**）。当日，冯玉祥又述"此事如果办到，定能收与西安一样之意外效果，全在努力如何耳。为什么不放沈钧儒呢？真是不解。"（《冯玉祥日记》第四册第 204—205 页）

7 月 11 日 清晨，浙江实业银行职员徐又德和同事金惠民、潘稚南三人乘车去苏州探监，看望"七君子"。天奇热，沈钧儒主动拿出扇面，伏案写了一首诗："五年回溯事犹昨，孤军血战淞沪滨；炮火隐约耳边寻，难慰当年烈士心。"接着沙千里题词："爱国思想和救国行为，决不是用牢狱或判决书所能阻止和消灭的。"邹韬奋题了四个字："努力救国。"李公朴题词："凡是过去互相猜忌的人，为了抗日救国的共同目的,都要一致团结起来抗日。"王造时题了八个字:"各尽所能,献与国家。"章乃器题词:"抗战固准备之目标,然同时实为准备之先决条件。"饭后,三人告辞男狱,去女监探望史良。史良拿起笔在扇面上写下"强盗一天不打出大门,我们就没有一天定心日子过"。珍藏三十年,"文革"开始,造反派于 1966 年 8 月 29 日以扫"四旧"为名,将该扇面及有关照片资料抄去,至今下落不明。(徐又德《七君子赠扇》,《上海文史资料选辑》第 73 辑)

7 月 18 日　《致徒然》,收入《韬奋手迹》第 27 页。(全集第 7 卷第 554 页)

7 月 27 日　《在江苏高等法院看守所题词之七》,收入《韬奋手迹》第 70 页。(全集第 7 卷第 555 页)

《在江苏高等法院看守所题词之七》全文:

"我们的国家民族的光明地位是要我们用热血代价去换来的是要我们肩膀紧接着肩膀对着我们民族的最大敌人作殊死战去获得的　　韬奋撮录自著坦白集中语　　廿六年七月廿七江苏高院看守所。"(《坦白集》中《地位》篇,收入《韬奋手迹》第 70 页,全集第 7 卷第 555 页)

7 月 30 日　法院裁定准于交保开释。交保条件为"应各提出殷实之人或商铺二百元之保证书,准予停止羁押"。邹韬奋由张一鹏担保。(《救国无罪——"七君子事件"》第 354 页,沈谱、沈人骅编《沈钧儒年谱》第 186 页)

7 月 31 日　"七君子"被交保释放。结束了 243 天的牢狱生活。下午 5 时,史良先由司前街看守所释出,乘车至吴县横街看守分所,5 时 20 分,与韬奋等六人同时离所。出狱时,七人由看守所长朱材因亲自送至门外,受到民众二百多人热烈欢迎。闻讯赶来的群众在门前的广场上迎接他们,韬奋等人与他们一起高唱《义勇军进行曲》。大家前呼后拥将他们送到花园饭店。晚七时许,苏州各界知名爱国人士李根源、张一鹭等在观前国货公司屋顶花园设宴招待"七君子"和他们的家属。(《后记》,收入《救国无罪——"七君子"事件》第 353 页)

同日　在狱中为"七君子"治病的中医陈起云,得知"七君子"获释的消息,喜出望外,前去迎接,并请为其题词留念。"七君子"于出狱当天,在一幅一百一十九厘米长的扇面上留下了珍贵手迹。韬奋的题词是:"同心协力　抢救危亡　韬奋"。(刘桂香《七君子题词的扇面》,《人民政协报》1986 年 1 月 7 日)

8 月 1 日　上午 11 点 30 分,"七君子"由苏州乘火车回到上海,胡愈之、钱俊瑞等百余亲友到火车站迎接。中午 12 点 30 分,胡愈之和胡兰畦(何香凝的代表)、张志让、沈兹九、谢承平、罗叔章、梅龚彬等各团体的代表和救国会的负责人,在宁波路江西路口的邓脱摩饭店为"七君子"洗尘。这时忽然有一百多位青年学生闻讯而来欢迎"七君子"，并要求七位先生讲话。邹韬奋在欢迎会上的讲话："诸位，刚才几位先生已有很好的报告，兄弟的意思，不过说一说自己所要说的话。兄弟在苏州，常常承蒙朋友来访，他们常问我两句话：（一）你在看守所内有什么感想？（二）以后态度如何？兄弟对这两句话的答复：（一）在看守所内是心安理得；（二）兄弟有坚定之信仰。就是各人能努力于大众所要求的事情，无论力之大小，最后一定能取得胜利。兄弟每自反省，自己好不好？所做皆大众所要做的事吗？自问无错，所以是心安理得。兄弟常想，个人可受委屈；但大众的事，应顾到大众方面，非如个人可以随便，所以在看守所内感想是什么？个人都不要紧，可牺牲，可抛弃一切，但不能出卖大众，违反良心做事。个人尽可杀即杀，打即打，心中满不在乎。而兄弟又很想早些出来，和大众做一些事。一切不求个人胜利，亦没恨人的心。个人心目中，惟大众的事，务须和大众有益，以前一切皆可不管，但愿今后能合作。今天看到诸位，知道救国工作，并未因七人被捕而受到影响。简言之，就是七人死了，诸位对于救国工作亦必会更努力。兄弟是心安理得，生一日，努力一日，和诸位做到民族解放的一步。"七人当场题词，韬奋题的是："个人没有胜利，只有民族解放是真正的胜利。"同日，他还为即将出版的介绍"七君子"事件的专集《救国无罪》题词："同心协力抢救危亡"。（方行《欢迎救国会领袖七先生回沪记》，《新学识》第 2 卷第 1 期，1937 年 8 月 5 日；沈谱、沈人骅编《沈钧儒年谱》第 186 页）

同日　邹韬奋出狱后，住吕班路巴黎新村（现重庆南路 169 弄）5 号，后迁移到拉都路（现襄阳南路）389 弄 3 号。

同日　《"七君子"获释后在群众欢迎会上题词》、《为〈救国无罪〉一书题词》，以上两篇收入《韬奋手迹》第 71 页、72 页。（全集第 7 卷第 555 页、556 页）

8 月 2 日　应邀参加上海文化界救亡协会为欢迎"七君子"及新近自日本三岛归来的郭沫若所设的宴会。晚 11 时，应南京国民党政府邀请，乘京沪快车离沪。（《救国无罪——"七君子"事件》第 353 页，沈谱、沈人骅编《沈钧儒年谱》第 188 页）

潘汉年介绍"七君子"与宋子文见面，以推动国民政府转向抗战。（《潘汉年史料简编》第 80 页）

8 月 3 日　邹韬奋等救国会领导人，应国民党政府的邀请，"到南京，约作 10 日的勾留"，"贡献一些关于救国运动的意见"。在南京期间，他们"所晤及的党政军要人，所谈的也不外救亡运动的问题"。"看到各省的军事领袖，如阎锡山、白崇禧、刘湘、龙云诸氏"。同日，"七君子"与杜重远会见爱国老人马相伯并合影。（沈谱、沈人骅编《沈钧儒年谱》第 188 页，全集第 8 卷第 152 页）

8 月 4 日　午后，五时，沈钧儒单独会见蒋介石。随后，陈立夫、邵力子、叶楚伧等代表国民党中央和南京国民党政府同七人进行谈判。主要提出要求解散救国会。七人据理力争,坚持不能解散。一连谈了三天,僵持不下,无结果而散。(沈谱、沈人骅编《沈钧儒年谱》第 188 页)

8 月 5 日　公开发表《出狱返沪在欢迎会上的讲话》(8 月 1 日,记录稿,全集未收)。(方行《欢迎救国会领袖七先生回沪记》,载《新学识》第 2 卷第 1 期。见 8 月 1 日条目)

8 月 7 日　晨 6 时,"七君子"往访冯玉祥,分析形势,商谈救国方针。午后,对阎锡山、刘湘等人进行礼节性的拜访,希望团结抗日。晚,沈、李、章乘晚车返沪。其余四人继续留南京访问。(沈谱、沈人骅编《沈钧儒年谱》第 188 页)

8 月上旬　在南京时和卢作孚、杜重远多次讨论,对日本的侵略作持久战必须巩固后方,增加生产,加速训练的一切工作,尤需要有通盘筹划,具体布置,动员大多数人来参加。(全集第 8 卷第 81—82 页)

8 月上旬　在南京遇白崇禧,邹说:"在此全面抗战即将实现的时候,枪杆做先锋,重要极了,我们拿笔杆的当尽力跟着枪杆走。"白说:"真正做着先锋的是笔杆,枪杆不过是跟着笔杆走。"邹论述:"军心和民气是有密切联系的,近代的战争,尤其需要大多数人民的支持,就这一点说,造成正确的舆论,唤起国民御侮的意识与坚决国民奋斗的意志,文化工作的重要是谁也不能否认的。"(全集第 8 卷第 140 页)

8 月中旬　"七君子"与杜重远一起走访了 98 岁高龄的爱国老人马相伯,交谈了有关抗战的各种问题。邹韬奋特意拿出马相伯在 1935 年 12 月书赠的手迹"耻莫大与亡国,战虽死亦犹生"给大家所赏,并坚定地表示,不管国民党军政要人如何软硬兼施,必定要坚持抗战,血战到底。马相伯高兴地问他最近的打算是什么,邹回答:"创办一个刊物。"他认为,抗战最重要的意义,是在事实上表现中国的确能够抵抗到底! 所以,这个刊物就叫《抗战》。大家都说这刊名亮出了全民族抗战的旗帜,表达了我们破釜沉舟的决心。(全集第 7 卷第 557 页)

8 月中旬　茅盾找冯雪峰,"然后一起去参加由邹韬奋、胡愈之他们集约的一个会议。韬奋因'七君子'救国案被捕,前不久才出狱。会上大家都很兴奋,认为神圣的抗日战争是必定要爆发了,亲日派再也拖不住这历史车轮了。大家认为当前的救亡工作是百废待举,这不能靠国民党的官办衙门,必须立即动员群众组织自己来干。文化宣传工作也是一样。而这一切又必须首先从政府那里争得公开合法的地位。大家认为国民党政府这种一面不关闭和谈大门,一面妄图包办救亡运动的'国策'是迟早要破产的。谈到出版刊物,有人主张加强目前的几个大型刊物,如《文学》、《中流》、《译文》等。胡愈之说,只要上海战争一起,这些刊物恐怕都要停办,'一二八'时就有过这样的经验。我们需要预先想好应急的代替办法。韬奋说,这种大型刊物恐怕适应不了目前这非常时期,需要另外办一些能及时反映这沸腾时代的小型报刊,如日报、周刊、三日刊等。我打算把《生活星期刊》换个名称重新复刊。大家认为这个意见正确,决定分头去酝酿准备,并认为既要有文艺性的刊物,更要有综合性的期刊和报纸。"(茅盾《烽火连天的日子》回忆录二十一,《新文学史料》1983 年第 4 期第 8 页)

8 月 15 日 茅盾在郑振铎那里又见到邹韬奋。"他们听说我是来约他们为《呐喊》义务写稿的,就笑道,我们也正要请你写不拿稿费的文章哩！原来韬奋要复刊的杂志已确定叫《抗战》三日刊,他们又在帮忙筹办一张小型日报——《救亡日报》。韬奋对我说,上海的民间救亡团体这两天风起云涌地成立起来了,但是他们的活动没有统一的组织和领导,这样,他们很可能走入歧途,自生自灭,或者被官方利用接管了去。所以我们打算仿照原来的文化界救国会,成立上海市文化界救亡协会,把各方面的群众救亡团体和爱国力量都吸收进来。这件事要马上办,我们已经把你的名字列在发起人名单上了,想来你是会同意的。《救亡日报》就是文化界救亡协会的机关报,社长是郭沫若,主编请夏衍来担任,你是编委之一。《抗战》三日刊仍由我来主编。这两份东西最迟一个星期就要出版。现在你们文艺界要出《呐喊》,正好三方面配合起来。我说我们也要争取《呐喊》在一个星期内创刊。我问韬奋为何《文学》要停刊？因为生活书店主要资产并不在华界。韬奋说：这次战争是长期战争,但上海却不可能久守,生活书店与其陷在上海租界,不如及早向内地搬迁,因此《文学》不得不停刊。在上海战争爆发的第三天,韬奋就有了这样有远见的决策,实在令人钦佩。抗战八年中生活书店在国统区的大发展,以及它为中国进步文化事业作出的非凡贡献,不都源于韬奋这一英明决策么。"(茅盾《烽火连天的日子》回忆录二十一,《新文学史料》1983 年第 4 期第 10 页)

8 月 16 日 参加上海文化界救亡协会招待各国驻沪新闻记者的会议。会上,友邦记者对中国的自卫战都仗义执言。(全集第 8 卷第 77—78 页)

8 月 19 日 与同人们经过五昼夜奋战,《抗战》三日刊创刊出版。创刊号第 7 页,以编辑室名义宣布："在这民族抗战的紧急时期,本刊的任务,在一方面是要对直接间接和抗战有关的国内和国际的形势,作有系统的分析和报道,显现其重要意义和相互间的关系;在又一方面,是要反映大众在抗战期间的迫切要求,并贡献我们观察讨论所得的结果,以供国人的参考。"第一号版权页上登载：编辑人韬奋,发行所上海邮政信箱第 1508 号。每六天出版一期《抗战画报》。胡愈之、金仲华、张仲实、钱俊瑞、沈志远、柳湜、胡绳、艾思奇等为主要撰稿人。同时,《国民》周刊第 14 期始担任编委、《救亡日报》编委。(《抗战》三日刊第一号第 7 页)

同日 《上海抗战的重要意义》、《政治准备的补救》、《谁的责任》、《战的反面》（以上四篇收入《激变》）、《中日空军的异点》（署名落霞），载上海《抗战》三日刊第1号。（全集第8卷第76页、77页、77—78页、152—153页，第7卷第556—557页）

《上海抗战的重要意义》摘要：

"日帝国主义在上海的挑衅侵略，已经引起了我们英勇奋发的抗战，这抗战的最重要的意义，是在事实上表现中国的确能够抵抗侵略。""日帝国主义始终梦想其所谓'大陆政策'固有他们的一贯的侵略政策，但是不战而取东北小战而取华北，也无疑地增强了他们的气焰，增加了他们对于灭亡中国的幻想。同时在中国内部也有一部分人不相信中国有抵抗侵略的能力。""现在上海我国陆空军的顽强抵抗，已在事实上给与这些幻想和谬想以重大的打击了；在积极方面，更巩固了中华民族的自信力。""可是我们不要忘却上海的抗战只是全面抗战的一个部分，察绥的自卫和平津的反攻，和上海抗战的最后胜利是息息相关的，我们应注意整个自卫战的推进。"（全集第8卷第76页）

《政治准备的补救》摘要：

"我们一方面固要认识民族解放战争的最后胜利，虽必然地是属于我们的，在持久战的过程中却须准备艰苦的奋斗，就是吃了败仗也还是要奋勇迈进，百折不回；在另一方面，我们也要尽力保障军事的胜利。关于如何保障军事胜利的这一点，我们深刻地感觉到政治准备太落后于军事的行动，实有迅速补救的必要。例如后方民众的整个的彻底组织和工作计划，都要有通盘筹划的打算和切实的执行。""政治准备必须和军事行动打成一片，才能保障军事的胜利。这是我们所要急起直追，力求补救的。"（全集第8卷第77页）

《谁的责任》摘要：

"上海的不安全，应由侵略者负责；要使上海安全，必须使日本的军舰离开黄浦，日本的军队离开上海土地。"（全集第8卷第78页）

《战的反面》摘要：

"'和平'的本身，谁也不反对，但是丧权辱国甚至亡国灭种的'和平'，却是我们所极端反对的。""中国对日本要和平，日本所要的代价必须包括这六项：（一）承认'满洲国'；（二）承认日本在华北的特殊地位；（三）共同防共；（四）东亚对欧美外交须由日本'领导'；（五）根绝全国的抗日运动；（六）由日本用武力监视以上各项的执行。这便是'和平'的代价；这便是战的反面！简单说一句，这反面是中国的道地十足的沦亡，是四万万五千万的中国人变成四万万五千万的奴隶！这代价是我们所万万无法支付的。于是余下的唯一有希

望的途径是整个民族的坚决抗战！""我们明白了战的反面，对于抗战才能下最
大的决心，对于抗战才能坚持到底。我们明白了战的反面，才能深刻地感到保
存五千年文明和卫护千万世子孙的责任都在我们的肩上，我们要用任何牺牲
去争取的。"（全集第 8 卷第 152—153 页）

《中日空军的异点》摘要：

"在杭州被我国所俘获的日空军飞行员，身旁多被搜出大批神佑符！飞机
是二十世纪的产物，身藏神佑符却不免有十六世纪的遗风，尤其可注意的是这
明明表示怕死的心理！他们的怕死，其实也确是很可怜悯的，因为他们不过做
本国军阀的工具，作毫无意义的牺牲品；这样毫无代价的死，他们满不愿意，我
们不但不忍责备他们，实在觉得他们的怪可怜！""中国的空军恰恰和这种现象
相反。我们的空军斗士知道他们的英勇抗战是为着整个民族的生存，是为着
人类的正义，所谓理直气壮，所以格外勇敢；他们身里所有的是热血肝胆，是同
仇敌忾，所缺少的却是'神佑符'这一类滑稽的货物！""我觉得这是中日空军的
一个很重要的异点。"（全集第 7 卷第 556 页）

8 月 20 日　"大约在八月二十日以后，上海街头接二连三地出现了好几种救
亡新报刊，吸引了广大的读者，人们竞相争购，这就是二十号（编者注：应是十九
号）创刊的《抗战》三日刊，二十四日出版的《救亡日报》，二十五日创刊的《呐喊》周
报等。然而到了二十九日《呐喊》第二期出版时，却传来了数起报纸被工部局扣留、
报童被打的消息，同时被扣被禁的还有《抗战》三日刊、《救亡日报》等。我们奔到公
共租界工部局去抗议，他们却拿出国民党上海新闻检查所的一纸公函道：我们是
遵照上面开列的名单查禁的。当时我们几个人都气得七窍冒烟，原来国民党的允
许民众进行抗日救亡活动是这样的假货！有人主张立即大张旗鼓地把国民党政府
这一卑劣行径揭露出去，公诸于世；也有人分析这可能是市政府的某些顽固分子在
继续作祟，还是先向上面告状。最后决定采取先礼后兵的办法，由韬奋、愈之、振铎
和我联名给国民党中央执行委员会宣传部部长邵力子发了一份电报，抗议此种破
坏抗战有损政府声誉的作法，要求立即查办此事。电报是八月三十一日发出的，九
月三日就从上海市社会局局长潘公展那里转来了邵力子一日的回电和二日的回
信。电报说：'已电询新检所饬复，最好办法为速办登记。'回信则附了一份上海新
闻检查所覆电的抄件，上面辩解道：这是一个'误会'，他们没有以公文致捕房查禁
《抗战》等报刊，他们只是送去了已登记已送检查的报刊名单，'通知捕房凡经登记
及已送检查各报刊嘱其务必保障勿予摧残'，而捕房却查禁了所开名单以外的报
刊。这真是'此地无银三百两'的诡辩，而且十分卑鄙！明明是他们要捕房查禁刊

物,却又把责任完全推到捕房身上。邵力子当然看出了他们耍的把戏,但在给我们的回信中仍旧只好说:'已得该所覆电,核阅所陈辨理尚无谬误',并再次要求我们'从速办登记,关于登记手续本部当特予通融从速也'。邵力子是我们的老朋友,他写这封信的苦衷我们也清楚,我们四个人研究后,决定让一步,遵照邵力子的意思,走个形式,到社会局补办登记手续。"(茅盾《烽火连天的日子》回忆录二十一,《新文学史料》1983 年第四期第 11 页)

8 月 23 日　《救济难民与国防经济》、《上海设停战区问题》、《抗战与建国》(以上三篇收入《激变》)、《马相伯先生近状》,载上海《抗战》三日刊第 2 号。(全集第 8 卷第 78—79 页、79—80 页、153—154 页,第 7 卷第 557 页)

《救济难民与国防经济》摘要:

"上海的抗战爆发以后,突然显现一个困难的问题,那便是数十万'难民'的汹涌,弄得大家手忙脚乱!""我们认为这巨量的'难民'都是抗战期中的国防经济建设的可贵的劳动力;倘只有消极的处置,仍不免消耗物力和人力,于抗战仍然是很大的损伤。根本的办法应该和后方各区域的(如云南,四川,贵州,两湖,两广等)国防经济建设联系起来,在'战时状态'的加速度的国防经济建设的整个计划之下,把这巨量的劳动力运用起来,分配于重工业,轻工业,以及农业生产等等部门。这样由消极的救济而一变为积极的生产,便由消耗物力人力而一变为增长物力人力,便由妨碍长期抗战而一变为辅助长期抗战,这许多被人认为'无业游民'也一变而成为卫护国家的干城了!""我们希望政府对这件事加以深切的注意,集中各方可资利用的力量,急谋迅速的进行。"(全集第 8 卷第 78—79 页)

《上海设停战区问题》摘要:

"英国正式建议在上海设停战区","这在英国为着他们的在华二万五千万镑的投资利益,当然有他们的立场。但是他们对于这个问题的看法,却须根据我们的全国抗战整个局面。有益于我们抗战的整个局面的,我们当然可加考虑,有害于我们抗战的整个局面的,我们应该毅然拒绝。我们所注意的不仅是上海一隅的问题,是整个中国抗战救亡的问题"。"日帝国主义的主力战,始终在华北,现在它在上海势穷力蹙,屡吃败仗,我们已分散了他的兵力;在实际上也就是等于协助我军在华北的抗战和反攻。在华北敌军未驱出以前,我们在南口的抗战是不应该放松的。我们在当前所集中火力摧毁的是日帝国主义的侵略,对租界的安全是无意损害的;但是我们不能纵任敌军增强华北的侵略,我们不能放弃浴血抗战所占领的区域。只须日军退出上海,上海的安全是不

成问题的。"（全集第 8 卷第 79—80 页）

《抗战与建国》摘要：

"最近东京传来的日本阁议的公表，日本政府准备长期战争，并将于九月初向议会提出新法案，使日本整个经济组织变成'战时状态'。侵略者准备长期战争，以日本的国内形势看来，只是自杀政策。但是在被侵略的中国，却须有长期抗战的准备。""这准备不是一句空话，应该是有切实的整个计划和切实的执行。""平常所谓国防经济建设，也许因环境的松懈，不免有踱方步的姿态；在这万分紧张的抗战时期，应该出于跑快步的姿态。苏联的建设天天以帝国主义的进攻警惕国人，力促五年计划在四年中完成（实际是四年零三个月），我们当前的拼命时代，比当时的苏联更紧张万倍，更应该把抗战做发动机，在几个比较处于后方的身份，加紧国防经济的建设。在整个计划之下，动员四万万五千万的国民，努力于重工业及农产品的紧急生产，大规模地建设交通，同时用教育方法，宣传工具，使努力于这些事业的人们，深切地了解多用一分力，即多为抗战增长一分力量，他们的艰苦努力，其劳绩即等于前线冲锋陷阵的战士。这才是真正的动员全国，大量的动员全国。""我们不要把抗战看作完全破坏的性质。我们要注意在抗战过程中同时把艰苦的建国事业担负起来！""当然，这种计划必须由政府来发动，必须在政府领导之下进行，但是促成此事的实现，还是要靠各方的督促提倡。"（全集第 8 卷第 153—154 页）

同日　《〈我们为什么抗战？〉按》（全集未收），载《抗战》三日刊第 2 号。

《〈我们为什么抗战？〉按》全文：

"这原是郭先生（注：郭沫若）为外国杂志做的一篇文章，目的在对外宣传，但是郭先生最近由日本冒万险回国，共赴国难，对日本情形很熟悉，这篇文章的内容也很可提醒国人对于抗战的责任，所以特地把它发表出来。"（《抗战》三日刊第 2 号）

8 月 24 日　参加上海各界抗敌后援会所召集的各救亡团体联席会议。

同日　上海文化界救亡协会主办的大型报纸《救亡日报》创刊。郭沫若任社长，韬奋等十余人任编委。（见 8 月 20 日条）

同日　《救亡日报》创刊，编委会由上海文化界进步力量，知名人士三十人组成，韬奋亦在其中。8—11 月，为该报著文 4 篇。（一）第 4 号《求胜和支持》；（二）第 20 号《九一八的惨痛教训》；（三）第 60 号《需要镇定的时候》；（四）第 73 号《根本消除心理上的暗影》。（全集第 8 卷第 134 页、132 页，第 7 卷第 637 页、654 页）

8 月 26 日　《青年和民众的工作问题》、《国防建设与总动员》、《一串串的问题》(以上三篇收入《激变》)《前线急需机器脚踏车,希望有人捐助》、《一个八岁小弟弟献银救国》、《答朱草明、许白天》、《答善鸿》、《答倪润之》(以上三篇未署名),载上海《抗战》三日刊第 3 号。(全集第 8 卷第 80—81 页、81—82 页、154—155 页,第 7 卷第557—558 页、558 页、559 页、560 页、560—561 页)

《青年和民众的工作问题》摘要:

"最近记者和好多朋友所深刻感触的有一件事,那便是有无数青年,无数民众,要想在这紧急的时期里替国家做一些工作,但是却得不到工作做,不知道怎样把自己的力量贡献给国家,感到苦闷万分,无法解决。""就一方面看,这是最可欣慰的一种现象,因为于此可见无数青年无数民众爱国意识的普遍,为国家努力的心情的热烈。这是中华民族必然能够复兴的心理上的基础。""就另一方面看,怎样消除无数青年无数民众的苦闷,怎样具体地解决这个问题,却是一件值得大家努力筹谋的非常严重的事情。""这个大问题,当然不是任何个人的力量所能解决。记者因此特为调查民众团体对于这件事的情形。""记者一方面仍对抗敌后援会建议,联络党政机关,及各救亡团体,重新审查前后方的实际需要,在可能范围内尽量动员自愿投效的人们,一方面仍觉得根本的办法还是要注意国防建设的整个计划(讲到自愿投效的一点,在这里想附带提及一件事:据庞京周医师说,现在华北后方伤兵医院需要医生八十人,每人生活费每月五十至一百元,现在上海医生肯去的只有十八人,倘有医生愿为国牺牲的,请速与红十字会医院庞医生接洽)。"(全集第 8 卷第 80—81 页)

《国防建设与总动员》摘要:

"在这抗战的紧急时期,当然以军事为中心,国民的总动员当然要以保障军事胜利为中心目标。但是所谓总动员固然不是人人都赴前线参战,也不限于显然和军事有直接关联的事情,凡是巩固后方,增加生产,加速训练的一切工作,尤需要有通盘筹划的具体布置,动员大多数人来参加。尤其因为我国对日本的侵略要作持久战,这种巩固后方,增加生产,加速训练的一切工作格外重要。"(全集第 8 卷第 81 页)

8 月 27 日 《求胜和坚持》,载上海《救亡日报》第 4 号,收入《激变》。(全集第 8卷第 134—135 页)

《求胜和坚持》摘要:

"为抢救民族的危亡而抗战,我们当然希望打胜仗,这是所谓人同此心,心同此理,凡是中国人都应该有的心理。已往十几天的抗战,日本的海军陆战队和空军都被我们打败,我们都得到相当的安慰和愉快,便是由于这种心理的表现。""但是在这里似乎也含有一种危险的成分，那便是只有求胜的情绪而忘却了沉着的意志，万一军事偶有失利（在抗战的艰苦过程中，军事上偶有失利是可能的事，虽则不是我们所愿有的），大家在心理上也许要趋到别一绝端，弄到心灰意冷，把过程中的偶然失利即视为失败，坚持的精神为之破坏无余，这是对于我们的抗战的最后胜利有着致命的打击，是我们在事前所应当大声疾呼，唤起一般民众的注意的。""我们现在所尤其要集中注意的是一面英勇抗战，一面还要努力从种种方面巩固持久战的基础。例如财政问题，生产问题，交通问题，民众的组织、训练和工作问题等等，加以切实的研究和具体的解决。我们要沉着，要苦干，打胜仗，我们这样干下去，就是偶有失利，我们也还是要咬紧牙根继续干下去。"(全集第 8 卷第 134 页)

8 月 29 日　《持久战的重要条件》、《实业家的责任》、《紧张中的建设》(以上三篇收入《激变》)、《答任一》、《答卓杰宇》、《答包霖》、《答乐华》、《答季业威》、《《抗战》三日刊第 4 号》附启》(以上六篇未署名)，载上海《抗战》三日刊第 4 号。(全集第 8 卷第 82—83 页、83—84 页、155—156 页，第 7 卷第 561—562 页、562 页、563 页、563 页、563—564 页、564 页)

《持久战的重要条件》摘要：

"日帝国主义的侵略中国，因为只是发动于少数的军阀和财阀的暴行，全国人心涣散，财政危机四伏，所以公开宣言渴求速决战。被侵略的中国正是要利用敌人的缺憾，须用持久战来促成敌人的崩溃。""持久战有持久战的重要条件。""军事方面的不失时机，坚持抗战；外交方面的积极推动，运用灵敏，这诚然都是持久战的非常重要的因素。""在心理上，我们首须认清的，是这次为抢救危亡而抗战的历程是艰苦的历程。在这历程中，军事上的偶有失利是可能的，最后的胜利是决定于我们能否坚持下去，能否反攻，能否源源不断的有后援。民众方面认清这一点，便应该存着百折不回义无反顾的沉着的心理，而永远不致因偶然的失利而心灰意冷，嗒然若丧，失却继续奋斗的勇气。在物质上，我们一面抗战，一面仍须注意于生产的继续；不但继续而已，必须利用全国的沸腾的心理，悲愤的情绪，努力的愿望，在整个的国防经济建设的计划之下，作加速度的更紧张的生产工作。有了生产上的后援，经济上的后援，民众不致因生产破产经济破产而饿死于沟壑，然后军事上才有源源不断的后援之可能，然后最后的胜利才有把握。"(全集第 8 卷第 82—83 页)

《实业家的责任》摘要：

"现在不是人人都发愤要替这紧急时期中的祖国尽力有些贡献吗？我们

认为爱国的实业家对于抗战时期中的国防经济建设，实有努力贡献的莫大的机会。我们很诚恳地希望他们不要错过这个机会。""实业家对于所专的生产部门不但有丰富的经验，而且有相当的实力。在这全民团结御侮的迫切时期中，我们希望他们能奋然兴起，替国家负起一部分的重要责任。"（全集第8卷第83—84页）

《紧张中的建设》摘要：

"中国要从死里求生，一方面在前线要英勇抗战，一方面在后方还要努力建设。讲到建设，就一般说来，也许有人觉得需要和平的环境；能在和平的环境中建设，当然是最好的事；但是在侵略者残酷进攻的时期，不许我们有和平，所以我们要巩固持久战的基础，虽在抗战的紧急时期中，在后方的几个省份里，格外要加速地努力于建设，——在中央所主持下的有整个计划的建设，以保障抗战胜利为中心的建设。""在紧张中的国防建设，还有几个特殊的优点：第一有抗战救国的显明目标做发动机，国民都情愿在最低限度的生活下为国家奋斗；深切地了解能为国家建设事业多尽一分力，即为国家的救亡图存多增一分力量。尤其是国营的建设事业，生产的盈余归国有，国民更愿艰苦奋斗，为国努力。第二，即有一部分利用民间资本，亦可由政府规定最低限度的利润额，或效美国在大战时期所施行的'利润税'，限制私人的利润，增加国库的收入。在抗战救亡的发动机之下，企业家分出相当部分的利润来增加国力，使国家得到最后的胜利，使自己和自己的子孙不致沦入奴籍，这绝对没有人敢反对，愿反对的。""这是中国缩短建国过程的莫大的机会，我们不应错过！"（全集第8卷第155—156页）

9月1日 《全面抗战开展以后》，载《世界知识》、《妇女生活》、《中华公论》、《国民》周刊战时联合旬刊第1期。（全集第7卷第565—567页）

《全面抗战开展以后》摘要：

"在全面抗战开展以后，我们对于前线的战讯，虽有着深切的关怀，我觉得我们的思考却要特别集中于如何巩固持久战的基础问题，也可以说是如何巩固后方的问题。再具体点说，便是经济建设问题和民众组织问题。这两个问题如果没有得到适当而迅速的解决，巩固后方的问题，或巩固持久战的基础问题，便无从解决。""别的不说，只这个难民和失业的扩大现象，已是非常严重的问题，对于持久战是一个很大的障碍。要根本解决这个问题，决不是可以仅仅由于调查登记等等的一套老把戏，必须有整个的国防经济建设计划，在比较后方的各省里迅速实行起来，在紧张的环境中，抗战救国的大目标下，动员大多数的人民,从事加速的生产工作。""还有一件同样重要的事情,那便是民众的组织问题。""在全面抗战开展以后,各处的抗敌后援会和救亡协会纷纷成立,有如雨后春笋,""但是这实在太不够。这类后援会和救亡协会,只是偏于少数上层的凑合,和一般的大多数的民众,相去十万八千里,彼此好像是风马牛不相及的"。"近代国家的战争,不只是一国的军事和别一国军事的战争,却是整个国家和别一个整个国家的战事。所以民众——广大的民众——必须组织起来,和有组织的军队打成一片,然后才有胜利的把握。""倘若我们不把这广大的民众组织起来运用起来,便无异把自己的优点消除,以减损抗战的实力"。(全集第 7 卷第 565—567 页)

同日　《战争时期的文化工作》,载《文化战线》创刊号。(全集第 7 卷第 567—568 页)

《战争时期的文化工作》摘要:

"文化工作有两大类:一是教育者,一是新闻记者(包括编辑人)。教育者……在战争时期中的工作,应在政府所定的整个计划之下,作紧张加速的教育工作,——以抗战救国为中心的基本教育及生产教育。""新闻记者,除了报人要努力于正确的报道以外(在战争时期,正确的报道是特别艰苦的工作),我觉得最最重要的,是要努力为大众筹思怎样具体地来解决当前的紧迫的种种问题。""新闻记者当然不是万能的,但是至少他应该要做许多专家的'轴心';尽推动,唤醒,汇集,提倡等等的责任,由此促成或加速种种紧迫的重要问题得到具体的合理的解决。""战争时期的文化工作应以巩固抗战的基础,及保障抗战胜利为中心。"(全集第 7 卷第 568 页)

9 月 3 日　往访化学专家兼实业家吴蕴初,谈国防经济建设问题。韬奋提及一般人认为困难的四点:原料问题、资本问题、电力问题、交通问题。著文《实业家对国防建设的意见》。(全集第 8 集第 158 页)

同日　《一枝火箭》、《汉奸问题》(以上两篇收入《激变》)、《〈从战区逃出的一个工人〉按》、《答丁大中》、《答金光卫》、《答黄宗汉》、《答我见》、《答杜绝》、《答吴光伟、张道平》、《答同志远》、《答范斯君》、《答杜子美》、《答毛雨岑》、《答陆壮焱》、《答张其康》(以上十二篇未署名),载上海《抗战》三日刊第 5 号。(全集第 8 卷第 84—85 页、85—86 页,第 7 卷第 569—570 页、570 页、571 页、571 页、572 页、572 页、573 页、573 页、574 页、574 页、574—575 页、575 页、575 页)

《一枝火箭》摘要:

"据本月一日路透社巴黎电讯,《巴黎日报》说《中苏互不侵犯条约》是'插入日本蛮牛颈项的第一枝火箭',这实在是一句极妙的话语。""我们现在全国所积极努力的是抵抗日帝国主义对于我们国家民族的残酷侵略;说得具体些,是要从种种方面,运用一切力量保障我们的军事胜利。诚然我们的民族解放是要靠我们自己的努力,但是在外交上争取有利于我们的形势,也是在我们自己努力范围内很重要的一个部分。当侵略者横行无忌残酷绝伦的时候,由两个爱好和平的伟大的国家公开斥责侵略的战争,震惊世界,暴露罪恶,在'蛮牛颈项'上'插入''一枝火箭',在侵略者方面当然是一个严重的打击,在反侵略者方面当然是一个优越的形势。""这互不侵犯条约所以迟迟到最近才完成的,在事实上是由于英美的牵制,最近由于我国的坚决抗战,英美及国际形势为之一转,这条约也得到实现的机会,所以还是出于我国自身的努力。我们愈努力,国际形势必然地愈有利于我们。这一点实在值得我们深刻的注意。""立于共同反侵略的和平阵线,为世界正义而奋斗的阵线,我们希望在互不侵犯条约订立之后,还有进一步互助条约的订立。这不仅限行苏联,凡是赞同制裁扰乱世界和平者的各国,如英美法等,我们也竭诚欢迎他们加入这个集体安全的伟业。"(全集第8卷第84—85页)

《汉奸问题》摘要:

"随抗战形势的展开,汉奸的暴露也随着增加,于是有些人惊叹于汉奸之多,大发其悲观论,甚至认为这是中国人的无可救药的特有现象。其实这是各国在战争时期也有的现象,不过制裁的方法有优劣,猖獗的程度有大小而已。""我们对于这种现象无须悲观,更不必牵制到什么民族性上去,最重要的是要大家分头努力于制裁的方法。""最骇人听闻的是最近幸而被发现枪决的汉奸,竟有高级官吏黄浚在内,听说他担负了这个死有余辜的任务好几年,每月得贿万元,则其平日的行迹必有疑点该早发现。所以我们觉得政府应下一番'肃政'和'肃军'的工夫,否则国家所受的危害太大了!""至于一般的汉奸,军警的侦察周密,执法严厉,固属应有的办法,而尤其基本的还是要靠有严密组织的民众的力量,和军警联络合作,同时对于一般国民最低限度的生计,有通盘筹划的办法。"(全集第8卷第85—86页)

《答杜绝》全文:

"雷同的报纸刊物过多,徒然损耗物力,确是一个不好的现象,所以我们以为没有特色的刊物,还是以不出版为是。你指出各种刊物里常常登载着同一作者撰述的几篇文章,可以看出刊物纵然很多,作者却依旧是原班人马,同时可以想见许多作者所负文债的苦况;你又指出这样重复的出版物也消耗读者

的经济力。这是很中肯的话，希望能引起出版界的注意。"（全集第 7 卷第 572 页）

《答毛雨岑》全文：

"报国之道并不限于'拿了枪杆跑到前线去杀敌'，近代的战争，军事只是一个部分，其他部分如经济文化等等部门，都在在和保障军事的胜利有关系。我们应该各就自己所受过的训练，及所擅长的职务，作更艰苦的奋斗。"（全集第 7 卷第 574—575 页）

9 月 3 日至 11 月 9 日　两个月多，在《抗战》三日刊第 5 号至第 25 号，公开刊登共产党人潘汉年的文章 12 篇。

9 月 6 日　《整理内部》、《后方的防御工事》、《实业家对国防建设的意见》（署名记者，以上三篇收入《激变》）、《答余济民》、《答樊希静》、《答郑祜》、《答童皋》、《答吴薰等》（以上五篇未署名），载上海《抗战》三日刊第 6 号。（全集第 8 卷第 86—87 页、88 页、158—159 页，第 7 卷第 576 页、576—577 页、577 页、578 页、579 页）

《整理内部》摘要：

"自上海抗战发动以后，最使我们感奋的是我们的前线战士英勇作战，视死如归，虽敌军统帅，也不得不对西报记者承认中国战士的勇敢。我们常听到军队到一个地方先要建筑防御工事，巩固防御工事。我们想到怎样保障我们的光荣的军事胜利，觉得应该注意到广义的防御工事。所谓广义的防御工事，就是要迅速而有计划的整理内部。""讲到我们内部，全国的团结御侮，同仇敌忾，在心理上的基础诚然已有了巩固的'防御工事'，这种例证，随处都是。""为什么要抗战，无论贩夫走卒，妇孺老幼，都易于明白的。这和侵略国恰恰相反。他们打了许多时候，最近政友会还要求日政府明确宣布究竟为什么向华用兵！""我们全国在心理上的这种基础，便是整理内部的发动机，效果如何，要看我们是否能利用这个发动机来赶快整理我们的内部，巩固我们的后方。后方的'防御工事'做得好，前方的防御工事才不至于白做。""我们每想到前线战士的为国牺牲，没有不感泣兴奋的。但徒然感泣兴奋是无济于事的；我们必须赶紧努力于整理内部，用前线战士的同样的紧张的态度，努力的精神，牺牲的决心，分头在实际上建筑或巩固后方的'防御工事'，保障光荣的军事胜利；这样才对得住前线艰苦作战的战士，才对得住为国牺牲的无数烈士！"（全集第 8 卷第 86—87 页）

《后方的防御工事》摘要：

"我们的内部在目前亟待整理的工作，在军事和政治方面，当然都有'肃清'和'加紧'的必要（例如肃清汉奸也是一件非常重要的事情），而在民众方面更有直接参加机会的是生产工作,组织工作,和文化工作。关于生产工作,我们屡次讨论到紧急性的国防经济建设;关于组织工作,尤其注意的是广大的民众组织;关于文化工作,尤其注意的是广大的民众训练。军事、政治、生产、组织、训练:这五项可以说是后方的'防御工事'的最重要的子目。这后方的'防御工事'巩固到什么程度,军事的胜利所得到的保障也到什么程度。首两项偏重在政府的工作,我们不能多置喙,后两项特别需要广大民众的参加,特别需要我们的思考和规划。"(全集第8卷第88页)

《实业家对国防建设的意见》摘要:

"提及一般人所认为困难的有四点:第一是原料问题,第二是资本问题,第三是电力问题,第四是交通问题。""吴先生承认在这艰苦的时期中,国防建设也必然是很艰苦的,不过他不承认天下事没有办法。不过有些办法是比较的容易,做起来顺手些;但只须真肯努力,不会没有办法的。""最后我们偶然附带谈到农业生产的重要。他特别提出我国对于食料当力避浪费。他说在外国看外国人吃菜,把盆底吃得干干净净,中国请起客来,往往糟蹋不少的菜肴;我们应该为国节省物力,再不该那样浪费了。"(全集第8卷第158—159页)

《答余济民》全文:

"你主张'可恶已至极点的汉奸,捉到了就枪毙,不但耗费了子弹,而让它无痛苦地死去,太便宜它了;最好先割它的耳、鼻、舌头,然后挖它的两眼,使它受些活罪,深悔不该帮助敌人,最后再砍它的头颅,将头挂在各地的热闹地方,以儆一戒十。'汉奸固属可恨,但是治本的方法,还是要分析它的来源,除极少数丧心病狂如黄浚之类的高等汉奸外,一般的汉奸大抵都是由于贫穷和无知。关于第一点,国家须迅速实行非常时期的紧急生产计划,以解决一般人民最低限度的生计。关于第二点,广大的民众组织,广大的宣传,广大的民众制裁力,都须受到深切的注意。所以就某种意义说起来,倘若是由贫穷和无知而陷入了汉奸的泥坑里去,在负有卫护人民责任者方面,也辞不了他们的罪咎。我们倘若不从根源方面消灭汉奸,断绝汉奸的来源和正确的制裁法,(广大的有组织的民众的告发和制裁)那汉奸是难免要随着战事的扩大而增多的。"(全集第7卷第576页)

《答童皋》摘要:

"你所提及的几点,简答如下:(一)中国抗战会不会胜,这问题不是简单几句话说得清楚的。日本的侵略只是发动于少数军阀和财阀,国内大众都厌恶战争,加以财政非常困难;中国是全国不愿做亡国奴的整个民族的抗战,以全国的人力物力，精诚团结作持久战，我们深信最后的胜利一定是属于我们的。如说中国一下不能把日本赶出去，就说中国不能胜，这种人就不明白民族解放要经过艰苦的历程，不是可以塌便宜的。日本既是侵略中国，当然在中国土地上打，这点吃亏是无法避免的，难道怕这点吃亏就束手待毙，让日帝国主义来灭亡我们全国吗？（二）中国可运用国际形势，得到互助，立于反侵略的共同战线上合作，并不是把国家送给那一国。（三）中日战争的结果是否会'给别国渔翁得利'，这要看我们自己的努力，徒然惧怕是无用的。"（全集第 7 卷第 578 页）

同日　致函冯玉祥，约他为《抗战》三日刊撰稿。(9 月 14 日《抗战》三日刊第 11 号，冯玉祥复韬奋函)

9 月 9 日　受英租界外人压力，《抗战》三日刊自第 7 号起至第 12 号、14 号、15 号、17 号、19 号至 26 号更名《抵抗》三日刊，11 月 16 日第 27 号起恢复《抗战》三日刊名。

同日　《中国人的责任》《失业工友和人力》(以上两篇收入《激变》)、《答黄今科等》《答潘雅南》《答一得》《答致远》《答孙立己》《答邵振为等》(以上六篇未署名)、《〈由火线上来〉按》，载上海《抵抗》三日刊第 7 号。(全集第 8 卷第 89—90 页、90—91 页，第 7 卷第 579—580 页、580 页、580—581 页、581 页、581—582 页、582 页、582—583 页)

《中国人的责任》摘要：

"中国人的浴血抗战，抵御日帝国主义的侵略，为的当然是要抢救我们的祖宗所遗留下来具有的五千年文明的祖国，和千万世子孙的福利。只就这一点说，已经值得我们牺牲一切，为我们的祖国而苦斗。""我们为祖国的生存而战，同时也是为世界的和平和安全而战。我们为祖国驱除我们的民族的敌人，是我们对祖国应负的责任；我们为世界驱除人类的刽子手，也是我们对世界应负的责任。""日本有知识者都极力反对和中国作战，他们""都说今日最有益于日本和日本人民的，就是他们的陆海军在中国受到好好的打击；他们都痛恨他们军阀的狂乱行动，但是因为无力制止，只有切望其倾覆罢了。足见中国的制裁日帝国主义，对于日本的大众也是有利的。""我们的牺牲和苦难不但是为祖国，而且也是为世界人类，甚至也是为敌国的大众，那末任何牺牲任何苦难的忍受，都是值得的。"（全集第 8 卷第 89 页）

《失业工友和人力》摘要：

"自抗战爆发以后，大家嚷着集中全国的人力，物力，财力，增强国力以抗敌御侮,这是完全对的。十几万的产业工人,无疑的是一支'人力'的生力军,消极的救济还只是暂解倒悬;根本办法,应该要注意怎样运用这样可贵的'人力'于积极的任务。积极的任务大概不外两种:一种是组织起来,在党政军领导主持之下,参加辅助军事上当前需要的任务;一种是在政府国防经济建设计划之下,积极参加生产的事业。"(全集第 8 卷第 90—91 页)

《答一得》摘要:

"你说敌军的士兵受军阀压迫来侵略中国,并非出于自愿,我们优待俘虏,可使他们充分认识谁是真正的敌人,所见甚是。据我们看来,现在略有思想的人,都不赞成以虐待为报复之计的"(全集第 7 卷第 580 页)

9 月 13 日　《世界同情》、《哀敬中的奋勉》(以上两篇收入《激变》)、《答之方》、《答陈声》、《答杨克萍》、《答汪国英》、《答"吴淞口的小百姓"》、《答王静之》、《答李华孙》、《答余瑞麟》、《答于南俗》、《答黄正衡》(以上十篇未署名),载上海《抵抗》三日刊第 8 号。(全集第 8 卷第 91—92 页、92—93 页,第 7 卷第 584 页、585 页、585 页、585—586 页、586 页、587 页、588 页、588 页、589 页、589 页)

《世界同情》摘要:

"世界上的一致同情,无疑的是由于中国在英勇抗战中的艰苦奋斗所引起的,西谚有所谓'天助自助者',渺茫的天不可知,我们所可信者是'人助自助者',个人间如此,国与国间,民族与民族间也是如此。日本侵略中国的土地,蹂躏中国的主权,不自今日始,但是世界的同情每在我们的英勇抗战奋发自救的时候,才表现出来;而且每当我们的抗战愈英勇,自救愈奋发,世界对于我们的同情也愈深厚。机械论者往往不是偏于中国处于孤独地位的说法,便是偏于中国只有倚赖外援的主张,其实世界对于我们的道德的援助,以至进一步的实际的援助,都是由于我们的'自助'所引起,而由此引起的'人助',也反过来有裨于'自助'所增强,这两方面是有着相辅相成的作用的。明白了这样的观点,我们一方面固然要努力'自助',一方面也要尽量运用'人助'。我们应该深信,为民族解放及世界正义而英勇奋斗的中国,决不会孤立的。"(全集第 8 卷第 91—92 页)

《哀敬中的奋勉》摘要:

"我们每想到前线战士为国牺牲的惨烈,都应该感愧奋发,更以赤诚为国效命。尤其是平日受国家优厚的待遇,而对国事并未有切实贡献的人们,对平日所受待遇菲薄而临阵视死如归的抗战先烈,应该愧死! 全国同胞于哀敬之余,尤须在事实上从种种方面保障抗战的最后胜利,同时还要提防潜伏的大汉奸们蠢蠢思动，死灰复燃，为个人的私利计而宁愿中途妥协，出卖民族利益。这种潜伏着的祸患，必须在广大民众的严厉制裁之下才能根绝的。"（全集第 8 卷第 92—93 页）

同日　在《抵抗》第 8 号，刊登《朱德等就职抗战通电——坚决抗战众志成城》。

9 月 14 日　冯玉祥复韬奋函：

"韬奋先生：接读九月六日大书，至为欣慰。前寄奉拙作诗稿数首，承陆续在尊编《抵抗》三日刊发表，玉祥业已看到。贵刊内容丰富切实，而眼光犹为正确远大，诚为今日抗战中之指针，若能努力推行内地，以获取更广大之读者，必收更多更佳之效益也。兹另邮再奉拙稿十首，望请斧正，斟酌录用。玉祥以后军中得暇，拟每日写作一首，俾于本分职守外，略尽鼓吹之力。惟文字拙劣，不脱丘八本色，如蒙与以不客气的批评，幸甚幸甚。端布。敬颂　编安　　冯玉祥敬启。"（《抗战》三日刊第 11 号）

9 月 16 日　《防线移动》、《迫不及待的问题》（以上两篇收入《激变》），载上海《抵抗》三日刊第 9 号。（全集第 8 卷第 93—94 页、94—95 页）

《防线移动》摘要：

"听到'我军撤退'的消息而不免惶惑恐惧的人们，却有他们从一二八战役遗留下来的心理上的暗影。""其实八一三的抗战和一二八的抗战有个根本的差异：一二八只是局部的抗战，所以随随便便的结束，撤退就等于完结；八一三是整个国策下的抗战，战略上的移动防线是作战过程中的常事，并不是完结的表示，反而是再打下去的张本。明白了这一点，从一二八遗下的心理上的暗影便无从作祟了。""我们要竭诚拥护'打到底'；就是在过程中打了败仗，我们还是丝毫不该动摇，还应该很沉着地很坚决地拥护'打到底'；况且这次只是防线移动，并不是败退，倘若不免动摇，那就不知道持久战果作何解了！"（全集第 8 卷第 93—94 页）

《迫不及待的问题》摘要：

"我觉得我们对于防线移动用不着着急！要着急的倒是巩固后方的问题。就上海而论，工业区域如杨树浦（以棉纺织工人为大宗），浦东（以丝织工人为大宗），闸北（以缫丝工人为大宗），及沪西（亦以纺织工人为大宗）等区原来所容纳的工人就在四十万人以上，自沪战发生以后，都受到严重的打击。听说失业工人离沪返乡的已有十五万人，这十五万人返乡后如何维持生计，已是问题，而余下的前途茫茫，也是迫不及待的问题。最近又有全市丝厂停歇的消息，沪市各丝厂商及茧商都已无力向浙省收买秋茧。这种形势如任其拖延下去,对于巩固后方是有着很严重的恶影响的。""当局及地方团体能注意到这件事,并设法救济,固然是一件好事,但是我们觉得仅仅遣送回籍,在上海方面也许可以减少一些危机,而从抗战的整个后方看来,危机仍然存在,不过地址略有迁移罢了。我们希望各方面还要进一步督促政府迅速实行非常时期的国防经济建设计划,在这非常时期的紧张建设中,容纳大量的人力,才是根本的办法。"(全集第 8 卷第 94—95 页)

9 月 18 日　《九一八的惨痛教训》(收入《激变》),载上海《救亡日报》第 20 号。(全集第 8 卷第 132—134 页)

《九一八的惨痛教训》摘要:

"九一八的惨痛教训,第一件是当时有许多人认为这只是东三省的问题,认为日本所要掠夺的只是东三省,我们虽大声疾呼,说明九一八只是日本帝国主义沦亡中国企图的开始,没有多少人理会"。"现在事实摆在眼前,九一八不是东三省的问题,是整个中国的问题,这个事实,谁也不能否认了。""第二件是九一八的国耻由于不抵抗所造成。""现在由于这样的惨痛教训,敌人来侵略我们的国土,谁也知道非抵抗不可了。抗战在事实上已一天天在扩大,抵抗当然已不成问题。但是还有一个相似的危机,我们不得不严密提防的,那就是有些人在以前倾向于妥协主义者,一遇军事上在过程中偶有失利,即可死灰复燃振振有词,破坏抗战的坚持,而跑上投降的路。这种苟且偷安的潜伏的心理,和以前的不抵抗是一鼻孔出气的,其遗毒也许比以前的不抵抗还要来的厉害,我们要格外预防这种祸患的发生。"(全集第 8 卷第 132—133 页)

《为〈生活画报〉赠抗日战士题词》:"这是生活书店珍藏的画报　敬以贡献于为国苦斗的战士们　备休养或休息时的浏览"。(收入《韬奋手迹》第 73 页,全集第 7 卷第 584 页)

9 月 19 日　《惨痛的教训》、《人力移防》(以上两篇收入《激变》)、《〈刚离监狱的囚徒〉按》,载上海《抵抗》三日刊第 10 号。(全集第 8 卷第 95—96 页、96—97 页,第 7 卷第 590—592 页)

《惨痛的教训》摘要:

"东北在不抵抗中沦亡,使日本帝国主义唾手得到侵略华北的根据地,华北又轮着被我们的民族敌人占为侵略华中华南的根据地。我们从这样铁一般的事实,应该深刻地明了中国的生存是整个的,不能分裂;敌人对于任何局部的侵略,只是继续再侵略的张本,日本帝国主义的对象是要沦亡整个的中国,局部的先后,不过是时间问题罢了。所以国人绝对不应再存局部苟安的心理，而视先沦亡的惨痛，好像和自己不相干，却要知道存则共存，亡则共亡，没有什么例外的。这是我们所不可忘却的一个教训。""现在全国在抗战救亡的大目标下统一对外，英勇的战士浴血抗战，固非当时的形势所能比拟。""我们要发挥整个民族的力量来作持久战，不应以仅仅避免内部磨擦为已足，不应以仅仅动员军事为已足，还要进而努力彻底组织广大的民众，真正运用全国的人力物力然后才能保障抗战最后胜利。这是我们所不可忘却的另一个教训。"（全集第 8 卷第 95—96 页）

《人力移防》摘要：

"近来'救济'的呼声盛极一时，难民需要救济，失业也需要救济。办救济者自谓已筋疲力尽，而救济的效用至多不过含有消极或消耗的意义，至于救济的力量有限，很难普及，那更不消说了。在这些难民和失业者里面，有大部分是具有生产或其他工作能力者，人力救济实即等于人力消耗，所以我们认为人力救济要设法代以人力移防。'遣送'似乎类于移防，其实'遣送'在实际上不过使难民或失业者改一改地址，仍然是消极的，移防是指把用不着的人力移到有用的地方去，是积极的。""怎样才能实行人力移防，很显明的是必须有'防'可移；换句话说，政府必须从速实行非常时期的生产计划，有了这样的'防'，然后才能把所需要的人力'移'过去。"（全集第 8 卷第 96—97 页）

《〈刚离监狱的囚徒〉按》摘要：

"我们要集中整个中国的力量以对付日本帝国主义的残酷横暴的侵略，然后才能保障最后的胜利。所谓国力，不外人力和物力。关于物力，我们一方面要极力避免消耗，一方面要在非常时期作加速度的生产。关于人力，也可引用同样的原则，就是要在非常时期对尚未成熟的人材作加速度的训练，一方面要尽量运用已有的人材，至于不该把已有的人材置之闲散，甚至置之牢狱里面，那更是不消说的了。""据我们在各方面所得到的消息，还有一部分政治犯仍在呻吟于囹圄之中，徒具一腔为国牺牲的热血而无处可洒，这仍然是一件憾事。我们很诚恳地希望政府对此事加以严重的注意，在最短期内作进一步的释放，使一切人力都能在政府领导之下，为救国而共同努力。"（全集第 7 卷第 591—592 页）

9 月 20 日　《同道相知》，载上海《立报》。（全集第 7 卷第 592—593 页）

《同道相知》摘要：

"俗谚有句话叫做'同病相怜'，谢先生吉人天相，没有听说他有什么病，我也总算叨福健康，用不着'相怜'，可是讲到拉稿的编辑生涯，也许可说是'同道相知'。""我向来觉得脑子不大够用,总希望多吸收少发表,除在自己所干的刊物外,不敢在别处多噜苏。""今天是《立报》的二周纪念,《言林》又为《立报》的一个很有成绩的部分,而谢先生一拉拉了整整两年而仍未放手,这可以说是《立报》所以成功的努力精神的象征"。"时光过得真快,我这后生小子,不自觉地干了十五年的编辑。为着做了编辑,曾经亡命过;为着做了编辑,曾经坐过牢;为着做了编辑,始终不外是个穷光蛋,被靠我过活的家族埋怨得要命。但是我至今'乐此不疲',自愿'老死此乡'。""根据'同道相知'的定律,我可以想象到《立报》诸先进的艰苦经营和谢六逸先生的苦心孤诣,愿在这一天为出这一点不成文的东西,竭诚表示我的敬意。"(全集第 7 卷第 592—593 页)

同日 《轰炸南京》、《救亡工作》、《为国家废寝忘食的两个女青年》(署名编者,以上三篇收入《激变》),载上海《抵抗》三日刊第 11 号。(全集第 8 卷第 97—98 页、98—99 页、162—164 页)

《轰炸南京》摘要:

"日本帝国主义的进攻中国,目的要打到中国屈膝,也就是要打到中国跪下来。大举轰炸首都的恫吓,也无非要想吓得中国跪下来。但是我们却是'置之死地而后生',日本帝国主义置中国于死地,中国人随时随地都可死,对于死的恫吓,已司空见惯,不觉得可怕,反而要以不怕死的决心,全国愈益精诚团结起来。和我们的公敌,我们的公共刽子手,作生死的猛烈斗争。我们愈益深信只有这样才能保全我们的民族,才能避免我们千万世子孙的惨境。在抢救我们整个民族的伟大生命和保护千万世子孙安全的目标之下,我们任何个人的生命都是可以在这大斗争中供牺牲,至于身外物的财产,那更不消说了。所以日本帝国主义把死来恫吓我们,以为这样可以使我们下跪,所得到的结果适得其反,反而使我们不怕死,反而使我们更团结,更沉着英勇地抗战!"(全集第 8 卷第 98 页)

《救亡工作》摘要:

"自抗战展开以后,各人都想能对中国这个空前大时代尽一分责任,于是要求救亡工作的声浪,随处可以听得到。这种对国家民族肯负责任,肯在实际工作上努力,实在是极可宝贵的精神,也可以说是我国的一个很大的进步。""大家嚷着救亡工作,什么是救亡工作,倒值得我们用比较冷静的脑子来辨别一下。初想起来,我们很自然地要想到陆空军将士在前线的英勇杀敌,慷慨牺牲。我们如果身为军人,受过军事训练,得着直接杀敌的机会,这问题便容易的解决了。其次我们也许要想到辅助军事的种种工作,如前线的运输、救护、供给，乃至掩埋种种工作，如后方的救济、看护、募捐、征求军需用品等等工作；如得到机会参加，心理上似乎也可以安一些。这些见解都不错，但是倘若除此以外，便觉得都和救亡工作无关，那便是不免误会。其实所谓全国总动员是包括有政治、经济、文化等等部门的。我们要从各方面推动或努力。诚然，这各部门在抗战的时期中应该有计划地和整个国防联系起来。例如平常也有工业，在这非常时期，应该集中力量于重工业的几个特别重要的部门，平常也有农业，在这非常时期，应该集中力量于几种生活需要上尤其重要的农产品；平常也有交通，在这非常时期，应该集中力量于几条重要路线的短期速成；平常也有教育，在这非常时期，应该集中于加速度地训练特殊人材，加速度地普及农民教育。参加这样有计划地和整个国防联系起来的工作，都是同样重要的救亡工作。在目前，我们应该从各方面推动政府迅速使各部门的工作和整个国防联系起来。这是一切救亡工作的先决问题！"（全集第 8 卷第 98—99 页）

《为国家废寝忘食的两个女青年》摘要：

"我们不要把救亡工作的意义看得太狭隘。现在大家一想起'救亡工作'这个名词，往往都限于和军事有直接关系的工作。和军事有直接关系的工作，如运输救护等等，是救亡工作的一部分，谁也不能否认，但是所谓全体动员的范围却不限于前方的工作，在后方的经济（生产）文化等等部门的工作，在表面上看来似乎是和前方军事没有直接的关系，其实都是整个抗战工作的不能少的部分。例如在后方做一个教员，如能把非常时期中所需要的知识技能授给青年，替持久战培养'后备军'，我认为他的工作便是救亡工作的一部分。""如把救亡工作的意义看得广些，寻觅工作的可能性也许也可以广些，这是我们所想贡献的一点意思。当然，民众组织不够，前后方供需的不相呼应，这事实同时还是存在的，还是有待于补救的，并不能因我们有这样的解释而一概抹煞的。"（全集第 8 卷第 164 页）

9 月 24 日 《中国的抗战能力》，载《非常情报》创刊号。（全集第 7 卷第 593—594 页）

《中国的抗战能力》摘要：

"日本帝国主义对我国作残酷疯狂的侵略，在华北和上海引起了猛烈的血战，中国是否有抗战的能力，已有了事实上的表现，平津在两天内的陷落，不是由于抗战，是由于宋哲元幻想所谓'和平'，始终没有抗战的决心和准备，上了敌人的大当而一败涂地。像卢沟桥只有一团之众，英勇抗战，便能死守达两星期之久。一团之众和二十九军的全部十万大军，在数量上相差怎样远，这是无须解释而自明的,但是一团之众能坚决抗战,其抗战所得的结果竟非十万大军所能比拟。中国是否有抗战能力,这也是一个很明显的实例。""近日上海的抗战,更是在上海的人们所亲眼目睹的事实。""事实胜雄辩。这些事实都是中国确有抗战能力的铁证,我们所以要特别提出这一点,不是说在坚苦抗战的过程中中国决不会打几次败仗,却是因汉奸理论强,是常把中国没有抗战能力动摇国民一致团结的心理。""中国在军事上的物质设备虽较逊于敌人,但是'两军相对哀者胜矣'。全民族的团结救亡的战争和帝国主义的侵略战争,在实质上有着根本的差异,所以最后胜利必然地是属于我们的。"(全集第 7 卷第 593—594 页)

9 月 25 日　之前,由韬奋、金仲华约胡仲持、马荫良在申报馆五楼拟定撰稿人名单,于本日在《申报》登出启事:"本报自十月一日起约郭沫若、邹韬奋、章乃器、胡愈之、周宪文、金仲华、武堉干、张志让、郑振铎、陈望道、沈志远、孙怀仁撰写专论,每日在第四版发表。"马提出"是否可约撰稿人聚会一谈。韬奋和仲华说,现在大家都很忙,不必再浪费时间、精力和金钱,你们排定日期表通知撰稿人即可,我们会和他们联系。由于仲华、韬奋的热情组稿,其余十位撰稿人个个都如约交稿。"(马荫良《仲华同志对我的帮助》,收入《金仲华纪念文集》第 38 页)

9 月 26 日　《全国团结的重要表现》、《惨痛的牺牲》(以上两篇收入《激变》)、《〈怎样使有财者输财〉按》(署名编者),载上海《抵抗》三日刊第 12 号。(全集第 8 卷第 99—100 页、101—102 页,第 7 卷第 594—596 页)

《全国团结的重要表现》摘要:

"这次中共的'光明磊落大公无私'的宣言和蒋委员长的'集中力量救亡御侮'的谈话,无疑地是全国爱国的同胞们所热烈欢迎的。""中共这次宣言所表示的宗旨是要'挽救祖国的危亡',是要巩固'和平统一团结御侮的基础',是要'决心共赴国难',是要造成'民族内部的团结'来'战胜日本帝国主义的侵略',是'要把这个民族的光辉前途变为现实的独立自由幸福的新中国'。这个宗旨是全国爱国的同胞们所一致拥护的。""要达到这个宗旨,'仍需要全国同胞每一个热血的黄帝子孙坚忍不拔的努力奋斗',该宣言因此特向全国同胞提出三个奋斗的鹄的:第一是为争取中华民族的独立自由而抗战;第二是实现民权政治;第三是发展国防经济,解除人民痛苦与改善人民生活。这三个鹄的也是全国爱国的同胞们每所一致赞助的。""蒋委员长发表谈话,申述'集中整个民族之力量,自卫自助,以抗暴敌,挽救危亡',这种集中整个民族力量的主张,确是全国人民急迫要求的反映。""这样的全国团结,是保障抗战胜利最重要的一

个条件,是对日本帝国主义的一个重大的打击!"(全集第 8 卷第 100 页)

《惨痛的牺牲》摘要:

"日本空军最近轰炸广州贫民区,残酷绝伦","这种惨痛的景象和牺牲是我们所永不能忘的,永不该忘的。""我们无辜同胞的惨痛的牺牲仅仅暴露敌人的兽性,使全世界知道世界上竟有这样兽性的横行,这还不够;我们要努力保持抗战到底,要保障抗战的最后胜利,要绝灭投降妥协者的抬头机会,使中华民族由这次的抗战终于得到解放,然后我们的将士和无辜同胞的牺牲才算得到了相当的代价,然后他们所流的血才算不是白流的。我们悲愤于这样惨痛的为国牺牲,唯一报答之道,是要努力争取抗战的最后胜利,严厉制裁动摇的分子。这样才能对得起惨死的同胞。"(全集第 8 卷第 101—102 页)

《〈怎样使有财者输财〉按》摘要:

"国家在非常的时期,为争取国家的生存计,必须采用强有力的手段来应付的。况且这并不是没收全部财产,只是抽取一小部分来救国,国家获救,实际上和有财者及他们的子孙也有利的。我们认为我国政府在目前也该用法令来使有财者输财,用决然的办法来应付这紧急的局面。"(全集第 7 卷第 596 页)

9 月 29 日　《敌人分化的企图》、《平民工厂》(以上两篇收入《激变》)、《〈深明大义的伤兵家长〉按》(署名编者)、《答徐禧沅》、《答陈乃文》、《答邵光明》、《答王又玄》、《答陈瑞琪》、《答朱德馨》、《答林剑仇》、《答郭杰》、《答吴石屏》、《答刘先周》、《答吕慎敏》、《答郭勉程》、《答金伯英》、《答蒋曙》(以上十四篇未署名),载上海《抵抗》三日刊第 13 号。(全集第 8 卷第 102—103 页、103—104 页,第 7 卷第 597—598 页、598页、598—599 页、599 页、599—600 页、600 页、601 页、601—602 页、602 页、603 页、603 页、604页、604 页、604—605 页、605 页)

《敌人分化的企图》摘要:

"我们以为社会上有力的公团应迅速纷电韩复榘,晓以利害,加以勉励,使他不敢觑然做民族的罪人。韩此时举足轻重,固然有关华北战局,但是中华民族的解放战争是非得到最后的胜利不止的,韩如屈服于暴日的要求,不顾民族的利益,终必徒然自毁而已。""敌人的侵略我国,对于分化方面无时不在作最大的努力。他们对韩复榘就用分化的手段,使韩和中央分立起来,保全他个人的私利。其实中国当前的现实是存则俱存,亡则俱亡,局部的苟存是绝对不可能的。不仅地方和中央如此,在任何方面都有同样的形势。明白了这一点,日本帝国主义要分化我们,无论要分化地方和中央,人民和政府,乃至各个政治的集团,无论所用的方法是威吓利诱,或是捏造种种挑拨离间的谣言,都是无

所施其技的。我们要时常提防敌人在这方面的阴谋,不要上他们的老当。"(全集第 8 卷第 102—103 页)

《平民工厂》摘要:

"据载江北难民万余人,因沪战失业回乡,生计断绝,苏省府为普遍救济起见,决拨款在某某等县,分设平民工厂,增加生产,充实后方,现正勘觅厂址,下月内可开工。""能从生产方面来积极救济失业,不但能根本救济了失业者,同时也巩固了后方的经济,有裨于持久战的前途,和消极救济的效果不同。""我们的生产是用来自给的,生产愈有办法,后方的经济愈为稳固,这正是救国工作的重要部分,参加工作的工友也就是努力保障我们抗战胜利的前途。我们能努力稳固我们的后方经济,和暴日的经济崩溃的现象适成对照,正是我们的胜利多一层保障。""苏省府的这次实施大概只是小规模的,我们尤其希望中央对于生产计划有大规模的设计与实施,那所得到的效果一定是更要伟大的。"

(全集第 8 卷第 103—104 页)

《答刘先周》全文:

"你和几位朋友打算回暹罗去办一种刊物,推动华侨的组织,这意思很好,只要经济和人材有相当办法,这事当然是可以做的。如办新刊物,易于引起那个地方的当局的注意,似可利用原来在当地已有的日报创刊,每周出一期特刊,稿子及编辑由你们几个同志担任,也许比较轻而易举。那个报既是原来已有的,也不致惹起当局的注意。"(全集第 7 卷第 603 页)

同日 刊登《陶行知先生取消通缉》摘要:

"大众教育家陶行知先生于去年 11 月与沈钧儒先生等同案被通缉,当时他正在美国讲学。最近我们得到沈先生由南京来电,据说陶先生的通缉已取消,这是共赴国难中的一个好消息。陶先生在海外为中国做国际宣传,非常努力,""今冬可以回国。上海已有朋友打电报去请他提早回来。"(《抵抗》三日刊第 13 号)

9 月下旬 潘汉年被任命为第十八集团军驻沪办事处主任。在不到五个月内,潘夜以继日废寝忘食做了大量工作,还和宋庆龄、马相伯、沈钧儒、邹韬奋、史良、沙千里等爱国民主人士建立了亲密真诚的"心心相印"的关系("我们和你们之间是心心相印的关系"这句话,是沈钧儒先生代表"七君子"向潘汉年、刘少文同志说的)。(夏衍《〈纪念潘汉年同志〉代序》,收入尹骐《潘汉年传》第 5 页)

10 月 3 日 《韩主席表示抗敌》、《熟练工人的惨遇》(以上两篇收入《激变》)、《答丁正寅》、《答汪寿康》、《答张培春》、《答李席珍》、《答闵荣轩》、《答程养浩》、《答陶清》、《答熊义刚》(以上八篇未署名)，载上海《抵抗》三日刊第 14 号。(全集第 8 卷第 104—105 页、105—106 页，第 7 卷第 605—606 页、606 页、606—607 页、607 页、607—608 页、608 页、608—609 页、609 页)

《韩主席表示抗敌》摘要：

　　"我们很欣幸地听到九月三十日韩主席对路透社记者对此事的切实的声明。""他说中国的抵抗日本侵略，是中国的争求生存，是中国的唯一出路。他表示要抵抗敌人的侵略，并表示要服从蒋委员长的指挥。韩主席的这种声明，当然是国人所欢迎的。韩氏坦白辟谣，使国人明了他的态度，使敌人的分化作用无所施其技，这在韩氏的声誉非但无损，而且增加。""在这整个民族生死存亡的最后关头的时候，个人的前途与国族的前途已混织在一起而无法分离。个人的前途只有在争取国族前途里面得到。国族如没有前途，个人即得苟存性命，过奴隶生活，也是生不如死，故为国族争光明的前途，必要时虽牺牲个人而无所怨悔。""中国当前自救的最最重要的基本条件是全国真正团结，一致对外；敌人所渴望的是我们的内部分裂。在我们，真正团结是生路，内部分裂是死路。"(全集第 8 卷第 104—105 页)

《熟练工人的惨遇》摘要：

　　"最近由天津传来一个很可痛心的消息，据说敌方为军输便利起见，决修由承德(热河)到北平的铁路，限两个月内完成，唐山一带被招去熟练工人千余名，正在日夜赶修。用自己的熟练技能与辛勤的血汗，日夜赶着工作，结果是替敌人造成侵略祖国的工具，这不是极人生的惨遇吗？""我们曾屡次大声疾呼，认为要安定民生以巩固后方，要增加财富以接济前方，都有迅速实行国防经济生产计划的必要；在这样大计划里，可动员大量的生产力，可在相当的最短时期内造成急需的种种生产。""如今却只有反过来被敌人招去日夜赶修为敌方军输谋便利的铁道，这两方面的差异何止一万八千里！""也许还有人要摆其严肃的面孔，要怪这千余名的熟练工人太没有爱国心，甚至骂作汉奸，但是我们却不要忘却，在饥饿线上滚的人们根本就很难了解为什么要爱国，况且平时怕把他们组织起来，训练起来，等到祸迫眉睫，要希望他们怎样怎样，也都是徒托空想！"(全集第 8 卷第 105—106 页)

《答熊义刚》全文：

　　"日本军阀在中国各处乱掷炸弹，唤醒中国人的迷梦，愈益团结起来，一致御侮，这诚然是事实。这事实并不是由中国人所希望得来，只是日本军阀暴行所表现的客观事实而已。在我们方面，所应该做的是继续唤醒民众，使他们都能明白这种暴行的意义,愈坚他们同仇敌忾的决心。但是我们却不应说希望敌人多来轰炸我们几个地方,这种说法是不妥当的。因为敌人的残酷侵略引起我国的更团结,抗战更坚决,这是客观事实。可是敌人残酷侵略当然不是我们所希望的事情。"(全集第 7 卷第 609 页)

10 月 6 日 《华北的紧张形势》、《移殖难民垦荒》(以上两篇收入《激变》),载上海《抵抗》三日刊第 15 号。(全集第 8 卷第 106—107 页、107—108 页)

《华北的紧张形势》摘要:

"华北形势的紧张是无可为讳的事实,但是我们一方面要从这些挫折的经验中寻出深刻的教训,一方面要使这些挫折不致动摇我们的抗敌的决心和勇气。""从这些挫折中所得到的深刻的教训是:仅靠军事取得胜利是没有把握的,必须有良好的政治工作和军事工作配合起来,才能有胜利的把握。第八路军因善于把军事工作和政治工作打成一片,曾于平型关溃败敌人,但是其他部分因政治工作赶不上军事工作,军事上业受到牵制,陷入困境,所以整个局面仍未能即有好转。""在另一方面,我们却不可因有挫折而动摇抗战到底的决心与勇气。""最最重要的还是内部要有团结巩固的有毅力的办法的领导力量和民众共同奋斗。"(全集第 8 卷第 106—107 页)

《移殖难民垦荒》摘要:

"上海慈善团体联合救灾会委员朱子干、许幸之、陶第卿、黄伯禹、赵朴初等提议移殖难民垦荒;这是注意巩固后方的人们所乐闻的一个好消息,虽则这建议只是限于局部的性质。""我们原认为移殖垦荒应为整个国防经济建设计划中一个部分,现在整个计划尚未闻实现,局部试办,也许是无可如何中的一个推动力量。根据这个观点,我们希望社会各方面乐助这个垦荒计划的成功。我们并建议在这个垦荒运动中,还要加入一个教育计划,同时动员若干教育者加入担任艰苦的大众教育工作。"(全集第 8 卷第 107—108 页)

10 月 9 日 《最光荣的国庆纪念》、《沉痛的想念》(以上两篇收入《激变》)、《答刘鼎臣》、《答孤筠》、《答黄可钊》、《答周铭新》、《答黄志劭》、《答陈少华》、《答浪花》、《答郁道庵》、《答杨捷》、《答刘玉岐》、《答徐信》、《答陈平情》(以上十二篇未署名),载上海《抵抗》三日刊第 16 号。(全集第 8 卷第 108—109 页、110 页,第 7 卷第 610 页、611页、611 页、612 页、612—613 页、613 页、613—614 页、614 页、614 页、615 页、615 页、616 页)

《最光荣的国庆纪念》摘要:

"五六年来,整个中国是在饮泣吞声奇耻大辱的惨景中挨命,到了国庆的一天,与其说是举国欢腾的时候,不如说是举国悲痛的时候;在这天执笔作文的人们,在情绪上也逃不出这个圈子。""在我国第二十六次国庆纪念的这一天,我却感觉到异常的兴奋,感觉到这是最光荣的国庆纪念日!""既称为国庆纪念,顾名思义,必须先有够得上号称为国的一个国;要够得上号称为国,必须有国格的存在,'打了耳光陪笑脸'是无法再保全国格的,国格无存,庆于何有?可是在今年国庆的这一天却大不同了,是孙夫人致英国工党书里所谓'中华民族像一个人样的站起来反抗日本侵略者了'。所以我说这一天是最光荣的国庆纪念日。""一个国家要能御侮,国内必须一致团结起来,但是这个原理尽管没有人能够驳倒,而中国在最近已往的若干年内,都是处于内部分裂的状态中,这是无可讳的事实。但在今年国庆的这一天,也大不同了。不但一向貌合神离的若干省份都已在事实上拥护中央,共赴国难;就是十年对立的国共两党也都为着保护国族而共同奋斗了。全国的精诚团结是抢救危亡的基本条件,这基本条件我们现在已经有了。所以我说这一天是最光荣的国庆纪念日。"(全集第 8 卷第 108—109 页)

《沉痛的想念》摘要：

"我们在纪念这最光荣的国庆日,同时却不要忘却东北四省和冀察两省的七千万同胞还在暴敌铁蹄蹂躏之下,虽然实行纪念国庆而不可得了!他们在这一天,想起祖国把他们遗弃在暗无天日的境域中,只有哀痛悲愤的份儿,丝毫感觉不到有什么可庆。这不仅是这七千万同胞的耻辱,也是全国中其他部分的每个同胞的耻辱。我们要雪这耻辱,必须尽全力保障抗战的最后胜利,必须用全力巩固全国的团结,以争取这最后的胜利。""今年的国庆诚然是最光荣的国庆,而这光荣却是由抗战而来的。我们不要忘却:为着这抗战,有不少受暴敌飞机轰炸的中国平民,妇孺老弱,无辜惨死,在这一天不知有多少孤儿寡妇,相抱痛哭;为着这抗战,也不知有多少为国牺牲于疆场的英勇将士,前仆后继,视死如归,用血肉肝脑来造成这一天的光荣。所以我们应深深地感到最光荣的国庆是费了很大的代价得到的,我们要不辜负我们抗战中的死难同胞,——无论是死于轰炸的平民或死于疆场的将士,——必须下决心不惜用更大的代价把这光荣努力保持下去,把这光荣发扬光大起来。想到这里,我们不能用狂欢来纪念这最光荣的国庆,我们应该用沉痛来纪念这最光荣的国庆。不但仅仅纪念而已,全国同胞必须从这沉痛的精神里,发生更伟大的集体力量,保卫祖国,争取自由。"(全集第 8 卷第 110—111 页)

《答黄可钊》全文：

"你因为看到报纸杂志上用到'老百姓'这名词,'愤慨莫名',我们很觉得奇怪，因为这个名词通常只是'国民'的代名词，不过是更近口头语，更大众化罢了，丝毫不含有什么恶意的。"（全集第7卷第611页）

《答陈少华》全文：

"你是回国的华侨，因国难不愿离开祖国，而你的长辈却命令你必须回南洋，甚至以断绝经济相迫。你问回去的好呢？还是不回去的好？你的爱国精神，我们是很佩服的，但是你所以要留在祖国，目的当然是要替祖国做些事情，所以我们以为你的要不要回南洋去，要看你在国内是否有比较重要的任务。如国内现有的任务很重要，那以不回去为是，否则就是回南洋去，也并非绝对不能为国效力，例如回南洋之后仍可努力于组织华侨及劝救国募公债，或推动其他可以有助于抗战的事情。"（全集第7卷第613页）

《答郁道庵》全文：

"《生活》周刊停刊时，曾经有通告给读者，退回定费或换定新刊物，均可听读者之便，只须有信知照，就照办。你所定的《生活》周刊如仍有未满期的余款，仍可将该刊定单寄生活书店，叫该店将该款退还。"（全集第7卷第614页）

《答杨捷》全文：

"你到武昌去'借读'，看到'后方仍然歌舞升平的气象'，看到'戏院和舞场里充满了无事可做跑来消磨时间的人'，觉得'心里很难过'。我觉得这种现象的原因主要的不外两方面：一方面因为还没有全体动员的计划，这些人也就在无计划中偷懒；还有一方面是缺乏有计划的大规模的宣传（这和全体动员的计划是离不了的），由此引起社会的风气和社会的制裁力量。"（全集第7卷第614页）

《答刘玉岐》全文：

"你自恨因经济的困难，'不能不伏于资本家的手下'，要我们给你'一点出路，或介绍加入一个救亡团体。'老实说，现在除了六分之一的土地以外，资本家总是有的，要找没有资本家的地方做事，谈何容易，这是事实问题，奉劝你不要作空想。这当然不是说我们要永远保存资本家，只是说在资本家未被消灭以前，不做事是办不到的，当然，有些事是可能地和资本家离得远些，你如有这样的机会，当然可以改业。还有一点也要注意，对于职业的不满是一事，参加救亡团体又是一事，不可混为一谈，因为参加救亡团体不一定就能解决职业问题。"（全集第7卷第615页）

《答陈平情》全文：

"国防经济建设，在本刊上只作比较原则的提倡，因为过于具体的计划不能公开发表,国防当然对敌人是要保守相当的秘密性的。具体计划不是没有,已有热心的朋友努力于事实上的推动。你说'可把计划实际的订妥,以便有钱不知如何用法的人去做,'其实'有钱的人'虽在资本上可大有助于经济建设,但是国防的事情必须由政府作整个的领导和统制,不是任何私人可以随意单独办的。我们希望赞成这个建议的朋友们多多从实际上推动促成。"(全集第7卷第616页)

10 月 10 日 《致张菊生之二》,收入《韬奋手迹》。(全集第 7 卷第 616—617 页)

《致张菊生之二》摘要:

"关于海盐通讯一则,亦已阅悉,先生留意民间疾苦,蔼然仁者之言,不胜敬佩。惟此事在当局或许视为有关军事,公开刊布,或易引起误会,故愚意不如设法将此中情形,由先生详述函告军事委员会或竟函告蒋先生,收效必速,同时可免防务之外泄,不知尊意以为如何。"(全集第 7 卷第 616—617 页)

10 月 11 日 《国际响应与抗战前途》(收入《激变》),载上海《申报》。(全集第 8 卷第 135—137 页)

《国际响应与抗战前途》摘要:

"国联大会于九月二十八日通过二十三国咨询委员会所提出的决议案,谴责日本空军轰炸中国都市残杀平民,赞成者达五十二国。""暴日的目的是要以极惨酷的屠杀手段,恫吓中国人民,根据他们自己毫无人格毫无国格的无耻想象,以为这样可以使中国人吓倒,由此可以达到他们所梦想的使中国'屈膝'。但是出乎他们意料之外的,是中国人民虽然遭受到人世间最惨痛的境遇,前仆后继,断头绝臂,为国难而死,死而无悔,民众始终所有的唯一心理是抗战到底,必打到我们的强盗驱出国门,收回失地,恢复主权,才肯罢休。""我以为中国不怕为国难而惨死的平民,他们的精神的伟大,实在是中国伟大民族精神的表现,而不是以屠杀作恫吓手段的人们(?)所能想象得到的。徒然受人屠杀,只能引起人的怜悯而不能引起人的敬意。虽遭受到至惨极酷的轰炸兽行的屠杀而犹能前仆后继,继续拥护抗战到底,继续参加抗战到底,这样才能引起人的敬意。""日本要靠国外的原料,要靠国外的市场,日本要想脱离世界而横行霸道以图存,实是不可想象的事情。侵略我国的日本已遭世界的一致唾弃,我们的敌人在国际上的孤立,同时就是我们的胜利,也就是对于我国的抗战前途有着良好的影响。""国联这次对于暴日兽行的严厉谴责,各国舆论和民众的热烈的同情,是我们的无数惨死同胞的血肉肝脑掉换而来的;是我们的无数同胞为国难而死的伟大精神掉换而来的。天下没有不出代价的好结果。我们要争取国际上的协助,必须有更大的代价;这更大的代价便是我们要从种种方面努力,使我们的抗战能继续坚持下去。"(全集第8卷第135—137页)

10月13日 《蒋委员长的坚决表示》、《民意机关的设立》、《防家贼与民众运动》(以上三篇收入《激变》)、《旧事重提》、《〈狼心狗肺的行为〉按》(署名编者)、《答李清怡》、《答黎明》、《答弈仙》、《答陈铁甲》、《答王亨嘉》、《答方子重》、《答李复黄》、《答陈亚乔》、《答"一个上海某伤兵医院的小工"》、《答顾家熙》、《答宋钰铭》、《答胡白村、田孝农》、《答孙樵》、《答李仁》、《答闻友蓉》(以上十五篇未署名),载上海《抵抗》三日刊第17号。(全集第8卷第111—112页、112—113页、156—157页,第7卷第617—618页、618—619页、619页、620页、620—621页、621页、621—622页、622页、622页、623页、623页、624页、624页、625页、625页、626页、626页)

《蒋委员长的坚决表示》摘要:

"在抗战已发动之后,全国的舆论都集中于坚持抗战到底这一点,全国人民所顾虑的是半途妥协,抗战动摇,以致断送民族的生命和前途。""蒋委员长在这个演辞里,对于坚持抗战到底,再三作坚决的申述,明白爽快,任何人都不应该有丝毫的曲解或误会,也不可能有任何曲解或误会。""蒋委员长一方面表示坚持抗战到底,一方面并申述全国民众真正动员,'共同一致努力奋发',为'排除暴敌侵略'的'先'决条件。换句话说,仅有军事上的动员还不够,必须全国民众的动员,才有保障最后胜利的把握。蒋委员长是全国军事最高当局,于军事动员之外,独谆谆于'个个人贡献能力','共同一致努力奋发',不是更值得我们的注意吗?""怎样能使'个个人贡献能力'?怎样能办到'共同一致努力奋发'? 这便是彻底组织民众问题;倘若只有无组织的散漫的民众,或未被容许积极自动的民众,这个目的是永远无法得到的。"(全集第8卷第111—112页)

《民意机关的设立》摘要:

"我们认为在此过渡时期,民意机关仍不可少,因为民族解放的抗战必须以民众的意志为基础,必须以民众的力量为后盾。所以为保障抗战的胜利计,必须有反映民意的机关;同时政府的重要措施,也可以通过民意机关,而使民众得到更明白的了解。""倘若没有相当的民意机关之设立,民主就等于空喊!""政府的力量以民意为基础,民意有具体反映的机会,供政府的参考与采择,同时使政府的重要措施通过民意机关而使民众得到更明白的了解,因此得到民众更热烈的拥护,这正是加强政府的力量,以应付此非常时期而为抗战取得最后的胜利"。(全集第8卷第112—113页)

《防家贼与民众运动》摘要:

"据说山西当局在北方战事愈益严重之后，在感觉到动员民众伟大力量的重要，但是临到危急的时候，却不大'动'得起来，于是阎主任诧异为什么他干了二十年的'民众运动'，却得到这样的结果！他想起第八路军的先生们精于此道，特约几位来商量这件奇事。他对他们老实提出这个问题；并且老实说他'动员'几个月，只'动'了几百人，而前次未改编前的'八路军'一入山西，就带去了五千民众，这里面必然有什么秘诀！""他们老实告诉他，说他二十年来的'民众运动'，在实际上只是压迫民众的运动！他们说倘若他真要把民众动员起来，必须把压榨农民的苛税迅速减轻，把阻碍民众运动发展的种种事实消除，让民众积极发挥他们的自动性，他们当然要起劲起来的。""我们防家贼，主要的目的是在时时刻刻提防他会妨碍我们自己的利益，要这两方面精诚合作，是很少希望的，——倘若不是绝对不可能。被人当作家贼防的人，要他们真能参加合作的工作，就是他心里万分愿意，而牵制于种种的束缚和障碍，要发挥他们的自动性，共同起来努力奋发，在事实上是无法办到的。这样一来，往往有一批钩心斗角于培植'防家贼'的'自己人'的势力，而实际无意作家贼而却被人当作家贼来防的人们，他们的精力也被消耗于人事的纠纷，对于真正救亡的工作而无法得到充分的效率。""山西的注重民众运动，一向是我们所常常听到的，但一旦临到危急的时候，民众应该有的伟大力量竟'动'不起来，可见我们要注重的民众运动不可挂了一块招牌为已足，必须开展真正的民众运动，同时要把领导民众和防家贼分清楚。我们都要把少数人的利益抛开，大家的心目中只有整个民族的利益，这样才能达到精诚团结一致对外的目的。"（全集第 8 卷第 156—157 页）

《旧事重提》全文：

"这件旧事还是在民国廿一年一月间的事情。当时在'九一八'不抵抗而沦亡东四省之后，全国愤慨，东北义勇军纷起血战抗日，义声远震，国人对于义军属望殷切，朱子桥、汪慕慈诸先生以《生活》周刊信用卓著，来商联合几位朋友起来号召捐款接济正在浴血抗战中的义勇军，汪先生且毅然秘密由津冒险亲往东北接洽，我便和戈公振、王志莘、李公朴、陈彬龢、毕新生、潘序伦诸先生登报发起，当时以秘密接济，交与何人以及如何交付等等均不便公布，仅将收据凭证等保留，以备查考。最近整个抗战业已展开，亟欲即将此事告一结束，特把徐永祚会计师的查帐证明书制版在本期本刊公布。捐者姓名太多，已另印征信录，备捐者来函索阅。""潘序伦、徐永祚两先生都是全国闻名的最有信誉的会计师，潘会计师原为《生活》周刊的常年会计顾问，这次的帐目，因为潘

先生也在发起人之列,所以特由徐会计师查帐,以昭慎重。"(全集第7卷第617—618页)

《〈狼心狗肺的行为〉按》摘要:

"这类没天良的事,也许不限于在药房里购买伤兵救护药品而已,清除贪污的恶习,还有待于大规模的社会制裁。"(全集第7卷第619页)

《答李清怡》全文:

"你十分热诚地劝我们创办一种日报,盛意可感。要办一个比较合于理想的日报,藉此对于民族解放与大众教育有较大的贡献,这是我十年来时刻萦怀的一件事,一俟客观条件具备,仍是要想办的。"(全集第7卷第619页)

《答弈仙》全文:

"你回乡参加抗敌后援会工作,现在大学要开学,你问仍留后援会做工作呢? 还是回校求学? 留会工作和回校求学,这两件事的本身并没有什么可以比较的绝对标准,全看你自己的兴趣和志愿而定,你觉得前者是更合于你的兴趣和志愿,就取前者;后者更合于你的兴趣和志愿,就取后者。此外还有一点也可供参考,那就是你在后援会中所担负的任务的重要程度:如你在会中的任务非常重要,你一走开,这个会的重要工作就要受到影响,甚至坍台,那你也许因顾全大局,可以考虑暂时牺牲你的学业;倘若你在会中的任务并不十分重要,你走了还容易找得到一个替手,那你可以偏重于回校求学。回校求学是训练自己,为国家贮一更有用的人材,也仍然是与救国宗旨不相背的。"(全集第7卷第620—621页)

《答王亨嘉》摘要:

"中苏如能进一步订立互助协定,于中国的抗战前途是必然有利的。这关系很显然,中苏是日本的共同敌人,中苏在国防上是有着共同的利害的,以两个自卫的国家联起来对付一个共同的敌人,比较一个国家单独来对付,当然是对我们是更有利的。你恐怕因此引起第二次世界大战,我觉得我们的主要目的在抵抗日本的侵略,就是要因此引起世界大战,我们也不能就俯首帖耳做日本的奴隶而不起来联合与国来抵抗亡国的惨祸的。"(全集第7卷第621页)

《答李复黄》全文:

"舆论对于当前重要问题的正确的建议,必然的会得到各方面的响应,渐渐造成有力量的运动,于是渐渐便在事实上表现出来。例如停止内战,全国一致对外,这在今日已是事实了,但是在未成为事实以前,有力的舆论即已积极倡导,替今日的事实播种了种子。"(全集第7卷第622页)

《答闻友蓉》摘要：

　　"经手公款是不应该马马虎虎，是应该公开报告的。我生平所经手的公款，没有一次不经过最有信用最有声誉的会计师查帐，出证明书公布，也是坚守着这个原则的。"（全集第 7 卷第 626 页）

　　同日　《中国当尽量运用自己的优点》（收入《激变》），载上海《申报》。（全集第 8 卷第 137—140 页）

《中国当尽量运用自己的优点》摘要：

　　"中国是一个弱国，这就某种意义上说起来，是相当正确的，尤其是在工业落后及军备尚未充实方面，有着较明显的流露，但是就民族解放的斗争的立场上看来，中国却也有它的优点。""这优点是什么？我以为是具有深刻民族意识的伟大的民众力量。但是这伟大的力量至今还在潜伏着的状态中，好像有无量金矿宝藏似的，还深深地埋藏在地下，未曾开发出来，未曾被我们尽量运用起来。在我国也许还有人对这个伟大的力量还糊里糊涂，或者有意熟视无睹，但是我们的民族敌人似乎已在担忧着，所以对于我国的政府与民众之间，大发挥他们的挑拨离间的作用。""日本帝国主义者一定要施用种种伎俩来把我们的民众和政府分离开来，这就因为他们看出中国伟大的民众力量之可怕，一旦被中国尽量运用起来，是他们所难于应付的。我们的敌人对于我们的这个优点千方百计地摧残，这是无足怪的，但是我们自己如纵任这个'宝藏'埋在地下，却是一件很可痛惜的事情。""我们的这个优点是侵略国所欲得而得不到的。日本帝国主义向中国开始进攻以后，他们的政党还公开要求日本政府说明对华用兵的理由。""在日本有不少人问起为什么要到中国来打仗！他们不是没有民众，但是在少数军阀和财阀所发动的军事侵略之下，虽用尽麻醉的手段，压迫的方法，民众的力量还是唤不起来。被侵略的中国，情形便大不同了。我每日替《抵抗》三日刊拆阅无数读者来信，看到他们爱国的真诚，愿为国家的抗战遭受任何牺牲而无悔的表示，未尝不深深地受到感动。同时也感觉到政府动员民众的工夫还太不够，以致有许多有志为国努力的民众都陷入投效无门的苦闷境域，因此愈益深刻地感觉到中国至今还未能尽量运用自己的优点。""梁任公曾替李鸿章作过一篇传记，说李鸿章可以自豪的是甲午之战，日本不是打中国，打的是李鸿章。这在李鸿章，以一人和一国打仗，也许可以自豪，但是在当时的中国，以一人的失败而贻国家以无穷的祸患，不可说不是中国国家的一幕惨剧。这幕惨剧的遗祸于中国，流毒至今，未曾消失。当时日本强迫李鸿章亲自到日签订求和条约，有人说这是有意侮辱李鸿章，但是割地赔款却是中国国家的莫大损失。这次我国整个民族和日本帝国主义抗战,形势当然和李鸿章时代不同,但是在当时日本所与作战的好像只是李鸿章一个人,现在日本所与作战的好像只是中国的二百万军队!""我们有四万万五千万的伟大的民众力量,这是事实,但是如不尽量运用,那也只是一个空的数量,仍然不会发生实际的效用。""如不尽量运用,有若无,无异消灭自己的优点,替敌人消灭一种顾虑,这在民族利益方面,实在是一件罪大恶极的罪恶! 这事如不急图切实的补救,日本在甲午时候只须对付李鸿章一个人,在现在只须对付我们的二百万军队,这危机实在值得我们的严重的注意和深刻的认识。""中国如真要作持久战,如真要获得最后的胜利,必须尽量运用自己的优点——现在还潜伏着的而未被积极开展的伟大的民众力量。"(全集第 8 卷第 137—140 页)

10 月 14 日 《致舒新城》全文:

"新城吾兄:前晚席间相遇,未获畅谈,怅怅。抵抗三日刊按期奉赠,深明指教,俾得改进。吾兄公务忙碌,未敢多索大作,但如能勉抽些时间,'神感'来时,赐下小品或短文,亦 欣感。以 兄之经验学识,亦应分其绪馀,与社会共之也。专此'麻烦'。即颂 著棋。 弟韬奋敬上 十月十四日 赐件可交生活书店转 又及。"(全集未收,《中华书局现代名人书信手迹》第 190 页)

10 月 16 日 《有利环境》、《苦尽甘来》、《答张令谋》、《答王正民》、《答秀和》(以上三篇署名编者,以上五篇收入《激变》,《答张令谋》、《答王是民》、《答秀和》分别取题《不满于平凡的生活》、《互助与依靠》、《关于精诚团结的忧虑》),载上海《抵抗》三日刊第 18 号。(全集第 8 卷第 113—114 页、114—115 页、170—171 页、171—172 页、172—173 页)

《有利环境》摘要:

"日本军阀原不把中国放在眼里,满口里嚷着速战速决;对上海的战争,屡次对上海西人宣称在九月半以前必能把中国的军队驱出上海,说有绝对的把握,但是现在已过了十月半了!""日本军部威信扫地,乃归罪外交,攻击外务省不能尽职,致使日本军队血肉牺牲,反遭国际斥责,而财阀也以贸易牺牲难于再忍,痛责军部:他们在事实上已陷于彼此埋怨的境域。""东北各地武装民众奋起反抗日本,已达十余万人,使关东军在已往的两月中不得不遣派额外军队十万人出动。""许多地方已非日本军阀所能控制,日人的生命财产已陷危境。""可见东北同胞受到祖国抗战的感召,已在敌人后方大显威力了。这种形势的扩大,必然要给与我们的敌人后方以很大的打击的。""国际形势的好转,日本内部的危机以及东北同胞扰乱敌人的后方:这种种都是我国抗战中的有利环境。这种环境固由于我们的抗战所促进,也是对于我们的继续抗战有莫大的直接间接的帮助的,我们要不辜负这有利的环境,努力于持久战的进行,千万勿作妥协苟安的幻想。国民应以赤诚拥护政府抗战,务使政府无内顾之忧,由此能尽其全力对外;政府也应与民众融合无间,消除隔阂,动员全国人民,共同奋斗,共挽浩劫。"(全集第 8 卷第 113—114 页)

《苦尽甘来》摘要:

"苏联原来的工业也是落后的,乃至农业也是不行的。土地之大,落后的群众之多,所受外患的危急,都与中国相仿佛,但是因为有目标有计划的加紧努力,不畏艰苦,克服种种困难,竟能急起直追,缩短原来需要的过程,而得到惊人的结果。中国现在也需要于极艰苦的环境中作最大的努力,看到友邦的苦尽甘来,在那样艰苦奋斗中所得到的结果,应该有所动于中吧!"(全集第 8 卷第 114—115 页)

《不满于平凡的生活》摘要:

"你们都在求学的时代,不满于平凡的生活,而要在平凡生活以外再为国家的神圣抗战做些有意义的事情,这种精神是很可敬佩的。但是我们觉得在求学或受训练的时代,这求学或受训练的本身,也就是救亡工作的一部分。""简要说起来,在农村里目前较重要的工作是组织民众和训练民众。关于组织民众,也许不是你们几个同学所能单独担负起来的责任,要注意和校外的公团或社会团体合作,参加你们的能力可以做的部分。关于训练民众,除同样可与当地的公团或社会团体合作外,比较简单的,也许可集合同学为乡民先办一个义务夜校或补习夜校,教授基本知识及灌输救亡的意识等等,同时也可以作为组织的小中心,由此渐渐推广出去。"(全集第 8 卷第 170—171 页)

《互助与依靠》摘要:

"主张联合以平等待我的与国共同制裁共同的敌人,并不是只依靠他人而自己不再努力,这一点却不可以误解的。""中国今日除了汉奸之外,诚然谁也没有中途妥协的幻想。这类汉奸在中国还没有绝迹,这是公开的事实,我们所要提防的就是这类汉奸的作怪。至于在行为上已表现坚持抗战的人们,我们当然要敬重他们,信任他们,不致把汉奸的衔头加在他们的头上。至于民主的实行,非常时期当然要有简单迅速的办法,这种办法的宗旨是要使现在的政治机构更能反映全国人民的要求,增加政府抗战的力量。"(全集第 8 卷第 171—172 页)

《关于精诚团结的忧虑》摘要:

"促成精诚团结原是一件非常艰苦的事情。精诚团结的障碍是私意,是成见。私意和成见占据人们的脑袋,一旦要完全洗刷干净,原来就不是一件很容易的事情。这个过程需要时间,需要一番忍耐苦干的工夫。现在中国在敌人残酷侵略之下团结了,以后还需要巩固团结,使一致抗敌的伟大事业不致受到中途的破坏,这是我们大家所要共同努力的。还有一点我们也可以注意的,那就是以整个的民族利益为前提的集团才能真正获得全国民众的支持,这是时代的要求,谁也无法违反这要求而还能侥幸存在的,违反的人们徒然心劳日拙,自掘坟墓而已。这种人也许暂时还可以趾高气扬,自鸣得意,但是种瓜得瓜,种豆得豆,他们的末日是快要到来的。向着光明坦途迈进的人们,尽管在艰苦中奋斗,终能克服困难而获得最后的胜利。"(全集第 8 卷第 172—173 页)

同日 《美国人民对中国抗战的同情》(10 月 13 日,记于上海),载《世界知识》第 6 卷第 11 号。(全集第 7 卷第 627—631 页)

《美国人民对中国抗战的同情》摘要:

"天下惟有努力奋斗的民族,才能引起人们的敬重。无论道德上的声援,或进而得到物质上的援助,都必先从自己的努力奋斗开始。""我们看到美国人民对中国抗战的态度,至少应注意下面几个要点:(一)他们的深厚的同情,全由中国英勇抗战所感召;(二)要具体化或更扩大这样的同情,主要地还是要靠我们自己的坚持抗战;(三)看到友邦的人民在言论上行动上对于我们的抗战这样地热烈帮助,对于我们的民族敌人这样地深恶痛绝,感觉切肤之痛的我们自己,更应该怎样坚决抗战的意志,努力奋发,持久不懈!"(全集第 7 卷第 628 页、630—631 页)

10 月 19 日 《鲁迅先生逝世周年纪念》、《打破妥协迷梦》、《特种汉奸》(署名编者,以上三篇收入《激变》),载上海《抵抗》三日刊第 19 号。(全集第 8 卷第 115—116 页、116—117 页、164—166 页)

《鲁迅先生逝世周年纪念》摘要:

"安葬的时候,沈钧儒先生等在先生的灵柩上很严肃地覆上一面白色大旗,上面写着三个大字:'民族魂'。""鲁迅先生的战斗精神已注入了千千万万的广大的中国人的血液里,使失却灵魂的民族恢复了它的灵魂。""先生的躯壳虽离开我们一年了,先生的精神是永远不会离开我们的。""我们今天纪念先生,不要忘却先生始终英勇战斗的精神,奋发努力于民族解放的工作,不怕艰苦,不许妥协。"(全集第 8 卷第 115—116 页)

《打破妥协迷梦》摘要:

"列宁为革命奋斗,在最危殆时期,曾慨然宣言'非胜利即死',以警告他的同志(见拙译《读书偶译》),实在是我们在此非常时期中的暮鼓晨钟。""九国公约会议的召集,揭破日本帝国主义的违反国际条约,理应制裁,乃最近英美大放调解的空气,以旁观的第三者自居,颇闻中国有些人也希望能得到调解而迁就了事,这种妥协苟安的心理,国人应大声疾呼,严厉制裁。现在九国公约会议伏有最大的危机,是他们采取拖延政策,日本帝国主义者则乘此时期,希望完成华北五省的军事占领,以'已成事实',勾结各国勉强中国接受辱国条件,同时希望在淞沪打一胜仗,以全'惶军'的面子('惶'字这样写法是有理由的)。要避免这个危机,我国一面应死守晋绥与上海,同时要打破妥协迷梦,坚抱'非胜利即死'的战斗精神,严厉制裁摇动人心,为敌人做清道夫的妥协论的变相汉奸!"(全集第 8 卷第 116—117 页)

《特种汉奸》摘要:

　　"要人民热诚拥护抗战,要希望组织民众,必须从不扰民开始。这类贪官污吏的行为在实际上是替政府丧失人心,消灭人民拥护抗战的热诚,在政府实有彻查严办的绝对必要。""我们愿以言论界的地位,公开宣布,希望政府严重注意。"(全集第 8 卷第 166 页)

10 月下旬　在汉口,徐伯昕拜访茅盾,说:"你来武汉编杂志罢,在上海韬奋就说过,要请你主编一个中型的文艺刊物,类似《文学》那样,我今天专程来拜访就是为了这件事。"(茅盾《烽火连天的日子》回忆录二十一,《新文学史料》1983 年第四期第 18 页)

10 月 23 日　《命运在自己的手里》、《民众运动与时间》、《访问美国记者谈话记》(以上三篇收入《激变》)、《〈关于外交的重要意见〉按》、《乡民的疑问》、《一封急迫呼吁的信》(以上三篇署名编者),载上海《抵抗》三日刊第 20 号。(全集第 8 卷第 117—118 页、118—119 页、160—162 页,第 7 卷第 631—632 页、632 页、633—635 页)

《命运在自己的手里》摘要:

　　"最近有一位美国的名记者由华北到上海,我们问他对于这次战事前途的推测,他说日本也许到达黄河之后,对中国提出和议,同时英国所怕的是日本侵害她在华中华南的利益,而并不在乎日本在华北侵害了中国的利益,甚至因为要使中国与苏联隔离,毋宁暗中赞成日本在华北作屏障,所以也许那时要出来替日本撑腰。那时如中国上当接受了下来,便一失足成千古恨,替日本造成沦亡整个中国的基础。反过来说,中国只要能全国始终团结一致,坚持抗战,日本即暂时在华北争城夺地,还是不能征服中国的。换句话说,中国的命运还是在中国人自己的手里。""我们至少可以引伸出两个要点:(一)华北军事在最近以前,着着失败,形势固然严重,但是只要我们始终抱定抗战到底的决心,丝毫不发生动摇,同时极力补救着着失败的缺点,总结帐的最后胜利,仍然是有确切把握的。至于日本方面,因经济的困难,无论新闻封锁如何严厉,而大众和商人的反对战争心理,已一天天流露了出来,甚至有大学讲师因反对战争而入狱的,我们多坚持抗战一天,日本的这种危机也更尖锐一天。(二)在国际方面,虽一致对我们表示深切的同情,但是他们也许还在怀疑我们有迁就妥协的可能,认为我们有许多地方还表示不肯得罪日本(如至今使领仍在日本之类),他们更犯不着得罪日本的,所以多少还存着观望的态度,尤其是以老狐狸著名的英国为甚。所以我们能坚持抗战一天,国际形势也要更好一天,同时我们不应闭拢眼睛跟着老狐狸走,要毅然采取有利于我们抗战的自主的外交。"

"命运在自己的手里!敌人无论如何残暴凶横,我们的生死存亡,还是靠我们自己决定!"(全集第8卷第117—118页)

《民众运动与时间》摘要:

"我国有句老话叫做'十年树木,百年树人',表示教育的工作是需要长时间的努力的。民众运动在事实上也是一种教育的工作,因为组织和训练,在在都含着教育民众意义,所以也需要在平时有较长时间的努力,如果平日忽略,甚至压迫,到非常紧急的时候才想到它,'临时抱佛脚',是很不容易收效的。"

"我们还听到内地有些'抗敌后援会'不但不能推进民众运动,反而阻碍民众运动,在平时把民众压得服服帖帖,好像就此可以'莫予毒也已',一旦有事需要民众的力量,却是急不起来的。持久的抗战必须得到大多数民众的参加和拥护,所以我们认为这是很严重而亟待补救的现象。时不我待,我们不该一误再误了!"(全集第8卷第118—119页)

《访问美国记者谈话记》摘要:

"最近有一位美国名记者从华北到上海。""他因为某种原因,暂时在这类谈话里不能向外发表他的姓名,这一点我们是谅解的,所以只称他做记者而不写出他的姓名。""他曾经到过陕北,觉得只有在那个地方看到过军民合作的热烈状况;军队出发时,男女老幼热烈欢送;军队所驻的地方,人民热烈地给与种种的帮助,种种的鼓励与合作。他在华北所见,日军反而比较知道利用民众,利用宣传,每一支军队出发,都随有新闻记者和摄影师,把军中的'英勇热烈'的情形随时随地描绘得有声有色,到处宣传,他们把宣传看作和军事同样的重要。""最后他谈起《大众生活》,承他过奖这刊物在救亡运动中曾经有它的贡献,他说他曾经把《大众生活》里的文章译了几篇发表在外国报上。我谢谢他的好意,并说明这是一大群努力救亡运动的文化朋友们的心血的结晶,我个人

所尽的力量是很有限的。"（全集第 8 卷第 160—161 页）

《〈关于外交的重要意见〉按》摘要：

"文化界前辈菊生先生德高望重，忠诚爱国，这封信里的远识卓见，尤可钦敬，所以我们很诚恳地公诸国人，并希望政府当局加以注意。""九国公约会议这件事还是一件暂时的穿插，我们觉得有利与抗战的自主的外交路线之速定，是更为重要的基本问题。'英国袒日之癖'，我们绝对不可让它牵着鼻子走的！"（全集第 7 卷第 632 页）

《乡民的疑问》全文：

"最近有两位朋友高崇明和王化一两先生，到上海以前，曾在附近某乡村中歇下来休息一下。这乡村是相当接近战区的，他们和乡民攀谈起来，乡民问他们：'东洋人和中国人谁打得好？'再听他们谈话的口气，好像这只是东洋人和中国人的事情，他们是立于旁观的地位！有伤兵经过，他们也没有什么殷勤的表示。这种情形也许是局部的，但是已值得我们的注意了。高王两先生的家乡是东北，他们首先感到亡省的惨痛，到上海和记者谈起这件事，不胜唏嘘慨叹。我们的问题是要使乡民都明白这次抗战的意义，人人都立在救亡的阵线里来。"（全集第 7 卷第 632 页）

《一封急迫呼吁的信》摘要：

"我们最近接到由邮局送来的一封急迫呼吁的信。这封信是用铅笔写的，书法幼稚，别字颇多，但是看得出是很用心很吃力写的，字里行间横溢着急迫的悲痛的情绪。我们现在一字不改地照原样把它刊布在下面，随后再贡献一些我们的意见。""我们看了这封信，至少发生下面的几点感触：（一）这封信的作者虽没有受到怎样好的教育，但是他确是爱国的；（二）他不但为自己着想，并且在那样艰苦中还替他的许多'难友'呼救，这一点是很可敬的；（三）他和他的许多'难友'不是不肯为国家做些艰苦的工作，不过像那样'昼夜不息''寒冷难受'，如果属实，则即就工作效率说，也有相当改善的必要。"（全集第 7 卷第 633—634 页）

同日 在《抵抗》三日刊上，刊登了第八路军驻京办事处的来信和《陕北公学招生简章》。（《抵抗》三日刊第 20 号第 10 页）

10 月 24 日 "午赴李肇甫之约，到者有黄炎培、张耀曾、胡政之、赵叔雍、邹韬奋等。"（张树年编《张元济年谱》第 453 页）

同日 《文化工作与国民动员》（收入《激变》），《申报》。（全集第 8 卷第140 页）

《文化工作与国民动员》摘要：

"军心和民气是有密切联系的,近代的战争,尤其需要大多数人民的支持,就这一点说,造成正确的舆论,唤起国民御侮的意识与坚决国民奋斗的意志,文化工作的重要是谁也不能否认的。""国民革命军北伐时代的所向无敌,五四运动的文化工作可以说是先锋队,由文化工作所传播的种子和革命的军事配合起来,才开出光辉灿烂的花。当时打倒北洋军阀,有如摧枯拉朽,主要的原因就在一方面是为民众所唾弃,一方面却有着民众的基础,得到民众方面种种的支持。""在军事发动以前,以及在军事进行的过程中,都必须有文化工作在民间广播革命的种子,培植斗争的情绪。军事动员也许可由几道命令而咄嗟办到,国民动员便没有这样简单,必须在思想上及意识上下一番工夫,必须在斗争的过程中继续下工夫。""中国要作持久战,国民动员是最重要的一件事,而此所谓动员,一部分固然是动员直接参加前线的战事;还有大部分却是要动员来参加大规模的有整个计划的迅速而紧张的国防经济建设,与此经济建设相辅而行,兼程并进的,是动员大量文化工作者参加大规模的、有整个计划的迅速而紧张的文化工作。"(全集第8卷第140—142页)

10月26日 《集中注意的一个问题》、《外交运用与立场坚决》、《答革宁》、《答藕池、程桢琳》(以上四篇收入《激变》,《答革宁》、《答藕池、程损琳》分别取题《一个偏僻的乡村》、《以保卫祖国为唯一中心》)、《决心》、《〈不愿通信〉按》(署名编者),载上海《抵抗》三日刊第21号。(全集第8卷第119—120页、120—121页、173—174页、174—175页,第7卷第635—636页、636—637页)

《集中注意的一个问题》摘要:

"关于国事方面,最近各方面所集中注意的一个问题,可说是不久要在比京举行的九国公约会议。据记者所知,各界对于这个问题,无论是公团,或是救亡团体,或是私人的座谈会,都纷纷在讨论着,这种对于国事的深刻的注意,是值得欣慰的一个好现象。""在会议中,他们很可能地提出停战与议和的条件,我国即退一步说,也应该很干脆而坚决地提出这样的最低限度的原则:要谈停战,必须日本军队先退出上海附近和华北冀察绥晋四省;要谈议和,必须先恢复九一八以前的中国领土主权的状态。"(全集第8卷第119—120页)

《外交运用与立场坚决》摘要:

"外交尽可运用,而自己的立场却不可不坚决。我们的外交立场很明确地是保全中国的领土主权,这是任何求生存的国家所应保全的;而九国公约的在白纸上写的黑字,也就是要尊重中国的领土主权。这在中国可谓名正言顺,任何参加这个会议的国家都无法抹煞的。这样光明磊落理直气壮的立场,我们还不应坚决吗?""中国这次浴血抗战,现在虽仅三个月,但是前线将士的壮烈牺牲,无辜平民的横遭惨死,所为者主要地不过是争取国家的独立与民族的生存而已,主持外交者倘念及为国牺牲的将士和平民的死难的惨酷,决不忍把领土主权轻轻放弃的。我们全国民众也不允许主持外交者把领土主权轻轻放弃的。因不放弃领土主权而在布鲁塞尔得不到结果,全国民众是能谅解的,全国民众愿继续用铁血来争取祖国领土主权之完整!"(全集第 8 卷第 120—121 页)

《以保卫祖国为唯一中心》摘要:

"为着推进救亡运动,个人受了一点冤曲或吃了一点苦头,都是极微小不足道的事情,我们现在所注意的是巩固全国精诚团结,一致来对付我们的唯一大敌日本帝国主义者的侵略。我们的思想行动,一切的一切,都应以保卫祖国为唯一中心。""关于征兵,因宣传工作做得不够,村民对于这次神圣抗战的意义有许多还不明了,以致发生种种不幸现象,我们也屡有所闻。你说:'保甲制度在乡村中成了封建势力利用的机关,征兵成了他们的财源。有钱的可以避免兵役,得了贿赂,转向那无钱无势的人——靠人谋生的——抓取壮丁填补,弄得乡里睡不安宁(抓取时总是乘黑夜),怨声闷在肚里。这许多危险的现象,对抗战前途实有很大妨碍,政府亦应注意。征兵本是国家的法令,也是近代一种完善兵役法,无论何人都不能违抗避免。像我国这次对外抗战,上前线杀敌,为国民应尽之义务,怯懦畏缩之念自不应有。就事实讲,募兵制沿行已久,这次徒然实行征兵,事先又不加以宣传,自难得人民之乐意。'这段报道可谓沉痛之至,我们特为撮述出来,以引起当局的注意和补救。"(全集第 8 卷第174—175 页)

《决心》摘要:

"现在大家都知道抗战到底的重要,也知道要抗战到底,须有抗战到底的决心。这种意思似乎很容易懂,但在实践上我们却还可以看出破绽来,有些人听到战争胜利的消息,欣欣然地工作,可是听到了战事偶尔失利的消息,往往不免苶然若丧,影响到他在工作上的效率。喜怒哀乐,人之常情,这本来也未可求全责备,但是我们如果真正了解抗战到底的决心,我们在救亡工作上的努力便不应该受到军事失利消息的影响,便应该用理智来控制情绪。""讲到决心,我常想到诸葛亮感人最深的两句话,即所谓'鞠躬尽瘁,死而后已'。现在前线拼死保卫祖国的斗士们,在实际上都在实行这两句话。我们参加救亡工作任何部门的人,也应该在实际上实行这两句话。有了这样的态度,无论如何是不会动摇的,那才是真正有了抗战到底的决心。"(全集第 7 卷第 634—635 页)

《〈不愿通信〉按》摘要：

"中国共产党已有共赴国难的宣言，第八路军已在晋北浴血抗战，蒋委员长关于中共共赴国难的宣言，也有赞成的谈话发表，对于第八路军的告捷，并有电去嘉奖。这都是公开的事实，人所共知的。口柴先生即假使是共产党员，在共赴国难的原则下，也无罪可言，况且并非共产党员，更无问题了。"（全集第7卷第636—637页）

10月28日　《需要镇定的时候》，载上海《救亡日报》第60号。（全集第7卷第637—638页）

《需要镇定的时候》摘要：

"近日因为我们的军队从大场庙行向南撤退，不明白实际情形的人们似乎在心理上不免有些动摇。""上海的战事只是中国全面抗战的一部分。现在上海抗战了两个多月，前线战士壮烈牺牲，予敌人以重大打击，消耗战的目的可谓已达到，退到新阵线继续抗战，战事并不因此了结，中国全面的抗战更不因此了结，看清了这一点，便应该镇定下来，下决心继续努力各人所做的救亡工作才是，怎么可以在心理上有动摇的倾向，甚至表现于言语行动呢？这样是有抗战到底的决心的表示吗？""这是需要镇定的时候！我们以及我们的朋友同志都应该把心理镇定下来，共同继续努力于应该做的工作。"（全集第7卷第637—638页）

10月29日　在《抵抗》三日刊22号封面上，用黑体大字刊登方形标语："主张妥协和平者就是汉奸"，坚决与妥协投降卖国的汉奸们相对抗。

同日　《上海战事的最近变化》、《最重要的一点》（以上两篇收入《激变》）、《〈知识分子与文化工作〉按》、《〈短衣乘客的义举〉按》（以上两篇署名编者），载上海《抵抗》三日刊第22号。（全集第8卷第121—122页、123页，第7卷第638—640页、640—642页）

《上海战事的最近变化》摘要：

"敌人以最精锐的海陆空军，集中火力猛攻，即有所进展，经两个半月的惨重牺牲，才在黄浦江边侵入十余公里的土地，就消耗战的意义说，不能不算已给敌人以重大的打击。我军以血肉之躯与敌人战车炮火相搏，坚苦支撑，拼命抵御，就前线浴血抗战的将士而论，已可说是劳苦功高了。""日本帝国主义利在速战速决，中国则利在以消耗战使敌人疲于奔命，疲于应付，增速敌人国内经济的崩溃，加深国际形势的矛盾，耐受艰苦的历程，期获最后的胜利。从这样的观点来看上海战事的最近变化，应该只有本着原来的决心作更艰苦的努力。而不应该作无谓的悲观与消极。况且我军在第二道防线还在力求进展，和一二八时一旦退却一了为了的局面完全不同。即令上海因战略上的必要而全部退却，那也不能因上海战事的暂了而认为中日的全面战事也一了为了，因为在全面抗战中一时一地的进退是可以有的。我们的眼光要放大，注视整个中国的抗战与出路，要有民族解放最后胜利的信心。"(全集第 8 卷第 122 页)

《最重要的一点》摘要：

"当前最最重要的一点是要全国一心一德抗战到底。如能抗战到底，那末在消耗战的艰苦过程中，一时一地的小挫不致影响到最后目标的达到。这样消耗战才有意义，因为消耗战的作用是要疲敌，不能持续即不能显现其疲敌的作用。""持久战最后固然毁了日本，中国亦不免受很大的牺牲，但中国的重大牺牲，是值得的，因为中国尽管也被战争破坏，随后却可以从头建设起来一个独立自由的国家，比之半途妥协而沦亡好得多了。""我们必须明白消耗战的意义，然后对于上海战事的最近变化才不致颓丧，才不致影响到救亡工作的继续努力。同时还必须明白只有抗战到底才能显现消耗战的作用，才不致受妥协论的麻醉，才不致无意中被汉奸所放出的投降理论所动摇。在军事胜利的时候，这种妥协论者和汉奸们不得不销声匿迹，一旦军事上偶有失利，他们又在蠢蠢思动，蝇营狗苟，施展着他们的鬼蜮伎俩了！这是爱国同胞们所不得不彻底看穿而加以严厉制裁的。"(全集第 8 卷第 123 页)

同日　《自主外交与民众后盾》，载上海《国民》周刊第 1 卷第 16 期。(全集第 7 卷第 642—643 页)

《自主外交与民众后盾》摘要：

"不知谁独出心裁地捏造一个文过掩丑的说法，叫做'弱国无外交'。""中国闹了二十几年的革命，闹了十多年的建设，至今还仍然免不了弱国之称，但是弱国也有外交，弱国尤其应该有自主的外交。""只有自主的外交能得到民众的后盾。民众所要求的是国家的独立和民族的生存，自主的外交就是以国家的独立和民族的生存为目标的。以这样为目标的外交而失败，国民不但决无怨怼，而且要排除万难，受忍艰苦，共同奋斗，打出一条活路来。"(全集第 7 卷第 642—643 页)

是月　《读书偶译》由生活书店上海出版。(全集第 14 卷第 15 页—175 页)

《读书偶译》目次：《伦敦的博物院图书馆》、《开头的话》、《政治组织的理论和形式》、《卡尔研究发凡》、《黑格尔和辩证法》、《黑格尔对于卡尔的影响》、《卡尔所受的其他影响》、《卡尔的理论体系》、《卡尔的历史解释》、《唯物史观的解释》、《唯物辩证法》、《辩证法和将来的社会》、《卡尔的经济学》、《驱赶的工作和被驱赶的工作》、《关于价值论》、《恩格斯的生平和工作》、《恩格斯的自白》、《伊里奇的时代》、《伊里奇的生平》、《伊里奇的理论》、《后记》。

《〈读书偶译〉开头的话》(被羁押六个月后的 6 月 2 日下午记于江苏高院看守分所),收入单行本。(全集第 14 卷第 16—20 页)

《〈读书偶译〉开头的话》摘要:

"这本《读书偶译》是撮译我在伦敦博物院图书馆里所写下的英文笔记的一部分。在看书的时候,遇着自己认为可供参考的地方,几句或几段,随手把它写下来,渐渐地不自觉地积了不少。近来略加翻阅,撮出其中的一部分,随手把它译出来,在一些基本的观点方面,也许可供有意研究社会科学者的参考。""这只是一本漫笔式的译述,不是有系统的社会科学的书,但是也略为有一点贯串的线索。第一节可以算为简单的'导言'或'绪论';后面接着的是卡尔的生平和理论,附带谈到他的思想所由来的黑格尔;再后的是恩格斯的生平和工作;再后的是伊里奇的生平和思想。当然,这本书对于这些思想家的任何一个,都不能完全包括他们的一切,乃至某一部分的一切,只是撮述尤其值得我们注意的几个要点而已。""此外还有一点,这本书所撮译的,多为其他作家对于这几个思想家的解释;要作进一步的研究,还要细读他们自己的著作,本书不过是扼要的'发凡'罢了。先看了'发凡'的解释,对于进一步的研究也许不无小补。这是译者所希望能够贡献的一点微意。""每篇来源的原著书名,都附记在每篇的末了,以供参考。""理论和实践是应该统一的,所以我们研究一个思想家,不能不顾到他的时代和生平。尤其像卡尔和伊里奇一流的思想家。我们要了解卡尔怎样运用他的辩证法,必须在他对于革命运动的参加中,在他对实际问题的应付中,在他的经济理论、唯物史观以及关于国家和社会的哲学里面,才找得到;关于伊里奇也一样,他的一生奋斗的生活,便是唯物辩证法的'化身',我们也必须在他的实践中去了解他的思想。""革命的思想家的奋斗生活,常常能给我们以很深的'灵感'。我每想到卡尔和伊里奇的艰苦卓绝的精神,无时不'心向往之'。""关于伊里奇,我最感到奇异的,是以他那样的奔走革命的忙碌,还有工夫写了许多精明锐利正确的著作,后来仔细研究他的生活,才知道他有许多著作是在流离颠沛惊涛骇浪中写的;是在牢狱里,是在充军中,是在东躲西匿干着秘密工作中写的。""伊里奇在将被暗刺以前,最后说了一句话值得我们永远的纪念。""他在被刺的那一天下午(一九一八年八月三十日),还到莫斯科的米克尔逊工厂(Michelson Factory)去参加会议,他在这会议里演说词的最后一句是：'胜利或死亡！'（Victory or death）即不向前求胜利，就只有死路一条。这是伊里奇当时为革命而奋斗的精神，也是我们今日为民族解放和人群福利而应有的奋斗精神！""我只是一个平凡的新闻记者，我所以要研究一些思想，是为着做新闻记者用的，更不怕'牺牲'什么'尊严和高贵'。或许有些朋友也和我一样地忙于自己的职业，要在百忙中浏览一些关于思想问题的材料，那末这本书也许可以看看，此外倘若抱着什么奢望，那是要不免失望的。"（全集第 14 卷第 16—20 页）

《〈读书偶译〉后记》（7 月 15 日炎暑中挥汗写，记于江苏高院看守分所），收入单行本。（全集第 14 卷第 175—176 页）

《〈读书偶译〉后记》摘要：

"我向来有所写作，都偏重于事实的评述；关于理论的介绍，这本译述还是破题儿第一遭，虽则理论和事实本来就不能截然分离的。依我个人看来，——也许是由于我向来工作的性质或方向，——评述事实似乎比介绍理论来得容易些，尤其是比用翻译来介绍理论来得容易些。因此，我在译这本书的时候，时刻注意的是要尽量使读者看得懂；倘若更能进而使读者感觉到不但看得懂，而且觉得容易看，看得有趣味，那更是我的莫大的愉快！同时被羁押的老友李公朴先生听到了我的这愿望，在我看完第一次校样的时候，他自告奋勇，说他愿'代表'未来的读者，仔细替我再看一遍；每遇有他认为不很容易懂的地方，无论是一字一句一段，都很热心地提出'质问'，我也很虚心地领教，认为有修改必要的时候，就尽量修改。我在这里应该很诚恳地谢谢李先生。""张仲实先生的学识湛深，尤其是对于政治经济学的造诣，是我所非常敬佩的，我的这本书的第二次校样还请他很仔细地看过一遍。承他给我不少切实的指教，有好几处的名著译文，还承他对俄文原本仔细对了一下。本书里用的画像，有许多都是承张先生替我从各处搜集拢来的。他为了我的这本书，费了不少时间和功夫，这都使我非常感谢的。""在羁押中写作，不能多带参考书，遇有需要查阅参考的时候，往往写条子麻烦外面的几位朋友，托他们代为一查。受到我麻烦的除张先生外，还有金仲华和胡愈之两先生，我应该在这里一并志谢。"（全集第 14 卷第 175—176 页）

是月　《为杨敏时题词》，收入《韬奋手迹》。（全集第 7 卷第 643—644 页）

《为杨敏时题词》：

"抗战到底即最后胜利之保障　敏时兄属书　韬奋。"（全集第 7 卷第 643 页）

11 月 2 日　《全国应注意的重要关头》（收入《激变》），载上海《申报》。（全集第

8 卷第 148—150 页）

《全国应注意的重要关头》摘要：

"在两年前我还流浪在伦敦的时候，有一天看了伦敦《泰晤士报》上所登日本军部发言人的一段话，气得一天饭都吃不下。那时日本帝国主义于掠夺东北四省之后，已开始侵入绥远，英国各报对于日军的横行无忌，颇有烦言，日本军部发言人便发表了一段意见，说中国民族无理可讲，所怕的就只有拳头。""这明明是对世界公开宣言中国人是天生的奴性，只有用对奴隶威迫的办法对付中国人！日本近卫首相毫无顾忌地对世界宣言要把中国打到屈膝，也显示着同样的心理，'屈膝'是奴隶的状态，在他看起来，中国的四万万五千万人就只是一大群具有奴性的动物而已。""被日本帝国主义视为奴隶的中国人终于不能再忍辱含垢，奋然为保持民族的生存而起来抗战了，日本帝国主义仍深信他们可用对付奴隶方法达到成功，所以尽量利用杀人的大炮，坦克车，机关枪，毒气，和轰炸，在中国作大规模的惨无人道的屠杀，无辜的平民和避难的妇孺，都遭受到惨无人道的屠杀。但是中国人无论遭受了怎样的惨遇，仍然是咬紧牙根，为着争取民族生存而忍受惨苦，毫无怨怼。世界视态，为之激转，暴日罪恶，尽行显露。我们已对全世界证明中国人并不是像日本帝国主义所想象的只具有奴性的动物。""但是我们要真能自拔于'奴籍'，最最重要的是在当前抗战的过程中勿上日本帝国主义的老当。据路透社十月三十日由布鲁塞尔传来据说可靠来源的电讯，日本认为如果中国政府愿与日本直接讲和，日本愿由美国出来做调人。这消息表示日本帝国主义经我国的英勇抗战，已经着慌；表示在华的日军阀已失却国内的一般支持；表示日本帝国主义之不胜持久战，也就是我国只要持久抗战，必然可以得到最后的胜利。但是这一电讯说日本绝不放弃华北五省自治及内蒙帝国，甚至加上上海附近地带的占有。这表示日本的所谓'讲和'，就是等于要我们'屈膝'。我们所以大声疾呼，认'主张妥协和平者就是汉奸'，原因也就在此。""我们要下决心抗战到底，做堂堂的人呢？还是自甘中途妥协，帮助日本帝国主义造成四万万五千万的'奴隶'，使日本帝国主义代言人对世界侮辱中国民族的狂吠得到事实上的证明？这是全国应注意的重要关头！"（全集第 8 卷第 148—150 页）

11 月 3 日　《敌人恐慌》、《孤军抗战的教训》、《安定人心》、《答范若萍》（以上两篇署名编者，以上四篇收入《激变》，《答苑若萍》取题《救亡的道路》）、《〈尽心尽力的干〉按》（署名编者）、《答赵良希》、《答周锡文》、《答徐广奕》、《答刘振汉》、《答杨韵和》（以上五篇未署名），载上海《抵抗》三日刊第 23 号。（全集第 8 卷第 124—125 页、

125—126 页、166—168 页、175—176 页、第 7 卷第 644—646 页、647 页、647 页、648 页、648 页、649 页）

《敌人恐慌》摘要：

"中国为保持民族生存与世界正义而浴血抗战，有了三个多月，在这三个多月中间，前线战士的壮烈牺牲，后方民众的无辜惨死，不可算不惨痛，但是这种惨痛，愈益巩固全国抗敌的决心，愈益增加全国对于暴敌的认识，没有听到任何将士或人民对于抗战有一句埋怨的话。""近几天日本刽子手对中国虽仍继续进行屠杀，但在另一方面却放出愿意考虑中国讲和条件的空气，这可见经过我们的抗战才三个多月，就是日本的统治者也在恐慌了。""依可靠来源的消息，日本愿意许美国出任调人，倘若南京首先与日本开始直接交涉。""可注意的是日本决不放弃华北甚至上海附近各地。""有两点我们应该注意：（一）各国对于我们抗战的同情（意德除外），日本帝国主义是不免着慌的，所以有意放出'和平'的空气，以动摇各国的态度；（二）中国全国拼命保卫祖国的决心，日本帝国主义也是不免着慌所以也有意放出'和平'的空气，以破坏中国的士气与民气，以动摇我们的斗志。同时我国的妥协派及汉奸们也要乘势为虎作伥，出卖民族利益。我们为着热诚拥护政府抗战到底的国策，坚守蒋委员长历次对于抗战到底的宣言，应该要全国起来注意敌人和敌人走狗的阴谋。"（全集第 8 卷第 124—125 页）

《孤军抗战的教训》摘要：

"坚守闸北四行仓库的我国八百勇士，本抱必死的决心，与阵地同存亡，苦守四日，百折不回，最后军事最高领袖以值此长期抗战之际，国家所期待于此八百战士者至深且远，故谕令退出，另图报国之道。这八百勇士的悲壮行为，震动了全世界，唤醒了民族魂，对于中华民族的贡献诚然是非常伟大的。""事后静思，回想他们在这英勇抗敌视死如归的四天，引起国际间无限的同情与后方民众的热烈的钦敬，无非是因为他们为国抗斗的精神，——虽处极艰苦的环境而仍然丝毫不馁的为国抗斗的精神，——有一感召得来。""怯懦乞怜只能引起卑鄙的恶劣感觉，惟有英勇抗斗才能引起同情与钦敬。""有人竟腼然认为中国在国际上得来的同情只是由于在外交上对敌人的客气，而不知道是由于我国的英勇抗战，这真是不知羞耻的人的无耻的话！"（全集第 8 卷第 125—126 页）

《安定人心》摘要：

"在此争取民族解放的抗战时期里面，有力者出力是应该的，所以对于军队运输上所需的人力供给，在原则上是大家都不反对的，不但不反对，而且认为是应该的。现在各方面热心持久战的人们都在积极提倡开放民众运动,民众运动的主要目的一个,就是要发动民力协助军队。大家所反对的是没有适当的办法,又不先使人民明白这办法,一味瞎拉,这样怎能怪人民的'惶惶不可终日'呢? 如果民众运动开放,民众都有了组织和训练,军队所经过的地方,由有组织的民众分段自动出来和军队合作协助,那末每段的民众只须在那一段的区域帮忙,到了相当的地点,又有第二段区域的人民出来接替,这样把工作由所经过的各段地点的民众分工担任起来,每人或每段中人服务的日期当然可以减少,所至何地也可以预先知道,在家属方面也可以放心。这事于安定人心的确有很大的关系,我们希望当局要加以严重的注意。至于地方上的贪官污吏,存心勒索,鱼肉乡民,那更是罪无可恕,我们希望政府要加以极严厉的制裁。""还有一点值得我们注意的,就是军事的进行便利和民众运动是离不开的。如果开放了民众运动,民众自动地起来组织运输队,'拉夫'就根本用不着了。"(全集第 8 卷第 167—168 页)

《救亡的道路》摘要:

"你的意思只有'直接走上前线去杀敌,或间接的到乡间去宣传,以及训练民众,组织民众等等'才可算是'走于救亡的道路上',未免把'救亡的道路'看得太狭隘了。我们当然承认'直接走上前线去杀敌'是救亡工作的一部分,但这只是属于军事的部分,军事当然不能包括一切的救亡工作。""乡村的安定与生产,政府应有相当的计划,青年学生只能在这样的整个计划下尽力,如设立夜校,消除文盲,及其他协助农民等的工作。""游击战诚然是重要的战术,但同时还须和正规军配合起来,才能收到最后胜利的效果。"(全集第 8 卷第 175—176 页)

《〈尽心尽力的干〉按》摘要:

"汪先生的愤慨,我们是很同情的,因本刊登的那篇文章里有几句话引起汪先生的愤慨,我们尤其感觉到非常抱歉。我们承认那几句话的不妥,希望汪先生特加原谅。我们以后对这一点自当特别注意,同时希望汪先生仍同样地努力于救亡的工作。关于汪先生所提出的问题,我们完全同意。这只要看我们在第二十期本刊《短简》中复济南傅罗莘先生等的几句话,就可以证明。这几句话就是:'在抗战期间,我们以为反宗教是不应提出的,因为我们既要集中全国力量来对付日本帝国主义,其他纠纷当尽量减少,乃至完全避免,只要是尽力抗日,抢救此垂危的民族,我们都当引为同志,不可再提出其他的争端来分散这个团结的力量。'"(全集第 7 卷第 646 页)

《答徐广奕》全文：

"全国的精诚团结,是一件很艰苦的事情,现在的统一,已经费了不少人的努力,其间还不免有若干隔阂和磨擦是势所难免的,我们只得以诚意设法消除误会,巩固全国的精诚团结。并希望各方面都以诚意设法消除误会,巩固全国的精诚团结。在此抢救民族危亡的时期,真能以实际努力的效果与国人以共见者,必为全国民众所竭诚拥护,任何人所不能抑制的。"(全集第7卷第648页)

11月6日　《苏联革命廿周(年)纪念》(收入《激变》)、《答张大任》(署名编者,收入《激变》,取题《救亡工作与脱离环境》)、《〈一桩痛事〉按》(署名编者)、《答李瑛》、《答吴如珠》、《答天愤》(以上三篇未署名),载上海《抵抗》三日刊第24号。(全集第8卷第142—144页、176—177页,第7卷第649—650页、650—651页、651—652页、652页)

《苏联革命廿周(年)纪念》摘要：

"中国目前是在非常艰苦的环境中奋斗着,在这奋斗的历程中,暂时的挫折是在所难免的,而这种暂时的挫折往往容易使国人误认为永久的失败,减少勇气,徒作悲观,忘却自己民族前途的大目标,忘却持久战的必然胜利。""我们如想到苏联革命成功所经过的艰苦的情形,和今天他们所获得的结果,便应该可以增加我们的勇气,打破我们的悲观,更明显地望着我们的光明的前途,作继续不断的猛进。""国际联军的阴谋终因布尔塞维克所领导的持久战而不得达到目的。倘若当时不是领导中心的坚强,坚持抗战到底的主张,则中途的挫折早已使得人心涣散,跑到自杀政策的妥协路上去了! 这是正在抗战期中的中国,在苏联革命廿周年纪念的今日,所要警觉的一点。""还有一点同样重要的,那就是当时布尔塞维克的中心领导有广大的民众为基础,这是他们所以终于能够排除万难达到最后胜利的基本原因。""后来列宁的毅然实施过渡的新经济政策,老实告诉他们的党人,说这是要顾到当时大多数农民的企求,否则失却大多数人的支持,布尔塞维克(这时已拿到政权)一定是要失败的。这个苏联的伟大领导者对于广大民众的深切的注意,可以说是始终不懈的。我以为这也是正在抗战期中的中国,在苏联廿周年纪念的今日,所要警觉的又一点。"(全集第8卷第142—144页)

《救亡工作与脱离环境》摘要：

"最近我们常听到青年尽想抛弃职业去参加救亡工作,我们觉得这未免有些误会。你在心理上似乎也犯了这个毛病。""依我们的意思,你还是找个职业,一面抽些时间出来参加救亡运动。你家人希望你能安分守己,抽些时间出

来参加救亡运动,和安分守己并没有什么妨碍的,因为救亡运动根本不是捣乱的行为。"(全集第 8 卷第 177 页)

《答李瑛》摘要:

"抗战开展到了今天,所动员的只是军事,全国民众动员还差得远,我们如果真要抗战持续下去,获得最后的胜利,必须再进一步动员全国民众,现在从事救亡运动的人们所以很恳挚地要求彻底开放民众运动,也是因为这个缘故。"(全集第 7 卷第 651 页)

11 月 9 日 《拥护抗战国策》、《青年的求学狂》、《大学教授的话》、《答费满》(后两篇署名编者,以上四篇收入《激变》,《答费满》取题《艰苦的过程》)、《答涂长胜》、《答曹明诚》、《答花义方》(以上三篇未署名),载上海《抵抗》三日刊第 25 号。(全集第 8 卷第 126—127 页、127—128 页、168—170 页、177—178 页,第 7 卷第 652—653 页、653页、654 页)

《拥护抗战国策》摘要:

"抗战国策是已经确定的,但是在执行这个国策的过程中,必然有着种种的危机和障碍,需要全国人民共同努力奋斗来克服。尤其是遇着军事上一时的失利,往往有一部分人在心理上动摇着对于抗战国策的信仰,甚至有些潜伏着的汉奸乘此机会活动,散布所谓'和平'空气,在危急的时期动摇人心和士气,在这样的时候,我们必须防微杜渐,以坚决的态度,作不容情的制裁。这不是怀疑政府,正是拥护政府的抗战国策。""中国在目前还无可否认地存在着种种障碍,使抗战国策不能顺利进行。这种障碍,凡是真正忠于国策的人都应该竭精殚思,努力排除。尤其急迫的例如政治机构之有待于迅速健全化,自主的外交之有待于迅速确定,广大民众动员之有待于迅速推进等等。都是要支持长期战争所不得不积极实施的要事,这种种方面的缺憾便是使得抗战国策不能顺利进行的障碍。是真正拥护这个国策的人们所不得不努力排除的。要排除这种种障碍,也不是怀疑政府,也正是拥护政府的抗战国策。""我们的一切批判和建议,我们的一切努力,一切推动,都是要把拥护抗战国策为中心。"(全集第 8 卷第 126—127 页)

《青年的求学狂》全文:

"诸君看了第八路军驻京办事处写给本刊关于陕北公学的第二封信,想都要被青年的求学狂所感动罢。""最先是有好些青年写信来探问陕北的抗日大学,我们因为不知道,请他们直接写信去问第八路军驻京办事处,不料这竟忙苦了该办事处的答复(见本刊第二十期信箱该办事处给本刊的第一封信)。后来该办事处为节省手续计,把《陕北公学简章》寄登本刊信箱(也见本刊第二十期信箱)。但是许多热心的青年仍有信去问许多问题,仍忙苦了该办事处,这在本期所登的信可以看得出来。""据简章所载,该校的特点大概有:(一)课程内容切合于抗战时期的需要;(二)投考年龄展至三十五岁,使年长失学者也有机会;(三)兼顾'具有同等学力者',并不以文凭为绝对条件;(四)'一律免缴学费';(五)应非常时期的急迫需要,毕业时期只由半年到两年;(六)毕业后得'介绍各地参加适当工作'。这些特点显然都是在他处不合理的教育所望尘莫及的。可见该校简章公布之后,得到许多青年的热烈响应,并不是偶然的。""陕北生活的艰苦,是大家知道的,但是许多青年为着渴求比较合理的教育,竟纷纷不怕艰苦而有心去尝试,这种热烈的情绪是很值得教育家的注意的。我们希望这现象能推进教育当局对于非常时期教育的努力。"(全集第 8 卷第 127—128 页)

《大学教授的话》摘要:

"现在的青年在思想上认识上都很进步,是否'汉奸理论'是一些不能欺瞒青年的。""九国会议,我国应参加,我们原也如此主张,不过参加会议和'服从调解'是两件事,不应混为一谈。""九国公约至少在公约的文字上是写明的要尊重中国土地主权和行政完整的,英美如能不违反这个原则,我们当然可以考虑他们的建议,否则便须拒绝,如只是笼统地说'服从调解'是很不妥的。""中国国民向世界表示反对会议中妥协的进行,要求对日制裁,这是中国国民应有的表示,并不致使中国外交更难应付。现在有些人认为乞怜态度可以引起国际的同情,实是大大的错误,这位'教授'开口怕'生怒',闭口说'服从',完全是奴性的心理,这是很可惋惜的。"(全集第 8 卷第 169—170 页)

《艰苦的过程》摘要:

"(一)有些人因为在抗战期间在军事上受了挫折,就垂头丧气,这是因为根本不明了什么叫做持久战,根本不明了我国的民族解放战争是要经过很艰苦的过程的。在持久的抗战,一时一地的挫折是在所难免的,最最重要的是要抗战到底;能抗战到底,即不中途妥协,最后的胜利必然是属于中国的。我们如知道民族解放战争是要经过很艰苦的过程,那末唯一的念头就只有努力克服困难,而不应该被困难所克服。(二)日本帝国主义志在征服整个中国,所以中国任何局部的区域要想苟安图存是不可能的。在侵略者要收到各个击破的效果,在时间上略有先后是可能的,但是终究是不能独免的。现在日本以苟安图存来引诱山东,这完全是各个击破的阴谋,山东只要看自九一八以来日本帝国主义在华北施展的伎俩，便可不言而喻了。现在的整个中国，存则俱存，亡则俱亡，所以我们全国应该团结起来共同行动。（三）你说'在山东的老百姓谈论国事，若与事实不符，那是造谣生事，罪当处死；但若所谈是事实呢？则为泄漏机密，得枪毙。所以抗战三个多月了，全国总动员组织民众的呼声震天价响，而山东仍是一无生气。'你又说'在尚未丧失的领土内有话不敢说，坐视一般汉奸舆论蔓延而不敢出来公开驳辩，是什么滋味？'你所报告的情形太可痛心，你所提出的问句太沉痛了！这不但是山东的危机，也是中国的大不幸。我们希望山东当局早些觉悟，不要噬脐无及！"（全集第8卷第177—178页）

《答涂长胜》摘要：

"全国团结是经过许多人的努力而渐渐促成的。在事实上各方面的军队都在前线为国浴血奋战了，这是最可宝贵的现象。我认为我们在这抗战的时期，应以'抗战第一'为一切思想行动的中心，此外可以暂时搁开。我以为任何人的心思才力都应该努力于'保障抗战最后胜利'为唯一的目标。青年的思想行动也应该这样。在这样原则下的思想行动，尽管坦白公开，不怕有什么陷害的。"（全集第7卷第653页）

《答曹明诚》摘要：

"你那样亲切有味地回忆着《生活》周刊，也很引起我的思旧的情绪，但是《生活》周刊有它的时代，它在那个时代所有的内容，即令尚能适合当时的需要，在目前因时代不同，需要也不同了，即使把它的名称恢复起来，内容也不应该相类的，因此我还不想把它的名称恢复起来，认为在实际上是没有多大关系的。"（全集第7卷第653页）

同日　在《抵抗》三日刊第25号刊登《第八路军驻京办事处又来信——又是关于陕北公学》。

11月10日　《根本消除心理上的暗影》，载上海《救亡日报》第73号。（全集第7卷第654页）

《根本消除心理上的暗影》摘要：

"现在有一部分人似乎在动摇他们的抗战决心，不外乎因为把战事上一时的失利，即认为大势已去，完全忘却了'持久'是什么意思，也完全忘却了消耗战已使我们的敌人受到了很大的打击，误认为抗战是很容易的，好像只是一蹴可就的事情。这种心理上的暗影如不加以根本的消除，对于抗战前途是有极大的障碍的，所以值得我们的郑重提出，希望全国同胞加以严重的注意。"（全集第7卷第654页）

11 月 12 日　潘汉年和八路军办事处刘少文一起，召集了有沙千里、胡子婴等救国会朋友及夏衍等参加的会议，研究救国会领导人沈钧儒、邹韬奋等人撤离去香港的事。（夏衍《懒寻旧梦录》第 388 页，《潘汉年传》第 183 页）

同日　生活书店将工作重心移至汉口，韬奋和徐伯昕等大批同事分赴武汉、广州等地，筹设分支店，积极开展书店业务。（《生活书店史稿》第 425 页）

11 月 13 日　《怎样纪念中山先生》、《对沪战的认识》（以上两篇收入《激变》）、《答丁东》、《答邝赋文》、《答李念琪》（以上三篇署名编者、收入《激变》，分别取题《磨擦》、《裁员》、《妥协与汉奸》）、《怎样争取持久战的胜利》（署名编者，写于 11 月 10 日）、《答徐逸庵》、《答金剑》（以上两篇未署名），载上海《抵抗》三日刊第 26 号。（全集第 8 卷第 128—129 页、129—130 页、178—179 页、179 页、180 页，第 7 卷第 655—658 页、658—659 页、660 页）

《怎样纪念中山先生》摘要：

　　"我们必须在事实上努力实现中山先生的遗训和遗嘱，那才是真能纪念中山先生。""中山先生的遗嘱也许因为背诵的人多了，反而不加思索，但是这遗嘱的第一句就说他一生的努力，'其目的在求中国之自由平等'，现在中国的土地沦亡于敌人者几何？人民之被侮辱被屠杀于敌人之手者几何？这和中山先生所企求的目的相差几何？凡是真正信仰中山先生者，每念及此，当无不愧怍无以自容，对于为民族争生存的抗战，应如何格外地努力！""要求得抗战的最后胜利，当前最最重要的问题莫过于彻底动员全国民众和进一步联合利害共同的与国。关于这一点，中山先生也已给我们以明白的指示，明白告诉我们'必须唤起民众及联合世界上以平等待我之民族共同奋斗。'我们现在对于动员民众的工作已足够了吗？对于联合以平等待我之民族以共同奋斗，已充分做到了吗？这在追念中山先生的时候，都需要我们加以沉痛的反省的。我们必须在事实上补救这些缺憾，使抗战的胜利能快快地到来，使中山先生所企求的目的真能达到，那才能告无愧于中山先生。"（全集第 8 卷第 128—129 页）

《对沪战的认识》摘要：

　　"我国在上海附近的抗战，最近几天有着激切的变化，这变化似乎是意外，其实却是长期抗战中必然的经历。有些人因为误认为意外，竟动摇了他们对于抗战前途的信心，这是因为对于沪战没有正确的认识，很有切实纠正的必要。""本月十日晚，中国出席九国公约会议代表团根据蒋委员长训令，也说明上海中国军队退出公共租界邻近，是战术上的需要，其目的在延长长期的抵抗。""我们希望全国同胞由此对于沪战更能有正确的认识，把最近的变化看作长久抗战中必然的历程，不但不致动摇对于抗战前途的信心，而且还要愈益巩固这信心，准备作更奋勇的更艰苦的努力。最近我们不是提出了'主和者就是汉奸'的口号吗？我们的政府和领袖是主战的，是主张长期抵抗的，在主战的国策下，主和者不是汉奸是什么？我们要以极严厉的手段制裁汉奸，同时我们要把国策普遍宣传给全国民众，以赤诚拥护领导全国抗战到底的政府和领袖。"（全集第8卷第129—130页）

《磨擦》摘要：

"我个人虽自恨能力薄弱，但数年来对于全国团结御侮的提倡，不遗余力，虽中间被误会而吃些小苦头，仍丝毫无所怨怼，但求团结御侮能实现，个人方面毫不计较。""至于对政府偶有善意的建议或批评，这是各国舆论界的普遍现象，一方面对于一般民众含有指导意味，以造成共同的动向，一方面亦所以反映民众的潜伏的愿望。中山先生所谓唤起民众，共同奋斗，舆论界实亦负有此种责任，和一纸'条陈'作用迥不相同。当然，全国的舆论不是一二刊物所能包办，但是它却不应该因此抛弃它的一部分的责任。"（全集第8卷第178—179页）

《裁员》摘要：

"政府各机关因紧缩起见，不得不裁员，或实行所谓'停薪留职'，固然有不得已的苦衷，但是从整个抗战的计划看来，确有另行计划更好的办法之必要，因为这大量公务员被裁或被停后的生计，乃至他们全家的生计都没有着落，仍是一个待决的问题，不是一裁或一停所能了的。""这问题的根本解决，恐怕还在非常时期的建设事业有个通盘筹划的办法，才有工作可以支配，在经济上也才有力量顾到许多人的生计。"（全集第8卷第179页）

《妥协与汉奸》摘要：

"（一）'主和者就是汉奸'这个标语里的和是指主战主和的'和'，在现状下主张对敌讲和，就是等于主张出卖国土主权，所以是汉奸，不能用'和平'两字来掩丑的。""日本帝国主义是要灭亡整个的中国，所以东北四省沦亡，继之以冀察，继之以绥远，继之以整个华北，华北亡后，接着来的是什么，这是最近过去的铁一般的事实所昭示，无论如何健忘的人都不该不知道的。中国的重要资源大半在华北，没有了华北，重工业就绝了希望，还有什么准备可言呢？在另一方面，把华北的重工业资源让日本帝国主义安然享用，那是帮助他们准备罢了。况且日本帝国主义的毒害立刻就要遍布全中国，例如放纵走私就害到全中国的经济，根绝抗日运动及爱国教育也要害到全中国的民族意识，绝不是局部问题。你的那位朋友实在太近视了。"（全集第8卷第180页）

《怎样争取持久战的胜利》摘要：

"大家知道彭先生（注：指彭德怀）是国民革命军第八路军的副指挥，正在前线作战的军事专家。他在这小册子里由已经三个多月抗战的实际经验所得到的意见，实值得我们的郑重介绍。""彭先生所指出的最重要的第一点是'敌我力量对比的变动性'，随着指出中国'只有持久（战）才能生长力量'。""有些人看到我们的敌人在目前的武力较占优势，同时感觉到我国在目前的力量比较地薄弱，往往觉得越拼越消耗，多拼多消耗，是否终能拼得过敌人，达到最后的胜利？""有些人便利用这种心理来动摇国人持久战的决心，甚至有人嘴上虽主战，而同时却倡言'弱国牺牲论'，认为不战亡、战亦亡的似是而非的汉奸理论。""彭先生所指出的中国在持久战不但不会把力量渐渐地消完，而且还会生长力量，这一点是非常重要的。""敌我力量的对比决不是一成不变的东西，在持久抗战的过程中，是必然会变动的，我们的力量会逐渐变强，而敌人的力量则会逐渐变弱的。""'从任何一方面看，我们只有而且能够从持久战中，改变强弱的现势。我们一方面不要被那些恐日病者及弱国牺牲论者所散布的民族失败主义所迷惑，一方面也不要被那些急性病者的悲观失望所沮丧。'""其次他讨论到和主力军配合作战的游击战争。什么是游击战争？他说：'游击战争的定义应该是群众战争，是群众直接参加抗战的最高形式。'游击战争的发展，会给侵略者以极大的危害而对于我主力军的作战，则成为有力的助手。""怎样才能发展游击战争呢？他说：'只要有群众，就能够发展游击战争，因为游击战争是群众参加抗战的最高形式'。""民众动员与全民抗战的重要关系。他说：中华民族能否从持久的抗日战争中，求得自己的独立自由和解放，完全在于能否动员全国一切人力物力，为争取抗战胜利而进行顽强的不疲倦的斗争。'""他进而抉出惧怕民众力量抬头的毫无理由。""动员与发挥民众参加抗战，只会提高政府的威信，与增强抗日的力量，使持久的抗战具有坚实的基础。也只有这样的全民族的抗战，才能最终的战胜日本帝国主义。'""末了，记者要转述彭先生的这样的几句话，结束本文的介绍：'我们不在于消极的批评这些严重的现象，我们只希望这些现象能够得及时的纠正，使痛苦的回忆变为宝贵的教训，今天的教训变成将来的胜利。'"时机愈加紧迫了！我们已经暴露的弱点不能再存在了，建立正确的方针，不能再迟缓了！今天放在全国同胞身上的责任是拥护、推动与帮助政府和领袖，从困难中去争求民族的独立自由和解放！'"（全集第 7 卷第 655—658 页）

《答徐逸庵》摘要：

"简单说一句，华北军事目前的失败，与其说是军事的缺憾，不如说是政治的缺憾，与其说是敌人的猛烈，不如说是我们自己内部的缺憾使敌人有机可乘，这是最可痛心的。但是如果能使整个政治军事以及民众动员有办法，局部的阴谋还是无碍抗战前途的。""太原不保，诚然是华北战事的一个重要关键，但是敌人在目前还只是沿着铁路线，还有大部分区域，尤其是山地，仍有我们的游击队起很大的作用，但是同时也要有主力军赶到前线反攻，内外配合起来，才有大效。我国只须坚持抗战到底，挽救不过是时间问题，仍可乐观的。""我国最高当局屡次表示抗战到底的决心，与国人以共见，至于一部分妥协论者的酝酿妥协空气，全靠民众及舆论的力量加以严厉的制裁。"（全集第 7 卷第 659 页）

11 月 16 日　自第 27 号起《抵抗》三日刊恢复《抗战》三日刊刊名。

同日　《敌的梦想》、《意国反对谴责日本》（以上两篇收入《激变》）、《答刘祖德》、《答丁河清》（以上两篇署名编者，收入《激变》，分别取题《不断的努力》、《抗战与主张》），载上海《抗战》三日刊第 27 号。（全集第 8 卷第 130—131 页、131—132 页、181—182 页、182—183 页）

《敌的梦想》摘要：

"日本军阀对我国所希望提出的讲和条件有：（一）中国承认满洲伪国，组织中日满经济集团；（二）华北与内蒙成立'自治''反共'组织，受日本保护；（三）总税务司须由日人充任，中国中央政府及各省政府机关，须聘用日本顾问，中国关税税则须加改订，以促进日本制造品之对华输出及中国原料之对日输出；（四）须有一个亲日的总统代替蒋委员长做领袖，同时中国须加入德意日防共集团；（五）中国不许有陆军及军用飞机，只许有保安队以执行警察职务，商业航空须由日本经营，商业飞机亦须买自日本；（六）凡属通商口岸，如上海、福州、厦门、广州等处，皆须开辟日租界，同时目前已在日本占领下的中国沿海岛屿要由日本永久占领，作为军用飞机场之用。日本军阀这种梦想，只须其中的一小部，以足沦亡中国而有余，全部实现更不消说了。""中国绝对不会让他们的这个梦成为事实的。""他们的这种野心的流露，徒然增强中国全国人民抗战的决心，因为横在我们前面的路显然只有两条：一条是从艰苦中继续抗战以争取民族的自由解放；一条便是'屈膝'，让日本军阀实现他们的梦想。在这两条路的中间，并没有像有些人所憧憬着的折中的道路可走。我们对于日本军阀目无中国的呓语，徒然愤慨是不够的，我们必须更进一步使这种愤慨变为整个中国的伟大的抗敌的力量，咬紧牙根，巩固团结，向着我们的唯

一共同的敌人作更猛烈而持久的斗争。"（全集第 8 卷第 130—131 页）

《意国反对谴责日本》摘要：

"我们在国际上要认定唯一的敌人是日本帝国主义，不要多所树敌，这原则诚然是对的，但是我们对于敌人的伙伴却不应存有幻想，把它和我们的真正的友邦看作同样的关系，认为我们所'寻求'的同样的'与国'（见汪主席最近发表的《寻求与国与团结民众》一文）。汪主席说'反对侵略者都可以为中国之与国'（见同篇文）。这话是完全对的，但是意国坚强反对谴责日本，是反对侵略呢？还是赞助侵略？这一点不奏明白，我们是永远'寻求'不到'与国'的！"（全集第 8 卷第 132 页）

《不断的努力》摘要：

"青年人最重要的是要继续不断地向前努力，要不被任何困难所沮丧，能这样，必有光明的前途。所谓光明的前途，当然不是指个人方面的'升官发财'或舒服的享用，是指更能尽量发展个人的能力替更多的人服务，或做了更多的人有益处的事情。要得到这样光明的前途，就要把自己的知识和能力一天天充实起来，同时对于客观的条件时常作密切的注意。增加知识和能力的途径很多，有些青年因一时不能入校求学或一时不能升学，便感觉到十分消极，认为从此没有希望，这是大大的错误，因为入校或升学只是增进知识的一个途径，如果这一个途径实在没有法子再走，还应该想别的途径继续走去，也许要比较走得慢些，但是不停地走，一定也走得很远的。在现实的社会里——也可以说是广义的学校——'求学'也许还要更切实些。我看到你的来信，又引起这样的感想。我希望你仍用着同样的勇敢的精神，沉着的态度，继续向前努力。你现在在银行界服务，我以为你就可以在那个环境里留心志同道合的朋友，彼此联系起来。如可能的话，尽可组织一个小小的研究会之类的小集团，共同讨论所要研究的问题，共同商定可能执行的行动，共同研究和其他救国集团发生相当的联络。有着这样小组织做基础，比之个人孤零零单独的暗中摸索好得多了。这只是方法的一种，你可以根据自己所处的环境，斟酌情形决定。"（全集第 8 卷第 181—182 页）

《抗战与主张》摘要：

"至于说要放弃一切主张，那要看是什么主张：如果是有益于'如何抵抗日本'的主张，绝对不该放弃，反之，如果是有害于'如何抵抗日本'的主张，那就应该放弃。""你提起有人主张改善政治机构，主张民主，认为这类主张是有碍于抗战的，我们却觉得为达到抗战的最后胜利起见，如发现政治机构尚有改善之必要，提出善意的建议，以供政府的采择，以供国人的研究，这正是有益于抗战的进行，绝不致引起其他的不愿有的结果。你说恐怕要因此使人民企图另建政府，其实对政府作善意的建议和'另建政府'完全是两件事，怎么可以混为一谈呢？关于民主一点，如果你常看本刊的言论，便知道我们的意思不过是要使得多数民众有参加救国工作的机会以后作政府后盾，这样只有增强政府抗敌的力量，对于抗战前途也是有利无害的。""尤其使我们奇异的是你说现在有人主张组织人民阵线。依我所知道，中国从来没有人主张什么人民阵线。我自己向来是以公开言论与天下以共见，请问你曾在那一篇文章里看见有人提倡过中国应有人民阵线的组织？反之，我曾在所编的《生活》星期刊著文说明中国所需要的是全民族团结御侮的民族统一阵线，而不需要像西班牙那样以阶级斗争为中心的人民阵线。从前有人诬蔑全国救国会是人民阵线，但是我们请高等法院遍查救国会一切的宣言文件有没有一次用过人民阵线的名词来表示该会的主张？他们始终找不到。现在如果有人还觉得有什么人民阵线的组织，甚至还疑心我和我的一班朋友有此组织，请他们拿出确实的证据来。"

（全集第 8 卷第 182—183 页）

11 月 17 日 《坚持抗战与积极办法》，载上海《救亡日报》第 80 号，收入《激变》。（全集第 8 卷第 150—151 页）

《坚持抗战与积极办法》摘要：

"自'八一三'全面抗战的号炮发出之后，有两件令人兴奋而于中国抗战非常有利的事实是很显著的。一件是国际对中国的一致的同情；还有一件事是中国士兵的作战英勇。""尽管有着这两件有利于中国抗战的事实，自从华北的太原失陷与淞沪撤兵之后，动摇的心理与军事上的令人失望似乎已渐渐地传布着它的毒菌，这种严重的形势值得我们的严重的注意与迅速的补救，否则抗战前途不免要受到重大的打击。""时至今日，要坚持抗战，必须排除讳疾忌医的心理，提出毫无掩饰的检讨，在政治上有个大的整顿，决定积极的办法，才能使这危殆的局面为之一变。""目前抗战形势的不能好转最大的症结还是在仅有军事上动员，而实在没有做到全民族的整个抗战，也就是说对于民众运动仍然是未有彻底的解放。""除民众运动的彻底解放外，要注意的还有动摇分子的肃清与政治机构的健全；自主的外交路线之迅速决定，对英美法苏的更进一步的联合，尤其是对于在远东与中国利害相共的苏联应有进一步的合作，不仅仅是希望帮助一些军火而已，在攻守同盟的参谋本部计划，以及政治外交种种方面的问题，都应有彻底的商定与合作。""在内地的战时生产，必须有大规模的筹划与实施,安定民生,以巩固后方的基础。""真要坚持抗战,必须有积极办法。否则尽管说最后胜利必属于我,不知道最后胜利是待于我们的最大努力得来的,那也只是所以自慰的空话,于实际是无补的。我们要全国人民热烈拥护抗战,当然要使他们有民族自信心,但同时政治上必须有种种展开有利战局的事实,与天下以共见,然后才能使全国人民振作奋发,向着共同的大目标向前迈进。"(全集第 8 卷第 150—151 页)

11 月 19 日　《紧急时期的断然处置》(收入《激变》)、《〈要做救亡阵线中的一员〉按》(署名编者)、《答吴仰贤》、《答姚子英》、《答蓝中庸》、《答李维莉》(以上四篇未署名),载上海《抗战》三日刊第 28 号。(全集第 8 卷第 144—146 页,第 7 卷第 660—663 页、663—664 页、664 页、665 页、666 页)

《紧急时期的断然处置》摘要:

"我们始终深信我们为民族生存与世界正义而抗战到底,最后的胜利必然是属于我们的。但是同时我们却要深刻地明白这最后的胜利是必须我们不怕艰难困苦和牺牲到底去争取得来的。倘若中途遇着艰难困苦,便嗒然若丧,心灰意冷,充满着怯懦和悲观的心理,那根本就不必想做独立自由的国民,根本就准备做被蹂躏被侮辱的奴隶!""我们一方面愿以艰苦奋斗始终不屈,与全国同胞共勉。一方面愿竭至诚希望政府在这紧急的时期,实行断然处置的政策,痛痛快快地做几件振奋全国人心,挽回衰颓士气,和展开有利战局的事情。""第一件事是彻底开放民众运动。中国抗战至今,仍限于军事动员,并没有做到全民抗战,这是谁也不能否认的事实。""第二件事是政治上的刷新。""在这紧急的时期,用贤黜奸,须有一番大刀阔斧的表现。""第三件事是与国的进一步的互助联系。""我们的'寻求与国'绝对不能把侵略国的伙伴也拉为与国,必须在主张正义的英美法苏求之,尤其是在远东更与中国有共同利害的苏联,我们必须和它有进一步的合作。""全国同胞应有民族自信心,这是完全对的,但是在这样紧急的时期,我们认为在政治上外交上必须有几件有利于战局形势的断然处置,才能转变目前的危殆的局面。""有组织的民众的力量,健全的政治力量,与利害相共的与国力量,配合起来,兼程并进,我们的胜利必能很快地到来。"(全集第 8 卷第 144—146 页)

《答蓝中庸》摘要:

"我们研究国际问题,必须根据现实,不能作离开现实的'假使',否则所得的结论是无补实际问题的解决的。你所提出的两个问题里,提到承认'满洲国'问题。就第一个问题说,日本帝国主义的野心是要征服整个中国进而威胁或进攻苏联,这是当前的现实,所以即使列强承认'满洲国',日本帝国主义还是要继续不断地侵略中国,由此引起世界和平的被破坏。帝国主义的侵略狂,如意如德也有相类的倾向,决不是让它们得到一些,就可以维持和平的。就你所提出的第二个问题说,东北是中国的一部分国土,那里的三四千万的人民是中国的同胞,中国如不能保全自己的国土和同胞,使日本帝国主义得到侵略华北及更进侵略的根据地,中国便无法保持它的完全独立自由,所以谓中国承认'满洲国'而还能得到完全独立自由,是离开现实太远了;至于假使列强以取消对华一切不平等条约为中国承认'满洲国'的交换条件,这'假使'也离开现实太远了。"(全集第7卷第665页)

11月23日 《读国府移都宣言》(收入《激变》)、《单丁与父母按》(署名编者)、《热烈宣传与持久抗战》、《答何广周》(署名编者,收入《激变》,取题《感情与理智》)、《答胡启敏》、《答沈钦克》、《答草萍》、《答独鸣》、《答冯雅梅》、《答"一个无家可归的亡市者"》、《答耿一民》、《答赵汝山》、《答韩劲持》、《答璜言》、《答叶皆生》、《答夏照滨》(以上十二篇未署名),载上海《抗战》三日刊第29号。(全集第8卷第146—148页,第7卷第673—674页、675页,第8卷第183—184页,第7卷第667页、667页、668页、668页、669页、669页、670页、670页、671页、672页、672—673页、673页)

《读国府移都宣言》摘要:

"国民政府于本月二十日发表移驻重庆宣言,表示于极艰苦的环境中仍坚持其抗战到底的决心,我们深信全国同胞捧读这篇宣言,没有不感动奋发,更以赤诚拥护政府,共同奋斗,争取国家民族的生存独立,达到最后的胜利。""迁都这件事的本身当然不是什么喜讯,但是迁都之后仍然继续抗战,不达到最后胜利不止,这却是在民族解放战争的过程中不屈服不妥协的表现,这是全国同胞所应闻风兴起,振作奋发的。""我们希望在移都继续抗战之际,对于与抗战的胜利息息相关的内政外交,尤须有迅速的刷新与转变。自全面抗战发动以来,发现了我们的许多优点,也暴露了我们的许多缺憾。为保障我们胜利的前途,我们当愈益奋勉地发扬光大这些优点,也应该愈益坦白地纠正补救这些缺憾。讲到内政方面,各地不肖官绅扰民虐民的事情必须严厉制裁;有利民生的事情,必须迅速实行,民心悦服,民生安定,这是巩固后方支持久战的重要基础。关于军队方面,自浴血抗战以来,前线英勇作战的将士,已引起全国人民最高的崇敬,但最近据我们闻见所及,仍有一小部分不守纪律,做出对不住老百姓的事情,这是需要迅速补救,免失民心的。""讲到外交方面,""中国在目前的紧急时期中欲得迅速的好转,必须在外交上有一番惊人的发展,同时配合内

政的刷新，然后才能从危殆的境地中自拔出来。"（全集第 8 卷第 146—148 页）

《热烈宣传与持久抗战》摘要：

"中政会主席汪精卫先生最近播音讲演《怎样才能持久》，在抗战紧急的过程中，中枢要人如汪先生的言论，当为国人所特殊注意的。""汪先生对这件事却说了好些令人百思莫得其解的话语。例如："（一）他一面主张'十二分的努力唤起民众'，一面却表示'热烈宣传'不是'最为必要'，试问'热烈宣传'既不是'最为必要'，又怎样'十二分的努力唤起民众'呢？""（二）他说'在都市中只唱高调不负责者'，'只晓得民众大会'，我们只听到各方对于民众运动觉得不够，从来没有听到什么人专门提倡'民众大会'，这真是一个谜！""（三）他说'沉着工作较之热烈宣传更为重要'，我们所知道的热烈宣传不是指替自己吹牛，是指对民众实行含有教育作用的宣传，那末尽管一面'沉着工作'，一面'热烈宣传'，只有相辅相成而不相碍。例如汪先生尽管一面'沉着工作'，一面在播音讲演上作'热烈宣传'，我们决不能因此就认他是'只唱高调不负责任'！其实'热烈宣传'正也何尝不是一种'沉着工作'呢？"（全集第 7 卷第 675 页）

《感情与理智》摘要：

"我觉得你的感情胜过你的理智，这是要请你注意的。现在的学校教育有许多不满人意的事实，但是我们如因此而不愿入校，把学校教育搁置起来，却未免过于性急，不是办法（当然可以选入比较差强人意的学校，不是说一定要固守着太不满意的学校）。""救国和训练人才并不是对立的事情，例如工程师人才的训练，在抗战时期也是很需要的。家人的看法尽管是偏在数百元的月薪，但是我们尽管有我们的正确的看法。所以你应该自己考虑是否宜于做工程师，如觉得自己的性情与能力确是近于这一方面，努力把自己造成一个良好的工程师，对于国家也可有你的贡献。现在有些人把救国工作看得太简单太抽象，其实救国工作有各部门，也需要各部门的专门人才的，因此各部门的专门人才的训练，也可说是抗战期中一种重要的工作。到陕北公学去，当然是可以的，但是如果你现在所入的学校在设备方面相当的好，可以增加你所习的部门的知识技能，我觉得也没有一定要去陕北的必要，请你按照实际情形酌定。"（全集第 8 卷第 183—184 页）

《答耿一民》全文：

"你对于南京歌女募捐游艺会的举行很觉得不满，认为在国难这样严重时，不应仍'沉浸在桃色的氛围里'，但是我却觉得所捐的款如真能用来'购办棉衣，慰劳前方战士'，我们似乎不必苛责，说一句'情有可原'吧。"（全集第 7 卷

第 670 页）

《答赵汝山》全文：

"依最近事实的进展，我国就是要立刻停战而和敌人妥协，也是不可能的了，因为日军阀的欲壑难填，中国又不甘于亡国，这种趋势是一天天更显然了。所以中国目前只有两条路走，一条是坚持抗战，争取最后的胜利；一条是直截了当的亡国。"（全集第 7 卷第 670 页）

《答韩劲持》摘要：

"他根据亲自视察的结果，叙述第八路军在华北有纪律的事实，我觉得却不是不应该的。我们对于全国抗战的军队应该一律重视，不要存有偏袒任何方面的心理，这是很对的。""不管任何部分，只要它能在抗战上特有成绩，纪律特别好，根据事实的记载鼓励，也是需要的。美国名记者史诺最近到沪，曾对我提起中国报纸对于战事中的英勇行为，还缺少有声有色的描写与宣传。他说在上次世界大战中，各国对于这方面特别注意，因为这样可以鼓励军心，增高民气。""我觉得一方面我们对全国各军固要一视同仁，不该有所歧视；""一方面鼓励其中任何部分的功绩，却也是需要的。""我的意思不是说只有第八路军值得称赞，本刊对于淞沪抗战的英勇将士，对于英勇作战的空军各将士，对于闸北八百勇士的孤军死守，以及以前对于在绥英勇抗战的傅作义的部队，都有过称誉鼓励的文字。"（全集第 7 卷第 671 页）

《答璜言》摘要：

"我国抗战，要得个最后的胜利，在奋斗的过程中，我们必须常常检讨我国的缺点，加以积极的补救，所以有言责者一方面应唤起民众共同拥护政府抗战到底，一方面对当局及社会时有善意的批评与建议，我们认为这是应该的。一味歌功颂德不问是非的言论，与民族利益是不相容的。关于第八路军，我在答复韩劲持先生的话语里已略为说到。第八路军于平型关一战告捷之后，中央社的电讯及中央社通讯记者的通讯，即有长篇累牍的宣传材料公布于各报，先生说本刊'单独对于第八路军捧之太力'，以本刊与该社电讯及通讯比，实远不如，我为本刊每期写时评，没有一篇'捧'第八路军的，而对于淞沪的抗战军士，及死守闸北的八百勇士，都有专篇时评论述，不过最近通讯文中偶有述及第八路军的纪律而已。（任何军队有可赞处我们都该赞，第八路军也不该例外。）"

（全集第 7 卷第 672 页）

11 月 25 日　《非常时期的断然处置》，载《激流》第 1 卷第 2 期。（编者注：本篇与 11 月 19 日《紧急时期的断然处置》正文相同，全集未收）

11 月 27 日　邹韬奋和何香凝、郭沫若、金仲华等文化界友人,在潘汉年的安排下,坐同一艘法国邮轮阿拉密斯号离开上海前往香港。那天,由法租界码头上船时,正好遇到一些日本军官乘着小轮穿梭检查,改过装的邹韬奋夹杂在人群当中,未被发现。在旅途中和郭沫若畅谈,讨论了国际形势。韬奋"对于桂林和新疆方面的工作也抱着很大的希望,认为从边疆着手,可以促进现代中国的全面化,神圣抗战的全民化"。(郭沫若《韬奋先生印象》,收入《忆韬奋》第 167 页)

12 月 2 日　由香港起程,乘轮船于 4 日到广西梧州。在广西经过停下的地点为梧州、郁林、柳州及桂林。同行者有金仲华、钱俊瑞、张仲实、沈兹九等十四人。在桂林的时候,因李宗仁、白崇禧在前线,由夏威参谋长召集国民党政军全体公务员数千人鹄立大礼堂,听他们讲话。由韬奋、金仲华、钱俊瑞分别作关于东战场的形势,国际形势和民众运动。大礼堂及阁楼,都很整齐严肃地立满了精神抖擞的男女公务员及各级长官。(全集第 8 卷第 623—624 页)

12 月 4 日　到广西梧州。刚进旅馆,就有广西大学理工学院和一些中学的男女青年络绎不绝地前来探望,"急于要提出许多思想上的问题,抗战的问题,战时教育问题,以及在抗战期间与青年切身有关的其他种种问题"。韬奋等"一一接谈,谈至午夜尚不能完了"。"这一批朋友,戏称自己这一群为'马戏班',这当然并不是说我们会做什么'马戏',却是说我们形成了一群:金仲华先生讲国际问题,张仲实先生讲思想问题,钱俊瑞先生讲农村经济问题,杨东莼先生讲战时教育问题,沈兹九先生讲妇女问题,我(韬奋)讲团结抗战问题。"(全集第 8 卷第 625 页,第 10 卷第 855 页)

12 月 5 日　"在梧州的那短短的两天内,就无时无刻不被包围在这许多可敬可爱的青年朋友的气氛中。""作大规模的演讲","听讲的男女青年以数千计"。"一早刚从床铺上爬起身来,衣服还未穿齐,脸还未洗成,就有青年朋友来访问了,除应邀出去演讲外,直到夜里打算上床睡觉的时候,还有青年朋友不断地来谈"。(全集第 8 卷第 625 页,第 10 卷第 855 页)

12 月 6 日　早晨乘特备的公共汽车离梧州,提早在郁林停下。"在车里震动了一天,都觉得很疲倦,打算在旅店的附近吃了晚饭,回店早些睡觉,以便第二天起早。"不料晚饭后在路上被一群男女青年包围,互通姓名后,一同回到旅店。在同学的坚请下,情不可却,八点多钟,被拉到照相馆拍张照,再匆匆跑进学校大操场,七百多学生已"在暗淡灯光下严阵以待"。回店时正在防空演习,没有路灯,同学代表用电筒照明护送。(全集第 8 卷第 625—626 页)

12 月 7 日　清晨 3 点多钟,同学们起早来送行,高唱《义勇军进行曲》和《抗战歌》。"他们的雄壮激昂的抗敌歌声,是永远留在我们的耳鼓里的。"(全集第 8 卷第

626 页）

12 月 9 日 "和几位朋友这次经过桂林的时候,刚巧遇到桂林的青年学生举行'一二·九'学生运动二周年纪念大会。""应他们邀请出席的有三个人,就是金仲华、沈兹九两先生和记者。"会场在公共体育场,"数千男女青年静立广场中,整齐严肃,倾听数小时之久,毫无倦容"。(全集第 8 卷第 629 页)

在桂林,一天下午,和金仲华去广西大学作演讲,本来预备每人演讲一小时至一小时半,"但是因为全场千余的男女同学非常热烈,大家继续不断地提出许多问题来商讨询问,竟从一点钟讲到六点钟,还全场空气紧张,兴趣浓厚",韬奋和金仲华"轮流答复,始终不觉疲倦"。(全集第 10 卷第 855 页)

12 月 11 日 访问九九老人马相伯。两人见面后,"老人家快乐得什么似的,笑逐颜开,紧紧地握着我的两只手,久久不放"。"我们所敬爱的这位爱国老将,他的爱国精神和青年并没有两样。"(全集第 8 卷第 628 页)

12 月 16 日 在衡阳时,李任潮约见韬奋等人,问起对于广西的感想。韬奋说:"广西的青年真可敬爱,不过广西的青年好比是好材料,要使这好材料成为国家的栋梁,还需要一番正确的领导和教育的工夫。"经衡阳到达武汉,住在汉口文化街金城文具公司楼上,继续主编《抗战》三日刊。(全集第 8 卷第 632 页)

12 月 19 日 生活书店重庆分店正式开业,店址:武库街,经理李济安。(《生活书店史稿》第 148 页)

12 月 23 日 《怎样拥护蒋委员长抗战到底》(收入《再厉集》)、《答林振元》、《答罗会和》、《答薛象吉》、《答刘旨挺》、《答于字隐》(以上五篇未署名),载汉口《抗战》三日刊第 30 号。(全集第 8 卷第 365—367 页,第 7 卷第 676 页、677 页、677—678 页、678 页、679 页)

《怎样拥护蒋委员长抗战到底》摘要:

"我们同时愿提醒国人的是仅仅说拥护还不够,必须注意怎样拥护,换句话说,必须注意怎样才能收到拥护的实际效果。""第一点是更要努力巩固全国的团结。""我们觉得,到了今日,这一点还有提出的必要,因为还有人把打倒国民党和推翻政府的疑虑加诸努力救亡运动的同志,甚至由此引起内部不必要的磨擦,减少整个的抗战力量,这是很可惋惜的。我们必须根本消除这种隔阂,在坚决抗战的政府与领袖领导之下,同心协力,共救危亡。""第二点是努力充实政府的力量。我们如只有抗战到底的决心还不够,必须在实际上有达到这个决心的具体办法。""这种种部门的调整和补救,都应该以争取抗战胜利为中心目标,尤其重要的是人选的考虑和军民打成一片的具体化为当前急务。

法由人行,人选如不得当,虽有美法,等于空言。至于军民打成一片,使抗战的军事力量与抗战的民众力量团结起来,共赴国难,一方面须有相当机构以资联系,一方面须有正确方案以资遵守,这在前线为国苦战的将领及在后方努力民众运动的同志们,都有深刻感到急迫需要的表示。必须打破以前仅仅军事动员的弊病,整顿并动员各部门的力量以协助军事,才能保证抗战的胜利。"(全集第 8 卷第 366—367 页)

《答林振元》摘要:

"你升学至初中一年,因痛于平津陷落,沪战发生,于双十节日由汉北上,投效某军,被派做兵站工作,担任供给前方部队的粮食。你这种为国努力的精神是很可敬佩的。你说这种工作是你所极愿意负责的,所不满的是你的长官'充满官僚气,大摆架子,满口官话','不客气',你'向他表示士可杀不可辱,但他仍然醉生梦死',反说你的'思想行动不合军事化'。我们以为做'长官'的对于下属诚然应该尊重他的人格,但是在军队的训练中,等级的重视也许比其他地方来得严厉,为我们在教育界或文化界中人所不习惯,因而受到精神上的刺激。例如我们在上海的时候,就听说有些从学界里跳出到前方去服务的人们,就感觉到对长官立正行礼的不惯,甚至觉得这是近乎侮辱的事情。""我的意思,只要对方不妨碍我们对于救国的工作,不强迫我们做与民族利益相反的事情,让他摆一点架子,说几句官话,不必把它看得太严重。"(全集第 7 卷第 676 页)

《答薛象吉》全文:

"你说你们的校长对学生紧紧抓住的一句话,是'要尽心读书',同时极力阻止学生校外的救亡运动。你和你的同学们都感到苦闷,愤慨。平心而论,在这样抗战救亡的急迫期中,仅仅劝青年'要尽心读书',确不能怪青年不满意。这件事可分两层来说,第一层,我们不反对'尽心读书',但同时要问当前的课程的内容是否能和战时的需要联系起来,配合起来。如其能够,在校里的尽心研究,在青年也可算是参加救亡工作的一部分,在这种情形之下,有志参加救亡工作的青年不一定要反对学校教育,更无须脱离学校。第二层,仅在书本上做工夫是不够的,在青年学生能力可以胜任的范围内,不但不该阻止学生参加校外的救亡运动,而且还该指导学生怎样参加校外的救亡运动。"(全集第 7 卷第 677—678 页)

《答刘旨挺》全文:

"你问此次战争是否帝国主义与社会主义战争?我们觉得不是。中国的这次抗战是反对侵略者与侵略者的战争。此外你说就是有大学生的知识水准,也不能免好逸恶劳和贪心不足的两大恶根性,就是把一般人民的知识水准都提高到大学生的一样高,也还不能免此两大恶根性,因此怀疑到社会主义的不切实际,你未免把现在的大学生看得太理想化了。现在有许多人受的教育,根本就有问题,不能作为合理的标准。关于你所提出的这第二个问题,苏联社会主义的建设很值得你的研究。现在关于苏联社会主义建设的书籍颇不少,你可以看看。"(全集第7卷第678页)

《答于字隐》全文:

"你以身为女子,'投笔有心,从军无路','愤恨极了',我们敬佩你的热情,但不赞成你因为一时的阻碍而就那样消极,甚至说'只有走到自杀的路上去'。我们一方面希望我们的抗战的政府有动员全国民众的整个计划和实行,一方面也要根据我们自己的能力和环境,以及社会关系,努力进行所能做的工作。关于陕北公学的情形,本刊信箱栏屡有登载,请你参看,此外如有其他关于该校的问题,请你迳函该校询问,因为我们无法代答,请你原谅。"(全集第7卷第679页)

12月24日 邹韬奋、钱俊瑞往访冯玉祥,谈片刻,辞去。(《冯玉祥日记》第五册第314页)

12月25日 "今日为协和先生云南起义二十二周年纪念,冯玉祥请文化界人十二时聚餐。计到有沈钧儒、邹韬奋、沙千里、王造时、李公朴、杜重远、范长江、刘清扬、张申府、王炳南、彭汉民、张志让、张仲实、钱俊瑞、金仲华、沈兹九、石筱山、孙良诚、张维玺、黄文植、张含清、王向晨、舒舍予、何容、赵望云、张雪山、董志诚、宋瑞华、叶镜元、李协和等二十余人。"餐间,李协和、冯玉祥、沈钧儒、王造时先后致辞。诸人谈毕,冯唱《吃饭歌》,李公朴唱《五月的鲜花》,为答谢"七君子"在狱中时承多方关怀,由李公朴、王造时、沈钧儒、邹韬奋合唱《义勇军进行曲》,后王造时唱《毕业歌》。"二时许散去。"(《冯玉祥日记》第五册第315页,《老舍年谱》第199页)

12月26日 《充实政府力量的真义》(收入《再厉集》)、《桂游回忆(一)振作与虚怀》(收入《再厉集》附录)、《答冯清云》、《答宋笏岑》、《答黄衣青》、《答斐特》、《答金恕之》(以上五篇未署名),载汉口《抗战》三日刊第31号。(全集第8卷第368—369页、623—624页,第7卷第679—680页、680页、681页、682页、682—683页)

《充实政府力量的真义》摘要:

"提到充实政府力量,往往有些人误会,以为这就是等于要握政权,要入官府;这种误会是很容易引起无谓的纠纷的。""疑心有人提到充实政府力量就是要握政权,便连想到推翻政府的种种牛角尖里去;因为疑心有人以此为进身之阶,虽不是抢政权,至少也近乎要想做官。""其实我们立于国民的地位,因为希望政府所领导的抗战胜利,所以希望政府充实力量,正是由于拥护政府,爱护政府,绝对不是要握政权,也不是要想做官。这是需要认识的一点。""政府的力量,就狭义说,似乎只限于政府本身的机构与人选,但是就广义说,政府的力量的广大的基础是在全国各部门的力量,民众的力量,汇合起来的总体。因此所谓充实政府力量,不仅是政府自身机构的健全与人选的适当,而全国动员所发生的伟大的力量,也就是政府力量的充实。换句话说,我们做国民的,使自己原有的岗位与救亡的需要联系起来,不必加入官府,更说不到握政权,在实际上,也等于增强政府的力量,而且这种力量的总体正是政府力量的广大的基础。""动员全国民众,各就各的岗位,在种种方面参加抗战的各部门的工作,就是全民的抗战,在全民抗战下的政府,它的力量是要格外坚强的。这是需要认识的又一点。""还有两层意思是有特加注意的必要。领导全国抗战的政府是全国的领导核心,要全国的抗战力量都能尽量运用起来,这领导的核心必须力求健全,也就是这领导核心的力量必须积极充实。在另一方面,国民各就自己岗位的努力虽能增强政府的力量,但是这种分头努力的工作必须有健全的领导核心,有整个的适合抗战需要的动员全国的切实的计划,把各方面的努力联系起来,集中起来,发挥起来,使做局部工作者都是在整个计划中占一部分,而不是散漫的,松懈的,脱节的,甚至是处处受到不必要的摩擦或妨碍。必须这样,然后全国的力量就是政府的力量;全国力量的增加或运用,就是政府力量的充实。这样说来,所谓充实政府力量,不仅是政府自身的力量,同时也是政府领导的力量。"（全集第 8 卷第 368—369 页）

《答冯清云》全文:

"你因为想要参加救亡工作而要脱离邮局的职务,我以为参加救亡工作不一定要抛弃职业,有职业的时候不一定就不能参加救亡工作,这一点请你先要弄清楚。当然,如有需要全部分时间的救亡工作,你又觉得是你的能力所能胜任的,愿意把你的全部分时间去干,因此自愿把职业抛弃,固然可以,尤其是你如果觉得这个需要全部分时间去干的救亡工作有重要意义,值得你抛弃了原有的职业去干。但是在你未得到这样的实际机会以前,就把现有的职业辞去,徒然加入了失业群,又找不到什么重要的救亡工作,那是不对的。就在有职业的时候,也未尝不可以用公余的时间,来担任自己所能做的一部分的救亡工作。而且就全国抗战的整个局面来说,如人人都抛弃职业,社会也要陷入很混乱的不能支持的状况,对抗战的进行也是有很大的妨碍。例如邮政的维持,也是抗战期中需要的,战地邮政更是一种艰苦的工作。倘若人人都抛弃了邮政的职务,试想它的影响社会的安定与实际的需要是怎样大! 我当然不是绝对阻止你离开邮政职务去干比邮政更有贡献的工作,但必在更有贡献的工作机会确实得到之后,否则冒冒失失地瞎干,这是很不妥的。"(全集第7卷第679—680页)

《答宋笈岑》全文:

"你痛心于我国一般推诿敷衍的恶习,认为国事的不能迅速好转,此为重大的症结,卓见甚佩。但是我国自一致对日抗战以来,所暴露的缺点固多,而所表现的优点也复不少,我们对于黑暗方面固无所用其讳疾忌医,而对于光明方面也须注意于发扬光大。光明方面愈扩大,黑暗方面也不得不愈缩小,这是我们大家所要共同努力的。"(全集第7卷第680页)

《答黄衣青》摘要:

"关于妇女救国运动的问题,你觉得现在还是停留在一班上层妇女知识妇女上,而未动员及下层妇女,这还是宽容的说法,严格说起来,就是上层妇女知识妇女也何尝真正动员了起来? 动员妇女的办法,只是动员整个民众的一部分,其原则还是相同的,至于详细的具体规定,却须就各地的特殊情形而酌定。据我们所知道,现在尚未见有动员整个民众的总计划公布,动员妇女的总计划也同样地未见公布。""你想在寒假中到汉口参加文化工作,我觉得除非你那时得到了可靠的工作机会,否则白跑一趟,是没有什么效力的。"(全集第7卷第681页)

12月29日 《读二十条的主张》、《苏联新大使来华》(以上两篇收入《再厉集》)、《桂游回忆(二)热烈恳挚的青年朋友》(收入《再厉集》附录)、《关于征兵的问题》(署名编者,收入《再厉集》),载汉口《抗战》三日刊第32号。(全集第8卷第370—371页、478页、624—625页、515—518页)

《读二十条的主张》摘要:

"这二十条的内容,还只是主要的原则,每条在实施时当然还需要更具体的更详细的方案;方案的适当与否,很与原则的实现有密切的关系,这一点实值得政府当局的特殊注意。记者在这里愿提出两点,以备决定方案时的参考。""第一点是政府要尽量容纳各方面有利于执行种种工作的力量。政府对于各种工作有集中的大规模的设施,同时对于民众方面仍须积极鼓励他们的自发自动的工作,加以领导和督察,而不加以抑制或消除。""第二点是下层政治机构的根本改善问题。下层政治机构与下层民众组织有极密切的关联。例如二十条内所提及的保甲制度,在政府原意,所以采用保甲制度,固然希望能有积极的作用,但在事实上,保甲制度仅有消极的防制的作用,并不能负起组织民众训练民众的积极作用,其下焉者甚至勒索良民,无恶不作,敌人未到,即先逃跑,这是我们在东战场所亲见的痛心的事实。前线回来的将领,每谈到保甲制度,也只有摇头叹息。在实际上各地的保甲不为土劣所把持,即为土劣所能指挥的子侄所把持,根本就和民众对立起来。所以要使民众组织真能开展,自县以下的下层政治机构及人选,实有根本改善的必要。民众运动必须深入下层才能发挥伟大的力量,所以这一点实值得我们的严重的考虑。"(全集第 8 卷第 370—371 页)

《桂游回忆(二)热烈恳挚的青年朋友》摘要:

"我们几位朋友到梧州,刚刚住入旅馆之后,就有无数的男女青年朋友络绎不绝地来看我们,他们对于国事的关切,对于战时教育的渴望,对于思想领导的期待,对于各自的青年问题的倾诉与商榷,语语至诚,字字辛酸,特富于情感的几个女同学甚至声泪俱下。我在梧州的那短短的两天内,就无时无刻不被包围在这许多可敬可爱的青年朋友的气氛中。我一早刚从床铺上爬起身来,衣服还未穿齐,脸还未洗成,就有青年朋友来访问了,除应邀出去讲演外,直到夜里打算上床睡觉的时候,还有青年朋友不断地来谈。我看到他们的那样热烈恳挚,虚心求进步,问办法,我不得不深深地感到广西的青年是在进步的大道上向前迈进。诚然,他们对现状感觉到种种的不满意,感觉到种种的苦闷。可是能感觉到不满,能感觉到苦闷,便是百尺竿头进一步的发动机,不是麻木不仁自甘堕落者所能望其项背。所以我对于这种现象还是抱乐观的。广西有这样的好青年,不仅是广西的光荣,也是中国的幸运。我被这些热烈恳挚的青年朋友所感动,不自知其疲劳,有一天勉应四处的演讲,往返奔走,毫无宁晷,起身后来不及用早餐,一直饿到夜里,但是我每想到这许多热烈恳挚的青年朋友,精神上的安慰和愉快是无法形容的。"(全集第 8 卷第 624—625 页)

《关于征兵的问题》摘要:

"中国为要争取民族的生存而抗战到底,不得不征兵以补充人力,这是当然的,所以我们都应当拥护征兵这件事,我们绝对不应该反对征兵,因为反对征兵就是等于反对抗战,就是等于出卖民族利益,这是我们对于征兵这件事所应首先认识的一点。""我国刚实行征兵的制度,动员民众的宣传与教育方面也做得太不够,以致发生逃亡的现象,不足为奇,更无须悲观,只须在办法上加以研究与迅速的补救,那便可迎刃而解的,这是我们对于征兵这件事所应正确认识的又一点。""关于补救征兵缺憾的办法,我们有三个重要的建议:第一是先从保卫乡土的义勇队或保卫队做起。中国的一般乡民,临时叫他们保卫国家,也许说不清楚,但是爱护乡土的心理却是有的。所以在乡村中以保卫本乡为号召而召集壮丁,组织保卫队以保卫乡里,他们是易于从命的。在这种保卫队的组织里,还可以不用他们的全部分时间,还可以尽力使他们能相当顾到他们平常的生产工作。这也可以说是相当于民团的工作。第二,把这种保卫乡土的保卫队组成之后,就须在短时期里加以紧张的积极的政治教育,提高他们的民族意识,爱国热诚,极力把他们在精神上先行'武装'起来。经过这样'精神武装'之后,再从这里面选调壮丁以补充前线的人力,是可以比较容易的。第三,仅仅'精神武装'还不够,同时还须在物质上尽力替乡民解除种种痛苦,使他们能维持最低限度的生活,不受贪官污吏及土豪劣绅的苛虐,对于士兵家属的优待尤须有具体的规定,使被征者无后顾之忧而能安心于为国奋斗。这样有步骤地有办法地解决征兵问题,我们深信必有相当的良好的效果。""现在的问题不是该不该征兵,而是如何达到征兵的目的而又不要弄得民怨沸腾,反而妨碍抗战的前途。""一个人民的死必须求得相当的代价,必须知道牺牲是为着什么,糊里糊涂的死是谁都要怕的。""简单说一句,我们为抗战到底的,必须拥护征兵,但是我们同时不得不大声疾呼,认为征兵的办法必须要根本改变。""我们想到征兵的问题,不得不连带想到大规模的民众运动问题,更不得不连带想到军民打成一片的问题。这几个问题是有很密切的联系的。"(全集第8卷第516—518页)

同日 《抗战》三日刊刊登"来件":《中国共产党对时局宣言》,落款"中国共产党中央委员会　中华民国廿六年十二月廿五日"。(《抗战》三日刊第32号第10页)

"我们书店有个好传统,同事们做有益于抗战的事,书店就支持,现在同事们要给八路军募捐,我希望大家多捐,同事们捐多少,我们书店也捐多少。"(周保昌《怀念邹韬奋同志》,《文汇报》1981年7月25日)

12月30日 在一江春召开抗敌救亡总会发起人大会,会上报告召开三次筹委会情况,作出五项决定,其中第四条为"加推邹韬奋、金仲华、张仲实、沈兹九、杜慧君五人为发起人"。(沈谱、沈人骅编《沈钧儒年谱》第200页)

1938 年(民国二十七年)　44 岁

1 月　行政院改组令在汉口发表,陈立夫任教育部长。3 月,国民党临时全国代表大会在武昌开幕。会议通过《中国国民党抗战建国纲领》,7 月由国民政府公布。国民政府军事委员会政治部第三厅在武汉成立。7 月,国民参政会第一次大会在武汉开幕。三民主义青年团成立,蒋介石兼任团长,陈诚为书记长。

1 月　《新华日报》在汉口创刊,十月迁重庆。《文汇报》由英国商人出资在上海租界创刊。10 月,天津《益世报》迁昆出版,总编辑罗隆基。该报于次年 11 月迁往重庆。2 月,美国记者埃德加·斯诺《西行漫记》中译本在上海出版。3 月,中华全国文艺界抗敌协会在武汉成立。文协会报《抗战文艺》创刊。

3 月　台儿庄大战开始,四月上旬结束。5 月,徐州失守。10 月,广州沦陷。武汉三镇失陷,武汉会战结束。11 月,长沙大火。

4 月　日本扶持梁鸿志等人于南京组建维新政府。12 月,汪精卫、周佛海、陈璧君等自昆明飞河内。29 日,汪精卫在河内发表响应近卫第三次声明的"艳电"。

7 月　国民政府明令规定每年 7 月 7 日为抗战建国纪念日。

12 月　滇缅公路通车,全长九五八公里。

1 月 3 日　《答案一束》(署名记者)、《当前的急务》、《新年的希望》、《桂游回忆(三)郁林的一夜》,载汉口《抗战》三日刊第 33 号,收入《再厉集》。(全集第 8 卷第 3—7 页、372—373 页、478—479 页、625—626 页)

《答案一束》摘要:

"记者十二月中旬在桂林的时候,曾和几位朋友去参观广西学生军,承他们提出许多问题讨论,当时因时间匆促,只由我们做简单的答复,答应他们在本刊上再加以较详的解释,同时也因为感觉到这些问题也许不仅是广西学生军的青年朋友们所注意的。""一　抗战过程中应当怎样调剂民众的生活?""二　怎样联合全中国的知识青年参加这神圣的民族斗争?""三　改革政治机构的前提条件是什么?""四　怎样巩固民族统一抗战阵线?""五　中国目前的民众为什么还没有觉悟起来捍卫国家?""六　汉奸如麻的原因在哪里?""七在什么条件之下可以展开中国的民众抗日运动？""八 抗战与政治上之民主集中有什么关系？怎样达到民主集中？"（全集第8卷第3—6页）

《当前的急务》摘要：

"当前的急务是要怎样挡得住日本帝国主义的继续不断的侵占我们的国土，使我们在空间和时间上得到迅速培植新的战斗力以及和军事相配合的种种后方的工作。""我国的抗战到了现今的阶段，有正确认识的人们看到国际的大势，日本自身的矛盾，及中国民族解放的光明前途，并不因目前所受到的挫折而动摇他们对于抗战必获最后胜利的信心，但是在日本帝国主义继续疯狂侵略到了今日的状况，我们全国上下应努力挡得住它的再占我们的国土，渡过这个难关，使我们的新的生力军（包括军事和民众的力量）在空间和时间上有重振旗鼓力谋反攻的机会，这实在是振作全国人心增高全国斗志的急务。不然的话，一城一城地，一地又一地地，随着敌军的疯狂前进而继续放弃，或虽应战而仍是始终不守，这危机是非常可虑的。""我们进行持久战，不能希冀一时就有轰轰烈烈的胜仗，这是我们所承认的，但是至少我们必须在某时某地有计划地挡得住敌军的继续不断的侵占我们的国土，这是绝对必要的。也许在战事的进行中，我国还不得不再放弃或再被敌人强占若干国土，但是不能听任敌人不断的把我们的国土都占据去，这便是所谓要挡得住。""要挡得住，当然想到前线各战场艰苦支撑的将士，可是我们如把这个责任全部诿诸前线作战的将士，是不应该的。我们必须从政治上经济上外交上及民众的开展上，积极在事实上有迅速的设施，和前线军事配合起来，才能保证前线作战的将士真能担负挡得住的重要任务。""于此我们想提出两点促国人的注意。第一点是我们必须坚持民族自信心，认定我国只须在军器及技术上得到友邦的帮助，我们的军队再得政治上及民众力量的配合，是可能独立挡得住敌军，再进一步打得倒日本帝国主义。现在有些人天天希望某某国出兵，认为除此以外中国已没有办法，因此对于我国自己应该迅速干的事情，无精打采，泄泄沓沓，这是绝对要不得的，我们非极力痛加纠正与觉悟不可。""其次是在政治上负责者必须言出行随，觉察到全国的要求，提出了适应全国要求的主张与办法，便须在实际上痛痛快快切切实实地干出来。这铁一般的行动和事实，必能一新全国的耳目，一振全国的人心，由此消除全国的苦闷，鼓动全国的努力。现在就政治及社会各方面对于国事症结的诊察与解决办法的提供，可以断言国事不是没有办法，最重要的是实际负责者说了就干。全国在政府领导之下，协助政府共同干。例如听说政府将要大规模训练失学失业青年以应协助军事及组织民众训练民

众的需要,这是我们所乐闻的消息,我们所希望的是能迅速地实行起来。"(全集第 8 卷第 372—373 页)

《新年的希望》全文:

"民国廿六年虽给与我国以莫大的苦痛,但是日本帝国主义对于中国的侵略原欲不战而获,中国终于不愿沦亡而毅然抗战了;日本帝国主义接着打算打下南京之后,使中国屈服,但是中国在最高领袖蒋委员长的'屈服就是亡国'的指示与坚决领导之下,仍然继续抗战了。这都是出乎日本帝国主义预计之外而为中国终必获得解放的前奏。""我们对于新年的希望是全国的团结愈益巩固,在第一阶段的抗战期中所发现的种种缺憾都得到迅速的补救,整顿阵容,充实战力,予日本帝国主义以致命的打击,为中华民族争得建国的基础。"(全集第 8 卷第 478—479 页)

《桂游回忆(三)郁林的一夜》全文:

"我们一群朋友,于十二月六日早晨乘着特备的公共汽车离梧州,原来要赶到贵县过夜,但是到下午'司机'腿上出了毛病,不得不早停,只得到郁林就停下,说定第二天早晨四点钟就开车。我们因为在车里震动了一天,都觉得很疲倦,打算在旅店的附近吃了晚饭,回店早些睡觉,以便第二天起早。不料吃完晚饭后正在路上踯躅着向旅店走的时候,被一群男女青年朋友包围起来,问后才知道他们都是郁林中学的同学,我们互通姓名之后,立刻和老朋友一样的亲密欢欣,一同到了旅店。他们个个都是热烈恳挚得令我深深感动,再三要我们多留一天,说全体七百余同学要我们讲演,我们以行期已定,为时已晚,再三婉谢,终于情不可却地匆匆忙忙地跑到他们的学校里和诸同学见见面。这时已八点多钟了,他们原规定九点钟要睡觉的,我们又不愿侵及他们的睡眠的时间,可是这几位代表在百忙中还拉到一个照相馆里摄了一张相片,才匆匆一同跑进了大操场。在校门口听见集队的号声,到大操场时已有大部分同学在暗淡电灯下严阵以待。我看到这样一大群可爱可敬的青年,他们的活泼的精神,他们的奋发的气概,他们的温和的姿容,使我回想到在苏联南方一个晚间所见的先锋营的情形,颇仿佛相似。回来时因正在防空演习,没有路灯,同学代表们还用电筒引导我们回店。第二天晨三点多钟,他们还起早来送我们,高唱着义勇军进行曲和抗战歌,他们的雄壮激昂的抗战歌声,是永远留在我们的耳鼓里的。"(全集第 8 卷第 625—626 页)

1 月 6 日　《对国际形势应有的认识》、《欢迎广西学生军》、《激动》(署名编者)、《桂游回忆(四)"抽税"》,载汉口《抗战》三日刊第 34 号,收入《再厉集》。(全集

第8卷第374—375页、479页、519—521页、627—628页)

《对国际形势应有的认识》摘要：

"中国不是闭关时代的中国，中国已是世界的中国了，所以中国抗战的胜利和国际形势的运用，有着密切的关联，也是我们在抗战期间最重要的一件事。确定正确的外交路线之呼声盛极一时，就是有鉴于这方面的严重性。记者以为我们对于国际形势应有下述三点的认识。""第一，我们应该运用国际形势而不应该倚赖国际形势。残暴侵略者打到我们的身上来，我们为着民族的生存和世界的正义，起来反抗，起来制裁，这是我们自己的责任，是理所当然，义无反顾的"，"在事实上还有人对于国际形势存着倚赖的心理"。"有人竟觉得除了某某国出兵之外，中国便好像没有办法，便好像只有坐以待毙，这种倚赖心理之所以严重，因为这样一来，对于我们自己应该努力必须努力的事情，——其实决定我国抗战胜利的因素，最重要的还是我们的'自力更生'，——都看得很平淡，都引不起劲儿，这是当前最大的一个危机，为我们所应猛醒而加以克服的。""第二，自从我国全面抗战开展以来，世界上大多数的国家都是表同情于我们，使我们的敌人在国际上陷于犯众怒的地位"，"很显然地，日本帝国主义和英美法苏彼此之间的矛盾是无法消除的，只须我们坚持抗战，他们的矛盾必然是要更尖锐化，国际形势也必然会更有利于我们的。诚然，我们对于目前的国际形势还不能满意，但是我们同时要明白国际形势的变化总是走曲线的，不是像我们想像中那样很简单地走直线的"。"第三，国际形势的好转虽走曲线，但是如加以人力的推动，也未尝不可比较地加速。我们要希望国际形势的迅速好转，还应注意我们自己在推动方面加紧用工夫。""国外宣传，我国根本就做得不够。有友人最近从欧洲回来，谈起我们的敌人在国外的宣传，可谓无微不至，无孔不入，又谈起西班牙对于国外宣传方面组织的严密，与方法的灵敏，都使我们想到我们在这方面，工夫实在做得太不够了，甚至外国有好意要援助我国的团体，苦于得不到详细的关于中国抗战的种种材料！此外我国内部的积极整顿，新的力量——政治的，军事的，经济的，民众的，——之迅速的造成，坚持抗战百折不回，那当然更是推动国际形势好转的更有力的推动机，我们应该努力迈进，不怕艰苦地努力迈进。"（全集第8卷第374—375页）

《激动》摘要：

"我国这次的抗战，有英勇震动全世界的军士，也有'弃甲曳戈而走'的将领，我们虽有黑暗的方面，却同时也有着光明的方面，所以我们只应该设法补救缺憾,增广光明,却不必因为看到黑暗而就灰心。这是我们所要共勉的一个要点。""我们在这里所要对青年们提出的是我们要尽量动员青年参加正规军的训练。""我们特别提到正规军,并不是轻视游击队,游击队当然也需要大量的生力军,但是游击战必须和阵地战运动战配合起来,才有决胜的可能。现在有不少人已相当地注意到游击队的重要,并且已有不少有志的青年参加到这方面去,可是对于参加正规军的方面似乎还注意得不够,所以特在这里附带地提出来。""军队的政治训练应特别提高水准,派已经有相当训练的青年分布在军队里协助政治训练工作也是很重要的。"(全集第 8 卷第 520—521 页)

《桂游回忆(四)"抽税"》摘要:

　　"广西青年朋友提出问题讨论的热烈,更是令人感到深厚的兴趣。我有一次和金仲华先生到西大演讲,二三百的男女同学几乎个个很诚挚殷勤地如联珠地提出问题,有的是关于抗战的,有的是关于国内政治的,有的是关于国防的,有的是关于战时教育的。你如果看到他们那样兴趣浓厚,津津有味,讨论不倦的态度和精神,一定也要受到很深的感动。讨论的时间一再延展下去,倘若不是为了我们还有他约,不得不结束,也许要由下午一直讨论到深夜,大家还是'乐此不疲'的。""这是广西青年可敬可爱的精神。"(全集第 8 卷第 627—628 页)

1 月 9 日　《新的力量的迅速造成》、《上海伪组织的流产》、《桂游回忆(五)访问九九老人》,载汉口《抗战》三日刊第 35 号,收入《再厉集》。(全集第 8 卷第 376—378 页、480 页、628—629 页)

《新的力量的迅速造成》摘要:

　　"中国的抗战,现在已踏上了一个新的阶段,在这个新的阶段里面,最重要的任务,是一方面要对外苦撑,继续抗战,以阻挡敌人的长驱直入,而一方面却要迅速造成新的力量,以备有力的反攻,争取最后的胜利。""所谓新的力量,军事力量不过是其中的一端,虽则是非常主要的一端,此外保证军事胜利的要素,如政治的,经济的,民众的种种力量,也是有同时积极革新与开展的必要。关于刷新政治的舆论,最近盛极一时;关于战时生产的需要,各方面亦渐渐有较深的感觉;这都是可喜的现象。尤其最近政府当局对于大规模训练青年以应战时需要的计划,已在开始执行,也是一个好消息,因为这些热烈的爱国知识青年,都是组织民众训练民众的干部人才。我们希望各部门的努力,能和当前的抗战需要密切配合起来,同时和军事上所建立的生力军联系起来,成为中国抗战新的力量的总和,应付当前这个新阶段的抗战局面争取中华民族的解

放与自由。"(全集第 8 卷第 376—378 页)

《上海伪组织的流产》全文：

"上海自从我国军队退出之后，日本军阀屡次想制造傀儡组织。最初他们想寻出社会上可以有相当号召力的人做他们的傀儡，终于失败；后来一批又一批地开了许多工商界做过大老板的名单，但是始终不能成立，终究不免流产。""在这里，我们不禁回想到上海毕竟是我国救亡运动的一个中心地点，救亡文化的工作，在平时还有一点基础，民众运动的组织和训练，多少还有一点效果，所以汉奸组织不容易产生。""这种事实，应该能给我们一个教训，那就是民众运动比较开展的地方，也就是汉奸活动比较困难的地方。"(全集第 8 卷第 480 页)

《桂游回忆(五)访问九九老人》摘要：

"我到了桂林之后，很高兴地听说九九老人马相伯先生也在这里居住。""我们见面之后，他老人家快乐得什么似的，笑逐颜开，紧紧的握着我的两只手，久久不放。他说他虽然一个人坐在房间里，不能出外行动，但是他的心没有一刻不想念外面的国事。他问了许多关于抗战的情形，最后说了一句使我尤其感动的话，他说：'我一定要等抗战胜利了才去。'(他的意思是指他已经这样老了，也必须等到看胜利以后，他才肯甘心去世。)""他的眼力虽差，却天天要他的媳妇把报读给他听，对抗战的消息非常注意。他的媳妇说得有趣，说他每听到了好消息，身体特别好，胃口也特别好；听到了不好的消息，他就生起病来了！""他那几天看见我将到桂林的消息，天天盼望着，我到后稍缓去看他，他早晨起来问一次，晚上睡觉又问一次，问我为什么不去看他。""我们所敬爱的这位爱国老将，他的爱国精神和青年并没有两样。"(全集第 8 卷第 628—629 页)

1 月 10 日　第五次座谈会，沈钧儒作国内问题报告。会议还讨论了保卫大武汉问题，并决定了《保卫大武汉专号》编辑委员会人选，以柳湜为召集人，邹韬奋、金仲华、吴大琨、许宝驹、沈兹九、刘江凌、刘清扬、沈钧儒、柳湜、王昆仑、张申府、张仲实、张志让、钱俊瑞等任委员。(沈谱、沈人骅编《沈钧儒年谱》第 202 页)

1 月 13 日　《保卫大武汉的先决条件》、《桂游回忆(六)"一二·九"在桂林》，载汉口《抗战》三日刊第 36 号，收入《再厉集》。(全集第 8 卷第 378—379 页、629—630 页)

《保卫大武汉的先决条件》摘要：

"我们提及'保卫大武汉'，首先要注意'保卫大武汉'的先决条件，也许有人觉得讲到'保卫大武汉'，当然军事高于一切，并不要多所研究的。记者以为，倘若所谓军事高于一切，是说一切要以保障军事胜利为中心，那末政治动员、民众动员也都是以争取军事胜利为前提,这句话我们是可以接受的。倘若所谓军事高于一切,是说除了单纯的军事以外,一切都不必做功夫,那末这句话我们是不敢苟同的。铁一般的事实所表示,北战场的失败,西战场的失败,以及后来东战场的失败,都不是完全由于军事上单纯的失败,大部分却是由于政治的失败。（虽则军事本身还有问题。）""关于军事的区域,要保卫大武汉,我们的眼光不应该仅仅的拘限于武汉的本身,因为真要保卫武汉,一方面要在徐州、郑州支撑得住,另一方面要在合肥、信阳支撑得住,但是真要支撑得住,一方面固然需要正规军做正面的抵挡,同时也需要大规模的游击队在敌人后方拉后腿。这样前挡后拉,才能达到支撑的目的。近来有人说要保卫武汉,先要保卫河南,这是谁也不能否认的;不过真要保卫河南,也不是单纯的军事所能为力,必须把河南全省动员起来,必须把河南民间藏有数十万枝枪的民众,武装组织起来,同时必须把河南全省民众在政治意识上动员起来。扼要的说起来,不但需要军事的动员,同时并且需要政治的动员。一切动员都以保证军事胜利为中心,这才真是军事高于一切。曲解军事高于一切的口号,用来消灭其他种种与军事胜利有密切连系的工作,反而使军事的胜利没有了把握,这决不是为国家爱护军事力量的真义。""再想到武汉所在地的湖北以及贴邻的湖南,这两省的整个民众是否已经为了保卫大武汉,而在政治上动员起来,与军事上的动员配合联系,共同为保卫全国的政治中心而奋斗？这个先决条件,实在值得大家的深刻的注意。"（全集第 8 卷第 378—379 页）

《桂游回忆(六)"一二·九"在桂林》摘要:

"我和几位朋友这次经过桂林的时候,刚巧遇到桂林的青年学生举行'一二·九'学生运动二周年纪念大会。""我们应他们邀请出席的有三个人,就是金仲华沈兹九两先生和记者。""这样请外来的宾客对青年作大规模的讲演,在广西本来(是)一件很平常的事情,不过肯允许学生大规模地纪念'一二·九'——学生运动最光荣的一个纪念日——在别处似乎不是一件很容易的事情,所以特别值得我们的注意。数千男女青年静立广场中,整齐严肃,倾听数小时之久,毫无倦容。""看到他们所发表的关于这一天纪念的宣言,也很可以看出广西青年朋友们认识的正确。他们在这个宣言里向中央政府当局提出三个期望:(一)'在这神圣的全面的全民族的抗战之下,只有国家的存亡才是我们的存亡;只有民族的利益才是我们的利益。彻底地刷新内政,铲除亲日分子汉奸及贪官污吏,使抗战中的政治与军事连成一气,以增强抗日的力量。'(二)'我们认为只有使军队和民众打成一片,才能建立起强有力的抗战基础。

因此，我们必须在改良人民生活的原则下，动员全国民众，把他们组织起来，训练起来。'（三）'为了使教育适合战时的需要，教育着每个青年，使他们都成为民族解放的有力的斗士，我们要求即刻施行战时教育。'"（全集第 8 卷第 629—630 页）

1 月 16 日 《反映民意与抗战前途》、《新政与人选》、《桂游回忆（七）青年的苦闷》，载汉口《抗战》三日刊第 37 号，收入《再厉集》。（全集第 8 卷第 380—381 页、480—481 页、630—631 页）

《反映民意与抗战前途》摘要：

"我们全国当前的最大任务，是用一切力量争取抗战的胜利，如果民主确与抗战不相容，那我们对于民主当然只得割爱，那是无容疑义的，但是民主是否与抗战不相容，却是值得研究的一个问题。""有些人谈起民主两个字，就很自然地联想到英美等国民主制度的国家，联想到他们的议会，联想到他们的选举。中国在这样的抗战的紧急时期，没有宽裕的工夫来设立以普选为原则的议会，这是大家所看得到的事实。记者以为中国目前所需要的民主，并非要抄袭英美等国的通常文章，也不是主张要在这样紧急的时期用选举来建立议会。我们以为中国目前所需要的民主，其唯一的动机，是要尽量发挥民众力量，在政府及领袖领导之下，在种种方面参加抗战，争取民族解放自由。中国抗战至今，在实际上只动员了军事的力量，全国整个的民众力量，还未尽量发动起来，以至在前线艰苦作战的将领，亦痛定思痛，叹息于前方只见汉奸而不见民众。我们对于中国目前所需要的民主的理解，以为亦不过要尽量发挥民众的力量，以拥护抗战，参加抗战，保证抗战的最后胜利而已。这样说来，民主不但不与抗战不相容，而且是要增加抗战的力量的。""至于民主的内容，依管见所及，认为须包括下列几点："（一）在现有的政治机构中应有反映民意的机关。'"（二）关于抗日及善意批评政治的言论自由。""（三）组织抗日团体的自由。'"最后还有一层意思附带提出的，是只有日本帝国主义恐惧民主，因为日本帝国主义用麻醉及强迫手段，勉强日本国民拥护他们侵略中国，在实际上日本民众厌恶战争，反战心理是随处潜伏着的，如采用民主，那末民意抬头，侵略战争便无法进行了。同时日本帝国主义也怕中国采用民主，因为这样一来，中国发动整个民众的抗战，他们的侵略目的是很难达到的。在争取民族解放而抗战的中国，情形却大大的不同，因为全国人民都以赤诚拥护政府抗战到底，尽量反映民意，结果只是增强政府抗战的力量，也就是增强全国抗战的力量。"

（全集第 8 卷第 380—381 页）

《新政与人选》摘要：

"最近我们听到政府有实施种种新政的消息,有的虽然还未公布,但是以我们所知道,在人民方面已引起很大的兴奋。他们不但注意新政的实际内容,同时也很关怀负责执行这种新政的人选,因为能有众望所归,胜任愉快的人才执行新政,在人民方面格外要唤起信任的心理,好像就已经能够预见了新政的光明前途。反过来说,虽有新政而人选不得当,人民仍然要不免失望的,因为这两方面的关系实在太密切了。"（全集第 8 卷第 480—481 页）

《桂游回忆(七)青年的苦闷》摘要：

"全中国的青年都在苦闷着,感到苦闷的当然不仅限于广西的青年。但是迫切求进步的广西青年,无论是集体的表示或是个别的表示,都是格外深切敏锐的。他们感觉苦闷的原因,据我和他们屡次谈话所得的印象,认为是全国他处青年所共有的。""青年们所感到的苦闷,是教育制度在抗战期间不能适应的问题;这决不是为着他们个人做出发点的,而是为着国家抗战的前途做出发点的。当然,这不是广西一省的问题,是整个中国的教育制度与办法的问题。"

（全集第 8 卷第 630—631 页）

1 月 18 日　冯玉祥抵汉口,闻韬奋患病,着人送花篮一只,以示慰问。（《冯玉祥日记》第五册第 347 页）

1 月 19 日　《暴日的荒谬宣言与中国的根本觉悟》、《训练青年的领导人选》、《士兵精神生活的改善》、《桂游回忆(八)立在时代前线的青年》,载汉口《抗战》三日刊第 38 号,收入《再厉集》。（全集第 8 卷第 382—383 页、481 页、521—522 页、631 页）

《暴日的荒谬宣言与中国的根本觉悟》摘要：

"暴日这次宣言的荒谬,友邦的同业已慨乎言之,说得够透彻了,记者在这里所要特别指出的是日本帝国主义企图分化我国的阴谋及我国所应有的根本的觉悟。""中国为民族解放独立而决定的抗日国策,是全国人民所拥护的,而日本帝国主义却千方百计要分化我国的抗战意志,所谓'与以反省其态度之最后机会',就含有这种分化的阴谋。南京陷落后,最高统帅及全国人民仍坚持抗战的决心,领导抗战到底的政府为全国所竭诚拥护,而日本帝国主义竟声明以后不以我国府为对手,另想促成他们的傀儡政权,这里面所含的分化我国的阴谋也是很显然的。""日本帝国主义处心积虑要分化中国,不自今日始,以前他们总是以种种方面煽动或扶持中国军阀的内乱,玩的就是这一套把戏,后来形式虽有种种的变化,而基本原则还是一样。他们所希望的是分化中国的力量,使中国内部自己争得不可开交,不能用整个中国来反抗侵略;我们的对策却须全国愈益团结起来,消除内部的一切纠纷,抛开内部的任何成见,认清我们当前的唯一敌人是日本帝国主义,我们必须用团结一致的整个的中国力量来反抗侵略,抢救祖国的危亡。""要达到这个目的,我们一方面要时常提防日本帝国主义分化阴谋的侵蚀,一方面尤其重要的是极力避免我国内部自己的分化。时至今日,日本帝国主义的残酷侵略还在疯狂地进行着,我们全国赶紧团结起来对付这个公共敌人,还怕来不及,最近竟有些不顾大局的人无故兴风作浪,好像有意要破坏中国全国团结对外的局面,而使日本帝国主义的侵略更得到便利,这在主观上无论是何居心,我们无暇深究,而在客观上实无异为日本帝国主义企图分化中国的阴谋张目。帮他们做清道夫,这种惨象,真堪痛哭;我们为中华民族的生存计,不得不大声疾呼,愿国人顾念中国到了今日,非有根本觉悟,中国前途的危机实有令人不堪想像的了。"(全集第8卷第382—383页)

《训练青年的领导人选》摘要:

"青年是最富于热情而又最富于敏感的。记者近来就得到不少青年朋友的来信,对于训练青年的领导人选提出疑问,综结他们的要旨,可以断言凡是在思想及行动上平日已得到青年们的信仰的,很容易负起领导的任务;凡是在思想及行动上平日已引起青年们的怀疑甚至憎恨的,虽摆足架子,板起面孔,还是领导不起来!""做官可以全赖有靠山,领导青年却完全是另一回事了!"(全集第8卷第481页)

《士兵精神生活的改善》摘要:

"军队在纪律的一方面应该严格,这是谁也不能否认的,但是这个严格,也必须是合理的。士兵倘若犯了规章,那末依章加以严厉的制裁,这是应该的,但是长官对士兵,如果像张先生所说'动不动就打骂',同'贵族对待奴隶一般',那完全是不尊重士兵的人格,和纪律不纪律是不相干的。士兵在精神生活方面,如不改善,对于作战是必然有很大的妨碍。"(全集第8卷第522页)

《桂游回忆(八)立在时代前线的青年》全文:

"青年总是立于时代的前线!这不是我恭维青年的话,是我从无数青年的来信中,以及这次在广西和许多青年的谈话中,所得到的实际的印象。""在五四运动的前后,凡是和多数青年接触过的朋友们,想都还能记得,当时青年们所注意的问题,大部分离不了恋爱的问题,再扩大一些的,大部分亦不离乎家庭的改造问题。现在时代大不同了,现在是中华民族争取生存的大时代,立在这大时代前线的青年们,最显明的特征,是他们简直没有想到他们自己,没有想到他们的家庭,更没有想到什么恋爱的问题,所念念不忘的,是怎样在这个大时代中,尽他们的力量来参加民族解放的伟大斗争。（我们当然承认有少数的例外,但是就一般的情形说,上面所说的情形是正确的。）""我这次在广西与许多男女青年的谈话,他们里面尽管有说得非常愤慨,有的女同学边说边挥泪,热烈的情绪是任何人都要深深的感动的,但是立在时代前线的广西青年,和立在时代前线的全国青年一样,他们所注意的问题,不是学生的救亡运动与组织怎样能够开展,便是战时教育怎样能够很迅速的配合大时代的需要而积极发动起来,可以说一句是'言不及私'。听说他们里面有的参加前线为国而牺牲生命了,在后方的伙伴们,于不胜悲哀之中,尤觉彷徨失措,急于解决怎样为国家而努力的问题。立在时代前线的青年的热烈情绪,是无法抑止的,最重要的是要有正确的领导。"（全集第 8 卷第 631—632 页）

1 月 22 日　沈钧儒参加国防参议会会议,归后即访邹韬奋、晤潘汉年等。（沈谱、沈人骅编《沈钧儒年谱》第 203 页）

同日　生活书店总店编印、供本店同人阅读的油印内部刊物《店务通讯》在汉口创刊,自 21 期起迁至重庆出版,至 108 期,1941 年 1 月 31 日停刊。第 1 期至第 90 期为周刊,第 91 期起改为半月刊。第 20 期起,韬奋每期发表一篇《每周谈话》,就工作中的重大问题与全店同人谈话,指导全店的工作。1948 年 4 月 10 日在香港复刊,同年 6 月 1 日终刊,前后共出版 111 期。（《店务通讯》三册合订本,《生活书店史稿》第 426 页）

同日　"邹先生于上星期偶患感冒,卧病一星期,现已痊愈。""邹先生平时好整洁,故虽卧床一周,而胡子仍刮了两次。"（《店务通讯》第 1 号"同仁近况"栏）

1 月 23 日　《抗战》三日刊第 39 号刊登陕北公学来函。（本期第 12 页）
来函摘要:

"韬奋先生:来信询问'陕公招生'的人是太多了,本处实答复不暇,故奉上此信及另外简章一份,敬希在贵刊发表为盼。此致敬礼

陕北公学敬启。一月一日。附答投考者信　云阳陕北公学招生委员会
附战时青年短期训练班招生简章　主任冯文彬　副主任乔木　一九三八年一月一日。"（《抗战》三日刊影印合订本）

同日　《整饬军纪》、《同胞的惨遇》、《被关在门外的教职员》（署名编者）、《桂游回忆(九)广西青年与广西》,载汉口《抗战》三日刊第 39 号,收入《再厉集》。（全集第 8 卷第 384—385 页、482 页、523—525 页、632—633 页）

《整饬军纪》摘要:

"最近国民政府为整饬军纪,处分抗战不力的将领,有的尚在审问中,有的已判决执行。军纪严明,是抗战胜利的一个重要的因素,所以我们对于政府的这种措施深觉欣慰,尤以韩复榘氏不遵命令,擅自撤退,已由政府将韩撤职拘讯,人心为之一快。""中国往昔讲政治的常提到'民心',近代讲政治的也常提到'民意',这在形式上也许不无异同,在内容上也许还有广狭的差异,但是就原则上说,一国政治的措施倘能反映大多数民众的要求或愿望,那末政治的进展便比较的顺利;反过来说,一国政治的措施不幸而和大多数民众的要求或愿望相违背,那末结果便是民众的失望,甚至减少政府在民间所得的信仰。记者所以在研究整饬军纪的课题下,提及似乎离题很远的所谓'民心'或'民意',却不是无因。韩复榘氏在山东为保存自己的地盘的幻想作祟而按兵不动,早已引起全国拥护抗战者的共愤,这次蒋委员长赫然震怒,在前方令将韩氏革除本兼各职,拿交军法会审,在报上把这新闻公布以前,这消息已很迅速地传播于民间,依记者从各方面所得到的印象,大家对于政府的这件整饬军纪的举动,没有不表示敬佩快慰的意思;这种表示,在我们切盼充实政府力量以加速抗战效率的人们,当然感觉到莫大的愉快。我们所希望的,是这种反映民意振作人心的事情一天天多起来,国事的前途也无疑地要愈益倾向光明的方面迈进。""自从韩氏被拘讯之后,颇闻有人从中力为斡旋,希冀幸免,我们相信政府维持军纪,必能执法如山,但是如果记者根据在民间所得的实际情形,毫不掩饰地说句老实话,可以说民间所盼望的是奔走说项的效果终不及国法的尊严。我们对于韩氏个人毫无恩怨可言,我们所特别注意者是民意与抗战效率的重要。抗战高于一切,民族利益重于一切,在这个大原则下,个人的利益与民族的利益冲突的时候,我们应毅然为保全民族利益而不能顾到个人的利益"。"韩氏的事件只是一端罢了,其他将领曾在前线作战不力,甚至放弃国土不战而退者,在民间不是没有人数得出的,如放纵这类不负责的将领逍遥法外,或仍勃然高官厚禄,给与民众的印象也很不好,对于政府的威信也是有妨碍的,所以我们希望其他军人有与韩氏所犯罪名相类的,一律应依法惩治,使勿漏网。这样一来,前线的将士必愈兴奋,后方的民心必愈振作,于抗战前途是有很大的关系的。""其实赏罚严明,不仅限于军纪,即在整个政治的刷新,也是一个大枢纽,最近政府对于失职县长依法严办,对于尽职县长嘉奖有加,也是一个可喜的现象,我们所希望者是能更普遍的执行。"(全集第8卷第384—385页)

《同胞的惨遇》摘录:

"我们的同胞,我们的诸姑姊妹,遭到野兽般的敌军如此伤心惨目的劫难,我们每一个人都要引为奇耻大辱,痛心彻骨;我们每一个人都应惭愧无地自容,无以对我们的民族先人;国人的惟一自赎的途径该是于悲痛之余,抛弃个人的或党派的任何成见,巩固团结,加强抗敌的力量,驱除这野兽于我们国土之外。"(全集第 8 卷第 482 页)

《被关在门外的教职员》摘要:

"潘先生所提出的原则是对的,同是教育者和被教育者,救济是应该一视同仁的。我们希望教育部有更妥当的办法。""讲到救济教职员的问题,我们认为消极的救济是救不了的,最重要的还是要有展开抗战中的民众运动和文化工作的整个计划。以中国全面抗战之需要动员整个民众,以及在动员民众中宣传与教育工作之重要,知识分子在这个大时代中所要做所应做的工作,真是有不可想象之多!试想要加紧农村大众的教育工作,以配合抗战时期的急迫需要,只就这一件事说,就要动员多少知识分子为国努力?怎么还有'关在门外'的现象呢?""中国在这抗战的时期,似乎有好些人对于文化工作与抗战的关系,都很模糊,或甚至毫无认识。我们先要打破这个误解,把文化工作加入抗战工作的整个的程序里,彻底明了知识分子在支持抗战中所应有的重要的任务,尤其是领导全国抗战的政府当局,对这方面有深刻的认识,然后在这个大前提之下,才能筹划整个的文化工作计划,容纳大量的知识分子,这样一来,所谓'救济'知识分子,便一扫其消极的意义,而充满着积极的意义了。这样一来,所谓教职员的救济问题,也就包括在整个文化工作的计划里面,有了彻底的解决,不必另成一个待决的问题了。不然的话,虽'酌量收容',无异多设几个'难民收容所',无论'收容'不了许多,就是'收容'得了,对个人及国家民族都只是糟蹋人力物力,是很失计的。"(全集第 8 卷第 524—525 页)

《桂游回忆(九)广西青年与广西》摘要:

"广西的青年真可敬爱,不过广西的青年好比是好材料,要使这好材料成为国家的栋梁,还需要一番正确的领导和教育的工夫。""一般青年几年来的辨别力的进步是很可惊喜的,如果他们的正确的认识超过领导者,那末领导者无论如何努力,仍然得不到他们的信任,结果仍然领导不起来,这一点是在思想及行动上负有领导青年任务者所最须注意的一点。"(全集第 8 卷第 632—633 页)

1 月 26 日 《国际反侵略运动》、《中国只有两派》、《桂游回忆(十)广西的建设》,载汉口《抗战》三日刊第 40 号,收入《再厉集》。(全集第 8 卷第 386—387 页、483 页、633—634 页)

《国际反侵略运动》摘要:

"国际反侵略运动大会将在伦敦举行,该会的中国分会已于本月廿三日在汉口开成立大会。这个反侵略运动是一个国际性的伟大运动,凡是为世界人类的福利努力者,都应给以热烈的拥护,尤其是在受到残酷侵略的中国,对于这个国际的反侵略运动,应该有深刻的认识,作积极的推动。""第一,我们在外交方面不要仅仅看到各国政府当局的态度,同时还要密切地注意到各国人民伟大的推动力。""第二,我们不要忽视国民外交的重要。""如要深入各国的民众团体中去活动,非有民众代表,尽量利用国民外交不可。我国自全面抗战发动以来,政府及民间对国际宣传虽也有过一些努力,但是做得实在太不够了,甚至各国民众团体有意为我国帮忙的,苦于得不到详细的宣传材料,得不到中国人的有力襄助! 常语说'事实胜雄辩',这固然不错,但是我们至少应该努力用种种方法使事实尽量显露出来。这次国际反侵略运动大会中国分会已决定由国内派往伦敦出席大会者有宋庆龄、蔡元培两先生,由国外就近出席者有陶行知、胡适等诸先生,这是很需要的,我们恳切地希望这件事的实现!""第三,各国对于中国抗战的援助可有种种的方面,要靠我们从种种方面加以努力的推动。""第四,尤其重要的是我国内部必须愈益扩大并巩固团结,一致对外,然后才更能引起世界的敬重,增加国际的同情与援助。我国内部假使再有任何不幸的分裂,或不必要的过分磨擦,必然要使国际的中国友人寒心,感觉到中国自己只知内争,并不重视一致的反侵略,他们更不必多事了!"(全集第8卷第386—387页)

《中国只有两派》全文:

"中国在这争取生存的抗战期中,如说中国有派的话,在实际上只有两派:一派是抗日的,还有一派是亲日的。凡是主张坚决抗战以争取民族的解放自由的,都属于前一派;凡是主张对日妥协的,都属于后一派。只要是抗日的,都是我们的同志;只要是亲日的,都是我们的仇敌。亲日派还可分为两类,一类是明目张胆地做汉奸,替敌人组织傀儡政权;还有一类是心里准备做顺民,虽有时在言论上无意中流露出他的'心情',可是在最高统帅坚决抗战及全国民众拥护政府的抗战国策之下,是销声匿迹,不敢公开活动的,即使活动,也是戴着假面具来破坏全国团结的姿态出现的。我们要使抗日的大团结起来,要使亲日的消沉下去。""要说中国有派的话,只有这两派。现在有人叫出左派右派的口号,这是有意分化中国一致抗日的团结力量,是国人所应纠正的。"(全集第8卷第483页)

1月27日 午前,在韬奋处与沈钧儒、章乃器晤面。(沈谱、沈人骅编《沈钧儒年

谱》第 204 页)

1 月 29 日　"重庆方面有对韬奋先生之《坦白集》查禁说","韬奋先生主编之《抗战》寄往贵阳时,有被(注:国民党)邮政检查所查扣说"。(《店务通讯》第 2 号"文化情报"栏)

同日　《怎样爱护和巩固统一》、《抗战期中的经济建设》、《桂游回忆(十一)广西的行政基层组织》,载汉口《抗战》三日刊第 41 号,收入《再厉集》。(全集第 8 卷第 388—389 页、484 页、634—635 页)

《怎样爱护和巩固统一》摘要:

"我们要坚持抗战,并在抗战中争取胜利,必须爱护和巩固统一;而统一的内容是'各党各派'的力量在中央政府及领袖的领导之下,为抗日救国而努力奋斗,并不是要消灭'各党各派'的力量。假使所谓'统一'是'各党各派'力量的消灭,那末'集中'下来的'力量'绝不会'伟大',甚至根本说不到'集中',因为要把零加起来,根本就不必加。现在似乎有些人把'统一'看作'各党各派'的消灭,而不把它看作'集中于国民党领导之下的伟大的力量',这个基本观念如不弄清楚,往往不免勾心斗角消耗精神才智于对内,——勾心斗角消耗精神于怎样消灭这'伟大的力量'的各因素,而不注意于怎样'集中力量'来共同对付我们的民族敌人日本帝国主义的残暴的侵略。这种倾向所引起的纠纷,徒然分散一致对外的力量,在客观上是无异帮助日本帝国主义分化中国的抗日力量,这是最可痛心而应为国人所极力避免的。""我们认为'要避免一切摩擦和可能引起摩擦的一切误会',协商并通过一个抗日救国的民族统一战线的共同纲领,在实际上是必要的。仅仅口头的协商,仅仅零星的决定,在一般人看起来,容易模糊,得不到很正确的了解,有意破坏'统一阵线'的少数人反可造谣生事,混淆黑白,挑拨离间。所以我们认为如有一个为各方所共同遵守的政治纲领,公开宣布,使全国人民明确了解在此抗战时期我们所应该一致遵守的纲领内容,所有言论和行动便有了比较明确具体的准则,所有批判和纠正也有了比较明确具体的准则,这在巩固统一,加强全国抗战力量方面,是有着非常重要的关系的。""现在全中国都接受了三民主义,就是共产党对于革命的三民主义,也宣言接受,这一点在事实上是不成问题的了。但是三民主义是中山先生的渊博的革命理论,比较地是有永久性的;而在民族革命过程中每一特殊的阶段,却不妨根据三民主义及当前的特殊需要,规定比较更具体的若干条共同遵守的政治纲领,是比较地有时间性的,并不致妨碍三民主义的基本领导,这一点也是值得我们的注意的。"(全集第 8 卷第 388—389 页)

同日　《答董振华》《答王毅文》《答国华》《答王胡》《答雪令》《答陈云英》（以上六篇未署名,增篇）,载汉口《抗战》三日刊第41号。(全集第8卷第7—11页)

《答董振华》摘要:

"关于民族统一战线的基础,依记者的了解,认为是各党各派各阶级的合作对外,里面含有各党派,含有各阶级,不过在团结御侮的大原则下合作起来。至于经济的成份也不是没有的,日本帝国主义声声口口要'经济提携',便是经济侵略的假面具,我们的一致抗战,对于经济侵略也当然是要反对的。讲到国内,要动员全国民众共同起来参加救亡运动,对于一般民众最低限度的生活也应该有相当的改善才行。"(全集第8卷第7页)

《答王毅文》摘要:

"初学写作的人,最好从记事文入手,尤其是宜写自己所熟悉的事物或经验,因为描写自己所知道得最清楚最深刻的材料,容易写得好;初学写作的人不宜即写论文,因为论文要写得好,关于正确的理论,丰富的经验,和敏锐的判断,都需要有较长时间的积蓄和训练的。""你的文章寄到什么地方才合用,这要看内容,很难凭空猜度。你可以多看些现行的定期刊物或日报,也许可以由自己看清他们的需要之后,试试看。""写作在练习,练习的方法,一方面多看有益的书报,多贮蓄思想,多尝试写作。"(全集第8卷第8页)

《答国华》摘要:

"青年在学校里是正在受训练的时候,没有怎样大的能力来参加校外的工作,这固然是事实,但是一方面学校课程须尽量与战时教育的需要配合起来,一方面在青年学生的能力可以胜任的范围内参加一部分的救亡工作,仍然是应该的。"(全集第8卷第8—9页)

《答王胡》摘要:

"中国旧式的学徒制度,对于教学徒,根本就没有什么有系统的教法,只是学徒靠自己在旁边看看榜样,自己暗中摸索罢了,甚至还加上不少和工作本身没有关系的,和学习本业不相干的服役。""改革一个制度既不是一二人的短时间的行为所能达到的目的,你就是'忧'也无用。你目前还是要靠自己努力,最重要的是一面细心学习你所要学的手艺,一面于业余设法多看有益的书报,增加自己的知识。""你的光明的前途也在你自己的掌握中。"(全集第8卷第9页)

《答雪令》摘要:

"你的朋友认为中国目前所最需要的是统一,这句话当然是对的,但怎样才能统一?必须共同以抗日救国为大目标,在这个大目标下,大家尽其力量对付日本帝国主义的侵略。大目标既相同,大家所用力量的方向既相同,统一当然是不成问题的。在这抗战的时期,只要是抗日的力量,无论什么党派,它的力量的增加不但不应该引起任何方面的'疑虑',应该要认为是抗战力量的增加,反而是一件可以欣幸的事情。中国的抵抗日本帝国主义的侵略,必须用整个中国的团结力量,才能争取最后的胜利。所谓整个中国的团结力量,就是中国各部分力量的总和,这总和里面所包含的各个力量的增加,也就是总和力量的增加,这于民族解放的前途是有利的,有什么可以'疑虑'呢? 讲到力量的增加,还有一点值得注意的:在这民族生死存亡关头的抗战时期,任何方面,只须是对于抗战最坚决,对于抗战最忠诚,对于抗战最出力,对于抗战贡献最多最大的,它必然更得到全国人民的信仰,它的力量也必然随之而大大地增加。所以任何部分要增加自己的力量,其枢纽并不在压抑别部分的力量的增加,却在乎自己在这抗战大时代中作更大的努力,对抗战有更大的贡献,在这方面与别部分竞赛。天下只有前进的力量能增加,落伍的力量不但不会增加,而且只有一天天地减弱。明白了这一点,便知道徒然惧怕别部分的力量的增加,是自己没有自信心的表现,是自己不愿出力而又不愿别人出力的表现,是最没有出息的念头!"(全集第 8 卷第 10—11 页)

2月1日　译文《澳洲拥护中国人民抗战》(署名韬奋译)、《反对世界运动会在东京开!》(署名落霞译),载《世界知识》第 7 卷第 4 号。(全集第 14 卷第 179—181 页、181—185 页)

2月3日　《答胡悯樵》、《答毛子良》、《答圭德》、《答王慎思》、《答毕荣成》(以上五篇未署名,增篇)、《怨毒丛生的征兵舞弊》、《悼钱亦石先生》、《十一国抵制日货》、《桂游回忆(十二)推动一切的民团制度》,载汉口《抗战》三日刊第 42 号,收入《再厉集》。(全集第 8 卷第 11 页、12 页、13 页、13 页、14 页、390—391 页、485 页、486 页、635—636 页)

《答圭德》摘要:

"政治的需要刷新,不但是民间一致的希望,即政府当局及前线将领也都有同样的感觉,此事的过程虽须走曲线,但是只须各方面有明彻的了解,不致'分化此时空前的团结形势'。""目前在军事方面已根据去年来在各战场上所得到的血的教训而积极整顿;政治与军事是分不开的,其间的关系太密切了;我们深信抗战到底既为确定了的国策,政治的改善是必然会随着军事上的需要而随着好转的。这两方面是同时并进,我们不能把它们截然分为谁先谁后的。"(全集第 8 卷第 13 页)

《答王慎思》全文：

"依记者在苏联所见，他们的日报及定期刊，除政府及党所办的以外（可说是居少数），民众集体如各种学术团体合作社，及各处集体农场等等，只须在不违反社会主义的范围内，都可以出版。我国的一切刊物，当然也须以不违反三民主义为范围。民众团体乃至个人，只须在这个范围内努力，仍应享有他的言论出版的自由的。根据三民主义的民族主义，我国在这个抗战的时期，尤须注重'抗战第一'的原则，一切都应把这个原则做估价的标准。凡是妨碍这个原则的任何人，都不允许他有言论出版的自由；凡是拥护这个原则的，都应该享受言论出版的自由。"（全集第 8 卷第 13—14 页）

《答毕荣成》摘要：

"怎样献身于国家？这个问题是没有人人可以通用的答案，因为献身于国家是要各人尽各人的能力来贡献给国家，而能力的大小与部门的殊异却是各人不能完全相同的。大概说起来，我们要努力使主观的能力与客观的需要配合起来，客观的需要有种种，但是各人的能力却有一定的限度与类别，我们只能选定其中为我们自己力所胜任的做去。""有时我们自己的主观能力宜做某事，而在选择上却不一定就能得着某事的机会，那只有选定其次的去努力，同时常常留心更适宜的机会。你提起小学教员的职务，我们觉得小学教员的任务也是很重要的，不可轻视它。下一代的国民是将来的成员国民的'后备队'，今日教育是否正确即将来国民是否健全的根源。试问如果大家都轻视小学教员而不愿做，下一代的国民有谁去教育他们，影响于国家的基础又是怎样的严重呢？""我们的意思当然不是要劝人人都去做小学教员，我们的意思是不可轻视小学教员的任务，倘若自己觉得自己的能力是近于这类的工作，就应该努力做去；即自己想改业，在未得到更适宜的工作以前，还是要负责任地干，等到找到了更适宜的工作再辞去。"（全集第 8 卷第 14—15 页）

《怨毒丛生的征兵舞弊》摘要：

"要坚持抗战以争取民族的解放自由，必须充实军力，所以征兵的必要是谁也不能否认的，但是要使征兵能顺利进行，一方面固然要严禁'敲诈营私'的弊端，一方面尤须深刻认识征兵绝对不是仅仅一纸命令所能奏效，必须作大规模的动员，在'教育宣传'方面下一番艰苦的工夫。最近有一次中央航空军官学校招考，名额二十九名，报名投考者千余人，记者有一个青年朋友考取在这二十九名之列，愉快欣悦的情绪溢于眉宇间。记者问他你的父母知道吗？他说他要不顾一切，贡献于国家，不让父母知道，因为恐怕父母怕他危险，不许他投考。我们要郑重指出的，是这样的为国牺牲的精神绝对不是什么一纸命令所能强迫得来的，完全是由于他的脑子已经过救亡的文化工作'武装'了起来，有了这样的基础，加上军事上的武装，便成为英勇的民族战士。现在有些人歪曲'军事高于一切'的意义而蔑视文化的效能，实在是一个很大的错误。""征兵问题的症结也就在这里。有些人想到征兵问题，只想到命令的威力，完全忽视了有计划的有组织的'教育宣传'的工作。""对于'教育宣传'做过切实工夫的部队，不必用欺骗和压迫的手段，征兵成绩很好；对于'教育宣传'不做工夫的部队，虽用欺骗和压迫的手段，征兵的成绩还是不行。这应该是事实的教训吧。"（全集第 8 卷第 391 页）

《悼钱亦石先生》全文：

"钱亦石先生是我国文化界一位艰苦卓绝的老将，他曾经参加民国十六年的革命运动，担负很重要的责任，民国十七年往苏联留学，十九年回国后，在上海从事译述著作，一·二八后尤积极参加救亡运动，先后担任《新中华》、《世界知识》及《中华公论》等杂志的编辑。八一三抗战开始后，担任第八集团军总司令部战地服务队队长，在浦东嘉兴一带进行民众工作，后因工作过劳，在前方患伤寒症病倒，病中历尽艰苦转到上海治疗，我们屡次听说他就要痊愈出医院，正为之感觉欣慰，不料电讯传来，钱先生的伤寒症转变痢疾，竟于一月廿九日去世，朋友们听到这个消息，都非常悼悼。""钱先生虽是因疾病而死，但是他的病是在战地服务的时候，于过分劳苦中得着，所以他的死也可以说是由于参加战事而死的，也可以说是他是为着参加民族解放斗争而死的。野兽不如的敌人，残杀我们的同胞，污辱我们的诸姊姊妹，我们忍辱含垢而生，不如英勇抗战而死，所以我们得到钱先生去世的消息，一方面不禁为中国文化界悲，为失去一同志痛；而在另一方面却也觉得钱先生为民族抗战而死，死得光荣，死得有价值！常语说'出师未捷身先死，长使英雄泪满襟'，钱先生未及见到独立自由的中国而死，也许死不瞑目，但是死后的同志们却要忍泪踏着亡友的血迹前进，接着火炬向前迈进！"（全集第 8 卷第 485 页）

《十一国抵制日货》摘要：

"中国以四万万五千万人的民族英勇抵抗日帝国主义的侵略，以抵制日货的方式表同情于中国抗战的'中国友人'也有了一万万二千余万人，目前还在进展中，这不能不说是一个伟大的世界反侵略运动。""失败主义的国际论者，往往无视国际关系的进展，尤其无视各国民间的反侵略运动，同时并认为运用国际形势便是等于倚赖，等于自己不再努力：这都是错误的见解。我们一方

面要尽量推动并运用在国际上有利于我国抗战的种种形势;一方面仍须坚持抗战,不忘自我的努力。"(全集第8卷第486页)

2月6日 《记华北前线归客的话》、《国难中的言论界责任》、《反侵略运动宣传周》、《桂游回忆(十三)"三位一体"》,载汉口《抗战》三日刊第43号,收入《再厉集》。(全集第8卷第16—18页、392—393页、487页、636—637页)

《记华北前线归客的话》摘要:

"这里所说的华北是专指山东、河北、河南三省,因为最近有一位朋友从那里回来,他是在军队里服务的,对于这部分的华北情形有着直接的接触,给了我们不少的报告。""他谈起韩复榘不战而退,退得非常的快,使日本的军队连赶都来不及赶!难民南渡黄河,每人被勒索五块钱,这种荒谬绝伦的行为,是大家所已听到的,尤其可怪的是日本军队利用这个机会,假装难民,也每人缴去五块钱,也照样地被允许渡河,等到敌兵过河的人数略多,方才发觉,已仓皇失措了!贪婪昏聩一至于此,那里还谈得到什么参加抗战!当韩复榘在开封被拘的时候,这位朋友也在场,据说韩被拘后,在韩的寓所里搜出四个年轻貌美的女传令兵!""韩氏平日对于民众运动的压迫,一点不许动,就是能多守三星期,也还是在压迫之下,武装民众和游击队还是动不起来,还是无济于事的。说句怪可伤心的话,韩氏退后,民众运动,民众武装,和游击队的勃兴,反而可以多得一些自由,虽则敌人已升堂入室,发动已嫌太迟了。""关于山东的故事,有一段'佳话'可述。前在北平以话剧著名的张锐芳女士,组织话剧团在山东各处做宣传工作,团员十三四人,张及团员等都是年轻少妇,曾在山东各县跑过不少地方,对工作非常努力,后来要往济宁曹福林(韩的部下,听说当时还只是一个师长,现已是军长了)的军队里去做宣传工作。最初有好些人阻止她们,说山东军队纪律不好,尤其是对于女性,非常危险,劝她们不要冒险。但是她们自信有力量克服困难,毅然往该处军队里去表演了五天的话剧,竟使全军上自将领下至士兵都受到很深的感动,军中每个人看见她们都要很恭敬地行敬礼。大家认为后来曹福林的军队在济宁的英勇抗战,得力于张锐芳剧团的宣传不少。""濮阳是河北大名县之南的第三县,那里有个女子师范学校,这位朋友到该处的时候,大名刚才陷落,形势紧张,但是这个女师里仍有四五十个女生自愿留着努力于救护工作。她们都是十七八岁的女青年,她们的热烈救国的情绪是任何人见了都要深深地感动的。她们一定要这位朋友替她们设法送到新乡去参加游击队的工作。""这位朋友终于不忍使她们过于失望,尽力设法把她们送到了新乡。现在这一群女战士已在新乡参加游击队的工作了。这

是中华民族优秀儿女中的一群代表型的青年战士。"（全集第 8 卷第 16—18 页）

《国难中的言论界责任》摘要：

"谁都知道中国今日最迫切的国难是日帝国主义的残酷的侵略。""广大的国土被敌人的暴力所占领，无数的英勇战士在前线为国牺牲，整千整万的同胞被屠杀，整千整万的女同胞被奸污，这种至惨极酷的奇耻大辱，一幕又一幕地正在继续着在我们的眼前表演着，任何有血气的有心肝的中国人都应该感到无限的悲痛，都应该更彻底地感到中国要雪此奇耻大辱，要拯救同胞于水深火热之中，惟一的途径是要尽力消灭内部的成见和磨擦，集中一切火力来对付我们的民族敌人。我们每想到野兽不如的暴敌对于我国同胞的惨酷行为，便应该觉得内部的任何成见有何争吵的价值？便应该觉得内部的任何磨擦有何存在的必要？我们目睹或亲闻无数的同胞被屠杀而不能救，目睹或亲闻无数的女同胞被奸污而不能救，痛哭拼命对外之不暇，对内除巩固团结外，还有什么余暇来做鸡虫之争呢？""我们对于国难中最近言论界的一部分情形也不免发生同样的感慨。我们看到有一部分的言论还在算着无谓的旧帐，还在玩着挑拨离间的把戏，好像惟恐中国内部可以安定无事，好像惟恐中国对付日帝国主义的力量因全国团结而愈益充实，在国难这样急迫的时候，在暴敌这样疯狂横暴的时候，而还有这样言论的出现，令人看了实在觉得万分悲愤，万分痛心！""当前的中国是'抗日第一'，因为除了抗日获得胜利，争得民族的生存外，什么都无从说起。""根据这个'抗日第一'的唯一标准，凡是有所批判，有所宣传，有所建议，都应该以有裨于争取抗战胜利为前提。算旧帐，对国内各方面挑拨离间，这断然是不但无益于抗战的胜利，反而是有害于抗战的胜利，是言论界所不应有的现象。例如'唯武器论'的说法，原来的意思不过是说殖民地或半殖民地的解放战争不仅仅乎是靠着武器，同时还要计及有组织的民众的伟大的力量，有些人却无视有组织的民众力量在民族解放斗争中的重要任务，而专以武器为战争胜败的唯一标准，这种'唯武器论'的态度是不对的，这样的说法，并没有意思说战争只须赤手空拳而无须武器的，更丝毫没有轻视军队的意思。""这都是所谓'旧帐'，现在全国团结在抗战的国民政府和领袖的领导之下，一致对外，真正拥护抗战的中国人没有不希望军事力量的愈益充实，同时也没有不希望民众力量动员的愈益开展，所以在今日什么'唯武器'不'唯武器'，实在没有争论的必要。""以上不过是举一个例子，说明国难中的言论界的责任要从积极方面加紧全国团结的愈益巩固，要从积极方面对于当前与抗战胜利有关的种种实际问题，下切实的研究工夫和善意的建议，使中国在这样艰

危的环境中能够赶快地脱险,而不应该再有分化中国对外力量的企图。"(全集第 8 卷第 392—393 页)

《反侵略运动宣传周》摘要:

"凡是宣传都含有教育的效用,这宣传周不但是响应国际的反侵略运动而已,同时对于中国的国民也很有教育的价值,所以值得我们的热烈赞助,各尽力量来使这个运动能够圆满地进行。"(全集第 8 卷第 487 页)

2 月 7 日 茅盾从长沙来到武汉,住在交通路一家小旅馆里,与生活书店在一条街上。当天找到徐伯昕,研究编刊物的事,定名《文艺阵地》,"恰好邹韬奋也在"。(茅盾《烽火连天的日子》回忆录二十一,《新文学史料》1983 年第 4 期第 22 页)

同日 韬奋首次自汉口抵重庆,下榻沙利文旅馆。此行同生活书店重庆分店负责人商讨编辑出版及人事安排事宜,商讨《抗战》三日刊移渝出版问题。(刘蜀仪《邹韬奋首次莅渝及其活动》,收入《重庆出版史志》1991 年第 2 期)

同日 上午八时,读者杨超伦登门求见,不到一分钟,就见到韬奋。杨无所顾忌地倾诉自己的思想、苦闷、烦恼。韬奋静静地听完后说:"我对你现在的处境,很表同情。你决心为抗日战争、为将来改变整个社会制度努力奋斗,这是很可贵的,也是中国青年义不容辞的责任。现社会劳苦大众受苦受难,有志青年心里都难受!我们在痛心之余,唯有为劳苦大众求解放、现阶段为争取抗战胜利而努力奋斗之一途。我们要乐观的奋斗。这个斗争是长期的,十月革命的胜利不是轻易取得的,苏联共产党领导广大劳苦大众经过长期艰苦奋斗取得的。要有耐心,积极努力中,要有忍耐精神。"当时杨又提出同几个青年要到延安去参加革命,问他能否介绍。他说:"我愿意尽力帮助。今天还不能明确答复。我在汉口认识中共中央负责人,我回汉口后向中共中央负责人提出来,然后将结果写信告诉你。"杨希望邹题词。韬奋在杨的笔记本上题词:"积极努力中不忘伟大的乐观与忍耐的精神 韬奋 廿七、二、七日 重庆。"三月初,杨接到韬奋的信,称:"已谈妥,欢迎你们几位青年到延安抗大学习,名单已寄西安八路军办事处,请到该处办理手续。"四月初,杨等一行六人到达延安,进抗大学习。(杨超伦《忆韬奋导师给我题词》1985 年 5 月 21 日,收入《忆韬奋》第 511 页)

同日 《新蜀报》记者访问韬奋。记者问此行的任务和对目前抗战与文化的意见。韬奋答:这次来,主要是想到此地视察一下出版界的情形。全面抗战展开以来,沪上文化界都想往内地迁移,但各方面情形很不熟悉。这次来想看看此地的印刷能力,纸张供给,以及书报杂志的出版情形。记者就抗战形势提问。韬奋答:战局是绝不悲观的!经过七个月多的英勇抗战,日军对华的军事侵略已经一天天感到更加困难，军队分配的不够，财政上大量的负担，日本民众反战情绪的增高，已使企图速战速决的日本军阀极度恐慌。只要我们坚决巩固团结，集中力量，抗战到底，在政治上使军民能打成一片，使政府与民众的合作更加增强，在军事上，使游击战更加展开，使他与正规军能很密切的配合。这样，我们抗战一天，日本就更加困难，最后的胜利，必然是属于我们的。说到军民打成一片，韬奋特别指出：现在前线回来的军人，都深深感到这一问题的重要，他们在前方之需要民众的合作，真是万分迫切。对于游击战与正规军的关系、抗战期中的文化工作，以及武汉和各地文化界，均作了详尽介绍和精辟论述。（《新蜀报》2 月 8 日第 2 版）

同日 《国民公报》记者访问韬奋。记者极欲知道武汉文化运动、民众运动的情形，关于军事方面的事，还问及"七君子"的事等等。韬奋答：武汉成了事实上的文化政治中心。民众运动，武汉亦在青黄不接的时期。最近军委会第六部结束，成立总政治部，郭沫若先生任第三厅即宣传厅长，将来这方面想有进步。问及"七君子"的事，他说：我希望七君子这名字取消，因为参加救国运动的人很多，我希望中国有四万万五千万君子。记者又问了对于目前国际形势的分析和展望，问了《抗战》三日刊、生活书店、此次来重庆的任务等。（《国民公报》2 月 8 日第 3 版）

2 月 8 日 重庆各报记者争先恐后采访韬奋，询问各种问题。韬奋除介绍本人生平，来渝目的，还回答了对时局的看法。当问到武汉近况时，韬奋答："最近军委会第六部结束，成立总政治部，郭沫若先生任第三厅厅长，有人主张政治部只负前方宣传责任，而后方宣传仍由党部负责，但郭先生想必不致去挂虚招牌。"（刘蜀仪《邹韬奋首次莅渝及其活动》，收入《重庆出版史志》1991 年第 2 期）

2 月 9 日 中午，重庆市报界在第一模范市场永年春餐馆宴请韬奋。适逢空袭警报，街上异常混乱。各报记者、文化团体代表届时仍前往。到会者有抗敌后援会文化界支会、怒吼剧社、春云月刊及其他文化团体、书店代表四十余人。会议由重庆《新蜀报》经理周钦岳代表文化新闻界致欢迎词。韬奋发言，指出抗战时期文化运动之重要性，武汉文化运动近况。他说："前方军事情况已好转，当局对保卫武汉已有充分把握。武汉文化运动情形，因总政治部之设立，各方皆有觉悟，故必愈见好转。"对重庆文化新闻界提出两点希望：加强巩固团结，多研究与抗战有关之切实问题。《新蜀报》记者、《新民报》总经理陈铭德，还有梁佐华先生等致答词。二时许尽欢而散。四时，应重庆抗敌后援会文化界支会邀请，在演武厅社交会堂公开演讲，听众千余人，盛况空前。（刘蜀仪《邹韬奋首次莅渝及其活动》，收入《重庆出版史志》1991 年第 2 期）

同日 《世界危机与反侵略运动》、《桂游回忆（十四）民团干部的训练与委任》，

载汉口《抗战》三日刊第 44 号,收入《再厉集》。(全集第 8 卷第 394—395 页、637—638 页)

《世界危机与反侵略运动》摘要:

"我们常常指出,中日问题是世界问题的一部分,日本帝国主义对于我国的侵略,也就是对于整个和平世界的一个打击;所以在我们对于日本侵略者的抗战中,我们决不会感到孤单,而是可以得到广大世界和平民众的同情与援助的。""最近澎湃于世界各处的诋斥日寇,抵制日货与拒卸日货的运动,参与者有世界许多国家的开明政治领袖,热心的宗教家,有名的作家学者,拥护国际和平与正义的政治社会团体,以至最坚决地站在反侵略方面的世界劳工大众:从这种种方面所表示的对于我们的热烈的声援,应该使我们反侵略前哨上的战士感到最大的兴奋。而本月十二日在日内瓦举行的世界反侵略大会,集合全世界最重要的反侵略人士于一堂,一致表示对于侵略强盗的声讨,共同决定打击侵略者与援助我们反侵略抗战的办法,更是值得我们非常重视的。"(全集第 8 卷第 394—395 页)

2 月 10 日　中午十二时,著名剧作家曹禺、宋之的、陈白尘,文化新闻界著名人士谢冰莹、萧崇素、周钦岳、陈鲤庭、赵铭彝、徐盈、沈起予、金满成、漆鲁鱼、李华飞等 21 人在鸡街口生生食堂宴请韬奋、叶圣陶。四时,韬奋应中大校长罗家伦之邀至沙坪坝中央大学演讲,其他院校师生也闻讯赶来,听众逾二千人。同时,重庆市抗敌后援会亦组织党政军工商学各界二百余人齐集公园路党政军俱乐部,静候韬奋趋前演讲。因时间冲突,韬奋派员至抗敌会述明理由。(刘蜀仪《邹韬奋首次莅渝及其活动》,收入《重庆出版史志》1991 年第 2 期)

2 月 12 日　晨,韬奋在珊瑚坝登上成都号班机自重庆飞返汉口。(《店务通讯》第 4 号"同人行动"栏,刘蜀仪《邹韬奋首次莅渝及其活动》,收入《重庆出版史志》1991 年第 2 期)

2 月 13 日　韬奋约茅盾在武汉写的第一篇文章《"抗战文艺展望"之发端》刊登在《抗战》三日刊第 45 号上。茅盾著文称:"在我向朋友们约稿的同时,我也成了朋友们约稿的对象,而且钉得十分紧,于情理上也无法推托。"(茅盾《烽火连天的日子》回忆录二十一,《新文学史料》1983 年第 4 期第 23 页)

同日　《伟大的世界反侵略力量》、《保护国防资源》(署名编者)、《桂游回忆(十五)民团的编组》,载汉口《抗战》三日刊第 45 号,收入《再厉集》。(全集第 8 卷第 396—397 页、525—526 页、638—639 页)

《伟大的世界反侵略力量》摘要:

"在这次大会中我们所举出日本帝国主义的侵略事实,正可以说是给敌人的暴行,作一初期的总结算。这些事实告诉了全世界:日本帝国主义是破坏世界和平的元凶,是残杀人类的恶霸,又是毁灭文化的巨魔;它口口声声说没有土地野心,而实际上我国已有八十一万八千多方哩的土地被它武力占领;它口口声声说维持东亚和平,而我国的和平人民受它侵略战争的祸害的,已在一万万二千五百万以上,它对于各国在华侨民与财产的损害,更是无法计算的。我们把敌人这种初期侵略的结果昭告世界,当能使全世界更多的人民,知道以集体力量反对侵略者的重要。”“从这次伦敦的大会与我国各界的反侵略运动,我们更可以认识,确确实实的,一定要各方面团结合作,一致行动,才能最高限度地发挥反侵略的伟大力量,在国际上是如此,在我们国内也是如此。所以,今后我们在反侵略抗战进行中间,无论在前方,在后方,在军事上,在政治上,在对内民众的教育上组织上,在对外国际的宣传上联络上,都应该团结各方面的力量,一致为了反侵略而努力。分离与不合作,是帮助了敌人的侵略;只有广大地热诚地合作,才是战胜侵略者的真正力量。”(全集第 8 卷第 397 页)

2 月 16 日 在汉口,黄炎培到生活书店访邹韬奋、徐伯昕,中午偕至蔡根香进餐。(《黄炎培日记》)

同日 《认清大势》、《敌在朝鲜强征壮丁》、《关于军人服务》(增篇)、《伤兵的管理法》(署名编者)、《桂游回忆(十六)民团的训练》,载汉口《抗战》三日刊第 46 号,收入《再厉集》。(全集第 8 卷第 398—399 页、488 页、526—527 页、527—528 页、639—640 页)

《认清大势》摘要:

“最近随处似乎流露着对于国事的消极气氛,而且对于国事愈益关怀愈益热烈的人,对于迂回曲线式的国事的发展,更感觉到深深的苦闷,好像在心理上都被一种暗影所笼罩着。我们从各方面所默察到的这种若隐若显的心理上的暗影,对于救亡工作是很有恶劣影响的。”“细察有些人对于国事所以感觉悲观,第一是因为国内近来闹着什么党派问题,甚嚣尘上,于是神经过敏者认为国内团结的局面,——费了许多人的心血与艰苦奋斗所促成的团结的局面,终于不免破裂,这对于抗战的前途有着极大的妨碍,那是谁也不能否认的。这种倾向如果真有实现的可能,那确是一件非常不幸的事情,因为大家都将走上同归于尽的一条路!可是我们如放大眼光,看看中国抗战的大势所趋,便可恍然明了这种倾向是绝对没有实现的可能。在某时间里,也许由于极少数自私自利的人有意兴风作浪,扰乱人心,在整个抗战力量的集中上不免发生一些分化的波动,但是一方面因为日本帝国主义的残酷的侵略,有加无已,所提亡国条件是任何中国人所无法接受的;一方面也因为领导全国抗战的最高统帅始终坚持抗战的决心,即有极少数的苟安妥协的分子,也无法再蠢蠢思动,完成他们的好梦:在这样的形势下,必然地要用整个中国的力量来一致对外,谁敢在这样危急存亡之秋还悍然破坏中国的团结,分散中国抗战的力量,必为国人所共弃,它的自身就绝对无法存在于中国的境域内。"(全集第 8 卷第 398—399 页)

《敌在朝鲜强征壮丁》摘要:

"据中央社临汾电讯,敌政府在朝鲜大批强征壮丁,限本年内完成二十四个师团,这个简短的消息,却含有值得深思的意义。""日帝国主义在国内扰乱农村而犹未足,更在朝鲜大批强征壮丁,慌乱的窘状可以概见。""还有一点更值得我们注意的,日帝国主义用残酷的手段侵略中国,固然志在沦亡中国,但日帝国主义要在东亚大陆上横行,它是不得不准备和其他利益冲突的国家一拼的,尤其是和远东有密切关系的苏联。日帝国主义如果能制中国的死命,必然也要在中国大批强征壮丁,去做进攻苏联的炮灰。牺牲自己的生命做仇敌的暴行的工具,这是天地间最惨痛的一件事!要避免这种事件的实现,我们大家在抗战救亡的这阶段,便要不惜任何牺牲来争取我们民族的独立自由!"(全集第 8 卷第 488 页)

《伤兵的管理法》全文:

"伤兵也须有相当的管理,这是对的,但是伤兵为国牺牲而受到伤痛,在情绪上与常人不同,与寻常的病人也不同,所以政府和社会对伤兵还应有卫护及慰劳的具体办法,使他们的身心有所安顿,然后他们的纪律才能够好。"(全集第 8 卷第 528 页)

2 月 19 日　《青年干部与乡村工作》、《西班牙的战时教育》、《桂游回忆(十七)基础学校与中心学校》,载汉口《抗战》三日刊第 47 号,收入《再厉集》。(全集第 8 卷第 400—401 页、489 页、640—641 页)

《西班牙的战时教育》摘要:

"我们的全国的力量,应集中起来做两件事:一方面争取前线的胜利,至少至少要不许敌人再作进一步的侵略,要抵挡得住;一方面要迅速地紧张地建立新的国力。所谓统一力量,就应该统一在这两件与民族生死存亡有密切关系的事情上面,不应再在内部磨擦上浪费时间和精力了。"(全集第 8 卷第 489 页)

2 月 23 日　上午十一时,生活书店委员会聚餐,商量组织大纲,到者有黄炎培、邹韬奋、王志莘、徐伯昕、张仲实、艾寒松。(《黄炎培日记》)

同日　《鼓励士气与民气》、《东京大批搜捕反战分子》、《桂游回忆(十八)村民大会》,载汉口《抗战》三日刊第 48 号,收入《再厉集》。(全集第 8 卷第 402—403 页、490

页、641—642 页)

《鼓励士气与民气》摘要：

　　"这几天震动武汉风闻全国的大事，莫过于本月十八日武汉空军大捷，击落敌机十一架，建立奇功，为我国空军史上最光荣的一页，捷报传来，万民欢欣，同时对于英勇抗战以身殉国的空军大队长李桂丹和队长吕基淳一致悼痛，二三日来，武汉各民众团体及文化团体陆续赴飞机场献花献旗以表示崇敬者，整千整万，热烈情绪，得未曾有，我们看到这样的空前盛况，应有进一步的深刻的观感，而不应仅有表面上的瞬息即逝的看法。""第一点我们要注意的是关于士气的鼓励。""这次武汉民众对于空军的热烈慰劳与悼唁，出于至诚，由于自动，使我们的空军战士对于同胞爱戴的热烈情绪，受到深刻的感动，都表示更愿竭尽最大的努力，为民族自卫而抗战。我们不但在这短时间内有这种鼓励的表现，还要经常地对于为国抗战的将士们有具体的鼓励士气的办法，例如优待军人家属，卫护伤兵的充分布置，帮助军事上需要的种种便利，尊崇投军的青年等等，都须由有组织有训练的民众，用集体的力量，作有计划的有系统的进行。军民打成一片，是民众运动中最重要的一个部分，是经常的积极的工作，并不仅是一时情感上的表现。""第二点我们要注意的是民气上的鼓励。""民气的唤起实在还含有教育积极的作用，藉某种特殊的机会——例如最近的空军大捷——引起民众对于抗战的信心与热诚，作为进一步更严密地组织民众及训练民众的基础，使民气不仅仅是一时的情绪上的兴奋，而且有着更巩固的更凝结的进展，由此进一步对于各部门的救亡工作有更积极更努力的实践。有些人以为民气的消长是跟着军事上的胜败而转移，因此他们的简单的结论是只有单纯的军事已足，民众可以完全不要，民气更非所注意。军事的胜利之有助于民气的发扬，这是无可否认的事实，但是姑无论军事胜利的本身就同时脱离不了民众的种种方面的辅助与支持，而且经过严密组织与训练的民众，沉着镇定，根据有计划的步骤而行动，必然地能够做到虽胜不骄虽败不馁的地步，并不致因为过程中的偶有失败而便消沉下去。所以讲到民气的鼓励，也是要注意到经常的积极的工作，而不仅是一时感情上的表现。"(全集第 8 卷第402—403 页)

《东京大批搜捕反战分子》摘要：

　　"我们敌人内部的矛盾，是我们所要密切注意的。我们一方面要从实际上保障我们的继续抗战，为敌人内部反战运动增加力量，也就是为我们的民族解放增加力量；一方面要明了敌人内部要以侵略的思想箝制全国是不可能的，而我们的全国团结一致对外的思想却可以统一全国,在思想上成为铁一般的阵线,在行动上也成为铁一般的阵线,我们要爱护这样的力量,不要让这种力量被敌人分化,以致自毁整个民族共同对付侵略者的伟大的前途。"(全集第8卷第490页)

2月26日 《国际形势与中国抗战》、《鲜血淋漓的人手一支》、《桂游回忆(十九)最后的几句话》,载汉口《抗战》三日刊第49号,收入《再厉集》。(全集第8卷第404—405页、491页、642—643页)

《国际形势与中国抗战》摘要:

"自希特勒于本月廿日在国会演说,公然宣布承认伪满,接着英国外相艾登因对意国谈判的意见和首相张伯伦冲突,提出辞职,于是国际风云似乎突然紧张起来。""德国宣布承认伪满国,公开帮助我们的不共戴天的民族敌人,这当然要引起我们全国同胞的愤怒,但是这件事的发生却不是足以引起我们奇异的偶然的事件,因为德国的人民和在中国有商业关系的德国商人,虽对中国的抗战具有相当的同情,而德国的法西斯政府,尤其是德国法西斯代言人,在我国抗战一开始,就说中国是不能抵抗日本的侵略,就屡劝中国走上投降的道路,他的这样的态度并不足奇。因为法西斯的本质就是侵略的,以侵略的本质同情于我们敌人的侵略,这是必然的倾向。这次他宣布承认伪满国,仍然是说中国不能抵抗日本的侵略,认日本在中国的奸淫掳掠,屠杀民众的残忍行为是'远东的安定力量',这虽是丧心病狂的话,可是依侵略的本质说,是不足怪的。不过在这黑幕未揭穿以前,还有一些人对德国存着幻想,影响到我国所应积极采取的正确的外交路线,影响到中山先生所指示的'联合以平等待我之民族共同奋斗'的正确的外交路线。他们终不能认清敌与友的区分,把任何国家都看作'与国',结果是得不到一个'与国'! 现在黑幕揭开,铁的事实摆在面前,对于我国正确的外交路线的推进是反而有利的。""英国在主观上想对日本妥协,想要中国对日本妥协,这是有的,但在客观上英日在远东的利益是无法妥协的,不但无法妥协,而且彼此间的冲突,因日帝国主义的独占侵略,反而尖锐化,所以说在保守党死硬派执政下的英国,因要保盈持泰,避免地中海的危机严重化而对意德有所让步,固是事实,但一方面因在远东英日利益无法妥协,一方面在英国国内还有保守党中的青年派,各反对党(如自由党、工党、共产党),各自治领,以及广大反侵略的民众,对于保守党死硬派的政策都是反对的,对于中国的抗战都是同情的,如说英国外交政策就要完全加入侵略阵线,就要在远东与日妥协来强迫中国投降,这是没有什么客观事实做根据的。""中国的解放要靠自身的坚持抗战,这是当然的,但是中国是世界的一部分,我们同时固要密切注意国际形势的开展,而就当前的情形说,却无所用其悲观。"
(全集第 8 卷第 404—405 页)

《鲜血淋漓的人手一支》摘要:

"敌人在上海采用恐怖手段箝制舆论,本月二十二日《华美晚报》经理朱作同及《大美晚报》经理张似旭各接得方盒一个,内各藏鲜血淋漓的人手一支,并附书警告他们,说他们如继续坚持反日态度,将有更'佳'的礼物相赠。""这鲜血淋漓的手当然是中国人的手,任何中国人的手,在敌人暴力所达到的地方,都是敌人所得随意斩下供他们玩弄的。这种残酷的情形,以及相类的乃至更惨酷的情形,实非稍有人性的人所能想像的,但是居然在中国的广大的区域上纵任野兽横行,暗无天日,这是每个中国人的耻辱! 在这耻辱的惨痛中的中国人,除了一心一德抢救危亡外,不该有一丝一毫为自己私利或党派私利的成见!"(全集第 8 卷第 491 页)

《桂游回忆(十九)最后的几句话》摘要:

"我和同行的几个朋友这次在广西所得的印象是很好的;我们对于广西当局的艰苦奋斗,对于广西公务员的勤奋奉公,对于最可敬爱的广西青年的勤恳、坦白、天真、热烈、求知的迫切,爱国的真挚,都留下了很深刻的印象。我们看到广西的苦干精神,看到广西的许多青年里所潜伏着的伟大的力量,不仅为广西怀着非常恳挚的希望,实为整个的中华民族怀着很恳挚的希望,因为我们深信在复兴中华民族的伟大事业上,广西是一个很重要的生力军。"(全集第 8 卷第 642—643 页)

张仲实撰文,记述潘汉年与韬奋的亲密关系,周恩来第一次约见韬奋时的感人情景:

"12 月,韬奋亦辗转来到武汉。我们终于又会合在一起并肩战斗了。党驻国民党统治区的文委书记潘汉年,不但很快与我取得了联系,还常到'金城文具公司'楼上,与我、韬奋等共议时局,确定《抗战》三日刊下期主题,并为该刊物撰写时评文章。我常去八路军办事处,听取负责同志介绍党中央的方针、政策,以及对形势的分析,并请他们为生活书店出版的刊物作指示和撰文。我清楚地记得,每当我从八路军办事处回来,向韬奋介绍我党的指示精神时,他总是以赞许的目光全神贯注地听取,完全赞同和拥护我党的政策,且常常流露出希望面见负责同志的思想。我先引见他到八路军办事处面见了董必武同志。董老介绍八路军办事处在周恩来同志领导下,贯彻党的抗日民族统一战线政策,与国民党反动派进行有理、有利和有节斗争的策略,以及抗日救亡宣传工作的方针等等。这些使韬奋思路大开,兴奋异常。1938年9月(编者注:系2月之误)的一天下午,我陪同韬奋来到八路军驻武汉办事处。周恩来同志已在那里等候了。一见面,周恩来同志首先伸出热情的手,和韬奋紧紧地握在一起,高兴地说:'欢迎你,邹韬奋先生,我们今天第一次见面罗。'坐下后,周恩来同志又诚恳地说:'见面就是朋友罗。当然,我们没有见面的时候已经是朋友,好朋友了。"救国会"的抗日主张,和我们是一致的,爱国七君子的节风,我是很佩服的。今天下午,我们可以无拘无束地畅谈一番。'周恩来同志爽朗亲切,诱导启发。他精辟的分析,透彻独到的见解,给我们留下了极深刻的印象。他除了认真地听取我们对形势的看法和工作汇报外,详细地询问我们在大敌当前的情况下对今后工作的设想和安排,还非常仔细地问了文化界和一些爱国知识分子的情况。他关切爱护地说:'爱国知识分子是我们国家的宝贝。你们二人都是知识分子,有知识,又很爱国,希望我们更密切地配合起来,团结更多的知识分子,一道走抗日救国的道路。'周恩来同志还语重心长地说:'现在,我们一起奋斗,以彻底打败日本帝国主义;将来,我们还要共同努力,以建设繁荣富强的新中国。抗日救国,少不了爱国知识分子的参加罗;建设社会主义新中国,更少不了爱国知识分子的参加嘛。'对于国民党反动派迫害爱国知识分子的罪恶行径,周恩来同志表现得怒不可遏,作了严厉的斥责。他的一席话,说得我们心里暖烘烘的,感到方向更明确了,干劲平添很大。我们时而哈哈大笑,时而神情严肃,充满激愤,无拘无束地谈了一个多钟头。临别时,周恩来同志紧握着韬奋同志的手,情深意切地说:'请你们记住,爱国知识分子是国家的宝贵财富,无论什么时候都需要。有什么要求,请随时提出来,我们共产党一定会尽可能地帮助解决。'韬奋同志希望周恩来同志方便时到'生活书店'指导工作,周恩来同志不加犹豫地接受了这个请求。""他不但多次对我说:'周恩来先生的确是我的良师益友',而且还向周恩来同志提出了入党要求。周恩来同志说:'你现在以党外民主人士身份所起的作用不一样。这是党需要你这样做的。'韬奋同志愉快地接受了他的这一指示。"(张仲实《言犹在耳 记忆仍新——对周恩来同志的回忆片断》,《人民日报》1985年1月8日,收入《怀念周恩来》第200页)

是月 在汉口,周恩来为生活书店同人作《关于当前抗战形势和青年的任务》的报告。(徐伯昕《生活书店是怎样接受党的南方局的领导的》,收入《南方局党史资料·文化工作》第267页,《生活书店史稿》第426页)

是年春 国民党政府迁移至武汉。不久,蒋介石在武昌寓所约见韬奋与杜重远谈话。言谈中,蒋介石问起邹、杜对国事有什么意见,韬奋所贡献的最重要的一点,是希望蒋介石要"重视他不仅是一党的领袖,而且是整个民族的领袖"。"他不仅要善用党内的贤才,同时还要注意善用党外的贤才。""郑重说明领袖的伟大不在事必躬亲,而在善于用人,能善用人,则各人的专长,集合拢来即成为领袖伟大力量的构成部分。""既为民族领袖,对于党外的人材,应该一视同仁,不因党的界限而有所歧视。"蒋介石在"指示中,特别注重组织的重要","尤其是社会上'知名人士'须注重到组织的重要"。韬奋答"国家便是一个大组织",蒋介石是"这个组织的舵手","意思还是注重民族领袖的责任更大于一党的领袖"。蒋介石暗示要他们参加国民党,被婉言回绝。走出客厅,瞥见陈布雷在隔室,征得杜的同意,又和陈详谈起来。陈的意思是蒋介石"所提的组织,是指党的组织"。蒋"十余年来有个理想,要集中中国一切人材组织一个伟大的政党,由他领导起来"。韬奋问:"据布雷先生看来,中共肯毁党加入吗?"陈说:"这确是问题,毛泽东第一个就不赞成。"邹问:"那怎么办呢?"陈说:"那也希望除中共外,其他一致集合起来组织一个政党。"为这次见面,韬奋著文《领袖晤谈记》。(全集第 10 卷第 192—194 页)

3 月 3 日　《再论国际形势与中国抗战》、《朝鲜独立运动纪念》、《县治与盗匪》(署名编者,收集改题《以邻为壑》),载汉口《抗战》三日刊第 50 号,收入《再厉集》。(全集第 8 卷第 406—407 页、492 页、528—529 页)

《再论国际形势与中国抗战》摘要:

"欧洲政局最近的变化,对于中国的抗战并不致有不利的影响,国人实无所用其悲观。""我们的国策是要抢救祖国的沦亡,倘若因为别国的外交转变而便动摇意志,坐视沦亡,甘做奴隶,这是任何人都知道是荒谬绝伦的。""这只是说我们为争取民族的生存,必须坚持抗战,却不是说我们便无须注意国际形势的发展,因为运用国际形势以加速我们的抗战胜利,也是一件很重要的事情。""自欧洲政局变化以来,有些人因未明真相而陷于悲观,固属不幸的现象,但是有许多人深切注意到国际形势与中国抗战前途的关系,却是一种进步的可喜的现象。""我们研究国际形势与中国抗战前途的关系,有两个原则非常重要。第一个原则是我们必须从整个的国际形势观察,而不应该犯'群盲摸象'的毛病。""侵略阵线的日德意三国间不但彼此的矛盾很深,而且它们的内部的经济危机与政治危机,日益加甚,并非它们内部巩固而有力量外侵,恰恰相反,它们对外的疯狂正是它们内部不稳的反映。侵略阵线中的外强中干,必然要促成和平阵线进一步的新的开展,所以从整个形势看来,国际形势是仍然要向有利于我国抗战的方面转移的。""第二个原则是我们自己对国际必须有正确的立场,才能把得住舵,不为一时的表面的现象所动摇而犯着投机的弊病。""我国有些人对于国际因缺乏正确的立场,对于我们的敌人的友人往往存着种种幻想,认不清真正的友人与敌人,以致外交上不能作敏捷而坚决的运用,现在不该再蹈覆辙了。"(全集第8卷第406—407页)

《朝鲜独立运动纪念》摘要:

"我们一面要对于朝鲜志士的百折不回的精神致最诚挚的敬礼,一面要唤醒我们的同胞对于当前卫国的战争必须全国巩固团结,一致对外,尤其是想到朝鲜志士在祖国沦亡之后还在极艰苦的环境中继续奋斗,我们在还有'半壁江山'做根据地的时候,更应该怎样地积极奋斗,不为任何困难所屈服!"(全集第8卷第492页)

同日 《想来华参加工作的一个美国朋友》,载汉口《抗战》三日刊第50号。(全集第8卷第19页)

《想来华参加抗战工作的一个美国朋友》摘要:

"这位朋友当我在美的时候,还是一个医科学生,现在已是在医院里服务的医学博士了。他的父亲是美国的一个百万富翁,可是他却不在乎这些,却满心要替人类干些有益大众的事情。他在这封信里表示,如果中国允许他来替战场上的战士们服务,他一定肯来。""中国为着民族的自由独立而战,为着世界的正义而战,像这位朋友的'义愤填膺',只是世界上的千千万万里面的一个例子罢了。"(全集第8卷第19页)

3月6日 《抗战形势与我们的努力》、《对于春耕运动的希望》,载汉口《抗战》三日刊第51号,收入《再厉集》。(全集第8卷第408—410页、492—493页)

《抗战形势与我们的努力》摘要:

"目前的抗战形势,已转入有利于我国的新的阶段。""但是我们的更大的胜利还有待于我们的更大的努力。""我们必须深切的明了敌人的目的是要沦亡整个的中国,它的进攻的地点即略有先后之分,但是好像整个房屋在燎原火势之中,倘若不用整个的力量来抢救,任何部分都是要同归于尽,无可幸免的。我们的眼光必须注视整个的战局,我们必须动员整个的国力来应付共同的国难,而不可再存因循苟且的心理,认为敌人先打甲地后即可避免乙地,以致对于抗战的工作松懈下来,这是很大的危机,为我们所须警惕猛省的。""其次我们所不可忽视的,是敌人在每一次受到挫折或准备更猛烈的进攻以前,往往放出'和平'空气,要在我国造成一部分人的幻想,间接就是企图松懈我国对于积极抗战的工作,甚至引起内部的不必要的磨擦。日本帝国主义者鉴于日本国内政治危机和经济危机日益尖锐化，倘若他们揭得便宜，他们在主观上未尝不想和平，但是他们所要的和平，却是沦亡中国的和平。""最近又听到我们的敌人又放出'和平'空气，企图动摇一部分国人对于坚决抗战的心理，甚至造出英国帮助日本强迫调停的谣言，好像中国只有投降的一途！其实我们只须想到敌人所要的和平既是沦亡中国的和平，根本就不致被'和平'这个好听的名词所诱惑；至于英国的外交是最会看风色的，只须我们坚持抗战真能全国团结，抗战到底，英国绝不会贸然做我们敌人的帮凶的。""我们民族的生命还在我们自己的掌握中，我们要根本扫除因循苟安的心理，我们要明了因循苟安的惨酷结果。从前也许还有一些人想做顺民，得过且过，但是自从暴敌在占领区域残杀无辜奸淫良家妇女之后，残酷的事实教训应该够明显了。"（全集第 8 卷第 408—409 页）

同日　《抗战中的国内民族问题》全文：

"大函由西安某先生转到。先生对国内民族问题，极有见地，所示各点，均甚赞同钦佩！最近中国国民党临时全国代表大会宣言中，关于民族主义一项，亦特别将中国境内各民族问题提出，并反复申言，在抗战期中，各民族须团结一致，反抗日本帝国主义，抗战胜利之后，各民族可组织自由统一，自由联合之中华民国。于此可见中央对各民族并无偏视，在此抗战时期，中央对各民族之期望，尤为殷切。即照实际情形而言，在此争取中华民族自由解放之伟大革命过程中，各民族之利害与任务，完全一致，各民族间之关系，将因国难当头而愈益密切。如最近回教青年之踊跃参加军事及技术各种训练，以及各地回教同胞之热烈发起救国组织，已给予国人莫大之兴奋。""至于如何使各民族间获得公平之待遇，如何加强落后民族本身之力量，以及如何使中央之诺言早日得以实现等，皆目前切要之问题，除以舆论鼓吹外，应有更具体之意见向当局建议，同时并多方策动各民族民众，积极参加抗战，并监督少数昏庸动摇之领袖，杜绝敌人之分裂策略，使不能在各民族间发生作用。希望各民族中有识有志之青年，能负起此项推动与领导之责任。"（全集未收，《激流中的水花》第 106 页）

3 月 9 日　杜重远与黄炎培深谈，黄偕江问渔招餐，同席者杜重远、邹韬奋、卢作孚、冷御秋、李西涛，谈大局办报事，卢作孚谈重庆厂校事。（《黄炎培日记》）

同日　《纪念中山先生》、《工人抗敌总会的筹备》、《首都惨象》，载汉口《抗战》三日刊第 52 号，收入《再厉集》。（全集第 8 卷第 410—412 页、493—494 页、494—495 页）

《纪念中山先生》摘要：

"在这抗战时期中，大家除注意'自力更生'外，同时也很关心'外交路线'，关于这一点,中山先生在遗嘱中所诏示我们'联合世界上以平等待我之民族共同奋斗',几乎是家喻户晓的了,但是尤其使我们看了发生深刻感动的是他在临终时写给苏联的最后一封信里所说的话。他说'我在此身患不治之症,我的心念,此时转向于你们,转向于我党及我国的将来。……命运使我必须放下我未竟之业,移交与彼谨守国民党主义与教训而组织我真正同志之人。故我已嘱咐国民党进行民族革命运动之工作,俾中国可免帝国主义加诸中国的半殖民地状况之羁缚。……我已命国民党长此继续与你们合作。……当此与你们诀别之际,我愿表示我热烈的希望,希望不久即将破晓,斯时苏联以良友及盟国而迎强盛独立之中国。'""我们要共同努力建立'强盛独立之中国',才是真正纪念中山先生!"(全集第8卷第411—412页)

《工人抗敌总会的筹备》摘要:

"在近代各国革命史上,工人的集团总是占着最光辉的一页。中国的工人集团在国民军北伐时代所表现的灿烂的功绩,至今犹历历在人耳目,我们希望在这次抗敌救亡的大时代中,工人同胞也不辜负他们的最勇敢的先锋的地位。"(全集第8卷第494页)

《首都惨象》全文:

"本月七日有一个前在首都南京参加抗敌的营长某君刚由南京逃到汉口,这营长某君是记者的一个朋友的朋友,到了汉口之后,就把南京的最近惨象告诉我的这位朋友。这营长某君在南京陷落时,来不及逃出来,改装村民,躲避在难民中,亲眼看到不少的惨象,这惨象直到现在还是继续存在着。""他说南京的老百姓,最怕四件事:一是敌兵随处放火烧屋,二是残杀,三是奸淫,四是强夺村民的耕牛。最近虽由汉奸们组织的所谓维持会,对敌军司令部哀求,敌军司令部虽在口头上答应设法阻止烧屋和残杀,但却公然地说日本士兵来的很多,为供给他们的实际需要,对于奸淫和强夺耕牛却不能阻止。在事实上敌军司令部对于敌兵的奸淫不但不阻止,而且是有组织地实行奸淫,每晚轮流派若干士兵分别到各乡去奸淫,各居民的房屋在晚间不许关门,一切妇女要给他们随意进来奸淫!乡民饮泣吞声,无可如何!""此外各难民收容所常有卡车放到门口把数十数百的妇女运去各队部供敌兵发泄兽欲,二三日后把原来运去的送回来再换运一批新的去!""妇女受蹂躏得太惨酷了,有好些妇女假装男子逃出了南京,但是因为生计关系,逃出后又往往无以为生,这惨苦的情形是难于形容的。这营长某君诉说所目睹的种种惨状时不禁下泪。""全中国的同胞们!我们应该勿忘被占领区的同胞所受到的惨酷蹂躏,我们应该怎样努力巩

固团结，收回失地，拯救水深火热中的同胞！"（全集第 8 卷第 494—495 页）

3 月 11 日　黄炎培访韬奋。（《黄炎培日记》）

3 月 13 日　《战时的儿童保育》、《汉奸丧胆》、《无限期望中的伤感与彷徨》（署名编者），载汉口《抗战》三日刊第 53 号，收入《再厉集》。（全集第 8 卷第 412—414 页、495 页、530—531 页）

《战时的儿童保育》摘要：

"儿童为国家的未来国民，为民族的未来生力军，所以略有眼光的政治家或社会事业的工作者，对于儿童的保育，在平时就要加以深切的注意。""有两点须特别注意的，第一是要把这事业视为对国家民族应尽的职责，而不可视为'慈善事业'，不可拿一般所谓孤儿院或育婴堂之类的组织来作比拟。儿童是有他们的受保育的权利，而不是来受怜悯施与的。这样对于儿童的保育才知注重积极的意义，而不致存着敷衍塞责的态度。""第二是要极力避免官僚化。保育儿童的机关如果犯了官僚化的恶习，应用在儿童身上的教养的经费，大部分都成了官僚化的管理员的'油水'，好像贪官污吏的剥削老百姓，好像贪污军官的克扣军饷，那就规模愈大，积弊愈深，捐款者固不免灰心，而使无辜儿童遭受非人的生活，替国家造成无数身心不健全的新分子，贻害实大。""要防此流弊，组织的严密和用人的大公无私，当然是最须注意的。"（全集第 8 卷第 412—414 页）

《汉奸丧胆》摘要：

"最近上海传来消息，说汉奸周凤岐被暗杀后，一般汉奸大为丧胆，伪组织受极大的打击。""周逆被杀，使汉奸丧胆，这固然是一件快事，但是我们要知道杀死一二汉奸还不够，汉奸的组织与阴谋还是随时随处传布它的毒菌，我们必须使民众有严密的组织与普及的训练，用民众的集体伟力来无孔不入地消灭汉奸，使汉奸动弹不得，使汉奸感到'遍地荆棘'，那才是根本的办法。"（全集第 8 卷第 495 页）

3 月 16 日　黄炎培访韬奋、徐伯昕。（《黄炎培日记》）

同日　《奥国的教训》、《苏联大叛国案判决》，载汉口《抗战》三日刊第 54 号，收入《再厉集》。（全集第 8 卷第 414—415 页、496 页）

《奥国的教训》摘要：

"近几日最震动世界的事情，莫过于奥国对德国完全屈服，最后已被德国所合并。""记者在这里所要提供的是我们从这个轰动国际的事件上能得到什么教训，尤其是对于抗战中的中国有什么教训。""第一我们要注意的是奥国国内的力量自己加以分裂与摧残,不肯一致团结来对外,甚至到最近,许士尼格还是要藉所谓'爱国阵线'来建立他的法西斯政权,而不知全国民众,尤其是劳苦大众的力量,发动起来。一九三四年二月奥总理陶尔斐斯摧残社会民主党的力量,勾结侵略国意大利来支持他的独裁统治,奥国国内的法西斯势力便一直在压迫民众,削弱民众力量,整个的国力疲乏软弱起来,一旦外来的侵略武力压境,许士尼格只有惨呼'我愿上帝保佑奥地利',殊不知自己把国力分化到这样的田地,即使有所谓万能的上帝,亦无能为力了! 弱小国家的抵御外侮,必须使内部的力量能团结集中来一致对外,才有胜利的把握,否则自己人闹做一团,彼此的力量互消,最后结果只是同归于尽罢了。""第二我们要注意的是奥国对于'奥奸'的纵容坐视,患入腹心,一旦溃烂,措手不及,乃至无可救药。""第三我们要注意的是许士尼格平时不从怎样真能保持奥国独立的方法上用功夫,对于民主运动,尤其是工人阶级的爱国运动,加以种种的压迫,对于和平阵线也不能像捷克的那样参加(捷克和法国及苏联都订有互助公约,希特勒一时不敢侵略捷克,这也是一个重要的原因),只是幻想另一侵略国的意大利的撑腰,等到祸迫眉睫,虽宣言要保持奥国独立,空言无补,结果徒然落得被拘,'平时不烧香,急来抱佛脚',惨呼'上帝'有什么用呢?""中日的情形虽不是完全与德奥相同,但是奥国不能抵御德帝国主义的侵略,他们失败的原因,却实在值得我们的借镜。"(全集第8卷第414—416页)

同日 《让他们自生自灭吧!》(全集未收)全文:

"你的信读了很使人感动,从抗战的烽火燃烧起来以后,和你同样处境的青年,一定还有很多。你们都是有着满腔热血,你们都不甘蛰伏于后方做一点微乎其微的工作,你们要跑到前线去,但是,在你们的背上却同样负荷着家庭的重担,结果,就发生了这样的现象:有些青年是不顾一切的抛下了家庭跑了;有些青年却因为不忍毅然舍弃家庭而陷于苦闷中!""青年们都应该抛下了家庭走上前线吗?'我们觉得在目前,这是不尽然的,中国的家庭制度往往是由一个人或少数人来赡养全家的,因此,一个人的出走,就会影响到全家人的生活。在国家还没有适当的办法处置这一大批老弱妇孺之前,青年人都要离开家庭是不可能的事。至于后方工作的是否重要,这是不能以你所见的'后方工作实在对抗战太间接,太微弱'为断,后方工作如怎样去组织民众,训练民众,使得他们都成为抗战的强大的力量,这些工作是和到前线上去与敌人拼命同样重要的,也同样急需着热血救亡的人去做。""你已经决定这半年后抛下了家去干事业,这种精神,我们深致钦佩,但是对于你的让家庭去'自生自灭'的打算却未敢赞同。因为我们年青的人固然要活下去，但也决不能让老弱妇孺去自生自灭，希望在你未走之前，对于你的家人生活，有一个较妥善的处理，不致使他们过份感到恐慌才好。"（《激流中的水花》第 53—54 页）

3 月 19 日　《青年运动与抗战》、《"三一八"的沉痛教训》，载汉口《抗战》三日刊第 55 号，收入《再厉集》。（全集第 8 卷第 416—417 页、496—497 页）

《青年运动与抗战》摘要：

"中国的青年同胞对于救国运动的推动，一向是有着光荣灿烂的历史，五四运动以及一二九运动的震动了全国，震动了全世界，是世界上青年运动最光耀的一环，也是中华民族解放史上最可宝贵的一页。自八一三全面抗战发动以来，青年同胞参加战地服务的，参加陆军空军的，参加游击队的，其中为国牺牲的可歌可泣的史绩，尤罄竹难书，令人感奋。""但是不无遗憾的是这些事实还只是限于局部的青年，中国的整个青年运动还不能和抗战有充分的配合，这是无可为讳的事实，换句话说，就是全国青年在抗战中应有的工作还不能有切合需要的整个的计划与实行。""无论是前线或后方的工作，乃至仍在研究室里或课室里，所研究的材料也应该和抗战的需要发生密切的联系。这种种方面的有计划的配合，固然不仅是青年们自身的责任，主持青年教育者和青年领导者都应该负起他们的责任，但是推动的责任还是要靠青年自身的力量。散漫中的个人所有的力量是很有限的，必须用集体的研究与集体的主张来促成这种种方面的有计划的配合，那才有伟大的力量。这次全国学联将在武汉举行代表大会，我们希望青年朋友们能发挥集体的智慧来作集体的检讨，由集体的检讨得到正确切实的方案，再用集体的力量来努力推动这个方案的实现。""青年运动对于国事的影响——当前的我国的国事是以'抗日第一'为中心的——常被一般人所忽视，但是我们如稍稍留意近代各国政治运动中青年运动所占的位置，便应该恍然大悟，深刻认识青年运动的重要。""我国当前所集中的对象是争取抗战胜利，在艰苦抗战的过程中，建立自由幸福的新中国。青年同胞也应该以集体的力量对准这个对象而唤起伟大的运动，成为整个民族解放战争的巨潮中的一个伟大的支流。"（全集第 8 卷第 416—417 页）

《"三一八"的沉痛教训》摘要：

"'三一八'刚在昨天过去，但是'三一八'的沉痛教训是应为我们所永远不忘的。它的最重要的教训是：勿再让日寇有利用'以华制华'的机会。""我们想到这一天，除痛悼那天为国牺牲的烈士外，还要切记：即在今日，日寇利用种种挑拨离间的伎俩以企图分裂我国团结的阴谋还是存在着，我们还是要时

时以最大的警觉防备它的破坏恶计。"(全集第8卷第496—497页)

同日 《不满意现在的生活》全文：

"接读来信,知道你为革命而历尽颠沛流离的生活,很是敬佩。目前你在同事间所发起的读书会和壁报,这正是一个热心民族解放运动的人所应做的工作,尤其是能够根据自己的社会地位和职业环境来推动工作是非常正确的。""山西的民族革命大学,已因临汾的失陷而无形解散,陕北的抗日军政大学,有一定的招生时期的,目前那边恐怕不招生。我绝对不劝青年人安于现状,有适当发展的机会,当然要求发展的,可是目前有些青年总喜欢往一个地方或者一个部门中跑,这种观念就不一定正确。大家应该分散在各方面努力。譬如你目下的职业是机械工程,在抗战时期,这种工作是非常重要的。而且你那里有同事一百八十人,如果好好的去推动,即使以目前已参加读书会的八十人而论,这力量也并不算小,何况那边的抗战工作还正在萌芽呢!我不一定劝你离开或留在现在的工作环境中,希望你自己根据各方面的条件权衡一下。"

(全集未收,《激流中的水花》第21—22页)

3月23日 《对国民党的恳切希望》、《枪决污吏》,载汉口《抗战》三日刊第56号,收入12月生活书店上海版《再厉集》。(全集第8卷第418—419页、497—498页)

《对国民党的恳切希望》摘要：

"第一点我们希望国民党在实际上联系全国各方面的力量共赴国难,而不拘泥于形式上的合并。大家都认识中国要在抗战上获得最后的胜利,必须运用整个的国力,但是整个国力是由许多力量因素集合而成的,而这些因素却是散布于中国社会的各方面。当政的国民党只须在它所规定的原则之下,在工作上把各方面联系调整起来,使散布着的力量都能集中起来,共同努力于抗战建国的完成,而不必拘泥于形式上的合并。例如党派问题,只须各党派能贡献其所有力量,在国民党及最高领袖所领导的共同政治纲领之下,集中于抗战建国的努力,便无须提到所谓'毁党'的问题以引起事实上不必要的纠纷。又例如文化及言论机关,只须各文化及言论机关能贡献其所有力量,在国民党当政的政府所规定的原则之下,集中于抗战建国的努力,便无须像一部分人所倡言的要消灭民间一切文化言论机关,只有党及政府才有办理之权。我国当前所需要的是力量的联系而不是形式的合并,更不是以形式的合并而消灭了力量的集中。""第二点我们希望国民党在积极方面领导民众的活动而不在消极方面提防民众的活动。在国难日亟的今日,全国民众都有一个共同的迫切的愿望,那就是各人都愿贡献自己的力量,参加救亡工作,所以无论在那一方面都要活动而不愿静止或等待,尤其是整千整万的情绪特别热烈的青年。记者接到好些训练班中青年诉苦的来信,说他们好像置身反省院中,被人时时刻刻当作嫌疑犯看待!这似乎偏重于消极的提防而忽略了积极的领导。其实在这样民族解放的对外激烈战争的大时代,民众以及纯洁的青年,所提心吊胆的是全国一致对外被破坏的问题,绝对无心于引起国内任何纠纷,所以当前所需要的是积极的领导而不是消极的提防。我们的目光是要整个的对外,用对外的战争来领导全国民众的活动,来领导热烈爱国青年的活动。"(全集第 8 卷第 418—419 页)

《枪决污吏》摘要:

"铲除贪污是政治清明的基本条件之一,尤其是在国家集中一切力量于抗战救亡的时候,在政治中蔓延为患的贪污是要用严厉的手段铲除的,不过我们希望监察制度要格外严密,勿使贪官污吏有'有幸有不幸'的慨叹,并且要大小官吏一律办理,'苍蝇''老虎'一律地要'打倒'!"(全集第 8 卷第 497—498 页)

3 月 26 日　《怎样加强国民党的力量》、《欢迎全国学联代表会》,载汉口《抗战》三日刊第 57 号,收入《再厉集》。(全集第 8 卷第 420—421 页、498 页)

《怎样加强国民党的力量》摘要:

"国民党既为领导全国抗战建国的核心,国民党本身力量的充实坚强也是一个极重要的问题。""讲到党的力量的加强,很自然地首先要想到党员。""党的力量是在动员党员广泛地夹在民众中间,和民众共同努力于实际的工作,由实际的工作成绩中引起民众的信仰,间接也就是增强民众对于党的信仰。""凡在苏联视察过的人都感觉到在那里所见的党员,无论他们参加任何部门的工作,都是特别勤奋辛苦而报酬却比常人低少,由此引起伙伴们的心悦诚服,在事实上负起领导的任务,这样在民众看来是得到他们的帮助,把他们看作模范,而不觉得他们只是随时随处凭藉机关的命令来抑制或干涉。我们希望忠实于三民主义的国民党员也特别注意于这样的作风。""其次是党的监察制度要严密。广泛深入地散布于民间的党员,经过严格甄别与训练的党员,当然是优秀分子,可是在长时期的过程中,难免没有人犯着错误,引起民众的反感,日积月累,使民众对于党也发生反感,这于党的领导力量是有着很大的恶影响,所以要整饬党纪,必须慎选公正刚直的同志在全国监察网中负起铁面无私的监察任务,一方面明查暗访,一方面接受民众的呈诉。"(全集第 8 卷第 420—421 页)

同日　《背叛家庭的女孩子》全文:

"读你的来信,可以揣想到你是一位好动、勇敢、而有创造力的女孩子,假使能够好好的努力,你的前途是很有希望的,在目前你的父母对你不大了解,这是很不幸的,在双方当然都很感到痛苦。至于不了解的原故,基本的原因是由于时代的不同,思想的隔阂;不过你的行动的欠考虑,并且不能体贴父母的心理,恐怕是失却父母痛爱的最大的原因。所以你对你的父母需要用和平的态度去说服他们,否则使他们对你会更加失望的。""你第二封信所提的战时教育问题,很有见解,现在无论是小学中学或大学,都应该配合着战时的环境,在教材教法上,甚至将整个的教育制度,加以改变,往往教育界有许多传统思想很深的人,以为这是青年人托词反对现行的学校教育制度,甚至还说这是学生藉此拒绝受教育,中国的文化将因此而低落,这不但不明了事实,而且忽略了教育对于时代的重要性。我们对于战时教育是应当极力主张并尽可能的加以实施的。"(全集未收,《激流中的水花》第 166 页)

3 月 27 日　沈粹缜、黄宝珣及祁保恒、赵志成、戴绍钧由粤赴汉,29 日夜抵达。(《店务通讯》第 3 号、第 10 号"同人消息"、"同人行动"栏)

3 月 29 日　《怎样产生民意机关》、《纪念黄花岗先烈》、《一个小女孩的信》(署名编者),载汉口《抗战》三日刊第 58 号,收入《再厉集》。(全集第 8 卷第 422—423 页、499 页、531—534 页)

《怎样产生民意机关》摘要:

"民意机关之所以必要,是藉此更能充实政府抗战救国的力量,而是否藉此更能充实政府抗战救国的力量,却在它是否真能代表民意。所以尽量代表民意是应该怎样产生民意机关的基本对象。中国在目前既不能采用普选的办法,只得在可能范围内采用'尽量代表民意'的组织办法。""民意机关如果不能真正代表民意,有等于无,而要真能代表民意,产生的手续非常重要,同时对民众还需要有大规模的宣传运动,使他们知道民意机关代表的重要,对于人选要特别注意。"(全集第 8 卷第 422—423 页)

《纪念黄花岗先烈》摘要:

"在中国抗战救亡的今天,纪念黄花岗先烈,我们于默念志哀之中,至少应有这样的几个观念:(一)中华民国虽成立于武昌一役,但三二九的悲壮牺牲,激动民族解放的怒潮沛然莫之能御,不半年而酿成武昌一役,可见我们只须路线正确,即在目前表面上看来似乎是失败,这失败也就是前面成功的阶石,在实际上还是成功过程中的一环。(二)七十二烈士的惨死是为着中华民国的自由解放,个人的利害生死完全置之度外,我们今天也应该服膺先烈的精神,踏着先烈的血迹前进。（三）我们纪念先烈不是徒尚形式，我们要在事实上巩固并扩大团结，抢救中国的危亡，才不愧对我们为国惨死的先烈。"（全集第 8 卷第 499 页）

《一个小女孩的信》摘要：

"青年们的'热情'是一切进步和事业的源泉，但是必须把这'热情'引到正确的道路上才能发挥光大它的效用，否则在'苦闷'中消耗去，不仅是个人的损失，同时也是国家民族的损失，尤其是在抗战的重要时期内，这种消耗是尤其不该有的，是尤其应该设法避免的。我们觉得这短短的一封信，应该能使负教育青年及领导青年的责任的人发生猛省，应该使他们深深地感觉到指导青年问题的迫切需要，感觉到赶紧设法替青年寻求出路的迫切需要。""同时我们对于富有'热情'的可敬爱的青年也有一点意思想贡献的，就是我们要有奋斗的忍耐力，要避免'革命的性急病'；其次是我们要有克服环境的勇气，努力苦干克服环境的工夫，而不可存着逃避现实的念头。奋斗是需要时间的，环境不如意是需要我们来克服的。要中国环境的改善，需要许多人在许多地方分头努力去干，假使大家都要'到陕北去'，才'能够生存下去'，姑无论'陕北'容不下许多人，中国其他地方又有谁来努力改善呢？"（全集第 8 卷第 533—534 页）

同日　黄花岗纪念节，中国青年记者学会假座汉口青年会二楼礼堂举行成立大会，范长江主持会议，周恩来、郭沫若，及各党派、各界领袖人物，还有许多老前辈如于右任、邵力子、张季鸾等参加。韬奋也出席大会。（陆诒《"青记"的创立和它在武汉会战前后》，收入《文史杂忆》上海文史资料选辑第七十五辑；冯英子《"青记"诞辰》，《新民晚报》2002 年 10 月 2 日）

同日　《〈寥寥集〉序——读沈先生的诗》（记于《抗战》三日刊编辑室，汉口），收入沈钧儒著《寥寥集》。（全集第 8 卷第 20—21 页）

《〈寥寥集〉序——读沈先生的诗》摘要：

"我生平不知诗，更不会做诗，但是在苏州和沈衡山先生同过看守所中生活的时期内，沈先生每写完了几句诗，就给我看看，我渐渐不自觉地竟养成喜欢读沈先生的诗的习惯。我是偏于情感的人，沈先生是极丰于情感的人，这也许是我喜欢读他的诗的一个原因。我因此觉得富于情感的人才会有好诗。""我最初看到沈先生的诗，还在看守所外面，那就是他看了我所作的《悼戈公振先生》一文而作的一首。我哀痛公振先生的死，写那篇悼文的时候，正是刚从他临终的榻旁哭别回来之后，我当时一面写一面哭。后来在苏州看守所里，沈先生谈起他看到我这篇文，也泪如泉涌，他写那首诗的时候，也是一面写一面哭!'"'文如其人',沈先生的人格的伟大与爱国爱友爱同胞爱人类的热情,读了他的诗,更可得到亲切的感动,所以我很快慰地看见他这本诗的辑成和出版。我希望这本诗能培养成千千万万的爱国志士,参加我们的神圣的民族解放战争,从艰苦奋斗中建立光明灿烂的祖国!"(全集第8卷第20—21页)

同日 《来到这万花筒似的都市》全文:

"来函已收到,你因为对目前的工作感觉无甚希望,并不能赡养家庭,故拟另觅职业,此种要求在乎情理之中;惟自抗战发动以来,各业均受战事影响,裁员紧缩,而失陷之地区又日见增广,是以目前失业者日益众多,全国各阶层人民之生活问题,均异常严重。个人力量有限,能为介绍者究属少数,即如目前政府所采取之'收容','分派'与'遣送'等办法,亦非根本解决。根本解决办法,须广泛发动生产动员,如垦殖荒地及边区,开设内地工厂,普遍提倡家庭副业及手工业等。并配合前线与后方之消费情形,拟具整个生产计划。现已多方推动当局,希望能拟订一战时施政纲领,督促当局早日见诸实现。在此事实现之前,只得各就社会环境及社会关系分头寻觅机会。"(全集未收,《激流中的水花》第33—34页)

是月 戈宝权自国外回国参加抗战,到达武汉,当即去汉口书店街交通路生活书店拜访韬奋。(戈宝权《韬奋是怎样编译〈革命文豪高尔基〉的》,《书林》1987年第7期第6页)

4月初 《〈盛世才与新新疆〉序》(3月30日写于《抗战》三日刊编辑室),收入杜重远著同名单行本。(全集第8卷第21—22页)

《〈盛世才与新新疆〉序》摘要:

"重远先生在私谊上是我的一个共患难的好友,在公谊上是我的一个共同努力参加救国工作的最忠实的同志,因为有这两层关系,我自信知道他最深;因为我自信知道他最深,所以我很欣幸地在他这本好书出版的时候,替它写这篇短序。"(全集第8卷第21页)

4月1日 《新闻记者活动的正确动机》(3月22日写于汉口),载汉口《新闻记者》月刊创刊号,收入1939年3月生活书店版《战时新闻工作入门》。(全集第8卷第22—24页)

《新闻记者活动的正确动机》摘要:

"依我十几年来在这个队伍里摇旗呐喊的经验,以及冷眼旁观这队伍里其他'同道'的经历或变化,深刻地感觉到做新闻记者最应该有的是活动力,尤其应该有的是活动的正确动机。""什么是活动力?这个名词似乎太抽象,但是我觉得这个名词的含义有许多妙处。就新闻记者的立场看来,所谓活动力是不怕麻烦的研究,不怕艰苦的搜索,有时也包括不怕艰险的奔波。新闻记者的思想和行动是要立在时代的最前线的,所以对于知识的补充和当前切要问题的内容,都须有继续不断的研究和探讨的。至于搜索材料和奔波采访,那也是新闻记者的分内事,可是非有坚忍耐烦勇往直前的精神不办。""'不入虎穴,焉得虎子?'新闻记者就要有入虎穴得虎子的魄力和勇气! 这至少是新闻记者活动力的一种表现。""新闻记者的活动,尤其重要的是要有正确的动机;再说得具体些,便是要为社会大众的福利而活动,不要为自己的私图而活动。我常和长江先生谈起:'我所敬重的朋友都是有事业的兴趣而没有个人的野心。'有事业的兴趣才会埋头苦干而仍津津有味,乐此不疲;没有个人的野心才不至利用从事业上所得到的社会的信用做自己升官发财乃至种种私图的阶石。我也许还要补充一句,对事业所以有兴趣,一方面固然是适合于自己的性格与特长,是自己所喜欢干的事情,在另一方面也是对于社会大众的福利有着或多或少的裨益。""我十几年来所常以自勉的是要做个有益大众不为私图的新闻记者,我现在以及将来的志愿还是如此。我并且深信在民族解放的抗战与建国的大时代中,新闻记者有着他的重要的任务,我要终我之身守着这个岗位,和同志们望着光明的前途共同努力。"(全集第 8 卷第 22—24 页)

4 月 2 日　徐伯昕、张仲实、邹韬奋、金仲华、黄宝珣、甘蓫园、陈锡林等七人联名发表《为响应朱总司令通电购买防毒面具募捐启事》。(全集未收。《店务通讯》第 10 号)

《为响应朱总司令通电购买防毒面具募捐启事》全文:

　　"朋友们:几天以前看到报纸上朱德总司令的通电——沉痛呼吁,希望大家捐钱出来买防毒面具,因为日本强盗将施行最野蛮的手段,以毒瓦斯来残杀我们前线的勇士和后方的同胞,这两天,我们看到报纸上接连披露着响应朱德总司令的电报、信件以及捐款,我们为了要保卫国家,保卫民族,都应该有慷慨输捐的必要,让我们也来大声疾呼一下:我们希望同人们尽自己的力量多捐点钱出来!"(《店务通讯》第 10 号)

4 月 3 日　《振奋人心的鲁南捷报》、《俘虏反战》、《关于文化粮食的我见》(署名编者),载汉口《抗战》三日刊第 59 号,收入《再厉集》。(全集第 8 卷第 424—425 页、500 页、534—535 页)

《振奋人心的鲁南捷报》摘要:

　　"鲁南大捷所含的重要意义是表示中国运用正确的战略之后,的确可以打胜仗,由此增加民族自信力与最后胜利的把握。但是诚如政治部所郑重提出的警告,目前鲁南及各战场的形势好转仅为走上最后胜利的途径,我们要保持胜利,进而争取更大的胜利,还有待于发动全国民众作更大的努力。""淞沪浴血抗战三个月,英勇牺牲,震动世界,在民族的信誉及国家人格方面,不可谓没有很大的收获,但是最大的缺憾是未曾尽量利用这三个月的坚决抗战屡获胜利的期间,彻底动员整个国家的后方力量,由单纯军事上的抗战进而实现全民的抗战,以致淞沪苦撑三个月之后,一旦军事上被迫退却,后方竟无以为继,因政治动员的太不够而牵动军事上的逐步失利,这不但为一般人所痛心疾首,即在前线艰苦作战的将领,也有同样的沉痛感觉。""我们以为鲁南捷报应该是一种推进更为迅速紧张的整个动员的发动机,而不应该仅是一种暂时的兴奋和刺激。""要迅速地达到整个动员以配合当前急迫要求的目的,最最重要的基本条件还是在巩固和扩大团结。因为只有在巩固和扩大团结的大原则之下,才有整个动员的可能;因为要整个动员,必须集中全部力量一致对外,必须没有人把精神才力消耗于处心积虑对付内部,勾心斗角于内部的倾轧和排挤,必须心目中所注意到的不是一己的私利,不是党派的私利,不把整个国家民族的利益反而放在次要的地位,甚至把整个国家民族的利益完全置之不顾,否则徒然延长国家民族的牺牲,延长大多数同胞的残酷的遭遇。在不顾大局的私人或党派,在事实上仍然是自掘坟墓,即少数私人或党派的私利也终于不免幻灭!古语所谓'皮之不存,毛将安附'? 在这样紧要的关头,国家民族的利益高于一切,国家民族的生存高于一切,这是全国人大澈大悟的最后机会,这是保持胜利和争取更大胜利的最最基本的条件!"(全集第8卷第424—425页)

《俘虏反战》摘要:

"在我国津浦线军事节节胜利的时候,又听到一个好消息,那便是日本俘虏的反战情绪。""我们的抗战是为民族争生存,所反对的是日本的军阀,不是日本的民众。日军阀有意宣传中国人对待俘虏的残酷,所以不愿战的日本士兵也只得拼死,我们对俘虏却须尽力优待,并加以感化,使他们知道是上了日军阀的当,使他们成为我们的很自然的宣传员,向日本民众暴露正确事实的'人民大使'!"(全集第8卷第500页)

《关于文化粮食的我见》摘要:

"在这次全面抗战的开展中,我们不但应执行人力物力财力的动员,同时还要执行精神的动员,而精神动员的有效方法,莫过于抗战文化之普遍地深入于内地及前线。""事实上一方面前线将士及内地民众都迫切地感到'文化粮食'的恐慌,在另一方面,书报却大量屯积于都市,大有过剩之虞。这种现象非常严重,非迅速力谋解决不可。最近有好几位朋友有鉴于此,已在筹办'战时书报供应社',不久即可正式公告开始工作,完全尽义务性质。""前方将士,后方救亡团体及个人都得用书面请求供应书报,但需确实证明文件或有专函介绍。书本来源则请求各书店各出版家捐赠及以最低的折扣发卖,现在方先生又提出这个很有价值的建议,我们已经把这个建议转达给正在筹办中的该社,希望他们定有具体的办法,公开宣布,使社会热心人士对于这件文化事业多得一个赞助的机会。同时我们要谢谢方先生告诉我们他的这个好建议。"(全集第8卷第535页)

4月6日 《国民党代表大会的收获》、《团结和子弹》、《关于"到新疆去"的几封信》(署名编者),载汉口《抗战》三日刊第60号,收入《再厉集》。(全集第8卷第426—427页、500—501页、536—541页)

《团结和子弹》全文:

"南京伪组织'成立',群丑登场,丑态百出,上海市民于本月三日发表《反对华中政府伪组织成立告民众书》,主张用团结和子弹来消灭这群丑类,要求国民政府通缉出卖祖国的汉奸奴才。这实在喊出了全国同胞心里所要说出的话!""汉奸奴才在民族敌人的保镖之下,横行无忌,但是敌人在中国的数量总及不到中国的民众,所以中国民众只须发挥团结的力量,誓死不和这群汉奸奴才合作,他们必然终于跳不出窘境的;同时汉奸奴才所怕的是他们不能保全自己的一条狗命,所以只须继续不断地用子弹一个个结果了他们的生命,使他们知道那条狗命还是活不了!""团结和子弹是对付汉奸奴才的好办法,是我们所应该迅速地实行的好办法。"(全集第8卷第500—501页)

《关于〈到新疆去〉的几封信》摘要:

"回族也是我们的同胞,在我所敬爱的好友里面也有不少是回族同胞。我们和回族同胞只有敬爱的观念,绝对没有丝毫的'看不起'的存心,我相信马旅长和曹启文先生对于这一点一定是能够谅解的。自全国对日本帝国主义的抗战开展以来,回族同胞英勇参加抗战的热诚,在事实上也引起全国的敬意。我们都是为祖国的独立自由而奋斗,我们当然需要相敬相爱,共同携手前进的。"(全集第8卷第540页)

4月8日 武汉各界举行抗战扩大宣传周,邀请名人公开讲演,下午一时半及六时,由史良、邹韬奋在民教馆讲演。(《申报》汉口版,1938年4月8日)

4月9日 《胜利声中的加紧努力》、《敬悼不受伪命的刘湛恩先生》、《唯一的儿子往陕西跑去了》(署名编者),载汉口《抗战》三日刊第 61 号,收入《再厉集》。(全集第 8 卷第 428—429 页、501—502 页、541—544 页)

《胜利声中的加紧努力》摘要:

"七日晚因台儿庄的大胜利,民众欢声雷动,举行火炬大游行,由于政治部与民众团体的密切联系,善意指导,所以动员迅速,进行顺利,更显示政府与民众的融洽无间,精诚团结,这是在胜利声中所给与我们的最可欣慰的现象。""我们在胜利声中想到在前线为国牺牲的英勇战士,想到在战区里受到暴敌所屠杀蹂躏的男女同胞,又不由自主地悲从中来,哀痛无已,我们不得不深刻地认识我国的抗战有今日的好转,都是那些英勇的战士和惨死的同胞的血泪造成的,我们应于万众腾欢之下,忍泪痛念许多为国牺牲的同胞,更加紧努力,争取更大的胜利,不要辜负了无数为国死难的先烈。""我们觉得我们要在胜利声中特别注意加紧的努力;我们要把由胜利所唤起的激扬飞越的民气,集中于增加国力的加紧努力。我们不要让这可贵的民气飘荡过去,稍瞬即逝,我们要使它沉着坚定,锻炼成坚强的钢铁,在实际的工作上作切实的努力。""讲到加紧努力,各人当然有各人的岗位,各人应就各有的岗位,对准'抗日第一'的原则,更加紧地向前迈进。""第一件是还要努力巩固全国的团结。中国自抗战以来,最重要的一个武器是全国团结。敌人愈打愈分裂,我国愈打愈团结。敌人国内反战运动的日烈,出发军士的哗变,都是分裂的表面化,战事愈久,危机愈深。我们因到了国族生死存亡的关头,自最高统帅以及公忠谋国的各党派领袖们,都竭尽心力,顾全大局,始终坚守一致对外的主张,抑制分裂内部的阴谋。抗战局势的好转,这是一个非常重要的因素。可是直到现在,还有少数人不肯放弃他们的挑拨离间分化国力的鬼蜮伎俩,需要我们用舆论及民众力量来消除的。""第二件是督促并帮助政府贯彻实现抗敌建国纲领的主张,完成抗敌建国的任务。"(全集第 8 卷第 428—429 页)

《敬悼不受伪命的刘湛恩先生》摘要:

"本月七日上海传来电讯,沪江大学校长刘湛恩先生于七日早晨在上海静安寺路小沙渡路转角的公共汽车站候车的时候,突被暴徒三人开枪狙击,暴徒三人中,一为巡捕击毙,一被捕,另一逃逸无踪,刘先生因头部重伤逝世。""据说刘先生在数日前曾接恐吓信很多,南京伪组织要强迫他做伪教育部长,被拒绝,故下此毒手。这样看来,刘先生的死是为国努力而死,是拒绝伪命而死;刘先生的死是光荣的死,是等于为国牺牲的战士的死!人谁无死,死有重于泰山,有轻于鸿毛,为国牺牲的战士的死,才是最有价值的死!我们敬悼不受伪命的刘湛恩先生,我们敬以至诚慰唁刘王立明夫人和他们所亲爱的儿女们。"
"有些朋友颇以刘先生平日太'稳健'为病,但致死不受伪命,这种可敬的精神,伟大的人格,实不愧为中华民族的一个好男儿,值得我们最高的崇敬。"(全集第8 卷第 501—502 页)

《唯一的儿子往陕西跑去了》摘要:

"我们向来也并不主张全国青年都往陕北跑,理由很简单:一则因为爱国青年应散布全国各处,直接间接参加抗战救国,不应该都往一处跑;二则因为陕北的财力物力都很有限,也容不了许多人。但同时我们要注意的是现在各处所设立的青年训练机关,其间有些在训练方面还有不少缺憾,最严重是不注意启发青年的自发的情绪,不能以爱护青年的精神与态度对待青年,不能使青年的爱国热诚有所寄托,甚至加以无理的压迫,强聒以青年所最不愿听的破坏一致对外及有意造成内部磨擦的种种说法。我们希望全国各处多设青年训练机关,已设立的要在办法上严加检讨,积极改善,这样一来,爱国青年自然不会都往一个地方跑了。""如心先生因唯一的儿子跑到陕北去而感觉苦恼,我们以为这个儿子倘能听从他的父亲的意思,改在接近父亲的地方受训练,使他的父亲安心,我们固然赞成。倘若他一定要在陕北受训练,既经去了,如心先生也不必不断的苦恼,因为他究竟是去受训练来为祖国努力奋斗的,在如心先生有这样一个爱国的儿子,正是如心先生的光荣,引起我们无限的敬意,暂时离得远些,没有什么大不了的事情,希望如心先生善自及宽慰。"(全集第8 卷第 543—544 页)

4 月 13 日　《救护伤兵的医药征募运动》、《台儿庄留下了什么?》,载汉口《抗战》三日刊第 62 号,收入《再厉集》。(全集第 8 卷第 430—431 页、502 页)

《救护伤兵的医药征募运动》摘要:

"自台儿庄大捷以来,全国同胞的欢欣鼓舞当然是应该的,但是在欢欣鼓舞之中却不要忘记前线战士为国牺牲的惨烈,其中已不幸而丧亡的,我们应对烈士遗族尽力负起卫护教养的责任,对于幸得生存而负伤的将士,我们后方民众对于救护他们的责任也不得不尽力负起责任来。中外记者到过前线及附近前线视察归来的,一方面对于我国将士抗战的英勇没有不惊叹,一方面对于我国负伤将士在医药上被忽略的惨状却也没有不感觉愤慨的。负伤将士缺少医药救治,伤后三四天还没有裹扎的竟不算怪事!最近我们接到一位由台儿庄前线下来的读者的来信,他亲眼看见一个负伤士兵退到后方因被医药延误而丧生,临死时自叹不死在前线而死在后方,抱憾无穷,为国拼命作战的英勇战士在负伤之后所得到的待遇竟如此,后方民众听了真该愧死! 所以我们认为后方民众每一个人对于救护伤兵的医药征募运动,都应反躬自问:究竟尽过了自己所能尽的力量没有? 对于经济能力比较雄厚的同胞,我们固然要希望他们激发天良,踊跃输将,要使他们彻底明了,假使暴敌来到,一切都成灰烬;就是经济能力薄弱的一般同胞,多少也应得尽着自己的心意,促成'集腋成裘'的结果。我们深信,后方民众只须略加思量,在庆祝胜利的欢声中,绝对不忍袖手旁观,造成胜利最有功劳的负伤将士因缺乏医药而呻吟惨呼,婉转哀号吧!""我们对于经手征募及支配征募结果的机关,也想贡献一点意见:第一是要尽力杜绝流弊。据我们以前在上海得到药房中的读者的报告,以及其他内地读者的报告,有些机关职员购买伤兵所用的医药品,竟也丧尽天良,从中窃取回扣,闻之痛心;我们务必严密监察,必使涓滴所得,都能用在伤兵身上。第二是对征募所得,处理要敏捷迅速,尽力避免官僚化的颟顸延搁的弊病。我们要注意负伤将士卧在榻上忍痛等待着医药的救治,是一件非常迫切的事情,所以我们应尽可能缩短繁琐的官样手续,力除平常各机关辗转延搁的积习,如用踱方步的姿态救火,其罪等于草菅人命,这是万万要不得的!"(全集第 8 卷第 430—431 页)

《台儿庄留下了什么?》全文:

"这几天,大家听的是台儿庄,看的是台儿庄,想的也是台儿庄! 台儿庄占满了人们的脑袋!""台儿庄的大捷,不是轻易得来的,后方民众的团结奋斗,前线将士的壮烈牺牲,都是重要的因素。战后有人踏进台儿庄,还看见我军忠勇战士的尸身,虽全身焦黑,仍屹立在墙角旁,左手持着手榴弹,右手执着步枪,作奋勇扑击状!""台儿庄的大捷是由苦斗得来的,因此我们不应以局部的胜利而骄傲,要巩固团结,作进一步的努力。但能奋斗即必然能胜利,这却打破了失败主义者的迷梦,坚强了民族自信心,建立了最后胜利的基础。"(全集第 8 卷第 502 页)

4 月 16 日 《我国可跟英国承认意并阿吗?》、《鲁南胜利与欧美舆论》、《一群爱国小朋友的同胞爱》、《愿意到前线去》、《衷心的呼吁》(以上三篇署名编者),载汉口《抗战》三日刊第 63 号,收入《再厉集》。(全集第 8 卷 432—433 页、503 页、544—546 页、546—547 页、547—549 页)

《我国可跟英国承认意并阿吗?》摘要:

"我国可跟英国承认意并阿吗? 这个问题的答案,关系我国抗战太严重了,实在值得我们的慎重的考虑,实在值得全国人的注意。""我们承认中国不是全与阿比西尼亚相同,但是至少有两点却是相同:一是同为国联的会员,二是同为被侵略者,所以我国为国际正义,为民族解放计,都不应承认意并阿,否则不但违反中山先生扶持弱小民族的遗教,违反最近公布的抗战建国纲领中独立自主的外交原则,而且即等于自认'承认伪满洲国'为合理,即等于自认日寇侵略中国为合理,即等于自认中国的浴血抗战没有丝毫的意义!而况以文明与否为掩饰意对阿国侵略以'宣扬文明'为藉口,日寇对中国起侵略也以'宣扬王道'为藉口,这全是帝国主义侵略者的口吻!如说'既成事实'可以承认,那末请问日寇用暴力造成的伪满洲国以及用暴力占领了的中国的许多土地,我们也可以因为'既成事实'而加以承认吗?我国如果真这样倒行逆施,打着自己的嘴巴赔笑脸,不但要失却同情我国抗战的各国的同情,尤其是美国与苏联,将认我国为扶持不起的阿斗,同时也要失却抗战以来所得到的全世界主持正义者的同情与援助!我们便从此不要再喊出为民族生存和世界正义而战了!我们要放大眼光看看将来,不应眼光如豆地只看到眼前啊!""中国为争取民族的生存而不能干等于承认'满洲国'的勾当,这对于英国不是没有极充分的理由足以自解,英国也绝不能要我们自降于奴隶的地位而才有保全邦交的可能,所以硬说必须不顾自己民族的生存问题而一味做别人的尾巴,才有保全邦交的可能,那是无论如何说不通的话!所以即撇开是非而就利害说,中国如跟着英国承认意并阿,也只有百害而无一利的!"(全集第 8 卷第 432—433 页)

《鲁南胜利与欧美舆论》摘要:

"我国鲁南胜利之后,欧美舆论对我国一致赞扬","此外一向只知刊载日军在华胜利的意国法西斯党报纸,最近也不得不改变口吻,不得不承认中国军队的战斗精神与人民爱国心有了坚强的进步"。"这些世界舆论的表示不应使我们自满,却应使我们更相信中国自己的努力奋斗确是可以转移国际对于我们的态度甚至外交政策;应该使我们更要坚强一致对外的阵容,由鲁南胜利开展到整个中国的胜利。"(全集第 8 卷第 503 页)

《一群爱国小朋友的同胞爱》摘要:

"这封信里所流露的一群爱国小朋友的同胞爱,真令人感动,所以把他公开发表出来,给国人共同看看。我们有这样好的小国民,我们的国家民族的前途光明是无可限量的。我们谨附带对这群爱国小朋友致敬礼,表示我们的敬佩与快慰的心意。"(全集第 8 卷第 546 页)

《愿意到前线去》摘要:

"青年如有机会参加军事,是极好的一件事,不过在未有参加的机会以前,却不必苦闷,更不可忽略训练自己,应天天向进步的路上跑。同时我们还要明白,救国工作是多方面的,我们应根据各人的能力分头做去,如认为参加军事是唯一的救国途径,那也是错误的。"(全集第 8 卷第 547 页)

《衷心的呼吁》摘要:

"为争取抗战最后的胜利,必须动员全国民众的力量,这已成为一致的呼声,但在动员过程中,同时必须顾到大多数人民的最低限度生活的改善,这是我们一向的主张。在这里我们还有一点可以提出的,我国因县以下的政治机构的积弊尚未尽除,只须先把土劣及不良官吏的中饱勒诈的黑幕设法铲除,农民即可感觉到松一口气,此外再能有积极的改善农村生产的实施,那当然是更好了。"(全集第 8 卷第 549 页)

4 月 19 日 《扫除争取更大胜利的障碍物》、《日军官烦闷自杀》、《完全在伤兵生活的场合里》(署名编者),载汉口《抗战》三日刊第 64 号,收入《再厉集》。(全集第 8 卷第 434—435 页、504 页、549—555 页)

《扫除争取更大胜利的障碍物》摘要:

"自台儿庄大捷之后,我们全国所应同心协力,继续奋斗的是如何保持已得的胜利及如何争取更大的胜利。要达到这个目的,必须全国以鲁南的胜利愈益坚定民族自信心,愈益巩固团结,在事实上作更进一步的努力,向着我们国家民族的最后胜利的目标,兼程并进。""我们要使抗战胜利的目标很稳固地达到,一方面要用全国集体的力量从事积极的工作,一方面还要注意扫除争取更大胜利的障碍物。依记者观察所得,认为当前或隐或显的障碍物,最大的有两个,一个是苟安的心理,还有一个是内争的恶习。""苟安的心理似乎是一个很抽象的名词,似乎令人不易捉摸,但是这种潜伏着的心理反映于事实上是够显明的。例如鲁南大捷照理应该可以更坚定民族自信心,但是竟有人认为我国应该乘这样的时期,怂恿第三国出来调停,公然提倡我国不妨损失权利的希冀抱残守缺,有些向来缺乏民族自信心的人们竟觉得这是很好的建议!他们根本没有明白,或虽明白而有意置之不顾,以日寇的贪得无厌,抱着灭亡整个中国的阴谋,我们除争取最后的胜利外,决没有苟延残喘的可能。又例如英国向国联提出承认意大利吞并阿比西尼亚的事件,处于被侵略地位的中国,正在为国家争生存为世界保正义而抗战中国,无论就是非及利害说,都不应该跟着承认,但是竟有人认为这样可以促成英意协定的实行,安定欧局,使英国在远东更能自由行动,甚至联络德意共同行动有利于中国,他们根本没有明白,或虽明白而置之不顾,英意协定是否即能安定欧局已是一个疑问,即能如愿以偿,但是牺牲被暴力所侵占的阿比西尼亚以与侵略者妥协,如值得鼓励,将来同样牺牲也被暴力所侵占的中国国土,以与侵略者妥协,也值得我们欣幸的吗? 这都只是苟安心理的作祟罢了! 我们自己受着同样的灾祸,有幸灾乐祸的余地吗?""其次是在这样需要全国巩固团结一致对外的生死关头,还有人造谣中伤。挑拨离间,尽其鬼蜮伎俩,卑污能事,以破坏全国团结,扰乱一致对外,虽明眼人不致受其蛊惑,但是容许这种恶劣现象的存在,容许这种毒菌的潜播,仍然是争取更大胜利的一个障碍。我们愿举一个简单的原则以为鉴别的根据,即在为国族争生存的这样的时期,凡是言论行动集中于对付日寇的,都是我们所拥护的;凡是言论行动专在引起内部磨擦,分散对外之团结力的,都是我们所反对的。"(全集第 8 卷第 434—435 页)

《日军官烦闷自杀》摘要:

"中国的军官是民族战士的领导者,个个有光明的前途,个个愿为国牺牲,日寇的军官只是日军阀暴行的工具,他们的前途只是黑漆一团,难怪他们烦闷!""我们不要把日本看作钢墙铁壁打不破的国家,其实它只是一个百孔千疮的正在没落中的帝国主义者。"(全集第 8 卷第 504 页)

4 月 20 日　在汉口青年会举行刘湛恩先生追悼会,韬奋送挽联一副。(《店务通讯》第 14 号"文化消息"栏)

同日　黄炎培与邹韬奋谈。(《黄炎培日记》)

4 月下旬　周恩来同《救亡日报》负责人夏衍谈办报方针,指出:"你要好好学习邹韬奋办《生活》的作风,通俗易懂,精辟动人,讲人民大众想讲的,讲国民党不肯讲的,讲《新华日报》不便讲的,这就是方针。"(夏衍《巨星永放光芒》,《人民日报》1978 年 3 月 2 日,《周恩来年谱》第 411 页)

4 月 23 日　甘蓝园动身赴粤,在粤办理运输事宜后,转港筹设分店,甘师母与邹师母沈粹缜同行。(《店务通讯》第 14 号"同人行动"栏)

同日　《集中力量一致对外》、《优待抗战军人子女就学》、《一个为国牺牲的亲弟弟》(署名编者),载汉口《抗战》三日刊第 65 号,收入《再厉集》。(全集第 8 卷第 436—437 页、504—505 页、555—556 页)

《集中力量一致对外》摘要:

"集中力量一致对外,不是一句空话,我们必须有切实的根据来共同努力的。这根据是什么呢? 就是国民党所公布而为全国同胞所拥护的抗战建国纲领。我们全国上下应该集中力量来实现这个纲领,集中力量于这个纲领所包含的种种实际工作,使这纲领不仅是白纸上写成的黑字,而是能以事实与天下以共见!""这纲领里说得很明白:'欲求抗战必胜,建国必成,固有赖于本党同志之努力,尤须全国人民戮力同心,共同担负','使全国力量得以集中团结,而实现总动员之效能'。这种集中力量一致对外的根本精神,是全国人民所热烈拥护而要事实上做到的。但是真要做到,必须极力避免消耗力量于对内,因为必须避免消耗力量于引起内部的磨擦,必须避免消耗力量于内部的钩心斗角,然后才能使全国力量都集中于对外——对付我们民族的共同敌人日本强盗。我们对日寇的残酷侵略如果不能争得最后的胜利(最后的胜利,在我国团结抗战到底的条件下,是必然可能的),谁的父兄子弟都有被屠杀的可能,谁的母妻姊妹都有被蹂躏的可能,谁的子子孙孙都有做奴隶的可能;所以一致对外是一切的先决条件;消耗力量于对内者都是民族的罪人,都是全国人的公敌!""抗战建国纲领对于外交、军事、政治、经济、民众、教育,都定有正确的原则,部门虽有种种,而最重要的一贯精神是集中力量一致对外:所以言外交,则'联合一切反对日本帝国主义侵略之势力,制止日本侵略';言军事,则'加紧军队之政治训练,……训练全国壮丁,充实民众武力,……使之保卫祖国';言政治,则'改善各政治机构','以适合战时需要','贻误抗战者以军法处治';言经济,则'应以军事为中心';言民众,则'为争取民族生存之抗战而动员';言教育,则'推行抗战教程','以应抗战需要','增加抗战力量'。全国能集中力量来共同努力于实现这个纲领,也就是能集中力量一致对外。""最近有些关心外交的朋友,根据抗战建国纲领的外交原则,对英国向国联所提承认意并阿问题,本研究所得,有所建议,以备政府参考,同时唤起国人注意,这对象显然是完全对的,却有人又在政府与民众间肆其挑拨离间的伎俩。这还只是一个例子,其他消耗力量于对内的令人痛心现象还不少,这实在是国族的不幸,我们要努力消除这种不幸的倾向。"(全集第8卷第436—437页)

《优待抗战军人子女就学》摘要:

"教育部当局这样认真执行优待抗战军人子女就学办法,值得我们的敬佩。我们认为这是安慰抗日战士的一个重要办法,希望各省能迅速切实地遵照办理。""不过有一点值得我们特加注意的是一般士兵的子弟,平日根本就无力就学,要他们考入学校才得到优待,有此资格者恐居极少数,所以为普及计,还须另办特种学校以容纳大量的士兵遗族。"(全集第8卷第505页)

《一个为国牺牲的亲弟弟》摘要:

"金先生爱护祖国的热诚与为亲弟弟复仇义气的感人至深,我们深信读这封信的人,没有不对这两位爱国弟兄致最高的敬礼。金友义烈士的遗物中仅剩拙著《萍踪寄语》,使记者对于这位精神上的好友,尤深觉其悲怆。我们完全赞成恕之先生的话:'为民族解放而效死,人虽死了,精神却做了血肉长城的砖石。'就全国同胞的意义说,恕之先生的亲弟弟,也就是我们全中国人的亲弟弟,我们都应该为我们的亲弟弟复仇!"(全集第 8 卷第 556 页)

4 月 26 日 《青年训练的基本原则》、《国防公债及金公债的劝募》、《世界学生总会代表团将来华》(署名编者),载汉口《抗战》三日刊第 66 号,收入《再厉集》。(全集第 8 卷第 438—439 页、505—506 页、506—507 页)

《青年训练的基本原则》摘要:

"就客观的需要和主观的要求,青年训练这个问题应该是比较容易解决的。但是记者近来常常接到青年朋友的来信,未得到训练机会的急于要寻得机会,既得到训练机会的又感到苦闷,甚至于愤慨,有些青年朋友来谈到这个问题的,甚至声泪俱下! 我们认为这是很严重的一种不幸的现象,这是主持青年训练者应该虚心检讨与积极改善的一件非常重要的事情。""即令这种不幸的现象只是局部的,也是有积极改善的必要。依记者从许多青年朋友方面所得到的印象,愿提出两个基本原则以供主持青年训练者的参考,我们很诚恳地希望主持青年训练者能加以慎重的考虑与深刻的反省。""第一个基本原则是训练的目标要以整个的国家民族的利益为前提,抛弃派别和门户的偏见。据我们观察所及,现代的中国青年有着很大的进步,尤其是在全面抗战开展以来,他们虽流离颠沛,受尽苦楚,反而加深了他们的认识,坚定了他们的意志,那就是他们把个人的利害得失看得轻,把国家民族的利益看得重,所以他们对个人的功名利禄满不在乎,对于派别和门户的偏见有着极端厌恶的反感,最最重要的是如何学得救亡的知识能力,为整个的国家民族的利益而奋斗。他们不怕吃苦,只要能满足他们为整个国家民族的利益而学习而工作的热烈要求,任何艰苦他们都愿忍受。他们只愿参加一致对外的救亡工作,最不愿听的是引起我国内部磨擦的话语。""第二个基本原则是训练青年要注意'以德服人而不以力服人'的诚挚的态度。训练诚然要注意纪律,但是要注重培养自发的纪律;训练诚然要注重服从,但是要注重启发理性的服从。即军队的士兵训练,也须注重政治教育,使他们明白为什么打仗,才能加强他们的战斗力;对于已有相当知识的青年训练,如强以'绝对服从',甚至老实说'绝对服从即是没有理由的服从',甚至'混帐东西''亡国奴'之类的斥骂语不时脱出于训练者之口,这种暴躁无理的态度根本已失却教育的意义,徒然引起青年的反感罢了。有些青年受到这样的'训练',把最流行的军歌里的两句话'我们来捍卫祖国,我们齐赴沙场',改换词句而偷唱着:'我们来捍卫祖国,我们走错了方向!'我们希望主持青年训练者能注意到这样的呼声!"(全集第8卷第438—439页)

同日 《〈在最前线的后方〉按》,载汉口《抗战》三日刊第66号。(全集第8卷第24页)

4月29日 《津浦第二次大战展开中的警觉》、《胡文虎先生慨捐二百万元》、《最前线》、《想不通的问题》(以上两篇署名编者),载汉口《抗战》三日刊第67号,收入《再厉集》。(全集第8卷第440—441页、507页、557—559页、559—562页)

《津浦第二次大战展开中的警觉》摘要:

"日寇正在津浦线进行第二次的大决战,企图用十万以上的军队来挽回台儿庄惨败以后的颓势。这一大战,是最近我全国同胞所悬心注意的一件大事。""还有两点,记者想在这里提出来,藉促政府和社会的注意:一点是我们不可忽视十月来坚决抗战的良好形势,尤其是最近鲁南军事的好转,最重要的因素是我国全国团结一致对外,此后我们要愈益巩固团结,极力提防或消除我国内部的磨擦。敌人的广播报告,常常放出我党派倾轧或分裂的情报,这是我们的敌人和敌人走狗的心愿,我们绝对不可上他们的老当。最近有些地方对于宣传抗战的书报,竟有不分皂白加以禁止的不幸情形,这也是团结御侮的障碍,有迅速纠正的必要。""敌人所殷切关怀的,除了希望我国内部发生纠纷,达到他们'以华制华'的毒计外,还希望利用'和平空气'的一套花样,来松懈我国各方面的抗战工作,这是我们所不可忽视的第二点。敌人在每一次激烈进攻的前夜,总要放出媾和的风声,我国也往往有一小部分民族自信力太薄弱或另有作用的人,为虎作伥,动摇人心。我们必须严厉提防,始终坚决拥护最高统帅抗战到底的国策。"(全集第8卷第440—441页)

《想不通的问题》摘要:

"我们近来接到关于禁书的报告太多了,现在特把全先生的这封信登出来,希望政府及社会加以注意。""乘这个机会提出几点积极的建议,如果政府和社会上热心文化事业的朋友们以为尚有可取之处,我们很诚恳地希望促成这些建议的实现。""(一)我们当然不是无条件地反对禁书,因为如果真是属于有碍抗敌建国的言论,那是应该严禁的,但是我们要求禁书要有一个统一的标准。这统一的标准照理并不难找到,因为抗战建国纲领里很明白规定","……在各处党政机关在事实上仍有不免违反领袖意旨的措施,全先生信里所述固是一例。记者亲见某书店有若干册《白崇禧将军传》也被检查者挟之而去!在西北某地,记者十年前译的一本英文小说《一个女子恋爱的时候》,更与政治毫不相干,也被检查者挟之而去! 在西南有个地方,邮政检查员藉口检查,把书籍扣下另行出卖做生意! 这不但违反领袖的意旨,简直损害政府威信,所以我们主张禁书要有统一的标准。对于这统一的标准须有切实的执行。""(二) 要切实执行统一的标准检查的工作,在政府方面必须有统一的机关担任。现在担任这件事的有警备司令部,有宪兵司令部,甚至任何宪兵团,有警察局,有党部,这样要切实执行统一的标准就很难,在出版界方面苦不胜言,尚在其次,所以我们认为不但要有统一的标准,而且要有统一执行的机关。"(全集第 8 卷第 561—562 页)

同日 《韬奋为冒名出版书籍事启事》,载汉口《抗战》三日刊第 67 号。(全集第 8 卷第 24—25 页)

《韬奋为冒名出版书籍事启事》全文:

"兹悉广州前进书局经售有《战事青年自修指南》一书,编者署名为'韬奋',载明由'汉口新中国出版社印行',并无地址。查该书并非鄙人所编,显系冒名欺骗,除已委托广州生活书店代向该书局进行合法查究外,特再郑重申明,希读者诸君注意为荷。"(全集第 8 卷第 24—25 页)

5 月 3 日 《十年前的今日》、《严禁党内小组织的申令》、《关于工作的态度》(署名编者),载汉口《抗战》三日刊第 68 号,收入《再厉集》。(全集第 8 卷第 442—443 页、507—508 页、562—567 页)

《十年前的今日》摘要:

"十年前的今日,我国革命军誓师北伐,到了济南,日本强盗认为中国的革命势力的扩大,是他们抢掠的障碍,竟出兵占领济南,在马路上布防,禁止徒手国军通过,国军向他们责问,他们马上就开枪射击,接着就开机关枪大炮示威,打死了无数的军人和民众。不久,兽军又冲进我们的交涉公署,把山东特派交涉员蔡公时抓住,加以毒刑拷打,割掉耳朵鼻子,然后和在署的十几个职员一齐枪杀。当时全济南的同胞都在兽军铁蹄下过着惨痛的日子,兽军到处屠杀抢劫,暗无天日,直到后来黄郛在兽军压迫下签了屈辱的条件,他们才勉强退去。但是这一笔大血账,至今不但未曾偿还,而且还在变本加厉,在我国国土上屠杀奸淫,至惨极酷,我们整个民族,为着旧恨新仇,应该万众一心,用更强的抗战意志和抗战行动,来驱除野兽出我们的国土。""战事的胜利并不是仅限于最前线,辅助军事胜利的还需要许多后方的工作,我们现在所要常常省察的是后方是否也都有了坚强的抗战意志,是否也都在干着抗战的行动? 再说得清楚些,就是大家的意志是否都已集中在对外抗战上面,而不分散在其他的对内方面? 大家的行动是否都已集中在对外抗战的行动上面,而不分散在其他的对内方面? 分散于对内的力量多一分,即集中对外的力量少一分,这虽是很简单的道理,但在事实上是否已受到严重的注意? 在实践上是否都已把这个很简单的道理联系起来? 这仍值得各方面的虚心的检讨,尤其是在这样惨痛的国耻纪念日,对这一点应该加以沉痛的检讨。""我们追忆十年前的今日,因要加强抗战力量来复仇,我们要热烈拥护蒋委员长所指示的团结一致对外的政策,关于爱国的民众团体与活动,应受积极的领导而不应遭消极的压迫。"(全集第 8 卷第 442—443 页)

《关于工作的态度》摘要:

"我们参加救亡工作,仅有热烈的情绪是不够的,对于做事的技术和做人的技术都须有相当的培养与注意。""徒有空泛的大志而不肯认真做切实的事情,或虽做而不肯用心,不肯细密,认为小事不足为,不屑为:这是一般青年的毛病,而有待于时常纠正的。参加过集体工作的人也许都感觉到,有些人在开会的时候尽管大发议论,说得像煞有介事,但是经过会中议定要做的事情,他却马马虎虎,溜之大吉,好像不关他的事! 所以我们不但要注意特殊部门的技术,而且还要有很负责地很周密地执行技术的习惯。""至于做人的技术,我们青年要最最注意的是要有集体生活的良好习惯,即与人相处的做人的技术。有人在私人方面很好,但一与人共事,往往偾事,或易于得罪人,或与人共处不来,""简单说起来,在切实做事方面,不要忽略小处近处;在诚恳做人方面,却要常常看到大处远处,胸怀要扩大,眼光要深远,才不致终日钻在牛角尖里,把力量分散于鸡虫之争或个人意气的小事上去"(全集第 8 卷第 566—567 页)

5 月 6 日 《雪耻与兵役扩大宣传运动》、《继承中山先生的奋斗精神》、《在前线士兵们所祝祷的》,载汉口《抗战》三日刊第 69 号,收入《再厉集》。(全集第 8 卷第 444—445 页、508—509 页、567—569 页)

《雪耻与兵役扩大宣传运动》摘要:

"五月是国耻最多的时期,十月来日寇兽军占领我土地,屠杀我同胞,奸淫我妇女,尤为奇耻大辱,其惨酷的情形,为我国五千年历史所未有,这耻辱是我全国同胞所必须拼命努力,用铁和血来洗净的。""这个非常重要的扩大宣传运动,全国同胞都应该以非常热烈的态度来拥护与参加,那是没有疑义的。宣传大纲中对于雪耻周中各纪念日的起源和意义,追思雪耻周中各纪念日应该怎样努力,为什么要服兵役,当兵的光荣和所受的优待等等,都有很正确而详细的说明,足为全国实行这个运动的参考。""在这里所要特别提出一点贡献的是我们不但要努力宣传而已,同时还要注意怎样宣传才能收到最大的实效? 我们认为这个问题的答案是：要从民众的切身利害着想,要从真正解决民众的实际困难着想。""有些宣传队到乡村去宣传,他们到农民家里作亲切的慰问,说了许多'服兵役是国民应尽的义务'的话,但是农家听了却倾诉着他们一家生活的穷苦,全靠一个壮丁来勉强支持家中老幼的生计,一旦去当兵,家里更要陷入苦境,怎么办好呢?""这是好些宣传朋友到乡村'碰壁'后亲来告诉记者的,这种实际的情形绝不是'服兵役是国民应尽的义务'一类空洞的话语所能克服的,必须在事实上能相当地改善一般农民的生活,在事实上努力执行'优待出征抗战军人家属'。""又例如抽壮丁,有些地方还是用着拘捕捆绑的办法,训练时还是用着打骂制度,关于这类事实,我们最近还时常收到各处读者报告的信件,我们觉得在抗战时期也有许多进步的事情,不愿把一部分的黑暗情形多所刊载,以免引起国人的悲观的心影,但是我们必须正视事实,不应讳疾忌医；倘若这种不幸的现象不迅速消除,尽管怎样说明'当兵的光荣',农民即使无知,也无法把绳子缚着招摇过市的壮丁认为是怎样'光荣'吧! 宣传大纲里也略提到这一点,说'各地方办理此事(指征兵)的人员,能够忠诚尽职者固多,但其中藉端舞弊营私者亦颇不乏人,这很足以激起民众的反感,使他们视兵役为畏途,所影响于役政者甚大。'据说最近已'严加整饬',我们希望能切实改善,以增加扩大宣传的实际功效。""这工作当然不限于一周,宣传周只是这工作的开端而已。"(全集第 8 卷第 444—445 页)

《在前线士兵们所祝祷的》摘要：

"我们看了汪先生的这封信,最使我们感到无量佩慰的是在前线的武装同胞对于巩固团结一致对外的热烈,对于勾心斗角挑拨内部的厌恶,这种正确的理解与态度,实在是可为全国同胞的模范。不久以前,曹聚仁先生在他所著的《战地杂感》里(见本刊第四十八号),提及'一位瞎了左眼的伤兵的话',这句话是：'你们在后方吵嘴的,请到前方来看实际情形再说!'这是一句多么沉痛而有重要意义的话!""汪先生所提起的××,还算是一般周刊中的比较好的一种,但是因为有的地方把党派的利益看得重于国家民族的利益,便不免引起前线将士的反感,这种情形,很值得后方的出版界的注意。""我们非常欢迎前线战士在可能范围内常把他们的意见写信告诉我们,我们当尽量在本刊上发表,以转达于全国同胞。"(全集第 8 卷第 569 页)

5 月 9 日 《本届国联行政院会议》、《长谷川的狼狈语》、《关于青年训练的严重问题》《筹备欢迎世界学联代表团》(以上两篇署名编者),载汉口《抗战》三日刊

第70号,收入《再厉集》。(全集第8卷第446—447页、509页、570—573页、574—576页)

《本届国联行政院会议》摘要:

"此外记者愿再提出三点以促起国人的注意。第一点是:我们的坚持抗战,直接是自卫我们的国家民族,间接也就是加强'对于国际和平机构及保障国际和平之公约,尽力维护,并充实其权威。'我们一方面要尽量运用外交,以利抗战,一方面仍要靠我们自己的振作奋斗,以争取有利的外交形势。在事实上,也只有我们能制裁破坏国际和平机构及撕毁国际和平公约的侵略国,不许它横行到底;只有我们能自己坚定我们反侵略之斗争,然后才能'保障'国际和平机构,'维护'国际和平公约,'充实'它的权威。我国这次的空前苦战,不但为自己,也为世界,所以值得我们不惜最大的牺牲,忍受最大的惨苦,争取我们的最后胜利。""第二点是:我们要认识世界和平的枢纽在努力建立并巩固集体安全制度,而不是由于纵容侵略国及增加侵略国的气焰所能侥幸得到的。""现在有些人歌颂所谓'现实主义的外交',最近英国对日寇擅定破坏我国主权的海关协定,'现实主义的外交'更增强了侵略国的毒计,打到我们自己头上来了!""第三点是:在被侵略的国家,是非和利害是一致的,世界正义如得维持,侵略国如被制裁,便是我们的利,否则便是我们的害,谁都不否认中国和阿比西尼亚不是完全一样的国家,但是被武力的侵略则同,我们自己正在全力反抗侵略,当然不能表示赞成侵略,这是很显然而无所容其怀疑的。"(全集第8卷第446—447页)

《长谷川的狼狈语》全文:

"日寇派来中国屠杀的刽子手,原来都满心以为中国是经不起一击的,但是屡次'碰壁'的松井被调回之后,又一刽子手长谷川(敌第三舰队司令)也被调回了。他到日本后竟靦然对新闻记者公布:'海军士兵殉难于中国事件者为数甚众,他特为此引咎自责,且谓并非凯旋归来……'""敌人所受损失之惨重,在这里不打自招;在相反方面,足见中国民族自卫力之不可侮。我们要更努力巩固并扩大我们的自卫力,使每一个日本强盗都只得抱头鼠窜狼狈而归!"(全集第8卷第509页)

《关于青年训练的严重问题》摘要:

"朱平先生的这封信写得太沉痛太恳切了,而且我们仔细看完这封信,觉得朱平先生只是提出切身受到的苦痛,希望青年训练的问题得到合理的改善,他的动机是很纯洁的,态度是很诚恳的,并不含有恶意攻击任何机关任何个人的意思。""这信里有些'感情'过于'兴奋'的话语,已被编者酌量删去,只留下比较重要的事实,作为研究的材料。同时我们并把机关的名称省去,因为我们并不是要与什么机关为难,我们丝毫没有这个意思,只是很客观地把这个问题提出来,希望负责者加以虚心的检讨,获得合理的改善。""他们所一致反对的是'打骂制度',把'绝对服从'解释为'盲目服从',甚至受了'拳打脚踢','给人家打骂屠杀还要谢罪赔笑脸'!""合理的'绝对服从'和奴性的'绝对服从',确是应该分清楚,我们认为青年的这种态度是对的,我们认为教育青年尽管严格,绝对不应该把青年视同奴隶,这是我们要很诚恳地促起负责者的注意,很诚恳地希望负责者加以慎重的考虑,做教官的如果是像朱平先生在这封信里所描述,那简直是把他所训练的青年当奴隶或仇人看待,这种不合理的训练是万万要不得的。我们在这里要很沉痛而诚恳地提出:国家所需要的是要训练'抗战建国的干部',不是要训练'奴隶'或'仇人'! 我们承认负训练之责者在主观上不会有意要替国家训练'奴隶或仇人',倘训练的方法如不合理,在客观上仍难免有这样的流弊,这是值得我们加以省察的。"(全集第 8 卷第 572—573 页)

5 月 13 日　《推进伤兵新生活运动》、《沪海关华员护关运动》、《不愿做小汉奸的公务员》、《过着隐士生活》(以上两篇署名编者),载汉口《抗战》三日刊第 71 号,收入《再厉集》。(全集第 8 卷第 448—449 页、509—510 页、576—578 页、579—581 页)

《推进伤兵新生活运动》摘要:

"就一部分的事实说,伤兵确受到相当良好的待遇,但是这种情形还嫌未能普遍,还嫌做得太不够。有一个在武昌第×重伤医院服务的读者来信,说'我们替他们(指伤兵)清洁房屋,发动工人妇女替他们洗衣被,给他们写家信,读报,讲故事,唱军歌,教识字,他们很乐意地接受,看待我们像教师,也像弟兄',这是很好的现象。但是也有些地方令人不能满意,例如天气热了,伤兵还穿着棉衣,衣服和被单也不能常洗,病房每欠清洁,重伤的弟兄们缺少周到的照料;有些地方他们没有牙刷,没有手巾,没有吃饭的碗,他们用茶杯盛饭,吃过后,便脱下破旧的棉军装,去寻那些吸他们血的寄生虫虱子! 在这种情形之下,他们甚至对民众团体的偶往慰劳都感不到兴趣,他们说:'我们不需要慰劳,只需要卫生一点。'这诚然是应该赶紧改善的现象。我们敬为伤兵同胞向社会作诚恳而迫切的呼吁! 我们大家应推进并赞助伤兵新生活运动,使他们都能得到相当卫生的生活。""我们认为党政机关应积极发动并领导民众参加这种工作,作有组织的推行,先须动员若干视察队往各伤兵医院视察伤兵生活状况,依所发现的缺憾,分别力图补救,接着发动民众为伤兵服务,同时协助伤兵组织自治会,管理卫生事宜。至于相当改善伤兵的生活设备,以及换制单衣等等,虽然有关财政上的支出,但也可以有组织的动员民众捐输,有组织的动员家庭妇女担任义务缝纫,藉以减轻政府财政上的担负。人民爱国的情绪日高,对英勇牺牲的将士都具有深切的崇敬,只须能作有组织的发动与领导,必然可以获得良好的响应,这是可以断言的。""我们深觉优待伤兵,推进伤兵新生活运动,与鼓励将士及宣传兵役在在都有密切的关系,所以郑重提出,希望政府和社会特加注意。"(全集第8卷第448—449页)

《沪海关华员护关运动》全文:

"上海海关华员六百余人,因反对日寇及南京伪组织掠夺关税,并派汉奸李剑南任伪监督,以罢工相抗,上海市民特电国府响应上海海关华员护关运动,日寇竟用他们的横暴手段,前后绑去税警杨文龙及帮办张壬奔,海关全体华员仍不屈不挠,与暴力搏斗,他们为着国家主权而英勇斗争,这种伟大的精神,实可与困守四行仓库的八百壮士比美。同胞们应在精神上及物质上予以积极的协助,不要坐视他们作孤军的奋斗。"(全集第8卷第509—510页)

《不愿做小汉奸的公务员》摘要:

"我们在上海军队退却及南京军队退却的时候,就听到大量公务员的失业,即认为是一个严重的问题,但在军事倥偬的时候,一时不及顾到,还情有可原,可是时日持久,政府对于沦陷区域的大量公务员失业问题,却应该有个整个的安顿计划。这不只是消极的意义,在积极方面,政府正在积极整顿各级政治机构及乡村工作,应该把原来已有行政经验的公务员'集中训练',分配到各部门去工作。""在这紧急抗战的时期,财政的困难是一个问题,可是我们深信失业的公务员一定能够体谅这种困难的情形,决不会要求或希望得到平时的同样的待遇,只要能在最低限度的生活之下,有机会为国家努力,就可以使他们心安理得了。"(全集第8卷第578页)

《过着隐士生活》摘要:

"青年好动,这是青年的特点,并可以说是青年的优点,尤其是在民族解放战争这样激烈的大时代,但是有些'偷懒'的教育者却集中全副精神强迫青年不要动!我们认为教育者应该领导青年怎样动,而不应该压迫青年不许动。我们敬告'偷懒'的教育者,要青年不动是不可能的!当然,用强迫的力量,也许在表面上看来似乎是压迫成功了,青年暂时只得'死读教科书'了,可是青年的心理上的反感和苦闷是仍然存在的,一旦爆发,'偷懒'的教育者便无法应付了。""在'偷懒'的教育者自以为是'偷懒'妙计,实际是自厝于炉火之上,总有'燃眉'的时候。到了'焦头烂额',还有'偷懒'的余地吗?""我们还是要奉劝这样的'老师'们快些'曲突徙薪'吧！'""我们应该提倡敬重良师，但是我们决不愿提倡敬重'坏蛋'。"（全集第 8 卷第 580—581 页）

5 月 16 日　《热烈欢迎世界学联代表团》、《监察院的一百号信箱》、《上海难民的近况》、《游击队和民众》（以上两篇署名编者），载汉口《抗战》三日刊第 72 号，收入《再厉集》。（全集第 8 卷第 450—451 页、510 页、581—584 页、584—586 页）

《热烈欢迎世界学联代表团》摘要：

"这次来中国的世界学联代表团，就是这种伟大的同情心的'象征'，使我们的前线血战的武装同胞及后方努力的苦干同胞，都得到很大的鼓励与安慰，这是值得我们热烈欢迎的第一点。""世界青年是改造世界的基石，中国的青年是中国民族复兴的基石，看了中国青年的伟大力量，可以断定中国民族的前途。我国在这次神圣抗战的时期中，男女青年虽在流离颠沛，受尽苦楚，仍能排除万难，继续奋斗；他们把个人的得失利害完全抛开，唯一想念的只是国家民族的光明前途；许多男女青年参加战地服务或直接参战，英勇壮烈，前仆后继；我们深信世界学联代表团这次亲临视察，必能把种种可歌可泣的事实宣达于世界，宣达于即将举行的世界青年大会，必更坚信中国为不可征服的民族，必更坚信中国青年运动实为世界青年运动的一支坚强的生力军！此外日寇在中国的惨无人道，以及中国人民虽遭受极人世的惨苦，而抵抗暴力侵略的坚决意志，全国一致的团结御侮，并不因之动摇，关于这类事实，也必能通过世界学联代表团而更明了地宣达于世界各国，这是值得我们热烈欢迎的第二点。""这次世界学联代表团的来中国，将给与中国青年运动的开展一个有力的推动，将给与中国青年运动与世界青年运动的合作一个有力的推动，这是值得我们热烈欢迎的第三点。"（全集第 8 卷第 450—451 页）

《游击队和民众》摘要：

"无论正规军或游击队，要得胜利都须军民打成一片，游击队依靠民众的维护支持，尤为重要，所以更需要得到民众的信仰，扰民的游击队当然是要不得的，但是我们却不可因为有些游击队——这也可以说是有名无实的游击队——有这种坏的现象，便怀疑到真正游击队本身在抗战时期的重要效用。我们要设法制裁有名无实的扰民的游击队，要表扬并赞助真能卫国卫民的游击队。高先生建议训练干部深入民间发动真正的游击队，确是一个很重要的办法；这种干部的取材，最好是要就各区域的本地人中选拔出来，或将已流亡出外的各该区域的本地人，选拔出来加以训练，给以资助，然后回乡工作，比外省的人地生疏，不易得到本地人民的信任，要有效得多。"（全集第 8 卷第 585—

586 页）

5 月 17 日　世界学生代表团由香港乘飞机到汉口,韬奋和他们交谈国际宣传问题。(全集第 8 卷第 450 页、605 页)

5 月 19 日　晚八时半,邀周恩来、黄炎培出席生活书店店员茶话会,黄演讲《罗针和尺》,讲毕,周恩来第二次作形势报告。(《黄炎培日记》)

同日　《我们对津浦战局应有的认识》、《法国人民赞助国防公债的榜样》、《一群流亡失所的青年》(署名编者),载汉口《抗战》三日刊第 73 号,收入《再厉集》。(全集第 8 卷第 452—453 页、510—511 页、586—589 页)

《我们对津浦战局应有的认识》摘要:

"日寇第二期的作战计划企图打通津浦线,夺取徐州,这在半年前就已在着手进行,经我英勇军民的积极抗战,至今不能达到目的;日寇自台儿庄惨败后,虽成颓势,但必然再冒险,孤注一掷,却早在我们意料之中,随后日寇虽勉力增加一部分兵力,与我们作拉锯战,成对峙形势,至今仍不能达到目的。""就作战的事实说,日寇的战斗力的日趋低劣,军纪的日益败坏,与我国将士战斗力的较前进步与抗战情绪的愈益高涨,都成了很尖锐的对照。中国兵法有所谓'知己知彼,百战百胜',日寇的外强中干,已是铁一般的事实,故即使日寇竭其余力,侥幸实现打通津浦线的企图,纵令我国为战略计而不固守某据点,但是由于开展大规模的运动战与游击战以打击敌的侧面与后方,截断敌人的后路与分散敌人的兵力,同时在各战场作有力的反攻,全局呼应,稳定坚持,中国仍处于必获最后胜利的地位。""有一点很需要我们加以深切注意的,那就是抗战的胜利虽表现于最前线,而充实并加强抗战的力量却有赖于全民的努力,所以我们要尽量运用由空间争来的时间,加紧集中一切力量于有利抗战的更彻底的动员。日寇企图打通津浦线的计划已闹了半年,我国各方面在这半年的极可宝贵的时间里固然有着很大的努力,在军事及政治上都有着显著的进步,这是无可否认的事实。但是同时我们不得不承认我们还做得太不够。我们不得不承认我们的工作还赶不上十分紧张的战局形势。我们不得不承认在组织民政、训练民众及动员民众方面,都还差得太远。我们不得不承认'有力出力,有钱出钱'的原则还未普遍地切实地做到。我们不得不承认我国的力量还没有彻底集中来对外。"(全集第 8 卷第 452—453 页)

5 月 20 日　谢克诚到生活书店访邹韬奋、艾寒松,长谈。(《黄炎培日记》)

5 月 23 日　《空军远征日本与新的抗战力量》、《参加抗敌决死队的十六岁女同胞》、《来山西加入决死队的经过》、《要寻机会赴前线杀敌》,载汉口《抗战》三日刊

第 74 号,收入《再厉集》。(全集第 8 卷第 454—455 页 、589—594 页 、595—596 页)

《空军远征日本与新的抗战力量》摘要：

"我国的英勇空军于本月十九日晚间十一时,以精锐的重轰炸机一队,由徐队长焕升率领,副队长佟彦博,队员蒋绍禹、陈光斗、苏光华、刘荣光、雷天春、吴积冲等,飞越东海,于三时许达到日本上空,以事先奉令不向民众投弹,特低飞散发揭穿日本军阀罪状的数百万份传单,在大阪、长崎、东京、神户等处,盘旋很久,四时许以任务达到,结队西回,于二十日晨十时许安然飞返,十一时飞抵汉口,受到各界代表的热烈欢迎。我国空军勇士跨海东征寒彼敌胆,扬我德威,这在国际在历史都有着极重大意义的空前的伟大胜利。我们对于为整个国家民族而英勇奋斗的空军勇士,应致最崇高的敬礼。""这伟大胜利的重要意义,当然不是说这样一来就能把我们的敌人根本解决,却是在表示我们有了新的抗战力量,却是在表示我国经过十月来的英勇抗战,尤其是在第二期抗战开始以来,我们是在愈打愈强,我们是在艰苦奋斗中继续不断地生长着新的抗战力量。这种倾向是我国必然能够得到最后胜利的基础,这种倾向是以铁的事实加强全国同胞的民族自信心,而这次空军远征的伟大胜利,只是这种倾向的一个象征,——极可宝贵,极可兴奋的一个象征。""我们要彻底地动员全国民众,加紧各部门的工作,更猛进地加强我们的新的抗战力量。"(全集第 8 卷第 454—455 页)

5 月 25 日　　下午三时,中共代表团假一江春大礼堂举行茶话会,招待世界学联代表团。到会的有各党派、各群众团体代表和外国友人。夜,出席黄炎培、沈钧儒主持的聚餐会,出席者有：周恩来、陈绍禹、秦博古、吴玉章、张君劢、罗努生、胡石青、曾慕韩、左舜生、李幼椿、邹韬奋等十三人。(《周恩来年谱》第 412 页,《黄炎培日记》)

5 月 26 日　　在徐州前线英勇工作,直至最危急的时候才突破敌围的战地新闻记者,于今日安抵汉口,韬奋著文《欢迎战地记者徐州归来》,表示"致诚恳的慰问与敬礼"。(全集第 8 卷第 458 页)

同日　　《欧洲局势与中国前途》、《沙漠中的甘露》、《决心献身国家》(以上两篇署名编者),载汉口《抗战》三日刊第 75 号,收入《再厉集》。(全集第 8 卷第 456—457 页 、596—598 页 、598—601 页)

《欧洲局势与中国前途》摘要：

"现在有些人认为欧战爆发,中国的抗战便要不得了。有些人认为欧战必不致爆发,所以这是不成问题的问题。前者是悲观主义,后者在悲观主义中还兼含有拆烂污主义！我们认为即使欧战爆发,我们为坚持抗战以争取最后胜利计,对于困难的克服不是没有办法的,只要我们肯干。例如军火问题,海上的交通假使有被阻的危险,便须积极开辟大陆的国际路线,同时迅速建立军火工业,减少外源的倚赖成分。又例如金融,因形势变迁,我们一方面可运用外交力量,获得与国或友邦的军火借款,同时国内采用战时经济政策,发展农业生产。真在欧战爆发之下,我们的民族敌人日本强盗在军火原料及军火输入方面,在金融方面,也同样地要受到影响,而且我们所要对付的只是一个敌国,而我们的敌国所要对付的除我国外,还有苏联,还有英国,甚至还有美国。它所要感到的困难只有比我们的更大,而且是很难有办法解决的。敌人的更大的困难,同时便是我们的利益。"(全集第8卷第456—457页)

《沙漠中的甘露》摘要:

"冰莹女士为前方的精神食粮的呼吁,的确值得文化界及出版界的注意,不要说中国,就是在前次世界大战时,欧美参战各国也努力用种种方法把书报杂志送到前方给将士们看。也有许多人把看过的好书报杂志送到前方给将士们看。我国此次英勇抗战,一方面看到前方将士们对于精神食粮的渴望,足见我们的军人文化水准的提高及文化对于抗战的重要,一方面也觉得我国对这方面的布置太缺乏,太没有计划。"(全集第8卷第597—598页)

5月29日 与原救国会同人沈钧儒、沙千里、李公朴、史良、艾寒松、金仲华、柳湜、沈兹九、胡愈之、杜重远、钱俊瑞、张志让开会讨论"需否成立组织"和对钱俊瑞等三人起草的《主张》、《纲领》进行讨论。(沈谱、沈人骅编《沈钧儒年谱》第208页)

同日 《欢迎战地记者徐州归来》、《一位了不起的爸爸》、《一个流浪的小女孩》、《自己不做人家做了又嫉妒》(以上三篇署名编者),载汉口《抗战》三日刊第76号,收入《再厉集》。(全集第8卷第458—459页、601—605页、606—607页、608—609页)

《欢迎战地记者徐州归来》摘要:

"战地记者虽不是在前线直接参加作战,但是在前线冒万险,把我们将士的英勇作战的可歌可泣的行动,宣传于全国的民众,鼓励前方将士的再接再厉,鼓励后方民众的热烈赞助,增强抗战力量,对于民族解放战争有着很大的贡献,所以在我国这次神圣战争中的战地记者,不仅是战地记者而已,其实也就是民族战士的一员。这是我们所以热烈欢迎诸位先生的最重要的原因之一。""新闻业是战时文化的一个重要部门,而担负战地记者重任的诸先生是新闻业动员的先锋队,这次由徐州归来的诸先生,以最英勇的姿态努力于自己岗位的工作,奋斗到最后一分钟,在敌人围困中,冒万险突出重围,长江先生且'带彩'归来,这在诸位先生不但做了新闻业这一部门的模范,而且也做了其他部门的模范，因为其他部门也应该用同样的英勇精神动员起来。这是我们所以热烈欢迎诸先生的又一重要原因。""在已往新闻业往往互相倾轧，于是各报的记者往往不免互相猜忌，互相妒嫉，互相竞争，——甚至用很卑劣的手段互相竞争。但是在这次徐州前线为国努力的各报记者，都是在互相协助，互相敬爱，互相维护的情况中，共同努力，这可以说是我国团结御侮的一个极可宝贵的象征。我们希望这种精神能普遍于全国。这是我们所以热烈欢迎诸先生的又一重要原因。""最后据这次由徐州前线回来的几位记者朋友说起，外国记者在徐州前线不畏艰苦的努力情形，也很值得我们的钦佩。其中有纽西兰女作家威尔金生女士也在前线，她不懂中国话，不熟悉中国情形，却也在前线努力；前线将士很受到她的感动，因为她为着同情中国抗战，要把中国英勇抗战的事实公诸世界，竟完全忘却了她自身的安危，这是人类中多么伟大的精神！这给与我们多么大的兴奋！"（全集第 8 卷第 458—459 页）

《一位了不起的爸爸》摘要：

"我们要努力使全国同胞不等到飞机大炮已经威胁到眼前就大家奋发团结起来干救亡工作，要达到这个目的，宣传和民众教育是非常重要的。""宣传的内容不仅是消极地暴露日寇的残暴而已，同时还须注意在积极方面指示民众怎样组织怎样自卫。"（全集第 8 卷第 605 页）

《一个流浪的小女孩》摘要：

"'流浪'女士的身世，很引起我们的深厚的同情，其实可以说是整千整万的流亡男女青年同胞的一个例子。女士说：'我知道是谁害我的：日本法西斯强盗！'这认识是完全正确的，我们所希望的是全国男女青年更加团结起来，统一起来，以整个的伟大力量来参加抗战建国的工作，由此来答复日寇的残酷侵略。""女士不满意于她所参加的战地服务团里的工作，""不满意是进步之母，这原是一种好的现象，但是要明白救国的工作多端，要依各人的能力分头努力做去。倘若这个战地服务团的主观力量——也就是各团员所有能力的总和，能担负超过话剧与救亡歌曲的范围，那诚然的应该作进一步的努力；倘若这服务团的主观力量不过能担负话剧与救亡歌曲，那只要能尽量发挥这方面的能力，深入民众的心坎，播种民族意识的种子，也是很有价值的工作。""不过女士提起'粉头团员'的情形，却值得相当的注意，尤其是到内地的乡村里去，人民生活素来朴实，做工作的人不得不顾到环境与人民的心理。如因过于浓妆而使工作的效力减低，甚至完全失去工作的效力，那不是和加入工作的初衷相违反吗？"（全集第 8 卷第 607 页）

《自己不做人家做了又嫉妒》全文：

"'自己不做，人家做了又嫉妒'，这是杨前先生在这封信里所大声疾呼的最沉痛的一句话。在我们负着言论责任的人，只能把这封信的内容公开宣布出来，一方面希望这类误己误国的人有机会看到，稍稍唤起他们的羞耻之心，更希望他们能痛自悔改；另一方面尤其殷切地希望对于这类人所把持的机关的上级机关，能加以切实的调查，执行切实的整顿。""我们在上面特别提起'误己'的字样，似乎还需要再加一些解释。这种人的误国，是很显然的，但是由他们自己看来，也许私心以为在他们个人是很可得意的，是很有利益的，因为——至少他们这样想——凭藉他们的势力抑制了别人的工作，使他们自己的缺点或'饭桶主义'不致暴露，这对于他们自己似乎是很可得意的，是很有利益的，但是世界是在向前发展的，历史的车轮是向前推进的，只有在进步的大道上向前努力的人才有光明的前途，凡是违反历史规律而打倒车的人都只是自掘坟墓，必然是要在向前进的历史巨轮下被淘汰的。所以这类人不但误国，而且在实际上也误了自己，虽则后一点在他们是不自觉的。他们所走的是死路一条！"（全集第8卷第609页）

是月 一天，在武汉，韬奋正式向钱俊瑞表示，迫切要求加入中国共产党，请钱作入党介绍人。钱当时是全国各界救国联合会的执行委员，全救会的党组书记，韬奋知道钱是中共秘密党员。长江局认为他那时留在党外，对推进统一战线工作，团结抗战更为有利，说服他暂不入党；不过党的组织一定把他当党员看待，决不见外。就韬奋当时的思想情况，说服他这样办还很艰难。他那时只向钱俊瑞说了一句："那只有组织服从！"并要钱向博古、凯丰转达。（钱俊瑞《光彩夺目的一生》，《新闻战线》1979年6月第3期，收入《忆韬奋》第314页，《韬奋永留人间》，《出版史料》1984年第3辑）

是月 《新闻记者当前的任务》，载汉口《新闻记者》第2期，5月27日《新语》第1卷第6期转载。（全集第8卷第25—27页）

《新闻记者当前的任务》摘要：

"在抗战的时期，一切都须以争取军事胜利为中心，就是经济建设，也是要以国防建设为中心，因国防建设是军事胜利的一个要素，是坚持抗战的一个基本条件。但是说一切都须以争取军事的胜利为中心固然对，如说除了军事以外便不重要，那便是大大的错误。即就一个简单的例子说，新闻记者的任务似乎是和军事并不发生直接的关系，但是前线战士的英勇抗战必须使后方民众有深刻的印象，才能更努力于种种辅助军事胜利的后方工作，以全力支持前方的需要，可是这种前后方的沟通作用，战地新闻记者便负有很重大的任务。"

"就整个抗战建国的前途说来,宣传国策,教育民众,反映民意,督促并帮助政府对于国策的实施,在在都须彻底认识新闻记者所负责任的重大与工作的艰苦。知责任的重大,便不致糊涂过日子,要时时振作,时时警觉,时时求进步。知工作的艰苦,便不致一遇困难便心灰意冷,兴趣索然,未干新闻记者时渴望着做新闻记者,一旦加入新闻记者的队伍,又要浅尝辄止,不肯用一番埋头苦干的工作,缺乏克服困难的勇气与决心。""讲到抗战建国的国策,较具体的说来,大家都知道国民党临时全国代表大会宣言和抗战建国纲领是最重要的根据。这似乎是很简单,但在白纸上写黑字尽管看来似乎很简单,要把它实行起来便不是一件很简单的事情;要督促实行,帮助实行,排除实行的障碍物,在这种种历程中的努力奋斗,更不是一件很简单的事情。这些事当然不是新闻记者所能包办,但是新闻记者所应参加的部分与所应努力的部分,却是不可忽视的。"(全集第 8 卷第 25—27 页)

6 月 3 日 与原救国会同人在生成南里 74 号召开第二次座谈会,主要讨论《工作纲领》和《工作计划》。(沈谱、沈人骅编《沈钧儒年谱》第 208 页)

同日 《应付当前局势的几个要点》、《西安十三团体的解散》、《一个难民》(以上两篇署名编者),载汉口《抗战》三日刊第 77 号,收入《再厉集》。(全集第 8 卷第 460—461 页、610—613 页、613—614 页)

《西安十三团体的解散》全文:

"民众团体应受党政当局的领导,这是无疑义的,不过我们认为党政当局对民众团体应在事实上负起积极领导的责任,而不宜加以消极的抑制。我们当前的急务是要抗战建国,争取最后的胜利,一切都须以'抗日第一'为前提。倘若一个团体的行动是有碍抗日的,只须有事实上的证明,加以取缔是应该的。倘若一个团体的行动是有益于抗日的,那就应加以爱护;如发现它有局部的错误,应加以纠正而不应一概抹煞,全部毁灭;如发现在法令手续上未做得完全,也尽可训令在短期内将法令手续迅速补全,而尽量给与工作上的便利。这样,民众团体竭诚接受党政当局的积极领导,而党政当局对民众团体也加以恳挚的爱护,上下一心一德,共同努力,抢救危殆中的祖国,这是我们所迫切希望的。""还有一点,值得我们提出的,是抗战虽以军事为中心,而充实整个抗战力量的方法,动员民众的力量实占着很重要的位置,这是客观方面的需要;在另一方面,有许多同胞,尽管他们的职业有不同,能力有差异,但却有一个共同的迫切愿望,那就是要贡献所有能力于国家,这是主观方面的要求。由这种客观的需要所激荡引起的主观的要求,在党政当局必须因势利导,给与发展的机会,否则在表面上也许因权力的尊严而人民不得不奉命唯谨,可是心坎中的热烈的情绪与迫切的愿望终不免抑郁莫宣,造成不必要的不安现象,这是与国家民族前途很不利的,尤其是在这样危急存亡需要集中一切力量于抗战建国工作的时期。况且民众伤心怵目于日寇侵略的残酷,爱国之心与为爱国效力的情绪特别热烈,这种心理与情绪必然要动而不能静,所以必须在动的方面引导他们走上努力的途径,赞助他们的组织,运用他们的活动力,而不应该,而且也不可能强他们不动,强他们静止,这一点真理也值得党政当局慎重考虑的。"(全集第8卷第612—613页)

《一个难民》摘要:

"难民之所以遭难,也是为着国家民族而牺牲的,有人说应该称为义民,很能表示这个意思,所以我们认为对于难民的协助,绝对不是慈善事业,是政府和其他同胞所应有的责任。""华华先生所提出的问题,一二四五各问题,我们无法答复,只不过代为刊布出来,藉以唤起政府和社会的注意。我们只能对第三个问题略贡所知。各机关招考,投考者往往超过十倍或百倍的名额,这显然是因为人浮于事,所谓'粥少僧多'。要根本补救,只有设法多多添粥,以应多僧的需要,这是有关整个国家经济建设的问题,不是少数招考机关所能解决的。至于'须有人介绍',可分两层来说:一是如果意在援用亲戚朋友,不论成绩如何,那是完全以封建关系而用人,是完全不对的。还有一种是'有人介绍'不过作为考试之外的参考,例如成绩虽佳,但如更有可以信任的人介绍,对于投考者已往的历史与工作情形更有详细的调查与了解,那就更为周密了。倘若属于后者,那只是等于调查以备参考的作用,以补短时间考试之不足,却也未可厚非的。"(全集第8卷第614页)

6月5日 晚,出席第三次座谈会,沈钧儒任主席。会议主要讨论《政治纲领》及《组织简章》。会议推定胡愈之、张志让、邹韬奋为修改《简章》负责人,并议决抗战建国同志会的名称、宗旨、会员资格等条款。(沈谱、沈人骅编《沈钧儒年谱》第209页)

同日 新加坡《星中日报》记者胡守愚,从徐州突围到汉口的第二天,即去拜访韬奋。韬奋邀胡写一篇徐州之战的报告,胡应约著文《徐州撤退后的教训》,刊登在6月9日《抗战》三日刊第79号第3页上。(胡守愚《悼念韬奋先生》,新加坡《风下》周刊1946年7月20日第33期)

6月6日 《光明的前途与艰苦的过程》、《追悼空军烈士》,载汉口《抗战》三日刊第78号,收入《再厉集》。(全集第8卷第462—463页、511页)

《光明的前途与艰苦的过程》摘要:

"我们首先要认识的是我们的敌人日本帝国主义者不是在帝国主义的强盛时代，却是在帝国主义的没落时代，它因侵略中国所消耗的人力，物力，财力，已感到很大的困难。""我们固然不该轻敌，但是我们却不要忘却我们所对付的是一个日暮途穷的，正在没落中的帝国主义者，只要我们能积极利用以空间争取的时间，迅速增强在抗战中继续生长起来的力量，使我们的力量的增强和敌人的力量的疲惫成反比例，我们民族解放战争的前途是断然光明的。""我们为着争取光明的前途，不得不忍受艰苦的过程，但是在艰苦的过程中，必须很坦率地接受过去的教训，补救所发觉的缺憾，这样才能加强抗战力量，克服一切困难，与我们的民族敌人作不断的坚持，进一步实行猛烈的反攻，达到我们国家自由解放的目的。"（全集第 8 卷第 462—463 页）

《追悼空军烈士》摘要：

"诸烈士的壮烈精神是全国同胞所永远不能忘的。陈怀民烈士的忠骸于本月三日才寻获，手指已无，因在战时全被敌人的机枪所击落，腿上创痕累累，满擦药膏，因在上次空战时受伤，迄尚未愈，即继续英勇作战，他的母亲见此惨状，顿时嚎啕大哭，痛悼她亲爱的儿子的国殇。烈士的为国家民族鞠躬尽瘁死而后已的伟大精神，实可动天地而泣鬼神，全国同胞于痛悼之余，还应勿忘诸烈士的伟大精神，作更大的努力，争取更大的胜利，同时我们对于诸烈士的家属，除竭诚慰问，并愿指出为国牺牲的最高光荣，为全国所崇敬，希望勉抑哀思，善自宽慰。"（全集第 8 卷第 511 页）

6 月 9 日　《敌机狂炸广州》，载汉口《抗战》三日刊第 79 号，收入《再厉集》。（全集第 8 卷第 464—465 页）

《敌机狂炸广州》摘要：

"一周以来敌机狂炸广州，完全以市区为目标，以徒手的市民妇孺为对象而肆虐，死伤近万，死尸堆积，血肉横飞，悲号惨呼，目不忍睹，耳不忍闻，牺牲的酷烈，为此前所未有。""日寇这样残暴凶横，惨无人道，在他们也许以为这样可以动摇我们抗敌的勇气与决心。其实经过这十个月来的战争，日寇的残暴的暴行，已使大多数的同胞深刻地感觉到，做中国人的在今天除了积极参战奋斗到底以外，绝对没有求生的道路。在被日寇暴力所侵占的区域，最初也许有少数人还幻想着在敌人的铁蹄下做顺民以图苟存，但在事实上就是汉奸的妻女也不免要被日寇所奸淫，就是汉奸的生命也随时在日寇任意摧残之中，顺民的命运更是不消说的了。这种事实上的教训摆在目前，全中国的同胞都彻底明白，除了咬紧牙根，团结起来，共同抗战到底，驱除敌人，争取民族解放外，没有其他生路。所以敌人要想用狂炸的残酷手段来动摇我们抗敌的勇气与决心,是绝对不能达到他们的目的。""敌人的这种残酷暴行不但不能动摇我们抗敌的勇气与决心,反而要激发我们全国同仇敌忾的情绪,加强我们抗战救亡的努力。在国际方面,日本强盗的暴行已引起了世界的公愤,英美各国已对日寇提出严重的抗议,世界援助中国的运动更将进一步的开展,日寇是愈益为世界所不齿,愈益陷于孤立的地位了。""我们于惨痛之余,同时却不可不反省我们已往工作的做得太不够,以及此后充实抗战力量的需要更大的努力。""敌人的企图是要用最残酷的手段来消灭我们的抗战力量,我们却要更加紧努力来充实我们的抗战力量,要更加紧努力来产生新的抗战力量。我们的目光不要仅仅注视于前线的胜败,同时还要用更大的注意来检讨后方的工作,要尽量利用由空间争来的时间,集中于新力量的产生,使对前线能作继续不断的积极的补充。这是我们于痛悼广州同胞惨遭轰炸之余所当深刻警惕的。"(全集第8卷第464—465页)

6月13日 《蒋委员长与外籍记者的谈话》、《国际援华运动扩大》,载汉口《抗战》三日刊第80号,收入《再厉集》。(全集第8卷第466—467页、512页)

《蒋委员长与外籍记者的谈话》摘要:

"蒋委员长把全民族的团结,列为战士前途乐观的第一个原因,这是值得全国同胞加以深切注意的。我们的民族敌人侵略我们的毒计,最重要的是用种种方法分化我们全民族的力量,即所谓'以华制华'的阴谋;但是我们的答覆是全民族的空前的团结。必须有这样空前的团结,然后才能避免消耗力量于内部的磨擦,集中整个民族的伟大力量,来消灭在中国残暴横行的敌人。因为这个原故,我们必须十分爱护这全民族团结的局面,必须使这全民族团结的局面愈益巩固。就另一方面说,任何人的言论行动,凡是含有挑拨离间国内团结作用的,我们都要严密地提防它,都要严格地勿受它的诱惑,勿受它的麻醉,都要加以严厉的社会制裁,不许它的毒菌蔓延开来。""有两句话是'敌人侵略一日不止,我们抗战一日不休',这是指示全国,我们的抗战不能中途妥协,必须达到收复失地,停止敌人侵略之后,我们的抗战才有停止的可能。有些人提出'抗战到底'的疑问,问'到底'究竟是什么底,甚至讨厌这句话,其实所谓底,便是指达到了收复失地停止敌人侵略的目的。敌人常常放出'和平'空气,企图动摇我们'抗战到底'的决心,所以我们对于这一点必须加强我们的认识与警惕。""还有两句话是'强韧坚持,愈战愈强'。敌人对我们的残酷侵略,不许我们有从容准备的时间,所以最高统帅认定芦沟桥事变为国难最后关头后,即发动全面抗战，但是我们所要深刻认识的是我们的国力是要在抗战的过程中增长起来，与我们民族敌人的国力要在侵略战的过程中衰弱下去，恰成个反比例。我们要促进'愈战愈强'的功效，必须从抗战的经验中时时作虚心与深刻的检讨，提取优点，消除缺点，这样才能从抗战的过程中获得迅速的进步，加强抗战力量，争取最后胜利。"（全集第 8 卷第 466—467 页）

《国际援华运动扩大》全文：

"日寇企图用最残酷的侵略来征服全中国，尤其是最近继续不断地轰炸广州，每日惨死者在千人以上，但是我全国同胞不但不因此而畏怯，并且格外增加同仇敌忾的怒潮，同时在国际方面，已使援华运动扩大，法国各党组委员会，号召全人类反抗暴敌，英国舆论积极主张各文明国对敌强硬。世界反侵略大会执委会决议加紧以实力援助中国抗战，要求各国政府借款给中国，禁运军火汽油及一切工业上的原料至日本，运用种种方法加强抵制日货工作。国际援华运动已逐渐地具体化了。""这是人类的伟大同情的表现！这是我国英勇战士与苦难同胞的为国族为人类而壮烈牺牲所感召的反应。"（全集第 8 卷第 512 页）

6 月 15 日　夜，出席周恩来所邀之聚餐会。出席者有：周恩来、王明、博古、张君劢、石青、慕韩、幼椿、舜生、衡山、黄炎培、梁漱溟、问渔、韬奋等十三人。（《黄炎培日记》）

6 月 16 日　《紧急加强抗战力量》、《北平敌人强迫学生参加宣传》、《提倡一件事情》（署名编者），载汉口《抗战》三日刊第 81 号，收入《再厉集》。（全集第 8 卷第 468—469 页、512—513 页、615—618 页）

《紧急加强抗战力量》摘要：

"要紧急加强抗战力量，在当前最主要的是军事、政治和民众工作。这三个重要的方面在实际上是彼此都有着密切的联系，例如最明显的是军事的进行有赖于政治机构的健全与政治人员的尽职，同时也有赖于民众的多方面的协助；民众运动的进行有赖于政治的支持与领导，同时也有赖于军事的保障与合作；政治的进行也有赖于军事与民众的协助。这三方面各有其本身的力量，也各有其增加其他方面力量的效用，但是如果有一方面未能尽善，也有减损其他方面力量的流弊。""最做得不够的，最不能与大时代的急迫需要相配合的，恐怕要算是民众运动的工作了。我们的民族敌人对我国的残酷的侵略暴行，屠杀奸淫，惨绝人寰，身受者是大多数的民众，即在未沦陷区域，而这种惨无人道的事实，也已深深地引起了每个中国人的愤怒与痛恨。所以照理说来，在这种普遍的敌忾同仇的心理基础之上,民众工作应该能够很容易地很迅速地展开,应该能够在大规模的组织与训练之下,有钱者尽量出钱,有力者尽量出力,与军事政治相配合,由此紧急加强抗战力量,来应付这当前危急存亡的重要关头。然而在事实上却还未能达到这个目的,这里面的障碍实在值得我们的注意。""第一点是要把民众工作视为帮助政府的事情,而绝对不是与政府对立的事情。""第二点是民众工作诚然应该在政府领导之下统一起来,但是所谓统一是要巩固或改善现有的民众组织(同时当然也须建立必要的新的民众组织),积极领导已有的民众力量,而不是消灭或抑制已有的民众组织或民众力量。"(全集第 8 卷第 468—469 页)

《北平敌人强迫学生参加宣传》全文:

"北平敌人强迫燕京辅仁及中法三大学的学生参加某种运动周及宣传运动。又曾命令协和医院全体职员参加所谓'民众大会',因该三校及医院都是美法等国的外国人所主持,已拒受伪命,但伪教育局已令该三校下学期不准开课。此外没有外人掩护的学校青年,被压迫着做种种违背良心的事情,精神上的苦痛更可想见!""这些事实至少使我们很沉痛地感想到两点:(一)到了敌人压迫之下,就是要想安分'读死书'也不可能了;(二)敌人要强迫我们的青年学生参加校外的活动,要强迫民间机关的职员参加什么'民众大会',他们的动机固然恶毒,但是他们却知道民众是有力量的,虽则因为他们是侵略者,我国的爱国同胞绝不致被他们所欺骗,民众的力量绝不致真被利用去。可是我们被侵略者应该怎样重视民众的力量,积极组织运用起来,给我们敌人以重大的打击?"(全集第 8 卷第 512—513 页)

《提倡一件事情》摘要:

"现在有好多人热情有余而能力不足,对于专门的学识和技能往往忽略"。"当前是'抗日高于一切'的时期,一切都须以充实抗日力量为前提,'对于学问深刻的研究'也应以这个做目标。我们需要'深刻',但是我们不需要逃避现实的'深刻',而中国的当前现实却是'抗日高于一切',这一点是值得我们特别注意的。""还有一点需要说明的,就是深刻研究和读死书是截然两件事。有些贪懒的人或另有成见的人,恐怕青年起来反对不合时代需要的教育,拼命提倡读死书,——当然,这种人并不肯公开承认读死书,但在实际上却是这样,——他们也可以把深刻研究学问做护符,用来麻醉青年,甚至压迫青年,这却是要不得的。""我们一方面需要各部门的学识技能都有人在努力,作深刻的研究,一方面也需要大众化的精神和思想上的食粮。这两方面须兼程并进,相辅相成而不相碍的。""我们一方面赞同苏先生'对于学问深刻的研究'的主张，一方面仍感觉到'浅显的抗战小册子'也有它的教育大众的效用，因为我们要培养专家，同时也需要提高一般民众的文化水准。'工作的经验与自己生活烦闷的描写'，也有它的效用，因为'工作的经验'可供他们做工作时的参考，'生活烦闷的描写'也可以反映一部分的现实，由此引起设法解决的动机。当然，我们所需要的是新材料，不需要千篇一律的老套。""苏先生的意思，也许是感觉到现在干着'上前线或作救亡工作'的人，似乎还要注意下一番深刻研究的工夫。倘若是这样勉励青年工作者要作进一步的深刻研究，这是我们所深表同情的，不过我们还要注意所谓深刻的研究并不一定要抛弃工作，却应该在实践中作深刻的研究，从经验中提取宝贵的教训，时时在进步中工作着，也时时在工作中进步着。"（全集第 8 卷第 616—618 页）

6 月 19 日　《参政会与青年团》、《几个问题》、《无法报国的忧愁》、《〈附小朋友写给小朋友的信〉按》（全集未收），载汉口《抗战》三日刊第 82 号，收入《再厉集》。（全集第 8 卷第 470—471 页、618—621 页、622—623 页）

《参政会与青年团》摘要：

"这次国民参政会虽然不是民选的，但以各党各派的合作，表示全国团结的愈益巩固。青年团所容纳之'领导青年之知识分子，不问其为何党何派，苟真正为国家民族着想者'，皆得'相率而集合于本团旗帜之下，为教育青年而努力'。这也是全国团结的另一表现，值得我们提出的。"（全集第 8 卷 471 页）

《〈附小朋友写给小朋友的信〉按》全文：

"普宁大同小学的小朋友们的热诚是很可敬的，我们已将该款送交儿童保育会收存，取得正式收据迳寄给该校了。如儿童保育所的小朋友们有复信，我们很欢迎地在本刊信箱里公布出来。"（汉口《抗战》三日刊第 82 号）

6 月 21 日　出席第四次座谈会，沈钧儒任主席。讨论应如何组织的问题。最高干部会议参加者应各有部门。文化部门有：张仲实、柳湜、金仲华、邹韬奋、艾寒松。经常负责人：推定沈钧儒、沙千里、邹韬奋、柳湜、钱俊瑞五人。（沈谱、沈人骅编《沈钧儒年谱》第 210 页）

6 月 23 日　《最后的五分钟》、《宣传与实行》，载汉口《抗战》三日刊第 83 号，收入《再厉集》。（全集第 8 卷第 472—473 页、513—514 页）

《最后的五分钟》摘要：

"拿破仑对于战争有一句名言，说战事的胜利在最后的五分钟，这意思是说两军相持到最后一个阶段，谁能够坚持下去，使精锐消耗殆尽的对方不得不崩溃,谁便得到最后的胜利。""中国抵抗日寇的侵略战,大家都知道在我们方面是准备着消耗敌人的持久战,而在敌人则原意只想速战速决,后来因我国的英勇抗战而不得不被动地拖入持久战的漩涡中,所以欧美政论家把日寇比作'泥足',在泥淖中愈陷愈深,愈陷愈拔不出! 在这过去的一年中,就表面上看来,日寇诚然用暴力占领了我国不少的土地,但姑不论在敌人后方我们已在许多区域里发动着游击战,在正规军方面,敌人从不能实现消灭我国主力军的梦想。在徐州一段,敌陆相在国内大言不惭,说在数日内即可将中国在徐州一带的数十万主力军紧紧围住,完全消灭,但结果却大失所望地完全扑个空。""向以保守著称的英国《每日电闻》报,最近发表它的驻远东记者华尔顿根据六个月在华视察的结果,认为中国必能继续抗战至获得荣誉和平的时候,因为日本虽得到局部的胜利和占领了广大的土地,但是日军打到现在仍不能消灭中国的主力军。这是中立者的旁观看法,也认为中国是具有再坚持的力量,而日寇只是在表面上得到局部的和暂时的胜利。""日寇自发动侵略战以来,滥发公债,一来就是数十亿元,仅仅去年度应发行的公债三十四亿余元,尚有九亿余元不得不留在今年发行,而今年度却又须发行五十五亿余元,再加上去年度应发而未发的,共到六十四亿余元,今年的财政经济情形只有比较去年每况愈下,它怎样能再滥发呢?""这都表示日寇在财政经济上实已到了'最后关头',无法久持了。""关于国际方面,从来就是有利于我国,最近各国援华运动的新开展与愈益具体化,应给与我们以更大的兴奋。""从种种方面看,所有的条件都有利于中国的抗战,都使日寇的侵略战愈益困难。这种种有利的条件已支持我们抗战了将近一年,已使我们消耗敌人拖到最后的阶段,更进一步运用并加强这种种条件与敌人坚持,争取'最后的五分钟',是我们今天的神圣的任务。"(全集第8卷第472—473页)

6月26日 《国际同情与我们的责任》,载汉口《抗战》三日刊第84号,收入《再厉集》。(全集第8卷第474—475页)

《国际同情与我们的责任》摘要:

"我们的民族敌人正在疲惫之余,踏入最后挣扎的阶段,我们的英勇抗战也正在再接再厉之后,踏入更艰苦奋斗的阶段;敌人是向着没落的路上走,我们却是向着光明的前途迈进。在我们这样艰苦奋斗的过程中,一天天向前发展的国际同情,给与我们以莫大的兴奋,国际形势愈益有利于我国抗战的倾向也给与我们以莫大的鼓励。""但是我们却不应以目前的现状为满足。我们一方面对国际同情固然感到兴奋,一方面却须勿忘我们推动国际关系更大好转的责任。""关于对内方面,……我们于感谢友邦及国际友人的好意之余,却须深刻反省,努力巩固并扩大我们的全国团结,使各党派间的误会与磨擦彻底消除,使挑拨离间各党各派的阴谋无法再存在,绝对不要使亲者所痛,仇者所快。因为党派间如再有猜忌与提防的存在,并不仅是关于党派的事情,直接间接都要影响到民众运动的积极开展,抗战力量的积极加强。参政会的召集,是全国团结的又一表现,我们希望在实际上更能有进一步的精诚团结。我们内部能更精诚团结,发动整个力量,坚决保卫武汉以争取更大的胜利,国际关系的更大好转是必然如响斯应的。""关于对外方面,我们固然要'自力更生',不存倚赖心,但用自我的努力来争取国际间更大的援助,也是'自力更生'范围以内的事,只有坐待国际的自然趋向而希望坐享其成,那才真是倚赖心理的表现。"

(全集第 8 卷第 474—475 页)

6 月 27 日　《到底应该走那条路?》(全集未收)全文:

"刚收到六月廿四日的信,对于你对令妹的友爱的诚挚,非常感佩,青年爱国热烈,积极参加救亡工作,固然是一件极可喜的现象,但是救亡工作多端,当依各人的能力与地位分头努力,不能一概而论。就令妹情形说,可贡献下列各点:""一、有人不喜、不宜在校内研究,而特别有兴趣于校外活动者,那其能力不适宜于校内研究专门学识而适宜于校外活动者,尽可任其从事校外活动,因如此就个人对国家社会言,可有较大的贡献。今令妹似特宜于专门化工之研究,而并不宜于校外活动,故我的意思,令妹仍宜于回校研究化工。""二、以上是就个人的特长言。其次可就工作的重要性言,如令妹所参加的工作很重要,(例如当宣传队的队长,走后有碍于全队工作的进行)比研究化工更重要,那末如果个人为较重大之责任计,不妨勉为其难。否则仍以就学为宜。这一点请就事实加以考虑。""三、我国为长期抗战,有关抗战建国的人材,非常重要。令妹所学者为化工,这门学问,是有关抗战建国需要,如个人的特长,确近于这方面,我赞成她回来续学,因为这也是救亡工作的一种,并不在救亡工作之外。如能寻得机会,一面续学,一面将所学帮助有关国防的工厂做事,当然更好。""四、研究专门学问并不一定就要过悠闲的生活,尽可特别俭省,把省下的款子献给国家,如购买国防公债之类。""五、我们贡献国家,要根据个人的经验能力,做比较最有效果的事情,令妹对化学既素有研究,倘有关于化学的训练班招考,期于短期训练即可出而努力关于所学的事情,那倒可斟酌投考的。这可留意机会。勉强做自己所不宜做,所不能做的事情,在国家个人都是一种损失,这一点确是值得考虑的。"(《激流中的水花》第 39—40 页)

6月28日 答复重庆《新华日报》记者访谈(全集未收)：

"保障抗战最后胜利的一个最重要的条件,是全国不再消耗力量于内部的斗争与磨擦,大家集中力量来对付我们民族的共同敌人日本帝国主义者。但是要达到这个目的,首先要消除彼此间的误会与隔阂,尤其是政府与民众间的误会与隔阂,使民众了解政府的施政方针与实况,同时使政府顾到民众的公意和建议。我们希望国民参政会能够负起这个重要的使命。当然,国民参政会能否有良好的实际效果,一方面要看参政会本身的积极努力,一方面也要看政府的虚怀采纳,认真执行,由这两方面的精诚合作,对于抗战建国才有实效可言。""这次国民参政会的组织,与民意机关之由人民选举者不同,但政府的选派,大致尚能注意于民意的代表,同时因为有决议权建议权与询问权的赋予,各参政员亦应以民意代表自任,尽可能为民众谋福利,以积极努力的精神,为抗战建国争取最大的胜利。"(重庆《新华日报》第二版)

6月29日 各党派举行聚餐会。(许汉三编《黄炎培年谱》第125页)

同日 《达到保卫目的之基本条件》、《令人感泣的壮烈空军》,载汉口《抗战》三日刊第85号,收入《再厉集》。(全集第8卷第476—477页、514页)

《达到保卫目的之基本条件》摘要：

"在各种报章杂志上时常看到的是保卫大武汉的标题,在个人谈话间时常听到的是保卫大武汉的言论。保卫大武汉的重要性不仅在武汉的本身,却是因为保卫大武汉这件事是含有保卫全国的意义,是含有保卫全国心脏所在地的意义。当然,我们不是说万一武汉发生问题,中国就只有屈服,中国就没有了继续抗战的可能,这当然是错误的,但是保卫大武汉在整个抗战过程中所占地位的重要,却是无疑的事实,因为它是我国在现阶段内的全国的政治经济各地交通的最重要的中心。""保卫大武汉的必要是谁也不否认的,但是怎样才能达到保卫大武汉的目的,这却需要我们多绞一些脑汁来多加仔细考虑的。一般人在这几天里都揣揣然于马当封锁线之是否不致被敌冲破。我们不否认马当封锁线在战略上是一个重要的据点,但是马当封锁线之是否不致被敌冲破,乃至假定被敌冲破,在战事方面究竟有着什么影响,这都是要看整个军事策略的布置,并不是仅就马当一个据点所能单独下断语的。""关于整个战局的得失,仅看军事一项还不够,必须同时看到和军事有连带关系的政治经济及民众运动的开展情形。例如我们如在河南、河北等省积极发动广大民众,尤其要使政治和经济方面的兴革能给民众运动以诚意的支持和良好的配合,由此使军民真能打成一片,使广大的武装民众和正规军队在华北作突飞猛进的攻击,使敌人的后方大起恐慌,大为动摇,发生首尾不能兼顾之势。仅仅集中注意于马当固然是错误,仅仅集中注意于军事也还是不免错误,必须严重注意整个战局,必须严重注意以军事为中心的政治经济及民众动员有无适当的配合。""可是要真能大规模地动员民众,必须不怕民众。对民众之不足怕,不必怕,最显明的理由是在这样国家民族生死存亡的关头,除了极少数的汉奸外,最大多数的民众只有爱国救国的赤诚,没有任何破坏大局的用意。即那些极少数的汉奸,在最大多数的民众起来后,在严密的组织与英勇的行动中,汉奸的阴谋也是无法施展的。真诚的互信是达到保卫目的之基本条件。"(全集第 8 卷第 476—477 页)

《令人感泣的壮烈空军》全文:

"本月廿六日晨八时,我轰炸机两架飞抵安庆附近时,突与敌水上飞机三架遭遇,我机急速回旋,但一机已为敌机机枪弹射中数排,油缸起火,我飞将军当时虽仍能以降落伞降至我岸,但不屑为,决以此燃损之机与自身性命换取适当代价,乃罄其最后之力,瞄准敌一巨炮舰,斜刺撞去,与之同归于尽,我机所携炸弹同时爆炸,该舰立成粉碎。""这种为国家民族争生存的壮烈牺牲精神,真所谓'动天地,泣鬼神!'据我们所知道,我们所崇敬膜拜的空军战士,各人都预先立下了遗嘱,嘱咐了后来的安排,以决死的心情,为同胞抵御暴寇的残酷侵略,他们的伟大,他们的壮烈,实使每一个同胞的心坎里都深深地感到兴奋与感激。我们一方面深切地感到没有适当的语言或文字足以表示我们民众对于空军战士的崇敬与铭感,一方面还须分头努力,效法空军战士为国奋斗的精神,加紧各部门的救国工作,与英勇的空军战绩相配合。"(全集第 8 卷第 514 页)

是月　以救国会主要领导人的资格,被聘为国民参政会参政员。(全集第 10 卷第 206 页)

7 月 3 日　《苏联热烈大选给我们的教训》、《〈在抗战期中的工人问题〉按》(署名编者)、《〈来件〉按》(全集未收),载汉口《抗战》三日刊第 86 号。(全集第 8 卷第 27—28 页、29—32 页)

《苏联热烈大选给我们的教训》摘要:

"苏联和目前的中国当然有若干方面的差异:它是苦尽甘来的国家,中国却是尚在艰苦中挣扎的国家;它的人民是在享受着进步的文化与进步的生活,中国的人民却是尚在流离颠沛遭难受苦的环境中;它所努力的是安定的建设的事业,中国在目前所聚精会神的是怎样争取抗战的胜利。但是苏联正在继续努力的是伟大的社会主义的建设,中国正在继续努力的是伟大的民族解放的战争。这两方面都是一种伟大的任务,都是需要广大民众来参加的,都是需要广大民众来支持的,关于这方面,中国与苏联却有着共同点,苏联对于广大民众伟大力量的重视,却可以做我们的借镜。""有些人不认识广大民众有伟大的力量;有些人虽感觉到广大民众确有伟大的力量,可是他却希望民众只受被动的统制,而不知道只受被动统制的民众便要失去他们的伟大的力量,必须唤起他们的自发的行动,唤起他们自发的兴趣与努力,才能发挥他们的真正的力量。要唤起他们的自发的行动,自发的兴趣与努力,必须用民主的方法,使他们明了他们的任务,真能参加实际的工作。"(全集第8卷第28页)

《〈在抗战期中的工人问题〉按》摘要:

"抗战建国纲领对于经济一项明文规定:'经济建设,以军事为中心,同时注意改善人民生活',这表示一方面要顾到以军事为中心的经济建设,一方面也要顾到人民生活之相当的改善。在这抗战建国的时期,对国家民族最有功勋的,除了在前线英勇作战的民族战士之外,就要轮到在后方努力生产的劳苦功高的男女工友同胞了,所以讲到'改善人民生活',对努力生产的工人,应给以特殊的注意。""现有些人说在抗战的时期,人民须过艰苦的生活,所以说不到改善人民生活。我们以为在抗战时期仍享受着奢侈生活的官僚和富人,应该努力降低他们的生活程度,而过着太艰苦生活的劳苦大众,却有相当改善他们生活的必要。这是要分开来看的。""说来很使人痛心的是就在这样严重紧张的抗战时期,虽然'一面是庄严地工作',仍看到'一面是荒淫与无耻',我们要铲除'荒淫与无耻'的方面,尽可能地优待'庄严地工作'的方面。"(全集第8卷第31—32页)

《〈来件〉按》全文:

"最近来函询问抗大及陕公招生情形者很多,复不胜复,现接到关于各该校的招生简章,特为刊布,恕不一一另复。"(汉口《抗战》三日刊第82号)

7月初 因要暂别,《世界知识》助理编辑钱小柏,将自己收集汇订的《抗战》三日刊合订本,请主编韬奋题词,出乎意外,韬奋在封面上写了刊物名称《抗战》三日刊和起讫期数、日期,签上秀丽的签名,还翻开封面,在扉页上写上了一段较长的题词,题词大意:这个刊物在"八一三"抗战爆发后不到一个星期,于一九三七年八月十九日在上海创刊,一共出了八十六期。创刊后先在上海出版了二十九期,三十期起迁到武汉出版,直到停刊。刊名一到六期叫《抗战》,第七期起改名《抵抗》,三十期迁到武汉出版,又恢复原名仍叫《抗战》,直到一九三八年六月底出到八十六期停刊为止。从一九三八年七月份起,此刊即告结束,与《全民》周刊合并,另行改名为

《全民抗战》出版了。这个刊物的出版是很不容易的。它从日寇的炮火下诞生,受到过不少挫折。它既反映了祖国的被侵略、受尽灾难的人民奋起救亡、英勇抗战、备尝艰辛;也反映了刊物本身的曲折多难、一再改名、转辗流亡。它虽然只有出了一年不到、期数不多,但要把它收集齐全,一期不缺,恐怕也已不容易,因为战时不比平时。现在居然还能得此全豹而装订成册,见到后不胜感慨,也不胜欣慰! 愿好好保存,永留纪念。(钱小柏《回忆韬奋先生》,《忆韬奋》第 459 页)

7 月 6 日　国民参政会召开前后,周恩来经常在汉口中央银行同救国会的沈钧儒、史良、邹韬奋、李公朴,爱国人士张澜,以及国社党的张君劢、青年党的左舜生聚商国事。向他们介绍同蒋介石谈判的情况,分析政治、军事形势,争取中间力量的同情和支持。(《周恩来年谱》第 415 页)

7 月 6—15 日　国民参政会第一届第一次大会召开。6 日上午,在汉口两仪路 20 号上海大戏院开幕,15 日闭幕。被聘为参政员,参加大会接连提了三个提案:《调整民众团体以发挥民力案》、《具体规定检查书报标准并统一执行案》、《改善青年训练以解除青年苦闷而培植救国干部案》。参加参政会的救国会同人尚有沈钧儒、陶行知、史良、张申府、王造时、杜重远等。(《店务通讯》第 19 号,孟广涵主编《国民参政会纪实》上,第 97 页、172 页,沈谱、沈人骅编《沈钧儒年谱》第 211 页,全集第 8 卷第 50 页,第 10 卷第 212 页)

7 月 7 日　《抗战》三日刊出至第 86 号,即与柳湜主编的《全民》周刊合并,改名为《全民抗战》三日刊(1—29 期为三日刊,30—69 期为五日刊,70 期起改为周刊。1941 年 2 月 22 日在重庆出至 157 期,被迫停刊),韬奋任发行人,编委会由沈钧儒、张仲实、艾寒松、胡绳、韬奋、柳湜等组成。(《全民抗战》创刊号版权页)

同日　《全民抗战的使命》(署名本社同人)、《我对于参政会的希望》(7 月 3 日作于汉口),载汉口《全民抗战》三日刊第 1 号。(全集第 8 卷第 32—34 页、34—37 页)

《全民抗战的使命》摘要:

　　"全面全民族抗战已经一周年了,在此伟大的抗战一周年纪念日,《抗战》三日刊及《全民》周刊,为了充实力量,对抗战作更大的贡献起见,以联合的阵容,与全国同胞相见,同人实感觉无限的感奋及欣幸。""《抗战》、《全民》都是诞生于这争取民族生存独立的伟大的战斗中。《抗战》是于沪战揭幕后,在上海创刊的,《全民》是于第二期抗战开始时在汉口创刊的。两刊的同人都以极大的热情,固守文化的岗位,作为一个鼓动前进的小小号兵;以号召全民族的儿女支持抗战,参加抗战,为自己特殊的职责。""然而民族解放大怒潮方在增涨中,全面全民族的抗战当前正进入第三时期,壮烈残酷的战斗正展开在我们的面前,发动全中国广大的民众支持当前战争,参加到战争中来,更是迫切的任务,因此舆论在这时期的作用更增大了重要性。我们自己亦感到我们身上的责任也一天天加重。"因此,我们感到我们这两枝号角分散的声音还不够宏亮,我们这两队号手,各个的力量还不够强大,为了配合新的抗战形势,集中人力物力的原则,我们深觉这两个抗战的单位应该并成一个。因此,我们遂于这伟大的抗战周年纪念之际,将两个刊物实行合并,合组全民抗战社,发刊《全民抗战》三日刊。我们决定在集中双方的力量,发挥双方的特点,补足双方过去的不够的原则下,以统一的意志,从事更大的努力,力求我们今后对于全民动员的号召与教育上更多的尽力。"(全集第8卷第32—34页)

《我对于参政会的希望》摘要:

"中国是在非常的时期,国民参政会是在这非常时期所产生的非常的民意机关。这民意机关,和欧美各国的所谓议会,显然有两个最大的差异:第一个差异是各国议会里的议员是由民选而来,我们这次的参政员是由政府选请而来的。第二个差异是在各国议院里有在朝党和在野党之分,各党有各党的目标,往往互相非难","我们这次的参政会却是由各党各派,各区域,各民族,及无党无派的国民,在政府领导之下,为抗战建国的共同的目标而努力。""说国民参政会不同于各国的所谓议会则可,如说因为有了这样的差异,国民参政会便绝对不能成为民意机关则不可。为什么呢?这次参政会的参政员虽不是民选,但就政府所发表的参政员的人选看来,一般地说,政府对于民意代表这一点确有着相当的注意。自国民参政会的召集和人选发表以来,一般舆论也以民意机关属望于国民参政会。在这种情形之下,各参政员虽不是由民选而来,不是直接受人民的付托,但却应该以民意代表自任,却应该把国民参政会视为民意机关,应该努力使国民参政会在实际上成为民意机关。""要使国民参政会在实际上能够成为民意机关,最重要的一点,是参政员要时刻注意行使职权的时候,须尽量反映大多数民众的迫切要求,须尽量反映在抗战建国时期中的大多数民众的迫切要求。无论在行使决议权,或行使建议权,或行使询问权的时候,都应该时刻不忘大多数的民众,都要努力反映大多数民众的意志。各参政员虽不是由民众自己选择出来,但是一般民众却把民意机关来看待国民参政会,国民参政会在民众间已成为一个'十目所视十指所指'的机构,能否克尽它的任务,民众是不会忽略过去的,民众也不应该忽略过去的。""当然,国民参政会只是一个代表民意发言的机关,执行之权却在政府,所以国民参政会在实际上能得到怎样程度的效果,要看国民参政会和政府的共同努力达到怎样的程度。倘若'决而不行,行而不彻',那么这个会是多余的！政府既决定召集国民参政会,在第三期抗战这样紧急时期召集国民参政会,我们相信它能够本着集思广益的宗旨,重视国民参政会的任务。""在这样共同努力的情况之下国民参政会未尝不能做到真正的民意机关,这完全要看我们怎样干,完全要看我们要怎样干。""这是我对于国民参政会的看法,也可以说是对于国民参政会的希望。""我自己这次很惭愧地也被列入参政员的名单,曾经承蒙朋友和读者们由口头或用书信问我将提出什么议案？我觉得每个参政员除对于整个的议程都应该注意外,也尽可就他平日的工作范围所见到的特殊事项,认为有提出价值的,向大会提出。我一向是服务于舆论界和文化界中的,所以想根据平日所特殊感到的,提出三个议案:(一)保障民众团体以卫护民力案;(二)具体规定检查书报标准并统一执行案;(三)改善青年训练以解除青年苦闷而培植救国干部案。第一案是反映民众运动的一个迫切的要求;第二案是反映文化事业的一个迫切的要求;第三案是反映多数青年一个迫切的要求。"(全集第 8 卷第 34—37 页)

同日 《抗战一周年》(7 月 3 日作于汉口),载汉口《全民抗战》三日刊创刊号特辑。(全集第 8 卷第 38—42 页)

《抗战一周年》摘要:

"这个周年纪念,在中华民族解放史上是最光荣的一页,也是最有意义的一页,同时也是最惨痛的一页。""我们在艰苦奋斗中经过了这一周年,在今天很兴奋而沉痛地纪念这抗战一周年,不但要追悼整千整万为国家民族而壮烈牺牲的英勇战士,不但要系念整千整万为国家民族而忍痛遭难的无辜同胞,并且要记取以往的教训,很诚恳而坦白地检讨已往的一切,纠正所有的错误,补救所有的缺憾,根据血的经验,向着更完善更周密的计划,勇往迈进,争取民族自由解放的最后成功。这首先需要我们的忠实的批判。有些人认为忠实的批判就是责难,就是怪这个,怪那个,依这些人的意思,他们所需要的只是自欺欺人的一味歌功颂德,不许对已往的事实有所检讨,有所批判,否则便是大逆不道！但是国家民族已到了这样的紧急关头,我们为着国家民族的前途计,不应该有所顾忌而缄默无言了,我们应该知无不言,言无不尽,我们必须抉出以往的错误,才有纠正的可能;我们必须抉出以往的缺憾,才有补救的可能。""我们通常把这次抗战分做几个时期:自去年七月七日芦沟桥事变发生起至去年十二月十三日南京陷落止,为第一期;自去年十二月十三日南京陷落起至今年五月十九日徐州陷落止,为第二期;自今年五月十九日徐州陷落以后为第三期。"

"就第一期抗战说,我们的最大的进步是全民族的统一,各党各派一致团结起来,全国一致拥护抗战的政府,全国军队统一起来,在最高统帅领导之下,努力于民族解放的神圣战争。我们的民族敌人认为只要几天可以解决的淞沪战争,由于我们的英勇抗战,支持到三个多月,震动了全世界的人心,表示了中国是可以抗战的,是有抗战能力的。""我们觉得最大的缺憾还是在于当时未曾尽量运用由浴血抗战所争取的三个多月极可宝贵的时间,在后方对全国民众作大规模的动员,在政治上作大规模的刷新,以配合军事上的迫切需要。结果于上海撤兵之后,由无锡苏州而南京,一道一道的国防线都靠不住,首都没有守着几天,竟成崩溃之势。这种沉痛的教训,应使我们深刻地觉悟到军事的胜利不仅仅依靠军事的动员,同时必须与政治动员和民众动员配合起来,才有把握;同时也应使我们深刻地觉悟到,由艰苦挣扎所争取的时间,我们应该要一刻不轻易放过地努力运用,迅速而紧张地加强我们的抗战力量。"(全集第 8 卷第 38—42 页)

7月8日 出席第五次座谈会。会议听取李公朴报告被扣经过,当选的参政员报告参政会消息。会议经过讨论议决:1,将吴大琨起草的《暂行组织条例》和《暂行工作原则》交五位负责人审查;2,正式推定韬奋等六人组成《全民抗战》编辑委员会,由编委会草拟《全民抗战》办理原则,提交座谈会讨论等。会上暂定 18 日在青年会召开座谈会,由沈钧儒主持,韬奋报告参政会形势及其他。(沈谱、沈人骅编《沈钧儒年谱》第 212 页)

同日 下午三时,召开审查会(教育文化)第一次会,黄炎培为主席,审查韬奋提《改善青年训练案》。(《黄炎培日记》)

7月9日 下午,参加蒋介石招待全体参政员的"茶叙"。(全集第 8 卷第 46 页)

同日 《关于保卫大武汉》、《在参政会中(一)》,载汉口《全民抗战》三日刊第 2 号。(全集第 8 卷第 43—44 页、45—46 页)

《关于保卫大武汉》摘要:

"最近有些人对于'保卫大武汉'这个名词,发生怀疑;他们认为我们所该保卫者是整个的中国,我们的目的是要收复一切失地,难道整个中国不要保卫而只要保卫大武汉吗? 难道其他失地无须收复而只须保卫大武汉吗? 他们因为有着这样的疑问,甚至觉得关于怎样保卫大武汉的办法也不值得提出来,这种误解在事实上对于争取第三期抗战的胜利是不无影响的,所以有迅速纠正的必要。""用全力保卫武汉,所谓全力。不但是指大武汉的整个动员,而且是指各战区的整个动员,进行各战线的反攻,是指与大武汉相毗连的各广大区域

的整个动员,是指要迅速把敌人的后方(即沦陷区域)变为前线。"(全集第 8 卷第 43—44 页)

7 月 10 日　在汉口,参加国民参政会第一届第一次大会,会上连续提案:《调整民众团体以发挥民力案》、《具体规定检查书报标准并统一执行案》、《改善青年训练以解除青年苦闷而培植救国干部案》。(孟广涵主编《国民参政会纪实》上第 97 页、172 页,全集第 8 卷第 37 页)

同日　下午三时,第三次审查会,审查韬奋所提《改善青年训练案》,政治部第二厅厅长杜心如出席,报告甚详,此案结果保留。(《黄炎培日记》)

7 月 13 日　《献金与民众运动》、《在参政会中(二)》、《几个当前教育与训练的问题》(署名编者),载汉口《全民抗战》三日刊第 3 号。(全集第 8 卷第 46—48 页、48—49 页、49—50 页)

《献金与民众运动》摘要:

"我们对于国民献金这件事,不可仅仅看作一种物质上的贡献,虽则以物质的力量来加强国家抗战的力量也是很重要的。我们同时还要注意到这种国民献金运动对于一般国民实有着很远大而深刻的教育的作用,启发他们民族意识,增强他们参加救国工作的热情的作用。所以这个运动不仅使国家在物质上得到相当的收获,同时在精神上尤其得到更伟大的收获。一个乞丐虔诚地献上一角大洋,一个'苦力'同胞从他的肚子上的阔马带里挖出一张破烂的角票,或是几个大铜子儿,在物质上这似乎是很有限的,但是当他们兴奋地尽其所有的血汗钱去贡献于国家,在精神上的价值却是无法可以量度的。""一个乞丐肯把他的辛辛苦苦讨来的钱,一个'苦力'同胞肯把他的辛辛苦苦赚来的钱,很慷慨地送上献金台去,这决不是可由强迫做到的。但这只是局部的例子,而这种精神应该普遍地展开到一切动员方面去。现在在这一个献金运动中已表现了民众对抗战的热情,民众的牺牲,无我,忍耐,刻苦的程度。这里已表现民众自发的力量了。我们也再不能不相信民众的力量,而再误解民众对抗战冷淡和不关心。""这一次献金运动,是在民众无健全组织下进行的,如果民众有了广大的组织,我们相信,那所收到的成绩,还要比今日高过多少倍数,可以预言。""我们从这次运动中看出人民无不乐意参加抗战,人民都在要求贡献自己的力量,人民都在要求组织,领导。但同时在这一运动中,也表现出,我们要启发民众的自动性,民众运动是不能用任何强制的方法可以发动起来的。"(全集第 8 卷第 46—48 页)

7 月 16 日　《参政会有了什么收获》、《在参政会中(三)》、《〈敌人在诱惑我们

失业工人〉附言》(署名编者),载汉口《全民抗战》三日刊第4号。(全集第8卷第50—52页、52—53页、53—54页)

《参政会有了什么收获》摘要:

"我们的共同敌人日本帝国主义所最希望的是我国内部的分裂,因为内部分裂便减损了抵抗侵略的力量,于我们的敌人是有大利的;在我们热诚爱国的全国同胞所最要努力的是全国精诚团结,用整个的民族力量来对付侵略我们的暴敌,来争取民族解放的最后胜利。这次大会的团结精神的充分表现之所以重要,是因为一方面可给敌人以严重的答复,一方面也可以表示我们抗战必胜建国必成的确有把握。这可以说是参政会所得到的一个最大的收获。但是抗战建国是必须经过相当的历程的,在这艰苦奋斗的历程中,我们还必须时刻提防敌人和他们的走狗们破坏我们团结的阴谋,所以我们还须注意怎样保持这种团结精神,而且更进一步怎样来扩大这种团结精神。必须这样,这次参政会中所得到的收获才能成为真正的收获。""总结起来说,这次大会表现了全国团结的精神,对于未来设施有了相当的规划,对于已往施政有了相当的检讨。可是缺憾还不是完全没有的,极少数人仍有言语失检,引起不必要的小波澜,幸而最大多数的参政员都是以国家民族的利益为前提,以集体的安定力量,克服一切困难,同舟共济,为国努力。"(全集第8卷第51—52页)

《〈敌人在诱惑我们失业工人〉附言》全文:

"这封通信里所提出来的问题,是值得我们严密注意的,敌人的诱惑与奴役的方法,真无为不至!他们现在利用了中国工人在战时的失业,来引诱我工友到他统治下去作牛马奴隶,这是非常痛心的现象,我们对于这封信内所提到的那位母亲,我们实在不能单责备她。不错,我们固不能忽视对工人的政治宣传,用各种事实去揭穿敌人的欺骗,打破许多落后工友的迷梦,但我们最最要注意的,还是要对他们的生活想办法,顾及民生,是增加抗战的力量。我们早就说过,我们希望政府要速谋对工友们作整个救济之策,勿使工友们生活绝望,同时主持工运和前进的工友,要扩大进行政治宣传,用事实去克服这些可怜同胞的幻想罢!"(全集第8卷第54页)

7月19日 《参政会第一届大会的总结》(7月17日写于汉口)、《在参政会中(四)》、《铁窗内的抗敌呼声》(署名编者),载汉口《全民抗战》三日刊第5号。(全集第8卷55—59页、60页、61页)

《在参政会中(四)》全文:

"参政员每人每月有公费三百五十元,这一点似乎颇引起一些人的议论。

记者最初的直觉，也觉得有问题，因为在这国难期间，一切都应从省，所以曾经和几位参政员提起此事，要想提出一个临时动议，后来仔细调查，才知道各人的情形不一样，很难提出一个一律的呆板办法。有些人是从远处来的，乘着飞机赶来赶去，拿所有公费加入做盘费还不够；有些人是从沦陷区域赶来的，安家费和路费都靠此弥补。即在闭幕后，也有许多人正在设计工作计划，有的从事调查，有的从事研究，以备提供于参政会，至于驻会委员之有经常工作，更不消说。所以我以为一方面各参政员当注意于工作的计划与努力；一方面兼职的参政员，如原来的收入已足维生计，当尽可能慨然捐助给有益抗战的事情。"

"也许读者要问记者自己作何打算。我的原有职业还勉可维持我个人和家属的生计，所以我要每月捐一百元给伤兵医院（七月份的已献金一百元，以后除如有特殊更重要的捐助外，当以捐入伤兵医院为原则）；捐一百元给《全民抗战》三日刊，这是有益于抗战的一种文化事业，所以值得一助；此外则作为下次赴会的旅费准备。我以为公费绝对不应作为个人享受之用，当尽量为公而用。"（全集第 8 卷第 60 页）

《铁窗内的抗敌呼声》全文：

"自从抗战爆发后，我们就听到各地监狱发出普遍的要求恢复自由，献身民族国家的呼声。无疑的，这种呼声，我们是充分同情的；尤其对于政治犯，我们早就主张在今日全国各党派精诚团结下，应该一律释放，共赴国难。可惜，至今日止，前后被释放的政治犯，尚是属于一部分。以下两篇通信，我们读了都非常感动，但这决不只是一部分的呼声，全国各地，同样的要求，因为无法传达出来，尚不知有多少。""我们在这里可以告慰在监诸友的是国民参政会中已对这一问题，给与了巨大的同情与注意，对于恢复全国在监人自由的办法也有实际的决定，现在问题只在如何具体的实行，我们在同情之余，极盼舆论有以督促，使这一部分潜在的抗战力量，早日提供到抗战中来，但在恢复自由的手续未办理之前，我们也希望全国在监人以上海政治犯为模范，稍安无躁，在监中学习你们出来需要的一切知识罢！"（全集第 8 卷第 61 页）

7 月 23 日 《民众团体的整理》、《在参政会中（五）》，载汉口《全民抗战》三日刊第 6 号。（全集第 8 卷第 62—64 页、64—65 页）

7 月 26 日 《抗战开展中的国际援助》、《在参政会中（六）》，载汉口《全民抗战》三日刊第 7 号。（全集第 8 卷第 65—67 页、67—68 页）

《抗战开展中的国际援助》摘要：

"我国只要巩固团结努力奋斗到底，敌人终必溃败，我们终必胜利，这不是一种幻想,是有种种实际的条件做根据,而在这种种条件里面,我国的抗战愈益开展之中,国际的援助也随着愈益增加起来;在相反的方面,敌人的侵略战愈益横行下去,它在国际上愈益陷于孤立的地位,除了它的一二帮凶的国家外,简直完全得不到任何国家的支持。这是铁一般的事实。""这次在巴黎举行的国际反轰炸大会的主要发动者是国际反侵略总会,这总会所领导的有四十三个国家分会,四十余个国际团体,七百五十余个各国民众团体,其所代表的人数在四万万人以上,加上中国正在英勇反抗残酷侵略的四万万五千万以上的人民,实占了全人类半数以上的群众力量! 这伟大的人类力量是完全站在中国的方面,完全站在艰苦奋斗的中国人民方面!""我们的敌人不是不想争取国际援助的,记者最近得到一位美国朋友从纽约来信,据说日本在纽约愿按月出七万美金的宣传费,雇用一个美国人来主持其事,目的只在宣传美国有维持中立法的必要,但是没有一个人愿干! 这和我国一个市长的一纸通电便招致六十一城市的市长(纽约市长也包括在内)的热烈响应者,两相比较,为人类的正义而牺牲抗战者,所得于国际的援助究竟不同罢!""坐待国际援助的依赖心理是要不得的,而且徒然'坐待',国际援助也反而要渐渐消灭而至于零;但是由自我奋斗而争取国际援助,由此格外增强我们的抗战力量,格外削弱敌人的侵略力量,这却是完全正确的途径,却是要用更大的努力来执行的,而且也只有用自我奋斗来争取国际援助,国际援助才能迅速地扩大增强起来。这两方面是有着相互的反应作用的。""中国的英勇抗战,不但在内部越打越强,即在国际上也越打越强。我们是向着进步的大道走,我们的敌人是向着没落的死路走,这是一个大差异,是我们必得最后胜利的一个重要条件,是我们应该坚持抗战的一个重要理由。"(全集第 8 卷第 65—67 页)

《在参政会中(六)》摘要:

"发言确是一种技术,在议会中尤其是一种重要的技术,因为你对于提案的说明,对于讨论时的辩难,都是要在有限的时间内期望收到最大限度的效果,这张嘴是不得不注意有着相当的训练的。我国常人的毛病是在极少数人谈天的时候,往往提高嗓子瞎喊,等到有大量听众的时候,却往往收紧着嗓子嗡嗡然,好像只对自己说话! 这次在参政会中,声音宏亮的固不少,但是好像只对自己说话的仍不乏人,所以坐在后面的王造时先生屡次立起来说:'请前面的说话说得响些,后面完全听不见!'说话完全使人听不见,就等于没有说,付表决时的吃亏是不消说的了。""有一位广东参政员对于增强广州空防一案,用很响亮而又沉痛悲哀的声音,字字速度适当地说出来,说到怎样对得起广州同胞的几句,声泪俱下,结果不但全场一致通过他的提案,而且还加上请政府迅速执行的字样,可见发言的重要。后来有广东朋友说,这位参政员的阿兄就在广州轰炸中被炸死,他大概是想起了惨死的阿兄,所以格外悲咽起来了。"
"声音宏亮当然只是发言的一个重要条件,至于内容的合理和有条理,当然也很重要,如内容糊涂而又噜苏,声音宏亮却反而愈糟糕!"(全集第 8 卷第 67—68 页)

7 月 29 日 《重要关头的内外形势》、《在参政会中(七)》,载汉口《全民抗战》三日刊第 8 号。(全集第 8 卷第 68—70 页、70—71 页)

《重要关头的内外形势》摘要:

"日寇正在以全力集中于夺取武汉的企图,九江已入战争状态,敌于二十五日攻占九江,我军移守新阵地,这是第三期抗战过程中的一个重要关头,人心紧张,也是一种当然的趋势,但是每在战事的重要关头和人心紧张的时候,失败主义和悲观主义也往往容易抬头,结果往往不重在如何克服困难,反而因动摇消极而增加着多少困难,这一点是值得我们的特殊注意而加以努力纠正的。""我们的抗战到了这样重要的关头,到了这样紧张的时候,试看看国际对于我们的空气不但不消极,而且反有积极的表示,这只要看国际反轰炸大会最近在巴黎所通过的关于中国的决议案的内容,就可见一斑。该会所通过的五个要点,没有一点不含有援助中国的积极性。第一是依照华府九国公约,国联盟约,巴黎非战公约,国联大会与行政院历次决议案,援助中国。第二是关于中日战争,任何解决方案,凡与中国独立主权与领土完整相抵触者,均所反对。第三是主张以款项贷与中国政府。第四是主张扩大宣传运动,以援助中国。第五是主张抵制日货,并阻止以军用品及煤油供给侵略国。""我们的国际友人对于我们的抗战前途并不看得一团漆黑,而且看到必有光明的前途。""国际的朋友不是用空话来安慰我们,我们更不是需要空话来安慰我们自己。国际的朋友是由分析事实而得到了结论。""我们的民族敌人原打算三个月的时间就可征服整个中国,现在遇着了中国的英勇抗战在一年以上,而且中国的军队主力和人民斗志还在继续不断'健全'着,这实在是出乎我们的敌人意料之外的事情,它已消耗了出乎预算之外的力量,它的内部危机的深刻化是已到了焦头烂额难于补救的地步,是已到了最后挣扎的境域。""中国兵法谓'知己知彼,百战百胜',我们明了敌人的实况,重在努力如何应付,而不是稍存轻敌的意思。无可讳言的,敌人和我们都到了很艰难的时期,但是我们有艰难,敌人的艰难比我们的更大,我们的艰难比较敌人的艰难还易于克服。我们的牺牲过程是否可以缩短,我们的最后胜利是否可以提前,就看我们是否很迅速而痛切地承受一年来血肉换来的教训而努力补救自己的缺憾。我们有什么缺憾?有什么办法可以补救这些缺憾?在政府所公布的宣言与纲领,在舆论界所发表的批评和建议,在参政会中所提出的询问和议案,都原原本本地说了出来,但是目前在事实上的表现是否赶得上重要关头的急迫需要,这却需要全国上下的十分坦白和沈痛的反省!"(全集第 8 卷第 68—70 页)

是月 政论集《激变》由汉口生活书店初版。(全集第 8 卷第 75—183 页)

是月 《记在〈激变〉前面》(6 月 28 日记于汉口),收入生活书店汉口版同名单行本。(全集第 8 卷第 75 页)

《记在〈激变〉前面》摘要:

"这本书里的材料,是'八一三'全面抗战发动之后的三四个月内,作者在《抗战》三日刊,《救亡日报》,及《申报》上所发表的文字。这三四个月在中华民族解放战争史上是一个划时代的激变的时期,这本书里的材料就是这激变时期的一种反映,而且在这里面所触及的许多问题,在今日还值得我们注意的,所以把它汇集起来,就把它叫做《激变》吧。"(全集第 8 卷第 75 页)

8 月 1 日 生活书店总管理处由汉口迁往重庆。4 日开始工作,14 日起各部正式办公。(《店务通讯》第 21 号"总处动态"栏,刘蜀仪《邹韬奋首次莅渝及其活动》,载《重庆出版史志》1991 年第 2 期)

8 月 3 日 《审查书报原稿的严重性》、《在参政会中(八)》,载汉口《全民抗战》三日刊第 9 号。(全集第 8 卷第 185—187 页、187—188 页)

《审查书报原稿的严重性》摘要:

"中央为适应战时需要及齐一国民思想起见,特组织中央图书杂志审查委员会及地方的同类审查机关,并公布审查标准。""纳全国思想于三民主义最高原则之下,订立比较具体标准以审查书报,这个原则固为必要,而采取审查原稿的办法,对于舆论的反映及文化的开展实有其莫大的妨碍,这在办法上实有研究的余地。""在这抗战建国的时期,尤其在郑重保障言论自由的抗战建国纲领公布之后,蒋汪两先生在国民参政会都郑重表示民主政治奠了初基,并由政府提出建立地方参议会的提案,全国欣然称颂政府集思广益重视民意的德政,我们主张政府既有标准公示全国,不遵守者又有严法以惩办示儆,已足够齐一全国思想,宜在这范围内听任全国有稍稍自由反映舆论的机会,而不可有过于严苛的限制与束缚。""依所发表的审查办法,本党及各级党政机关之出版物,得免除原稿审查手续,但出版后须检二份送中央审查机关备查。我们认为这个办法也可实行于其他出版物,希望政府一视同仁,同样的免除民间所办的文化事业的艰苦困难。""还有一点值得注意的,古人说防民之口甚于防川,宜于疏导而勿令溃决。民间的痛苦和要求,在最初也许听来不顺耳,但事实终是事实,掩饰不如补救,便可化大事为小事,化小事为无事。抗战以来,在舆论方面的表现,有改善政治机构(尤其是下层政治机构),相当地改善人民生活,建立中央及各地方的民意机关,发展游击战以配合正规军等等(只是随便举几个例子),在最初颇引起一部分在位者的反感,但是政府处以宽大的态度,以无碍于三民主义的最高原则,听任舆论界公开研究讨论,终于在事实上逐渐采纳,这反足表示政府的贤明,民间的悦服,有裨于抗战的进行,这种耳目作用于政府有利而无害是很显然的。我们所诚恳希望的是在三民主义最高原则下,予耳目以相当范围听视的自由,而不加以过于严苛的限制与束缚。"(全集第 8 卷第185—187 页)

《在参政会中(八)》摘要:

"在二百个参政员(实际到的是一百五十六个)中,女参政员只有九个,初看起来,似乎是没有多大的力量,其实却在这次参政会中有了很重要的表现。""第一件事是她们真做到了精诚团结的模范。在这九个参政员中,含有各党各派及无党无派的杰出人物,可是她们立于妇女统一阵线的地位,却建成了铁一般的团结。她们所共同提出的动员妇女参加抗战建国工作案提案就是全体(九个)女参政员,此外还用她们的集体的努力,争取了三十几个男参政员的联署。""第二件事是这股女参政员的斗争精神,可谓始终不懈,一毫不放松,使人得到很深刻的印象。""凡是有一点儿可容女子插足的事情,我们的女参政员总是紧紧地把握着,非力争不肯罢休。她们立起来说话的都有口若悬河的天才,尤其是邓颖超女参政员,用非常正确流利的国语,加上震动全场耳鼓的金石之声,成了议场中一个很大的特色。"(全集第 8 卷第 187—188 页)

8 月 6 日　《再论审查书报原稿的严重性》、《在参政会中(九)》,载汉口《全民抗战》三日刊第 10 号。(全集第 8 卷第 188—190 页、190—191 页)

《再论审查书报原稿的严重性》摘要:

"关于最近所公布的图书杂志审查办法,我们一方面谅解政府适应战时需要及齐一国民思想的动机,一方面却认为有了三民主义最高原则及比较具体标准以作书报的准绳,不遵从者又有法律以从其后,已经足够,若对书报实行审查原稿的办法,限制和束缚过于严苛,对于舆论的反映及文化的开展实有莫大的妨碍。""在上期社论,特别提出来加以研究,但是限于篇幅,上次仅就舆论事业方面略贡所见,现在请再就图书方面加以检讨。""学术的研究与进步全靠有相当范围的思想自由。所谓相当范围,在中国今日是不违反三民主义和不妨碍抗战建国;只须不超出这个范围,政府应该准许人民有发表思想的自由,由此尽量发挥他们的创造性;尤其是关于精深学术的超卓著作,往往在初发明时,因为站在时代的最前线,有非寻常识见所尽能领会的,经过相当时期的争论与辩驳,真理因论辩而愈显,渐渐成为众所悦服的主张。""关于图书要审查原稿,把思想自由的限度缩到过于严苛的地步,便使学术的研究与进步受到很大的障碍。""这种种的著作是多少专门学者的心血结晶! 是多少专门学者经过长时期辛勤研究的结果! 中央和各地方审查机关欲延揽许多富有各部门高深学问的专家学者担任审查,在事实上是不可能的。""若勉强由党政军警机关派代表担任,实在是不妥当。这并非我们敢于轻视党政军警机关没有人才,却是说各有所长,勉强担任,徒然使全国的学术界蒙受莫大的损失。这是客观形势所必然,我们诚恳希望政府为着全国的学术前途计,加以审慎的考虑。""在寻常时候,一本书的校样可在同一时全部送阅,在战时因设备的困难,及材料的缺少,往往一本书的校样要分做几次送校,每次清样送审查(即等于原稿)虽只延搁数天,合起来就是一二十天,在这期间,印刷所因材料不能撤除关系,又影响到其他书籍的排印。这种损失的总计,不仅是书业的苦难,不仅是抗战期间文化界的苦难,也是国力的一部分的损失。""依所公布的办法,在'战时图书杂志原稿审查办法'施行以前出版的图书杂志,须先致送各地审委会经审查发给许可证后,始得发售。这种办法势必致于使出版业停顿起来! 我们觉得当局尽管依据标准检查已出版的书,如发现果有违反三民主义的原则,即依法处罚,不必因噎废食,使一切的书都须为着审查而陷入停顿的状态。在抗战期间,前方的战士与后方的大众,尤其是内地农村中的大众,都深刻地感到精神食粮的饥荒,所以我们对于精神食粮更需要加以积极的爱护,减除它在生产上及流通方面的困难,不但减除困难而已,更要进一步给与种种的便利。我们深知贤明的当局的动机也在此,所希望的是在办法上能再就此点加以考虑。"(全集第 8 卷第 188—190 页)

8 月 9 日　下午一时,韬奋离汉飞渝,四时安抵重庆,柳湜同行。(《店务通讯》第 21 号"同人行动"栏)

同日　《紧急中的动员民众问题》、《在参政会中(十)》,载汉口《全民抗战》三日刊第 11 号。(全集第 8 卷第 191—193 页、193—194 页)

《紧急中的动员民众问题》摘要:

　　"抗战到了这样紧急的关头,以军事为中心的动员民众问题,它的必要是没有人再有疑问了,问题是在怎样动员民众,尤其是在紧急中怎样动员民众。我们所以特别提出紧急中的状况,因为民众的组织和训练是靠平日就要下苦工,然后急需的时候才能登高一呼,万山响应,否则是有临时措手不及的危机的。""民众团体的力量,不是在短时间内挂上几块显赫的招牌,拉揽几个挂名的领袖,就能像奇迹似地发生出来的。民众团体的力量,必须有多时刻苦奋斗的干部与多时在实践中努力的群众,尽管它的招牌看上去不一定完全附合法令上的规定,或是它的成立手续不一定完全附合法令上的规定,但是我们觉得在紧急中发动民众运动及领导民众力量的政府当局为在实际上增强抗战力量计,应该大胆和宽大地给它们以种种的便利。""政府对于民众力量的统一的领导和指挥是必要的,尤其是在紧急的状况中,但是所谓领导和指挥,最重要的是真把所有的民众力量领导起来,真把所有的民众力量指挥起来,民众力量的培植是很不容易的,因为它需要相当的时间,所以只应该加以统一的领导和指挥,而不应该加以不必要的限制。所谓不必要的限制,当然不是说毫无限制,但是必须以不致减损民众力量为前提,必须以不致减损民众组织的自发性与积极性为前提。这一点尤其是在紧急的时期为更重要,因为在平时还有从容布置的余地,在紧急时期则祸迫眉睫,如再犹豫迟疑,或出于不必要的顾忌,而敌人已升堂入室了!这是急于救火瞬息万变的时候,我们需要实际的效果,而不可拘泥于常态的形式主义。""对于动员民众的态度如能确立起来,虽在紧急中,动员民众并不是一件很困难的事情,就是有些困难,也可以很快地加以克服的。人是感情的动物,也是政治的动物,为着国家民族独立自由的抗战到了这样紧急的关头,做中国人的谁不热情沸腾,为国效力?我们只要看各方面都在那里想动,为帮助政府增强抗战力量而动,尤其是平时比较有组织、有工作经验的民众团体,都想动,有的已在很困难的环境中动着。这实在是紧急中响应动员的心理基础和实力基础,这种心理基础和实力基础也就是政府在紧急中动员民众所要极力注意运用发挥光大的基础。"(全集第 8 卷第 191—193 页)

8 月 13 日　《纪念八一三》,载汉口《全民抗战》三日刊第 12 号。(全集第 8 卷第 195—197 页)

《纪念八一三》摘要:

　　"我们的民族敌人日本帝国主义,原打算在三个月内征服全中国,但是在全国英勇抗战一年以后的今日,敌人愈战愈狼狈,我们愈战愈强,在今天我们仍得以坚持抗战的中华民国国民的资格,来纪念八一三,这是多么使我们感到无限的快慰与兴奋！""主张抗战救亡者也是看到客观形势的无可避免,故大声疾呼,主张与其坐以待毙,不如奋而求生,而失败主义及妥协主义者却往往不注意于坚持抗战中继续努力自强,而把一切苦痛归罪于抗战,这种错误的心理是很有害于抗战前途的,我们在纪念八一三周年的今日,这是应该切实认明的第一点。我们纪念八一三,要更坚定抗战的决心,无论在过程中要经过怎样的艰苦,丝毫不为失败主义妥协主义所动摇。""去年八一三在淞沪所发动的英勇抗战,粉碎了敌人三个月可亡中国的呓语,引起了全世界对于中华民族的惊畏敬佩,这在中华民族解放史上是占着最光荣的一页","这光荣的一页是用了千万战士及遭难同胞的热血写成的,我们在这令人无限兴奋的最可纪念的一天,不得不沉痛默念为国牺牲的赴义战士和遭难同胞,我们后死者要不使他们的热血白流,要作更大的努力,使他们所卫护的祖国得早日脱离苦难,使他们所痛恨的敌人得早日被驱出于中国的国土之外！这是我们在纪念八一三周年的今日所要切实认明的又一点。""淞沪英勇抗战三个多月,为国家在国际上所争取的信誉非常的大,对我们的敌人给与一个非常重大的打击,所以虽然有人从军事上批评过于偏重阵地战的缺憾,可是这次战役的本身总有着它的非常重大的永远不磨灭的价值"。"在这样的宝贵时期内,后方的民众动员工作做得太不够,以致日寇于我方淞沪撤兵后,沿京沪各地的汉奸蜂起,助桀为恶,反被敌人利用,以增加他们的军事力量。这种过去的事实是我们前车之鉴。一面抗战,一面增强力量,是我们抗战期中愈打愈强的要策,今后我们便须一点不放松以空间争取到的极宝贵的时间,迅速紧张地努力于增强抗战力量的各部门工作。这是我们在纪念八一三周年的今日所要切实认明的又一点。"(全集第8卷第195—196页)

同日 《迅速扩展后的积极整顿——向同人提出的一个具体的建议》,载重庆《店务通讯》第21号。(全集第8卷第197—198页)

《迅速扩展后的积极整顿——向同人提出的一个具体建议》摘要:

"自'八一三'以来我们的分店突然加多,干部也突然因事实上的需要而分散到各地去,于是彼此有许多意思都比较地难于沟通,我便渐渐感觉到《店务通讯》的重要。同时看到本店扩展迅速(当然是由于客观的需要),在组织上,工作上和人事上好像脱了节,主观的条件赶不上客观的要求。因此我一方面觉得我们大家的文化事业开展之可慰,一方面也感到本店前途的危机。""我一万分地深信这危机不是人力所不能克服的,所以我近来很想多抽出一些时间帮助本店积极整顿一番。""我要向同人提出一个具体的建议,请每个同事把他胸中所要说的话，无论是对于本店任何部分工作或任何个人的批评或建议，都丝毫不隐瞒，丝毫不必忌讳地写信告诉我，信封上写明'亲启'，我必亲自拆阅，有保守秘密必要的，我必负全责保守秘密。我的目的是要根据实际的检讨，为本店整个文化事业开辟光明之路，绝对不愿引起人世间的摩擦。倘有建议或改革，不便由任何个别同事提出的，只须是确实重要，确实有价值，我可以负责用我的名义（即不涉及建议者的名义，以免建议者的为难）负责提出，负责督促其实现。如有疑问提出，我也可以解答；倘有为我所不知道的，我也要负责查究明白，将结果奉告。如属多数人的疑问，或疑问的性质，有公开解释必要的，我也可以在《店务通讯》里作公开的解释。如果我有问题要征求同人意见的，也可以提出来请教。"（全集第 8 卷第 197—198 页）

8 月 17 日　《热烈响应世青大会》，载汉口《全民抗战》三日刊第 13 号。（全集第 8 卷第 199—201 页）

《热烈响应世青大会》摘要：

"世界上要获得真正的和平，必须共同起来制裁扰乱世界和平的侵略国家，并非对侵略国的怯懦退让所能幸致的。""世界上真正主持和平的人士，同时也就是主持正义反对侵略最力的人士。他们所反对的是侵略战，而不是反侵略的，以争取世界和平为目的的神圣战争。最近各国主张和平的团体代表，尤其是反侵略大会代表及世界青年学生代表，对日寇的侵略战痛心疾首，对中国的反侵略战热烈赞助，便是最显明的例证。要彻底明白世界第二次青年大会的重要任务，先要了解他们所拥护的是反侵略的真正的和平，不是对侵略妥协的虚伪的和平，由此才能明白他们所主张的和平是和反侵略分不开的，也就是和世界正义分不开的。""我们热烈响应世青大会，不仅在书面上的表示而已，尤其重要的是要用更勇猛的'予打击者以打击'的斗争精神，愈益巩固全国团结，愈益努力于抗战建国的各部门的工作，更充实自己的'打击'力量。使'打击者'受到更严重的'打击'，使侵略者更迅速地崩溃，由此使扰乱世界和平的一个大魔鬼不能再为恶不作。""中国有句老话，叫做勿使亲者所痛，仇者所快，我们要格外努力，使亲者没有痛的时候，使仇者没有快的机会，要达到这个目的，我们各方面都要使内部不发生纠纷，使整个的力量一丝不漏地用来'予打击者以打击'，这一点是我们在热烈响应世青大会中所应自警惕策勉的。"

（全集第 8 卷第 199—201 页）

8 月 19 日　《民众团体训练干部问题》、《八一三中的贵阳青年厄运》，载汉口《全民抗战》三日刊第 14 号。（全集第 8 卷第 201—203 页、203 页）

《民众团体训练干部问题》摘要：

"我们如要民众团体发生真正的伟大力量,有几个最基本的条件：一个是须有眼光远大认识正确的领导人,一个是须有精明干练勤奋服务的干部,一个是须有广大的群众基础。广大的群众基础是一个民众团体真正的伟大力量之所由来,可以说是基础的基础,但是如果缺乏好的领导人和好的干部,广大的群众基础却无从建立起来,所以训练干部成为健全组织的一种特别重要的工作。""做领袖的人不在乎事必躬亲,而在乎能用人,能领导人。个人如此,领导民众工作的总的机构也有相类的作用。各民众团体所需要的形形式式的干部,种类繁多而内容复杂,要由政府一手专办,势必消耗大部分的人力财力,规模广大,亦非一蹴可就,不如分头努力之轻而易举。""真正动员民众必须使民众团体真能发挥它的力量,建立健全干部正是使组织基础能够健全的重要工作,这个问题是值得慎重考虑的。"(全集第8卷第201—203页)

《八一三中的贵阳青年厄运》摘要：

"七月廿五日省党部通告,限各民众团体于八月一日一律登记,民先也依法于七月廿八日即推代表携带三十人干部名单请求登记,但省党部要求开列全部名单,民先即将一百六十余人的全部名单开出,八月十日省党部通告于八一三下午四时到部听训,当时因暑假散归者颇多,实际到者七十余人。训话后全部被拘押,目前正在营救中。""民众团体须履行登记手续,受政府的统一领导,青年团体也须遵守这个原则,这都是当然的,但是像贵阳的民族先锋队,依法呈请登记,依嘱开列全部名单,他们都是极诚恳地愿受政府的统一领导,是很显然的,而终于有七十余人的被捕,而且是在八一三那样沉痛兴奋正应提高民众爱国意识的日期,不能说不是一件憾事。我们希望这件事能得到该地当局谅解,迅将爱国青年释放。"(全集第8卷第203页)

同日 《〈保卫大武汉特刊〉发端》、《〈急待纠正的非法行为〉附言》(署名编者),载汉口《全民抗战》保卫大武汉特刊第1号。(全集第8卷第204页、205—207页)

《〈保卫大武汉特刊〉发端》摘要：

"我国这次的神圣抗战,它的整个的大目的当然是要收复失地,歼灭敌人,保卫整个的中国。""日寇对中国的侵略,它的企图是想打到中国'屈膝',这是他们在战事开始的时候,就由日本帝国主义代言人近卫公开宣布于全世界的呓语。'屈膝'是'做奴隶'的另一种说法,我们不愿做奴隶,不愿以此侮辱我们的祖宗先民,不愿以此残害后世子孙,惟一的途径只有巩固团结,坚持抗战,而在当前尤其急迫的任务是要发挥全国的力量,共同努力奋斗,来保卫武汉。"

"能否保卫武汉？整个答案要由全国上下怎样努力来答复。保卫武汉是能够的，都是须在必要的条件之下才能够。最后的结果是要看这些必要的条件做到了什么程度；要看军事，政治，民众彻底动员等等方面做到了什么地步。""这个特刊所要努力贡献的，一方面想尽其微力，促进这些条件的进展，一方面也是保卫武汉过程中的一面小小的镜子，是这个努力奋斗的过程的一个反映。"（全集第 8 卷第 204 页）

《〈急待纠正的非法行为〉附言》：

"事实明显的很，这次事件之能得到'解决'是因李耀祖先生的负责力争，和湖南警备司令部某副官的明白大体，否则说不定湖南的难民工作即被那位'便衣先生'所破坏。但是我们对于这次事件之解决，也还不能认为完全满意，因为根本的问题并未解决，那位'便衣先生'到底是代表什么势力？他竟敢违反警备司令部的意旨，目无政府，法律，而胆敢跑到一个合法的民众团体内，非法干涉，捣乱，擅行逮捕，讯问。明明座谈会上讨论是疏散难民的问题，他可以用反对疏散难民的罪名硬加在你的头上，幸而这天有记录可查，否则是非曲直即会因他一个的挑拨，裁诬，而形成一个严重的问题。这是何等严重的问题，他这样的行为并未得到任何制裁，不能不认为是一奇事。今日我们大呼动员民众，如果这类现象依旧存在，那真不堪设想。现在我们高谈举国上下精诚团结，有了这类现象存在，将造成怎样后果呢？是团结？还是增加误解和磨擦？这不难想像。今日政府常对民众团体不能彻底了解，有人说，这一大半也是由于政府所得到的情报不正确，这话大概不会是假的罢！""今日许多从事地方工作的友人，常常说出许多光怪陆离的新闻，地方上的阻碍，有时真出我们想像之外。他们常说，上级政府的法令，最高领袖的意旨，指示，谈话，宣言，都是好的。不过一到了下级，并不能发生效力，你拿这些法令指示去和他争，他仍可以用非法的权力对付你。像在一个政治已经进入开明的湖南，在党政领导之下文抗会主持的难民工作，还要受到这种非法打击，这就可以想见一般。为了加强上下的团结，为了彻底执行政府，领袖的法令，意旨，这类不良的现象，我们不得不向主持高级党政的领袖们大声的呼吁，即使出于偶然，也应从速加以纠正啊！否则民众是动不起来的。"（全集第 8 卷第 206—207 页）

8 月 20 日 《本店设立总管理处的理由——总管理处和各分店的互助》，载《店务通讯》第 22 号。（全集第 8 卷第 207—209 页）

《本店设立总管理处的理由——总管理处和各分店的互助》摘要：

"本店在组织系统上原来只有总店和分店（支店和办事处当然在内，以下相同），并无所谓总管理处（以下简称总处）。自总店从上海移到汉口后，才想出总处的办法来。""现在的总处和以前的总店所不同之点，只是：（一）把门市部归并于所在地的分店；（二）其他部分的工作因分店的增加而较前扩大复杂起来。总处目前的组织分五部：1. 总务部；2. 主计部；3. 营业部；4. 编辑部；5. 出版部。""总处的主要任务，须特别注意本店各部门整个计划的规划与全盘中各项工作的考核指导与调整。一方面尽量容纳各分店工作同志的合理的意见，一方面尽力帮助各分店工作同志解决困难问题。""各分店负责同志，关系各分店范围的工作，对于总处负有报告的责任，对于总处的咨询负有回答及贡献意见的责任，（对于整个本店的计划和工作，每个工作同志当然都可咨问或建议，当然并不限于分店的范围）。""大家这样分工合作，和衷共济，我相信本店的组织和工作一定能够一天天健全和进步的。"（全集第 8 卷第 207—209 页）

8 月 23 日　《民运与肃奸》，载汉口《全民抗战》三日刊第 15 号。（全集第 8 卷第 209—211 页）

《民运与肃奸》摘要：

"最近国府明令公布修正惩治汉奸条例，罗列通谋敌国而为汉奸行为者共十四类，犯者处死刑或无期徒刑，包庇纵容前项犯罪者，以共同犯罪论。政府对惩治汉奸法令的周详而严厉，足见我国当局对于肃清汉奸的重视，在事实上肃奸确为抗战期中争取胜利的一种异常重要的工作，当局对此事的重视，是完全正确而适合当前的迫切需要的。""我们觉得肃奸工作要有实效，一方面固须有周详而严厉的法律，一方面尤须使此事在广大的有组织的民众运动中形成一种为广大民众所了解而参加的肃奸运动，否则仅有严法的颁布与执行还是不够的。为什么呢？因为汉奸的行为是无孔不入的，是随时随地可以产生的，是军警所防不胜防的，所以必须有广大的有组织的民众彻底了解肃奸的意义和重要，随时随地帮助政府注意汉奸的行为，随时随地参加侦察和报告，然后才能使汉奸没有活动的余地，然后才能使汉奸阴谋无法施展。举几个最简单的例子，大家看到汉奸替敌发信号枪，以引导敌机的轰炸，没有不痛心的，但是如有严密组织的民众随时随地加以监视，这些汉奸便没有发信号的机会，就是偶尔有，也很容易捉捕，无法逃遁。""前陕西绥靖主任杨虎城氏观察西班牙回国之后，曾告诉记者关于他在西班牙所遇到的一件事。他带着一个随员，还有一个西班牙政府所派的军官陪伴，一同乘着一辆汽车经过某村的田间，杨氏的随员忽无意中从衣袋里拿出一个小摄影机，想要随手摄一个影，不料被附近的一个看羊的农夫瞥见，喝令停住，认为这是有犯军区禁例，须同到队部去解释，虽经陪伴的军官说明仍不许,终到队部解释后了事! 杨氏虽受了麻烦,但仍对于这个爱国的农夫表示敬意。有这样密布着的民众肃奸运动,奸细的活动力当然是要被消除或被减至最低限度的。""真有实效的肃奸运动,不仅仅是颁布一二法令所能唤起或形成的,必须对一般民众下一番广大教育工夫。汉口飞机场附近曾经捉到一个为敌人发信号的穷苦老太婆,她被捕后,供述得到某人给她一元代价,并不知道信号是什么意思,警察局责她是汉奸,她听了莫名其妙,因为她根本就不知道什么是汉奸! 这是服务于飞机场的一位朋友亲口告诉记者的一个故事(这里面当然也包含着人民最低限度的生活问题)。""一般大众对于汉奸的种种阴谋,努力肃清汉奸对于抗战的重要关系,每个国民对于肃奸工作应负的责任,以及肃奸的种种方法,不是都能有彻底了解的,都需要有广大的教育增加他们了解与增强他们热情的必要。同时尤其重要的是要有有组织的运动来扩大这种教育深入民间去,要有组织的领导来推动执行这种普遍而深入的肃奸工作。""肃奸工作必须与广大的民众运动联系起来,才有实际的功效。"(全集第 8 卷第 209—211 页)

8 月 24 日　第二届世界青年和平大会闭幕,特拟于是日下午六时假重庆女师大礼堂举行响应大会,请韬奋讲演,因向当局办理开会手续受阻,临时被制止,已到会千余听众失望而归。(《店务通讯》第 23 号"总处花絮"栏)

8 月 26 日　《统一运动与消灭运动》、《〈一个救国志士的惨死〉按语》,载汉口《全民抗战》三日刊第 16 号。(全集第 8 卷第 211—213 页、213—216 页)

《统一运动与消灭运动》摘要:

"常有一部分人专重表面上形式的划一,反而阻碍了实际上力量的真正统一,虽然因为抗战的客观需要所督促,终究是走上真正统一力量的途径,却因为经过一段的无谓的喧嚣与拖延,无意中空耗了一致对外的力量,这实在是令人痛心的莫大的憾事。例如团结各党各派的力量于最高领袖统一领导之下,这原是很正当而迫切的一件事,但却经过许多时候的无益争论,喊着'一个党'的口号,消耗力量于内部的摩擦,其实为着抗战而统一全国各党派的力量,在乎积极领导而不在乎企图消灭各党派,这是极明显的事实。""这不只是论述已过的事实,却是鉴于抗战到了这样的危急关头,而全国的民众运动,乃至于将成战区的武汉民众运动,仍未能有良好的开展,症结所在,仍由于'统一运动'和'消灭运动'的混淆不清。我们深知政府当局同样地感到动员民众的迫切需要,在主观上是决不要以'消灭运动'来替代'统一运动'的,但是如果只顾到表面上形式上的划一而忽略力量的统一,在客观上还是不免同样的遗憾。""最近却有解散青年救国团、民族解放先锋队和蚁社三团体的不幸事实发生。这三个民众团体是'有益抗战之团体',是有它们的工作历史做保证,是有它们的热烈爱国的群众做保证。""倘若'统一运动'不是'消灭运动',我们不明白为什么要解散这种'有益抗战之团体'？对内部的力量少一分,即对外的力量多一分,我们很诚恳地希望领导民众运动的负责长官再加考虑,立即恢复三团体的救国工作,并以同样的精神开展整个的民众运动。"(全集第8卷第212—213页)

《〈一个救国志士的惨死〉按语》摘要:

"这是一封充满着爱国情绪和痛子哀愤的信,字字血泪,句句至诚,我们深信任何中国人看了都是要非常感动的。""我们觉得有两点仍值得提出的:(一)为人类正义而努力,为国家民族而奋斗,志士的热血是终不会白流的,一部民族解放史就是要用许多志士的热血写成的,联魁先生的惨死,我们固然悲愤填膺,但就他本身说,是有很大意义的牺牲,我们愿以这点奉慰仁慈爱国的元昌先生。(二)可是联魁先生的惨死,却是中华民族的莫大的损失,我们不能让这样黑暗的情形长此下去,我们必须呼吁贤明的中央政府对此事予以彻底的伸雪,这不仅是有关联魁先生个人的事,实在是有关千千万万救国同胞的事。据另一读者叶留真先生的报告,和联魁先生同时被暗杀的爱国青年尚有柯铭(鸾声),高般若,胡济美三人,漳州战时服务队的队员至今尚有张蕴琪(女)等五人被拘押狱中,他们的目的都是帮助政府军队作战的。全国应多方援救这些救国被害的青年。"(全集第8卷第215—216页)

8月27日 《一件过渡的调整工作的说明——关于雇员与新社员》,载《店务通讯》第23号。(全集第8卷第216—218页)

《一件过渡的调整工作的说明——关于雇员与新社员》摘要:

"在前年的下半年,那时全面抗战尚未发动,时常听到谣言或传说,说有阴谋家想在本店招请职员时,暗中利用他们的人混入,藉此实行捣乱或破坏的阴谋。在那样复杂的环境,本店为着文化事业计,当然不得不加以相当的戒备。尤其是因为本社社章规定本社职工任职满六个月者,即得为本社社员,有选举和被选举权,这和其他商店招请一般职员者不同,更有慎重的必要。在另一方面,当时因业务发达,同人都忙得很,做夜工往往成为经常的情形,为着调剂同人的过忙的工作计,在实际上又有相当大量地添用职员的必要。而要大量地添用职员,又受当时'戒备'的情形所牵掣。这是当时亟须解决的一个矛盾,我看到当时同人过于忙碌,非常忧虑,急于想出一个办法,使两方面都能顾到。""经临委会的再三考虑,才根据本社社章关于社员资格所规定的第一条,即'短时期或特约雇员'是例外，是只做工作而与社员资格无关，于是采用'特约雇员'（以下简称雇员）的办法，尽管大量地招请，以调剂同人过忙的工作，而同时却不致大量地增加社员，于是在廿五年九月廿四日，由临委会议决，在该月以后新来的同事，都用'雇员'的办法，与新社员的增加无关。进来时说明先试用三个月，随再试用六个月，最后再试用一年，在这一年零九个月的试用期内，都是试用雇员，一年九个月的试用期满后才是正式雇员，或称雇员。依社章，正式职员任职满六个月者即为社员，雇员则照廿五年九月廿四日的议决案，就永远不得为职员，这是'雇员'和'职员'的异点，而所以有这异点是产生于当时的实际环境，并不是没有原因的，所以需要解释一下。法律不追既往，这个议决案当然只适用于廿五年九月廿四日以后进店的同事。""在当时的确解决了一个困难的实际问题，因为大量地增加了新同事，使工作上轨道，同时却不致因此突然在短时期内增加许多新社员。""时势变迁，现在的环境当然与以前不同，同时，我们感觉到新同事也应该有加入做社员的机会，所以在今年五月十三日，临委会对于廿五年九月廿四日的议决案加以修正，取消'雇员'永远不得做社员的原定办法，主张对于廿五年九月廿四日加入本店的同事，应加以一番调整，让他们也得到可以加入做社员的机会，这便是本文题目所说的'一件过渡的调整工作'，这件工作正在积极进行中。"（全集第 8 卷第 216—218 页）

8 月 29 日　《读孙夫人向世青大会播音演讲》、《"桂林"号的惨剧》，载汉口《全民抗战》三日刊第 17 号。（全集第 8 卷第 218—220 页）

《"桂林"号的惨剧》摘要：

"中航飞机'桂林'号为中美合资举办的商业，标志分明，时间与航线都有明确的规定，乘客是'非战斗员，很显然地和军事无关，有人把这种种理由，谴责暴日袭击'桂林'号的不当，但暴日对于这些并非不知道，它是有计划地破坏中国航空交通，有计划地屠杀中国平民，有计划地损害第三国利益，这些理由在它是充耳不闻的。""这次遭难的有银行家，有新婚的夫妇，甚至有年才两岁的孩子，他们的惨死没有别的原因，只是因为他们的祖国为着争取本身的生存而抵抗侵略，所以他们虽不是死在战场上，他们虽然不是战斗员，但是终极的意义还是为着民族而牺牲的，因此我们对于死难者的哀悼和同情，对于他们家属的慰唁，和平常悼唁的立场没有多少的不同。换句话说，这一笔血债我们也是要永记在心头。""在日寇自以为这类残暴的行为是他们得意之作，但在实际上一方面徒然引起国际间的反感，使各国对于日寇在华的暴行，有着进一步的认识，对于日寇代言人近卫所宣传的保护第三国在华利益的欺骗，有着进一步

的了解;一方面也徒然引起我国同胞的同仇敌忾,加强我们的抗战情绪。"(全集第 8 卷第 220—221 页)

8 月 30 日　下午七时,在重庆,总管理处举行第一次全体同人谈话会,互相交换工作意见,邹韬奋任主席并讲话,对总处与分店的关系有所解释。从此规定每两周举行一次总处全体同人谈话会。(《店务通讯》第 24 号)

9 月 3 日　国民党中宣部召集各杂志社编辑人谈话,韬奋代表《全民抗战》前往,会上得消息,各地图书杂志审查委员会的设立势在必行,渝市亦有在 9 月 13 日成立说。(《店务通讯》第 24 号"文化情报"栏)

同日　下午六时,应重庆青年救亡团体联合邀请演讲。会前传闻有人要捣乱会场,韬奋依然准时前往。听众一千多人。事后得知来了打手四五十人,为群众热烈情绪所慑伏,未敢妄动。(《店务通讯》第 24 号"文化情报"栏)

同日　《国际青年节与中国青年运动》,载汉口《全民抗战》三日刊第 18 号。(全集第 8 卷第 221—223 页)

《国际青年节与中国青年运动》摘要:

"反侵略战与反法西斯是分不开的。扰乱世界和平,实行最残酷的侵略,是法西斯的集团,这是当前的铁一般的事实。正在残酷侵略中国的日本帝国主义和它的帮凶都是法西斯的国家,这也是我们所知道的。法西斯国家的作风,对内是压迫大众,对外是推动或实行侵略战,是全世界的祸水! 从这一点说来,世界青年运动的任务和中国青年运动的任务是有着很密切的联系。我们诚然是为着保卫我们的国家民族而努力奋斗。但是我们的民族敌人同时也是扰乱世界和平的一个罪犯,所以中国青年的努力奋斗,也可以说是和世界青年的努力奋斗立在一条战线上——中国的青年运动是世界青年运动的一支巨流。""要从世界青年运动中学习一个宝贵的经验,那就是青年统一运动。数年来各国青年运动,最主要的工作是用种种努力,使许多不同性别,不同民族,不同信仰,不同宗教,不同阶层,不同党派的青年组织,在共同的目标与纲领之下,联合起来。""我们中国的青年运动,要对国际青年运动有更大的贡献,也须先使中国青年运动统一起来。不过这种统一是力量的统一,不是徒有形式上的划一而实际上却是力量的消灭,这是我们在世界青年运动中所要学习的又一要点。"(全集第 8 卷第 222—223 页)

同日　《关于增加社员的调整工作——为什么和怎么办》,载《店务通讯》第 24 号。(全集第 8 卷第 223—225 页)

《关于增加社员的调整工作——为什么和怎么办》摘要:

　　"所谓'关于增加社员的调整工作'是专指因为特殊环境所产生的现象——即目前有一部分同事虽做了相当时期而尚未加入做社员的事实——作过渡的调整工作。这只是在过渡时期间的调整，是临时补救的特殊办法，不是经常的一般的原则。这一点是需要首先认识清楚的。""还有一点也需要先提出来的，那就是我们对于'增加社员的调整'应该采用比较严格的原则，任何集团——自政党至任何团体及合作社——要组织健全，对于参加的分子必须相当严格，必须有相当的标准和经过相当的手续，集团越庞大时，这一点尤其重要，否则这个组织的本身不能严密，易于腐化，而加入这种组织的人也要感觉到没有什么价值。"（全集第 8 卷第 224—225 页）

　　9 月 6 日　《国际反侵略的力量》、《〈未回到前线以前〉按》（署名编者），载汉口《全民抗战》三日刊第 19 号。（全集第 8 卷第 225—227 页、228—230 页）

　　《国际反侵略的力量》摘要：

　　"在欧洲风云紧急的关头，爱好和平的国家，也就是国际反侵略的力量显然有着长足的进步。这样一来，德国的气焰也不得不为之稍戢，欧局形势虽仍紧张，奠定欧局的可能性已大为增加，即希特勒竟贸然冒险，制裁他们的力量也必然是够对付的。""铁的事实已表现张伯伦的妥协主义的'现实外交'只是'养虎遗患'，并不能像一些幻想家所认为可以安定欧局，甚至认为由此可以对远东和平以及我们抗战有利而竭诚加以赞助。铁的事实又一次的表现只有和平阵线愈益巩固，才是真正阻止侵略国的疯狂。""还有一点应该注意的，那就是捷克的当局和人民对于国家的自由独立，下了最大保卫的决心，虽受着德国屡次的威胁而始终不肯屈伏。'天助自助者'，必须自己立得住，然后友人才有协助的可能，否则就是有友人也是爱莫能助的。"（全集第 8 卷第 226—227 页）

　　《〈未回到前线以前〉按》摘要：

　　"献金用途，在原则上政府已有相当的规定，但是我们觉得应先生所提出的问题仍值得政府和社会的注意。现在大家为着抗战建国，都在提倡节约运动，可是这种节约不是为个人，为的是要增强国家的力量，所以与节约运动相辅而行的，还应提倡献金运动，尽量把所节约下来的贡献给国家，不仅限于抗战建国的周年纪念而已，这样节约运动才有积极的意义。但要普遍提高一般人民对于此事的热烈情绪，献金的手续如何，用途如何，对于抗战建国的关系和影响如何，以及杜绝弊端的预防等等，在政府方面都应有充分的宣传计划与具体的报告公布。"（全集第 8 卷第 229 页）

　　9 月 9 日　下午二时，在总管理处，举行第廿六次常会，邹韬奋任主席，赵晓恩任记录。讨论:一、拟订雇员晋升为职员审查标准案;二、旧雇员审查研究委员多因职务分散,应请重新推选案。议决:一、雇员审查标准应以文化水准占百分之五十及工作成绩占百分之五十为原则,具体办法交由雇员审查研究委员会起草,提出,本会通过后执行;二、推定艾逊生、张志民、赵晓恩、方学武、金汝揖,为雇员审查研究委员,并由艾逊生负责召集开会。(《店务通讯》第25号"总处花絮"栏)

同日 《我们对国联的应有的努力》,载汉口《全民抗战》三日刊第20号。(全集第8卷第230—232页)

《我们对国联的应有的努力》摘要:

"看到国联的一向的作风,我们对于本届国联大会似乎也不能有过高的奢望,但是时代是常在变化中的,经我国的英勇抗战,日寇的力量消耗过半;在战争过程中,日寇对于第三国利益的摧毁也应能打破各国对日的妥协幻想;所以我们在外交上还是要尽我们最大的最可能的努力。""还有一点值得我们注意的,国联对于暴日的软弱态度诚然使我们失望,但是它究竟还是国际上仅有的维护国际和平的机构,日德意法所以退出,就在企图破坏这仅有的机构,我们却只应督促国联对制裁侵略有更积极的行动,而不应如有些人所主张的'退盟',因为这至少是在客观上徒为法西斯侵略国张目,于我们是有害而无一利的。"(全集第8卷第232页)

9月10日 《社员和非社员的同点和异点——同为文化事业努力则一》、《关于〈店务通讯〉一封有意义的信——致各分支店经理书》,载《店务通讯》第25号。(全集第8卷第232—234页、234—236页)

《社员和非社员的同点和异点——同为文化事业努力则一》摘要:

"在店的方面,无论是社员或非社员,因为同为店员,在所受待遇方面有两个重要的共同点:第一是经济平等。所谓经济平等,不是就薪水一律相同,这就是已达到社会主义的苏联社会还做不到,在我们所处的环境中当然更说不到,但是这里所谓经济平等,是指各人因工作而得的薪金,并不因社员与非社员的不同而有所差异。第二是职业保障。除因违反纪律而被解职的,本店同事都得有职业保障,也并不因社员与非社员的不同而有所差异(这当然是指一般的原则谈,在试用期内是言明两方面都得随时停止;在特约期内,也只能享受特约期内的保障)。""综结一句说:就店的范围说,本店同事有两个共同点:即经济平等与职业保障,并不因社员与非社员的不同而有所差异。""就社的范围说,则有社员和非社员的区分。"(全集第8卷第233—234页)

《关于〈店务通讯〉一封有意义的信——致各分支店经理书》摘要:

　　"为联络各地分店和同人暨传达业务方针,爰有《店讯》之编印,用油印分发给各地同人,出版以来,颇受同人欢迎,咸称便利。惟是过去《店务通讯》之编印,缺点甚多,如油印不清晰,出版常延期,内容太枯燥,编排欠活泼等等,其最大缺点,即为各地同人在《店务通讯》内少有业务意见发表,因此《店讯》乃不能成为全体同人共同努力出版之刊物。""从第二十一号起,'每周谈话'每期由弟执笔写一短文,藉与全体同人多有接触机会,其次则请徐伯昕张仲实艾逊生诸先生经常为《店讯》写文,内容注重解释店务与研究办法,此外各同人,亦请尽量发表意见,共同商榷。""今后《店讯》要做到成为同人生活思想技术之教育训练的刊物,成为沟通同人意见,共同讨论本店业务的刊物,通过这刊物,要将同人为大众文化及民族解放而努力之目标统一起来,精神一致起来。"(全集第 8 卷第 234—236 页)

　　9 月 12 日　韬奋由渝飞汉,拟于 18 日与沈钧儒等同赴第九战区前线劳军。(《店务通讯》第 26 号"同人行踪"栏,全集第 8 卷第 238 页)

　　9 月 13 日　赴汉口万国医院吊唁国民党陆军部队陈德馨旅长。念及陈旅长"抗敌的英勇与殉国的壮烈",著文《记临死呼战的陈旅长》。(全集第 8 卷第 239—240 页)

　　同日　《我们对督促国联应有的认识》,载汉口《全民抗战》三日刊第 21 号。(全集第 8 卷第 236—238 页)

　　《我们对督促国联应有的认识》摘要:

　　"我们为着争取国际的援助,为着维持世界的正义,为着保全国联自身的威信,当然都要诚恳地希望本届国联大会对于我国的正当的要求,予以全部的采纳。但是要求在我,采纳在人,我们一方面固须努力督促国联接受我们的主张,一方面对督促国联也应有正确的认识。关于这方面,我们愿提出值得特殊注意的三点,以供国人参考。""第一,我们对日寇的抗战,就我们自己说,是为着抢救我们的国家民族于危亡,在这个神圣的任务未完成以前,无论如何是必须坚持到底的,所以国联能增加对于我们的援助,固为我们所竭诚欢迎,否则我们的抗战并不能因此而有所退缩。我们认清了这一个立场,即使国联不能完全实现我们的愿望,也不致妨碍到我们的积极的工作。""第二,我们对于国联的不满意是事实,但是我们要郑重指出的是我们所以不满意的是因为国联对于援华制日做得不够,却不是因为国联和我国的抗战立于敌对的地位。""我们应该努力督促国联采取更积极的行动,而不应该上侵略国以及它的代言人的老当,竟误把国联当作仇敌看待,那就大错而特错了。""第三,国联是应该负起实行集体安全制的任务以维持世界和平的机构;国联的任务是应该巩固和平阵线以对付侵略阵线。但是国联能否即负起这个任务,却要看参加国联的会员国的努力;倘若仅能做到一部分而尚有待更进一步的努力,这也只能说明努力的不够而不是和平阵线的本身无用,甚至有人因此而幻想投到侵略阵线方面去!"(全集第 8 卷第 236—238 页)

9 月 16 日　《赴前方劳军》(9 月 12 日作),载汉口《全民抗战》三日刊第 22 号。(全集第 8 卷第 238 页)

《赴前方劳军》全文摘要:

"汉口文化界最近组织慰劳团,携带慰劳品和精神食粮赴沿江战区鼓励前方战士,约记者参加,已定即日前往,希望能把本刊读者以及后方民众的热望带去,再把前方战士的兴奋带回,有所见闻,当尽量记述,以贡献于读者。临行留志数语。"(全集第 8 卷第 238 页)

9 月 18 日　与沈钧儒、范长江、王炳南等,代表救国会、武汉文化界,由武汉到江西德安一带慰问前线抗日将士。晚八时许乘粤汉车,20 日晨一时到达长沙,晚离湘赴赣,23 日由南昌至德安,25 日返赴南昌访国民党将领薛岳。(《店务通讯》第 27 号"同人行动"栏,全集第 8 卷第 243—244 页)

9 月 19 日　《记临死呼战的陈旅长》(9 月 13 日晚作),载汉口《全民抗战》三日刊第 23 号。(全集第 8 卷第 239—240 页)

《记临死呼战的陈旅长》摘要:

"陈旅长的抗战的英勇与殉国的壮烈,可说是神圣抗战发动以来,许多为国牺牲的弟兄们的象征。这些为国牺牲的前线将士,以及正在前线为国浴血作战,备尝艰苦的战士,他们全副精神所集中的只是为国家民族争生存这一件事,此外没有其他一丝一毫的私念,在后方的同胞们,应体念这种精神,绝对不许内部再有消耗自己力量的可痛现象,也应集中全副精神为国家民族争生存这一件事而努力,只有这样才对得住一切为国牺牲的同胞。"(全集第 8 卷第 240 页)

9 月 24 日　与沈钧儒等抵达驻守德安、星子一线的某军军部,举行盛大献旗典礼,出席欢迎会,视察战利品,看到了缴获的敌防毒面具及毒气筒。嗣后赴南昌,了解当地的抗敌后援工作和军民关系,访问薛岳并合影。离南昌后赴长沙。访在长沙抗敌后援会工作的救国会友人薛暮桥、杨东莼。爱国青年不断来访,韬奋和沈钧儒自早到晚接待,谈话,往往至深夜十一二点,连续两三日未能休息。(沈谱、沈人骅编《沈钧儒年谱》第 213 页)

同日　《全民抗战》自第 30 号起改出五日刊，以后逢五、十出版，篇幅扩充至十六面，零售价改为每份五分。（《店务通讯》第 27 号）

9 月 27 日　由长沙乘轮返汉口。（《店务通讯》第 28 号"同人行动"栏）

9 月 29 日　绕道洞庭湖，于当晚返抵武汉。（沈谱、沈人骅编《沈钧儒年谱》第 214 页）

10 月 1 日　国民党中央图书杂志审查委员会在重庆成立。《全民抗战》社接到该会通知，要求从 10 月 1 日起将原稿送该会审查。（《店务通讯》第 28 号）

同日　长沙成立湖南省图书杂志审查委员会，当日开始办公，先向各出版单位调查已出版的图书杂志，限 10 月 5 日前填报。经售图书亦需填送审查。（《店务通讯》第 29 号"文化情报"栏）

同日　《关于增加新社员的问题》，载《店务通讯》第 28 号。（全集第 8 卷第 240—242 页）

《关于增加新社员的问题》摘要：

　　"现在，要在本届改选举行以前，决定增加新社员，由临委会议决凡在服务一年以上的非社员的同事，要经过相当审查手续而为候补社员，在服务一年半以上的同事，要经过相当审查手续而为社员，这仍然是沿着一向增加新社员须经过审查的惯例，我认为这原则是对的。""不过审查的办法确需要慎重的考虑，这是要注意平日的工作和品行的经常的审查，而不是临时一次填表所能完全测验出来的，但是在告一段落时（例如以前在试期终了时，现在所规定的一年以上及一年半以上的段落），特对平日的材料加一番整理或检讨（也可以说是审查），虽说是临时的工作，只要它的注意点是注重在平日的工作和品行，仍然不是仅凭临时一次的得失。""我们这次对于新社员的增加，是要在举行改选以前增加新的力量，新的血液，使我们的组织更加健全，使我们的干部更加充实，使我们的工作效率更加增高，所以在临委员执行人委员一向所执行的职责的时候，一定只有虚怀求贤的态度，绝对不会存着吹毛求疵的褊狭的心胸。"

（全集第 8 卷第 241—242 页）

10 月 3 日　文化界在武汉举行盛大集会。参加大会的有：新近回国、从香港到汉口的陶行知，从前线劳军回来的沈钧儒、邹韬奋、钱俊瑞、范长江、王炳南、沙千里，还有杜重远、萨空了，正要离汉的军委会政治部第三厅几位文化工作者胡愈之、张志让等。会上听到许多宝贵的海外侨胞对救亡运动的活跃的消息，各国援助我国抗战的热烈情形，前线很多英勇抗战的故事，以及军队与民运的优点和弱点。会上更详细讨论到今后文化工作的方向和态度问题。以后只能分散工作，除在内地建立几个据点外,还要多注意沦陷区域的工作。(《店务通讯》第 29 号"文化情报栏",全集第 8 卷第 262—267 页)

同日 《全民抗战》三日刊在重庆正式送审。第一次送审,结果尚属客气,删改不多。因需送审关系,为准期出版起见,决定从第 30 期起将三日刊改为五日刊。(《店务通讯》第 29 号"文化情报"栏)

同日 《由武汉出发》(写于 9 月 20 日晨,长沙),载汉口《全民抗战》三日刊第 27 号。(全集第 8 卷第 243—244 页)

《由武汉出发》摘要:

"记者于九月十八日晚和沈衡山、范长江、王炳南诸先生由武汉出发。我们这次目的是要赴南岸德安一带慰劳前方战士,记者一方面偕同上述诸先生代表武汉文化界一部分朋友,一方面代表生活书店和全民抗战社。所带慰劳品有:一、金鸡纳霜;二、药特灵;三、红药水;四、毛巾;五、纱布;六、药棉;七、《世界知识》等杂志以及当天武汉出版的四大日报。第一种药医疟疾,第二种药医痢疾,因为据调查所得,前方战士最多患这两种疾病,需要这两种药品很迫切。红药水是准备轻伤用的。关于前方所需要的读物,最注意的是日报和分析国内外大势的刊物,所以我们带了汉口的几种重要的日报和杂志。同时有汉口银行界派的赵汪两君,带有二千个慰劳袋,和我们同行。""这两位军人服务部的女同志说,她们在后方医院里忙得不可开交,深深感觉到救护伤兵的工作实在做得太不够。又说前一天在这同车站上有三四百伤兵到,也无人照料,其中有饿了三四日的,自前线受伤忍痛跑到后方,肚子饿得难过,又没有分文可以购买食物,刚有乡民在站上售卖蕃薯,有个伤兵不自禁地向他买了一块,但却付不出钱,因此两方争吵着打起架来,闹作一团,这样一来,就是有一二售卖零食的乡民,也望望然去之,不敢再接近了。这不能怪靠着售卖零食谋生活的乡民,更不能怪为国受伤而还要忍痛挨饿的武装同胞,问题是在为什么在岳阳这样一个大城镇,对于救护伤兵——稍有组织的民众工作中应有的一部分——竟致这样没有办法?这种现象应能唤起负责动员民众者的深切的反省。"(全集第 8 卷第 243—244 页)

10 月 4 日 晨三时,与沈钧儒、沙千里同乘一架很小的水上飞机返渝,准备提案,参加参政会。(《店务通讯》第 29 号"同人近讯"栏,沈钧儒《悲痛的回忆》,收入《忆韬奋》第 22 页)

10 月 6 日 《至忠极勇的前线战士——前线慰劳观感之一》(记于 9 月 30 日,汉口),载汉口《全民抗战》三日刊第 28 号。(全集第 8 卷第 245—246 页)

《至忠极勇的前线战士——前线慰劳观感之一》摘要：

"我们在前线作战的将士,虽受伤,非至伤到无法作战的时候,他还是要忍痛坚守着他的岗位,一点不肯放松。赣北一带的疟蚊非常厉害,前线士兵患疟疾的很多,但是疟疾的寒热是有时间性的,有一部分士兵发寒热的,有一部分士兵的寒热已退,寒热刚退的士兵便撑着疲顿的身体,振作精神,接上寒热复来的士兵作战,轮转来,寒热来后再退的士兵又赶着接替寒热去而复来的士兵作战：他们简直是在一面作战,一面生病；一面生病,一面作战！他们不知道自己的病,不知道自己的生命,所知道的只是奋勇杀敌这一件大事！""记者在德安附近×总部里看到刚由敌方夺来的一架最新式的重机关枪,枪旁还放着一大捆有着无数圆洞的铜片条,这铜片条每条原装子弹三十个,每枪有百条子弹,此时子弹已放完,仅余铜片条捆在一起,静悄悄地伴着这架重机关枪。说起这架重机关枪被夺来的经过,却也是我们战士的一页光荣史。这架重机关枪原来是由若干敌人配置在一个山头放射的,被我们的士兵瞥见,只以寥寥几个士兵冒险爬上那山头,经过铁丝网及其他阻碍物而偷袭到目的地,一冲而上,奋身用枪刺刺杀了守这重机关枪的敌人,等到其他敌人汹涌来攻,我们的英勇战士已很机警地把敌人的这机关枪夺取过来,即利用敌人的枪和弹,扫射杀死敌人无数,把百条子弹射完了,把敌人杀光了,并且还把这架机关枪很完整地夺了回来！这不但显示了我们前线战士的无上的英勇,而且显示了我们前线战士的技术的高明。"（全集第 8 卷第 245—246 页）

10 月 8 日　《理想与现实——关于整顿社务店务的感想》,载《店务通讯》第 29 号。（全集第 8 卷第 247—248 页）

10 月 9 日　随生活书店一批同仁去重庆南温泉度假两日。（《店务通讯》第 30 号"总处近讯"栏）

同日　《抗战急进时期的国庆纪念》、《军队需要与民众动员——前线慰劳观感之二》（记于 10 月 1 日,汉口）,载汉口《全民抗战》三日刊第 29 号。（全集第 8 卷第 248—250 页、250—252 页）

《抗战急进时期的国庆纪念》全文：

"十月十日是辛亥革命,武昌起义,推翻颟顸误国的前清政府,创建五族共和的中华民国的纪念日。在第三期抗战正在积极保卫武汉以保卫祖国的今日,我们对于这可珍贵的国庆,不应仅是举行典礼仪式,开会演说呼口号,却应该更深刻地认识历史的教训,更深刻地认识当前的迫切需要,用实际的行动和努力的工作来纪念我们的这个国庆纪念日；纪念的意义也不仅是在这一天,这一天的来到,只是特别提醒我们救国责任的严重,与救国工作之应该更加紧奋励进行而已。""关于历史的教训方面,我们至少可以提出两点。第一是:我们不要只看见武昌起义时的光耀与成功,而忽视当年双十以前所经历的艰苦过程。在当年双十的前十六年,中山先生就已集合同志,谋攻广州,失败,陆浩东烈士死难,为革命而牺牲,清廷四处捉拿党人,中山先生不得不流亡海外。但他再接再厉,不断地鼓吹革命,积极努力,扩大兴中会,六年后(双十的前十年)又谋在广州起事,又失败。后来潮州、惠州、广州、钦州、河口等役,都是在第一个双十的前五年,接连起来的五次革命,都归失败。牺牲了无数的革命志士。但是革命党人总是再接再厉,百折不回,在第一个双十的前四年又在安庆起事,又失败;在第一个双十的前三年,又在广州起事,又失败。直至第一个双十的前一年,尚发生'黄花岗七十二烈士'的惨烈牺牲。这样一次又一次的'又失败',因当时救国志士的前仆后继,矢志不懈,所以终于培成了'双十'的灿烂之花,造成了中华民国所永远珍视的国庆纪念。现在中国抗战到了一年四个月,由第一期第二期踏进了第三期更急进的阶段,我们深信伟大中华民族的光明前途,但同时不得不认识我们却已踏上了更艰苦的阶段,我们必须在这国庆纪念日,深切地追想到造成'双十'诸烈士所经历的艰苦过程,增加我们加强奋斗与应付困难的决心与勇气。""第二点是:在第一个'双十'以前的革命努力,虽未有如现在所习用的'民族统一战线'或'全国精诚团结'的名词,但在实际上确是在这样的基本条件之下成功的。当时领导革命的中心固为中山先生所手创的同盟会和他所领导的革命同志,但同时他仍不忽略国内固有的会社组织与力量,所以他在第一个'双十'的前十四年,由欧洲回到日本,就命同志史坚如先生到内地联络秘密会社(例如哥老会、三合会等),在推翻清廷创立民国的共同大目标下,共同努力,后来并与湖北新军发生联系,为武昌起义时的一大助力。因为有着这样广大的团结基础,所以在武昌起义后一个月内,先后响应的达十几省,与民军一致行动。当时清廷所领有的仅直隶、河南及东三省,但东三省组织独立式的'奉天保安会',直隶的张绍曾与吴禄贞的军队又有入都威胁的形势,所以声势浩大,力量广厚,清廷终不免于崩溃。现在我国自抗战以来,全国统一,各党派一致团结,在国民政府与最高领袖领导之下,为抗战建国而努力奋斗,这是我们抗战必胜建国必成的最基本的条件。我们的敌人和他的走狗最惧怕的也是我们的这个最基本的胜利条件,所以在这方面的挑拨离间无所不用其极;我们必须爱护这个最基本的胜利条件,加紧全国团结,以赤诚拥护领导抗战的政府和领袖,克服一切困难,建造新的国力,争取伟大中

华民族的光明前途。"(全集第 8 卷第 248—250 页)

《军队需要与民众动员——前线慰劳观感之二》摘要:

"我在前线所得的观感,最深刻的是前线的战士以生命保卫祖国,视死如归,无所踌躇,的确已尽了他们对国家民族最伟大最神圣的任务,我们在后方的民众,至少应该大家竭尽力量减少他们所遭受的不必要的痛苦,可是关于这一点,我们后方民众实在做得太不够了!""我们在东战场的时候,就听到军队找不着民众而受到的种种困难,我们这次在前线与各将领谈话,又听到这句老话!我们军队将到的地方,往往老百姓先逃光,据说最普遍的原因是怕拉夫。老百姓不是不愿意帮助军队运输,所最怕的是一去而不复返,使赖他过活的全家老幼失去倚靠,这是他们所最痛心的。如有相当的输送队的组织,各地段的民众所组成的输送队按着地段输送,输送到第二地段时,再由第二地段的民众所组成的输送队接着下去,那么第一段的输送队可于任务完结之后回家去,其他各地段的输送工作可以依此类推。这样一来,军队方面的运输困难问题可以解决,而老百姓方面也不致惧怕一去而不复返的灾难。……公路破坏之后,就是有卡车也无用,有米无人挑担,给养即发生问题,所以需要夫子,是前线的一个重要问题。""据在前线××的×集团军总司令告记者,他的军队初到××时。老百姓都跑光,后来因他的军队纪律谨严,出示公布拉夫者杀无赦,强买强卖者杀无赦,强奸者杀无赦,老百姓便逐渐搬回,虽敌人的飞机大炮降临,人民仍不肯轻易离开。他慨叹说:'老百姓惧怕不良的军队纪律,比惧怕敌人的飞机大炮还要利害!'但是要有良好纪律,须加紧军队的政治工作。""救护队和掩埋队,也感到缺乏,尤其是在战事激烈,伤兵及伤亡者较多的时候,这方面显示出许多缺憾。英勇的战士非到伤得无法支持时,不肯退下,等到不得已而退下的时候,已筋疲力尽,此时如无充分的担架队照料,还要他们勉强拖着身体挨到后方,实在是太惨的事情!至于缺少掩埋队,不但有碍健在的士兵的卫生,而且也易使弟兄们悲伤伴侣,有碍士气。所以都是需要急切补救的。""在物品方面,前线目前所急迫需要的是一般的救护用品,医疟的金鸡纳霜与医痢的药特灵,以及短衫裤(尽管是短裤与短袖的上衣)与棉背心等。前线有许多士兵还穿着单衣忍寒苦战的,我们后方有赶紧捐输的必要,不容再缓的了。已制好的有迅速先送往前方的必要。"(全集第 8 卷第 250—252 页)

10 月 12 日　《工业能不能自修?》全文:

"来信收到了。我们对你向上求进的心,非常的钦佩!你因为经济的限制和抗战的关系,以致中途辍学,这当然是很可惜的,但是真正有志气,肯学习研究的人,也可以不靠学校的培植,一样的能有成就。例如世人所共知的大科学家爱迪生,也不曾受过很高的学校教育,在中国的成功人中亦不乏其例。希望你不要因此而灰心,当这抗战时期,一般国民在生活上需要受相当的牺牲,更是难免的。""你因为有志于工业,所以对于目前的职业(商业),不感到兴趣,想放弃目前的职业改就工业方面的事情,如果有合乎理想的适当机会,当然可以改业;但是在没有获得工业方面的适当机会以前,仍不可将目前的职业轻易抛弃,因为抗战时期,寻找职业非常不易,随便将职业抛弃,生活就立刻成问题,自修更是谈不到了。""工业的范围很广,即你所提出的化学工业和机械工业两种,要求精深必须选定一门专门去研究。工业方面的学习最重要的是在实验,单看书是没有用处的,有时真会如你所说越看脑子里越不清楚。而实验必须要有工具,实验的工具和环境,个人无力设备,我国社会方面也没有这种设置(如规模较大的民众科学馆民众实验工场),所以在目前除了有特殊凑巧的学习环境而外,还只有进学校这一途。现在你一方面可以调查有没有适合你进的学校(如中华职业学校),一方面留意较有规模的工场或工厂中有无工作机会。能有工作机会即从工作中去学习;否则如进学校,即因准备经济而须待至二三年以后,我以为二十三四岁也不算太晚。"(全集未收,《激流中的水花》第66—67页)

10月15日 《全民抗战》自第30号起,移至重庆出版,地址在重庆冉家巷16号。

同日 《鲁迅先生逝世二周年》、《敌我士气的比较——前线慰劳观感之三》,载汉口《全民抗战》五日刊第30号。(全集第8卷第253—254页、255—256页)

《鲁迅先生逝世二周年》全文:

"本月十九日是鲁迅先生逝世二周年的纪念日,在我们争取民族自由的神圣抗战愈益急迫的今天,对于这位民族革命的伟大斗士更不免要引起沉痛的追念,但是仅仅追念是不够的,我们必须记着鲁迅先生的指导,本着他的艰苦奋斗的精神,不为任何恶势力所屈伏的奋斗精神,向前迈进。""鲁迅先生对于民族解放运动,曾对我们指出下列的几个值得特别注意的要点:""第一:对于旧社会和旧势力斗争,必须坚决,持久不断,而且注重实力。第二:战线应该扩大。第三:应当造成大群的新的战士。最后:联合战线是以有共同目的为必要条件的。""鲁迅先生认为'招牌虽换,货色照旧,全不行的'。他以为思想解放是民族解放的第一步,也就是改换'货色'的最重要的一件事。他的数百万言的作品不是什么抽象的理论,却是具体事实的深刻的观察与分析,主旨都在解放麻木,使人民脱去思想上的锁链,有着反抗压迫和积极前进的战斗精神。有人把他不断的暴露黑暗势力的残暴,把他不肯对黑暗势力妥协的精神,误认为'褊狭'或'尖刻',却忘却他的主旨所在,却忘却他的'对敌人宽纵就是对同志残忍'的名言。他们不知道他对于旧社会和旧势力的斗争愈坚决,愈是他的伟大。他自己'肩住了黑暗的闸门',目的是要'放他们(大众)到宽阔光明的地方去'! 他为着大众的努力,遭到了黑暗势力的反攻是必然的,但是他始终是被压迫的人民大众的代言者,始终在黑暗中执着思想的火炬,奋勇前进,不妥协,不投降;他毕生所受的虽然是压迫,禁锢,围攻,榨取,但是他仍然刻苦奋斗,以至于死,丝毫不肯动摇,这正是他最使我们感动的伟大的斗士精神。这种精神所以伟大,就在不是为自己设想,也不是对任何个人有何过不去(鲁迅先生所痛击的只是通过代表型的人物而抉发某阶层的黑暗),却是要为国家民族'改换货色',要为大众反对封建,争取自由。""民族联合战线,或称民族统一阵线,即是全民族的团结,这战线之应该'扩大',应该把全国所有的抗战力量包含进去,不应该再有狭隘的成见或分散的企图,这在今天还是需要我们注意的。""我们对敌持久战消耗战之所以必得最后胜利,主要的原因是在我们一面抗战,一面产生新的力量,而造成大群的新的战士,是这里面最重要的一个部分。鲁迅先生的思想和精神已号召指示了千万青年参加民族解放的伟大战争,我们现在还需要继续这神圣的工作。""有些人曲解民族统一战线,把挑拨离间破坏抗战力量的人们也要拉在一起,鲁迅先生所指示的'以有共同目的为必要条件',在今日也仍然是非常重要的。"(全集第 8 卷第 253—254 页)

《敌我士气的比较——前线慰劳观感之三》摘要:

"还有一件事也值得一提的,就是在前线退下的伤兵,如果是由步枪打伤的,他觉得这是光荣的创伤,很高兴地对你说明,因为被步枪打伤,表示他是在最前线对敌人冲锋的;如果是由敌机轰炸而受伤的,他竟觉得有些难为情,不愿多所说明,因为这表示他是比较处于略在后方的战线上。在我们看来,同是为国牺牲,同样值得我们的敬仰,但是在他们却认为只有在最前线作殊死战的才算光荣,这种心理实可表示前线士气达到了什么高度。""我们打了一年多的仗,士气愈打愈强,我们的敌人方面怎样呢? 记者在前线遇着××集团军总司令俞济时将军","俞将军在一二八淞沪之战就已参加抗战的,自八一三全面抗战开始以来,他又是在各战场辗转抗战的一员大将,所以他对于敌军士气的前后比较,是最为清楚的一人。他说在战争初期,敌人的士气和训练上的纪律确有相当好的表现,例如在战场上绝不轻易遗下一物,连一顶帽子都不轻易抛弃;他们对于伙伴伤亡的尸身固然都要拉回去,绝不轻易听任留在战场上,甚至他们在战场上留下的血迹,也要掩没而不许流露,他们即在战场上打仗接连打了几天,都不改这样的气概。可是由第一期而第二期,由第二期而第三期,眼看着敌军士气的日趋颓坏,简直动不动就逃,逃时各物乱抛!""有几个青年士兵欣欣然拿出几个敌兵所抛弃下来的军用皮袋给我们看。皮袋为长方形,里面是用极轻的日本木做骨架,外面包上有毛的真皮,配有皮带可挂在身上,制造得很精致。这些弟兄们一面把这皮袋展开来指点给我们看,一面津津有味地说明这类东西是怎样怎样由敌兵败退时抛弃下来的。据说敌兵逃跑慌乱中最易抛弃的是防毒面具。他们的每个士兵都有一个防毒面具挂在身上,每个防毒面具都有十几斤重,逃跑时最为累赘,所以最先抛弃的往往就是这件东西! 只就第×兵团区的一区而论,我方由敌方所得到的防毒面具就在一千只以上。""敌人每个士兵都有一个防毒面具,我们的将领却还不能每人有一个,敌人打得急迫时就放毒气,惨酷绝伦,所以供给前方以防毒面具,也是我们卫护抗战将士应该努力的一件事。"(全集第 8 卷第 255—256 页)

同日 《公开用文字讨论店务的流弊——值得注意的一个严重问题》,载《店务通讯》第 30 号。(全集第 8 卷第 257—258 页)

《公开用文字讨论店务的流弊——值得注意的一个严重问题》全文:

"同人对于店务多多发表意见,各项工作的负责同人对于良好的意见尽量采纳,这原是一个促进业务的良好的工具,但是这工具的运用,依我最近的感想是有限度的,否则于本店的文化事业的进行是反而有着很大的损害。我最近在本讯上看得好些同人的对本店的业务有种种的批评,这原是一种很好的现象,其中虽有些地方对于实际的情形不免隔膜,有的事情是实在是本店已在做或已做好了,还有着不必要的批评,这种误解只须加以解释,原也没有什么要紧。使我深刻地感到困难的,是关于营业的计划或编辑的计划,(举一两个例子说)有好些部分是有着秘密性,不宜于公开用文字讨论或宣布的,这里所谓秘密性并不是有何不可告人之处,只是说,无论那一部门的事业,例如书业,某一书店的营业计划或编辑计划,必有其不能公诸同业的部分,也有的部分在成功以前也不能完全给社会一般人都知道的。诚然,我们的《店讯》是本店同人阅看的刊物,本店的业务上的一切计划,本店同人知道了当然是无碍的。这话不能说不对,但是印在纸上的黑字,谁都不能绝对担保不会被外人看见,所以我认为用文字公开讨论本店的问题当然不是一概不可,但偏重口头的商讨而不宜于公开用文字讨论,除非是不公开发表的信件,那当然是可以的。因此我觉得为检讨并规划本店的业务的重要事项起见，有召集各分店负责人（或因交通困难而仅召集比较尤重要的各处负责人）到渝开一个扩大业务会议的必要，在这会议里可以解释误会，交换意见，奠定未来的一切重要计划，这事正在积极研究中。""人众口多，有些计划或计划中的某部分，或者只宜于最高干部知道，这并不是说有任何人不忠于本店事业，但无意中的传播是事实上可能的，当然，这干部必须是大家所选出而信托的。我们不要忘记我们所处的是一个复杂的社会，我们不能不顾到现实的。同时，就是在《店讯》上可以发表的东西，如业务一般讨论，研究计划及临委会议决案等，也只是对同人们是公开的，同人们千万不要误会，以为公开在《店讯》上登载的，就不妨公开的告诉别人，实际上对本店以外仍是不公开的，这点还要特别的要请同人们注意。"（全集第 8 卷第 257—258 页）

10 月 17 日　晚八点一刻，总处和分店同人召开业务联席会议。会上各部门负责人汇报工作后，同人们提出许多关于店务社务的问题，大部分由韬奋逐一解答，同人们均认为满意，至十时许始散会。（《店务通讯》第 31 号"总处花絮"栏）

10 月 18 日　《救国的热情时时在燃烧着》全文：

"你的信已从汉口转来重庆，我细细的读了以后，你满腔爱国的热忱，使我异常的感动。自从抗战发生，不知有了多少青年，毅然地离开原来的职业和可爱的家庭，奋身投入救国工作，或迳赴前线杀敌，对于这样的青年，我们只有敬佩，赞叹。""你也是这般可敬的青年中的一位。但是你在目前因为目的未达陷于苦闷，而且感到大失所望，首先我要告诉你所以使你失望和苦闷的原因。从来信中，可以知道你是富于情感而短于理智的人，这次的行动大半由于情感的冲动，而缺少缜密的计划。譬如第一步你就不应该用'出走'的方式离开你的职业。当然，一个有血性，爱国家的青年，当国家正在和敌人伙拼的时候，是不能登在沦亡了的辽宁安心工作。但即使要离开，也应该事先向你的兄长说明，他如不赞成，你最好用情理去打动他，同时要用适当的手续辞去店中的职务，如此方不辜负兄长对你的关切；而且你是有妻子儿女的人，对于他们也应该和你两位兄长商得妥善办法，然后才离开家庭，这样对妻儿才能算负责。""第二步到了香港，那边既有能接济你的人，你应当暂时住下，先进行接洽工作。报馆对于救亡工作的实际指导，当然不负这种责任，你应该去找香港的民众团体。同时并写信去汉口长沙等地接洽，接洽妥当才好动身。无计划的盲目的前进，是使你苦闷与失望的最大原因，希望你以后注意。""现在你只有两种办法，一种是留在长沙找救亡团体，求得工作机会。听说军委会政治部第三厅已迁至长沙,你可以去探(听)该厅是否有什么青年工作团可以加入。第二种办法是暂时仍回到香港去,香港的救亡工作在方式上虽有不同,但最近做得非常蓬勃。做救亡工作不限地点与种类,只要本着自己的关系,自己的力量去做就是了。希望你赶快决定,并且将你的行踪写信告诉家中。"(全集未收,《激流中的水花》第9—11页)

10月20日 《日寇侵粤与抗战前途》、《全疆大会的重要意义》、《令人兴奋的报告——记陶行知先生海外归来谈话》、《再谈前线需要——前线慰劳观感之四》、《〈民众呼声———封致国民参政会全体参政员的信〉按语》,载重庆《全民抗战》五日刊第31号。(全集第8卷第258—260页、260—261页、262—267页、267—269页、270—272页)

《日寇侵粤与抗战前途》摘要:

"日寇侵犯华南,原是一年来的阴谋,而要在最近才发动的,主要的原因不外两点:(一)日寇企图占领武汉,在武汉外围受到我国英勇将士的严重打击,为时四个多月,尚未能达到他们速战速决的目的,最近在德安一线,惨亡尤重,内部危机愈甚,国际出丑愈深,不得不在华南冒险一下,要想藉此转移国内外的视线,并想藉此牵制我国保卫武汉的力量。(二)英国张伯伦的'现实外交'纵任希特勒很轻易地利用蛮干的姿态达到他的破坏他国国土主权的完整,鼓励了远东强盗,也来蛮干一下。所以英国自由党机关报《曼澈斯特评论》说,'日本进攻华南,实乃捷克问题上英国外交失败初步结果之一。'""现在所要研究的是日寇侵粤与我国的抗战前途究竟有何影响? 更具体点说,就是要问日寇侵粤是否要妨碍到我国抗战的光明前途?""这个问题可以分三点来研究。第一是日寇这样一来,是否就能使中国屈伏? 它要使中国屈伏,至少要消灭中国的主力军,同时使中国无法产生新力军,由此消灭中国军事上的抗战力量。这个问题的答案是否定的。""第二是日寇这样一来,是否能断绝我国的军火来源? 敌人即使能切断我们华南海口的交通干线,这在第三期抗战中的重要性已不如第一和第二期,因为我们的军火来源的比重已和以前不同了,所以这件事即使敌人达到目的,也不能置我们于死地,也不能影响到我们的继续抗战。""第三是日寇这样一来,是否能使英法美屈膝,使中国成为'捷克第二'?""就中国与捷克比较,中国的广地众民,中国没有国内民族的纠纷,中国不像捷克那样三面被德包围,都与捷克不同,尤其不同的是中国已全国精诚团结,发动了民族解放的神圣战争,领袖坚决,民众兴奋,这更是讲'现实'者所不能不承认的现实! 在日寇方面,侵略战愈久,人力物力被消耗者愈多,愈难提出使英国有调停可能的条件,而况中国不是阿比西尼亚,不是捷克,中国的命运是操在中国人自己的手里,绝对不是任何其他的国家所能任意牺牲的。所以即使日寇有它的迷梦,也是要被粉碎的。""我们应该更加紧努力,不应因日寇的回光返照的更疯狂而模糊了我们的神圣的信念与伟大的前途!"(全集第 8 卷第 258—260 页)

《再谈前线需要——前线慰劳观感之四》摘要:

"关于人力方面,前线最需要的是运输、救护、掩埋、侦察,乃至供给日常用品的小贩。这种种的需要,是在前线感觉到最深刻的。""这些任务虽然是在战争愈激烈的时候愈需要大量的帮助,可是在平日就需要在民众运动中有精密的组织,否则临时抱佛脚,往往误事,理由是这些任务的忠实执行,不能靠临时的'拉',就是临时雇用都成问题,因为这些任务虽不是在火线上,却是在最前线的后方,相距只有几里路,是相当艰苦的,倘若没有经过严密的组织与相当的训练,提高民族的意识与为国牺牲的精神,是很不易得到切实的效果的。""记者到南昌时,听当局谈起,先后派往前线工作的夫子有一万二千人,初听了觉得颇足安慰,但是后来到了前线实际调查,才知道'派'的'派',逃的逃,往往逃剩十之一二,仍靠不住,症结是在仅由省府'令'县长,县长依样画葫芦地'令'保甲长,保甲长只有出于'拉'的一法。未曾顾到被拉者的家庭负担,更说不到什么严密的组织和精神的训练。""日寇在九江训练大批汉奸,派往前线活动得很利害,但是要侦察和制裁他们的活动,非军队与附近的农村民众合作不行。""他们以前的军用电话线常被汉奸割断,防不胜防,后来极力与农村民众合作,得到他们随时随地的报告,严厉制裁,才消除了这种麻烦,因为村民最熟悉本地的情形,偶有一个陌生的人到村里来,他们就能很敏锐地感觉到,他的一切活动是逃不出他们的视线的。"(全集第 8 卷第 268—269 页)

《〈民众呼声——一封致国民参政会全体参政员的信〉按语》摘要:

"我们对于齐陈罗王四位先生写给我们的这封恳挚热诚的信,非常感谢,我们希望有更多这类的信寄来,本刊当尽量刊载(但请不要叙述重复的意见),并将本刊分送给各政党看,使民众提出的意见都能达到他们的面前,唤起他们的注意,引起他们的慎重考虑。至于记者和沈钧儒先生,也列身国民参政会,对于民众的意见,当然也要虚心倾听,尽其最大可能的努力,以报答同胞们的厚意。""参政会的各参政员虽应尽量博采民间的隐情,但是耳目不周,势难一一知道,所以民众多方提供事实以供参政会的参考,却是非常重要的。例如保障人权的议决案已由政府通令施行,如有地方政府未能忠实执行,民众应根据

各该地的具体事实,搜集证据提出报告,俾参政员建议政府纠正。"(全集第 8 卷第 271—272 页)

10 月 21 日　日侵略军占领广州。(《店务通讯》第 31 号)

10 月 25 日　汉口沦于敌手,27 日武汉三镇全部失陷。(沈谱、沈人骅编《沈钧儒年谱》第 214 页)

同日　《参政会第二届大会的重大使命》、《接近战区的民气——前线慰劳观感之五》,载重庆《全民抗战》五日刊第 32 号。(全集第 8 卷 272—274 页、275—277 页)

《参政会第二届大会的重大使命》摘要:

"在这十五个月以来,我们的进步还远赶不上抗战的实际需要,以致所产生的新的力量还不能阻挡敌人的继续进攻,虽则已使敌人进攻的速度较前逐步的减低。所以我们一方面承认十五个月来的空前进步,一方面却不能不深刻地探讨为什么我们的进步还远赶不上抗战的实际需要?""我们觉得最大的症结是自从发动抗战以来,有许多人的眼光只注视到军事的胜败消息,而忽略了和军事相配合的各部门的重要工作。在抗战时期,各部门的重要工作应以军事为中心,这是无疑的,但是误会军事第一的真义而忽视了其他部门的重要工作,使军事上因此得不到充分的辅助,这却是一个非常严重的缺憾。例如兵役问题,是当前军事上一个非常重要的问题,可是要适当解决这问题,决不是仅仅注意到军事一方面所能办到的,必须注意下层政治机构的切实改善,军人家属优待的切实执行,壮丁训练方法的切实改善,壮丁待遇问题的适当解决,民众动员的开展扩大与普遍,这都不仅是军事的问题,都同时要牵涉到政治经济民运等等方面去。这有连带关系的种种方面,如果没有同时被注意到,没有迅速而充分的改善,兵役这个问题是很难单独得到适当解决的。这只是举一个例子,其他方面可以类推。所遗憾的是军事的进退胜败是显而易见的,其他种种与军事相配合的各部门工作,往往不甚显而易见,结果往往不免'平时不烧香,临时抱佛脚'。""坚持抗战不是一句感情的空话,最重要的是一面抗战以争取时间,一面要充分运用所争取的时间,努力于新力量的产生,这新力量的最重要的部分当然是新的军力,可是连带围绕着的是新的政治力、经济力、文化力,乃至国际上可以为我们所运用的新的国际力。我们要消除国内自相猜疑的一切内部摩擦,集中全力于所必要的新力量的产生。这是国民参政会所要领导全国同胞共勉的。"(全集第 8 卷第 273—274 页)

《接近战区的民气——前线慰劳观感之五》摘要:

"前线将领在谈话中所恳切希望于后方的是精诚团结,共赴国难,不要再有什么内部摩擦的消息漏到前方去,使他们听了头痛心伤! 除了怕听内部摩擦的任何消息外,他们一致提出两个要求:(一)军民打成一片;(二)前方与后方打成一片。根据这两个要求,我们可以说,抗战的胜利不但要靠士气,同时还要靠民气。所以记者不但注意前方的士气,同时并注意到接近战区的民气。""人民对于前线战士的爱护是自发的,但是必须用具体的事实来振作他们的热诚。有某处的抗敌后援会(也近战区)到了捐募寒衣的时候,还有一大批以前募到的扇子未曾发出去,这样的工作效率只能使原有的民气消沉下去! 据接近战区的某些工作者的实际经验,只要使人民知道所募捐的物品真能于何日达到前线,使前线战士真能享受到,便能引起他们的更热烈的情绪与帮助。""在长沙和在南昌一样,一般民众对于前线的注意,令人看了也是要十分感动的。记者和沈先生因有事务待理,路过那些地方时,原不打算多留,但是民众团体的朋友们总是要开会坚嘱报告前方情形,一聚就是几千人,他们在精神上已和前方打成一片了,所需要的是在事实上工作上能够有组织地联系起来。""在长沙还听到一件趣闻。职业界抗敌后援会里有些会员是当地银行家,有某银行的副经理上午乘汽车到银行办公,下午加入担架队,帮同拯救被敌机轰炸的同胞们,该会是民众自发组织的一个团体,工作非常努力,但是记者离长沙时,听说将被解散,我们希望这消息的不确。"(全集第 8 卷第 275—277 页)

10 月 28 日至 11 月 6 日　在重庆,国民参政会第一届第二次大会召开。参加会议并提案《请撤销图书杂志原稿审查办法,以充分反映舆论及保障出版自由案》。总处同人和邹师母沈粹缜共七人持旁听券前往。(《店务通讯》第 31 号"总店花絮"栏,孟广涵主编《国民参政会纪实》上第 348 页、381 页,全集第 10 卷第 219 页)

10 月 30 日　《广州武汉失陷以后怎样?》、《关于参政会第二届大会(一)》,载重庆《全民抗战》五日刊第 33 号。(全集第 8 卷第 277—279 页、279—280 页)

《广州武汉失陷以后怎样?》摘要:

"经此两个重要地点的剧变后,全国同胞都一致引起了这个急待解答的问题:广州武汉失陷以后怎样?""第一,我们的抗战既是民族生死存亡之争,既是因为不愿做奴隶而拼命,无论如何艰苦,除到了民族可以独立解放,同胞不至被敌人逼迫屈膝做奴隶的时候,我们除了继续坚持抗战之外,没有第二条生路可走。所以我们可以确信的是广州武汉失陷以后,我们还是要坚持抗战,绝对没有丝毫迟疑的余地。""第二,我们抗战胜利的基本条件是全国精诚团结,一致在坚决领导全国抗战的国民政府和最高领袖领导之下,百折不回地努力奋斗。中国能以整个民族的力量对暴敌日本帝国主义作殊死战,必能转败为胜,转危为安;中国的整个力量如被分化,那就必然要堕入深渊,永劫不复。我们彻底认清了这一点,尤其是在这样危急重要关头,我们要彻底认清这一点,那末我们希望在广州武汉失陷以后,各党派都更能精诚团结,极力避免国内的任何摩擦,大家更能聚精会神的立在一条战线上,对付唯一的共同敌人日本帝国主义的残酷侵略。""第三,半殖民地的民族解放战争的胜利,不能仅靠单纯的军事,同时必须注重政治的彻底改善与全国人力物力的彻底动员,真能实现'全面抗战'和'全民抗战'。十五个月抗战以来,军事方面在事实上表现着越打越强的进步(当然有极少数的例外,但不能因此抹煞整个的趋势),但政治的改善与民众的动员还是远赶不上军事的需要。而且因为军事上的迫切需要,而更暴露了政治与民运方面的许多缺憾。例如积极的抗战需要大量兵员的补充,民众多方面的协助,但是因为政治的积弊未除,保甲制度的未改善,土劣的作梗与压迫,人民生活的无从改善,民众运动的无从开展,后方和前方未能完全打成一片,军和民不能完全打成一片。我们到战区去视察所得最深刻的印象,也莫过于前方后方脱节和军民脱节的可痛的现象。最近有一位朋友在上次大战时曾在欧美视察,他慨叹说外国在打仗时,前方战士的享受比后方丰厚,我们在抗战时却反其道而行之,生活最苦者反而是为国拼命的前线战士!我们要改变这种可痛的现象,非在政治及民众动员方面力求改进不可。"(全集第8卷第277—278页)

《关于参政会第二届大会(一)》摘要:

"国民参政会于本月廿六日上午,由汪精卫议长召集,开了一个谈话会,可说是一个预备会,对于本届会议所须注意的要点,有所讨论。""记者对聚会的同人也提出两点报告:(一)一般社会人士对于国民参政会,都有着一个疑问待解释:即上次大会所通过的议案,到现在究竟有多少是已实行了的?这个疑问的明白答复,不仅有关国民参政会的信誉,也有关政府的威信,希望关于这方面的报告须尽可能宣布于大众,就是有的关于军事财政之有秘密性的,不能全部的公布,也应该将已实行的议案在全部分中的百分比让人民知道。(二)一般民众都渴望国民参政会对于目前的紧张局势有具体的好办法,这办法的内容也应该尽可能让大众知道。这不但与振作士气有关,也与振作民气有关,是不容我们忽视的。"(全集第8卷第279—281页)

10月31日 晚,接西安陕店来电,谓"三十日查去书二十种,被迫停业,经理张锡荣押警局",为此韬奋各方奔走设法营救。四日电告,张已释放。(《店务通讯》第31号"总处花絮"栏)

11 月 4 日　国民参政会第二次大会通过韬奋等 74 人的提案：《请撤销图书杂志原稿审查办法，以充分反映舆论及保障出版自由案》，议法通过。（《申报》香港版，1938 年 11 月 5 日载；中央社重庆四日电《重庆出版史志》1992 年第 3 期第 7 页）

11 月 5 日　《苏联十月革命与中国民族解放战争》、《关于参政会第二届大会（二）》，载重庆《全民抗战》五日刊第 34 号。（全集第 8 卷第 281—283 页、283—285 页）

《苏联十月革命与中国民族解放战争》摘要：

"自中国抗战以来，苏联是中国的一个最诚挚的患难中的朋友，在精神上和物质上的援助当然都值得我们的感谢，但是苏联在十月革命后的长时期艰苦奋斗的经验，尤其是在一九一八至二一年内战时期所遭遇的困难，实可供我们坚持抗战的参考。那时苏联虽称在内战时期，实际是处于内外夹攻的困境中，因为不仅在内部有着顽强的白党的反革命，而且还有十几国帝国主义的经济封锁和武装干涉，再加以国民经济因在革命前帝俄参加世界大战及革命后继之以连年内战，完全破产。在这样内忧外患交迫的困境中，苏联当局和人民竟能突破难关，建立独立幸福的国家，这种艰苦奋斗的经验不是值得我们学习吗？"（全集第 8 卷第 282—283 页）

11 月 10 日　《以更大努力承接新局势》、《参政会第二届大会的检讨》、《关于参政会第二届大会（三）》，载重庆《全民抗战》五日刊第 35 号。（全集第 8 卷第 285—287 页、287—292 页、292—294 页）

《以更大努力承接新局势》摘要：

"广州陷落武汉撤退之后，敌人千方百计，用种种挑拨离间造谣污蔑的手段，企图动摇我国抗战的决心，分散我国抗战的力量；同时在我们国内或许也有一部分意志薄弱认识不清的人们，受到敌人的煽惑，以致动摇抗战必胜建国必成的信念。""所谓抗战必胜建国必成的信念，是说在我们全国团结猛进努力的条件之下，由于主观客观形势的推移，必然可能获得最后的胜利；并不是随便说一句空话以自慰，学阿 Q 式的'精神胜利'！就客观形势说，敌人今后的困难，因无法达到提早结束的目的，必然比前更大，并不比我们的困难少些。例如他们因战区扩大而更苦于兵力不敷分配；因深入内地，更容易受到我们的袭击而遭到更大的消耗；因战事延期而更要激起国内的反战运动；因长期消耗而更要促使国内经济的崩溃；因摧毁第三国的利益而更要激动国际的反感等等。就我们的主观形势说，虽今后的困难，在相当时期内不免加多，但我们的地大民众的凭藉仍未全失，诚能充分做到如蒋委员长所指示的'抗战弥久精力弥充'的境地，那么我们的敌人因战争而愈益增加困难，我们却因抗战而愈能克服困难；我们的敌人在战争中退步，我们却在战争中进步：我们所以能以半殖民地的力量和强横的日本帝国主义的力量搏斗，深信必获最后的胜利，基本的原因就在这里。"(全集第8卷第285—286页)

《参政会第二届大会的检讨》摘要：

"此外与新闻事业及著作出版事业有重要关系的有两案：一个是胡景伊先生等所提出的拥护抗战建国纲领确立战时新闻政策促进新闻事业发展案，还有一个是记者等所提的请撤消图书杂志原稿审查办法以充分反映舆论及保障出版自由案。前一案比较顺利地通过，后一案在审查会开会时已经过一番热烈的讨论，后来由审查会提出大会时又经过一番激烈的辩论，结果以七十五票对五十五票通过原案。这案是由第三审查委员会审查的(审查关于内政事项的议案)，记者所参加的却是第五审查委员会(审查关于教育文化事项的议案)，但在第三审查委员会开始审查本案时，记者即临时赶往出席说明，参加讨论(没有表决权)，结果'撤消'被改为'改善'，等于推翻整个提案，于是不得不在大会中作最后的努力。现在虽得在大会中通过原案；但最后还须经过最高国防会议的核准，才能有效。""记者在开会前得到不少著作界和出版界的朋友写信督促提出这个议案，提时得到参政员七十四人的联署，所以深信不仅是个人的意思。再说明时并指出，所要求考虑的是'原稿审查'的办法，而且指出在中央地点所已成立的审查机关，对于爱护文化事业及极力通融的可感态度，实无间言，所以不是机关和人的问题，却是这种办法的本身问题。"(全集第8卷第291—292页)

11月15日 《凯末尔与新土耳其》、《中山先生诞辰纪念》、《参政会第二届大会的特点》(11月11日作)，载重庆《全民抗战》五日刊第36号。(全集第8卷第294—296页、296—298页、298—303页)

《凯末尔与新土耳其》摘要：

"我们悼念这位新土耳其的'国父'，想到他领导全国反抗侵略的成功过程，不禁深深地感觉到我们中国当前的苦斗，实有从土耳其接受许多宝贵的经验和教训的必要。""中国和土耳其在以前是被人轻蔑地叫做'远东病夫'和'近东病夫'。""当时土国的这种苦难，较之今日中国的遭遇，只有过之而无不及。而当时凯末尔振臂一呼，领导全国积极奋斗"，"他真是实行了'一面抗战，一面建国'，首先在政治上根本刷新，宣布国民公约，以作全国共同奋斗的纲领，不但是表面文章而已，却在事实上努力兑现，以集合全国爱国志士的心力"，"因政治上的根本刷新，铲除腐化，振奋人心，于是建立新军，充实内力，所以当时土耳其抗战开始时虽只是两万多衣械不全的乞丐军队,可是新军力已迅速造成,有英国为后盾的希腊还蒙在鼓里,蔑视土国的力量,不料被新土耳其的国民军一败再败,败到完全退出小亚细亚"!"有些人竟认为努力刷新内政以增加运用外交的力量,是'丧失独立与自主',实在是别有会心的话语,是我们所当力辟的。""我们中国英勇抗战到了今日,有不少进步,也有许多缺憾,自广州失陷武汉撤退后,无可讳言地更增加了多少困难。但是我们看了新土耳其的先例,应该只有克服困难的决心,不应存着消极颓废的观念。"(全集第 8 卷第295—296 页)

《中山先生诞辰纪念》摘要:

"由于目前国难的严重,我们觉得中山先生有两个特性尤其值得我们的追念与效法。一个是:他一生不怕失败,却能在失败中艰苦奋斗,再接再厉,只有前进,决不后退。""在今日的国难重要关头,一面有着光明的前途向着我们招手,一面也有着许多困难需要我们艰苦克服的时候,我们纪念中山先生的诞辰,应该勿忘他的这种不屈不挠的精神,肃清悲观主义及妥协幻想在目前更艰苦的阶段中散布它的毒菌。""还有一个特性在今天也是很重要的,那便是中山先生到老不少衰的力求进步的精神。""中山先生的力求进步,不但他自己的学识时常在前进的途程中,而且深刻地影响到中国革命的突飞猛进。""今天细读中山先生的民族主义,还可以从字里行间看出他的进步的精神,这种精神决不受他在那个时候的高龄所限制。在那个时候,俄国革命发生未久,受尽世界各国统治阶级的唾骂,造谣中伤,无所不至,但是中山先生却痛快地接受世界的革命精神,大胆地宣言'有了俄国革命,世界人类便生出一个大希望。'""在那个时候,俄国还在极艰苦的阶段,有些人大可以落井下石,幸灾乐祸,但是中山先生因为他的思想总是常在进步中,所以他的判断能与世界最前进的思潮配合,毅然认清当时'列强所造的谣言都是假的',毅然指出'两国(指中苏)在争世界被压迫民族自由之大战中',应该'携手并进以取得胜利'!""在我们抗战正在踏入新阶段的今日,我们要争取胜利,在军事、政治、经济以及民众运动方面,都不应故步自封,都应有迅速的进步,才能配合得上紧急时期的需要,""我们真要纪念中山先生,必须在事实上表现中山先生的力求进步的精神。"(全集第 8 卷第 296—298 页)

11 月 19 日　《对于本届选举的希望》,载《店务通讯》第 31 号。(全集第 8 卷第303—304 页)

《对于本届选举的希望》摘要:

"本社的文化事业比前扩大得多,在业务上,职务上,管理上,都有积极整顿与充实的必要。我们希望经过这次选举,各部门的机构及人事的分配能更充实起来,由此对于我们的事业能有更好的贡献。""任何进步的机关,对于真有优越能力及充分责任心的新干部都有努力提拔的必要。本社的同人都是常在进步中的青年,每隔若干时,必有多少可以加入干部的特殊人才。我们希望这次选举能增加新干部,提拔新人才。""还有一点我们要注意的,我们选举的时候,须注意本社事业上对内对外所特别需要的人才,而不可囿于个人间的'交情'。我们的眼光要放大,放在我们大家所共同努力的整个事业的需要上面,而不可把眼光缩小,缩在个人的'交情'上面。""选举的结果是有关本社事业的前途,我们大家都应该以最冷静最公平的态度与心情执行之。"(全集第8卷第304页)

11月20日 《战时的后方生活》、《尼赫鲁对英国外交政策的严评》(署名落霞),载重庆《全民抗战》五日刊第37号。(全集第8卷第305—307页、307—308页)

《战时的后方生活》摘要:

"节约运动固然重要,但是节约运动的重要意义不在劝人省几个钱,而是在于节约多下的力量,能集中于增强抗战的力量。可是要达到这个目的,决不是少数个人行动所能奏效,并须有整个的加紧组织民众动员民众的具体办法与切实施行。"(全集第8卷第306页)

《尼赫鲁对英国外交政策的严评》摘要:

"尼赫鲁的一生是用全力推动印度民族解放运动的,是'民族至上'的,可是他却同时反对其他弱小民族的被侵略,却认定鼓励侵略的外交是世界和平的致命打击,却认定法西斯或帝国主义都是世界和平和自由的仇敌。这和有些人喊着'民族至上'而却同情于法西斯,甚至于同情于法西斯之侵略其他弱小民族,替他们辩护,所见是很不同的。"(全集第8卷308页)

11月21日 谷军和李公朴、张曼筠、李国友到达延安。一天晚上,毛主席亲自登门,到李住的招待所看望,听了谷军谈大后方生活书店艰难工作的情况,根据提问和请求,作了指示。半年后,1939年5、6月间,才收到重庆信函,说毛主席的指示,已于3月18日在内部刊物《店务通讯》40期上刊出。(谷军《陪同李公朴会见毛主席》,收入《民主斗士李公朴》第16—22页)

毛泽东答复杜绝的问话:

"敌人在攻陷粤汉之后,还要继续进攻西安、宜昌、衡阳、南昌、韶关,以及粤闽的几个重要城市的。这些地方,在目前虽然不会立刻失掉,但迟早总不免要失掉的。这样，将来我们的后方更要缩小，可以利用的后方更小。因此，书业界的工作，便不得不向游击区去谋发展。同时，也是适应那边的需要。工作的地域大概可以分为华北、华中与华南三区，每区的游击根据地又可以作为经营的中心地点。工作必须与当地军队取得联络，与自己在后方的店取得经常联系是不可能的了，因为交通太困难。所以各战区的工作又必须是独立的，自印自卖。印出的书本，应该是也只能是薄薄的了。"（1939 年 3 月 18 日《店务通讯》第 40 号，题《毛泽东先生在去年答复杜绝先生的问话》）

11 月 25 日　《长沙惨剧的悲痛教训与善后问题》、《外国女记者心目中的中国兵士》（署名落霞），载重庆《全民抗战》五日刊第 38 号。（全集第 8 卷第 308—310 页、310—311 页）

《长沙惨剧的悲痛教训与善后问题》摘要：

"引起全国同胞惨痛情绪的长沙大火，据中央社长沙电讯所传，认为'人民生命财产之损失，一时无法估计'，灾情之惨重，可以概见："'当时情况之凄惨，有非亲历者所能想像。自从这惨剧传播以后，大家一方面震悼于三湘同胞的苦难，一方面却茫然于这惨剧所以发生的原因。后来据说是由于地方军警负责者误信流言，事前准备不周，临时躁急慌张之所致。以身负保卫地方重责而轻信流言，以区区数人之轻信流言而使数十万人的生命财产遭受无代价的惨痛牺牲，这是最可痛心的事情。""关于教训方面，我们认为至少有二点值得特别指出。第一点是为着适应抗战建国的迫切需要，政治机构有重加检讨与健全化的必要。这次长沙的焚烧，显然与最高领袖集中财力物力持久抗战策略大相违背，致使领袖赫然震怒，于前方指挥作战万分辛劳之中，还须抽身赶到后方亲自主持善后，这不但无以对民众，也无以对领袖，政府经过这次事变，应惩前毖后，严密注意政治机构是否足够健全，使所设施都能完全符合领袖和政府原来的意旨。这不仅是就湖南一省而言，实应扩大到全国的范围。第二点是政府与民众间应有更密切的联系与沟通。试就长沙而言，如民众团体平日与政府有更密切的联系，同时战时民意机关如省参议会已设立，而且能运用适当，则政府有重要的举动，尤其与大多数的人民生命财产有重大关系的举动，当能通过民意而共同努力，便不易发生像这次长沙的惨祸。""我们首先应该坦白承认而无所用其掩饰的，是这次长沙的惨祸，在遭难的民众是所谓'无妄之灾'，并不是抗战计划中所应有的部分，否则对于首事人犯反应该论功行赏而无须枪决了。我们因抗战而牺牲，而忍受无上痛苦，这是有代价的，值得我们的牺牲与忍受，因为这是换得民族自由解放的代价；但是因不肖官吏的罪恶而遭受不必要的牺牲,这牺牲便不能算在抗战计划的帐上,便不是我们应该受的牺牲。这一点所以有特别指出的必要,是因为有些对抗战无信心的人,胡乱把不必要的牺牲也认为是抗战的罪过,甚至因此埋怨到为民族求独立生存的抗战本身,打击抗战的情绪,这种误会或有意曲解,是我们所应当努力纠正的。"（全集第 8 卷第 308—310 页）

《外国女记者心目中的中国兵士》摘要：

"最同情于中国民族解放运动的美国女记者史沫特莱女士近著一文,题为《中国的士兵》（*The Soldiers of China*）对于中国士兵的英勇,推崇备至。""在山东西部战争中,有好些北方军队在以前并无多大好名誉,但此次参战忽然变成劲旅。她举孙连仲和于学忠的军队为例。她说孙连仲的军队守至最后不退,损失军队四分之三。于的军队也有同样的英勇表现。她最近曾经参观过几个伤兵医院,里面有好些数月前在山东战场上受伤的士兵,都魁梧强壮,沉着坚毅,完全明了这次神圣战争的意义。""她又曾在布置于敌人后方的八路军阵地视察,认为那里的士兵受到很充分而普遍的政治教育。她曾经得到机会和由战场上抬下来的伤兵谈话,其中几个虽自己知道将要死去,却没有一句埋怨的话;尤其使她感动的是其中有一个即将断气的伤兵反而安慰她,说就是他死去也不在乎,因为中国是要胜利的。""我们有这样英勇的卫国将士,是我们的光荣;但是我们没有很周到地卫护我们的英勇将士,却是我们的歉疚。"（全集第 8 卷第 310—311 页）

11 月 27 日　生活书店重庆分店率先举行"义卖献金日"。当天,不分总处、分店,全数加入工作,清晨到店,有的加入义卖队,背着书,背着竹筒到街上去宣传,有的就在门市帮忙照应,从早上九点开始营业,读者络绎不绝,至晚上九时义卖结束,店内仍熙熙攘攘,挤满读者,几经劝说,才依依离去。义卖共得现金 442.96 元（内含书店职工捐献的 198.13 元）,全部支援抗战。29 日,各报刊登了《生活书店重庆分店为义卖献金敬向各界道谢启事》,向《中央日报》、《新华日报》、《新蜀报》、《扫荡报》、《国民公报》、《新民报》、国民印刷公司等单位致谢。启事最后附录了一长串全部义卖者的姓名及捐款数目的名单。（《店务通讯》第 32 号,石琼生《重庆新闻出版界的一次爱国义举》,收入《重庆出版史志》1992 年第 1 期）

11 月 30 日　《国人对五中全会应有的注意与准备》、《〈辟"不正确"的言论〉附言》（署名编者）,载重庆《全民抗战》五日刊第 39 号。（全集第 8 卷第 312—313 页、314—317 页）

《国人对五中全会应有的注意与准备》摘要：

　　"国人对五中全会应有贡献意见的充分准备,简单地说起来,至少有两个主要的理由:第一是我国抗战以来虽有许多进步,但因局势急转直下,进步的速度还不足够配合紧急的大时代的需要,因切盼国事有更迅速的进步,所以切盼领导者的国民党也有更迅速的进步。第二是领导者最重要的根据是全国民意的反映,所以一方面集合国民党的贤明的领袖们于一堂,苾筹硕划,共同研讨,一方面必然也乐于接受民间的善意批评,采纳民间的善意建议。""至于建议的内容,固有待于各方面详慎的讨论,我们在这里只是先提出几个原则以供参考。第一是怎样使党的机构更健全化的问题。第二是怎样更团结全国力量的问题。第三是怎样克服当前抗战严重关头的困难,并更充分地实现抗战建国纲领的具体办法问题。"(全集第8卷第313页)

《〈辟"不正确"的言论〉附言》摘要:

　　"抗战已经十六个月了,我们的青年尚未受到很好的抗战教育,甚至民族失败主义者还能混进学校的讲坛上,散布像你提出的那样严重的悲观绝望的谬见。同时,在青年方面,自己的努力,以及忠于民族,对真理追求的热情,又不能不使我们感动。关于你提出的八点,虽然大半在本刊中多少都谈到过,虽然在这里没有很多的篇幅详细来谈它,但我们仍愿意作一概要的解释。""一、自从英法在慕尼黑会议中作出了牺牲捷克对侵略者耻辱的妥协后,的确鼓励了侵略者,使侵略阵线的气焰一时高涨。欧洲的和平力量受到相当的打击,这是事实,但这绝不能说是'和平阵线完全粉碎,侵略阵线势不可当。'""目前和平受到威胁,绝不能说是'和平阵线完全粉碎',只能说是英法政府的动摇,对真正和平力量的没有认识,和过去所谓欧洲和平阵营的结合不够巩固,因此受到目前法西斯的打击。""认'和平阵线完全粉碎',那不是短视和根本不了解和平阵线为何物,即是有意在为侵略者张目。""二、在中国,不能产生真正的张伯伦,因为中国不是英国,中国是一个半殖民地的国家,半殖民地的张伯伦一定就是亲日派,汉奸之流的人。这种人,在今日的中国,并不是没有。""三、中国本身不是捷克,中国已抗战了十六个月,有坚定国策比捷克强,同时牺牲中国,也就是牺牲英国利益,完全'迫我投降',在张伯伦也不能照办。""四、中国人的命运之决于自己之手,所谓自力更生者即是。不相信自己力量,完全依靠外力,那只是少数无生存活力的奴才们的悲观绝望的心理,自然是不对的。""五、慕尼黑会议后的国际形势,虽然使侵略者的气焰一时高涨,英法的妥协苟安,使日寇在远东更敢于冒最大危险,疯狂的进攻中国,似乎这一时期于日寇有利,但不能说,中国在国际上比日本更孤立。""六、我们晓得,在前线并不少女子参加工作,沪战中,最有名的女子战地服务团,有谢冰莹,胡兰畦领导的两个团,在前线工作;徐州,武汉,华北各战区,都有无数的女子在工作,比如丁玲的服务团就是全国闻名的。其他领导游击队的有赵老太太,蔡金花和百千无名的女英雄,广西云南的女学生军仍在前方工作。这都是事实。""八、学生应该在本位救国,这是对的,我们抗战是长期的,我们不能因为战争而不要教育,青年在有机会读书时,也不应该放弃这一受教育的机会,但'读书救国',并不是指读死书,读书不问世事,不参加学生可做的抗敌工作,离开抗战的实践而闭户潜修。'科学救国'也是对的,我们今日为了抗战,我们也要有科学知识。但不是指科学离开了抗战的服役这一战斗的任务而作学究式的研究,或抽象的高谈科学。"(全集第8卷第315—317页)

是月 《中苏友好关系的基础》,载《中苏文化》苏联十月革命二十一周年纪念特刊。(全集第8卷第318—322页)

《中苏友好关系的基础》摘要:

"为着全世界的光明前途,为着这两个伟大国家的光明前途,我们应该十分爱护中苏的友好关系,我们应该使中苏根据友好的关系而有密切的合作与互助。""要达到这个目的,我们首先要彻底认识中苏友好关系的基础。无可讳言地,有些帝国主义的走狗们,或是认识不清的糊涂虫,常常发出挑拨离间中苏友好关系的言论,甚至进行他们的破坏阴谋。这虽然只是心劳日拙,绝对愚蠢的行为,但是它的毒素仍然可能减损中苏友好关系的更大的开展,或更迅速的开展,所以仍值得我们的注意与设法消除的。关于这方面,我们尤其感觉到,中苏友好关系有它的不可摇撼的基础,实有明白指出的必要。""第一,中苏两国的立国精神有很重要的共同点,那就是除了保持自身的自由独立与世界正义外,绝不会有侵略的因素。""苏联是推翻了'本国的帝国主义',中国虽正在遭受着最残酷的帝国主义的侵略,可是它已下了决心,不许本国将来'去学列强的帝国主义',换句话说,中苏两国的立国精神,除了保持自身的自由独立与世界正义外,绝不会有侵略的因素。""第二,中苏两国对于世界都同样负有重大的任务。""法西斯的民族主义是志在'灭人家国'的,中国的民族主义是一方面要争取自由独立,一方面还要对世界被压迫的小民族尽'济弱扶倾'的责任,这是中华民国之父的中山先生手订的国策,是此后我们所要遵循的方针。不但如此,中国民族解放的神圣抗战,在进行的过程中,就对于世界的整个革命有着重要的影响。""第三,中苏两国在远东有个共同的敌人——日本帝国主义。日本帝国主义对于侵略中国与进攻苏联,是等量齐观,所异者只是时间问题而已。""中苏在远东是国土毗连的两个最伟大的国家,又有着一个共同的敌人,在这里又有着重要的共同点。"(全集第 8 卷第 319—322 页)

11 月至 12 月 生活书店重庆分店参加重庆新闻出版界举行的"义卖一日献金活动",同时参加者还有:正中书局服务部、国民印刷公司、《武汉日报》、《新华日报》、《新民报》、《商务日报》、《中国文化报》社等。(石琼生《重庆新闻出版界的一次爱国义举》,收入《重庆出版史志》1992 年第 1 期)

12 月 3 日 《本店参加义卖的影响》,载《店务通讯》第 32 号,收入 1940 年 11 月生活书店重庆版《事业管理与职业修养》。(全集第 9 卷第 684—686 页)

《本店参加义卖的影响》摘要:

"在我们参加这个运动的前后,由于我们霹雳一声的首先响应,由于我们在举行时的热烈努力,由于我们在举行后的公告,把参加赞助的热心读者台衔,以及正式收据,都在日报上公开宣布出来,以昭大公,所以文化界,出版界,以及一般社会,对于本店为国服务的精神,都加以特别的注意。""生活书店所以能由生活周刊社的小小书报代办部发展出来,根本就是由于我们为大众服务的精神发扬光大起来。我们办生活周刊的时候,似乎只是办刊物而已,但是同时因为读者信任我们,常从天涯地角,不远数万里从海外托我们代买这个,代买那个,我们尽义务地代为选择,代为跑腿,代为包寄,不辞种种麻烦,很诚恳地很认真地代为办到,当时所以自勉的也只是为大众服务而已。""我们现在要很热诚地爱护我们的这种传统的精神;我们要把这种服务的精神贯穿渗透到我们的各部门的工作,例如为读者寄出一份刊物,要一点不肯马虎,一点不肯延搁。又例如在门市招待读者或顾客,一点不怕麻烦,始终要客气,要诚恳,处处都充满着为大众服务的精神,这才是真知道生活书店,才是真爱护生活书店。这次参加义卖,也不过是这种精神的一种流露而已。"(全集第 9 卷第 684—685 页)

12 月 5 日 就好友冀朝鼎博士途经昆明事致杨文方名片信,请求给予冀博士以关照。(全集第 8 卷第 327 页)

同日 《发扬光大一二九的救国精神》、《法西斯的民族自决观》、《印度救护队来华的周折》(以上两篇署名落霞),载重庆《全民抗战》五日刊第 40 号。(全集第 8 卷第 323—325 页、325 页、326 页)

《发扬光大一二九的救国精神》摘要:

"三年前的今日,那时正在所谓'何梅协定'以后,我们的民族敌人正在利用汉奸们公开活动,闹着敌人宰割华北,使华北脱离中国的所谓'自治运动',

北平的青年学生更激动了爱国的热诚,再也不能容忍了,以集体的力量,冲开了层层的枷锁,掀起了一二九运动的怒潮,在十二月九日和十六日举行了抗日反汉奸的大示威,于是这怒潮的宏声震动了全国,也震动了全世界。当日在这个运动中,除对日寇所唆使的华北'自治运动'的阴谋给以致命的打击外,还大胆地提出'对内和平对外抗战'的要求。现在全国团结,一致对外,在政府和领袖的坚持抗战的国策下,共同奋斗,一二九运动的殷切期望,在事实上已经实现而在继续进行中了。但是一二九运动的最初阶段的任务虽告一段落,而一二九运动所集注的终极的目标却仍有待于继续的努力奋斗。一二九运动所集注的终极的目标不只是抗战,而是抗战的最后胜利,换句话说,就是中华民族的独立自由。所以在抗战的最后胜利未到来以前,在中华民族的独立自由未到以前,一二九运动的终极的目标仍未达到,即全国青年仍须继续一二九运动的光荣历史,发扬光大一二九的救国精神,继续迈进。"(全集第 8 卷第 323—324 页)

《法西斯的民族自决观》摘要:

"法西斯国家的侵略行为,往往还用着很堂皇的名词做烟幕弹,像日寇之侵略我国,也常用'王道''防共'及'只对付中国政府不反对中国人民'等等欺骗的话,想用来遮掩天下人的耳目。意大利的侵阿,也以'宣布文明'来昭示天下。德国的并奥侵捷,出一块大广告是日尔曼人的民族自决,我们国里居然也有些人用民族自决来替它辩护,使人相信奥捷实在罪有应得!"(全集第 8 卷第 325 页)

12 月 8 日 晚,与一群著作界友人聚会,遇法国名记者李蒙和他的夫人柯斯美女士。约定第二天下午去李寓所访问。(全集第 8 卷第 337—340 页)

12 月 9 日 下午三点钟到李蒙寓所走访,著文《法国名记者李蒙夫妇访问记》。(全集第 8 卷第 337—340 页)

12 月 10 日 陈希豪招餐克利,同席有黄炎培、孔文轩、吴玉章、李中襄、王昆仑、邓飞黄、邹韬奋,谈民众运动。(《黄炎培日记》)

同日 《集中注意的西南与西北》、《〈阅读与写作〉附言》、《〈不动摇的决心〉按》(署名编者),载重庆《全民抗战》五日刊第 41 号。(全集第 8 卷第 327—329 页、330—333 页、333—334 页)

《集中注意的西南与西北》摘要:

"日寇看到歼灭我国主力军的毒计无法收效,于是转移它的力量来企图截断我国的国际路线,进攻华南,截断粤港的交通,就是这种企图的一部分,西北的国际交通线,也是敌人所处心积虑要加以破坏的,最近增兵风陵渡,轰炸西安延安,都流露着敌人企图进兵西北的阴谋。同时因为我国英勇抗战了十七个月的今日,西北与西南已成了我国阻敌进攻与准备反攻的重要根据地,也可以说是仅有的驱除暴敌收复失地的根据地,所以日寇最近一面舰队麇集北海觊觎南宁,一面阴谋侵入西北的西安兰州等地。于是国人之注意抗战形势者,无不移其目光于西南和西北。""对整个战局,我们诚然要把眼光放大,但同时对于西南和西北两根据地的努力准备,紧急动员的工作,却也要把眼光放远。""现在除广西等一二区域对于民众动员比较地多些成绩外,其余大部分的省份是否都已在有组织有训练的动员状况中过着战时的生活,由此更充分地加强抗战的力量,这是需要我们平心静气加以省察与考虑的。就我们听到,从西安兰州一带所传来的消息,因党派的成见而引起的摩擦与隔阂,使力量消耗于对内而未能集中全力于对外,使民众动员的自发性无从发挥,在这样严重的时期,实在有迅速改善的必要。""我们因鉴于西南和西北根据地之重要,又鉴于敌人侵略的急进,所以对于加强领导民众动员与加紧民众动员,不得不唤起国人的注意,希望在事实上能有大规模的开展。在这样紧急关头,我们不但需要加强与加紧,而且需要迅速的加强与加紧。'在措手不及的情形中失守'的广州,在敌兵上岸后的第四天,才于百忙中成立省动员委员会,才解除许多不合理的约束,民众方面已无法发挥他本身的伟大力量,这惨痛的教训是值得我们重视的。"(全集第 8 卷第 327—329 页)

《〈阅读与写作〉附言》摘要:

"(一) 写作与原来的业务不一定要分开,而且反可运用原有的经验,增加写作内容的丰富。只须有敏锐深刻的观察力,加上基本的认识与写作的技能,在任何职业的队伍中都可产生好的作家。""(二) 由艰苦中的自我教育造成的作家,高尔基的一生很可给我们以很大的'灵感'(可参看记者编译《高尔基》一书)。他做过流浪儿,做过漂泊者,经过许许多多'下层'的苦生活,干过和老板娘当杂役的极苦的学徒,干过牛马似的码头工人,但是他未曾被这些苦生活所埋没,反而运用他对于人生的深刻而丰富无比的经验与视察,使他后来的作品充满着异常生动的内容。尤其使我们感动的是他在那样苦的环境中所表现的'读书狂'。""一个作家像高尔基,他的写作技能的素养也在他平日对于名著的博览精读,浸润已久,然后用时俯拾即是,左右逢源,这一点是有志写作者所宜特别注意。杜先生说看了《写作经验》,《怎样写作》,《苏联作家的创作经验》等等,自己还是不会作,其实这类的书不过可供参考,要培养写作能力,还是要对于名著的博览精读。即关于小说一项,在中国也有不少创作和译作可资阅览的。""（三）初作不一定就作得好,最初投稿往往碰壁,这也是几于每个作家都遇到过的难关,要诀固在再作充分的培养,也在硬着头皮继续努力下去。""他仍鼓着勇气继续干下去,在一八七九年开始写作,到一八八四年,有两家杂志才刊登他的长篇小说,于是一鸣惊人,引起许多名著作家的注意。"（全集第8卷第331—333页）

《〈不动摇的决心〉按》全文:

"我们政府的国策是坚持抗战,最高统帅屡次告国民书及公开的谈话也是要坚持抗战,我们全国同胞以至诚拥护国策,以至诚拥护领袖,万众一心,为民族的独立自由而共同奋斗,全国同胞对抗战都应该具有不动摇的决心,这原是不成问题的,而隔若干时仍然听到所谓'和平空气',尤其在军事重大失利之后。这里面不外有下面几种原因。第一是我们的敌人为着要分化我们的内部,破坏我们的团结,并懈怠我们的抗战工作起见,往往用种种巧妙的方法放出'和平空气',企图动摇我们的人心。我们如听到这样的谣言,不但不应该替他传播,以中鬼子的毒计,而且要负辟谣的责任。第二是我们国内也许还不免有些人因为看到抗战过程中的艰苦,同时没有认清这艰苦过程是民族解放斗争所必须经过的(虽则有许多错误是要加以努力纠正与补救的),同时也没有认清日本帝国主义的大陆政策是以灭亡整个中国为目的,田中奏折言之于前,近卫宣言证之于后,绝对不是苟安所能逃避的,因此往往动摇意志,幻想妥协。这种人虽不足以影响国策,但是动摇一部分的国人心理,减少一部分的抗战效率,是很可能的。我们应该随时随地说服他们,使他们得到正确的认识。第三是在国际方面也许有些国家妄想可藉妥协的途径来保全它们的在华利益,这在事实上虽是不可能,因为日本帝国主义的野心是在独占中国,列强要想以妥协来保全它们在华的利益,无异与虎谋皮,但在国际方面有些国家的不免有此妄想,却是事实,关于这一点,要看我们自己对于抗战的加紧努力,使有妥协倾向的国家明白我们绝对不是捷克,我们的命运是握在我们自己的手中。"（全集第8卷第333—334页）

12月14日 晚八时许,邀请徐特立为重庆生活书店同人演讲"读书及学习问题",历时三小时。(《店务通讯》第33号"总处动态"栏)

12月15日 胡愈之从桂林飞抵重庆,下午四时半到达,韬奋和夫人沈粹缜、徐伯昕、张仲实、艾寒松前往机场迎接。胡这次到渝,是与韬奋等生活书店领导骨干总结工作,修订《生活出版合作社章程》。(《店务通讯》第33号"同人消息"栏)

同日　《我国抗战与世界反侵略运动》、《法国名记者李蒙夫妇访问记》(12 月 10 日晚作),载重庆《全民抗战》五日刊第 42 号。(全集第 8 卷第 335—337 页、337—340 页)

《我国抗战与世界反侵略运动》全文:

“我国抗战十七个月以来,始终获得世界各国(除了几个法西斯国家)对于我国的同情,这固然是由于我国全国的精诚团结,前线战士的英勇牺牲与后方大众的艰苦奋斗,但是同时也因为我们所努力的不是侵略战而是反侵略战,是与全世界的反侵略运动——反映全世界当前最进步的思潮——配合着的。我们常听见说,中国的抗战不仅是争取民族的独立自由,同时也是为着世界的正义和平。这决不是像有些人所攻击的为‘空话大话’,实在是真理。这真理的内容就是我国的抗战与全世界的反侵略运动是配合着的。我们必须彻底认清这一点,然后在内部不致发生思想与认识上的无谓的摩擦,和行动上不必要的力量的消耗,对外也不致发生违反抗战建国纲领所规定的外交路线。”“法国名记者李蒙先生最近到中国视察,他告诉我们,法国人民大众所以对中国抗战热烈同情,因为他们觉得中国的抗战不但是争取中国的自由,同时也是为着世界的自由,因为中国抗战是抵抗法西斯侵略,和他们正在努力的反法西斯运动是有着同样的争自由的大目标。这不但是法国,除了几个法西斯的国家外,都有同样的倾向。包括英美加各国青年代表的世界学联代表团不久以前到中国来,最令人感动的话语是:‘你们的(指中国)胜利就是我们的胜利!’他们的表示是反映着全世界进步分子的反侵略思潮。世界反侵略总会以及各地分会对中国抗战的热烈同情与援助,世界各国(法西斯除外)的民众团体以及舆论对中国抗战的热烈同情与援助,都是世界反侵略思潮的表现,印度国民大会不远万里派送救护队来华,朝鲜的革命团体与救国志士屡次对于中国抗战表示热烈希望的宣言和谈话,这都是在被压迫民族方面流露着的世界反侵略思潮。就在最近在秘鲁国京城举行的泛美大会,美国国务卿赫尔也在大声疾呼‘联合一致以抵御侵略国之野心’!”“在另一方面,东西的法西斯国家却在同盟之下,联合策动,各在继续不断的进行他们的侵略计划。在远东方面,中国人民所受到的残酷的侵略是无须我们赘述的。就欧洲说,奥国被并后,有些人在歌颂着‘安定欧洲’的‘现实外交’,但随着来的却是捷克被瓜分,最近又发生了什么‘米美尔问题’,及类似华北自治运动的‘大乌克兰独立国’的阴谋。不惜牺牲西班牙的‘英意协定’,以及后来的‘英德谈判’,‘德法和平宣言’,又被有些人视为‘安定欧洲’的万应如意油,但随着来的是使英国头痛的希特勒要求殖民地问题,使法国恐慌的都尼斯于科西嘉成了墨索里尼的‘天然的愿望’! 欧洲能和平是我们所希望的,但是不用集体制裁侵略的方法而用增加侵略者气焰的方法,是否可以得到世界和平,这一点却是值得我们注意的。国际的变化是要从动的方面用正确的观点来看的。不应为着一时的现象而便无视整个的趋势。最近有些人看到法国达拉第的反叛法国人民阵线纲领,便大发幸灾乐祸的论调,诅咒反对法西斯运动的法国人民阵线之死亡!"和'世界和平不可分割的'一样,世界的反侵略也是不可分割的,英国前在欧洲所主持的慕尼黑会议刚进一步表现了对于侵略者妥协的姿态,日寇在远东的进攻华南便开始,这里面微妙的联系不是很值得我们的省察吗?""中国是反对侵略的国家,是世界反侵略的先锋,我们应该立在世界反侵略的方面呢,还是立在侵略主义者方面?"(全集第8卷第335—337页)

《法国名记者李蒙夫妇访问记》摘要:

"第二天(注:12月9日)记者按时而往,他们俩和记者由三点钟谈到五点半,彼此还感觉到问题未曾谈完,希望有再度晤谈的机会。他们俩都诚恳和蔼而坦白,对于中国是那样的热情,这是非常令人感动的。""记者提出的第一个问题是法国人民阵线为什么不能制裁达拉第的违反人民阵线纲领?""记者的第二个题是:这样一来,是不是法国人民阵线就算完结了?""记者所提出的第三个问题是:法国为什么和德国订立所谓法德和平宣言?""此外李蒙夫妇对于本刊的历史,国民参政会的内容,及中国党派的情形,有很详细的询问,多为读者所知道,在这里不想记述了。"(全集第8卷第337—340页)

12月16日起 举行每日工作例会,会期一周。每日上午十至十二时,检讨工作,制定今后大政方针。参加会议的有胡愈之、毕云程、邹韬奋、徐伯昕、张仲实及艾寒松等。(《店务通讯》第33号"总处动态"栏)

12月18日 晚八时一刻,渝地同人举行盛大欢迎会,欢迎周恩来、胡愈之及沈志远到生活书店,并请周恩来讲"目前抗战形势"等问题,近三小时,十一时散会。(《店务通讯》第33号"总处动态"栏)

12月20日 《关于政治工作的重要决议》、《〈缩短学校期限〉按》、《〈肃清民族的败类〉按》(署名编者),载重庆《全民抗战》五日刊第43号。(全集第8卷第340—342页、342—345页、346—348页)

《关于政治工作的重要决议》摘要:

"军委会政治部陈诚部长最近发表一文,题为《关于政治部今后工作之讨论与决议》,根据一年多以来抗战中血的经验与教训,对新阶段的政治工作有非常进步的决议,这是抗战期中有很重大意义的一个文件,也是使注意抗战胜利前途者最感兴奋的一个文件。""我们全国正在与日寇战争，我们的第一件事是要用全副力量争取抗战胜利，在这战争中军事占着非常重要的地位是谁也不能否认的，但是造成军事胜利的条件并不限于军事本身。而尚有赖于其他种种方面的努力。抗战以来，大家所尤其深刻感到的是政治的进步还远赶不上军事的进步，以致影响到军事胜利的最大可能的限度。说政治重于军事并不是轻视了军事，反而是重视了军事，因为政治的积极改善可以加强军事的胜利。关于政治的改善，我们认为一方面应切实整顿并充实最高的领导干部，一方面尤需注意下层政治机构的切实改善，要以政治的力量动员全国人力物力以战胜敌人，必须先有很健全有力的最高的领导干部与忠实执行上级命令的下层机构。""关于敌人后方，常有人说起他们只占领了点与线，没有力量占领我们的全面，这诚然是事实，也是我们的优势。但是我们不应徒然以此自慰，却应努力运用这种优势，使敌人不能安于点与线的占领，不让他们由于点与线的安定而渐渐生长他们的力量，渐渐伸展到面的范围。所以我们不但不可忽视点与线，认为无关重要，而且要重视点与线，使敌人不能安然于点与线之占领。""其次值得我们注意的是降低生活水准问题。我们对于一般大众之生活已落在水准以下的，主张应相当改善他们的生活，由此增加他们爱国的情绪与报国的力量，但是对于生活水准过高的也降低他们的生活水准，减少消耗，以余力贡献于国家。""降低生活水准不仅是减低薪水就算完事，例如依我们所知道的，有些高级公务员的月薪减至一百五十元，而他的家庭用费每月仍要五百元！因为他在政界中的酬酢还是要照旧进行，他在政界中的婚丧喜庆送礼还是要照旧进行。（他怎样弥补亏空，更是一个严重的问题！）""我们敬祝全部决议的迅速实现，以慰全国的期望。"（全集第 8 卷第 340—342 页）

《〈缩短学校期限〉按》摘要：

"记者在第二届国民参政会大会开会时，曾参加文化教育的审查委员会，曾极力主张在这个特殊时期补习教育实占非常重要的位置，并极力主张补习教育应给与受教育者以通常学校教育者同样的资格，例如大学校的期限为四年，一面就业一面就学的人也许不能在四年内修完大学课程，但在拉长期限（依实际需要拉长一二年或二三年），只须在修完课程以后，也应该给以大学毕业的资格。不但补习教育而已，即由自修的结果，只须达到同等的学力，应试及格后，也应该给以与通常学校毕业同样的相当资格。因此我们反对仅据文凭为唯一标准，主张虽没有文凭而具有同等学力的（无论是由补习教育或自修教育得来的），都应该给以考试的机会，考试及格后都应该给以与通常学校毕

业同样的资格。"（全集第8卷第344—345页）

《〈肃清民族的败类〉按》摘要：

"自抗战以来，'有钱出钱'这个任务，只在侨胞方面有较好的开展，据公布的统计，""已达四千余万元，不能不算是一笔巨款，其他各地侨胞对于祖国的捐输还未计算在内。""海外华侨因为亲历的情形，对于国家民族的意识特别深刻，所以对于祖国的贡献也特别踊跃，意识动员的重要于此可见。""仅仅意识的动员，有许多地方还是不够，所以在民众组织方面须有更广大更切实的动员，使民众的组织力量能够加强说服的效力。而且即就意识动员而论，少数宣传队或募捐队的力量有时还是很有限的，夕凤先生所举的例子便是一个证明。如有广大而切实的民众组织，又有法律或行政方面的助力，有钱的人受到舆论的怂恿与政治的督促，其势不得不对于国家多贡献一些他们的力量，否则在他所在的区域便有立不住脚的苦痛。所以动员'有钱出钱'这件事并不是很简单的，这种整个局面的开展，是还有待于我们努力推动的。"（全集第8卷第347—348页）

12月21日 晚，渝地同人叙餐，迎来从西安调重庆的张锡荣，送往即将赴四川乐山筹开支店的顾根荣。席间，邹韬奋演讲云："锡"是"赐给"的意思，"锡荣"这次在西安因公受难，就是"赐"给我们无上光"荣"！总处是根本，"根荣"这次去开分店就是"根"本繁"荣"！我们有了光荣和繁荣，今天值得大家高兴，痛快的饮一杯酒。（《店务通讯》第34号"总处花絮"栏）

12月24日 《适应大时代的文化工作》，载《店务通讯》第33号。（全集第8卷第348—349页）

《适应大时代的文化工作》摘要：

"'愿以全力推进抗战文化而奋斗！'""这是我们生活书店全体同人的志愿。但是要实现这个志愿，并非一句口号所能做到，必须在实际上确有办法来共同苦干下去——也应该说是乐干下去！""自抗战爆发一年多以来，我们的分店发展到三十余处，所出关于抗战书籍杂志至少在五百万册以上，但是以生活书店在社会上的信用与社会所希望于生活书店的限度，已往所做的工作只能部分地配合大时代的需要，绝对不能使我们满意的，我们必须更积极地作进一步的努力，更充分地供应抗战的需要，更充分地满足社会对于生活书店的期望。""努力有几个基本的条件，第一，我们必须充实我们的整个工作计划。第二，我们必须充实我们的组织。第三，我们必须充实我们的干部。这三种'充实'的工作是我们要进一步努力的基本条件，缺一不可的，而且彼此间有着很密切的联系性。有了好的计划，而没有健全的组织，这计划便是一大篇空话，没有方法通过健全的组织而执行起来。但是有了完善的组织，如果没有健全的干部，那组织虽合理化，还是一个空架子，没有实质的东西，还不能负起实现新计划的任务。干部决定一切，这句名言是真理，我们必须加以十二万分的注意。""胡愈之先生是最初参加建立我们合作社的一位老同志，他已往虽因事未能经常在我们一起工作，但一向是极爱护本社事业，仍时常帮助我们的事业。最近来渝，很热诚地参加我们新计划的讨论，这是我们所最快慰的一件事。""关于充实组织，我们正在进行选举。我诚恳希望同人要严格注意这件事，对于人选，要从发展本社文化事业上的需要加以慎重的考虑。干部的充实，选举确有关系，但同时却并不限于选举的范围，我们还要多方注意各部分人材的适当分配与补充。""我们大家要以大公无私的心情，诚恳坦白的态度，共同努力于造成这三条件，以配合大时代的需要共同为文化事业而努力奋斗，同人们有何卓见，希望尽量提出来以供大家的参考。"（全集第 8 卷第 348—349 页）

同日 《拥护义卖》，载重庆《新民报》第 3 版。（全集第 8 卷第 355 页）

《拥护义卖》全文：

"记者因忙于自己编的刊物，向来不敢多为其他刊物写什么，但是遇着报界朋友热心义卖，约记者写几句话，紧张紧张空气，却是提起笔来就写。尤其是遇着在社会里得到广大读者群佩服的日报起来提倡义卖，更令人兴奋，因为它对社会更能发挥领导的作用，对国家更能有重大的贡献，今天欣逢《新民报》义卖日，我有着这同样的感想。""我们今日最大的任务是要争取抗战的胜利，凡有益于抗战的事情，我们都要各尽心力赞助。根据这个观点，我深信《新民报》的义卖日一定是一个胜利日！"（全集第 8 卷第 355 页）

12 月 25 日 《楚歌四面中的日寇》、《民族复兴节》、《〈战争使每个人都在进步〉附言》（署名编者），载重庆《全民抗战》五日刊第 44 号。（全集第 8 卷第 350—352页、352 页、353—355 页）

《楚歌四面中的日寇》摘要：

"日寇最近在国际上的形势，可谓楚歌四面，狼狈不堪，英美经济援助中国，日外相有田于无可奈何之中，再试他的恫吓手段，说这种援助将使第三国侨民在华之不便与困难增加，但是所得到的回答是中美白银协定于本年十二月三十一日期满之后仍可继续有效，英美商人主张强硬对付，英美对策更趋一致。""我国自广州失守，武汉撤退之后，困难虽不免较前增加，但敌人的困难显然更甚于我国，在克服困难方面更远比不上中国之有办法。我国抗战将由第一时期逐渐过渡到第二时期的相持的局面。""日寇之所以愈陷窘境,有一部分固然是由于日寇对英美各国的死硬态度,对于第三国在华利益的摧残,促进英美各国的醒悟,但是有一部分,尤其重要的部分,却是由于我国的坚持抗战,在艰苦奋斗中的百折不回。英美各国不因日寇的恫吓与诱惑而动摇(英美虽有一时期在动摇中,但终于逐渐转到好的方面来),反而在中国广州武汉相继失守,长沙大火惨祸之后,在表面上是中国最倒霉的时候,毅然实行经济援华,这不是什么'慈善事业',却是看到中国的抗战确有它的光明的前途,而这光明前途的保证却是我们全国对于抗战的决心,与始终不为暂时失败而动摇的勇气。我们必须深刻地认识这一点,然后不致以日寇的窘迫而松懈了我们的更进一步的努力,因为国际对于日寇的压力,主要还是由于我们的加紧努力而促成的。"(全集第 8 卷第 350—352 页)

《〈战争使每个人都在进步〉附言》摘要:

"我要告诉章君的是从今后,一方面多找一般书报看,每天一定要看一两种日报,要订阅几种必要看的刊物,同时,你可就近找当地的妇女慰劳会,以及各种类的救亡团体,找一些与你生活接近的工作做做,常和当地的进步的女性往返,慢慢的学习过集体生活,一步步的去改善你的生活。至于是否你目前就要离开你的家庭呢?我们认为,不必。在你那样的环境中,也不是无抗敌工作可作。这倒与你说的'柔弱'无关,一个'柔弱'的女性,在这大时代中,也是可以训练成为一个战士的。"(全集第 8 卷第 354—355 页)

12 月 30 日 《新年慰问前方战士军人家属及遭难同胞》、《〈游击区域的文化工作〉附言》(署名编者),载重庆《全民抗战》五日刊第 45 号。(全集第 8 卷第 356—358 页、358—361 页)

《新年慰问前方战士军人家属及遭难同胞》摘要:

"今年新年的伟大意义是在我们的伟大的中华民族抵抗日本帝国主义的疯狂侵略已达十八个月,虽经过无数的艰苦困难,仍然保持着充分的决心与勇气,继续坚持抗战,争取最后的胜利;是在已往一年多里面,我们在军事、政治、财政、文化、外交等等方面,都有着很大的进步;是在全国的精诚团结,一致对外,虽经敌人及其走狗们之挑拨离间,仍能永远保持。综结一句话,这一年来的努力结果是无疑地已经奠定了长期抗战的基础。我们将据此基础,继续奋斗,逐渐渡到相持时期与反攻时期。我们伟大民族的前途是一片灿烂的光明!""但是我国在已往一年中有了这种种的进步,我们饮水思源,不得不首先想到前线百万战士对于国家民族所建立的功勋,因为坚持抗战是我国一切进步的发动机,而支持这发动机的,最主要的力量是前线百万战士的英勇苦斗。我们在前线作战的士兵是世界上最英勇的战士,这已为国际友人所公认,同时还是在最艰苦的情况下执行他们的保卫祖国的神圣任务。我们赴前线慰劳时,亲自看到我们战士的许多可歌可泣的行为。整群的患疟疾而缺乏医药的士兵,轮流发寒热,轮流在寒热间歇疾苦万状中,能咬紧牙根,持枪作战,那种但知有国不知有身的牺牲精神,实足感天地而泣鬼神!尤其可贵的是在抗战过程中,军事屡次受挫的时候,有些人因此动摇了坚决抗战的意志,发生了悲观与妥协的心理,而在前线的战士却始终不失去他们的抗战信念,勇往直前,不怯不馁。现在大家都知道'愈打愈强'是我国伟大战士的特色,而这'愈打'却还是在异常艰苦的情况下进行的。我们无限感谢我们的卫国战士,同时我们还深深感觉到太薄待了我们的卫国战士。我们不但应对他们致无上的敬意,还应对他们致无限的歉忱。""在这庆祝声中的新年,我们敬念前线的英勇战士,同时也联想到军人家属的境遇。新年依惯例是家人团聚的日子,但是我们不要忘却在中国的今年今日,有无数的父母妻子儿女,在悬念着他们在前线为国努力的儿子丈夫父亲,黯然神伤;乃至有无数的孤儿寡妇老父慈母,在哀念着他们为国牺牲的亲爱的人,悲痛伤悼。我们不要忘却他们的苦难是为着我们所共有的祖国而遭受的。我们不但在情感上应把抗战军人的家属看作我们自己的家属,而且应该在事实上实现对于抗战军人家属的种种优待。最近立法院已通过优待抗战军人家属增订条例,我们大家应该努力使这条例全部都能切实执行,以安定抗战军人家属的生活,以安慰前线战士的心情,即是增加抗战的实际力量。""在这庆祝声中的新年,我们不但敬念前方战士与抗战军人家属,最后还联想到前后方的遭难同胞。他们在前方的受尽暴敌的蹂躏摧残,在后方的受尽流离颠沛的苦楚,也都是为着国家争取独立自由而遭受到的。"(全集第 8 卷第 356—358 页)

《〈游击区域的文化工作〉附言》摘要:

"在抗战十七个月中,我文化界同人直接参加战争或敌人后方工作的人,一天天加多,十七个月的成绩,的确也是值得我们欣慰与表扬的。我们常常也听到或接到各战区和敌后方许多友人的来信,深知战区(包括敌后方)文化工作的重要,艰辛,自己也曾到过前方,也常遇到前方将领以及工作友人谈到这一问题。后方同人对于战区文化之供应,亦曾作过部分的努力,但因战区过广,交通不便,全国文化工作者尚缺乏全国统一之组织,故部分的努力,结果实微,对于前方友人提出的要求,每每无法应命,常使后方朋友感到不安。""后方文化工作者,今日正有不少的个人和文化机关,正在部署如何更有效的帮助前方和与前方联络的问题。我们大家来共同努力,我们相信一切的困难,都会在不久的将来加以克服的。""从今以后,全国文化工作的对象,不仅顾到后方,同时还要顾到各游击区域和前线,这是当前战争对于文化的要求,这一认识已被不少的人所接受。今后后方如何充分有效的帮助前方,有计划的动员文化工作者,深入敌后和前线,动员一切文化资料,供给前方,继续不断的训练各种干部,作前方的补充,以及与各游击区,战区取得经常的联系,都已成为共同的认识。自然,这一切不是一个短的时间就可以全部实现的。""目前后方不少文化工作者已认定在最近期间应该从个人或个别的文化团体,从部分到全体的与游击区和前方取得较密切的联系,先从部分做起来实现对游击区、前方、人力物力的补充。""其次,在后方目前可能做,而又必需做的是多多供给前方干部的理论和技术的读物,这一点,在今日出版家方面也已经感到。""此外,过去已经做过,现在还应继续的是帮助各游击区物色干部。我们也常从私人的关系,收到各地代托物色干部的来信,在可能办到的范围内,过去亦曾动员了一些青年到游击区去。""今后后方也有可能将这工作变为经常的,有系统的工作。且所谓比较高级的文化工作者,今后也可能大大的动员到敌后方工作,或短期巡回各地工作,帮助各地的工作。""本来,对于前方、敌后方的文化工作是应该用全部力量有系统的做的,不过,这一时不容易实现,卑之不作高论,就由部分做到全体也好。""至于游击区对于后方,也应设法用工作来联系。我们第一要晓得各地的工作环境和条件,需要些什么? 做了些什么? 发生了一些什么新的问题? 有些什么问题不能解决;需要后方帮助来解决? 有什么新的创造? 这不仅是报告,同时后方也需要前方的各种资料。""对于后方供给的报纸、杂志、书籍,要随时提出意见,以便后方可以按照前方的需要和正确的意见,加以改善或增补。自然,在这些以外,最重要的还要尽一切可能克服交通、运输的问题,如何利用军邮? 设立文化站? 通信处? 并经常按月或几月派人亲自到后方来与各文化机关建立或调整相互的关系。""随着抗战持久,各方面的进步,各游击区文化工作也将渐渐达到独立作战了。后方,自然也将跟着进步,由部分走向整体的发展是必然的。中国新文化也将循着这途径而向前开展。其余的话,我们只有待其他机会再谈了。"(全集第 8 卷第 358—361 页)

是月 《再厉集》由上海生活书店初版。(全集第 8 卷 365—643 页)

是月 《〈再厉集〉序言》(7 月 27 日记于汉口),收入同名单行本。(全集第 8 卷第 365 页)

《〈再厉集〉序言》全文：

"去年十一月底到汉口续办《抗战》三日刊。至今年六月底，为集中力量起见，决定《抗战》三日刊与《全民》周刊合并，改出《全民抗战》三日刊，这七个月中时间不算怎样久，但却是我国抗战再接再厉的紧张时期，也就是所谓第二期抗战的一个时期，这时期里的变化都是在中华民族解放史上占着很重要的一页。""这个小小集子就是作者在这个时期里所写的文字；取名《再厉集》，是要纪念这期抗战的再接再厉的精神。"（全集第 8 卷第 365 页）

1938 年在武汉时期，萨空了、杜重远、邹韬奋三人，由杜重远代表，向周恩来提出要求加入中国共产党，周说：现在你们已经有了身份地位，在党外活动可以自由得多。否则活动不方便。（《萨空了同志谈抗日战争时期在新闻界的革命活动》，刘立群、蓝宇根据 1983 年 3 月访问记录整理，载《重庆党史研究资料》1984 年第 11、12 期合刊）

是年　邹韬奋在汉口和重庆不止一次地向周恩来提出，希望加入中国共产党。周恩来曾热情而恳切地对邹韬奋说，你暂时不要急于入党，你现在以党外人士身份同国民党反动派作政治斗争，比你以一个共产党员身分所起的作用不一样，还亲切地对他说："这是党需要你这样做的。"韬奋精神上得到鼓舞和安慰。（徐伯昕《战斗到最后一息》，《人民日报》1979 年 7 月 26 日，收入《忆韬奋》第 349 页；徐伯昕《生活书店是怎样接受南方局的领导的》，收入《南方局党史资料·文化工作》第 267 页）

1939年(民国二十八年) 45 岁

1月　国民党五届五中全会在重庆召开,通过《限制异党活动办法》。

3月　国民党公布《精神总动员纲领》,要求五月实施"精神总动员运动"。

9月　国民参政会第四次大会在重庆开幕,会上决议成立宪政期成会,抗日战争时期的第一次宪政运动由此开始。

10月　我军湘北大捷,是为第一次长沙会战。

11月　中国民主同盟前身"统一建国同志会"在重庆成立。

是年　汪精卫伪政府在上海出版《中华日报》。

是年　国民党政府成立战时新闻检查局,随后各省、市设新闻检查所,重要县设新闻检查室。国民党军委会核准《战时新闻违检惩罚办法》和令准《修正战时新闻禁载标准》。

1月初　胡愈之应邀从桂林到重庆,和韬奋等共同商讨生活书店今后工作的方针,决定大力发展分店,把抗日文化的种子撒到全国去,还一起调整健全了生活书店总管理处的机构,决定成立编审委员会。(胡愈之《我在抗战期间的经历》,原载《中共党史资料》第18辑,收入《南方局党史资料·统一战线工作》第183页)

1月1日　总店同人为杜重远、张仲实两位先生赴新疆饯行,并举行同乐会。张仲实言词恳切,到新疆后仍须为书店努力负责出版事宜,韬奋、艾寒松先后发言,最后全体高唱《义勇军进行曲》,尽欢而散。(《店务通讯》第34号"总处花絮"栏)

1月2日　沈钧儒、张申府、邹韬奋、胡愈之、史良、张仲实、沈志远、王炳南、沈兹九、曹孟君、柳湜、于毅夫、于炳然、艾寒松、毕云程、史枚、戴白桃、胡子婴、杨经才、徐仲敏等20人联名发出《快邮代电》致蒋介石,严辞声讨汪精卫叛国投敌。(《全民抗战》五日刊第46号。全集未收)

1月5日　《快邮代电》(1月2日)摘要:

"国民政府军事委员会蒋委员长钧鉴:汪兆铭背党叛国,通敌求和,违反国策,惑乱人心,固革命政党所不容,亦全国人民所共弃。""日寇势穷力蹙,爰有近卫荒谬声明,谋逞其以华制华之毒计,前经我委员长严词驳斥,敌人鬼蜮伎俩,已既揭发无遗,乃汪兆铭认贼作父,甘为敌怅。征诸过去汪氏所发表之言论,其对于内政外交主张,本已处处表现其妥协动摇之倾向。艳电发表,贼子用心,始乃毕露。但我全国同仇敌忾之决心,绝不致受其影响,我政府领导抗战之威信更将因之而增强,我全国人民除坚决拥护政府抗战国策、领袖革命主张及中常会锄奸决议外,更应以此次事变为殷鉴,提高对于汉奸国贼之警觉。自兹以后,凡属言论行动表现妥协动摇倾向之份子,均应随时揭发,严加制裁,以击破日寇之诡计,巩固革命之阵营,在我最高领袖领导之下,努力迈进,完成抗战建国之大业。"(《全民抗战》五日刊第46号)

同日　中共中央批准成立中共中央南方局。参加的名单为:周恩来、博古、凯丰、张文彬、徐特立、吴玉章、叶剑英、廖承志、吴克坚(党报)、邓颖超、刘晓、高文华、董必武,周恩来为书记。(《中央书记处关于南方局领导成员的决定》,收入《南方局党史资料·大事记》第10页)

同日　《汪精卫的自掘坟墓》,载重庆《全民抗战》五日刊第46号。(全集第9卷第3—5页)

《汪精卫的自掘坟墓》摘要:

"最近震动一时的事件,莫过于汪精卫的叛国背党,而最使全国禽服的一件事,也莫过于中央毅然决议汪精卫永远开除党籍,并撤除他的一切职务。""我们于汪氏个人无恩怨可言,就国家与民族的立场说,我们认为汪氏叛国阴谋的完全暴露不但于抗战前途没有坏的影响,而且有好的影响;乃至就国民党说,汪氏背党阴谋的完全暴露不但于国民党无损,而且于国民党有益。汪氏的叛国背党,只是自掘坟墓,自绝于国人,自己断送其政治生命,自陷于国家民族千秋万世的罪人而已!""汪氏对于我国的神圣抗战,自始就没有坚决的信念,当记者于'八一三'战事将爆发前的旬日间,由苏州偕同几位朋友到南京,曾访汪氏一谈,问到战事前途的推测,他泪下如雨,仰首呜咽好些时候,才颤声说道:'抗战!抗战!中国抗战不到三个月,全国人都要饿死了!'据我们当时所得到的内幕的消息,最高统帅已由庐山赶回首都发号施令,以最坚决和最镇定的态度发动神圣的抗战了,而汪氏对于抗战却充满着失败主义的情绪!现在我国在最高领袖与国民政府领导之下,愈打愈强,不但全国人不曾在三个月以内都饿死,而且全国团结愈坚,抗战必胜的信念永不动摇,而敌人则日暮途穷,泥足愈陷愈深,与汪氏所幻想者完全不同。可是汪氏对抗战的光明前途既没有信念,以他在党政的地位,时发似是而非的'和平'言论,传播'求降'的毒菌,对于抗战显然是很不利的,现在完全暴露,使一般人彻底明了他的葫芦里所卖的究竟是什么药,不再受他的欺骗,这是可为抗战庆幸的。""汪氏平日对外国记者所屡发的似是而非的'和平'言论,已喧传国外,他的为人已为国际友人所深知,国际所信任的是反映全国人民抗战意志与坚决领导全国抗战的最高领袖,决不致信托叛国背党,全国唾弃的叛徒。""人们对于汪氏这次的悖谬行为却不可不得到相当的教训:脱离了大众意志的任何个人,他的本身都是没有力量的。领袖之所以成为领袖,是因为他能反映大众的迫切要求,为大众幸福而努力奋斗,一旦离开了这个立场,无论他原来的地位如何崇高,都是要被国人所唾弃的。曾在政治上'失节'的人之可怜,固不仅汪氏。我们希望这样的可怜虫勿多出现,以增加国家的损失;我们更希望没有人把反映大众要求的个人的力量看作单纯个人的力量,以为引诱他脱离了大众的立场而还有什么力量可以利用,那是大错而特错的。"(全集第 9 卷第 3—5 页)

1 月 10 日　生活书店正式成立编审委员会:胡愈之(主席)、沈志远、金仲华(副主席)、艾逖生(秘书)、邹韬奋、柳湜、史枚、刘思慕、沈兹九、张仲实、戈宝权、茅盾、戴伯桃任编委。(《店务通讯》第 37 号"员工一览表")

同日　国防最高会议,办理邹韬奋提《请撤销图书原稿审查办法案》,复国民参政会函。附办法一件,修正要点一件。(《重庆出版史志》1992 年第 3 期第 9 页)

同日　《国内外形势好转的加速》、《广东精神的另一种表现》,载重庆《全民抗战》五日刊第 47 号。(全集第 9 卷第 5—7 页、7 页)

《国内外形势好转的加速》摘要:

"由于最高统帅对于抗战的坚决领导,由于前线将士对于抗战的英勇执行,由于全国同胞对于抗战的热烈拥护,为敌张目的妥协分子不得不受到政府的严正处罚,和全国的严厉声讨,使敌人分化我国的鬼蜮伎俩无法施展,使国人的视听不受惑乱,使全国的团结益为巩固,这是最近一件可以欣幸的事实。这事实的本身诚然是一件不幸的事情,因为我们根本不愿意有妥协分子,但是既有了这样的毒菌,与其让他'养痈贻患',不如让他做'革命列车前进中所扬弃之尘屑'。我们所谓可以欣幸,意义在此。我们所以认为这件事是国内形势好转的一个象征,原因也在此。""关于国际方面,敌国内阁的改组,显然因侵略战的支持较前更感困难,近卫不得不出于辞职之一途,平沼硬着头皮来蛮干,当头第一棒是日本外汇愈下落,其惨跌为近年所未有。""太平洋的彼岸,罗斯福总统发出打击侵略国的狮子吼,谓'非民主政体之政府一旦结成联合阵线,向民主政治实行进攻,则凡属民主主义之势力,亦应联合与之对抗',对于'厚于侵略国而薄于被侵略国'的中立法,主张予以修改。""国内外最近几件大事给与我们什么认识？一方面,中国的'革命列车'总是向前进的,在前进的过程中,虽不免要经过不少的艰苦困难,但总是向着光明的方向,总是向着进步的方向。其中虽有些动摇分子脱离了革命,脱离了民众,使自己陷入黑暗和落伍的境域里面去,遭受历史车轮的无情的淘汰,徒然替自己掘了坟墓,引进坟墓;但是民族解放的斗争仍然是向前迈进,不达胜利不止。""在另一方面,中国的光明和进步的前途是配合着世界的光明和进步的前途。世界的大势是反侵略力量和侵略力量的搏斗,在这搏斗中,也经过不少的波折,有人看到侵略力量猖獗横行,妥协外交愈让愈糟,便以为世界上只是侵略者有办法,反侵略者是永无团结起来的可能,好像他们对国内的抗战,遇着顿挫,便以为中国'再战必亡',患着同样的错误,同样的要投到侵略者的怀抱中去!自愿立在侵略者的方面去!这种人应该更仔细看看国内外最近形势好转加速的事实,注意国内外大势的总的动向。"(全集第 9 卷第 5—7 页)

《广东精神的另一种表现》摘要:

"《华南日报》是汪精卫在香港的机关报,自从'通敌投降'的通电发出以后,该报在新闻标题和社论中大为汪氏张目,并大造重庆'赤化'的谣言,以耸国际听闻,在香港的广东同胞恨极了,就是靠报为生的报贩们,也一致被激起了公愤,自动地一致不再卖《华南日报》,所以最近在香港马路上一份《华南日报》也买不到!可敬哉广东同胞的爱国精神!更可敬哉香港报贩的爱国精神!这种自发的爱国精神是中华民族光明前途的一个切实保证,我们愿以十二万分的热诚欢迎这'广东精神'的另一表现。"(全集第 9 卷第 7 页)

同日　《一　我们的工作原则》,载《店务通讯》第 34 号,收入 1940 年 11 月生活书店重庆版《事业管理与职业修养》。(全集第 9 卷第 696—698 页)

《一　我们的工作原则》摘要:

"第一是促进大众文化,我们大家所共同努力的这个文化机关,一向是站在前进的立场,这是同人们所知道的,但是所谓前进,并不是使自己跑开大众很远,把大众远远地抛在后面,我们必须注意到最大多数的群众在文化方面的实际需要,我们必须用尽方法帮助最大多数的群众能够提高他们的文化水准,我们必须使最大多数的群众都能受到我们文化工作的影响。""我们在出版方面,不能以仅仅出了几本高深理论的书,就认为满足,必须同时顾到全国大多数人的文化食粮的需要,就是落伍群众的文化食粮的需要,我们也要尽力使他们得到相当的满足,我们深信为着国家民族的利益,我们的任务是要使最大多数的同胞在文化水准方面能够逐渐提高与普及,这对于整个国力的提高是有着很大的效力。所以促进大众文化,是我们的第一个口号。""第二是供应抗战需要。我们当前最神圣的伟大任务是争取抗战胜利,我们所努力的文化工作必须供应抗战需要。""第三是发展服务精神。生活书店可以说是服务社会起家的。生活书店的前身是生活周刊社所附设的书报代办部,是完全以对读者尽义务为宗旨的,当时生活周刊社不但为读者代办书籍和报纸而已,其实对于读者的种种需要只要是我们的力量办得到的没有不竭尽心力为他们服务。最有趣的是有的读者因为夫人要生产,托我们代为物色好的产科医院,有的读者有因为吃官司,托我们代为介绍可靠的律师,乃至远在南洋的读者,因为母亲和夫人要买国内的绸缎衣料,也委托我们,代为选购,我们无一事不是尽我们的心力做去,以最诚恳的心情做去。只须于读者有点帮助。我们从来不怕麻烦,不避辛苦,诚心恳意地服务。我们的这种服务精神,引起了国内外广大读者群众的深刻同情,于是对于我们文化事业给与非常热烈的赞助。""我们现在不但保持我们对于社会的这种传统的服务精神,而且还要尽量发展这种传统的服务精神,由此使我们的文化事业得到更大的开展,由此使我们的工作对于国家民族有更普遍而深刻的贡献。""促进大众文化,供应抗战需要,发展服务精神,这是我们在现阶段,一切工作上的总的原则。我们大家要在这总的原则之下努力迈进!"(全集第9卷第696—698页)

1月12日 国民党在重庆召开第五届五中全会,根据蒋介石报告,确定"溶共、防共、限共、反共"方针,并秘密通过《限制异党活动办法》,设立"限共委员会"。(《重庆出版史志》1992年第3期10页)

1月13日 中共中央书记处同意周恩来、博古、凯丰、吴克坚、叶剑英、董必武六位同志为南方局常委。(《中央书记处关于同意周恩来等六同志为南方局常委的指示》,收入《南方局党史资料·大事记》第11页)

1月15日 《世界大战危机与我国的警觉》,载重庆《全民抗战》五日刊第48号。(全集第9卷第8—9页)

《世界大战危机与我国的警觉》摘要:

"世界大战如果在不久期间就要爆发,对于我们的抗战有何影响,以及我们应该准备怎样应付,这是我们所应严密研究的问题。在最初阶段,我们也许在物质的外援上有一部分受到暂时的影响,但是靠国际贸易及国外原料的我们敌人,却要受到更大的影响。在另一方面,国际阵线的分野更鲜明之后,在远东必有友邦更无顾虑地和我们共同作战,对付共同的敌人,就远大看来,于我国抗战是有利的。世界大战的到来,自有它本身的'祸根',与我们的愿不愿无关，我们此时所应努力的是要格外加紧我们国力的增强，是要格外尽力消除内部的任何消耗，集中全力于各种必要的布置，以应此世界空前的危迫局势。"（全集第 9 卷第 9 页）

1 月 16 日　　南方局致电中央书记处关于南方局组织分工等问题：博古（组织）、凯丰（宣传及党报）、周恩来（统战）、叶剑英（联络）、吴克坚（报馆）、邓颖超（妇女）。（《中共中央南方局关于组织分工等问题致中央书记处电》，收入《南方局党史资料·大事记》第 12 页）

1 月 20 日　　胡愈之于本月 20 日离渝返桂，原定计划为先飞桂，停一二星期，然后去香港，机票买的是联票，不意中途得悉桂林有警报，故直飞香港。（《店务通讯》第 35 号"同人消息"栏）

同日　　《英对日寇的强硬表示》，载重庆《全民抗战》五日刊第 49 号。（全集第 9 卷第 10—11 页）

《英对日寇的强硬表示》摘要：

"在不久以前，英国当局对于日寇充满着妥协的幻想，在汉口未失陷以前，英大使曾到汉口，就有人问起'和平'空气的由来及英国对于此事的态度，他曾坦白承认如中日两国有意讲和，英国愿作调人；后来他到重庆，还保持这种态度。同时英首相张伯伦在英国下议院亦公开宣言英国愿等候相当时机出面调停远东战争。但是英大使最后离开重庆，往谒蒋委员长深谈，看到最高统帅对于领导抗战的仍然坚决，才深切相信中国的抗战是必有光明的前途，才深切相信中国对于抗战胜利的信念绝对非日寇的诱惑投降所能动摇，同时他途经中国内地，亲眼看到我国同胞拥护抗战，忍苦奋斗的精神，也受到很深的感动，所以他一到香港，即对新闻记者公布他的感想，认为中国是不可征服的，到上海后也有同样的谈话。当中国在广州失守武汉陷落之后，吾人所视为最倒霉的时候，英国却毅然予中国以经济上的实际援助，这是因为他们看清中国必有他的光明的前途，这次致日照会中明确指出愿与'完全独立之中国政府'进行讨论关于取消英国在华治外法权问题，也是这种认识的表现。这是值得我们特别注意的。"（全集第 9 卷第 11 页）

1 月 24 日　　《本店机构的调整》，载《店务通讯》第 35 号。（全集第 9 卷第 12—13 页）

1 月 25 日　　《"一二八"与当前的抗战》、《〈关于数字〉按》（署名韬），载重庆《全民抗战》五日刊第 50 号。（全集第 9 卷第 13—15 页、16—17 页）

《"一二八"与当前的抗战》摘要：

"'一二八'是中国民族解放史上最光荣的一页,因为它给与暴日的'不战而胜'的迷梦以严重的打击,因为它是我们全面抗战的最英勇的前哨战,因为它显示给全世界看看中国确能抗战,中国不再是驯服的绵羊,中国已是怒吼的醒狮了!在我们的英勇抗战踏入第二阶段的今日,这光荣的纪念更给与我们以无限的回想——回想它所遗留的宝贵的经验与教训。""敌人因在'九一八'得到'不战而胜'的便宜,便以为这个法宝是永远可用的,便以为这个法宝是可以用于全中国而皆准的,但是出乎他们意料之外的是'一二八'我国抗战将士的英勇无比,锐不可当!战争刚爆发时,敌人公开宣言只须四小时就可以消灭中国的抗敌军队,但是这一次的我国抗战,以一隅的力量抵抗敌方以全力积极派援,三易统帅的海陆军,至三十四天而并未'消灭'。从此以后,暴敌才恍然于'不战而胜'的策略不能再在中国横行了,于是退一步操用所谓'速战速决'的策略。在芦沟桥事变后,他们只预备一个月作战的预算;在'八一三'战争爆发后,他们只预备三个月作战的预算。现在我国英勇抗战了十九个月,他们才又恍然于'速战速决'的策略仍不免失败,最近却在想用诱降的手段来达到'速战速决'的目的,这卑鄙的手段已为我国最高统帅所严厉驳斥,已为全国的爱国同胞所深恶痛绝,于是敌人不得不在愈陷愈深的泥淖中放出'长期战争'的哀号!由四小时而三十四天,由三十四天而一月,三月,一年半,乃到'长期',这一大串的事实表示什么?表示中国确有无限的潜在的伟大自卫力量。这无限的潜在的伟大自卫力量,不是敌人所能相信,也不是民族失败主义者所能相信,但这一大串铁的事实,却是全国大众所不能忘的。我们在今天还要努力把这无限的潜在的伟大自卫力量再深一步开发出来,达到反攻胜利,驱逐敌人于我们国土之外,完成我们的神圣任务。'一二八'抗战的重要意义就在开始显示这潜在的伟大力量,今日我们的任务是在更须发挥光大这潜在的伟大力量。敌人最近在'困难重重'(平沼自招的口供)中,平沼与有田等在敌第七十四届议会大发其荒谬绝伦的演说,对于中国的抗战,还幻想'以断乎之决意,期其溃灭之一途',我们根据'一二八'以来敌方迷梦的继续被打破,大言不惭的屡次失败,我们只须继续努力,'溃灭之一途'断然是在敌而不在我,这是无疑的。"

(全集第 9 卷第 13—15 页)

1 月 26 日　韬奋等"救国是否有罪"一案(即"七君子"案),由四川高等法院第一分院宣布撤回起诉。对陶行知等的通缉令亦并案撤销。此案在司法手续上始了结。(沈谱、沈人骅编《沈钧儒年谱》第 216 页)

1 月 30 日　《全国感奋的蒋委员长演词》、《钱亦石先生逝世周年》,载重庆《全

民抗战》五日刊第 51 号。(全集第 9 卷第 17—19 页)

《全国感奋的蒋委员长演词》摘要：

"蒋委员长最近在五中全会开幕时的演词,对抗战的形势与前途,有恳切辞尽的指示。首先说明敌人必然失败的理由,其次说明我国必胜的根据,以确立对于抗战的决心与信心,最后指出我们此后应该加紧努力的途径"。"我们感于这个演词内容的重要,认为全国应根据最高统帅的指示,切实执行,所以特再提出下列几点,以供参考：第一,不但须有具体计划的真切实行,且须按期检讨所实行的效果与程度,将检讨结果,公布全国(有关国防秘密者当然除外),以振士气而励民心,同时即作为惩赏党政军人员的具体的客观标准。蒋委员长在演词里明白指示：'脚踏实地定下具体行动的方案和计划,定出了方案计划以后,就要竭我们的心血时力,一条一字一句都要切实做到'。虽有'方案和计划'而不'切实做到',等于没有。为保证'切实做到',我们认为各种计划都该有分段分期实行,按段按期检讨功过的必要,实行的结果应尽可能用统计数字表现出来。第二,我们应严厉制裁假面具下的违反抗战国策的言论行动。这里'假面具'三字是应特别提出的,因为在全国同胞热烈拥护抗战的今日,没有人敢公然有违反抗战国策的言论行动(即有一二如出走后的汪兆铭,也要立刻受到政府的严办与国人的唾弃的),但是他们往往在假面具下施展他们的伎俩,暗播毒菌,使人陷入迷途而不自觉,这尤其需要提防的。例如'统一团结'是蒋委员长屡次在演词或谈话中所重视的,没有人敢公然反对'统一团结',但却有些人以自命'理论家'的姿态出现,大发挥其挑拨离间的议论,在实际上是在破坏'统一团结'。又例如'半途妥协即是灭亡',还在抗战开始时,蒋委员长就指示全国的,没有人敢公然主张妥协投降,但是有些人却用'和平'这个好听的名词来大发挥其实际上等于妥协投降的主张。关于这一点,蒋委员长在这次演词里有很沉痛的抉发。他指斥有些人把敌人诱降的文告看作讲和的条件,这样'讲和平'就'老实'等于'降服'。过去有人反对'主和者即是汉奸'的口号,他们认为和平是大家要的,为什么主和者即是汉奸,不知道中国现状下'讲和平'就'老实'等于'降服',离开现实曲解,就是别有用心！又例如关于国际形势,蒋委员长也指明潜伏的主流趋势在反侵略方面,这是异常正确的,即抗战建国纲领所规定的外交原则,也是要'联合一切反对日本帝国主义侵略之势力,制止日本侵略','联合世界上同情于我之国家及民族……共同奋斗',但是有些人却常为赞助日本帝国主义侵略及不同情于我之国家张目辩护！甚至造谣中伤最同情于我之国家及民族！公然违反抗战国策之言论行动，易于察破；假面下的违反抗战国策的言论行动，更为狠毒，这是我们所须严密注意的。第三，为抗战而坚忍支持，为增加抗战力量而努力建设，都与节约有关，但最重要的是上层社会，尤其上级官吏，在这方面须有事实上的表率，巨额薪水与阔绰享用必须切实改革，才能使全国人民有同甘苦共奋斗的感觉。"

（全集第9卷第17—19页）

《钱亦石先生逝世周年》摘要：

"亦石先生著作丰富，尤其关于国际问题和民族解放问题，都是以最正确的观点，作细密的分析与研究。他又先后担任《新中华》，《世界知识》及《中华公论》等杂志的编辑。他自'一二八'后尤积极参加救国运动，'八一三'抗战开始后，提笔从戎，担任第八集团军总司令部战地服务队队长，在浦东嘉兴一带进行民众工作，后因工作过劳，在前方患伤寒症病倒，历尽艰辛，辗转到上海治疗，竟于去年一月二十九日逝世。""亦石先生为国捐躯一年了，在这抗战一年多的时期里，前线为保卫祖国而成仁取义的武装同胞数十万，后方为祖国争取自由而惨遭牺牲的同胞数千百万，它们的热血都是为着民族解放而流的，亦石先生的为国捐躯是无数为国牺牲的同胞的一个征象"，"这不是寻常伤悼朋友死亡的单纯情绪，凡是真在哀念亦石先生的朋友们，应想念着亦石先生为国家民族努力的始终不懈的精神，应当自检讨自己的工作是否'对得起无数为抗战牺牲的先烈'！"（全集第9卷第19—20页）

1月31日　重庆生活书店举行茶话会，邀请叶剑英演讲"今后的战局"，要点：武汉广州失陷后，军事相当沉寂，乃是敌人在准备新的进攻步骤，因为敌人已觉到照老样子打下去是不行的了。敌人的新的进攻步骤是稳定前方，以巩固已得的据点，肃清后方，以开发财源，用武力威胁英法（或割断各国际交通线），使之断绝对我国的帮助。这是针对我国"长期抵抗"的"长期侵略"步骤。我们的对策应该是用运动战攻击其前方据点，固守现存后方，以增长新军力；用游击战扰乱其后方，扩大游击区及根据地，以增长新军力，用抗战到底的决心和事实去增取外援。"用空间以换取时间"的口号在目前是错误了，因为我们不但要利用现有的空间，而且要争取敌后方作为发展新军力的根据。东南地区敌所以暂不进攻表现出他兵力不够。但敌在积极进行政治与经济的侵略，以达其不战而取的目的。敌利用便利的海边的广大的市场，大量倾销日货，经常与奸商勾结，一面获取利润以补其侵略经济，一面扶植伪政权的基础，使奸商一变为傀儡。因此我们要特别加强东南区的民运工作。

（《店务通讯》第36号"总处花絮"栏）

2月初　通过《生活出版合作社章程》，并选出第五届理事会。韬奋任总经理，徐伯昕任经理。(《店务通讯》第 37 号"员工一览表")

2 月 1 日　阎宝航于今日加入生活书店总管理处服务部工作。(《店务通讯》第 37 号"同仁消息"栏)

同日　《略谈读书的方法》,载重庆《读书月报》第 1 卷第 1 期。(全集第 9 卷第 20—24 页)

《略谈读书的方法》摘要:

"读书要有一个计划,必先决定自己所要研究的科目或中心问题。在学校里读书,学校里有着一定的课程,这课程便是学校替学生规定好的读书计划,你决定要读那一科,便须依照那一科的课程读去。这种读书计划比较的呆板,不能随着个人的选择而随便更动的。""外国大学院的研究,便比较有伸缩性,要由选定了科目或中心问题的学生,和他们研究的科目或中心问题有关的教授,共同商定读书的计划。""整个计划规定之后,学生便依据这个计划,在这位教授经常指导之下,研究下去。这种教授大概都是与某科或某中心问题有关系的专家乃至权威,他对于这一科或这一中心问题,当然彻底知道研究的方法和阅读的门径,对于学者是很有帮助的。""我在英伦求学的时候,看到有好些中国的朋友不愿意读学位,认为学位头衔是没有什么意思的,但是遇着他们自己没有一定的读书计划时,我还是劝他们选读一个学位,因为要是选读一个学位,必须经过上面所说的手续,即必须选定一个中心问题,和一个有关系的教授共同商定一个读书计划,多少可以得到有系统的益处,比之没有计划的胡乱阅读有益得多。""我特别声明,这种有计划读书的原则,在校外自修的人也可以采用的。""能读一种外国文的人,读原文的社会科学的书,比读译文舒服得多迅速得多,也就是可以使读书的效率增加得多。正确的译本不易得,尤其是较深的书,常常易被译者译得'走样',所以我甚至于感觉到仅能看译本的人看得很多之后,把许多'走样'的知识装满了一脑袋,在思想上也许不免要含有多少危机!""我要奉劝真有志读书的青年朋友,最好能够学习阅读一种外国文的能力。这并不是一件很难的事情,学习读外国文,只须读得得法,一二年至二三年的努力是可以达到目的的。""为着自己在学识上的深造起见,这种能力实在值得我们来培养。"(全集第 9 卷第 21—24 页)

2 月 4 日　《本社事业怎样能上轨道》,载《店务通讯》第 36 号。(全集第 9 卷第 24 页)

《本社事业怎样能上轨道》摘要:

"所谓计划化,就是尽量使我们的工作有一定的计划,依着这计划进行。"

"在一年的计划中,尚须分季分月,各有具体的规定,每个编审委员在一年中各季各月的工作都有具体的规定,商得各编审委员的同意,填入特备的表格,以后进行工作,都以此为根据,这样一来,事情不能随便延搁,检讨工作也有所根据,万一计划不通,也得早发现,力图补救或改善。""我认为不但编审委员会的工作应该这样计划化,其他一切工作都应该力求计划化。例如会计科,究竟多少时候必须把帐结清报告总管理处,必须有一个具体的规定,各处都须依此办理,按期报告得有条不紊的,就合于规定的计划。逾期不报告的便是违背了所规定的计划。为什么违背了所规定的计划。其中必有理由。我们必须加以研究,加以补救,不能让他糊里糊涂地一味拖延,养成马马虎虎随随便便的恶风气,如果没有充分的理由而延误公务,便须有惩罚的办法,关于公务是绝对不应该马虎,绝对不应该讲情面的。反过来说,能依规定办法的,当然也应有鼓励的办法。但是如果没有一定的规定,便没有检讨的根据,工作的同仁也没有一定的根据,不马虎没有人知道,马虎也没有人知道,结果便要一塌糊涂。""我们大家都是很忙苦,但是忙到公务积压太多,妨碍到整个事业的进行,那是非赶紧设法补救不可的。要赶紧设法补救,必须把问题很切实很详尽地提出来,有了计划,提出更为容易,补救也更有途径可循。所以我认为本社事业要上轨道,一切工作要力求计划化。"(全集第9卷第24—25页)

2月5日 《五全闭会以后如何》,载重庆《全民抗战》五日刊第52号。(全集第9卷第26—28页)

《五全闭会以后如何》摘要:

"五全闭会以后如何?我们可以想像全国同胞在脑际所涌起的第一个答案必然是'要执行议决案'!""注重议决案的执行是一事,如何使议决案真能实行又是一事,如何使议决案实行时不致被曲解被误会而真能得到应有的结果又是一事。所以我们认为这几点还是值得我们特殊注意的。""议决案的是否真能执行,不是仅靠一二领导者的努力所能实现,同时必须靠有健全的组织,而组织之所以能健全,还须靠有'健全'的人在组织里面努力。同一议决案,同一组织,如果执行的人不行,一切也还是无从谈起。所以我们认为要切实执行既定的方案,还须努力于广大干部的充实。而要充实广大干部,民主精神异常重要。民主精神与革命纪律实相成而不相背。民主精神的优点在能反映群众的意志与意见,运用群众的理智与知识,要达到这个目的,组织的民主化是先决的条件。民主化的组织里面对于公决的规章或事件的执行仍有严格纪律的存在。'干部决定一切',但是真能决定一切的干部不是盲目服从的干部,而是有创造力,有理智的干部。""有创造力有理智的干部也最能明了国家民族在当前的迫切需要是真正的精诚团结,是为着一致对外,战胜日本帝国主义的精诚团结,而不致存着狭隘的态度,增加党派的纠纷,分散内部的力量,与国策恰相违反。在另一方面,也只有坚持真正的精诚团结,才能广大吸收全国有为的青年,大量充实共同努力的干部。"(全集第 9 卷第 26—27 页)

2 月 10 日　《参政会第三届大会开幕》、《参政会工作的回顾与教训》、《参政会第三届大会的前夜》,载重庆《全民抗战》五日刊第 53 号。(全集第 9 卷第 28—30 页、30—34 页、34—35 页)

《参政会第三届大会开幕》摘要:

"第一届大会举行于去年七月六日,是在徐州失陷以后,又有少数妥协投降分子,正在播散毒菌,而政府与领袖却仍在坚持抗战,再接再厉的时候。在此危难期间,国民参政会第一届大会一致通过拥护政府长期抗战国策案。""第二届大会举行于去年十月二十九日,是在广州失陷武汉撤退之后,又有少数妥协投降分子正在播散毒菌,而政府与领袖却仍在坚持抗战,再接再厉的时候,在此危难期间,国民参政会第二届大会一致通过拥护蒋委员长告国民书所宣示的全面抗战,持久抗战,争取主动的方针。""对于坚持抗战国策的铁一般的支持,代表全国民意以拥护抗战国策,这一点的意义是非常重大的。现在抗战踏入第二时期,光明虽已接近,而困难仍有待于我们的更大努力的克服,我们的政府与领袖仍在坚持抗战,再接再厉,同时也还有少数妥协投降分子企图播散毒菌,动摇人心,在这样重要的关头,国民参政会第三届大会的开幕是无疑地具有很重要意义的。""我们对于国民参政会虽不可能有过分的期望,因为它的职权的范围是有一定的限制的,但是同时却也不应漠视,因为它究竟还有多少职权可得运用。即如询问一项,只须有真确事实的根据,有关系的长官对于所询问的问题是要负责答复的,这至少可以唤起政府对于某项重要事实或某项重要问题的注意。又例如建议,理由和办法都须切合于事实上的需要,都须根据实际的情况与材料,而能帮助政府解决困难的,一般地说来,政府绝没有不乐于采用的。关于问题的研究,事实与材料的搜集,在各参政员当然都须予以最大的注意与努力,但是民众的需要,民众的疾苦,民众的要求,都是有关于民众自身利害的事情,也应根据所知,或根据集体研究所得,供给实际材料或表示具体意见。""民主政治的真谛,不外乎林肯所谓民有民治民享,中山先生说政治是大众的事,大众的事要大众来管,抗战建国的伟业是需要大众来热烈参加的。"(全集第 9 卷第 28—30 页)

《参政会工作的回顾与教训》摘要：

"自国民参政会两届大会闭幕以后，国人所最注意的一件事是决议案的实行情形怎样？第二届大会决议案的实行情形，要在即将举行的第三届大会中揭晓，现尚无从讨论，现在所要研究的是第一届大会决议案的实行情形如何。根据国民参政会组织条例所规定，关于该会决议案的处置方法如下：'经国防最高会议通过后，依其性质交主管机关制定法律或颁布命令行之。'所以要知道国民参政会决议案的实行情形如何，不得不注意国防最高会议对于国民参政会所移送各案的决议和实施的情形如何。关于第一届大会的决议案，国防最高会议已有负责的报告，其中除极少数只备参考的案件外，大多数都经国防最高会议通过，通令主管机关遵行。都是有一点值得我们注意的，就是在实际上'遵行'到什么程度，得到了什么结果，都有切实检查的必要。'依其性质交主管机关'，这在国防会议的职责当是已尽，但是实行的状况和成绩如何，却仍需要有切实的督察办法。这一点是值得第三届大会特别注意的。例如关于'节约运动计划大纲案'，实行上的报告说是已由国防最高会议'函国民政府及中央执行委员会通令遵行'，至于各处接到'通令'后怎样'遵行'及'遵行'的结果如何，有待于进一步的检查。又如'改善各级行政机构案'，实行上的报告说：'已尽量采纳于抗战建国纲领实施方案之内政部分'，并'经交国民政府转饬教育部财政部分别采纳施行'。采入方案，采纳施行，在事实上该方案已行到怎样情形，采纳施行又已施行到什么地步，也尚有待于进一步的检查。此外还有若干案件是注明交某某机关'审核''商办''审议''通饬遵照在案'，实施的情形如何，也当有待于进一步的检查。有若干案件批明交某某机关'切实办理'，'从速实施'，这是比较慎重的了，但办理和'实施'究竟如何，也当有待于进一步的检查。总之，仅仅看了这种书面的简单报告，决议案在事实上的实施情形，还是很难断定的。当然，实施是需要时间的，不是一蹴可就，这一点是可以谅解的，但是决议案的效力全在实行，全在'切实'的实行，分段分期，详细而具体的事实报告，是督促'切实办理'的必要的手续。"（全集第9卷第33—34页）

《参政会第三届大会的前夜》摘要：

"在本月七日晚间，参政员胡景伊、张澜、曾琦三位先生邀集了几十位已到渝的参政员聚谈。大家很热烈交换了对于本届大会的意见。主要的问题，大家商谈到的有兵役改善问题，防止敌人企图在沦陷区消灭我们的游击队和利用中国资源及人力问题，抗战后方的社会秩序安宁问题等等，于重要中更饶有趣味的是老将胡景伊先生提出的两个问题。他用狮吼的姿态说要加一个肃清在位者中的内奸问题；他说最要不得是心里主和而表面上仍混在抗战营垒里，打了败仗他振振有词，打了胜仗他也振振有词；他主张真正抗战的共同努力，主张和平的滚开！其次他提起前两届在大会期中，政府中人对参政员这里请吃饭，那里请吃饭，弄得大家不能用更多时间于会务，他主张这次大会期间，拒绝一切宴会的招待，博得全场的热烈掌声。他又用幽默的口吻说，平日不请我们吃饭，偏在开会期间请得起劲！这几句话博得全场的笑声。"（全集第 9 卷第 34—35 页）

2 月 12—21 日　在重庆，国民参政会第一届第三次大会召开，地点在国民政府军事委员会礼堂，韬奋等联名提案《请撤销增加书籍印刷品寄费，以便普及教育增强抗战力量案》、《动员全国知识分子扫除文盲普及民族意识以利抗战建国案》。（《店务通讯》第 39 号"文化消息"栏、《南方局党史资料·大事记》第 47 页，孟广涵主编《国民参政会纪实》上第 442 页、443 页，全集第 9 卷第 46 页）

2 月 12 日　晚间，参加蒋介石议长"请同人"的晚餐。（全集第 9 卷第 49 页）

2 月 14 日　生活书店、新知书店、开明书店、中国青年记者协会南方办事处、《救亡日报》社、生活教育社、国际新闻社、中国农村经济研究会、国际反侵略运动总会中国分会桂林支会、《国民公论》编辑部等 25 个文化出版单位举行集会，决定去电第三次国民参政会及国民党中央，要求真正撤销原稿审查法，以利抗战宣传。（《大事记》，《南方局党史资料·文化工作》第 467 页）

2 月 15 日　《当前的几个重要问题》，载重庆《全民抗战》五日刊第 54 号。（全集第 9 卷第 35—37 页）

《当前的几个重要问题》摘要：

"我国抗战已进了第二时期，已逐渐达到与敌相持的形势，由相持而反攻，便更接近我们的最后胜利的时期，但是充分的相持与有效的反攻，不是可以坐待的，还有待于我们的加紧努力。""第一个是沦陷区问题　敌人十九个月来在中国实行他们的残酷侵略，得到一个最大的教训，就是不可能歼灭我们的主力。中国幅员广大，他们愈深入，兵力愈感觉不敷分配；同时还要防备太平洋上其他国家，尤其是苏联。既不能速战速决，又无法速和速结，所谓泥足，愈陷愈深。他们的本国人力物力既陷困境，乃不得不企图利用中国沦陷区域的人力物力，要想用'以华制华'的毒计，达到他们征服中国的野心。""我们要对准暴敌这个阴谋，积极努力于沦陷区的种种布置。""我们诚然知道敌人不易实现他们的幻想，例如他们屡次扬言要扫荡我们晋南的游击区，事实上虽几路进攻，都只有挫败而回。""我们必须有明确的整个对策，才能永远粉碎敌人的阴谋,使他们绝对没有办法利用我们沦陷区域的人力物力,苟延他们的残喘。""第二个是兵役的改善问题","第三个是后方的治安问题""第四个是加强动员民众问题"(全集第9卷第35—37页)

同日 《读书与救国工作的兼顾》(全集未收)全文:

"来信所述疑问,的确值得讨论。""要解决这个问题,首先,我们要明白一个原则,即是:如何支配时间,利用时间。""不论是站在任何岗位上的工作者,他决不能放弃进修的机会。时代是进步的。如果抛弃了进修而专事工作,工作的效能就会逐渐降低而至于落在时代的后面。在这里,我们就得好好支配我们的时间,使一分钟的时间也不致虚糜。""第二,我们要把握住时间的重心,假如你志在升大学,并且不能放弃公费,那么,你就应当把重要的时间放在准备功课上,而利用空暇的时间来做救亡工作。""第三,我们要'大处落眼,小处着墨'。工作的范围与种类,实在太多了,一个人的精力有限,当然不能面面顾到,在把握住工作的核心后,我们就得有计划有条理地一步步脚踏实地去干,并且切忌的是把什么工作都揽在一人身上,这会影响到工作的发展。干部的争取是必要的,否则,即使你有天大的能力,也决不能把整个救亡运动的责任放在一人的肩上。"(《激流中的水花》第43页)

2月中旬 《怎样严密我们的组织》,载重庆《店务通讯》第37号。(全集第9卷第37—39页)

《怎样严密我们的组织》摘要:

"我在这里所要提出的是我们怎样能在组织里多多容纳或反映全体社员和同人的意见,怎样使我们全体的意见得到最大可能的沟通。要达到这个目的,我认为仅有最高干部的组织还不够,虽则他们都是由全体社员选出来的,我们要进一步注意全体群众的基层组织。""简要地说起来,我认为我们的群众基层组织可同时有三个系统并存着,各有它的特殊的效用。""第一个系统是职务的组织,由总经理、经理、各部主任、各科主任,以及一般的职员。""第二个系统是全体同人的小组,应该把我们原有的自治会改善充实起来,来担负这一方面的任务。""第三个系统是社员的小组,也应该由小组选出组长,组成组长会。""这三个系统的组织:(一)职务的组织有业务会议部务或科务会议;(二)全体同人的组织——充实以后的自治会——有小组会议,组长会议;(三)全体社员的组织,也有小组会议,组长会议。这三个系统的组织,是本社的'三位一体',融会贯通全体同人及社员的广大的组织。在这三个系统上面的最高机构是理事会与人事委员会,这群众组织的□□□□主要目的是要多多反映全体同人及社员的意见，多多沟通最高干部与全体同人及社员的意见，更充分地来实现我们的民主集中化的精神。"（全集第 9 卷第 38—39 页）

2 月 20 日　国民参政会第一届三次会上，邹韬奋等提案《请撤销增加书籍印刷品寄费以便普及教育增强抗战力量案》《动员全国知识分子扫除文盲普及民族意识以利抗战建国案》，经大会通过送政府采择施行。（《重庆出版史志》1992 年第 3 期第 10 页，《国民参政会纪实》续集第 114 页）

2 月 20 日　《民意机关与政治的推进》《一张空无所有的办公桌》（署名落霞），载重庆《全民抗战》五日刊第 55 号。（全集第 9 卷第 39—41 页、41 页）

2 月 24 日　生活书店按新拟定的《生活出版合作社章程》，于 24 日晚上七点，在重庆分店召开渝地社员大会，举行选举，并揭晓各地社员寄到的选举票。韬奋准时宣布开会，并致开会词。他首先报告大会筹备经过，依照社章由临委会主办。接着简短地报告书店创业的历史："几年来本店不断在艰苦的环境中奋斗不懈，得到广大读者的信任与支助，这才得有今天之不敢自满的成功。"他引证商务印书馆总经理王云五对"本店诚恳推颂的话"，"抗战以来出版界能奋力为文化工作努力者，仅有尔我二家"，以说明本店在文化界所处地位的重要与所负使命的艰巨。继而又谈到他所写的《怎样严密我们的组织》一文内所说的三个系统。（《店务通讯》第 38 号"渝地社员大会记"，全集第 9 卷第 50 页）

2 月 25 日　《建立民主政治的基础》《记国民参政会第三届大会》（2 月 21 日晚大会闭幕的一日作）《会场拾零》（署名韬），载重庆《全民抗战》五日刊第 56 号。（全集第 9 卷第 42—44 页、44—48 页、48—49 页）

《建立民主政治的基础》摘要：

"怎样建立民主政治的基础呢？我们根据第二期抗战的需要，愿比较具体地提出两点，以供政府和国人的考虑。""第一、更广大动员民众。各民主国家有议会，我们在抗战期间有过渡的民意机关国民参政会，这可谓是民主政治的一部分，但所谓民主政治绝不是有少数人参加议会便算完事，真正的民主政治尤须给与广大民众以积极参加国事的种种机会和组织，就中国目前说，尤须给与广大民众以积极参加抗战建国工作的种种机会和组织。""自从抗战开始以来，关于动员民众问题的讨论，可谓汗牛充栋，民众对于抗战也不能说没有过相当的贡献，但抗战到了十九个月，是否还有民众，尤其是朝气蓬勃的青年，深深感觉到有力无处用？是否每一个有力贡献的国民都在良好组织之下得到努力的机会？这些问题，在第二期抗战的今日，实值得我们的深切反省与检讨的。""第二、更切实整饬吏治。……对于各层政治人员必须注意选贤任能，才能切实执行中央反映民意的种种策略与方案,否则一纸命令,徒多一件档案,不能下达,等于具文。""这问题必须得到彻底的解决,然后才真能使政治在实际上'建筑在民意之上'。"(全集第9卷第43页)

2月26日 国民党中宣部秘密传达特种谈话会上制定的《禁止或减少共产党书籍邮运办法及取缔生活书店、新知、互助等书店办法》。(《生活书店史稿》第201页)

是月 王礼锡从国外归来,旧友重逢,谈论甚欢,韬奋和他对国事有两次长时间的倾谈。(全集第9卷第197页)

3月3日 国民党中央图书杂志审查委员会搜查重庆生活书店,以"未经审查合格"为由,搜去库存图书七千余册。(《重庆出版史志》1992年第3期第11页)

3月4日 《对于本届选举的感想——应有的正确认识与将来的准备》,载重庆《店务通讯》第38号。(全集第9卷第50—52页)

《对于本届选举的感想——应有的正确认识与将来的准备》摘要:

"第一,我们是采用民主集中制,以同志们所结合的集体的力量来主持并发展我们大家所努力的抗战建国的文化事业,贡献我们这一群同志的心力于国家民族乃至整个人类,在这样的共同目标之下,我们要十分重视我们对于本社重建机构负责人的选举。""我觉得仅仅重视还不够,我们在重视之下,还须有具体的办法发挥我们重视的效能,在这次选举中,我知道大家都已郑重从事的,但是我深深感觉到我们对于此事的准备工夫还做得太不够,选举尤其是民主的选举,这件事看似简单,其实要准备充分,也还是要费一番长时间的工夫,我们不要以为取放任的态度,听任各人临时随便乘着各人的高兴,写上要选的人,便算达到了民主的作用。民主的选举当然不应有任何统制。但事前关于候选人的讨论研究,交换意见,征求意见,尽可能得到最适当的候选人,这是应有的准备工夫。这样只有更合于民主的真精神,同时更可增加选举的效能,严格说起来,听任各人临时随便乘着各人的高兴写上要选的人,这只是个人主义,并不是什么民主精神。民主精神是要根据集思广益的结果。我们现在有社员百余人,而且散布各地,这种准备工夫更有充分做到的必要。我们必须在事前大家商定根据几个什么原则提出候选人,用什么方法提出,用什么方法容许大家对于候选人发表意见。这都不是在选举将到时临时抱佛脚所能办到的,必须在更早的时候即着手准备我们的选举,不应以个人的友谊为出发点,更不应是高兴举谁就举谁,我们必须以有益于整个事业为前提,但是要充分发挥这个精神,要使每一个人都对此有彻底的了解,非在事前有充分的准备工夫不可。""第二,真正的民主制,须尽量使整个机关里每一个分子都对于事业的管理起积极参加的作用,并不限于举出的若干代表,""在这里所要简单提出的是我们所举出的若干代表有名额的限制,这是因为开会讨论事件的便利,(因为如果全体常常开会是要妨碍工作的)在事实上并不能把我们许多有能力的社员都包括进去,所以被选出的代表(无论是理事、人委或监委,都是代表社员执行任务,在性质上都是代表)固然要尽他们的职责,勿辜负全体社员的委托,而未被选入的社员根据民主的精神,还是要用多种的方式,积极参加本社的管理与事业的主持。"(全集第 9 卷第 50—52 页)

3 月 5 日 《全民抗战》战地版开始发行。(《重庆出版史志》1992 年第 3 期第 11 页)

同日 《本刊的使命与希望》,载重庆《全民抗战》战地版第 1 号。(全集第 9 卷第 52—53 页)

《本刊的使命与希望》摘要:

"我们所准备的'精神食粮',是否合于战地朋友的需要,却希望战地朋友给我们以切实指教,或提出问题让我们在本刊上解答。只有由于读者诸友的不断的指示与批判,不断的提出问题讨论,才能充实本刊的战地版,使它有精神,使它成为战地朋友的一位好朋友。"(全集第 9 卷第 53 页)

同日 《敬献与全国教育会议》,载重庆《全民抗战》五日刊第 57 号。(全集第 9 卷第 53—55 页)

《敬献于全国教育会议》摘要:

"在这抗战建国的伟大时代,人人都渴望对于国家民族有所贡献,尤其是充满热情与朝气的青年,他们对于抗战建国是绝对不愿做旁观者,他们是要做积极的参加者。""最使我们看了感动的是收到无数青年的来信,表示不愿在学校里读死书,但愿学得于抗战有直接补助的技能,或在参加抗战工作中学习。最使我们爱莫能助的是有许多家长,或用函商,或亲临面商,都因为他们的弟妹或儿女不满意于学校教育,吵着要到前线去,而家长的意思却希望他们能在学校里继续求学,焦灼万分。这种种事实的表示,无非是我国的教育还未能完全适合于抗战的需要,还未能使青年感觉到在学校里所学习的也是和抗战建国有切实的联系。怎样使教育内容尽量与伟大的当前需要有更密切的联系,使抗战建国纲领规定的'改订教育制度及教材,推行战时教程','以应抗战需要','以增加抗战力量',在事实上能有更进一步的开展,我们深切地感觉到这是目前教育上的基本问题,有待于诸位教育家的深刻考虑的。""其次,关于抗战建国工作的课外活动,应加以更积极的提倡。""社会生活含有时代的背景,中国目前的社会生活是应与抗战建国的一切活动结不解缘,所以要使学校生活与抗战建国的社会生活发生密切的关系。我们承认青年学生的能力还不能参加一切有关抗战建国的社会活动,但是必须尽可能参加抗战建国的社会活动,使青年学生不特在校内学习'战时教程',而且还有机会参加课外的社会活动。""再次,尽量使青年学生有发表苦闷的机会,学校当局及教师应加以虚心的倾听与尽可能的采纳,这也可以说是在教育中采用民主的精神。我们不是说青年学生的意见都一定是对的,但是即令不对,也要让他有表示的机会,才有纠正的机会,而且我们深信青年学生的苦痛,只有青年学生自己懂得最清楚,可是有许多青年有意见不敢或不愿和自己的校长或教师商量,这在校长或教师方面是个最大的损失,应该痛切反省,不应丝毫放过的。"(全集第9卷第53—55页)

3月上旬 《动员全国知识分子扫除文盲普及民族意识以利抗战建国案》,载重庆《战事教育》第4卷第2期,署名韬奋。(全集第9卷第55—57页)

3月7日 生活书店总管理处举行茶话会,请秦邦宪作中国历史问题的报告。(《店务通讯》第44号"总处动态"栏)

3月8日 浙江天目山生活书店临时营业处无故被国民党浙江省行署迫令停业,11日,由警察等四人将营业处封闭,并将职员袁润、胡苏二人强迫押送出境,所有个人行李及公家财货被封存。(徐伯昕《生活书店横被摧残经过》,收入《生活书店史稿》第242页,全集第10卷第330页)

3月10日 《精神动员的正确认识》,载重庆《全民抗战》五日刊第58号。(全集第9卷第58—60页)

《精神动员的正确认识》摘要:

"有一位外国新闻记者显露着很诧异的模样,直率地问道:'为着中国抗战的胜利,你们应该切实执行全国物质(人力物力)总动员才是,怎么国民参政会竟通过国民精神总动员案?'这可见外国朋友对于中国抗战胜利的亲切注意,热诚可感,但同时也表示他对于精神动员的本意,不无误会,不但外国朋友而已,就是本国人中,对于精神动员的本意是否都有正确的认识,也还是一个可以注意的问题,值得我们研究的。我们在这里愿提出尤其重要的两点,和国人共同商榷一下。""第一,精神与物质是相辅而行的,精神动员并不妨碍物质动员,更不含有轻视物质不要物质的意义,而且是更要能够运用物质以达到抗战建国的目的。""很显然地我们不应该忽视军事和物质,更不应该误会为只有精神就能抵抗一切,陷入虚玄的迷宫里面去!""我们在这抗战建国的时期,不但要集中一切人力物力于民族解放的伟大事业,而且还须在物质方面尽可能提高一般大众的最低限度的生活,这样才能真正提高他们对于民族的意识,真正使他们感觉到国家民族和他们的切身生活是有着密切的关系,而且增加了他们的物质力量,也就是间接增强了国力,使精神有所'发挥',有所'利用'。""第二,国民精神总动员案提起'国家至上,民族至上',我们全国同胞忍受艰苦以支持抗战,为的是争取国家民族的独立自由,这原则是无容怀疑的,但是在这里绝不应误会为我们对于国家民族的态度是和法西斯国家的看法相同。"(全集第 9 卷第 58—59 页)

3 月 11 日　《我们最须练习的一件事》,载重庆《店务通讯》第 39 号。(全集第 9 卷第 60—62 页)

《我们最须练习的一件事》摘要:

"人的本领不是天生就会的,办法不是一出娘胎就会想的,还是要靠学习,脑子常常不用会渐渐滞缓起来,脑子常常用也会渐渐灵敏起来,我们如能常常注意要脑子对着当前的实际问题想办法,脑子也渐渐有更多的办法想出来,我们觉得,我们同人以后要彼此互勉,负责人对于同事也要特别注意鼓励。互勉和鼓励什么? 想办法! 想办法! 能够想办法的人越多,我们的问题越易解决,我们的事业也越易开展,我们这一群同志是为着事业而聚拢来的,所以我们必须是一群能够想办法的工作者。""想办法是我们最须练习的一件事。"(全集第 9 卷第 62 页)

3 月 14 日　中午,邹韬奋、徐伯昕招餐,谈及生活书店经营的扩展及资本的运作等问题。(《黄炎培日记》)

3 月 15 日　下午二时,在重庆社交会堂举行生活教育社十二周年纪念大会,会场上,坐满了的一千五百人,黄炎培主持会议并致开会词,陶行知作了较长报告,邹韬奋作来宾讲演,受到台下热烈掌声。他讲了陶行知一些有趣故事作为生活教育社生日的点缀。董必武也作了演讲。(《申报》香港版,1939 年 4 月 20 日)

《如何贯彻精神总动员的实施》,载重庆《全民抗战》五日刊第 59 号。(全集第 9 卷第 63—65 页)

《如何贯彻精神总动员的实施》摘要:

"关于精神动员的正确认识,我们在上期本刊的社论里已有一文贡献管见,以供国人参考,本文想对于实施办法方面,略有补充的意见。""关于这方面,我们愿提出下面的补充的意见。""第一,在政府和领袖的领导之下,尽量鼓励民众自发的组织与积极性的参加。""第二,有了广大的民众组织,更须运用组织努力于种种有关抗战建国的实际工作,在实际工作中表现精神,在实际工作中提高精神,同时因精神的表现与提高,促进工作的迈进与效率的增加。"
"国家民族的基本力量,无疑地是建立于最大多数人民之上。我们不但要努力
做到'有钱者出钱,有力者出力',而且要做到'有知识者出知识'。提高最大多
数人民的物质力量与知识力量,也就是提高整个国家的物质与智慧。但是这
种伟大的工作,决不是少数人所能担负得起的,必须在政府与领袖领导之下,
运用广大的民众组织,分工合作,在这种为最大多数同胞努力的工作中,表现
精神的动员,考核精神动员的结果。"(全集第 9 卷第 63—65 页)

3 月 18 日 《五 民主的主要程序》,载《店务通讯》第 40 号,收入 1940 年 11
月生活书店重庆版《事业管理与职业修养》。(全集第 9 卷第 624—627 页)

《五 民主的主要程序》摘要:

"民主的主要程序,除选举外,用会议的方式来讨论与决议,决议后少数须
服从多数,这也是民主的主要程序的一个部分。""会议所含的民主作用,最重
要的是讨论,所以我们对于讨论的这件事,要加以特别的注意。""这里面有许
多道理值得我们严格的注意,否则还是得不到讨论的良效,也就是不能充分发
挥民主的作用。""在会议中遇着一个问题,甲有甲的意见,乙有乙的意见,丙有
丙的意见,丁有丁的意见……甲乙丙丁等的意见,都是个人的意见,也就是没
经过讨论的意见,其中并没有包含什么民主的成分。""甲乙丙丁等充分说明他
们各个的意见之后,经过大家的讨论,补充的补充,纠正的纠正,保留的保留,
最后的结果——亦即是最后的意见,无论是一致通过的,或是多数通过的,这
里面也许含有甲意见的一部分,也许也含有乙意见的一部分,也许也含有丙意
见的一部分,也许也含有丁的意见的一部分,……总而言之,经过集体讨论所
得到的最后意见,不是甲的意见,不是乙的意见,不是丙的意见,也不是丁的意
见,是集体的意见。""在集体讨论所得到的最后意见,即含有民主的成分,经过
一致通过或多数通过的手续,即是加上民主的保障,最后的民主步骤,便是要
根据这决议做去。""会议是民主程序中一个很重要的部分,它所以重要,第一
件事是有讨论,讨论之所以重要,是由各个的主观的意见,经过讨论过程,变化
为集体的比较客观的意见。这集体的比较客观的意见,一般地说来,是要比各
个主观的意见来得正确,来得合理,可以避免偏见和独断。这是真正'集思广
益'的意义。""会议是民主主要程序中的一个重要部分,讨论又是会议中的一
重要因素,所以我们要维持真正的民主精神,对于讨论是要极端重视的。"(全集
第 9 卷第 624—627 页)

同日 晚八时,在重庆分店召开追悼会。除渝地全体同人参加外,尚有读书生

活社、新知书店等亲密友店的同人参加，悼念万县生活书店开创者何中五。何于 2 月 4 日在日本敌机的大轰炸中，为保护书店财产，惨死在敌人的炸弹下。悼念南郑生活书店干部陈元。他因操劳过度，肺病复发，于 2 月 6 日逝世。韬奋在静穆、严肃的气氛中讲话："我们的工作同志经常埋头于实际工作，对于我们工作的伟大意义，似乎很少留心。我们在抗战以前，宣扬停止内战，团结对外，在今天，我们拥护巩固团结抗战到底，提倡改善民生，反对和平妥协派，我们的同志在各据点上，跟各同业在一起为此种伟大的意义而坚苦工作。何同志是为工作而牺牲了。陈元同志虽然并不直接被难而死，但与敌人的进攻很有关系。两同志为此种伟大的意义而牺牲是值得的。因为是有意义的死，我们认识了工作的伟大意义，更应该继续向前努力。""一个人死了完了，是最悲哀的事。但在我们的团体里，我们可以用团体的力量来安慰死者。他的未竟事业，由团体为他完成。人终有死的一天，但是因为团体的存在，个人的努力，精神和意志可以永远不死，家属受到团体的帮助可以不觉得痛苦。我们都是死者的叔叔伯伯，要帮助死者的家属到底。我们用了对事业的不断努力，对患难与共的同志的兄弟爱，来安慰死者。"（《店务通讯》第 41 号"在追悼会上"。全集未收）

3 月 20 日　《吊捷克勿忘苏联》，载重庆《全民抗战》五日刊第 60 号。（全集第 9 卷第 65—68 页）

《吊捷克勿忘苏联》摘要：

"捷克亡国的惨象诚然令人听了为之悲愤。""哈柴于三月十四日亲赴柏林乞降于希特勒，下火车时面容惨白；依国际常例，友邦对他国元首到来时，应由军队音乐队奏该国国歌，此时虽卖身契尚未签字，到车站招待的德国军队音乐队已不奏捷国国歌而代以不相干的举枪进行曲了，哈柴尚未返抵捷境时，德方即已下令进军，据柏林路透社访员所探悉，哈柴与希特勒会谈时，德军已经深入捷境十二英里，捷克政府代言人对路透社访员答问时，泪如泉涌，说德军已于十五日晨五点钟开入捷境了。希特勒对德军所下命令，盛气凌人，说'任在何处，德军遇有抵抗，即须立刻用一切手段打破。你们要觉得，你们开入捷克，是大德国的代表。'这'大德国的代表'现在已占据了捷京的各机关，已将捷克军队解除武装。有了'大德国的代表'，捷克以后不得组织军队，居民一律使用德国护照。""这种种惨状，有非身历其境者所能想像，有非纸上所能表现，但是捷克原有一百万勇敢善战设备完备的军队，有充足的军需工业，有四五倍于德国所存的现金（德国原有现金仅六百万镑，这次抢得捷克国家银行现金二千七百万镑），为什么要有这样的惨果？这是捷克统治阶级自暴自弃偷安苟且必然的结果,这是被侵略国家不抵抗的必然的结果。""被侵略的国家不抵抗要灭亡,抵抗而不彻底也难免于灭亡,这是历史上的事实与最近国际上的事实所给与我们的严厉的教训。"(全集第 9 卷第 66—67 页)

3 月 22 日 《恋爱至上? 民族至上?》(全集未收)全文:

"来信所述的问题,在你个人的私生活方面,确是相当严重,而须加以合理的解决的。""在旧式的婚姻制度没有打破以前,确有许多的青年,葬送了他们的幸福,影响了他们事业的发展。如果要避免这种痛苦的生活,最好是在最初坚决拒绝这种强迫的结合。在结合以后,如发现对方不能成为终身的伴侣,只有离婚是恰当的办法。你在没有和法律上的妻子离婚以前,另外结婚,根据现行法的规定,你是犯了'重婚'罪,如果被你妻子向法庭控告,你是没有理由可以辩护的。""所以,假使你的妻子真正犯有'不端'行为,而证据确凿的话,你可以提出离婚,而不需要多少费用,因为你有充分的可以提出离婚的理由。这样,你现在的妻子可以取得法律上的地位,你也可以摆脱痛苦的束缚,这是我们供你参考的第一个办法;万一为了其它困难情形,这个办法不能实现,那只有把你现在的妻子同出来共同参加工作,分居在两起,纠纷也许就可以不致发生了。""处理这件事情,主要的还在你自己。在决定一个妥善的办法后,就需要'当机立断';犹豫不决,就要永远沉在痛苦的雾围里。不论处理任何问题,'果断'是必要的条件。"(《激流中的水花》第 150—151 页)

3 月 25 日 《今年的黄花岗烈士纪念》、《想到修道院》(署名编者),载重庆《全民抗战》五日刊第 61 号。(全集第 9 卷第 68—70 页、71—74 页)

《今年的黄花岗烈士纪念》摘要:

"首先使我们感奋的是诸烈士为民族争自由为国家争人格的视死如归的牺牲精神。我们全国同胞,尤其是在前线浴血抗战的爱国将士,为着抵抗日本帝国主义的残酷侵略,受尽艰苦而无怨,就是发挥诸烈士英勇壮烈的精神,继续诸烈士未竟的志愿而努力奋斗。回想诸烈士当时那种死不反顾慷慨就义的悲壮气概,真可以动天地,泣鬼神,为中华民族永远可以自立于世界的保证!这种精神是我们伟大民族的至可宝贵的遗产,是我国在今日人人应该记取与实践的遗训。我们看到最近捷克亡国的惨象,更应纪念诸先烈遗下的伟大精神——反抗侵略的精神。""与其国亡而遭此惨遇,不如预以一切牺牲为国家民族争取自由解放。""当时壮烈殉国的林觉民烈士,临死给他爱妻的遗书,说他死后,国事尚有同志继续努力,所以他死而无憾。我们全国同胞悲痛地追念着烈士的遗言,今后对于国事所应特别努力的有两件大事,一件是争取抗战的最后胜利，一件是民主政治的完全实现。这两件大事不是分离的，彼此之间实有非常密切的联系。民主政治实现的程度与抗战胜利的进程实成正比例。这个理由，是在于民主政治的核心是与全民动员成为异名同质的内容；换句话说，就是要尽量使更多的国民发挥他们的自动性与创造性，以最高的热诚参与抗战建国的各部门的工作。所谓民主政治不仅仅是指有议会，有选举，而且指各部门工作的组织，尤其是民众团体、青年组织都须民主化，使民众运动得到广大的开展。林觉民烈士临难时念念不忘于继起努力的同志，民主政治的主要作用就是要使最大多数的国民都有组织地起来，成为整千整万林觉民烈士的化身！""我们应该本着诸烈士的艰苦奋斗的精神，向着诸烈士所遗下的未竟的事业，配合当前国内国际的形势，加紧努力，才是真正纪念黄花岗的诸烈士！"（全集第 9 卷第 68—70 页）

3 月 26 日 《六　民主的构成分子》，载重庆《店务通讯》第 41 号，收入 1940 年 11 月生活书店重庆版《事业管理与职业修养》。（全集第 9 卷第 627—629 页）

《六　民主的构成分子》摘要：

"第一，民主的最重要的构成是大家的事由大家来管，因为是由大家来管，我们每一个人对于自己的认识水准，知识水准，道德水准，都应该时时在进步的路程上迈进，构成分子的进步，就是团体的进步；构成分子的落后，也就是团体的落后。所以在个人方面说，自己的进步或落后，还只是对自己个人负责任，加入了一个民主的工作团体，成为这工作团体的一员，自己的进步或落后，已不只是对自己个人的责任问题，而同时也是对团体的责任问题。""第二，在民主的团体里，道德观念很重要，这里所谓道德观念，并不是指冬烘老学究所要提倡的复古的顽固思想，却是特别注意团体的道德，个人对于团体在道德上所应负的责任。这种道德的核心，应以有益我们的团体，团体的集体事业为最高原则。试举大一点的例子来说，我们团体的事业是要靠全体同事和衷共济来干，如有挑拨离间破坏我们团结的言行，便为失德。又例如我们的组织有相当的机构，如理事会人事委员会监察委员会等等。如有意见，尽可根据事实，坦白提出讨论公决，如当面不说，背后戳壁脚，模仿旧式大家庭中妯娌姑嫂间争风吃醋的作风，便为失德；对于团体的缺点知而不说，或说而不想办法，也是失德。再举小一点的例子来说，我们对于公共财产，无论粗细，都应该尽量爱惜，小至一盏灯，在房里的时候开着电灯，走出房门就应该立刻随手把电灯关闭，因为你不随手关闭，电表上不停地动，就是把公共的财产一分又一分地白白消耗掉！出门不关灯的人也许是出于无心，但是我们必须养成随时随地爱惜公物的习惯，无心的罪过也仍然是罪过！个人做老板的团体，爱惜'私物'有老板加以细密的注意，民主团体所公有的'公产'便须人人负上爱惜公物的责任，否则，也是失德。我们大家都知道苏联是人民公有的国家，他们的法律对于偷窃个人的东西，法律上罚得还轻，对破坏乃至消耗公产的事情，法律上罚得特别重。我们既是合作社，对于公物的爱惜也应该负着更重的责任。""在人事方面，我们一方面要尽力爱护干部，一方面要认真执行纪律，最主要的是大公无私，公私要分得清楚。我在上次和诸同人提过几句话：'我们大家的公共立场是以店的集体利益，以整个事业的利益为主要标准，而不该在讨论公务时以个人的友谊或爱好为标准。'其实不仅讨论时应有这样的精神，这种精神应贯穿到我们在团体中的一切言语行动。""依民主的办法，重要的事情是要根据充分讨论后，经多数的决议而执行的。决议后即须执行，如果与议者认识不够，知识不够，或有偏心私心夹在其间，尽管是多数通过，祸害还是要普及全体：这是多么危险啊！我们爱护民主，尤须注意民主的构成分子，大家常常以此互相勉励。"（全集第 9 卷第 627—629 页）

3 月 30 日 《沉闷的欧局与明朗的远东》，载重庆《全民抗战》五日刊第 62 号。（全集第 9 卷第 74 页）

《沉闷的欧局与明朗的远东》摘要：

"在欧洲，法西斯侵略者利用英法统治阶级的苟安妥协，所以造成目前沉闷的局势；在远东，日本帝国主义者虽用尽卑鄙龌龊的方法，企图使中国陷入苟安妥协的深渊，始终不能成功。中国的抗战始终不动摇，所以远东反侵略的局势却是明朗化的，和欧洲目前的混沌，刚成了一个对照。中国对付日本，原来也有两条可能的途径摆在我们的眼前：一条是对侵略者妥协投降，一条是全国团结起来对侵略者抗战。日本帝国主义者千方百计，企图引诱我们走上妥协投降的路，尤其是在最近因在军事上找不到出路，更用政治阴谋，企图分化我们的力量，但是我们全国在坚决抗战的最高统帅领导之下，万众一心，团结对外，一点不上敌人的当。我们觉得中华民族的这种伟大的精神，实在值得张伯伦和达拉第两位先生的参考！""当前世界的大势，是反侵略的势力与侵略势力的斗争，是民主势力与反民主势力的斗争。中国是世界上反侵略与保卫民主的一个重要的堡垒，我们的艰苦斗争是和世界上最进步的主流相配合的。这最进步的主流也许要在过程中遭受到某些挫折，受到某些逆流的妨碍，但是这最进步的主流必然是要像中山先生所启示：'世界潮流的趋势好比长江、黄河的水一样，水流的方向或者有许多曲折……但是流到最后，一定是向东的，无论是怎么样,都是阻止不住的.'我们要使中国的光明前途,配合着世界的光明前途。我们要站在进步的一方面,不可跟着别人开倒车! 真能安定欧洲的不是开倒车办得到,是要靠进步力量的进展。在远东也是一样。"(全集第 9 卷第76—77 页)

3 月 31 日　《我们的义卖工作》(全集未收)全文:

"读了你叙述的贵校举行义卖的情形,我们深深地被感动着。前方的英勇将士,正在浴血抗战,支持艰难局面的时候,后方的民众,正应当如何的出钱出力,以尽他们国民的天职,你们虽然奔波了一天,受着饥渴,遭着奚落,但那一天,正如高尔基所说的一样,达到了'高尚的目的';并且收到了'贫家女人也拿出她们的血汗钱'的效果。这些收获与影响,不但可补偿你们的疲劳,还可以证明,抗战建国的工作,自有它胜利的前途。""至于县府职员对于义卖的规避行动,仔细想来,不足为怪,他们的教育,以及生活环境影响了他们:只图目前的苟安,只图一己的享受,国家民族的利益,在他们是视若无睹的。我们的任务是争取他们,说服他们,使他们转变过来,能为了大我而牺牲小我的利益,假使他们固执成见,不会转变,那在抗战过程中,他们是会被淘汰的。""我们相信,我们的国家,永远不会灭亡,因为大多数的民众,正在同心协力的肩负起抗战建国的重任,至于少数腐化分子的尸位素餐,最多只能增加一点抗战过程中的困难,使最后胜利的路,到达得迟缓一些,决不会发生什么大的影响。"(《激流中的水花》第 82—83 页)

是月　译作《从美国看到世界》由生活书店出版。(全集第 14 卷第 191—315 页)

是月　《〈从美国看到世界〉译者的话》(8 月 15 日记于重庆衡舍),收入同名单行本。(全集第 14 卷第 191—192 页)

《〈从美国看到世界〉译者的话》摘要:

"这本书于一九三八年十月在美国出版,原名《希望在美国》,著者的口吻是对美国人说的,但是这本书的内容虽从分析美国的状况与研究美国的问题做出发点,在实际上,却是从美国看到世界,——从美国的状况看到世界的状况,从美国的问题看到世界的问题,从美国的前途看到世界的前途;因此,这本书的内容不仅是美国人应该注意,不仅是注意美国的人应该注意,全世界的人都应该注意;我把这本书译为《从美国看到世界》,也是为着这个缘故。""关于美国的情形,我在所著的《萍踪忆语》一书里也曾有过颇详的论述,在该书的弁言里,曾经有这几句话:'世界上有三个决决大国:一个是美国,一个是苏联,一个是中国。这三个国家的土地特广,人民特多,富源特厚;它们对现在和将来的世界大势,都有着左右的力量。不仅如此,这三个大国,在太平洋的关系上更有着重大的关系!⋯⋯希望国人对这三大国之一的美国能有更深刻的认识。'我现在要根据这同样的意义,把斯特勒彻做的这本书介绍给中国关心国际问题及世界大势的朋友们。"(全集第 14 卷第 191—192 页)

是月 生活书店出版《蒋委员长抗战言论集》。程契生编,徐伯昕发行。1939年 3 月初版,8 月四版。

徐伯昕著文称:"《蒋委员长抗战言论集》,汉口时期出版。"出版"这本书的目的在于'压蒋抗日',是用抗战刚爆发时蒋介石假装坚决抗日所发表的一些蒙骗人民的言论,集中起来,迫使他把抗日战争坚持下去,书后还附有中国共产党的《八一宣言》。""这部稿子是经重庆八路军办事处审定后交生活书店出版的。"许觉民著文称:"蒋介石在'七·七'芦沟桥事变时,曾被迫发表过抗战的言论。抗战后,也陆续发表过'地无分南北,人无分老幼,无论何人皆有守土抗战之责任'一类的抗战言论,还有有关国共合作实行抗战以及承认陕甘宁边区政府和改编红军为国民革命军第八路军等宣言。这些言论和文件,对宣传抗战有利,对约束国民党也有作用。""蒋介石是抵赖不了的。""毛主席曾对周恩来同志说:在国民党地区还应该出版蒋介石主张抗日救国的言论集,这比我们自己宣传抗日救国的主张有时还要有用,因为我们自己的宣传在国民党地区常常是不合法的,而宣传蒋介石的言论则是合法的;国民党顽固派如果反对我们作这样的宣传,那末他们就是非法的了。"还说:"许多共产党员还不知道利用蒋介石的抗战言论去作为动员人民和孤立顽固派的武器,应该懂得这个策略。周恩来同志回到重庆以后,就布置生活书店出版这本《蒋委员长抗战言论集》。"(徐伯昕《生活书店是怎样接受南方局的领导的》,收入《南方局党史资料·文化工作》第 267 页,许觉民《生活书店为何出版〈蒋委员长抗战言论集〉》,《出版史料》1987年第 1 期)

是月 国民党制定《图书杂志原稿审查工作纲要》,作为密件分发。(《南方局党史资料·文化工作》第 409 页)

《图书杂志原稿审查工作纲要》摘要:

"一、调查范围 1,在书店及出版方面,应调查其名称、地点、营业状况,出版书刊总数及其类别与名称,经售书刊之范围,以经售何家书刊为主体,总本总额,资本来源,盈亏情形,何类书刊最为读者欢迎,何类书刊销数最差。经理之姓名与详细履历,编辑人员及其他负责人姓名与详细履历,创办之历史与经过,抗战以后出版书目,最近计划出版书目等等。2,在杂志方面,应调查其名称与地点,创刊经过,刊期类别,每期页数及字数,创刊旨趣与言论中心,发行人姓名及详细履历，编辑人姓名及详细履历，发行人与编辑人之背景及言论态度，经费数目与来源，经费收支概况，杂志之主要对象，销行之总数，社会上对该刊物之印象，主要撰稿者之姓名与略历等等。""二、调查方法　1，间接调查（从略）。2，直接调查（从略）。3，秘密调查。""例如各书店、出版社、杂志社负责人之背景，不便直接公开调查，必须秘密的从其他有关方面加以调查；又如各刊物销行数目，必须从其承印之印刷所加以调查，乃更确实。"（《南方局党史资料·文化工作》第 410—411 页）

是年春　张友渔从敌后到重庆，周恩来让他"到国民党政府新设的'战地党政委员会'去任'设计委员'，做李济深的统战工作"。他"当时主要是做救国会的工作，在救国会中参加领导工作。救国会领导成员是沈钧儒、邹韬奋、章乃器、史良、张申府、刘清扬等"，加上他"和王炳南，形成领导核心。再加上钱俊瑞、于毅夫、曹孟君等，组成了十九人的领导机构。救国会没有公开的机关，一般都在沈钧儒家开会"。"这时还做了一件对民主运动有影响的事"，即张"和沈钧儒、邹韬奋、张申府、钱俊瑞、韩幽桐共同写了《我们对于'五五宪草'的意见》一个小册子，由邹韬奋主编，他们每人写一篇"，他"多一点，写了二三篇。就'五五宪草'每一章都提了批评意见；邹韬奋和沈钧儒去参加参政会时，还作为正式意见向大会提出"。张"这个时期的工作，是在周恩来、董必武直接领导下进行的。周恩来、董必武不在时，也由叶剑英领导过"。张"当时是以左翼文化人的身份活动，不住在党的机关内，经常到曾家岩五十号去汇报请示"。（张友渔《八年烽火忆山城》，载《重庆文史资料选辑》第九辑，收入《南方局党史资料——统一战线工作》第三辑）

党派张友渔的另一个重要任务，是参加生活书店的领导工作。周恩来亲自找他谈话，交给他的任务有二：第一个任务，要以救国会的出版机关的面貌出现，做好左翼和中间派文化人的统战工作，争取团结尽可能多的作家，出版尽可能多的马列主义、革命文化的书刊，以发挥革命文化运动的堡垒的作用。同时，要保护这个堡垒，使能存在下去。出版的书刊，发表的文章，既不能丧失原则，也不能猛冲猛打。要善于运用斗争艺术，进行合法斗争。为了批判蒋介石，可以利用孙中山的话，有时甚至就利用蒋介石的话。用他自己那些骗人的好话，来打他自己的嘴巴，更可以用来打击国民党中的顽固派。第二个任务，是领导生活书店党组织，做好联系进步作家，团结书店职工，同心协力，发挥革命文化堡垒的作用。对党员进行政治思想教育，提高他们的革命觉悟，斗争艺术和革命警惕性。既不能右倾麻痹，也不能"左倾"冒进。决不能脱离群众，更不能对群众采取命令主义态度，发号施令。既必须广交朋友，广泛进行组织宣传工作，又要防止认敌为友，受骗上当。在重庆冉家巷生活书店的宿舍里张友渔第一次见到韬奋。韬奋即约他为《全民抗战》撰写有关民主、宪政、日本问题，特别是华北敌后情况的文章，每期一篇。从此张友渔成为韬奋的特约撰稿人。这个时期，韬奋还和张友渔、张申府、钱俊瑞、沙千里、韩幽桐等合写了一本《我们对于"五五宪草"的意见》，韬奋主编，张友渔最后整理，以后改名《宪法草案研究》，由生活书店出版。（张友渔《革命文化运动的堡垒》，收入《生活·读书·新知革命出版工作五十年纪念集》第 97 页）

4 月初　国民党根据蒋介石所作报告，确定"溶共、防共、限共、反共"方针，秘密通过《限制异党活动办法》，设立"限共委员会"。（《南方局党史资料·党的建设》"参考资料"第 343 页）

4 月 1 日　《四　旁观的态度与参加的态度》，载重庆《店务通讯》第 42 号，收入1940 年 11 月生活书店重庆版《事业管理与职业修养》。（全集第 9 卷第 680—682 页）

《四　旁观的态度与参加的态度》摘要：

"参加一种事业的人，对于这种事业是存着旁观的态度？还是存着参加的态度？这个问题的答案，对于这事业的前途是有很密切的关系，肯定的答案必然保证事业前途的光明与胜利；否定的答案必然要使事业的前途只是黑漆一团！""旁观的态度是消极的，参加的态度是积极的；旁观的态度是只想吹毛求疵，而不想办法；参加的态度是不仅批评，而且还要想办法。旁观的态度是只唱高调，不顾到现实，参加的态度是根据实际的需要，同时并根据现实，加以慎重的考虑。旁观的态度是要说的话藏在肚子里，或背后大研壁脚；参加的态度是知无不言，言无不尽。旁观的态度是只顾自己，不顾大局；参加的态度是把团体的利益放在第一位，个人的利益放在次要的地位。旁观的态度往往偏于个人的争意气；参加的态度特别注重正义与公道。旁观的态度事事不负责任；参加的态度处处负责任。旁观的态度把自己的事看作团体的事，参加的态度把团体的事看作自己的事。旁观的态度对于同事的好坏，马马虎虎，参加的态度对于好的同事爱护备至，对于同事的错误，总是要很诚恳地设法纠正。旁观的态度只顾到私谊，不顾团体的公共利益，于是援用私人，包庇私人的种种病态都纷至沓来；参加的态度虽重友谊，但遇到公事，必把公事放在面前。"（全集第 9 卷第 680—681 页）

4 月 5 日　《对南昌撤守进一步的看法》、《马相伯先生百龄大庆》，载重庆《全民抗战》五日刊第 63 号。（全集第 9 卷第 77—79 页、79—80 页）

《对南昌撤守进一步的看法》摘要：

"我们对于抗战须有一个基本的认识，就是所谓愈战愈强，不仅是指军事方面,整个的国力应该在抗战过程中继续增长起来。我国抗战的必然能够获得最后的胜利,这不是一句聊以解嘲或聊以自慰的话,是有它的确切根据的,这确切根据的最重要的因素,是我们国力和敌人国力的对比,在最初是彼优我劣,逐渐做到相持,再由相持做到彼劣我优。这种倾向的可能性虽有,而促进这种可能性的完全实现,却需要我们的加紧努力,不是可以坐待的。但是努力必须有相当的时间和空间。中国所以不至于做奥国,做捷克,固然有许多主观和客观的条件,但是我们的祖先所遗与我们的空间之广大,无疑地是我们的最大优点之一。因空间之广大,不但我们打到今日,还有相当广大的后方根据地,而且在第一期抗战中还可以利用‘空间争时间’。自八一三沪战开始以后,以及南昌的撤守,这二十个月的极可宝贵的时间,都是用空间争来的。其中有一部分是在激战的时期,固然是极宝贵的时间;有一部分是在城市据点被敌人武力占领后,每有几个月的比较沉寂的时期,也是极宝贵的时间。我们抗战二十个月以来,在各方面都不无相当的进步,都是在这段利用空间争来的时间内促成的。”“敌人并不能像在第一期抗战中之易于侵占我们的空间,这固然是我们愈战愈强的表现。但是我们今后的努力,不仅仅使敌人不易侵占我们的空间,我们应进一步使敌人即欲局部打破相持局面而不可得。这种形势的争取不仅是军事的问题,实包括战区,沦陷区,及后方根据地各部门的工作。我们一方面要继续努力于整个国力的加强,使‘以相持争时间’替代‘以空间争时间’;一方面要更注意充分利用由相持争来的时间,更集中于整个国力的加强,不许有丝毫的无益的消耗。”“在军事上的运筹帷幄,当然有统帅部的严密主持,我们无须多所论述,我们在这里所欲提出与全国同胞共勉的是军事的胜利还要同时靠有整个国力的加强做陪衬,做基础,在这方面,国人却须十分珍视由相持争来的时间,大家的眼光要望着大处远处看,要集中视线于我们公共的敌人日本帝国主义的侵略,不许丝毫浪费宝贵的时间于内部的猜疑与磨擦。”(全集第 9 卷第 77—79 页)

4 月 5 日　读者江鸟光 1938 年 10 月 11 日给韬奋的信辗转数月,至次年 4 月 5 日才收到。韬奋收到信后,即为其取题《在战场感到的情形》,并作“按语”。这封信和韬奋的按语均被国民党图书杂志审查委员会扣留。五十多年后,于编纂《韬奋全集》的过程中,在南京中国第二历史档案馆的国民党档案里,发现当年被扣的一组韬奋的文章,本文是其中的一篇,使之得以重见天日。(全集第 9 卷第 83—86 页)

4 月 6 日　《怎样摆脱家庭的羁绊?》(全集未收)全文:

　　“来信充满着青年活跃的热情,我们是深深地被感动着。”“你因为母亲溺爱,不许你出外就学,你诚然是要努力设法解决的。父母爱子之情,无所不用其极,这一点,我们是应当谅解的。但是老年人因为年龄和时代不同的关系,往往对于年轻人的思想,不但不能了解,而且还加以束缚;不顾到年轻人的前途,而短视地加以溺爱,这种情形,当然我们不能盲目地服从,而应当设法加以说服。说服的时候,需要耐心地用委婉的言辞,正确的理由,以打动老年人顽固的心情,绝对避免伤害他们的自尊心,这样,一次,两次……也许老年人会明白过来,万一他们依旧固执成见,那只有采用你所想做的、权宜的、不告而别的办法。不过事前一定要经过一番慎重的考虑,而一到了读书或者工作的地点,必须立刻写信安慰他们,并且说明新环境的平安情形,以减少他们的焦急。这是我们贡献给你参考的办法,运用的时候,千万不能拘泥,而下面两点原则,一定需要遵守:第一是尽可能勿使老人过分伤心;第二是新的环境对于你的前途,要确实能有帮助。"(《激流中的水花》第162—163页)

4月8日 《对于细胞组织的殷切期望》,载重庆《店务通讯》第43号。(全集第9卷第80—83页)

《对于细胞组织的殷切期望》摘要:

"民主的真谛是:大家的事由大家来管,纪律的原则也是要根据大家的意思来规定的,不是由任何个人随意规定的,这便是民主的纪律。""有同志说我们不应该把本社看作个人享福的地方,应该把本社看作文化抗战的堡垒,这句话是正确的,但是我们对于同人的福利应有相当的注意,使身心健康,也是和工作效率有连带的关系,从这个出发点看去的同人福利,仍然是值得我们大家来共同注意的。""以后大家有话不要放在肚子里发霉或发酵!大家要利用细胞组织尽量贡献出来!第二,我们要努力有所贡献,但是一时如贡献不出什么来,也无须自馁,我们要以学习的态度来参加细胞组织。人非生而知之者,最重要的是要虚心学习,参加讨论,参加决议,参加想办法,参加批判,参加检讨工作……这种种的参加都可以增加我们的知识,增加我们的经验,增加我们的干事的材能,增加我们的思考与判断,增加我们对事对人的认识……这种种的增加,都是从实践中得来的最可宝贵的学问!我们要在这里面训练干部,我们要在这里面提拔干部。"(全集第9卷第81—82页)

4月10日 《汪精卫通敌卖国》、《悼本店同志孙梦旦先生》(未署名),载重庆《全民抗战》五日刊第64号。(全集第9卷第86—88页、88—89页)

《汪精卫通敌卖国》摘要:

"最近的重要时事中最令人痛心的,莫过于汪精卫通敌卖国的阴谋。其丧心病狂的程度，竟至为敌设计企图颠覆国民政府，引敌深入，以灭亡祖国，真是骇人听闻。""我们深信，凡是爱国的同胞，看了汪逆精卫的这种通敌卖国的阴谋，没有不极端愤慨的。试问历史上有那一个国家听任敌国以武力征服而尚有独立生存的可能的？最近捷克亡国的惨例，不是表示屈服于敌国武力的国家所必然遭受到的残酷结果吗？现在汪逆竟献策日寇，劝他们速趁中央整军未就绪前猛烈进攻，攻占各重要据点，这不是要使祖国陷于绝地吗？""敌人的一贯阴谋是千方百计离间中国的人民与政府，由此分化我们的抗战力量，汪逆叛党叛国的言行既'完全是日本货'，也与我们的民族敌人一鼻孔出气，但是我们却仍然要竭诚拥护领导抗战的国民政府和领袖，尤其是在敌人汉奸阴谋诡计无所不用其极的时候，我们要加强巩固政府的抗战国策。""决定抗战国策的政府和领袖，是我们全国同胞所始终坚决拥护的，敌人和汉奸的离间分化，不但不能动摇我们的分毫，而且更加强我们的决心。""任何民族解放的战争，在过程中不免有若干内奸的活动，这不是可异的事情，最重要的是我们能够以广大的民众力量，在政府领导之下，努力于肃清内奸的工作，使内奸妨碍抗战国策的效力完全消灭。"（全集第 9 卷第 86—88 页）

4 月 12 日　《为人类幸福而奋斗》（全集未收）全文：

"人生的过程，本来就是一部奋斗史。随时随地必须准备应付外来的阻挠和打击，我们不能等待有优越的环境让工作顺利地开展。固然，优越的环境以及良好的领导者，我们是迫切地需要着，但在工作的过程中，或者因为期望过高，或者因为工作的技巧缺乏机变，障碍和困难便会不断地飞来侵袭我们。在这时，我们便该立定脚跟，向侵袭来的障碍用力还击。它如披上了'保护色的外衣'，我们便该撕破它；它如果企图'摧残干部'，破坏工作的利益，我们便该把它'推下深渊'。我们不能依赖，更不能等待；丰富的热情，固然需要，冷静的理智，更应该培养。胜利的旗帜能够获得与否，全视主观的努力程度如何来决定的。""你写来的信，给我们留下一个深刻的印象。过去丰富的生活经验，以及在信上表现的文字修养，证明你的前途决不会没有希望。不过，一个优秀的工作青年，首先必须要有正确的意识。第二，意识不但要正确，而且要坚定，要做到'富贵不能淫，贫贱不能移，威武不能屈'的地步。第三，要有批判的精神，同时要有接受批判的勇气，不可固执成见。第四，工作的技巧特别是应付人事问题，要顾到现实的环境。在不违背正确的原则的前提之下，不妨稍微迁就一点，机变一点。这些都是提供给你参考的一些芜杂的意见。"（《激流中的水花》第13—14 页）

4 月 14 日 《国民精神总动员的正确认识与迫切需要》,载《七大杂志》。(全集第 9 卷第 90—92 页)

《国民精神总动员的正确认识与迫切需要》摘要:

"我们正在提倡国民精神总动员的时候,我们的敌人日本帝国主义者也在那里高呼国民精神总动员,在名称上尽管同是国民精神总动员,但在本质上内容上以及效用上却完全不同。我们敌人的国民精神总动员是为着日本军阀财阀少数人的利益,我们的国民精神总动员是为着整个民族的利益,我们敌人的国民精神总动员是在压迫人民大众的反战情绪,由此走上军事独裁压迫民众的道路,我们的国民精神总动员是在发挥全民保卫祖国的力量,由此更向民主政治和衷共济的道路;我们敌人的国民精神总动员是在思想上行动上开倒车,因为它的目的是在侵略,是在压迫大众,我们的国民精神总动员是在思想上行动上求进步,因为它的目的是在反抗侵略,是在鼓励大众起来。""我们不要忘却国民精神总动员的唯一目标是为着抗战建国。我们必须时刻把国民精神总动员和抗战建国的目标密切联系起来,然后才能坚决把握住:凡是有益于抗战建国和打击敌人汉奸的事情,我们都应该努力做去;凡为有害于抗战建国和有益于敌人汉奸的事情,我们都应该极力避免。例如我们要抗战必胜建国必成,最基本的条件是全国团结,一致对外,凡是可以巩固全国团结一致对外的工作,我们都应该尽最大的努力;凡是足以引起内部摩擦和纠纷的勾当,我们都应该绝端反对。又例如我们要加速抗战必胜建国必成的结果,最基本的另一条件是充分动员全国民众参加抗战建国的工作,凡是可以加强民众动员的策略,我们也都应该尽最大的努力,凡是足以妨碍民众动员的行为,我们也都应该绝端反对。'巩固民族生存应先于一切','巩固国家尤应先于一切'。这是在目前国家民族已到危急存亡的紧急关头,需要全国同胞共同奋发起来努力'巩固'的时候,我们必须用全国团结的力量,全国大众的力量,来共同担负起这'巩固'国家民族的神圣责任。""与'国家至上民族至上'绝对冲突的是我们所要给与严厉打击的汪逆精卫所拥护的所谓'东亚新秩序'及'日"满"支协同体'等等的汉奸理论!""我们不要忘却国民精神总动员是全民动员的发动机,是要和全民动员密切联系起来的。""国民精神总动员在抗战踏入第二期的今日尤其有迫切的需要。第一因为在这第二期的来到,我们虽愈战愈强,已更接近光明的前途,但在这艰苦的过程中,失却了许多重要据点的城市,遭受了巨大的牺牲,也许有人只看到眼前的情况而忽视了整个的有利于我国的抗战形势,不思克服困难而反为困难所克服,故为确立必胜信念,达到最后胜利的目的,有于此时更积极教育民众唤起民众的必要。第二因为妥协投降的苟安心理,还在播散它的毒菌,尤其像汪精卫之流正在通敌卖国,为虎作伥,我们为肃清汉奸,严厉打击汉奸理论,粉碎敌人阴谋,也有积极发动国民精神总动员的必要。"（全集第 9 卷第 90—92 页）

4 月 15 日　国民党无理查扣大批生活书店出版物,生活书店总管理处致函中央图书杂志审查委员会和国民党内政部,表示严重抗议。（《重庆出版史志》1992 年第 3 期第 12 页）

同日　《读吴稚晖先生对汪逆进一解》、《〈抗战时期中的病态〉按语》（署名韬）,载重庆《全民抗战》五日刊第 65 号。（全集第 9 卷第 93—95 页、第 95—98 页）

《读吴稚晖先生对汪逆进一解》摘要：

"汪逆在国民参政会中,千方百计想'造成公开讨论''主和'的机会,都被政治意识比较清楚的参政员加以毫不容情的严厉打击。今天看到汪逆所'主'的'和',是在近卫的所谓'东亚新秩序之下','二卫'两贼共同的来完成日'满'支的'协同体'的大业;应该更提高对于汉奸的假面具的警觉性,对于任何变相的妥协投降的谬论,应该继续不断的给与严厉的打击与制裁。""汉奸理论除以'和平'的好听名词蛊惑人心外,还有一个同时并用的秘诀,就是夸大困难以加强悲观的心理,企图由此诱人走上妥协投降的道路。记者在八一三战争将爆发时,在南京晤见汪逆,问起他对于抗战前途的观感,他哭着说:'抗战! 抗战! 打不到三个月,全中国人都要饿死了!'现在我们抗战了二十一个月,只听说愈战愈强,中国人并未绝迹于人世!""他在《举一个例》中,也强调'何以当近卫声明时,南京、济南、徐州、开封、安庆、九江、广州、武汉,均已陷落,长沙则尚未陷落,而自己先已烧个精光,和平谈判反不可以进行?'他以为失了不少的地方,就只有妥协投降的一条死路可走!""我们今日只应该克服困难,不应该因有困难而走上妥协投降的死路。""汉奸理论还有一个诀窍,就是跟着日寇高喊'防共',千方百计破坏中国的全国团结,挑拨离间,以增加中国内部摩擦为前提! 因为只有这样才能替日寇减少困难,在另一方面反可增加中国的困难,分散中国的抗战力量,转移中国对于抗战的集中。"（全集第 9 卷第 94—95 页）

《〈抗战时期中的病态〉按语》摘要：

"这种抗战时期中的病态殊有设法消除的必要,是没有疑义的,但这封信里所说的情形既属'公署',我们只有希望政治方面的负责者留意此事,加以整饬,这里所要提出讨论的是个人方面对于这种环境应该怎样处置的问题。我们觉得个人方面对于这种病态的环境只有两个途径可供采择:一个是自己有相当的力量逐渐改造环境,或有可能联合同志共同努力改造环境,在这种情况下,取的是积极的而不是消极的态度,是进攻而不是退却的策略,是要留着而不是要'摆脱'。在原则说,这个途径是最合理的,最需要的,最应该尽量采用的。因为病态的环境或黑暗的环境正有待于群策群力把它改造过来,如果大家看到黑暗都'摆脱',那黑暗将永是黑暗而没有光明的希望了!""我们有不少的青年朋友们,因为他们的纯洁,看不惯社会的病态或学校的病态,惟一的欲望是求'摆脱',寻求合理的地方去。我们认为'摆脱'并非最好的办法,有能力克服困难,改造环境,才是最好的办法。"(全集第9卷第97页)

同日 《二 爱护干部与维持纪律》,载《店务通讯》第44号,收入1940年11月生活书店重庆版《事业管理与职业修养》。(全集第9卷第649—651页)

《二 爱护干部与维持纪律》摘要:

"'干部决定一切',这是句颠扑不破的至理名言,凡是真知爱护事业的人,没有不诚心诚意地爱护干部的。""怎样爱护干部呢?""第一,我们要注意干部的需要与困难,需用最关切的态度,尽力帮助解决。当然,我们所处的社会还不是'各取所需'的社会,我们也不可能做到'各取所需',我们这个集团不是万能的集团,也不敢说能解决一切的问题。""比较的说来,只要我们时常注意到这件事,相当的帮助办法不是没有的,我们应当尽我们最大的努力与可能。""第二,我们要注意教育干部,使他们的天才能获得最大限度的发展:他有十分才干,我们要他的十分才干都发展出来;他有百分才干,我们要把他的百分才干都发展出来。我们要不让他的天才有一分一毫埋没掉。""第三,我们要注意分配工作干部以最适当的工作。""第四,我们要注意保护并增进干部的健康。""第五,我们要注意提拔干部。""第六,我们要注意奖励干部。""第七,我们要注意使干部能有机会尽量贡献他的意见,并须虚心考虑他的意见。""第八,我们要注意使干部没有内顾之忧与后顾之忧。我们不但要顾到干部个人,也要顾到他们的家属。""爱护干部是为着共同努力于我们的团体事业,一切须以有益于我们的团体事业为前提,由此可以看出爱护干部与维持纪律不是对立的,而是为着同一的目标:都是为着发挥光大我们的团体事业。""我们的管理制度是采用民主集中制,所采用的是民主的纪律。""如果有什么错误,不但监察委员会可以监察,全体同事都有监察之权,因为根据我们的章程,这种权利是没有问题的。""我们团体的信誉,我们团体的财产,我们团体的工作纪律,我们团体对于国家民族乃至人类的贡献,都是我们大家所要共同爱护与保障的。我们须爱护干部,为的是团体的事业,所以我们一方面要尽量发挥互爱互助的精神,同时对于侵害我们团体事业的行为,轻则努力纠正,重则只有根据民主的纪律原则,经过领导机构的决议,加以比较严重的处分。这当然是我们不愿有的事情,是很不幸的事情,但是如果有了,我们却不得不为团体的事业而忍痛执行民主的纪律。"(全集第 9 卷第 649—651 页)

4 月 18 日　《误会的发生》(全集未收)全文:

"一个工作者在集体生活中,不仅对工作努力,即算尽了责任;待人接物的态度,以及个人行动的检点,都必须十二分的注意。尤其是负领导责任的工作者,对待一般的工作同志,应当光明坦白,和蔼诚恳。而私生活应采取严肃的态度,以取得同志们的信仰,尤为必要。你为了单独和一位女同学在小山上谈了一次话,以致同学们从前对你的热忱,都变成了讽刺,而妨碍了工作的进行。如果是正当的恋爱,原也不是一件坏事,尽可公开。现在一方面你向同学们声明你们的谈话完全是工作上的讨论,另一方面,你却不愿宣布你们谈话的内容,难怪同学们要说你'假公济私',而不能对你谅解了。""团体的内部如果发生分裂的现象,破坏的细菌,当然会乘虚而入,而使团体陷于分崩离析的地步。所以,巩固团体的团结力量,为第一要义。要巩固团结,私人间的误会,必须设法消除。为了工作的前途,在这方面,你应当尽最大的力量。第一,应当诚恳地说服他们对你的误会;第二,不断地用事实证明你的坦白。在工作进行的过程中,意外的阻挠是难免的,必须用坚定的毅力来克服它;在个人的日常生活中,错误亦难保不发生,只要有勇气来改正它。克服困难,改正错误,采用集体讨论与自我批判的方式,最能收效。但是有一点要特别注意:就是'暴躁'的感情常能愤事,必须尽可能地抑制它;运用冷静的理智来分析事态发生的原因和讨论改进的办法是必要的。"(《激流中的水花》第 159—160 页)

4 月 20 日　《各战区的反攻胜利》,载重庆《全民抗战》五日刊第 66 号。(全集第 9 卷第 98—100 页)

《各战区的反攻胜利》摘要:

"我们对于当前的抗战局面,应特别注意下面的几点认识:第一,我们抗战的转机有着它必经的过程,我们不该把眼光限于一支一节,应该看到这整个的过程。我们是以半殖民地半封建的国家对付军事方面在初期占着优越地位的日本帝国主义侵略国,在初期我们要吃很大的亏,应该是我们早看得到的事实,虽然我们的进步还赶不上抗战时代的急迫需要,不是没有犯了错误,由此增加了吃亏的程度,如南京及广州的短期陷落,长沙的大火等等,这是应该加强我们的警惕的,但就整个过程看来,初期的吃亏却是必然的部分。可是我们愈战愈强,吃亏不是没有限度的,我们在第二期抗战中,已渐由部分反攻的胜利达到相持的阶段,半月来的事实已对此点有相当的证明,这也是整个过程中必然到来的一个阶段。""第二,我们看清了初期的不免吃亏和后来的逐渐好转,说是有它的必然性,这却不可作为机械的看法,认为可以坐待的,必须用更大的努力,促成这好转的完全实现,缩短牺牲的阶段,争取最后的胜利。我们抗战所以有必胜的把握,因为我们是在抗战中扫除已往的缺点,纠正已往的错误,生长我们的整个国力,走上更进步的道路,使偌大的国家在抗战过程中逐渐变成强大的国家。""好转的快慢和我们的进步是成正比例的。我们的缺点已完全扫除了吗?我们的错误已完全纠正了吗?我们已集中全部力量于充实整个国力吗?我们已走上了更进步的道路吗?这些问题的答案便有决定好转快慢的极大作用。""第三,由于上面两点的正确认识,我们对于南北各路反攻的捷报,应有正确的态度。我们应注意'军事第一,胜利第一'不仅仅决定于单纯的军事,所谓'第一'者,只是最重要的意义,正因为军事最重要胜利最重要,我们更应该在政治经济文化各方面作更大的努力,使最重要的军事更能充实力量,使最重要的胜利更能扩大。军事胜利在实际上只是整个国力加强的反映,只是全国各部门工作加速进步的反映。面前反攻胜利还只是开端,还只是犬牙相错的局面,我们要扩大反攻的胜利,要使反攻的胜利更普遍化,那就更有待于国力的更充实,也就是更有待于我们各方面的更加紧的进步与努力。其次,我们应注意目前英勇战士在各战区所争到的胜利,有许多地方还是含着'以相持争时间'的意义。以相持争时间固然比较以空间争时间进步得多,但我们必须不可忘却,这时间必须加紧用来争取我们在政治经济文化各方面的更大的进步;对于这种极宝贵的时间,我们不可丝毫放过,不可丝毫懈怠,不可丝毫消耗于不必要的事情!这是我们听到各战区反攻胜利的报告所应有的深刻的警觉。"(全集第9卷第99—100页)

4月21日 4月中旬,重庆生活书店总管理处召开孙梦旦追悼会。韬奋站在遗像前讲话(全集未收):"我们在短短的几个月里失掉了三位同志!""我们的每个同志的行为,应该对自己负责,同时也要对团体负责。团体的精神、思想和特点,是每一个参加的同志造成的。死者遗下给我们的好的精神,应该特别提出,给我们以教训。""孙先生的最大优点是富有高度的责任心。在民国十五年生活周刊时代,他是练习生。那时人少事多,经济基础薄弱,他身兼发行会计等职务,什么事都做,常常工作至深夜。后来书店慢慢发展,他的责务(任)加重,对职务非常负责。他把公事当做自己的事,事不做完不休息,劝他休息,他也不休息,甚至有了病不告诉人家,为了避免人家劝阻他工作,甚至抱病为长沙分店连夜整理帐务。他重视团体的财产,极度的为团体打算节省开支。这种种都表现出他的高度的责任心,给我们深刻的印象和记忆。""我们学习他的责任心,是不是照他的做法把生命拼掉呢? 不是! 责任心的本身是应该具有的,可是不能把性命拼掉。列宁说:'客观上能够做到百分之百的,而只做到百分之八十,这是不负责;客观上只能够做到百分之八十的,而勉强做到百分之百,把性命拼掉,同样是不负责。'我们也是一样。我们的书店的发展太快,事务的增多与人手的增加不成正比例,因此有时非开夜工突击不可。但这是为了应付当前困难的偶然的现象,决不能经常如此。我们为公着想,为久长之计着想,如果失掉了生命,对于整个事业是莫大的损失。至于死者,在本店始创时代,事实上是被迫非做夜工不可,没有顾到健康,是忽略了的。""从此我们得一教训,我们必须抛弃只顾责任心而不顾健康的恶劣传统,我们要不做夜工,工作时间要从七小时减到六小时以至五小时,使有充分的业余时间来进行调剂工作的活动,同时增加健康的设备。我们团体日益发达,同人的福利随着增加,只要在店的经济力量可能的范围内,我们可以而且必须这样做。""死者致病的另一个原因,是由于家庭方面的痛苦。大家庭不许他的小家庭脱离,要叫他多多寄钱回家,此外尚有种种噜苏。死者临死时还为此流泪。我们是社会的人,对于家庭的噜苏,只好置之不理。"散会前韬奋下结论说:"健康的忽略是'生活'的坏传统,应该力谋改正,使店和同人的进步加快。"(《店务通讯》第 45 号"孙梦旦先生的追悼会")

　　同日　陕西西安分店被查抄。国民党第一战区政治部、陕西省党部,会同警察局,到生活书店西安分店搜查,被取去已经内政部审查注册准予发售的书刊 1 860 册,并拘捕经理周名襄,监视全体同人,强迫停业。至 27 日,不准全体同人携带任何物品,驱逐出店,将店封闭。理由是:"……出售共党书籍……按照国民精神总动员纲领,秉遵领袖昭示,纠绳分歧思想,特明令查封。"重庆总管理处从某要人处打听到查封理由有三:(一) 出售一再取缔的图书百余种;(二) 在自办刊物上公开诋毁陕省军政当局;(三) 将店员分为小组作政治活动,并为某方作交通机关。经理周名襄被送集中营,多方营救无效,迫害致死。(《店务通讯》第 70 号《十一个分店的被难及交涉经过》,《生活书店史稿》第 242 页,全集第 9 卷第 151 页,第 10 卷第 330 页)

　　同日　中午沈衡山招餐,在都邮街俄国饭店,到者张君劢、左舜生、秦博古、邹韬奋、李幼椿七人,述视察感想,外商合作问题。(《黄炎培日记》)

　　同日　《七　热烈欢迎同人自治会小组干事会》,载重庆《店务通讯》第 45 号,收入 1940 年 11 月生活书店重庆版《事业管理与职业修养》,收集前,题目中"同人自治会小组"为"同人小组"。(全集第 9 卷第 629—631 页)

《七 热烈欢迎同人自治会小组干事会》摘要：

"我们对于同人自治会小组怀着恳挚殷切的希望，对于第一次选出的同人小组的干事会，敬致热烈的欢迎，并乘此机会贡献一些意见，以供干事会诸同人的参考。""第一，干事会对于发挥民主集中精神的重大责任。我们所以要有同人小组的组织，最重要的目标，就是要更充分发挥民主集中的精神。""第二，干事会负有充实小组内容的责任。组织必须有工作来充实它的内容，才能健全，否则组织只是一个空架子。""第三，干事会须有充分的创造精神。同人小组办法，不但别的机关所未尝有过，就在本店也是创举，所以没有什么前例可援，也没有什么榜样可仿，全靠我们自己多加考虑，创定新的办法，解决进行中可能遇到的困难，继续不断的增富新的内容。""没有前例可援，没有榜样可仿，也有特别的益处，这益处就是我们可以独出心裁，想出新的办法来适合我们实际上的需要，使我们进步得更快，使我们得到更圆满的结果。""要达到这个目的，我们必用心来想，大家遇着每一个问题的提出，必须热心地想办法；尤其是在开始的时候，对于如何健全我们的同人小组，如何使我们的同人小组能够顺利地有效地进行它的工作。"（全集第9卷第629—631页）

4月25日 《中国对反侵略阵线应有的态度》，载重庆《全民抗战》五日刊第67号。（全集第9卷第101—103页）

《中国对反侵略阵线应有的态度》摘要：

"英勇抗战了二十二个月而还在继续抗战的中国，是全世界反侵略的一支急先锋，我们对于反侵略阵线的组成，当然有着热烈的同情与期望。世界和平是不可分割的，我们的反侵略战争是世界反侵略洪流中的一个巨流。世界反侵略的力量能够团结起来，以反抗侵略的暴行，这于我们抗战的形势当然是有利的。法西斯国家的疯狂，它们的力量完全由于妥协主义（或称现实主义）的'养痈遗患'，这是数年来的铁一般的事实，有些短视的人们在以前还认为这种妥协主义是可以'安定欧洲'，甚至因此对妥协主义歌功颂德，对张伯伦的妥协政策大加赞赏，到了今天，这种幻想可以觉醒了；到了今天，应该能看清中国的抗战应该和世界的反侵略阵线结成密切的联系。""仅有这一点的认识还不够。我们首先必须明白反侵略阵线与国际调停是截然两事。国际调停是对于侵略者的屈就或妥协，反侵略阵线却是用集体的力量对于侵略者的反抗与制裁。就远东的形势说，我们的光明前途必须靠我们的继续抗战，直至把暴敌驱出中国国土，把失地完全恢复，争得中国的自由解放，战事才有结束的可能，这绝对不是可以由国际调停所能达到的。反侵略阵线如能扩大到远东，它的效用是要鼓励中国对于抗战的更须积极,是要使日本帝国主义者更趋于孤立无助的地位,是要使侵略者胆战心寒!它的本质是积极的,进取的,不是像国际调停之为消极的,退让的。如以对付国际调停的憧憬来看反侵略阵线,那是大错而特错。""其次,我们应主动地促成国际反侵略阵线,而不应该坐待他国来'促使'。中国二十二个月来的英勇抗战的光荣历史,已使她成为国际上反侵略的一个砥柱,已使中华民国成为世界反侵略的一个重要据点,我们对于世界反侵略力量的团结应加紧努力,参加领导,而不应该自居于尾巴主义者,我们在远东的艰苦抗战,不但粉碎了远东法西斯侵略者的计划,使它的泥足一天天更深地陷入了泥淖,第三国在远东的利益(尤其是英国在远东的利益),也因为我们的抗战而得到一部分的保全。""我们应该不辜负我们对于反侵略的领导的地位,把中华民国的反侵略的精神扩大到世界反侵略的阵营中去。""最后我们应该深切认识的是反侵略阵线应该使我们加紧抗战,而不是使我们的抗战工作因此松懈起来。我们不可稍存依赖的心理,以为反侵略阵线一旦扩大到了远东,我们可以揩到便宜,战争或可因此暂停,或我们可以凭藉外力而坐享其成!我们应该更加紧对于抗战的努力,我们应该更团结全国的力量,加强全国的力量,争取更大的胜利,使自己成为国际反侵略阵线中最英勇最有贡献的一员,因此我们对于侵略者的打击加一分,即是对于国际反侵略的力量增一分。"(全集第 9 卷第 101—103 页)

4 月 26 日　《中国现在需要的是生存》全文:

"自从抗战发动以来,我们不能否认,中国的各方面,有着飞跃的进步,并且还不断地在向进步的方向发展。但是,中国的社会,是一个复杂的社会,难免有一些顽固的、落后的封建残余,感到中国如继续进步下去,他们将被毁灭,于是勾结了甘心做敌人奴隶的民族叛徒们,企图破坏抗战,阻挠进步,使用各种方式来打击作为建设新中国的基本力量的进步份子。中国的民众,并非像你所了解的'不能认清自己的利益,起而图生存发展之途',相反地,他们是充满着活跃的革命热情。如果能够发挥出他们潜在的力量,将成为一股可惊的洪流,历史上有很多事实可以证明。但因为他们受了传统的封建制度的束缚,不容易习惯接受进步的思想。所以,我们一方面'随时随处打击妥协投降的言行',一方面'积极的努力于民众宣传'是必要的。""在目前的环境里,因为有些变相的汉奸,正在到处散播着破坏的细菌,工作的开展过程中,难免不受到阻碍与意外的打击,因此,青年工作者必然会发生烦闷与苦痛。烦闷与苦痛,我们当然要设法消除,而逃避现实却绝对不是办法,那么,摆在面前迫切需要解决的，便是'怎样继续工作'的方法问题。""鲁迅先生说的'自己背着因袭的重担，肩住了黑暗的闸门，放他们到宽阔光明的地方去'，这仅是一种目标的启示，至于如何达到这目标，则全凭工作者自己去领会，去寻求适当的途径。我们觉得一个工作者在目前的环境中应该注意的有下面几点：""第一，要有正确的理论根据与坚定的信心，作基本的武器。""第二，要巩固团体内部的团结，让破坏份子不能羼入。""第三，不能放弃同情我们的上层机构，必须和他们保持密切的感情与联系。""第四，小的讥嘲与诬蔑，可以置之不理；如牵涉问题过大，则应发动各方面力量，设法应付。""第五，灵活运用工作的方式，务使避免正面冲突，而能收到实际的效果。""第六，如团体本身作为被打击的对象，可化整为零，减少人家的注意；反之，如任何工作者受到迫害，则必须运用团体的力量，加以援助。""以上所述的几点，虽比较具体一些，但仍不能面面顾到；许多地方，还得注意机变，即工作必须带有机动性。总之，要行动贯彻理论，毅力、勇气、机智与干练这些条件，是必须具备的。"（全集未收，《激流中的水花》第120—122页）

4月27日 《疑事数点》全文：

"兹将来信所述问题简要答复如左：""一、汪逆叛国之主因可分两点：第一是对抗战失却信心，从他一贯的言论上可以看到；第二是他已与国际法西斯勾结，企图使中国参加'反共集团'而遂行其阴谋。（其实所谓'反共'只是法西斯侵略的掩饰）。""二、汪过去虽对党国有一点贡献，但他现在叛党卖国的罪恶，已无可容恕，民众对他的印象，当然和郑孝胥之流差不多。""三、汪逆阴谋的暴露，对抗战建国的前途，一般说来，是有利的，一般民众既可认识妥协投降派的真面目，国民党内部也将更加巩固而坚决执行抗战国策，所以说是有利的。""四、依我们的观察，汪逆忏悔的可能性似乎很少。""五、取得抗战胜利的基本条件为巩固团结，加强国力。""六、在抗战初期，若干城市的暂时沦陷是难免的，不能成为决定的因素，战略上的退却一类的说明，也未尝含有'自馁'的意味。""七、在目前的中国，无疑的国民党是领导抗战的主要力量。因为它既掌握着中国的政权，而它所奉行的主义，亦正为全国民众信仰的主义。""八、目前中国，所以还有一部份人专事挑拨离间或主张妥协投降，那是由于他们政治认识的错误以及把个人利益放在民族利益前面的原因。""九、战时的教育机构及教育方针，当然应该配合战时环境，适应战时需要，如果还因袭旧规，不事改进，那是不对的。""十、土匪猖獗的主因，是由于政治机构的不健全。下层行政官吏不能积极为民众谋幸福，有时还不免压迫民众，民众无法生活，便不得不挺而走险。""十一、重庆畸形生活的发展，这也是政治问题。劳苦大众，与那些华贵的享乐生活是无缘接近的。只有那一些专事剥削恬不知耻的上层官僚土劣，没有心肝地骄奢淫逸，只有政治清明，才能消灭这些丑恶的现象。""十二、参政员的资格，不限定大学毕业，详细规定你可参考参政会条例。""十三、参政员并不等于国民代表大会的代表，原因是由于后者是选举的，而前者是政府延聘的。""十四、参政会当然不是真正的民意机关，原因亦如上条所述，不过，它对于当前抗战国策的推行，是有相当贡献的，它的性质是抗战过程到达真正民主制度中的一个过渡的桥梁的组织。"（全集未收，《激流中的水花》第 129—131 页）

4 月 28 日 举行生活书店第五届理事会成立大会，选举邹韬奋、徐伯昕、沈钧儒、金仲华(艾逊生代)、张仲实(邵公文代)、李济安为常务理事，徐伯昕主席，金仲华秘书。韬奋当选为总经理，徐伯昕为经理。大会讨论了书店各项大政方针；通过了临时委员会的工作报告、书店二十八年度工作计划大纲、书店组织大纲及理事会办事细则。（《店务通讯》第 46 号"总处动态"栏）

同日 渝地同人举行读书会，邀请戈宝权先生讲授"苏联概况"，并介绍苏联出版事业。（《店务通讯》第 46 号"总处动态"栏）

4 月 29 日 举行茶话会，请董必武演讲《中国工人运动之过去、现在和将来》。会上并有唱京戏、歌咏等余兴节目。（《店务通讯》第 46 号"总处动态"栏）

同日 《八 我们的言论机关》，载重庆《店务通讯》第 46 号，收入 1940 年 11 月生活书店重庆版《事业管理与职业修养》。（全集第 9 卷第 632—634 页）

《八 我们的言论机关》摘要：

"民主国家或团体，都注重公意的反映，所以都重视言论机关，都尊重言论自由。""所谓言论，当然不是说毫无原则，毫无范围的。譬如在抗战建国中的中国，言论自由与动员民众工作是有着密切的联系，但是汉奸理论的挑拨离间破坏全国团结的言论，是不应该让它自由的，因为这是妨碍了整个的民族生存与进步。""我们的这个小小的团体，当然不能和国家相比，但是我们的言论机关在言论自由的原则下，也应有它的原则。""我在这里指出几点来，以供同人参考。""第一，我们应以有益于整个团体及事业为前提。我们发表任何意见，提出任何建议，发挥任何批判，都须想一想：这个意见，这个建议，或这个批评，是有益于我们的整个团体及事业呢，还是有害于我们的整个团体及事业呢？""第二，由第一点引申出来，我们应该注意言论的积极性。正面的建议固然是积极性，对于缺点的批评之后，同时加上补救办法的建议，也含有积极性。

积极性的建议更能帮助改善与进步,这于我们所共同努力的事业是有很大的裨益的。""第三,我们的事业,靠我们全体同人的共同努力,也就是要靠我们全体同人的精诚团结,所以,保持团结,巩固团结,是我们言论的另一个主要原则。换句话说,无论在主观上或客观上,含有妨碍团结的言论,我们是应该尽力避免的。""第四,关于个人的批判,最容易引起人事的纠纷,当尽量移到小组会议中的当面检讨而避免文字的'笔枪',因为当面检讨,如有所误会,当面即可说明,说明不够,当面即可讨论,容易于短期间内得到检讨的结果。""第五,因为要巩固团结,力避误会,所以要末讨论原则,要末讨论事实,如果是模糊的指责,引起读者的纷纷怀疑,也很易引起不必要的纠纷,于我们的整个团体及事业,也是有害无利的。""第六,我们全体同人应该养成兄弟爱的精神,即对于缺点有所纠正,也应该保持诚恳的善意的态度,力避可以激起恶感的词句,这样反而易于使人心服,易于接受。"(全集第9卷第632—634页)

4月30日 南郑生活书店支店遭搜查。国民党县党部会同警察局任意搜查,搜去书店本外版书籍498册,及私人信件等物。5月4日将店封闭,并拘押经理贺承先。所有存货及生财用具全被没收。省党部密令:"将所有生活书店查封。"连挂"生活商店"招牌的店家也遭到株连无故被查封。邮寄支店的公私信件,以及一切非禁书报均被扣留。(《店务通讯》第70号《十一个分店的被难及交涉经过》,《生活书店史稿》第242页,全集第10卷第331页)

同日 《劳动节在中国抗战期中的伟大意义》,载重庆《全民抗战》五日刊第68号。(全集第9卷第103—106页)

《劳动节在中国抗战期中的伟大意义》摘要:

"'五一'是全世界劳动群众为改善生活而奋斗的一个纪念日,是国际劳动节,是国际劳工运动中最有重要意义的一日。全世界的光明前途,最主要地是要靠全世界劳动群众的团结与努力,因为他们是立在革命的最前线,是革命的主力,是反侵略最坚决、同情于被侵略的国家最深切、协助反抗侵略的国家最热烈的战友。正在艰苦困难中努力抗战争取自由解放的中国,遇着这个伟大光荣而令人无限兴奋的纪念日,首先引起我们最深刻的印象,是我国神圣抗战开始以来,全世界劳动群众对于我国的深厚的同情与热烈的赞助。""中国的劳动群众在抗战期间对于国家民族的伟大贡献,也使人感到莫大的兴奋。其中尤其艰苦的如运输工人、交通工人及国防工业等等的工人,都在烦苦危险的工作中为国家民族尽着最光荣的任务。""我们以为中国的劳动群众应特别注意下列的几点。""第一是加紧生产。我们抗战必胜的把握在愈战愈强,但有些人对于愈战愈强的了解,往往只限于军事,这是太不够的。军事的愈战愈强固然是事实,而且也确是抗战必胜的条件中一个最重要的部分,但是愈战愈强决不应仅限于军事,整个国力都应该愈战愈强,都应该在艰苦抗战的过程中生长起来。在这个原则下,增加生产是占着非常重要的地位,也就是劳动群众对于抗战建国所应负起的最重要最神圣的任务。在后方加紧生产的劳动群众,对国家民族的功绩,并不下于在前方为国家民族浴血抗战的将士。他们同样地都是民族战士。日本帝国主义者之必趋没落,经济的逐渐崩溃,是它的一个致命伤。中国虽失了许多土地与资源,但如能加紧开发余下的宝藏,加紧生产,仍有足够的抗战根据,充实国力,光复河山,这个重要的责任,是全国劳动同胞所应毅然担负起来的。""第二是改善人民生活,尤其是劳动群众的生活。抗战建国纲领关于经济一项,对于这一点有着很明确的指示:'经济建设,以军事为中心,同时注意改善人民生活。'颇有人疑虑于抗战时期提倡改善人民生活,似有轻视了国家的需要而重视了个人的需要之嫌疑,其实这是很大的误会。这里所谓改善人民生活当然不是指已有相当宽裕生活的少数人,是指最低限度的生活尚感困难的多数人,其中包括数量最多生活最苦的劳动群众。"(全集第 9 卷第 103—105 页)

4 月至 5 月　甘肃天水生活书店支店屡遭搜查,被迫迁入陋巷,5 月 31 日,又被县党部搜查,毫无所获。职员阎振业在车站候车,突遭拘捕;经理薛天鹏正在甘谷收账,亦被捕入狱,囚禁七个月后证实"毫无罪状"而恢复自由,但限令立即出境。(《店务通讯》第 70 号《十一个分店的被难及交涉经过》,徐伯昕《生活书店横被摧残经过》,《生活书店史稿》第 242 页,全集第 10 卷第 331 页)

1941 年著文讲述与国民党中央党部交涉经过。"'生活'被摧残的初期,西安、南郑、天水等处分店被封闭,工作人员被拘捕的时候,我们当时尚以为是地方党部的胡闹,没有想到这是中央党部已定的对'生活'作全国性的摧残的计划,是自上而下的发动,并不是什么地方事件。因此我每次都把无故被摧残的事实,亲往中宣部面告部长叶楚伧先生和副部长潘公展先生,请求他们主持公道,赐予援助。""我说明我们自问并没有不服从法令,也没有不接受纠正的事实,但是如果中央党部指出我们对于这两点尚有疏忽的事实,请具体相告,我们当根据'服从法令,接受纠正'的原则,努力改正。叶潘二先生说这是地方党部行为,他们不知道,要命令地方党部查明具报,才能决定办法。这话说得很堂皇,我们只得静候'查明具报'。"(全集第 10 卷第 343 页)

5 月初　译作《苏联的民主》由重庆生活书店出版。(全集第 14 卷第 317—528 页)

5 月初　《〈苏联的民主〉译者序》(3 月 15 日记于全民抗战社)，收入同名译作。(全集第 14 卷第 319—322 页)

《〈苏联的民主〉译者序》摘要：

"常人想到民主，往往只想到选举制度、民意机关等等，这些当然都是民主政治中的重要部分，但是真为最大多数人民谋福利的民主，不应自足于这样狭隘的范围，应把民主的原则扩充到全体人民各部分的生活中去，这才是真正有效的民主，才是真正附合美国林肯总统所谓'民有民治民享'的民主定义。""在苏联今日，民主精神已广大而深入地渗透于全国人民各部分的生活中去。由中央政府，各邦政府，至地方政府；由工厂，农场，商店，学校，乃至军队，家庭；随处都可以看到民主原则的运用与实践。""今日的苏联已成为世界上最强盛的一个国家，成为'世界上唯一没有恐慌的国家'，这是全世界上所公认的了，但是它的强盛，并不是少数人的力量，是彻底动员了全国一万万七千万的人力来共同努力奋斗而获得的成果，这一点却常被忽略过去。这种彻底动员之所以可能，所以收到伟大的效果，最主要的因素是政治的积极民主化。我国古语有所谓'他山之石，可以攻玉'，在我国今日正在力图动员全国参加抗战建国的过程中，苏联民主的办法与成就是很可以供我们的参考，斯隆的这本书所以在这个时候更有介绍的价值，这是一个主要的原因。""中国在抗战建国这个伟大的时代，必须加强民主以彻底动员广大民众来参加抗战建国的伟业，这是没有人能够否认的了，而且就三民主义的共和国说，也应该向着为全体人民（少数的汉奸当然除外）谋福利的民主政治加紧努力。""我们中国所应加紧努力的民主，应该是大众的民主而不是少数的民主，是很显明的应有的倾向。"

（全集第 9 卷第 319—322 页）

5 月 1 日　《苏联的民主(新书介绍)》，载重庆《读书月报》第 1 卷第 4 期。(全集第 9 卷第 106—113 页)

5 月 2 日　《辜负了国家给我的教育》(全集未收)全文：

"来信述及你因为处境恶劣，而感到前途的危险。关于这一点，我们非常同情。不过，现实的环境，往往因为种种客观条件所限制，而不能如我们的理想那么美满？尤其是在现在的社会里，常常发生许多矛盾的、不合理的、令人痛心的现象，而使愿意积极工作的青年，感到苦闷与消极。但是美满的理想决不是一蹴可几，必须用我们绝大的毅力，努力改造与争取，方始有实现的可能。所以在原则上，应当根据这一点来作我们工作态度与努力方向的参考。""环境既不能如我们的理想那么美满，我们又不能脱离现实去追求空想，因此，我们就不得不考虑如何适应环境与改造环境的问题。首先,我们要考虑的就是我们目前所处的环境,对于社会国家是否有所贡献?假如这答复是肯定的,那么,我们只须在工作上力谋发展,不必过份重视一些枝节问题。人事的纠纷,与待遇的歧异,固然应当在可能范围内予以调整,但这些不合理的现象,都包含着传统的因素,决非一朝一夕所能纠正过来,在这里,一面努力,一面却须有耐心,这是一个积极工作者必须具备的条件。""你工作的环境,我们认为对于目前的抗战,有很大的帮助,所以,你的工作,自有其相当的意义与价值。在'军事第一,胜利第一'的今天,你不特不能放弃你的工作,更应该加紧努力。至于你在这个环境里的生活方式,你说的'努力锻炼身心,学习一切的学术'是对的;但你又说:'期待光明之来临',这句话,我们觉得尚有考虑的必要。'光明'决不是单凭'期待'即可'来临'的,要寻求光明,必须自己实际参加努力争取的工作,不能采取旁观的态度,即使环境如你所说的那样黑暗,只要许多积极工作的同志们耐心地以工作与生活影响他们,整个的环境自会逐渐地走向光明之途去的。"(《激流中的水花》第 31—32 页)

同日　《汪案传到这里时》(全集未收)全文:

"听到你不久要去主持百余伤兵的管理工作的消息,我们非常高兴。伤兵的教育与管理,和一般军队的训练学校的教育,均有其不同的地方。伤兵为了国家,已贡献了他们的血肉,因此,他们对于国家的期望,格外殷切;对于他们的前途以及自身感到的痛苦,亦迫切需要解决。作伤兵管理的工作者,首先应当了解他们的心理,而对于他们各别的要求,必须适当地予以解决。严格的纪律,固然不可缺少,而同情的慰藉与积极的鼓励,对于他们的进步,将更有帮助。我们觉得,你对于这方面的工作,一定能胜任愉快的。""汪逆的叛变,当然给予负伤同志们一个很大的打击。担任伤兵教育工作的同志,便应当说明他的行动不特对于整个抗战前途,不会发生什么影响,而且正可以巩固抗战的壁垒。在抗战艰苦的过程中,动摇与企图妥协投降的份子是难免的,只要我们能揭穿他们的阴谋,并给予严厉的制裁,对于整个抗战,决不致发生什么破坏的作用。所以,消极与失望是不必要的。"(《激流中的水花》第 123—124 页)

5 月 3 日　生活书店总管理处为分店遭查封,人员被拘捕,向国民党中宣部、陕西省党部据实申辩,对方拖延不办。(《店务通讯》第 70 号《十一个分店的被难及交涉经过》)

5 月 3—4 日　日寇飞机对重庆滥施轰炸,大火逼近生活书店总管理处和栈房,同仁为抢救书店财物排成一条长蛇阵,紧张传递搬运,韬奋也抢进长蛇阵,在同仁中接来递去。他不听劝阻,一面呵呵地笑着,一面抹汗。不到一天把重要的东西都搬到安全地方。(胡耐秋《片断的回忆》,收入《忆韬奋》第 219 页)

5 月 5 日 《战时首都被敌狂炸后怎样》,载重庆《全民抗战》五日刊第 69 号。(全集第 9 卷第 114—116 页)

《战时首都被敌狂炸后怎样》摘要:

"暴敌日寇最近在前线屡受顿挫,四月份上半月被我击毙二万余人,下半月三万余人,他们敌不过我们在前方英勇抗战的将士,于是实行其最卑鄙最无耻的手段,于'五三''五四'连日狂炸我们战时首都的平民及商业区域,除炸弹外,每次都丢下一百枚以上的燃烧弹,我们同胞所受到的损失与惨痛,是不消说的了。""日本帝国主义者,原以为这样一来,对国际对国内可以掩饰他们在军事上的失利,同时可以动摇我国对坚持抗战的意志。这在日寇完全是'心劳日拙',所得的实际的结果,完全和他们所期望的相反。他们这种残酷的无人道的暴行,不但不能掩饰他们在军事上的失利,而且还要加深国际的鄙弃及日本国内民众的反战情绪。""敌寇这次的惨无人道,对我民众所生的影响,只须稍稍注意近两三日来重庆市民受祸之惨,可以看到都在含悲忍泪,加强敌忾同仇之心,从未听到有一言一语怨到抗战,更绝对不致因此动摇他们对于抗战的意志。""二十三个月来日寇在中国所表现的种种暴行,已使全中国同胞都深刻地认识,除了我们争取到了抗战胜利,把暴敌驱出国土,我们的悲惨命运是没有底止的。""这次战时首都惨遭狂炸,只有加强我们抗战的意志,加紧我们对于抗战工作的努力,只有使我们更热烈地拥护政府的抗战国策,使我们更深信这个国策是我们死里求生的唯一的途径。""我们深知道被难的同胞们在收拾亲友尸体无限悲痛的时候,必然集中怨恨于残酷侵略我们的暴敌日寇,由此集中怨恨而产生更伟大的抗日力量。""我们的抗战固为求生,但所求的是整个民族的生,个人在不得已的情况之下,被敌残害,等于为国牺牲,在这个意义之下,死者可以无憾,被难的家属亦可以稍抑哀思。后死者当更以所有贡献于国家,共同加速最后胜利的到来,这才是真正为亲爱者复仇。"(全集第 9 卷第 114—115 页)

5 月 8 日 韬奋所作《五月的最大教训》一文,原拟在同年 4 月 20 日《全民抗战》五日刊第 66 期上刊发,送审时被国民党图书杂志审查委员会无理延误,并作出批复:"扣留"。五十多年后,在南京中国第二历史档案馆的国民党档案里发现当年被扣的一组韬奋的文章,本文是其中的一篇,使之得以重见天日。(全集第 9 卷第 116—117 页)

《五月的最大教训》全文：

　　"在整个的五月间，除了五一的国际劳动节和五五的一部分是纪念非常大总统就职以外，其余的没有一个不是记载着日本强盗在中国欠下的血债，没有一个不是要使我们痛心的。五三是济南惨案；五四是反对日寇企图吞并山东，五五是上海停战协定；五七是日寇向袁世凯提出最后通牒强迫接受廿一条；五九是袁世凯照日寇的通牒全都答应下来；五二九是何梅协定；五卅是由上海日商残杀中国工人而起；五三一是塘沽协定。""从这一长串的由日本强盗写下的血账里，我们可得到的最大的教训是：对日寇愈退让愈加紧他们的侵略，只有强硬抵抗才有生路。我们在上海协定作了很大的退让，在塘沽协定作了很大的退让，在何梅协定更作了很大的退让！但是铁一般的事实显现给我们看，继续忍痛的退让，是否能阻止了日本强盗的继续侵略？是否反而加紧了日本强盗的继续侵略？这一大教训应能使我们一扫苟且偷安的心理罢！"（全集第 9 卷第 116—117 页）

　　同日　生活书店举行第五届人事委员会成立大会。韬奋当选为主席，张锡荣当选为书记。会议决定渝地同人宿舍临时公约、储蓄原则，成立服务队为难胞服务，具体分配各委员教育、卫生、娱乐等工作。会议形式简单，席地举行，颇称艰苦。（《店务通讯》第 47 号"总处消息"栏）

　　生活书店从"七七"抗战爆发以来，编印大量抗日救亡读物和马列主义的书籍，遭到国民党政府的严重摧残，自 4 月到 6 月，浙江、陕西、甘肃、湖南、江西、湖北、安徽、广东、福建等地的十一个分支店先后被查封。每次遭到压迫和打击，韬奋即亲往国民党中央宣传部严重抗议交涉。（全集第 14 卷第 651 页）

　　5 月 12 日　九时，与沈钧儒、王炳南、张申府、钱俊瑞、李赓、郑代巩、孙运仁聚会，商量决定《国民公论》出版办法。（沈谱、沈人骅编《沈钧儒年谱》第 219 页）

　　5 月 13 日　日本飞机大规模轰炸重庆，造成印刷、交通困难，《全民抗战》自第 70 期起改为周刊，每周六出版，篇幅、字数、零售价格均照旧。（《店务通讯》第 47 号第 4 页）

　　同日　《粉碎暴敌的恫吓阴谋》、《〈充满了同胞爱的小朋友们〉附言》（署名韬），载重庆《全民抗战》周刊第 70 号。（全集第 9 卷第 117—119 页、119—121 页）

《粉碎暴敌的恫吓阴谋》摘要：

　　"暴敌于'五三''五四'狂炸我们的战时首都，一方面固然是要向国内和国际掩饰他们在军事上的失败，另一方面也是要企图用残酷无比的手段来恫吓我们，动摇我们对于抗战的意志。""敌人因日暮途穷，进退维谷，手段愈卑鄙，行为愈无耻,此后必将继续造谣,任意狂吠,全国同胞不但不可信谣,而且还须辟谣。敌人所以层出不穷的造谣,其用意无非要动摇我们的人心,我们不但不信,而且还要根据事实,加以力辟,他们便无所施其技了。""我们深信暴敌的恫吓阴谋必然失败,但是我们不能仅满足于敌人的失败,我们还须利用敌人的恫吓来促进我们的成功!"(全集第9卷第117—119页)

《〈充满了同胞爱的小朋友们〉附言》摘要:

"以一百多位小朋友的努力,为战区儿童募得二十元另一角六分,这在物质上说,似乎是很微小,但是它的意义却非常伟大。它表示了这一百多位小朋友对于战区儿童的关怀,它表示了这一百多位小朋友对于爱国的诚挚精神,它表示了暴日的残酷侵略在我们小国民所引起的不是消极,不是颓废,却是更加强的同胞爱,更加紧的努力! 物质的数量是有限的,这伟大的意义却是无限的。""领导小朋友募一笔款子似乎是小事,但是这里面却含有最可宝贵的政治的和教育的重大意义:使小朋友们对于国家民族有更深的认识;同时使小朋友们于书本之外,得到社会活动的训练,养成参加救国运动的习惯,这都是值得我们特别注意的。我们认为学校教育应该尽量和社会活动发生联系,尤其和抗战建国有关系的社会活动发生联系。有人认为儿童是在求学时代,不该消耗他们的时间于其他活动,其实这是很大的误会,误会的症结是在乎他们把教育看作一味的读死书,无视了在可能范围内参加相当的社会活动实具有教育的意义,它的本身就是一种教育,换句话说,它仍在教育范围以内,并不在教育范围以外,它不但不与教育对抗或冲突,正是具有充实教育的作用。当然,遇有特殊的机会动员募款捐助有益抗战建国的工作,只是许多工作中的一种,我们所要注意的是要随时随处抓着可以工作的机会,利用这种机会,领导青年或儿童参加。"(全集第9卷第120—121页)

同日　《本店设立读者顾问部的重要意义》,载重庆《店务通讯》第47号。(全集第9卷第121—123页)

《本店设立读者顾问部的重要意义》摘要:

"本店事业的重要目标有三个:一是促进大众文化;二是供应战时需要;三是发展服务精神。这三个目标当然有连锁性,不能截然分开的,但是在研究的时候,是可以分开来说的。本店设立读者顾问部,也是发展服务精神的一部分工作。""首先,我们的这个书店对于读者的关系是经常的朋友关系,我们要把读者看作我们的朋友,不只是寻常的买卖关系。寻常的买卖关系只是所谓'路人'的关系,漠然若不相关,偶然相遇,以后不相问闻。朋友的关系便不同,朋友是要彼此关切,彼此互助;友谊是要随着相交的长久而继续增进的,感情是要随着相知的深切而继续加强的。本店的传统精神,一向是把读者当作朋友看——当作好朋友看。我们对于读者的服务不是仅求一次的周到,是要继续不断的周到。我们对于读者的服务是要尽着最大限度的努力,是要竭思尽智,做到我们无法做得更好为止。我们现在办读者顾问部,也是要发挥这同样的服务精神。""读者顾问部是本店和读者之间的友谊的一条桥梁——我们应该充分发挥'生活'对于读者服务的精神,使这个桥梁发生充分的效果!""发展服务精神,这是我们全体同仁所应时刻勿忘的一种责任!"(全集第 9 卷第 121—123 页)

5 月 16 日　晚,偕沈钧儒等友人冒雨步行访周恩来。(沈谱、沈人骅编《沈钧儒年谱》第 219 页)

5 月 17 日　《自学英文》(全集未收)全文:

"你所提出的问题,我们认为首先应该了解的是如何把握住我们努力的方向,初入社会的人,如果不认定一个目标,作我们努力的指针,就会有'道路纷歧,莫知适从'之感。凡是有志的青年,谁都不愿做一个平凡的人,但是不平凡的事业,必须从平凡的工作入手。累积许多'平凡'的成就,就是一个不平凡的人。所以,我们决不能鄙视平凡,正应当在有意义的平凡工作中,加紧学习与体验,作将来接受伟大事业的准备。""努力的方面确定之后,就得定下了一个努力的计划,按照一定的步骤,循序渐进,以期获得显著的进步。学习固然不能脱离兴趣,但不能完全让兴趣来支配。特别是自学,最忌的是随着兴趣的转移而变更学习的计划,假如今天研究文学,明天研究社会科学,后天因为社会科学太沉闷,便研究自然科学,这样,结果会弄得一无所得。所以,按照预定的计划,作有系统的学习,是我们应当特别注意的。""其次,学习的成效如何,完全是靠自己的努力程度来决定的。朋友的指导与帮助,固然也很重要,但是不能作为决定的因素。如果说'……曾做过一个梦,有机缘遇着一位导师,指导我向前努力',因而一天一天在等待,等待这个'梦'变成现实,那我们可以断定,这个梦将永远是一个不能兑现的梦!'守株待兔'的故事,便是一个很好的教训。""关于英文自学的问题,现在根据我们所知,答复如左:""你目前的英文程度,决不妨碍你自学的成功,但是开始的时候,最好不要即读冗长的原文书,短篇的散文初级的英语杂志,对于你将有更多的帮助。关于文法,暂时我们固然不要研究到纳氏文法第四册修辞学那样的精深,但是,基本的研究,还是不能忽视,特别是对于成语的多多了解与语句的'分析',一方面可帮助理解,另一方面,在作文方面,也有不少的帮助,所以应当多多练习。至于读音只要懂得注音的符号,照字典可以读出正确的音来。"(《激流中的水花》第70—71页)

5月18日 《参政会与国会的分别》(全集未收)全文:

"来信收悉,现在把你所述的问题,简要答复如左:""一、国民参政会不同于其它立宪国家的国会,原因是由于后者是经过人民的选举而产生的,而前者是政府延聘的。不过,在抗战过程中,参政会对于当前抗战国策的推行,自有其相当的贡献,它的性质,是抗战时期到达真正民主制度的一个过渡的桥梁的组织。""二、国防最高委员会是由五院院长及军委会委员长组织的,因为它是国民党五中全会的产物,同时它又是执行当前抗战国策的最高组织系统,所以以上列人员充任,其他党派并未有人被请加入。""三、真正的言论自由,只须不违反抗战建国纲领,不应受任何限制。图书杂志原稿的审查办法,曾经有过热烈的讨论,参政会也曾有过取消审查办法的决议,我想,政治如继续好转,这个问题,一定能得到合理的解决的。""四、在团结御侮的原则之下,巩固和扩大党派的合作团结,是必要的,但并不是说各党各派完全取消而改隶国民党籍,因为每一个政党,都有特殊的性质和它所代表的阶级利益,所以,它自有其存在的意义;不过,在执行共同的抗战建国纲领的今天,各党各派都应当消除一切成见,加入国民党所领导的各项工作,为抗战建国目前这一艰巨的工作努力奋斗。关于跨党问题,国民党已决定不许。如国民党能多多吸收真正优秀的份子,以充实党,即不收他党党员,亦无不可。重要之点在多多吸收优秀份子以充实国民党的成份。""以上所述,是我们所能贡献给你参考的意见,但,某些地方,并不是一成不变的。每一个问题,常会由于各种不同的原因而发生不同的变化。所以,我们研究一个问题,一方面,要认识问题的本质,一方面,还须与时代需要、客观环境等等配合起来,方才不致有错误的了解。"(《激流中的水花》第136—137页)

5月20日 晚八时,生活书店召开全体同人茶话会,总结发扬生活精神。为应急对付日本飞机大轰炸,突击三天,将书店全部财物安全市区转移至郊外新屋。韬奋主持会议。会上选举产生了张锡荣、徐伯昕、董文椿、李济安、冯一予五位同仁,获得劳动英雄荣誉称号。(《店务通讯》第49号第5页)

同日 《与军事同样重要的生产问题》,载重庆《全民抗战》周刊第71号。(全集第9卷第123—125页)

《与军事同样重要的生产问题》摘要:

"敌人最近对我国沦陷区域的经济侵略提出了'开发重于封锁'及'建设重

于破坏'等口号。太原的四十余家工厂已开了三十余家,上海的日人工厂全开,其他各地点也在积极进行。敌人对于推销敌货的卑鄙手段尤无所不用其极,把敌货在上海改成中国牌号,向内地倾销,中国商人上了当还蒙在鼓中。浙江全省日货充斥市面,甚至长沙也被侵入,仅仅文具一项,敌货达百余种之多。去年上海敌货进口达一万万二千万元。暴敌在我国沦陷区域,除企图利用我国的人力物力以实行他们的'生产'阴谋外。其次便是收买原料,最注意者为煤铁,甚至浙江土制的粗糙草纸也要收买去,利用来做工事。安徽的米也被大量地收买去,供给兽军的粮食。再其次便是扩充交通,在华北加筑铁道,在江南加筑公路。听说在我国游击战特别发展,各方团结一致对外的地方,敌人的这种毒计收效最小,甚至无法施展。否则敌人便乘虚而入,显现'敌人吸血鬼的狰狞面目'!""敌人在我们第二期抗战中对于积极侵略的愈益猖獗,并不是敌人力量加强的表现,还是我们自己努力不够的原因。敌人正因为自己的力量不能支持长期的侵略战争,所以在这时期不得不想尽方法,企图以中国的人力物力来打击中国。我们要粉碎敌人的这种阴谋,在军事上和民众动员上固然须有加强的努力,同时提高生产效能,适应当前需要,也更增加了它的急迫性和重要性。"（全集第 9 卷第 124 页）

同日　《一　加强认识我们服务的广大对象》,载重庆《店务通讯》第 48 号,收入 1940 年 11 月生活书店重庆版《事业管理与职业修养》。（全集第 9 卷第 673—674 页）

《一　加强认识我们服务的广大对象》摘要:

"就文化工作者方面看来,是要配合抗战建国伟大时代的需要,把我们的服务范围扩大到整个民族的各阶层——只有汉奸卖国贼不是在我们的服务范围之内。""就另一意义说,我们应顾到最大多数的落后群众。""我们在以往对于这方面也不是没有注意,但是还做得太不够,好像我们的注意特别偏重于前进分子的范围,而未对于最大多数的落后群众有足够的注意。关于前进分子的文化需要,我们当然也要顾到,但是如果偏于这种狭窄的范围,而忽视了满足最大多数的落后群众在文化上的需要,所发生的功效,是不够远大的。我们要深切地明白,无论民族解放的胜利,或革命事业的开展,不能仅靠比较少数的前进分子,同时还要依靠最大多数群众的觉醒与努力,这种任务,本店尤其义不容辞,因为本店十余年来的努力（生活周刊社包括在内）,我们的服务对象本来是很广大的,我们所得的社会信任与同情,本来也是很广大的,我们应该宝贵这个传统,我们应该更发扬光大这个传统,使我们对于中华民族的文化有更伟大而广泛的贡献,我们要加强认识我们服务的广大对象。"（全集第 9 卷第

673—674 页)

5 月 23 日 《怎样解决我的犯罪问题》(全集未收)全文：

"来信收悉。你过去的境遇以及刻苦奋斗的精神，我们很表同情。在过去中国的封建社会中，学徒生活，本来是充满着黑暗和压迫，呼吸不到一些自由的空气，但是，我们要争取合理的待遇，必须采用合理的方式，绝对避免触犯刑章的举动。因为触犯刑章的举动，动机即使纯正，可以在人情上加以原谅，然而法律不会予以宽容，万一法律的制裁，一时可以逃避，而道德的谴责，会永远打击着你的良心，使你不得安宁。所以，一方面，你过去所犯的错误，应当立刻设法谋适当的解决；同时，以后在为人的道德上，应当时时加以警惕，不要再蹈过去的覆辙。这是我们向你贡献的意见。""至于你提出的具体问题，因为叙述太简(如所拐者何人之款？用什么手段去拐的？彼方是否已向家属追理或已在法院诉追？)，故无从详答。总之，欠了钱必须归还，如果延宕不还，法院当然可以把你拘押追取。所以，'虚悬不决'，决不是妥善的办法。彼方的目的，只是要钱，倘然有人从中调解，把宕款理清，彼方也不会过分刁难的，我们认为这是于你最有利的措置办法，希望你仔细考虑。"(《激流中的水花》第 180—181 页)

5 月 27 日 《五卅纪念与加紧抗战》，载重庆《全民抗战》周刊第 72 号。(全集第 9 卷第 125—127 页)

《五卅纪念与加紧抗战》摘要：

"一九二五年五月卅日上海惨案的发生是由于上海日商纱厂虐待工人，日籍职员开枪击毙工人顾正红而起的。但这只是表面的事实，而在实际上却含着对于整个中国的威胁，不是仅仅少数人冤抑的问题。中国自从陷入半殖民地的苦境以后，民族经济失却了它的独立性，民族工业在帝国主义的统治下，受着种种的摧残，无从发展，后来到了欧战期间，各国无暇东顾，中国民族工业才部分地抬起头来，但是欧战结束以后，各国又恢复了对于中国的经济侵略，尤其是与中国发展势不两立的日本帝国主义者，更加紧了对于中国的经济侵略，更残酷地剥削并虐待中国工人，与中国新兴的民族工业斗争。在这样情形之下，日本帝国主义所威胁的，不仅是我国的劳动同胞，实在是整个的中华民族的生存。因此五卅的反帝运动形成了那样伟大的规模，——不但上海学生全体罢课响应，前仆后继，而且在上海公共租界内所有的工业，如电车、电灯、印刷、铁工、机工、运输、丝厂、纱厂以及外侨的仆役等，都先后罢工，人数达十万以上；后来租界里的华捕及英日船上的海员也相继罢工，罢工工人增至二十余万：这真是中国民众不分阶层，精诚团结，一致反抗侵略的伟大表现！日本帝国主义者今日摧残中国，较当时更为残酷，我们应该本着十四年前五卅反帝运动中的全国团结御侮的传统精神，巩固团结，加强团结。今日我国的抗战，较当时尚多一优点，为最后胜利的重要因素，即当时全国民众虽团结一致，而'北京政府'却软弱无能，倾向妥协，所以全国民众虽然掀起了伟大的反帝运动，终于因为政府没有坚定的外交立场，未能得到圆满的结果就告一段落，而在今日却有坚持抗战国策和坚强领导全国抗战的国民政府。我们应珍视这个因素，同时应对挑拨离间引起摩擦破坏团结的行为加以严厉的社会制裁。""五卅反帝运动所以能有那样伟大的规模与广大的影响，固然由于当时全国民众不分阶层，一致团结反抗侵略，不但限于上海一隅，而且引起全国民众相继风起云涌的热烈响应，尤其是汉口、广州、香港等处都掀起了震动世界的反帝巨潮；但同时也由于民众有较健全的广大组织，以伟大的群众力量，按着计划作英勇奋发的不屈不挠的执行。在上海就有全国学生总会、上海学生联合会、总工会、各马路商界联合会，它们还联合产生了一个总的机关——工商学联合会。当时中国各处响应上海五卅反帝运动的行为，都是发动于各地的工农商学的各界组织，都是由于这种组织所定下的计划。有组织，有计划，才能发挥伟大的群众力量，这是十四年前五卅运动所以能够蓬蓬勃勃起来，所以能广大起来的重要原因。"（全集第 9 卷第 126—127 页）

同日 《一〇 艰苦困难中奋斗》，载重庆《店务通讯》第 49 号，收入 1940 年 11 月生活书店重庆版《事业管理与职业修养》。（全集第 9 卷第 692—694 页）

5 月 29 日 《怎样办华侨报纸?》全文：

"海外侨胞的爱国热忱，我们始终表示十二分的钦敬，抗战在目前虽进入艰苦的阶段，但，侨胞在精神和物质上的努力支持，正是获得最后胜利的有力保证。固（因）此，扩大救乡运动，加紧抵货工作，发动技术人员回国服务，加强筹赈工作等等，都是侨胞目前最主要的任务。要使这些工作很快地建立起来，必须通过宣传与组织的两种步骤，报纸正可以负起这两方面的使命，我们除向负这方面工作的热心同胞致热烈的敬意外，并希望他们继续努力。""为了应付特殊的环境，工作方式就不能不审慎注意，为了顾到读者的接受程度，文字技巧方面，就当详加考虑；要使一个刊物能获得广大的读者，而发生良好的影响，首先应当使它合法化，避免与任何方面发生冲突；其次，如果读者对象，不限于学生，希望在其他各界同胞方面也收得更大的成果，对取材及文字方面，就不能不尽可能适合他们的程度与兴趣。这些琐碎的意见，我们愿意贡献给报纸的负责同胞们，作为参考。"（全集未收，《激流中的水花》第 75—76 页）

5月30日 《领受了闭门羹》(全集未收)全文：

"来信收悉。你的盛意,非常感谢,凡是青年朋友们所感到的困难,正如我自己的困难一样,当尽力相助解决,但我愿意作你的一个朋友、弟子云云,实不敢当。""这一次,你投考某服务团而遭拒绝,我们非常同情。是的,失败决不能使我们颓唐,正可以使我们格外振作,以寻求达到成功的途径。你的意见是很正确的,'我们要有高尔基的刻苦精神,要有苏格拉底的自信'。同时我们还要像英国名将勃罗斯那样具备着百折不回的毅力与勇气,要不然,我们不仅要为目前的困难所屈服,而且要为时代的巨浪所吞没的。""在我们面前展开着的许多不合理的现象,各自包含着不同的发生的因素。要纠正这些现象,决不能运用同一的公式,必须彻底了解现象发生的历史根源,然后再研究适当的应付及纠正的方法。例如'包而不办'这一现象,固然大家明明知道这'只是(有)把(他们)自己的弱点暴露在青年们的面前'但是我们如果要从正面纠正这种现象,决非一朝一夕所能成功。因此,我们就必须应用其它的方式,或先督促他们包而能'办',然后我们再从其它方面参加进去'办','办'的人多了,'包'的现象就会逐渐消灭的。""以上所述,不过是举一个例证,运用的时候,当然不能像'刻舟求剑'那样一成不变。同时,我们认为你所说的'万物静观皆自得',而从'静'里去等待那种态度,似乎有再加以考虑的必要。因为,假如每一个思想比较清楚的人都抱着消极的态度,任群魔在社会上乱舞,那就永不会有澄清的一天。即使环境是如何恶劣,工作范围是如何狭隘,总不能放弃工作而袖手旁观,还应该积极地争取适当的工作机会,设法改进现状,这是我们贡献给你参考的意见。"(《激流中的水花》第36—37页)

同日 《怎样运用游击战术?》全文：

"接读来信,知道你愿意回到故乡去参加游击区工作,那真是非常值得钦佩的事情。目前我们的战略,目的是消耗敌人,牵制敌人,叫敌人深深陷入泥沼而不能自拔,所以抗战进入第二阶段后,即提出了'游击战重于正规军'的正确的口号。但是,参加游击战的队伍,其训练,行动,战斗任务,都不同于正规军。同时,下列诸点,尤须特别注意:首先,军民之间的关系,一定要建立在密切合作的基础上;其次,每一个战士,一定要有正确的政治认识,果敢的胆略与熟练的战斗技术,务必做到能单独作战的地步;还有,我们要明了游击区的工作,是最艰苦而最重要的工作,作游击区工作的人,应有不怕艰苦困难的意志。尤其是负领导责任的指挥或政工人员,决不能自高自大,摆起领导者的架子,应当在生活上和战斗员同享甘苦,打成一片。要组成一支强有力的游击队伍,在民族解放史上写下光荣的一页，上述三点，是必须具备的最低条件。所以，我们诚恳地希望你能详细研究我们所介绍给你的下列的书籍，同时，希望每一个参加游击区工作的朋友，都要切实研究，讨论，并且和实际的工作配合起来。""下面便是我们所知道的关于游击战方面的书籍：""《抗日游击战争的一般问题》　　毛泽东著""《游击战术讲话》　　张佐华著""《游击战教程》明凡著""《抗日游击战术问答》　　冯玉祥著""《游击战术实际运用》　　胡天民著""《苏联革命时代的游击战》　　左亮著"（全集未收，《激流中的水花》第 90—91 页）

5 月 31 日　甘肃天山（水）支店被县党部查封。经理薛天鹏、职员阎依业、职员阎振业被捕。（《店务通讯》第 52 号第 516 页）

6 月 3 日　《暴敌最近进攻的惨败》、《侨胞赞助本刊战地版》（5 月 20 日复），载重庆《全民抗战》周刊第 73 号。（全集第 9 卷第 127—129 页、129—130 页）

《暴敌最近进攻的惨败》摘要：

"暴敌军事当局对于他们所自诩的'五月攻势'，已承认失败，败溃的暴敌已退到大别山以南的原有阵地，不过为着遮羞计，托词于这次失败'是因为中国军队数目过多，众寡不敌，且该区地势便于防守，日本输送军需，也因中国军活跃，颇感困难。''中国军活跃'诚然是事实，这是'中国军'愈战愈强的一种表现，已为暴敌所认识了，""我们在这里所要注意的，却是暴敌军心的涣散，我国斗志的坚强；同时我们还须注意，我国将近二年的艰苦抗战，虽牺牲重大，而争取民族光明前途的到来，已见曙光，不是没有收获的，最重要的是要保持已有的收获，增加更大的收获。""所谓'相机进攻'，是暴敌打到现在，兵力已大量消耗，惟一目的是要乘我们的弱点，'揭便宜货'，他们攻占南昌，玩的就是这一套，最近他们对于鄂北，又以为有'机'可乘，却出其不意，吃了一个大败仗！这个大败仗不但更增长了我国的士气，更动摇了暴敌的军心，而且使敌国内部原来不统一的意志的矛盾更尖锐化。""我们固不应恐敌，也不应轻敌，暴敌虽经重创，放弃进攻的企图还不到时期。他们在现阶段的战争中，因为'重视敌后'，所以在军略上采用'扫荡重于进攻'的主张，这是一种很毒辣的阴谋，也表现敌国的筋疲力尽，所以要'扫荡'我们的沦陷区，以便他们的'开发'，但同时并不是停止进攻，却是相机进攻。"（全集第 9 卷第 128—129 页）

同日　《关于作风问题》，载重庆《店务通讯》第 50 号。（全集第 9 卷第 130—132 页）

《关于作风问题》摘要：

"关于作风的问题，在原则上有几点我们应该说明，第一，所谓作风，并不是技术上的应付问题，而是与我们的真正的目标相配合的。""我们事业的第一个目标是促进大众文化，这里面应该包括供给多数落后群众在精神食粮上的需要，倘若我们发现我们在这方面还努力得不够，在出书方面自觉地对于这方面的工作加强，这不仅是技术的问题，而是与目标配合的工作，整个中华民族的复兴，无疑地必须注意加紧多数落后群众文化水准的提高与普及。这是中国革命加速成功的基础，在这方面多尽一些力量，就是对中国革命多尽一些力量。""我们同时不能忘却对于少数前进分子的服务，可是因为少数与多数的数量上的差异与需要上的广狭的差异，我们在供给的比例上却应该有通盘筹划的打算。""由此我们引申出第二点，即所谓作风的改善，并不是应付一时的环境的消极作用，而是具有开展文化工作与效能的积极的作用。""我们不是因为环境困难，才顾到多数人的文化需要，而不以少数人的文化需要为唯一的对象，就是在环境顺利的时候，我们鉴于中华民族大多数人的文化需要，我们也还是应该对这方面特加注意的；所以这并不是消极的应付，而是积极的开展。"（全集第 9 卷第 131 页）

6月5日　《回国服务与逃避兵役》全文：

"来信使我们非常感动。你所说的情形，确实是抗战中不应有的现象，无怪西贡的官吏要用讽刺的口吻来嘲笑我们的侨胞。但是西贡官吏的讽刺，正证实了中国的前途是充满了光明和希望，因为中国正在坚持抗战，许多爱国的同胞正为了抗战而贡献他们所有的一切，少数同胞的逃避，也自有其客观的原因。现在，一方面，政府当局已在尽力设法改正过去役政的缺点，一方面，舆论界也在竭力鼓励同胞们踊跃参加兵役，我们以为这些逃避的现象是不难纠正的。""从抗战开始以后，一直到现在，海外侨胞是尽了他们最大的努力，给与祖国不少精神与物质的援助，多少技术青年，已回国直接参加抗战。侨胞回国服务，国内同胞当然万分欢迎，但是如果要就地组织训练班，有组织地训练青年干部回国服务，在目前海外特殊的环境中，事实方面恐怕不易做到。这一点是值得我们考虑的。"（全集未收，《激流中的水花》第 114—115 页）

6月9日　举行茶话会，欢迎新同事，请萨空了、鲁少飞、沈钧儒参加并讲话，发表关于新闻、艺术、出版等方面的精辟意见。会上周恩来针对汉口广州失陷后的形势，演讲《抗战第二期的文化工作》，至深夜一时散。（《店务通讯》第 51 号"总处动态"栏，徐伯昕《生活书店是怎样接受党的南方局的领导的》，收入《南方局党史资料·文化工作》第 271 页）

同日　湖南沅陵分店遭搜查。深夜，及 10 日中午，沅陵分店遭国民党县党部会同警备司令部及所谓学生抗敌后援会搜查，前后搜去并非禁书的图书五百余册，拘押代经理诸侃。当日取保释放。至 13 日国民党县政府无故命令限于三天内收歇。16 日被迫遵令停业。（《店务通讯》第 70 号《十一个分店的被难及交涉经过》，《生活书店史稿》第 242 页，全集第 10 卷第 331 页）

6 月 10 日　《全国舆论对汪逆的愤慨》，载重庆《全民抗战》周刊第 74 号。（全集第 9 卷第 133—135 页）

《全国舆论对汪逆的愤慨》摘要：

"有人认为在全国热烈拥护政府抗战国策的情况，汪逆少数人的叛国行为，在实际上并没有多大力量，不必加以过分的重视，因此觉得对汪逆既予以开除党籍处分，不必再有所惩处。我们承认，在任何民族解放斗争或革命斗争的历史上，中途往往不免有动摇分子反叛民族反叛革命，这种分子的清除，反而可以巩固民族解放斗争革命的阵营，所以我们对汪逆的叛国，虽认为不幸，但深信我们的民族的光明前途与抗战的最后胜利，并不致因此受到致命的打击。汪逆的破坏抗战的毒计，在比重上绝对敌不过全国爱国同胞拥护抗战的力量，这也是显明彰著的事实。但是汪逆力量的大小是一事，汪逆所犯罪状的严重又是一事，这两方面是不应混为一谈的，所以仍有严厉制裁的必要。""还有人认为，如对汪逆再作进一步的制裁，也许要'逼上梁山'，我们觉得这理由也不正确。第一，汪逆现在已在'梁山'。第二，他的跑上'梁山'，根本是由他们自己自甘自暴自弃地跑上去，没有任何人'逼'他。他在叛国以前，在中央信望隆重，党国对他毫无对不住的事情，就是在他通电发表投降主张，中央对他仅仅开除党籍，解除职务，还希望他能翻然觉悟，痛改前非，但他不但不感激中央宽大，反而愈弄愈糟，可见他的跑上'梁山'，根本与'逼'无关，现在'逼'的问题当然也是不存在的。在事实上，汪逆到了今日，已完全在日寇包围之中，被日寇玩之于股掌之上，除了往卖国贼一条路上'前进'，也绝对没有他个人的自由了。""最后，关于汪逆一群汉奸的叛国，我们不但希望严厉制裁就算完事，同时还须继续打击汪逆一派的汉奸理论。""提高全国同胞对汉奸理论烟幕弹的警觉性，努力禁止他的毒素的传播。这种毒素中含有歪曲事实，含有挑拨离间，含有增加我们内部摩擦，分散我们一致对外力量的作用，而处处却戴上欺人的假面具，所以尤其需要我们的严防！"（全集第 9 卷第 133—135 页）

同日　《九　作风问题与本店的个性》，载重庆《店务通讯》第 51 号，收入《事业管理与职业修养》。（全集第 9 卷第 690—692 页）

《九　作风问题与本店的个性》摘要：

"我们在作风方面这样提高警觉性,对于本店的个性有否妨碍呢?""我的答案是:在作风上不仅顾到少数的前进分子,同时要更充分地顾到落后的群众要求,要更充分地顾到各阶层的文化需要,这不但不致消灭本店的个性,而且是更能发挥光大本店的个性。""时代变迁了,文化食粮的内容当然也要变化,但是我们应注意,就是在今日,广大范围的文化运动还是迫切需要的,我们既有着传统的广大基础,根据'各尽所能'的责任,我们这个书店在这方面应该有着义不容辞的任务;这正是要运用我们的个性,对于民族复兴的广大基础,努力竭尽我们的一份力量。"(全集第9卷第690—692页)

6月14日 浙江金华生活书店分店遭搜查。是日,国民党浙江省党部会同警察、宪兵搜去图书千余册(其中并无禁书,且有八百余册曾经金华图书杂志审查委员会审查通过的书刊),并将职员阮贤道拘押,判处徒刑六个月。7月1日,又到店强迫全体同人限十分钟内迁出,将店与栈房封闭。国民党当局颁发密令:凡生活书店出版的图书,一律禁止在浙江省内出售。(《店务通讯》第70号《十一个分店的被难及交涉经过》,《生活书店史稿》第242页,全集第10卷第331—332页)

6月15日 江西吉安生活书店分店遭查封。国民党省会警察总队执行省党部命令搜查门市部、栈房,结果一无所获。至23日,又被县党部等搜去非禁书数册,省会警察总队勒令吉安分店立即停止营业。经向省党部据理交涉未果,反在交涉函中批文云:"所述理由,其谁能信。事关违犯法令,应听候政府处置。所请应毋庸议。"29日分店被查封。(《店务通讯》第71号《十一个分店的被难及交涉经过》,《生活书店史稿》第242页,全集第10卷第332页)

同日 江西赣州生活书店分店遭查封。国民党县党部等搜查,取去非禁图书数册,至16日,被无故勒令停业。几经交涉无效。(《店务通讯》第71号《十一个分店被难及交涉经过》,《生活书店史稿》第242页,全集第10卷第332页)

6月17日 总处和重庆分店同仁,热烈展开书写慰劳信的竞赛,个人锦标赛三名,第一名奖《新经济学大纲》一册,由沈志远题词;第二名奖《苏联的民主》一册,由韬奋题词;第三名奖《萍踪忆语》一册,由韬奋题词。(《店务通讯》第52号第516页)

同日 湖北宜昌生活书店分店遭查封。国民党湖北省党部会同警备司令部、警察局及图书杂志审查委员会等搜去书刊1 423种(其中除本版已经内政部注册准予发售者外,外版书中亦并无禁书),其余书籍均被无故封存,并勒令停业,拘捕职员杨罕人。(《店务通讯》第71号《十一个分店被难及交涉经过》,《生活书店史稿》第242页,全集第10卷第332页)

同日 《国府下令通缉汪逆精卫》、《〈抗战工作中的恋爱问题〉附言》(署名韬),

载重庆《全民抗战》周刊第 75 号。(全集第 9 卷第 135—137 页、138—142 页)

《国府下令通缉汪逆精卫》摘要：

"汪逆平日对于政治外交军事各问题所发表的言论,已在巧妙的假面具下含有失败主义、投降心理、投入法西斯侵略者的怀抱的种种毒素,引起舆论界的不满。自明目张胆主张妥协投降的所谓'艳电'发表之后,更一步步向着汉奸的途径深入,更引起全国舆论的愤慨,国民政府重视民意,对汪逆下令通缉,我们对于政府这个贤明的行动,谨表示热烈的拥护与佩慰。""汪逆不感激中央以前的宽大处置,反而倒行逆施,变本加厉,既由政府执行国法,严加制裁,似乎可以告一段落,但我们对于敌人利用汪逆的阴谋及汪逆汉奸理论的毒素,却不可不继续加以严密的注意。""我们为争取抗战最后胜利,必须在最高领导及政府领导之下,各党派及整个民族精诚团结,一致对外,不要消耗一分力量于内部的摩擦,这已是抗战建国伟大时代一个颠扑不破的真理。汪逆破坏国内团结,便是他所以成为汉奸的条件之一!""敌人想利用汪逆,强分新旧来离间国民党同志间的感情,这不只是企图分化国民党的问题,也是企图减弱中国抗战力量的问题,因为国民党今日是领导全国抗战建国的一个政党,我们为抗战建国而拥护国民党,同时也为抗战建国而反对汉奸破坏国民党。"(全集第 9 卷第135、第 137 页)

《〈抗战工作中的恋爱问题〉附言》摘要：

"抗战中的女子(当然尤其是已在努力参加抗战工作的女子)如果真遇着她所心爱的人,只须在不妨碍工作的范围内恋爱,不是绝对不可以的。但是在另一方面研究,如果有了恋爱的结晶品(生育),问题便比较地复杂,这虽然不是绝对不能解决的问题,可是就要看个人的情形而定。有的人有可靠的亲友可以委托,以及经济上有办法,那还比较易于解决;有的人没有可靠的亲友可以委托,经济上又有困难,那便是一种莫大的牵累,往往要妨碍到原来的工作。所以有些努力工作的女子就干脆主张索性等到抗战胜利以后才谈恋爱,在抗战期间把这件事'束之高阁'。""就一般的原则说,我们认为在这个抗战的时期,只须不妨碍工作就行了。"(全集第 9 卷第 141—142 页)

同日　《热烈响应政府五十万封慰劳信的号召——本店发动十万封》,载重庆《店务通讯》第 52 号,收入 1940 年 11 月生活书店重庆版《事业管理与职业修养》。(全集第 9 卷第 686—687 页)

是年初夏　生活书店分支店屡遭国民党查封,韬奋先后应周恩来之约,和生活书店、读书出版社负责人到曾家岩五十号,听取应对国民党压迫的办法并商议如何

保存力量,计划撤退到敌后开创出版等事宜。(《周恩来年谱》第443页)

6月21—22日 国民党重庆社会局、市党部派出特派员,带领武装警察至总管理处"调查户口",查问生活书店组织、资本额、营业状况等,当由户长韬奋一一作答,并出示实业部登记证。调查员自称见过韬奋,是一年岁甚长者,指定答话者非韬奋本人,韬奋出示《经历》一书内照片,才作罢。调查员再要求取走帐册,要求与每个工作人员个别谈话,均被韬奋婉辞拒绝。(《店务通讯》第53号"总处动态"栏,第71号《十一个分店的被难及交涉经过》,全集第10卷第339页)

6月23日 调查者又来,云,对昨日调查未觉满意,要求找"个别询问同人",及"帐册带回市府",被韬奋据理婉辞拒绝。(《店务通讯》第53号"总处动态"栏)

"六月间,重庆市党部会同重庆市政府社会局及中央图书杂志审查委员会派员三人到本店总管理处查帐,带了四个盒子炮武装同志光临,其中二人查帐,一人对我大问而特问,二日都由下午一二点钟一直问到五六点钟,虽然承他口口声声叫我做'参政员',但我却恍然好像重入苏州看守所里面对那位官架十足的翁检察官。他们来的时候,我要他们出示公文,他们偷偷摸摸地将公文给我看,不许我抄个底子,即匆匆收回,不肯再拿出来。我只看见其中所说的'罪状'是'生活书店自称公司'云云,我们一向声明是'商号注册'从来没有对任何人'自称公司',听了真是摸不着头脑!还有几句话也颇奇怪,他说:'如果政府在法令以外叫你做什么,你做不做?'我说:'我不能想象政府要在法令以外叫我做什么,我相信政府叫国民做的事情一定是光明磊落的,为什么不可以见于法令呢?'他默然久之,才又嚕嚕苏苏地问到别的许多话。他们要叫每一同事分别问话,被我拒绝,我说我是总负责的人,关于本店的一切我可以负责答复,如个别的同事在个人方面有犯法行为,应由法院审问,我不能允许他们越权。他们又要把帐册搬运出去审查,也被我拒绝,我说要审查可在本店审查,不能搬运出去。据做律师的朋友告诉我,只有法院可以审查民间商业机关的帐册,他们已是冒昧而来,如被搬运出去,更不知他们要任意栽什么赃,所以我坚持到底,不肯通融,同时我望望那四位雄赳赳的盒子炮武装同志,准备他们动手,我就锒铛入狱。但是他们看我态度坚决,抗议的理由充分,也许还加上一些'参政员'的面子,虽悻悻然,还未曾动手。"(全集第10卷第339—340页)

6月24日 《日寇在天津的横行》,载重庆《全民抗战》周刊第76号。(全集第9卷第143—145页)

《日寇在天津的横行》摘要:

"日寇这次在天津的横行,以英国做他们进攻的重要目标,对于英国的侮辱，可以说是尽量发挥他们的卑陋伎俩。日军将英租界各通道封锁，仅留两口，一出一入，除德意两国的人得占便宜外，其他各国人都须在炎暑中等候数小时，等候日军搜查，对英国人除严加询问遍身搜查外，并查验证明文件。不仅如此，外国最普通的规矩是依先后列入队伍中等候，依次轮到，后者不许跳跃，但这次日军搜查，有意侮辱英国的'君子'，常常把英国人从队伍中拉出来赶到尾巴上去，有的轮到了，却不搜查他，先搜查立在他后面的人，遍身搜查，要英国人把鞋袜都脱下来，东洋鬼子的暴戾恣睢，可谓无所不至了。""在英国人应猛醒于妥协政策不能解决对付侵略者的外交，""我们中国人看了这种情形，更应该深刻认识在强盗暴力之下是绝对不能做人的。日寇这次在天津对英国人固然侮辱备至，对中国人更残酷，英国人脱鞋袜而已，中国人要全身脱光检查，有两个卖菜小贩因从进口处传递了一些青菜，就遭到枪决，送了他们的生命，这种事实，应能使任何中国人都更坚决他的抗战决心，应能使任何中国人更深刻认识要团结御辱，先打出日寇后，什么争夺倾轧都是枉然的。""值得我们注意的是日寇这次在天津横行的目的。""日寇的目的是在逼迫英国采用妥协政策，帮助它这个刽子手来宰割中国。""我们一方面固然要运用外交使英国对日寇的企图有正确的认识，使英国明了中国的命运是握在中国人的手里，但同时在另一方面我们自己却须特别注意两件事：第一，在积极方面，我们内部更须巩固团结，一致对外，加紧增加我们的抗战国力，争取更大的胜利，这是影响外交有利于我的最重要的因素。第二，在消极方面，我们更须注意制裁妥协分子的活动，根本扫除悲观主义与失败主义的毒菌。中国的抗战，由于主观和客观的种种特殊情况，有它的长期性和坚苦性，所以我们必须自己认识，并使人人认识中国抗战胜利必须经过的自力更生的历程；我们可以用更大的共同努力来缩短这个历程，来克服这个历程中的困难，但是我们不能幻想不必经过这个历程而可以获得侥幸的胜利。汪逆精卫一流的日暮途穷，就是看不清这个历程，或虽看清了而耐不住这个历程。"（全集第 9 卷第 143—145 页）

同日 《沉痛中的检讨》，载重庆《店务通讯》第 53 号，收入 1940 年 11 月生活书店重庆版《事业管理与职业修养》。（全集第 9 卷第 694—696 页）

6 月 26 日 浙江丽水生活书店支店遭查封。国民党县党部会同警察局搜查，搜去非禁书数十种，声言将重新审查，30 日将栈房封闭，门市亦被迫停业。（《店务通讯》第 71 号《十一个分店的被难及交涉经过》、《生活书店史稿》第 242 页，全集第 10 卷第 332 页）

同日 代表生活书店，为分支店被查封、图书被禁售事，往访国民党中宣部副部长潘公展。潘称问题"可分已往和未来两部分来解决。关于以往部份，除重庆图书杂志审查委员会所印的'不准发售书刊一览'所载者外,如本店尚有书籍被认为不妥的,即再加入,以后不得再售。关于未来部份,书稿已送审查,代售书籍除自然科学及已审查者外,亦须送审查。""关于未来方面解决的办法,最好再作较具体的规定,等中宣部起草后再约谈。"(《店务通讯》第72号《十一个分店的被难及交涉经过》,全集第9卷第167页)

6月29日 安徽屯溪生活书店支店,毫无违法行为,未经搜查,即遭国民党县政府无故下令,限期7月1日收歇。(《店务通讯》第71号《十一个分店的被难及交涉经过》,《生活书店史稿》第242页,全集第10卷第332页)

同日 韬奋出面召开同人茶话会,颁给渝地同人慰劳信竞赛奖品。韬奋说:"困难越多,工作越积极。历史上的伟大事迹证明只有这种精神是最最宝贵的!"(《店务通讯》第54号"总处动态"栏)

"6月,自3月至6月底,生活书店被国民党地方政府查封或勒令停业的分店已达十一家之多。我们到了这个时候才深切地感到中宣部负责人尽管推托这是'地方党部的行为',在实际上已是国民党所内定的整个摧残进步文化事业的做法,同时我们也得到朋友们谈起从中央党部传出的消息,说中央党部已决定先封闭'生活'的各分店,然后进而封闭我们在重庆的总店,他们而且看到这种密令。"(全集第10卷第343—345页)

7月1日 《七七二周年纪念的重要意义》,载重庆《全民抗战》周刊第77号。(全集第9卷第145—147页)

《七七二周年纪念的重要意义》摘要:

"日本帝国主义者对于中国虽派了无数的间谍,虽成立了许多所谓特务机关,但是他们所看到的只是表面的中国,而对于中国的潜在的力量没有丝毫的感觉。""他们二年前在芦沟桥发动全面进攻时,只准备三个月的预算与三十万的军队,以为这样就可以很轻易地灭亡整个中国,达到他们所谓'速战速决'的目的。但是这两年来的铁的事实的表现,日本强盗并不能用三十万的军队在三个月内灭亡了中国,他们在中国已打了八倍于最初预计的三个月,他们的侵略军队在中国的数量,伤亡的数量已二倍以上超过了他们所预计的三十万,他们在中国继续作战的军队,已三倍以上超过了他们所预计的三十万,而摆在我们眼前的却是一个愈战愈强的中国!""他们为什么就这样冒冒失失瞎窜呢?因为他们所估计到的只是表面的中国,没有估计到中国的潜在的力量。我们可以能愈战愈强,就是我们民族具有这样的潜在的力量,这一点是我们在七七二周年纪念的这一天,所应特别注意的。""同时还须进一步认识,潜在的力量之所以能够发扬光大，是要靠人力来启发的，是要由我们作有组织的有计划的努力奋斗来启发的。""我们是以相持和深入敌后（也可以说是扩大空间，而不是像第一期的失去空间）来争取时间，我们必须不再辜负这样争取得来的时间，不要有丝毫消耗于抗战建国以外的事情，要集中于国力的加强，也就是潜在力量的充分启发，达到反攻胜利，完全驱逐日本强盗于我们国境之外的目的。""汪派破坏抗战的阴谋，所最努力的有两点：一是诬称最高领袖也同意于他的所谓'和平'，他的《举一个例》一文的目的便在此，但是最高领袖领导抗战的坚决，与国人以共见，历次剀切严明的宣言与演词，都深入了全国爱国同胞的心坎，汪逆之流的阴谋是绝对失败的。还有一点是极力推动并加深国内党派的摩擦，以分散全国精诚团结一致对外的力量，在实际上帮助敌人达到'以华制华'的目的。我们深信除了汉奸如汪逆之流者外，在主观上绝对不会有意破坏全国团结，分散自己力量，以增加敌人的侵略力量。但是汉奸的挑拨离间阴谋是无孔不入的，如无意中上了他们的当，在客观上便是等于做了汉奸的工具，也就是做了敌人的工具。""我们纪念七七二周年，不应离开当前的现实而作抽象的模糊的纪念，我们应该对准当前的现实而下诚挚的深切的检讨！我们在当前所特须注意的是国力尚有待于更大的充实，妥协投降的'和平'谣言之更须力辟，巩固全国精诚团结一致对外之更须努力。我们应该对准这些事实，加强抗战力量，粉碎敌人的阴谋。"（全集第 9 卷第 145—147 页）

同日　《文化工作者的责任》，载桂林《国民公论》第 2 卷第 1 号。（全集第 9 卷第 148 页）

《文化工作者的责任》摘要：

"我所得的感想是在这抗战的伟大时代，笔杆诚然应该和枪杆密切地联系起来，换句话说，就是文化工作应该和抗战时期的迫切需要密切地联系起来；但是文化工作自有它在抗战中的重要任务，站在文化岗位上努力的人一方面应该不忽视抗战时期在这方面的需要，另一方面还需要认识自己的重要任务而不要妄自菲薄，轻视文化工作，甚至把文化工作认为是抗战中不需要的东西。"（全集第 9 卷第 148 页）

同日　《对十万封慰劳信的再接再厉——发挥我们的"生活精神"！》，载重庆《店务通讯》第 54 号，收入《事业管理与职业修养》。（全集第 9 卷第 688—689 页）

7 月 4 日　应国民党中宣部副部长潘公展之约，与徐伯昕偕同往访。潘称"依前次所言原则上的领导，党部尚未能放心，据叶（楚伧）部长之意，本店须与正中书局及独立出版社联合起来，在三机关之上，组织一总管理处或成立一董事会，主持编辑计划营业计划等等,由此实行党的领导,三机关则可仍留原名,如能接受此原则,便可再进而商定具体办法。我认为这是等于合并,举出这样办的种种不合理不妥当的地方,诚恳说明,毅然婉谢,伯昕先生亦就事实加以辩明。根据抗战建国纲领的国策,对我们作原则上的领导,这是我们能接受的办法。像合并或其他等于消灭本店'生活精神'的办法,不但是本店的自杀政策,而且于党国也有百害而无一利:这是我们不能接受的办法"。"我和伯昕先生回来之后,立刻准备一个较详细的呈文呈递中宣部,除重申意见外,并根据服从法令接受纠正的原则,提出较具体的办法","这个呈文去后,当中经过多方的曲折,最近所达到的境域是中宣部当局已表示'合并'可以取消,拟退一步商谈'监督'的办法。我们认为在我们呈文中所提出的具体办法也就是'监督'的办法,所以在原则上我们是可以接受的。""我们是以最合理最坚定的立场,进行诚恳的商谈,希望不久可以得到合理的总解决。"(《店务通讯》第 72 号《十一个分店的被难及交涉经过》,全集第 9 卷第 167—169 页)

7 月 8 日　夜 10 时,广东曲江生活书店分店遭查封。一武装警长带领十余便衣探员搜查,封条上无执行机关印戳,经交涉,称系县党部密探部所为。(《店务通讯》第 71 号《十一个分店的被难及交涉经过》,《生活书店史稿》第 242 页,全集第 10 卷第 333 页)

同日　《弥漫日本的"危险思想"》,载重庆《全民抗战》周刊第 78 号。(全集第 9 卷第 149—150 页)

《弥漫日本的"危险思想"》摘要:

"侵略的国家所最怕的思想是反侵略的思想,是反侵略战的思想。侵略的国家所要争取的利益是极少数人的利益,(在日本便是极少数军阀财阀的利益)是牺牲多数人以保全少数人利益的勾当,因此大多数人便心不甘服,愤恨不平,于是统治者对于人民的思想言论便横施压迫,在人民方面认为正当的思想,在统治者却认为'危险思想'。我们看到日本统治者愈栗栗于'危险思想',愈可以看出日本人民正当思想的开展。这从保障世界和平的观点看来,是极好的消息,是可以令人惊喜的消息!""日寇对中国的侵略战进行愈久,他们国内人民的生活亦愈陷入更苦痛的境遇,于是大众鸣不平的思想必然是要涌现的,大众的利益和少数人的利益起了冲突,于是为大众利益的思想都是'危险思想'!我们看到日本统治者愈栗栗于'危险思想',愈可以看出敌国国内困难的加深,这从中国争取抗战胜利的观点上看来,也是极好的消息,也是可以令人惊喜的消息!""荒木之流所不能了解的是思想为事实的反映,事实存在,思想虽遭受压迫,也不会消灭的。日本有着侵略的事实,反侵略的思想是不可能消灭的;日本有着因为侵略战而使人民陷入水深火热的事实,为大众利益呼吁的思想也是不可能消灭的。这种思想在日本统治者看来觉得'危险'，在日本的人民看来是最安全的思想，最正当的思想，最正确的思想！在人民方面是最安全的、最正当的、最正确的思想，而在统治者却要硬把它认为'危险思想'，横加压迫，结果不但不能消灭它，必然的趋势是愈压迫愈广播愈发展，这是我们稍稍回想各国的思想史而是可以恍然大悟的，否则中国秦始皇的焚书坑儒，俄国沙皇的摧残思想，都可以大告成功，何以一则传仅二世，一则尼古拉二世要被杀头呢？所以我们敢断言荒木的压迫思想言论，不但绝无功效可言，而且反要加强日本人民的反侵略反战与反压迫的思想。""中国为整个民族的利益而战，是反映全国人民的一致要求，是为着全国最大多数人的利益，与日本的情形恰恰相反。在中国只有汪逆精卫之流的汉奸思想是为全国所不容的，而且因为他们的思想为全国所不容，所以也够不上有什么'危险'。此外就都是巩固团结一致对外的思想，如有人违背了这个原则，便无形中被全国人所唾弃。在'国家至上民族至上'的目标之下，巩固团结一致对外的思想是可以通行无阻的。像日本那样为着少数的利益而指为多数人谋利益的思想是'危险思想'，在中国是不能存在的。日寇愈打愈弱，中国愈打愈强，这也是一个重要的关键。"（全集第 9 卷第 149—150 页）

同日　《在渡过难关中的几个要点——奉告关切本店前途的全体同人》、《致全体同人一封重要的信》（7 月 6 日作），载重庆《店务通讯》第 55 号。（全集第 9 卷第 151—153 页、153 页）

《在渡过难关中的几个要点——奉告关切本店前途的全体同人》摘要：

"本店自从四月廿一日西安分店被封以来，陷入了最艰危的时期，我为着伸雪本店的冤抑，为着要保全这十五年来无数作家与全体同人所惨淡经营，费了无量血汗所造成的文化机关，奔走呼吁，尽忠竭智，不敢片刻松懈。同时也深知道全体同人的关切忧虑，对于怎样渡过这个难关的问题，也许都要知道一些，但是在急切援救的过程中，不能一一详告，而所用的方法也不宜在实行的过程中一一公布。""有几个要点可以先提出来说一说。""第一是交涉的原则。自西安分店事变发生后，我们始终抱定'服从法令，接受纠正'的原则，坦白诚恳地向各方面解释，坦白诚恳地向中央党政当局表示，现在我们还是坚守着这个原则，继续努力。""第二是此事已不是'地方事件'，须由中央作整个解决。因为这一点，所以在中央未实行整个解决以前，地方的纠纷仍然难免。""第三是各地分店因被勒令停业只得遵令暂行停业。各地分店有已被勒令停业的，总处终是电复应遵令停业，这并不是只有消极的忍受而忽视了积极的办法。"

"第四是在停业期间的修养与学习的注意。我们各人对于国家的贡献,对于文化事业的努力,是长期的事情,是需要长时期的努力奋斗,所以我们不但不可因暂时的艰苦困难而消极颓废,反而应该更艰苦地锻炼我们自己。""第五是仍安全的分店,须切实执行总处的指示。例如关于禁书,总处最近已设法领得一份禁书名单,复印分寄各分店备考,并严嘱各分店绝对不再售卖已知的禁书,这一点是必须严格执行,以免藉口的。""第六,我们自信我们的事业有着光明的前途,我们没有什么不可告人的秘密,我们都是以光明磊落的态度共同努力于国家民族的文化事业,国家民族有光明的前途,我们这群艰苦奋斗的文化工作者——为国家民族的福利而艰苦奋斗的文化工作者——也必然有光明的前途,我们不怕磨难,只怕自己没有勇气,没有毅力!"(全集第9卷第151—153页)

《致全体同人一封重要的信》全文:

"同人公鉴:本店自被误会,分店被停业者已有九处之多,诸同人对于店务前途的关心是可以想见的。我和伯昕先生正在积极努力,时刻在积极方面设法,使能渡过这个难关。不过在援救的过程中,未能将详情一一奉告,将来是总可以知道的。希望 诸同人镇定积极,不要因一时的困难而消极灰心,是为至要。"(《店务通讯》第55号第545页,第9卷第153页)

7月10日 为生活书店地方分店被无故查封事,缮成呈文送达国民党中宣部,静候批示。"但批示永不见来,而所余的各分店仍继续不断地被摧残着。""我在那几个月的生活,回想起来是辛酸的,每隔几日即有一个分店的'报丧'电报呈在眼前,尤使我哀痛欲绝的是艰苦忠贞于抗建文化事业的青年干部一个又一个的被拘捕。我曾经愤然对中宣部负责人提出抗议,说我是本店总负责人(全体同事选举出来的理事会主席),如本店有犯罪证据,应该捕我,绝不卸责,何必摧残许多无辜青年呢?但是这种抗议不发生丝毫的效力。"

7月11日 为生活书店被查封事,生活书店沈志远往访冯玉祥寻求办法。据沈云"生活书店被查的原因,是当局说他们卖共产党的书籍,职员有组织"。又云:"卖的××书籍是经许可的,职员们有一种组织是不错,不过他们是为自己的福利,像工人的读书会等等,并不是非法的组织。""李达先生讽刺似地说:生活书店是高朋满座,正中书店是门可罗雀。""当局现在的条件是:一、生活书店与正中书店合办;二、全体职员加入国民党。"冯认为"在长期抗战的时候,文化粮食是多么重要,而生活书店对抗战更贡献很大的力量",官方"应该帮助它发展起来,不应该摧残它"。还说"国民党的令人不满意,就是无是非,像一缸浊水"。"汪兆铭叛国,他的余孽还存在这里,没人敢说。""本党真像混水了,必须大批的白矾加入,方能澄清,

如果邹先生他们来入党一定好得多。"（《冯玉祥日记》第五册第 680 页）

7 月 15 日　为生活书店被查封，邹韬奋曾致函冯玉祥，请他设法。冯函复："韬奋先生：七月十日大函及附件均收到，诵悉。关于生活书店事，一定竭力帮忙，以副雅嘱，特复。即颂撰祺　冯玉祥敬启　七·十五。"（《冯玉祥日记》第五册第 682 页）

同日　《读蒋委员长抗战二周年告军民书》、《侨胞汇款到沦陷区的疑问》、《十八岁女孩子与军训》（以上二则署名韬），载重庆《全民抗战》周刊第 79 号。（全集第 9 卷第 154—156 页、156—158 页、158—160 页）

《读蒋委员长抗战二周年告军民书》摘要：

"'粉碎敌人和汉奸的魂魄'，这是全国爱国同胞在当前所应积极努力的任务。""敌人汉奸不仅时常利用机会传播'和平'谣言以企图动摇人心而已，而且运用种种阴谋，造成不得不'屈膝'的形势，企图使我们在心理上虽然仍是坚决抗战而在事实上却难于继续抗战，这虽只是敌人汉奸的主观的企图，但是在我们却不可不加以严厉的戒备。他们的惯技是无孔不入地挑拨离间，破坏我们团结，藉此分散我们的力量，同时达到他们'以华制华'的目的。战争是力量的比赛，抵抗日寇力量的大小，和我们全国是否能'加强团结'（亦蒋委员长告军民书中语）成正比例，这是谁都明白的，但是这个谁都明白的原则而尚有待于再三提及的，是在主观上忍心害理的和敌人阴谋的究竟易见，而在客观上无形中帮助了敌人，做着敌人的工具的，却在在易于疏忽，上了大当也许还以爱国救国自居，这都是需要特别提防的。提防奈何？我们要扩大最高统帅'加强团结'的号召，一切力量都须集中于我们民族的唯一的当前敌人日本帝国主义者，无论何时何地，凡是足以引起内部摩擦，转移力量于内争的事情，我们绝对不干！我们要扩大最高统帅'加强战斗力量'的号召，不仅军事而已，凡是有益抗战的力量，我们绝不可因私意而横加摧残，却须加以爱护，加以扶持。'加强战斗力量'可由于增加未有的力量，同时也可由于发展已有的力量，这两方面是应兼程并进，相辅相成的。但是最重要的前提还是要能以整个国家民族的利益为前提，丝毫不夹以偏私的杂念，必须这样，才能诚心爱护和扶持有益抗战的力量，才能看到这种力量的发挥而欣慰愉快。这种力量在各部门中的迅速发展，在'加强团结'的总的形势下，便形成了整个国家民族的伟大力量，便能'粉碎敌人和汉奸的魂魄'！"（全集第 9 卷第 155—156 页）

《〈侨胞汇款到沦陷区的疑问〉附言》摘要：

"简单地说来，我们觉得仅仅希望政府禁止侨胞汇款到沦陷区去还不够，必须在积极方面能切实开展沦陷区的抗敌工作,并切实奖励而且保障侨胞投资祖国的建设事业,才能解决这个问题。"(全集第9卷第158页)

《〈十八岁女孩子与军训〉附言》摘要:

"最近有朋友从东南一带的沦陷区视察回来,他看到游击战中的女子军五六百人,另成一军,军官士兵全是妇女,荷枪杀敌,和男子没有两样!这是多么够兴奋的事实!在这些方面,中国的妇女可以说是站在全世界进步妇女的最前线!所以女子受军训,参加实际的战争,在中国是已成的事实,不是不可能的。"(全集第9卷第159页)

同日 《本店被误会的几点说明》,载重庆《店务通讯》第56号。(全集第9卷第160—162页)

《本店被误会的几点说明》摘要:

"在本文里,我想把本店被误会的几点略加说明。本店被误会,原来只须对误会者解释,用不着对同人解释,但是本店自本年四月下旬以后,何以会陷入这样艰危的境地,我们究竟被加上了什么罪状,这罪状的冤枉何在,这也是同人所要知道,以便遇有外人问起来,知道怎样解释。""关于禁书问题。这个问题如把事实分析一下,便知并不严重。就统计所示,本店出书大约六百五十余种,其中最大多数是关于一般的知识,有关思想者,仅四十一种,而在这四十一种中,有二十四种已由内政部审查给予注册执照的,未及注册者仅十七种。依我们最近从重庆图书杂志审查委员会设法取到的'不准发售书刊一览'所载,本店出版之书籍被列入禁书者八种,这在六百五十种书籍中所占不及百分之二。而且这八种被列入禁书的书,有五种是已由内政部给予注册执照的,在实际上只有三种,这三种也在上面所说的未及注册的十七种里面。此外关于代售的书,重要的责任本由原出版者担负,即代售者有失检之处,经通知后,也是可以不再售卖的。关于上述本版的三种,一经通知,无论应修正或应停版我们也可接受纠正,就上面的情形说来,绝不应受到封店捕人的严重惩罚,而且关于禁书,当局事前并无通告,在手续上本店亦不无可原,""关于经费问题。本店历史,如溯源于生活周刊社已有十八年,即从本店正式成立起算,亦有八载,靠先后全体同人的努力,广大读者的深厚同情,才有现在的基础,向未接受任何方面的津贴,有帐可查。不幸竟有人捏造谣言,说本店每月受共产党津贴十万元!重庆市政府于六月廿一及廿二两日派员送至本店总管理处严查去年及本年帐册,经费的来踪去迹,当更可明了,此点更不值一辩了。""关于本店的组织问题。本店有同人自治会小组的组织,被误会为有政治意义,其实只是为本店同人自我教育,增加本店工作效率及同人福利而设,毫无政治意义,是有事实可按,在组织条例中也已载明的。”“据说本店同事的私人信件中,有被检查,认为辞句中有为共产党布置通信网的嫌疑。本店对于同事向来注重有关本店职务范围内的考绩,至于私人信件,本店无权检查,即令内容有不妥之处,亦只能由个人负法律上的责任,不应把个人和团体或机关混为一谈。”“关于第二第三及第四各点,都是毫无事实的根据,在本店可以说是百分之百的冤枉。关于第一点,售卖书籍不无被当局认为失检之处,我们固然应该接受纠正,但除上面所说的情形,本店在手续上还是不无可原的。所以接受纠正,自然是应该的,惟就公道及法律的精神说,本店实在不应受到继续被封的严重惩罚。”“我们现在的态度是:关于被误会的部分,我们要多方诚恳解释,关于失检点的部分,我们要诚恳接受纠正。这是指对本店以外的人,尤其是有关系的当局,我们所应有的态度。”“我们固然都是很纯洁的,但是处在这样复杂的社会,仅仅纯洁是不够的,我们对于业务上的作风,对于处理事务的方法,对于应人接物的技术,对于实际环境的了解与警觉,都须加强我们的学习,都须时常有进步,必须这样,才不致事业愈扩大,弊病也随着增多。这是我们在艰苦中应该加强锻炼我们自己的。”(全集第 9 卷第 160—162 页)

7 月 16 日、19 日　国民党中央派主管出版的总头目刘伯闵至生活书店与韬奋两次会谈,云:“与正中书局、独立出版社合并之原议可以取消,但须由党部派党代表经常来书店监督一切。凡有编审、营业等各方面的决定,均须参加意见,否则恐难以保全书店。韬奋答:由中央监督之原则可以接受,如以后倘有不合法令之处,愿受处分;但派党代表经常在店监督之方式,出版界向无先例,万难接受。且本店经营十五年,现已粗具规模,社会上有其信誉,倘接受如此办法,势必丧失其信誉,与其丧失信誉而等于消灭,毋宁保全信誉而遭受封闭。”(《店务通讯》第 72 号《十一个分店的被难及交涉经过》,张锡荣《我在“生活”工作的日子》1978 年 6 月 5 日,收入《忆韬奋》第 268 页)

　　“七月盛夏的一天,主管国民党文化出版的总头目刘伯闵,突然来找韬奋‘谈判’。”“我预感到来者不善,即尾随上楼进入宿舍偷听。”“只听到谈话愈来愈激烈,形成辩论、争吵,而韬奋的声音特高,特激愤,这种异常的声调和情绪是我从来未曾听到过的。”“听着听着,最后突然静默下来,好像双方已无话可说。看见他们走出会客室,我随即下楼。韬奋立即召集徐伯昕等一部分人开会,报告他与刘伯闵谈话的经过。才知道争论的内容主要有两点。刘伯闵提出生活书店与国民党办的正中书局、独立出版社‘联合’或‘合并’,成立总管理处,请邹韬奋主持,管理所属三个出版机构,各店对外的名称照旧不变。认为这样做,邹韬奋所热爱的文化出版事业范围扩大,对国家民族的贡献也更多,是一个值得采取的好方案。对此,邹韬奋严词拒绝。理由是:中国的文化事业还没有这种先例。各家书店有各家书店的特点和特性,联合在一起就丧失特点和特性。而且所谓'联合'或'合并',在生活书店看来,等于是'消灭'、'吞没'。因此,这个方案绝对不能接受。刘伯闵提出另一个方案。说既然对'联合'或'合并'有疑虑,可以不勉强办。说为了保持'生活'的特点和特性,同时为了'生活'发展业务,免受政府'误会',建议由政府参加资金,接受政府的'监督'。由政府指派两个人,驻生活总管理处办公,参加商量编辑出版发行业务,实际上是挂个空名,并不干涉生活书店的正常工作。这样做,外界并不知道,但可使政府放心,解除疑虑。""邹韬奋又严词拒绝。理由是:民办事业是国家法律所允许,生活书店一向遵守法令,已经接受法律监督,不能再受派人'监督'。""刘伯闵说:老实说吧,这是蒋总裁本人的主意,不能违反,为'生活'前途计,还是接受为有利。假如拒不接受这个方案,后患可虑,到那时'全部消灭',我刘伯闵也无能为力,请三思之。邹韬奋答说:'我认为失去店格就是灭亡,与其失去店格而灭亡,还不如保全店格而灭亡。我的主意已决:宁为玉碎,不为瓦全! 争论结束,谈判就此破裂。"(张锡荣《我在"生活"工作的日子》,收入《忆韬奋》第 268 页)

7月17日 《离开了慈父》全文:

"接读来信,我们对于你有这样慈爱的父亲,深为庆幸。你的父亲,虽然是前一时代的人,但是对于你却始终关切,并且能虚心接受你的请求,容纳你的意见,在精神和物质上不断地给你鼓励。这不能不说是你的生活上最大的助力。""如果我们理智地来分析从离开上海到现在这一阶段的生活历程,在行动上似未免太欠考虑一点。无论做什么事情,在事前,我们必须要有充分的准备,缜密的计划,至少对于客观的环境要有适当的估量。否则,单凭追求光明的感情向前进行,必然会遭遇到许多不可避免的困难而难于达到目的。""但我们决不能说你从上海出来到现在这一段时间,完全是浪费的。经过这一磨练的过程,一定会增广不少见闻,获得许多宝贵的经验与教训;同时,正如你所说的更'认识了大众',而'感到理论与实践相符的必要'。如果把这些可贵的生活经验,好好地运用到实际的工作上,或者再进一步的加以学习,我们相信将会有更多的收获。""在这动乱的时代,中国一般青年最难获得的是顺利地学习的机会。虽然他们常常怀着这样的希望,但是,经济、环境种种困难的条件,在在都阻止他们希望的实现。你的父亲，现在，还不断地劝你回去，以谋再入学校，这真可以说是你的幸福。学习环境，固然要尽可能选择较适当的地方，但万一'适当'条件不能具备时，普通的学校也未尝不是学习的场所；进步的正确的理论固然是我们渴望着要学习的，但学科，也未尝不可客观地加以研究。只要我们基本的认识是正确的，学习的态度是科学的，客观的，从这个出发点去研究任何科学，对于自己决不会没有帮助。况且在学校里，除掉课本上的知识以外，依然可以阅读课外的书籍，研究自己喜爱的知识的。""至于说有些学校的学生，几乎都是'盲目聩耳的腐臭份子'，因而便羞与为伍，我觉得这种态度，是应该克服的。固然，在沦陷区的学校，难免不发生某些畸形的现象，然而，这些现象，正需要许多觉悟的，进步的青年去纠正，去说服，去改革。如果说服的工作做得好，那些变态的心理病患者，也许都会变成坚强的战士，这将是多么令人兴奋的工作。所以，我们决不能用逃避来答复这些现象，正应该鼓起我们的勇气，给与这些现象以有力的打击。""所以，我们的结论是：假如在目前能够有继续入学深造的机会，你不妨勇敢地把它接受下来，这样，对自己的进修既有裨益，对于抗战仍可尽力（如果在校内能继续工作的话），且能安慰堂上的慈父，这实在是你目前最适当的可走的途径。"（全集未收，《激流中的水花》第 16—18 页）

7 月 22 日　《愈演愈丑的汪逆精卫》、《慰问军人家属的经验》(署名韬)，载重庆《全民抗战》周刊第 80 号。（全集第 9 卷第 163—164 页、165—166 页）

《愈演愈丑的汪逆精卫》摘要：

"哀哉汪逆，丢尽了中国人的脸！丢尽了广东人的脸！又据沪讯，汪逆自到沪后，行动全失自由，居则在敌方武官某氏家中，行则由敌方监视，余如发表言论，接近宾客，无一不须先经敌方许可，限制之严，直同囚犯。""我们觉得汪逆的这种狼狈的结果，努力的苦楚凄惨，应能给与意志动摇，还在幻想妥协投降可以安富尊荣者以严重的教训，应能更使拥护抗战者格外坚决，格外认清'我们对敌人今天只有胜利，只有完全达成我们抗战的目的，除此以外，亦绝没有其他第二条可走的道路。'""汪逆本人的身败名裂，自掘坟墓，本不值得我们再提，他逃出抗战阵营以外去，不能再戴着假面具在抗战阵营内企图妖言惑众，使抗战阵营格外巩固，这于抗战反有莫大的利益；但是他的傀儡剧的续演，丑态百出，令人掩鼻，不得不俯首贴耳，听从'主子'的摆布，却有严厉指出，以作殷鉴之必要。""他所自鸣得意而南北诸傀儡汉奸对他吃醋撒娇的所谓'三原则'——也可以说是'汉奸三原则'，尤其需要我们的严厉指斥使全国爱国同胞彻底明了敌人汉奸的诡计,极端提高自己的警觉性。""'汉奸三原则'的内容,不外:(一)反对坚决领导全国抗战争取民族自由的蒋委员长;(二)破坏全国及各党派的团结,尽力制造并增加内部摩擦,以分散一致对敌的力量;(三)对残酷侵略中国的敌人妥协投降,实行蒋委员长所痛心指斥的'背叛国家甘心为敌人殉葬,更要拖着我们五千年光荣的民族,跟着他来做殉葬品'! 我们揭穿了这'汉奸三原则'的毒计,我们的对策应该是:(一)竭诚拥护坚决领导全国抗战争取全民族自由的蒋委员长;(二)坚决巩固全国及各党派的团结,坚决避免消耗国力的内部摩擦;(三)加强宣传蒋委员长所指示的'中途投降就是汉奸的和平,奴隶的和平,灭亡的和平'的真理,坚决的反对妥协投降。"(全集第9卷第164—165页)

同日 《我们能接受和不能接受的办法》,载重庆《店务通讯》第57号。(全集第9卷第166—169页)

《我们能接受和不能接受的办法》摘要:

"本店自被误会而陷入苦境以来,人力物力的损失很大,这是莫大的憾事。但是有一点却是不幸中的幸事,那就是经过这一番苦难,本店光明磊落的内容,都完全曝露出来给党政军以及社会各方面看个清楚。本店负责人用口头和书面,竭力向党政军各方面的当局及热心朋友,尽量根据事实解释,使他们更明白本店的实际,也更明白本店这次所遭受的冤抑。""七月四日,应潘(公展)副部长之约,与徐伯昕偕同往访。潘称依前次所言原则上的领导,党部尚未能放心,据叶(楚伧)部长之意,本店须与正中书局及独立出版社联合起来,在三机关之上,组织一总管理处或成立一董事会,主持编辑计划营业计划等等,由此实行党的领导,三机关则可仍留原名,如能接受此原则,便可再进而商定具体办法。我认为这是等于合并,举出这种(样)办的种种不合理不妥当的地方,诚恳说明,毅然婉谢,伯昕先生亦就事实加以辩明。根据抗战建国纲领的国策,对我们作原则上的领导,这是我们能接受的办法。像合并或其他等于消灭本店'生活精神'的办法,不但是本店的自杀政策,而且于党国也有百害而无一利:这是我们不能接受的办法。""我和伯昕先生回来之后,立刻准备一个较详细的呈文呈递中宣部,除重申意见外,并根据服从法令接受纠正的原则,提出较具体的办法,""这个呈文去后,当中经过多方的曲折,最近所达到的境域是中宣部当局已表示'合并'可以取消,拟退一步商谈'监督'的办法。我们认为在我们呈文中所提出的具体办法也就是'监督'的办法,所以在原则上我们是可以接受的。""我们是以最合理最坚定的立场,进行诚恳的商谈,希望不

久可以得到合理的总解决。"（《店务通讯》第 72 号，第 9 卷第 167—169 页）

同日　为分店被查封事，国民党两次派"中央大员"到总处"访"韬奋。（《店务通讯》第 57 号"总处动态"栏）

7 月 24 日　《不愿把时间浪费》全文：

"迫切地需要转换学习环境的热望，充溢在你的来信上。可是，我们却不能给与你一个满意的答复，实在是很抱歉的事情。""第一、我们要告诉你的是：重庆现在没有可以供给膳宿的补习外国语的学校。过去中苏文化协会曾主办过俄文专修学校，但取费亦相当高昂，且最近因轰炸关系，暂时宣告停顿，在目前，除掉一些作实际工作准备的训练班外，一般的学校，均须收费，所以，你的理想一时恐难于实现。""第二，你说万一没有这样的学校，愿意作苦工或者过流浪的生活，我们因为不知道你主观上具备的条件如何，故不能表示具体的意见。不过就原则上说，虽则有若干历史上成功的伟人，在少年时代，曾经过流浪生活的过程，但这究竟多少带有一些'冒险'的成分，不能视为必然的常例。作苦工与流浪，第一要有钢铁一般坚强的身体，才不致惧怕难熬的折磨；其次，要具备贞固不移的毅力与决心，才能不为危险的环境所屈服；至于正确的认识与应付的技术，亦为不可少的条件，同时对于客观的条件，亦须有相当的考量，若是单凭一时的感情冲动，而不是当前的环境苦痛得实在使你不能忍受下去，那么到将来遇到更苦痛的环境时，定会使你后悔，使你消沉，甚至葬送了你的前途。""所以，一时的感情冲动，是不足凭藉的，越在令人烦闷的环境里越要沉着地运用冷静的理智，机变地应付，照常理讲，学校正是学生的乐园，而今在学生眼光中，不仅不是乐园，且被视为囚笼，这实在可以请学校当局虚心反省一下的。若是教育内容依然沿袭旧规，不思改进，不仅一般青年视为畏途，且将贻社会国家以莫大之影响，这实在是值得考虑的一个严重的问题。""如果你是流亡的青年，而经济又无法自给，那么，对于脱离目前的学校环境一事就当审慎考虑。其实，即使正课是在'读死书'，而课外的时间，未始不可以'求得点真学识'，作'为人类做点有益的事'的准备；同时，假使同学们都感到有这样的需要，不妨用温和的方式，向学校当局提出你们的意见，除非主持学校者真正冥顽不灵，否则，学生的意见，决不会完全抹煞的。如果学校当局由于采纳你们的意见而逐渐改善教育的内容，也未始不是一件'有益于大众'的工作呵！"（全集未收，《激流中的水花》第 55—57 页）

7 月 26 日　为进一步取缔进步文化团体或设法打入其党徒，国民党中央执行委员会社会部向各地下发"渝字第五一三六号"密函："顷据密报昆明生活书店、读书出版社昆明分社、新知书店、世界语学会、战时知识社、中华全国文艺界抗敌协会云南分会战时书报供应所昆明分所等或则公开发售违禁书刊,或则暗中从事异党活动","亟应切实注意,严密防范,特抄附原报告一份函请贵会查照上述各书店团体,其已领有营业执照或向当地主管官署立案者,务希切实指导纠正,其为非法成立者,应严予取缔并策动党员多设书店从事斗争,建立本党在当地文化界之核心暨外围组织,随时相机运用"。"顷据密报泸县沱江女子商店、泸县书店、战时宣传技术人员训练班、乐山生活书店、自流井新华日报代派处、万县生活书店、解放书店以及成都、丰都生活书店等,或则公开发售违禁书刊,或则暗中从事异党活动,亟应严密注意,切实防范"。"据报'沙坪坝生活书店规模甚大,兼营新华日报、新蜀报'""查共党在各地普遍设立书店,于推销反动书籍,蛊惑青年思想之外,并作为接洽交通、开会等工作之掩护机关。而其所操纵之文化团体即为宣传与诱惑民众之外围组织,亟应严密注意,切实防范"。(《南方局党史资料·文化工作》第422—424页)

同日 《政治重于军事》全文:

"'政治重于军事'和'军事第一'这两个口号,我们认为是并不矛盾的。因为抗战的时期,我们的目标是驱逐敌寇出中国,恢复我们领土和主权的完整,使我们的民族能真正得到独立和解放。为了完成这一目的,主要的是要争取军事的胜利。所以'军事第一'便是我们在抗战时期基本的国策。""但在整个抗战时期中,以展开全面抗战起到最后胜利为止,随着客观形势的发展,必然会划分成若干阶段,而每一阶段一定有它的特点,配合着这些特点,就得实施特殊的政略或战略,以期这一阶段的中心任务能顺利地完成。""在目前这一阶段,我们已逐渐由争取主动而转入主动,已由诱敌深入而争取相持局面,准备反攻。而在敌人方面,既不能'速战速决',又不能'速和速结',便提出了'以战养战'的口号,企图用我们的人力物力,延续侵略的战争。所以,在军事上,注重扫荡敌后;在政治上,加紧挑拨离间的阴谋,企图破坏我们的团结,以遂其速和速结的迷梦;在经济上,不惜用种种卑劣的手段,破坏我们的外汇,并注意开发沦陷区,倾销敌货;在外交上,则疯狂地压迫英法,使他们停止援助我们的抗战。为了粉碎这个毒辣的阴谋,除掉在军事上给予无情的反扫荡并在各线施行局部的反攻外,必须在政治上加强努力,务使内部的团结格外巩固,扑灭和平妥协的幻想,敌后的民众,不受敌人的诱惑,加强民众对于抗战胜利的信心,加强肃清敌货,不以物资资敌,而在外交上,努力争取同情我们抗战的友邦等等,以粉碎敌人之毒计。这便是第二期抗战的中心任务,也就是在这阶段提出'政治重于军事'这一口号的主要意义。""其实'政治重于军事'即须迅速改善政治以帮助军事之成功，盖因为抗战以来，政治进步尚赶不上军事，以致多方与军事以不便或阻碍，今积极改善特加注重，以增强抗战力量，与'军事第一'之原则，并不冲突，只是根据某阶段内之缺点加以特殊注意而已。"（全集未收，《激流中的水花》第 138—139 页）

7 月 27 日 晚上，生活书店举行茶话会，韬奋为十万封慰劳信的胜利完成，向负责该项工作的同志及参加的全体同事表示谢意，并分别颁发奖品。适逢胡兰畦从前线归来，参加茶话会，报告她们领导的战地服务团的近况，和日寇侵略我国的残暴和无能。（《店务通讯》第 58 号"总处动态"栏）

7 月 28 日 《决不屈服》全文：

"在你所提出的问题中，我们以为你舅父的意见与你的意见，都有可以讨论的地方。你舅父说：'……整个社会问题……非汝之力量可以挽救，'因而就劝你'安分守己'，少管'闲'事，我们觉得，要是每一个人都抱了这种态度，社会就永远没有进步的可能！所以，你的'不愿屈服于黑暗社会之下'是正确的。但你却说：'要有超人的能力'才能改造社会，那你就是把改造社会的责任，放在少数'英雄'们的肩上，而忽视了集体的力量。无形中就把自己的能力取消了！改造社会，决不像写一个字那样简单容易，决不会在短时间内靠少数人的力量，即可完成。""要达成一个幸福的社会，必须积若干人的精力，经若干时间继续不断的努力方能达到目的，你可以负起这工作的一部分，作为工作的一员，但终你一生，也许不会看到你所憧憬的社会，所以，一定要抱着牺牲的精神与'成功不必在我'的信念，才能肩负起这个艰巨的工作。""附带的是：改造社会的方法，决没有具体的公式可以遵循的，随时随地须配合着客观不同的情势而变更其工作方式。例如在目前，最重要的任务，便是积极参加抗战的工作，把日寇驱逐出境，方能达到改善社会的目的。同时，在抗战的过程中，社会上的黑暗现象，也会逐渐改善。如果在目前，放弃了最重要的工作，而只注意到一部分的现象，那就未免是舍本逐末，整个问题依然不会获得适当的解决。"（全集未收，《激流中的水花》第 97—98 页）

同日 《打击动摇份子》全文：

"接读来信，对于先生忠荩为国的热忱与认识的正确，深为钦佩。是的，抗战的烽火，已点燃起千万不愿作亡国奴隶的同胞们的心，愿意排除私怨，牺牲成见，在精诚团结的号召下，整齐步伐，向残暴的敌人进攻。两年的抗战，已把中国推进了不少步，虽然还暴露了若干缺点，出现了一些无耻的国贼，但，我们相信，只要坚持政府抗战的国策，遵照最高统帅的指示，加强内部的团结，缺点自会逐渐消灭,那些失去了灵魂的汉奸国贼,亦会走向毁灭的坟墓中去的。""生在这样伟大的时代,我们真自觉庆幸,为了不愿放弃可以多贡献一分力量的机会,我们都要格外奋勉。先生虽自谦'将近暮景',但展读来信,依然充满着蓬勃的朝气,青年的精神,而这一次敝社征集十万封慰劳信的号召,复蒙先生热烈响应(寄来的慰劳信已悉数收到,并转送全国慰劳总会;敝社十万封征集的数字,亦已如期完成),足见在行动上,仍不甘落后,以这样的精神继续努力下去,年龄是不会限制事业的发展的,我们遥祝先生的成功!""关于汪逆的丑行,敝刊已屡次为文声讨,勉尽舆论上口诛笔伐之责,现在,汪逆虽已受国法之制裁,而他的余孽,还未能完全受到应得的处分,同时,他还企图用裹着糖衣的毒药来欺骗民众,所以,揭破汪逆的阴谋,肃清汪派的余孽,还该我们继续努力。""附函亦已读尽,先生义愤填膺陈词之热情,溢于言表。不过,为了不愿削弱抗战的力量,对于动摇份子,应当尽力争取,若举措过分操切,反足以加深误会而招致相反的结果。他过去的态度虽然隐晦,而现在既已表明'矢志靡他',自当积极加以鼓励,使他能安心职守,并继续为抗战尽力。在这一个观点来讨论,先生的信似乎未免稍欠委婉而太予人以难堪。鄙见如是,不识先生以为如何?"(全集未收,《激流中的水花》第125—127页)

7月29日 《揭破敌人的"东方慕尼黑"阴谋》、《输送钱弹的一天》(署名韬),载重庆《全民抗战》周刊第81号。(全集第9卷第169—171页、173—174页)

《揭破敌人的"东方慕尼黑"阴谋》摘要:

"日寇摹仿着法西斯的眼光,原不把中国人放在眼里,他们对中国的侵略,原想只像摧枯拉朽一样,随随便便可以把中国灭亡,所以最初是想'不战而胜',接着想'速战速决',接着又想'速和速结',他们的空想一幕一幕地幻灭,最近在想'以战养战',但是因为我国对沦陷区域积极布置破坏与反抗,使他们'以战养战'也感到了很大的困难,于是又念念不忘于'速和速结'。但是中国全国国民在坚决领导抗战的政府与领袖领导之下,同仇敌忾,决不中途妥协,于是日暮途穷的日本强盗一方面想尽方法利用我国的汉奸,扮演种种丑剧,一方面用流氓手段,想恫吓敲诈英国绅士来做他们的帮凶,企图这样内应外迫,来达到这班强盗'建立东亚新秩序',也就是灭亡整个中国的目的。这便是天津问题之所由来,也是这次英日谈判的背景。""日寇能达到东方慕尼黑的目的以灭亡中国吗?这是全国同胞所愤怒激昂,要求回答的一个当前的重要问题。""这个问题不是日寇所能答复,也不是英国所能答复,能给与答复的还是我们中国人。""我们不应受敌人阴谋的诱惑而动摇对于抗战国策的拥护与抗战光明前途的信念。这一点尤其值得郑重提出的是中国也有着'中国的汉伦'！捷克的汉伦做了希特勒的走狗来出卖祖国,中国的汉奸卖国贼汪逆精卫和他的公开的潜伏的一群,也在蠕蠕蠢动着做了日本强盗的走狗,他们是会替敌人的狠毒阴谋加上糖衣,用种种诡计来企图奴化国人的心理,动摇国人的抗战意志。在敌人正在妄想促成东方慕尼黑的时候,这类汉奸卖国贼以为他们抬头的好机会到了,必然是更要活动,更要猛烈进行破坏抗战的毒计,也是更需要我们随处加以警觉与痛加打击的。在这样紧急的关头,谁在有形无形中阻碍了抗战,便是全国的公敌！"(全集第 9 卷第 169—171 页)

《〈输送钱弹的一天〉附言》全文:

"我们很感谢吴先生寄给我们这封报告侨胞在海外热烈爱护祖国援助祖国的盛况的信。海外的侨胞身处异域,寄人篱下,因身历的经验,尤其深切地感到祖国的兴隆与国外侨胞所受的待遇有异常密切的关系。因此他们对于祖国的期望特别殷切,对于祖国的援助也特别踊跃。以前——也可以说是抗战以前——我国侨胞在海外所受的侮辱是一言难尽的,只有身受的侨胞能够彻底的明白。记者在欧美各国游历时,到各处与侨胞聚谈,他们谈到苦处,往往声泪俱下。再试举一件小事,有一次在伦敦电影院里看到一张西班牙斗牛片,有一只牛临阵脱逃,片中有声说明大叫:'它大概是到中国去了！'(当时中国还未发动抗战,尚在忍辱负重中)全院大笑,坐在我旁边的一位侨胞挥泪哭起来了！我们必须想到侨胞以前的苦境,才能更深切地了解吴先生在这封信里所提及的'英国人办的马来最有权威的泰晤士报英文自由报'为中国七七纪念,出了特刊,对中国赞佩,在侨胞看来,是多么宝贵的事情！""中国侨胞在海外的总数不下八九百万人,可比欧洲一个小国,中国有这样的伟大的一支生力军,实在是中国复兴的一个重要的因素,值得我们的欣幸与宝贵的。"(全集第 9 卷第 174 页)

同日 《一 主持事业最主要的基本态度》,载《店务通讯》第 58 号,收入 1940 年 11 月生活书店重庆版《事业管理与职业修养》。(全集第 9 卷第 646—648 页)

《一 主持事业最主要的基本态度》摘要:

"主持事业最重要的是在用人,所谓'干部决定一切',所注意的也重在这一点。""对于用人,最主要的基本态度是大公无私,是非明辨。""要真能做到大公无私,是非明辨,最重要的是须能根据事实,注意理智的考虑与判断,而不可夹以私人的感情作用。""试就社会中一般的情形看,有些机关的负责人喜欢援用亲戚。""人材随处都有,说在亲戚里面就绝对没有人材,这诚然是过于武断的话,但是就社会中的实际情形留心观察,任何机关舅老爷表老爷一类的人物多了之后,往往糟糕的可能性大大增加! 症结所在,就因为偏重了私人的感情,不能很虚心地根据事实,纯用理智来考虑和判断。别人做的错误的事情,在舅老爷表老爷做了,便不算错误! 这样一来,事实不在乎,理智可撇开,所存在的只是私人的感情作用。""我向来不赞成在自己主持的机关里用自己的亲戚。自己的亲戚里如有人材,情愿让他在别人主持的机关里去发展。本店同事自二三人发展到二三百人,我从来不肯介绍自己的亲戚。(即有一二也不是在我负责时期用的,而且也不是由我介绍的。)这是因为我在社会中看见了不少关于这方面的流弊,所以自己极力避免。""除了亲戚关系私人感情容易妨碍到大公无私的用人态度外,还有一个障碍物,便是私人的友谊。""倘若一个人对于友谊特别好的同事,即令他犯了错误,也要替他多方辩护,至于有了一些优点,便替他夸张到天上去;对于友谊不大好的,甚至情感不好的同事,即令他有些功绩,却要极力埋没它,或至少要减低它的估量,至于他有了一些错误,那就非把他说得'罪加一等'誓不甘休! 这样一来,好像一把秤不能表现在上面所称量的东西的轻重:原是重的,给他减轻;原是轻的,给它加重,这不是负责者用人的态度。负责者的用人,应该只问事实,对的还他一个对,不对的还他一个不对;也许同一个人有对处也有不对处,都须根据事实,很客观地给他一个评判。这样才能使真有特长的同事不致埋没,也不致使并无特长的同事却加重了责任,使他负荷不了。""这里当然不是说我们同事间不可有感情,不可有友谊,我们需要有诚挚的感情,我们需要有深厚的友谊,但是我们同时是共同努力于文化事业,为着整个事业的发展,我们却不可不注意这种最主要的基本态度。""我们要常常很虚心地,很客气地顾到事实,不要以私人的感情影响到理智的考虑和判断。"(全集第9卷第646—648页)

是月 为时任生活书店总务主任的臧其吉题词(书于重庆)。《题词》收入《韬奋手迹》第75页。(全集第9卷第172页)

是年夏 致王炳南便函。《便函》全文收入《韬奋手迹》第30页。(全集第9卷第172—173页)

8月1日 午间,与黄炎培、江问渔为主人,假康宁路3号聚餐,到者有张澜、沈钧儒、董必武、李幼椿、冷御秋、隐青、章伯钧等。(《黄炎培日记》)

8月3日、5日 生活书店先后举行常会及临时会议各一次。出席会议的理事除沈钧儒、邹韬奋、徐伯昕、李济安外,余均推请代表出席:张仲实(邵公文代)、金仲华(艾寒松代)、杜重远(黄宝珣代)、王志莘(孙明心代)、胡愈之(毕云程代)、甘遽园(张志民代)、王泰来(莫志恒代)。会议通过三个文件：① 本店组织大纲及组织系统图；② 本店二十八年度工作计划大纲；③ 理事会组织及办事细则。讨论了多项业务、审查新社员等问题。韬奋在会上作了《关于〈生活日报〉创办经过的解释》。(《店务通讯》第 63 号特载《第五届理事会及常务理事会会议记要》)

《关于〈生活日报〉创办经过的解释》全文：

"本人要报告的是关于过去生活日报创办的经过情形，因为常有个别的同人对于生活日报的创办和本店关系不甚清楚，容易引起误会，故有特别提出报告及向常务理事会解释的必要。第一，生活日报的创办，完全系本店最高机构理事会核定；第二，本人根据理事会之决定，代表本店为生活日报无限责任股东；第三，本人既系代表本店创办生活日报，生活日报即为本店事业的一部分，办理生活日报之经过，以至结束，且由本人向理事会报告，帐册亦经会计师查核过。根据上面三点，本人应向常务理事会声明：生活日报之创办及结束，全系本店之事，且该事早已结束，手续清楚，并应由常务理事会向不明真相之个别同人随时负责解释云。"(全集未收，《店务通讯》第 63 号《第五届理事会及常务理事会会议记要》)

8 月 5 日 《震动世界的美日商约废止》，载重庆《全民抗战》周刊第 82 号。(全集第 9 卷第 174—177 页)

《震动世界的美日商约废止》摘要：

"美国于七月二十六日以迅雷不及掩耳的灵敏手段，突然宣告废止一九一一年所订的美日商约，在精神及物质上予侵略者以严重的打击，引起了全世界主持正义者的兴奋佩慰，尤其是在英日初步协定宣布之后，英国以屈服的态度妨害了公理正义，纵容了国际强盗的暴行，激起了全世界公正人士的愤慨，在这样乌烟瘴气的时候，美国罗斯福总统以政治家的远大眼光与灵敏手腕，宣告美日商约的废止，好像晴天霹雳，无怪是要震动世界的。""美国宣告废止美日商约的消息传到东京之后，东京证券市场即一致下跌。""美日商约的废止，不仅给与日寇以物质上的严重打击，并在精神上给与日寇及汉奸们以精神上的严重打击。""美日商约的废止不但予日寇以严重的打击，于英国对日的屈服外交，亦有重大的教训。""我们中国对于这件事应有的观感。""中国为维持世界正义，为争取自身解放自由，为严惩世界的侵略强盗，对于罗斯福总统与赫尔国务卿的这一声明果断的政策，当然是要诚恳致其热烈的欢迎与崇高的敬意的。""我们还愿对全国的爱国同胞郑重指出，我们始终深信只须我们巩固团结，坚决抗战，国际上的总的倾向还是必然要站在我们的方面，在过程中尽管有局部黑云弥漫的时候,终不难拨云雾而见青天。""我们的命运是操在我们自己的掌握中。友邦的援助,是由我们自我奋斗感召而来;友邦的动摇,也应该由我们的坚决顽强来警觉它!"(全集第9卷第174—177页)

同日 《不可思议的谣言》,载《店务通讯》第59号。(全集第9卷第177—180页)

《不可思议的谣言》摘要:

"截至我提笔写这篇短文的时候,本店被误会而遭难的事件,还未得到合理的解决。我们还有九处分店被封或被勒令停业中,还有四位同事仍被拘押着。""我们仍在继续努力谋得此事的合理解决,中宣部几位负责的先生们的态度也很好,他们最近告诉我们说已开过几次会,还未想出'监督'的好办法,正在继续研究中。""在这次不幸事件发生的前后,直到今日,还时常听到不可思议的谣言。例如说本店每月得某某方面津贴十万元哪,本店同人帮某某方面布置通讯网哪,都绝对没有事实的根据,这是以前我和诸位同人已略为谈过的了。我们根本没有这件事,所以并不心虚。""有一天,中宣部副部长潘公展先生约我去谈","他说在前一天中宣部负责的几位先生们在开会研究本店问题的时候,叶部长报告接到情报,据说生活书店决定全部由重庆'撤退',搬往国民政府管辖不到的区域去办;又据说我和沈钧儒沙千里诸先生决定离开重庆,表示不合作!潘先生因此约我去当面问个明白。他并且说,党部方面正在设法把此事弄小,现在竟把这件事如此扩大起来,倘被总裁知道了,是不好的"。"当时我一方面对潘先生的好意表示感谢;一方面切实声明这个'扩大'或'撤退'的计划,我根本连做梦都没有做到!我说生活书店不仅重庆一处,怎能这样简单地'撤退',而且我们是主张全国团结的,正是竭诚拥护国民政府的抗战国策,那里会有不合作的道理!所以就事实及理论说,都可以断言这是毫无根据的谣言。""最近又有在政府某机关的一位热心朋友见告,说他曾见报告:'书店方面有一通讯,内容系指须保守秘密,现在时候尤须特别谨慎,以避免政府方面之捕缉,万一不幸,虽在严刑拷询之下,亦须咬紧牙关等意。'这又是一个不可思议的谣言!所谓'通讯'云者,如指'店务通讯',诸位同人看过,从来没有说过这些话。""根本我们就没有什么不可告人的'秘密'要保守,那里还说得到'咬紧牙根'呢?""本店绝对没有什么不可告人的'秘密',这是不能欺骗终日在一个机关里共同为文化努力工作的全体同人,所以我们对外应该辟谣,对内却用不着辟什么。我所以还要提出来和诸位谈及的,一则报告报告天地间居然有这样不可思议的谣言,二则我们也可以从这里面得到一些教训,什么教训呢?""第一,我们应该尽可能使各地党政军人士明了我们事业的内容,明了本店的的确确是努力于中国抗战建国的文化,绝对没有什么党派的关系,绝对没有什么不可告人的秘密。""但是听到不可思议的谣言,居然可以凭空发生,那末我们虽自问根本没有什么不可告人的事,但是倘若素来对于本店情形隔阂的人士,听了谣言,也许不免怀疑,所以我们要经常注意到这一点。""不但主要的负责人而已,就是其他任何同事,都应该随时随地注意到这一点。""第二,我们虽然纯正无他,但是言语行动尤其是文字及书信措辞,仍须谨慎。这倒不是怕有什么秘密泄漏,因为我们根本没有什么不可告人的秘密,但是措辞如有不当,或以为私人通信可以随便胡说一阵,或高谈阔论说出许多不相干的话,言者无心,看者有意,大有捕风捉影、妄加猜测的可能,那就所谓无妄之灾,自讨苦吃了。无论公的文件以及私人通讯,都须准备给检查员拆开看了,也不致引起误会,我们听到不可思议的谣言,便知道环境复杂,我们尽管纯正无他,却仍然是要谨慎的。"(全集第 9 卷第 177—180 页)

8 月 7 日 《身体使我绝望》全文:

"读来信,知道你因为身体的不健康,精神上感到莫大的痛苦,希望我们能给与你一些帮助。关于这一问题,我们愿意诚恳地贡献你几点意见:""首先,我们要了解的是:世上决没有不可克服的困难。每逢遇到任何困难的时候,我们必须抱着一个不可动摇的信念,就是:我们必须要克服它,并且可能克服它。凭着这一个信念,就能运用冷静的理智,来考虑克服困难的办法,不致向困难屈膝。""第二,我们应当相信生命是世界上最可宝贵的东西。我们生存在世界上的目的,是为了发展我们的事业,寻求我们光明的理想,同时,也就准备和一切恶势力搏斗。所以,除非为了'杀身成仁''舍身取义'等等的工作,必须勇敢地牺牲自己的生命外,决不能对宝贵的生命,怀着一点厌倦的观念。我们对于自杀者的看法,认为是世界上最懦弱同时也是最卑怯的人。因为他们没有能了解生存的意义,更没有完成生存的目的。""展读你的来信,知道你曾经有过一段光荣的奋斗的历史。你一定具备着和常人不同的毅力与勇气。你一定不会走上懦怯的道路,如同战胜过去包围着你的封建势力一样,一定也能克服目前遭遇到的困难。""在这里,我想告诉你一个简短的故事:""苏联名著《钢铁是怎样炼成的》的作者奥斯托洛夫斯基氏,因为工作过于劳力,失去了固有的健康。在他二十四岁的时候,已患着半身不遂症,接着,眼睛也瞎了,手足也麻痹了,但他并没有失去生活的勇气,反而开始了他底新的工作。经过四年的时间,完成了销行数百万本,作为近年来最优秀的作品之一的巨著(即《钢铁是怎样炼成的》)。后来还是不断的工作,毅力还是一样的不稍减,继续写他的新著《暴风雨所产生的》，在他死前的十一天，这部名著也胜利地完成了。当他初失去健康的时候，他手里曾几次地握着一支冷冰冰的手枪，想一枪完结自己的生命，但他究竟是一个勇敢的'生'的战士；他克服了那可耻的'苦痛'的诱惑。在他临死之前一个半月，他还说着这样的话：'假使我的身体机构内还是有一个细胞是活着的，还能抵抗的话，我是会活着的，我是要抵抗的！'的确，他是和病与死斗争到最后一分钟的最英勇的战士。""从这个故事中，可以得到一个结论，便是：病的苦痛，决不能摧毁生的意志。奥氏的精神，足以鼓励我们求生的勇气，你现在的情形还是相当好的，远非奥氏所能比，希望你更该把奥氏和病魔搏斗的战史常常勉励着自己。""至于你的病，我们认为决不致严重到不可救药的程度。据我们所知道的事实，有很多的肺病患者，经过适当的疗养，依然能恢复固有的健康，但这种病是包含着高度的韧性的，我们必须以极大的忍耐力来对付它。如果急躁地希望它快一些痊愈，非特不能奏效，反而容易增加病的程度。所以，第一我们希望你切切不可心急，要耐心地按照一定的步骤，来消灭那些可怕的病菌。""第二，我们觉得过分劳动与多思虑，对于你的病体也是不适宜的。首先你应当克服你的不正确的心理。你因为过去参加救亡工作的不力，而感到苦闷，因为目前的'苟延残喘'而感到绝望，其实，这完全是不对的。在你的前面，还展开着一条长长的路程，充满着努力的机会。但在走上这条路程以前，必须要有充份的准备。目前的休养，决不是逃避，而是最好的准备工作，过去不能尽力工作，因为准备不够，如果能明了这一点意义，而能安心静养，正可以缩短准备的时间。""第三，这一类的病，固然要依赖药物的帮助与医生的诊治，但主要的还是要有规则地注意自己日常的生活。按照医生的指示进适当的补品与作适当的柔软运动，都是必要的。而这些疗养方法，必须经常进行，不能有一时的间断。""第四，如果环境许可的话，最好能离开尘嚣的都市，移居到乡间去。因为乡间空气清新，适宜于病体的疗养，且可避免无谓的酬酢和躲避敌机空袭的麻烦，如因须在校求学而不便离校，只须身体尚能胜任，亦未尝不可，同时注意静养，请斟酌实际情形为之。""第五，在休养期间，对于身体外的事物，可以不必顾虑，阅读的书籍，也要选择比较轻松的作品，并且最好能少看书，多休养。""以上所述，是根据来信所述的情形，提供给你采择的意见。我相信，你的朋友以及你自己一定会配合实际的环境，定出更具体的治疗方法；同时，我相信，你在读了这封信后，一定能改变你对人生的态度，不再悲观。""最后，我们希望你能早日恢复健康，继续工作。"（全集未收，《激流中的水花》第173—177页）

8 月 8 日　董必武、沈钧儒、李幼椿为主人，借张澜家举行聚餐。出席者有黄炎培、邹韬奋、隐青、章伯钧、江问渔、林虎等九人，共商一届四次国民参政会的提案问题。（《黄炎培日记》，《南方局党史资料·大事记》第 65 页，沈谱、沈人骅编《沈钧儒年谱》第 221 页）

同日　《一个暑期读书会》（全集未收）全文：

"读来信，知道你们打算利用暑假的时间，举行集体的读书，以期获得更多的进步，这确是非常好的事情。在你们确定的计划中能同时注意到理论与实践的联系，知识与技能的并重，更说明了'真正可贵的知识，要在工作中去钻研'，可见你们的计划，在决定之前，一定经过详细的周密的考虑，方能有这样的完善。我相信，在实行的时候，定能获得良好的结果。""你们的计划，实在没有可以批评的地方，在这里，我只想提出两点补充的意见：第一，在分组的时候，不要把读书的范围定得过广，同时要顾到程度比较低的朋友。若范围定得过广，则为客观条件所限制，搜集材料及作深刻的研究都将遭遇到不可避免的困难，反而不容易紧张。许多朋友在一起学习，程度齐一是不可能的，若把读书的标准定得过高，程度低的朋友，便将永远拖在尾巴的后面，而失去了学习的兴趣。所以，在开始的时候，不妨把标准定得低一些，而学习的范围，能够简单而具体，这样，便容易获得切实的效果。""第二，读书会既是业余的组织，便要尽量适应业余的环境。同时要给予社会以良好的印象。固然，读书是一件正当的事情，没有可以訾议的地方，但是，或则因为过分张扬，或则因为书籍的内容太过违反社会的心理，或则以读书会的名义作与读书会毫无关系的行动，由于这些情形，便容易招致误会，甚至受到打击。这是不能不深切地注意的。""关于登记问题，如该会的参加者不仅是一店内部的同人，而属于社会团体的性质，宜经过登记的手续。最好能把会的简章拟订之后，托相当友人携至当地的党部去询问一下，以避免将来的麻烦，如得到他们的谅解，认为无须登记，那就更可节省手续了。"（《激流中的水花》第 74—75 页）

8 月 9 日　《工人的苦闷》全文：

"你所提出的问题，就原则上说来，都是应当亟予改善的。但是，我们观察任何问题，不仅注意目前发生的现象，更要研究它的社会背景和历史根源。同时还得注意它是否在逐渐进步的过程中。即如待遇的不合理这一个问题，在中国社会上，已成为了根深蒂固的习惯，而且还有许多可怜的同胞，正在企图获得这种生活而不可得。所以，一时要想把这畸形的制度连根拔去，简直是不可能的事情。从抗战发动以来，国内各方面的情形，都在不断地向进步的方向发展。许多不合理的现象,也在逐渐纠正,我们相信,只须切身感到痛苦的人,能够继续不断的努力,你所说的事实,一定能获得合理的解决。至于在目前可以做的是:在不妨碍抗战的原则及可能的范围内,可以把实际的困难,向负责当局委婉呼吁。负责当局如能了解改善生活即能增加工作效率的意义,决不致拒绝大家迫切的请求。同时,对于本身的工作,却不能有所懈怠,因为这一类的工作,对于抗战有着甚大的帮助,在'抗战第一'的目标下,不妨暂时忍受一下目前的痛苦,这是我们贡献给你参考的意见。"(全集未收,《激流中的水花》第93页)

8月11日 在黄炎培处与黄谈整整半天。(《黄炎培日记》)

8月12日 《全民抗战》通俗版创刊。(沈谱、沈人骅编《沈钧儒年谱》第221页)

同日 《八一三的光荣纪念》、《文化食粮的运输问题》(署名韬),载重庆《全民抗战》周刊第83号。(全集第9卷第180—182页、182—184页)

《八一三的光荣纪念》摘要:

"八一三这一役更充分地表现了中国士兵的惊人的战斗力。日本帝国主义在这一役以前,虽也受过十九路军的严重打击,但他仍未觉悟,仍把它认为是例外,他根本不能认识中国的士兵在保卫祖国的热情之下,只须领导正确,作战是同样的英勇。""这一役战斗精神的表现,不但根本打击了日本帝国主义的速战速决的企图,而且也引起了国际对于中国抗战力量的重估。""日本帝国主义者所以在速战速决以及速和速结各方面都打错了算盘,根本就错在只凭特务机关所作的表面的报告,而不能认识中国潜在的力量之伟大。直至今日尚有不觉悟的汪逆精卫之流,在上海大播其音,说日本是强国,中国是弱国,所以中国对日本只有求和(即投降)! 汪逆及其党羽是包藏祸心,卖国投靠,他们在敌人唆使奴役之下,原已口是心非,任人牵着鼻子走。我们所须特别注意的是还有些短视的人,因为没有深刻地认识中国潜在的力量之伟大,也容易于不知不觉中受到汉奸理论的影响,不免动摇他们对于抗战的坚决意志,所以这一点还是值得我们郑重提出的。""八一三之役在淞沪坚苦支持了三个多月,这三个多月是最宝贵的时间,在前线的英勇战士的确尽了他们的最大的努力,而在后方乃至整个国力方面的努力,是否已尽了最善的努力,是值得我们深省的。这个缺憾,只须看当时日寇由淞沪向南京的进程以及南京在短时间的陷落,在迅速的程度上都令人感觉到意外,这都足以表示在前方战士以空间换来的时间,后方还未能作最善的运用。这虽属过去的事实,但在今日仍有严重注意的必要的,是我们抗战胜利的到来与抗战过程的尽可能缩短,最主要的还是要靠我们对所争取的时间，能作加紧努力的运用，由此在政治上、经济上、文化上及军事上加强力量，增强整个国力，达到充分反攻日寇的实力。""在消极方面，我们不应该消耗这宝贵时间于任何无益于抗战或甚至有害于抗战的事情，例如无谓的内部摩擦、分散力量等等。在积极方面，我们应该就各部门兼程并进，尤其重要的是政治、经济、文化、军事，须力求改进，配合时代的急迫需要。"（全集第 9 卷第 180—182 页）

《〈文化食粮的运输问题〉附言》摘要：

"文化工作的效力是伟大而深入的，但同时却是比较潜伏的，尤其是短时期内是没有很具体的外形可以看见的，于是有些人甚至看不起文化工作的重要性，因此对于文化食粮的运输问题似乎也很少的人感觉到它的严重性。""战争的胜利不仅靠物质的武力，同时也靠意识上及精神上的鼓动；""记者常说，在这抗战的时期，笔杆应该和枪杆联系起来，文化食粮的供应应该和军火的供应配合起来。"（全集第 9 卷第 183 页）

同日　《五　关于工作报酬的几个要点》，载《店务通讯》第 60 号，收入 1940 年 11 月生活书店重庆版《事业管理与职业修养》。（全集第 9 卷第 656—658 页）

《五　关于工作报酬的几个要点》摘要：

"第一，本店关于工作报酬的考虑，只有'整个经济的健全'和'同人待遇的改善'两者之间兼筹并顾，加以斟酌的问题，而丝毫没有'老板要顾到个人利润'的问题夹在里面：这可以说是本店的一个最大特色，这个特色的根据很简单，就是本店全体同人都是工资劳动者，都是在靠自己的工作得工作报酬。""本店同人工作报酬的提高不是原则的问题，而是办法的问题。""在我们里面没有任何人认为工作报酬的提高是不应该的，没有人反对同人待遇是应该改善的，所要考虑的只是整个支出的增加要和整个收入的增加联系起来考虑。""本店自创始到现在，因为发展得快，整个资金的缺少成为经常的现象，于是分配调度，是一件艰苦的工作。""从最初到现在，在勉强顾到整个店的利益的原则下，个人的待遇，在事实上是逐渐向上提高的。""我们当然不能满意，我们仍希望在顾到整个店的利益的原则下，还有更多的进展。""第二，我们向来的态度是尽可能先顾到工作报酬比较最低水准的部分，这也有种种事实上的表现，最近的例子是三十元以下薪水的同事不必参加储金办法，以及本届加薪以先顾到三十元以下者为原则等等，这当然是应该的，正确的。我们以后还要根据这个原则，在顾到整个店的利益的原则下，及营业收入的许可范围内，尽可能把最低水准逐渐提高。""我们一方面要尽可能把最低水准逐渐提高，一方面却不可误会,认为比较高的薪水是不应该的。即使在社会主义已实现的国家里,他们所废除的只是生产手段的私有,而对于工作报酬的差异还是有的,不但有,而且在积极努力社会主义建设的过程中,还被认为是必要的。工作的性质和责任特别重要的,服务期间较久的,工作报酬较多,我们从店的事业方面看,认为是应该的。""我们同事中有人宁愿不干月薪四五百元的教务长或教授的事情,而来本店担任月薪一百余元的编审工作,我们只有敬重感激心情。""我认为从我们的整个事业着想,我们也应该在可能范围内相当顾到工作责任较重要,服务期间较长久者的需要,尤其不可误会他们是不应得到他们所应得的工作报酬。""第三,我们是一群努力于文化工作者,我们是有着共同努力的事业,一切都以有益于这事业为前提,对于待遇的考虑,也要和这一点联系起来,并不是单纯地顾到个人的需要。"(全集第 9 卷第 656—658 页)

同日　《依人作嫁》(全集未收)全文:

"大函奉悉。你的热忱,使我非常感动。我们希望和每一个读者,都能成为互相切磋的精神上的好友,同时,我们对于读者诸友的意见,更抱着'知无不言,言无不尽'的态度。以后如蒙赐教,当然不胜欢迎。""记得上次念和先生来信,曾经述及因处境的困难而不得不另觅报国的途径。我不知道困难的情形,究竟达到何种程度? 如果仅如你所说的'依人作嫁',则似尚不致十分严重。我觉得我们先应了解工作的本身,是否具有积极的意义,假如这一项工作,确实对于抗战有着直接而密切的关系,虽不能完全'发挥自己的主张',至少总能在自己的岗位上,贡献所有的力量。客观的环境,也许不能尽如我们的理想,但是环境是可能变动的,可能向进步的方向发展的,只有深入在不能满意的环境中,不断的艰苦奋斗,方能使环境逐渐改善。如果大家都逃避现实,则现实将永远停滞在不能进步的阶段上,对于整个社会的进步,仍然是一个障碍。如果我们对于工作的意义,能作这样的了解,就不致发生消极的心理了。""你既'直接担任组训民众'的工作,责任非常钜大,希望你能抱着不避艰苦,不计毁誉的决心,献身在这与抗战有莫大影响的工作上面。如果发生任何困难,我们当尽可能帮助你设法解决。"(《激流中的水花》第 28—29 页)

8 月 15 日　中午,张澜为主人,召集聚餐会。与董必武、李璜、邹韬奋、江问渔、曾琦、黄炎培再次会商,决定分别负责起草重要提案。韬奋分担起草文化问题。(《黄炎培日记》,《南方局党史资料·大事记》第 65 页)

同日　《抗战期中的大后方》全文:

"接读七月二十七日来信,知道你是这样恳挚地关怀着我们,真是非常感奋。""新都自从五月三日到现在,已经过敌人十九次的滥炸,物质方面,固然蒙受了不少的损失,但是社会秩序却未受任何影响,民众也更深切地认识了敌人狰狞的面目,都镇定地、有秩序地向四郊疏散,留下来的各部门的工作者,都格外严肃地、紧张地工作着,所以,炸后的新都,依然充满着活泼与整肃的气象,这在野蛮的敌人是想像不到的。""物价的狂涨,确是当前很严重的现象,但各有关当局,已在密切地注视着这个问题,讨论着纠正的办法,在不久的将来,也许会有相当的调整的。各报在炸后本来只出了一张联合版,现在已均于八一三复刊,散刊亦未尝间断,不过因为印刷条件困难的关系,已由五日刊改为周刊。社址亦已迁至郊外比较空旷的地方。在这个时间内,幸未受到任何损失,堪以告慰。""来信所述的情形,确是在抗战时期中不应有的现象。最高领袖正在高呼'加强团结巩固统一',而某些人却在加紧摩擦制造分裂!这时于抗战,显然要发生不利的影响。我们决不能堕入敌人的奸计,帮助敌人来分化我们抗战的力量,所以,在一切场合,我们要以团结来回答分裂,以互相谅解来回答不必要的摩擦,'敌人要我们做的,我们绝对不要做',这是委员长的名言,我们应当深深记取。所以,我们相信,你所看到的情形,只是一时的现象,在误会消弭,成见化除以后,一定会改善的。至于贵校的风潮,仔细地分析,还不过是门户之见在里面作祟,假使这样相持下去,徒然两败俱伤,而让挑拨者坐收渔人之利,实在是不值得。"(全集未收,《激流中的水花》第 108—110 页)

8 月 17 日 《青年对抗战应有的态度》全文:

"接读来信,使我非常高兴。你的迫切求知的热忱,跃然纸上,我当然愿意尽可能来答复你所提出的问题的。""第一,青年对于抗战,应抱何种态度?关于这一个问题,可以分两点来说明:首先,青年应当了解,抗战的神圣意义和伟大任务。这一次的抗战,是要打倒百年来侵略我们、压迫我们最厉害、最恶毒的敌人,要争取民族的真正的自由和解放;同时,在抗战的过程中一定能够廓清一切封建残余和时代的渣滓,建设崭新的幸福的三民主义共和国。根据我们具备着的许多优点,以及各方面的不断的努力,这个任务,必然能够完成。所以青年对于抗战的态度,应该是乐观的、充满着希望的。其次,青年应当根据各个不同的环境,以及自己的能力,来参加抗战建国,作为抗战建国队伍中的一员,如果现在在求学时代,也该充实知识,不断地锻炼自己的意志与体魄,准备在将来贡献于国家。要扫除一切苟安偷懒的心理,认清青年在这时代中应负的使命,所以青年对于抗战的态度应该是积极的,勇往直前的。""第二,真正的三民主义,在实行的过程中,可能走向社会主义的道路。因为它是非常接近于社会主义的大门,不过,要说明这一点,却非这信的篇幅所能允许,在《理论与实践》第一期中,钱俊瑞先生有一文,说得非常详尽,可以参阅。""第三,初学社会科学的人,除掉必须有系统地、由浅入深地阅读理论基础的书籍外,更应当紧紧地把握住客观的现实。在现实的社会中,充满着可供研究的资料,如把这些资料仔细地加以分析,定能得到更多的进步。""第四,如果要在辩论时取得胜利,主要的是靠自己的立场正确,材料丰富,要尽量搜罗对方的弱点加以体无完肤的驳斥,同时,要顾到自己的论点与例证不要有被人驳倒的破绽,这样,大致可能有胜利的把握。至于演讲时如何才能吸引听众,除立场正确材料丰富外,尚须顾到听众的接受程度,假使他们对你的材料感到需要,而能完全了解,当能集中注意力,其次,内容的趣味化,适当的声调与姿势,都能帮助增加演讲的效果。""苏联的近况比《萍踪寄语》第三集所述,当又有飞速的进步。第二次五年计划已胜利地在期前完成,第三次五年计划也正在迅速推进中,工农业生产,已足供全国人民的消费,军事方面,也已奠定了不可摧毁的力量,关于这些方面的具体材料,散见各报章杂志,这里无从详述,总之,它正是青年的、充满着活力的、一切都向前进步的国家,全世界任何国家的进步速度都不能望其项背。关于她最近的情形,拙译《苏联的民主》尚可供参考。""你要我介绍几本书,我因为不知道你已经读过些什么书,只能略举数种,供你参考:""1. 文艺作品——铁流、磁力、燎原、我爱、钢铁是怎样炼成的等。""2. 理论书籍——思想方法论、读书偶译、政治经济学讲话、社会主义史、苏联妇女的地位等。"(全集未收,《激流中的水花》第101—103页)

8月19日 《击破敌人最近毒计的对策》,载重庆《全民抗战》周刊第84号。(全集第9卷第184—186页)

《击破敌人最近毒计的对策》摘要:

"统一和团结都是抗战胜利的基本条件,这在原则上是谁也不能否认不敢否认的。""但是局部的摩擦事实,仍时有所闻,使爱国团结以坚持抗战的国人,仍不免感到焦灼忧虑,这种不幸的情形虽不致严重到妨碍整个抗战国策的进行,但分散国力,消耗国力,直接间接为敌人的'拆散我们的团结'效劳,却有迅速消弭的必要。关于这方面,我们有如下几点建议:(一)全国的精诚团结既然为抗战胜利的基本条件,尚有破坏团结之行为,即为破坏抗战,不仅是什么党派的问题,全国同胞尤其是舆论界,都应该明辨是非,主持正义,这样一来,所谓吃摩擦饭的人便在社会间无容身之地,不得不改变吃饭方针,国家民族便受赐无穷了。(二)我们为加速抗战胜利计,希望绝对没有摩擦,但如不幸而不免有摩擦发生，与其讳疾忌医，不如根本治疗，应根据政府抗战国策及领袖巩固团结的训示，速作合理的解决。（三）解决问题不能离开现实，中国的抗战既有赖于全国国民及各党各派的团结，只须在三民主义最高原则及抗战国策领导之下，根本不应再有任何摩擦，这种基本认识，实为加强团结的基础。"

"说到坚决反对妥协投降。这在原则上也是没有人敢公开反对的。但是已露了妥协投降尾巴如汪逆精卫之流，是易于辨别的，未露出尾巴的妥协投降的人，却需要高度的警觉，像汪逆那样倒在敌人怀里装腔作势，唱广东调儿，固然是妥协投降的工作，挑拨离间，增加摩擦，危及全国团结，等于为敌人作清道夫，在实际上也是妥协投降的工作。又如自己对抗战无信心，到处传播消极悲观的毒菌，无意中为敌人努力下麻醉剂，在实际上也是妥协投降的工作。有形的妥协投降易见，无形的妥协投降难防，我们不仅要制裁有形的妥协投降，同时也要制裁无形的妥协投降。我们要注意汪逆的叛国背党，虽到今日才罪恶昭著，但汪逆之一群在南京未陷落前就有了什么'低调俱乐部'，努力散布汉奸理论。""最后说到展开敌后各种斗争，这在敌人正在进行'以战养战'阴谋的今日，它的重要性也是很显然的。"（全集第 9 卷第 185—186 页）

同日 《二 本店同人的做人问题》，载《店务通讯》第 61 号，收入《事业管理与职业修养》。（全集第 9 卷第 675—677 页）

《二 本店同人的做人问题》摘要：

"诸位同人突然看到这个可惊或可异的题目，也许要吓得一跳，或者感觉到未免滑稽，我们每个昂藏七尺之躯，活了几十年，至少的也活了十几年，难道还不懂得做人之道吗？""这个题目的写出，我并不是无病呻吟，却是有感而作。""据我所知道，一般社会上的人，把生活书店的人看得太好了，或想得太好了。于是乎生活书店的人更感觉到做人难，更要注意到做人之道，所以有本店同人做人问题的提出。""一般社会上的人对于生活书店的人特别的'要好'，这是多在外面跑动跑动的同事所共同感到的。我不但在国内有这样的感触，在国外遇着不少的侨胞，只要他们做过我们的读者，经过我们服务的，谈起来或问起了生活书店及生活书店的人。他们在音容上表现着惊异、敬重、羡慕、诚恳的神情，使我们只能在心坎里感到深深的感动乃至惭愧，而不是任何言语或笔墨所能形容其万一的。我每遇到这样的情景，我深切地感到我们许多同人的辛勤劳苦是不曾空掷的。"（全集第 9 卷第 675—677 页）

8 月 26 日 《我们为什么热烈欢迎尼赫鲁？》、《对参政会诸先生的希望》，载重庆《全民抗战》周刊第 85 号。（全集第 9 卷第 187—189 页、189—191 页）

《我们为什么热烈欢迎尼赫鲁?》摘要：

"正在艰苦奋斗中的中国,必然是要竭诚欢迎这位为世界正义而努力奋斗的战士!"(全集第9卷第189页)

同日 《三 我们对外应有的态度》,载《店务通讯》第62号,收入《事业管理与职业修养》。(全集第9卷第677—680页)

《三 我们对外应有的态度》摘要：

"我们对外应有的态度,就总的原则说,'发展服务精神'——本店三大目标之一——可以包括无遗。但是我们对于'发展服务精神'这个极可宝贵极当重视的原则,如果只是看做老生常谈,看做口头禅,看做漠不动心的标语,而在我们的日常生活的实践上不加以亲切的体会,努力的实行,那还是不会有什么实际效果的。""门市部同人对外接触的机会特别多,所以在实际代表本店对外的责任也特别重。""这里所要连带提到的是门市部同人对于服务的态度。最须注意的是诚恳、热诚、周到、敏捷、有礼貌等等,而要做到这些,最主要的是要存心耐烦;而存心耐烦,又是从对于服务的意义有正确而深刻的认识产生出来。""所谓耐烦,就是不怕麻烦。麻烦是大家怕的,但是认识了服务的意义,存心不怕麻烦,存心先克服麻烦,就可以不怕麻烦,否则便为麻烦所克服。举一个例子来说,沈志远先生是本店的好朋友,在他未正式加入本店工作的时候,在译著方面已帮了我们不少的忙。最近有一次,他无意中说起,那时他有一天到重庆分店去买一本书,有一位同事很不在意的回答他说没有。沈先生自己在门市部书架上寻着了这本书,抽出之后,拿来问那位同事,那位同事说沈先生将书名说错了一个字,不但不认错,而且现出怠慢的样子。""我引这段故事,并不想追究这件事,也许这是出于一个新来的门市部同事,更不是说门市部同事都是这样,我只是要说明这件事所包含的严重问题是充分表示不耐烦的态度,同时也充分表示了缺乏服务的精神。""服务不仅仅是替人做事,而且要努力把事做得好。所以我们不但做事,而且需要做得诚恳、热情、周到、敏捷、有礼貌等等。而最要紧的是能认识服务的意义,存心不要怕麻烦。""这种对外的应有的态度——发展服务精神——不但为门市部全体同人所严格注意,而且是任何部门的同人所应严格的注意。例如：我们的发行科或邮购科对于读者来信的询问,必须迅速代为查明,一面诚恳答复,一面在事实上切实办理或纠正,倘若一信要延搁几十天,几个月,甚至如石沉大海,这便发生不良的印象。最近发生屡次由邮局退回没有贴头的'全抗',邮差退回时还加以责备,我听到非常惭愧——简直感到伤心!(我们正在设法严查负责人)这有人看来或许觉得是小事，但仔细想一想，每一个读者对于我们的刊物是多么热望，因为没有贴头而收不到，他们是多么失望，至于无故麻烦邮差，他的责备，我们是应该虚心接受的。回想到在办理生活周刊时，因为要读者早收到本刊，我们同人常常加入社工中帮同认真卷折包封，以便迅速付寄，那时本店同人对外态度是怎样？我不相信规模大了就必然不能避免这类没贴头退回刊物的糟糕事情，还是要我们认真负责，正确认识对外应有的态度——'发展服务精神'！""又例如对于读者的任何复信，必须诚恳详细，即令有的读者问得幼稚，我们仍然必须认真答复，不怕麻烦，诚诚恳恳详详细细地答复，如果怕麻烦，撒撒烂污，简单马虎，聊以塞责，都是本店事业上的罪人！""我们对外应有的态度，是在实践上——不是在口头上——'发展服务精神'，要替本店创造无数的好朋友，不要替本店创造无数的冤家！"（全集第 9 卷第 678—680 页）

8 月 26 日　《怎样能够勇敢的干下去?》全文：

"你所提出的问题，现在分别答复如左："　"一、个人的勇敢，应当根据自己对于客观事态的认识，并非由精神的痛快与否来决定。精神上的鼓励，固然可以增加工作的勇气，但主要的还是要用理智去判断。假使这件事情，应当全力以赴，那么即使精神上受到任何挫折，依旧要有'赴汤蹈火在所不辞'的勇气。如果精神不痛快，就失去工作的勇气，那便是把工作的毅力让脆弱的感情来支配，对于事业的成就，与工作的进展都会有若干妨碍，而不会用一贯的奋斗精神去参加工作了。""二、娼妓疏而不散，在原则上讲，当然是不对的，不过，这也是整个社会问题的一环，这种现象之所以不能改正，原因非常复杂，决不能在短时间内求得适当的合理的解决，只有努力使整个社会在向前推进的过程中，才能有彻底改善的可能。""三、工友们因为待遇不合理，便把所余工资，买酒痛饮，以图解除郁闷，我觉得，这却不是妥当的办法。因为一时的刺激，非但不能把问题解决，对于身体，反而有更不好的影响，长此以往，便要斲丧健康，而使意志颓唐，甚至不能继续工作，实在是危险得很。希望你及你的同事们能善为考虑。"（全集未收，《激流中的水花》第 95 页）

8 月 29 日　复读者费建中信。原件存韬奋纪念馆。

《复费建中》摘要：

"接读来信，对于你努力求进的精神，深堪嘉许。""在这种不合理的社会制度之下，曾经有多少优秀的青年埋没了他们的才能，葬送了他们的前途，这固然是由于恶劣的环境限制了他们的发展，但是主要的还得看本人的觉悟程度与努力程度如何来决定的。只要自己不甘愿为恶劣的环境所支配，不抱着苟且偷安的态度,而能发愤图强,用全力来开拓自己的园地,决不会没有成就的。""由于自己的努力而走上光明的道路的人,在历史上不乏先例。在中国如明代的杨继盛,小时候因为家境贫困,只能替人家牧牛,但是他努力自学,孜孜不倦,终于成为一代的大儒;在苏联,如革命文豪高尔基,在小时候,不但做过学徒,且曾备尝艰苦的生活,可是艰苦的生活,非但没有摧毁他的意志,反而使他的意志格外坚强,而造成光荣的伟大的历史。这两个例子给与我们的教训,便是,只要我们立定坚决的意志,认清正确的方向,不断地努力,决没有不可克服的困难。""你目前的职业环境,虽然使你苦闷,但是还能有余暇的时间可以读书,不能不说是比较优越的条件,你正应该紧紧地把握住这个条件,充实你的理论基础以及必需的知识。除掉读正确的报章杂志以外,还要有系统地选择你需要研究的书籍阅读,同时,仔细地观察并分析客观的现实,把理论与现实密切地联系起来,更容易获得显著的进步。假如环境许可的话,在业余的时间,可以多多留意可以互助和互助切磋的好友。""在你的前面,展现着鲜明的目标。期待着你的努力,所以你用不着彷徨。至于转换环境,也须等待适当的机会,决非立刻可以办到的。耐心地,努力自学,以充实自己,同时作参加有意义的工作的种种准备,这是你目前可以走的比较适当的途径。"(全集第9卷第192—193页)

同日 《无理的干涉》全文:

"接读来信,对于你们利用业余时间,出版壁报,努力民众教育工作的热忱,深为钦佩。××既然是一个没有报纸的地方,你们的壁报,当然为当地民众迫切需要的读物,如果能站在正确的立场,忠诚地为民众服务,一定能收到预期的教育的效果。希望你们坚毅而审慎地继续担当你们的任务,不要为些微的挫折而遽感灰心。""一个公正的正确的舆论机关,不免要受到一些阻挠,但是只要我们的态度光明,立场坚定,地位合法,应付得当,不是没有方法存在的。如遇到任何阻挠的时候,我们可以用合法的手续进行交涉,不过在交涉的过程中,尽管理由如何正当,还是要用和平的方式寻觅适当的解决途径,千万不要羼入一些感情的成份。""以上所述,大致是原则方面的话,你们目前遭遇的小事件,当然也不会越出这个范围,现在把你们的问题,简要答复如左。""一、壁报主要的作用,是在唤起民众,教育民众。但在地方行政的设施上,如有可以商酌的时候,当然也可以提出来讨论,并代表民众向行政当局呼吁,尤其是在你们那里没有报纸,壁报的任务,在可能范围内要兼顾到这方面的任务,是毫无疑问的。但是要使得某一些意见能得到良好的反应,最好是不用消极的批评而注重积极的建议，且要出以诚恳委婉的态度，尤其要避免的是攻讦与漫骂，因为漫骂讥刺的文字，仅图一时之快，而引起人家更深的恶感，对于事情的本身，是毫无补益的。”“二、壁报上如果有妨碍治安的文字，××当局当然可以干涉，但是干涉也要采取合法的方式，或是传讯负责人，或是要求更正，决不应当采取不光明的举动。况且你们的壁报，既经党部批准在案，如果偷偷地撕毁，那便是非法的举动，并且超出了他们的职务范围。”“三、这件事应当怎样处理呢？可能采用的两个办法，第一是向党部申诉，请求保护或代为疏解，第二是从旁调查撕毁的原因，然后请第三者出来解释误会，期得谅解，以了结这一椿公案，这两法可斟酌情形，同时进行。”“总之，态度可以和婉，方式可以活用，而正确的立场却绝对不容许变更。”（全集未收，《激流中的水花》第 78—79 页）

9 月 1 日　下午，与董必武、沈钧儒往叶剑英处，晚饭后同赴化龙桥红岩村八路军办事处访晤陈绍禹、秦邦宪、林伯渠、吴玉章等。（沈谱、沈人骅编《沈钧儒年谱》第 221 页）

同日　《读大学与自修》全文：

“来信收悉。你所提出的问题，确是许多好学的青年朋友在学校里可能遇到的困难情形而值得提出来讨论的。我觉得在目前抗战的时期，要觅取一个设备完善，各种条件具备的学习环境固然是不大可能，但是在各方面的情形比较衡量之下，仍不能不承认学校还是较适宜的学习场所。第一，你认为有些学识丰富，经验充足的教授，因为兼课过多，便不能和学生保持经常的接触，但是，他们在讲堂里所讲授的从实际经验中得来的知识，便非自学的朋友所能听取；况且，不论教授的功课如何繁忙，你有了疑问，仍可以得到他们直接的指导与解答，比较自学的朋友仅能从书本上苦苦发掘要方便得多。同时，学校是专心从事学习的环境，在这里，可以求得不少志趣相同的朋友，共同研究，互相切磋，更容易获得显著的进步。如果，‘一面工作，一面自修’，便不易得到这样有利的条件。”“第二，图书设备，在目前交通困难，汇价变动的状况之下，实在很难做到充实的地步，但在学校里，至少不致连参考书也没有，如果在工作的环境里，则更不能享受到图书馆的设备，一切书籍，均须自己购备，不是更困难了么？”“至于说学校里因为不能参加实际的工作，恐怕与现实脱离，而走入歧途，这也并非不能克服的困难，因为第一，学校本身就不能脱离现实，在在均须与现实的社会接触，只要自己有正确的认识，坚定的意志，把学得的理论，配合客观的现实，时时加以注意与研究，便不致误入歧途；第二，虽然在学校里要以学习为主，但在学习之余，仍可以参加业余团体，作种种有关抗战的社会活动，以增加工作的经验。总之,参加工作或是专心学习,主要的还是要根据种种客观条件加以决定,上述的困难情形,决不能作为决定的因素。在上次的谈话中,知道你有一个很好家庭环境,你正可利用这有利的条件,专心学习。所以选择比较适宜的学校,继续求学,实在是你目前最适当的途径。"(全集未收,《激流中的水花》第63—65页)

9月2日 《中国新形势与国民参政会》、《悼王礼锡先生》,载重庆《全民抗战》周刊第86号。(全集第9卷第193—195页、196—197页)

《中国新形势与国民参政会》摘要:

"中国的新形势中有什么重要的特点呢?""第一,中国需要更巩固的全国的团结,在领袖领导之下,集中全部力量于抗战建国的工作。中国抗战二年多,愈战愈强,敌人由企图'速战速决'失败而企图'速和速结',由企图'速和速结'又失败而正在企图'以战养战':中国在这二年来所收到的成果,最主要的基本条件,谁都不能否认是全国的精诚团结,敌人也知道我们这一个基本条件的重要,所以在政治进攻的阴谋中,极力利用汪逆精卫之流,挑拨离间,制造摩擦,企图由此增加中国内部的纠纷,分散中国一致对外的力量,尤其可痛惜的是有些顽固短视的人们也无意中为虎作伥,在这方面间接推波助澜,使中国的抗战工作受到多少的障碍。""国民参政会是全国及各党派的精诚团结的象征,对这个问题应该有具体而明确的解决办法。这不仅仅有关党派团结的问题,这个问题如不能得到具体而明确的解决办法,在各方面的工作都要受到无辜的牵累。在另一方面,抗战的阵营里必须尽量精诚团结,然后才能使敌人和汉奸的政治进攻的阴谋无隙可乘。""第二,我们二年多对敌的消耗战(消耗敌人力量的战争),已使敌人捉襟见肘,进退维谷,于是为最后挣扎计,不得不企图'以战养战',即企图以中国的人力物力财力来征服中国,由此来弥补敌人自身的穷途末路。我们的政策是要加强在沦陷区域中的抗战工作,使敌人得不到苟延残喘的安定秩序,使敌人得不到利用中国资源的机会,使敌人得不到用奴化教育及宣传来麻醉中国民众的效力。历届参政会大会对于这方面虽也有若干重要的议决案,但是在这样严重的关头,我们对于已往议决案的实行情形,及实行后对于沦陷区所能收到的效果,同时针对沦陷区最近发生的问题及困难,更应该根据事实,作成切实的具体方案,交由政府负责执行,以粉碎敌人'以战养战'的毒计。""第三,政治机构的改善与充实。""历届参政会大会对于这件事也有若干相当细密的提案,但据川康视察团视察的结果,认为在下层政治机构中全不是这回事,条文自条文,事实自事实,彼此不相干,有许多联保长根本就连条文都看不懂！又例如人权保障案，曾由参政会郑重提出，郑重通过，并由政府郑重通令在案，而在事实上各地方政府仍有违反人权保障的不幸事件发生，这都出于中枢意旨之外。所以政治机构的改善与充实，实有迫切的需要，否则一切法令，即属良善，亦难下达。"(全集第 9 卷第 194—195 页)

同日　《"工作检讨"的检讨》，载《店务通讯》第 63 号，收入 1940 年 11 月生活书店重庆版《事业管理与职业修养》，改题《工作的检讨》。(全集第 9 卷第 708—709 页)

9 月 3 日　午后，与沈钧儒、史良、章乃器、沙千里到外交宾馆往访尼赫鲁，约谈两小时。著文《尼赫鲁先生访问记》。(全集第 9 卷第 204 页)

9 月 5 日　《用我残存的左手来写作》全文：

"我们以十二分感动的情绪，读毕你八月二十二日的来信；同时，对于你在神圣的抗战中，受了光荣的伤，牺牲了最宝贵的右臂，表示深切的慰问与热诚的敬意。""每一个热血的同胞，都深信只有用我们的血肉才能换取真正的民族解放与自由，所以，献身报国，都认为是国民应尽的天责。你在来信说起，没有能'马革裹尸，碎身疆场'，引为莫大的憾事，正说明了英勇的战士们共同的愿望，由于这种精神，更可证明中华民族具有不可摧毁的力量，必然能击退敌人，取得最后的胜利。""国家对于负伤的战士，决不会亏待的，希望你安心静养，不要在这方面有所顾虑。至于将来的工作，可以根据你的兴趣和客观条件开始准备。来信虽然是用左手书写，但，我们看来，和右手依然没有两样，写字的困难，可以说是已经解决。你既喜欢写作，便可从事于写作的努力与准备。一个优秀的作者，必须具备的条件是，正确的理论基础、敏感的思想和充实的生活经验。要使写作技术进步，则可多读成功的作品。你的生活经验是很丰富的，只要在理论修养与技术探讨方面多多努力，一定能走上成功的途径。""不要以为你前途黯淡，因而感到消极，也许从现在起，便是你新的事业的开始。虽然驰骋疆场杀敌致果的事情，在你已经是不可能，但其它的工作，依然能报效国家，发展你的前途。如德国的雷马克，在第一次欧战时仅是一名普通的士兵，但他在退伍以后，却把他参加战争的经验，写成《西线无战事》和《战后》两部名著，轰动了全世界的文坛。由于这个例子，便可以证明一个持枪杀敌的勇士，同样也可以在笔杆上获得成功。只要我们能立定坚决的意志，认清努力的方向，不断地努力，总不会没有成就。""以上是我们贡献给你关于工作方面参考的意见。在目前，最好还是多多注意身体的健康，等健康完全恢复以后，再作准备工作的打算，也还是来得及的。"(全集未收，《激流中的水花》第 87—88 页)

9 月 8 日　傍晚，"携简便行李搬往"地处嘉陵江旁山林中的重庆大学，参加 9

日召开的国民参政会。(《国民参政会纪实》上第549页,全集第9卷第223页)

9月9—18日 在重庆,参加国民参政会第一届第四次大会。韬奋等二十九人提案《严加肃清汪派卖国活动与汉奸言论案》;与出版界等廿二人联名提案《改善审查搜查书报办法及实行撤销增加书报寄费,以解救出版界困难而加强抗战文化事业案》;与沈钧儒等联名提出《请政府重申前令切实保障人民权利案》;在陈绍禹提案《请政府明令保障各抗日党派合法地位案》上签名。中午,议长蒋介石、副议长等设宴邀请全体参政员。(《国民参政会纪实》上第575页、577页、637页,《国民参政会纪实》续编第133页,沈谱、沈人骅编《沈钧儒年谱》第221页,全集第9卷第207页、221—222页)

会议期间,有一天晚餐后,在重庆大学大礼堂,召开了一次"关于宪政提案的一场舌战",韬奋也在"战线"中记下了这次"舌战"的精彩片断。大约晚上七八点钟,"你起我立,火并似的舌战,没有一分一秒钟的停止,一直开到深夜三点钟模样,那热烈的情况虽不敢说是绝后,恐怕总可算是空前的"。"负有特殊任务'转移阵地'的'陪客'先生们,固然不得不硬着头皮到会;积极提出宪政提案的各抗日党派的'来宾'以及热烈拥护宪政无党无派'来宾'先生们,也都如潮水般地涌进来。""抗日各党派,无论是在朝在野,对于要求实施宪政,都各有其提案。照理想来,大家的目标既然相同,似乎不会发生什么相差太远的意见,但在事实上这夜的辩论,在'来宾'和'陪客'之间显然分成了两个阵营。例如关于抗日各党派的合法保障问题,'来宾'们一致认为有必要,'陪客'们却一致大发挥其'不必要论',辩论得异常尖锐化。'陪客'的衮衮诸公本身已得到充分的保障,所以感觉到'不必要',但在事实上,中国并不止'一个党',现在只有'一个党'得到保障,这问题便不像'陪客'先生们所想像的那样简单了。""我看到济济一堂有着各党派的许多领袖们,同时想到许多为着'防止异党活动办法'而被关在牢狱里或集中营里受罪的无辜青年,悲痛已极。我不禁立起痛陈一番。我说'我有一个诚恳的要求,要求今夜在这里相聚讨论的各党派的领袖们,勿忘正在此时有着无数的无辜青年正在牢狱里在集中营里宛转呻吟哀号着啊!'我当时又不禁提出这样严厉的质问:'我今夜张眼四望,明明看见在座的确有各党派的许多领袖,被允许开口共产党,闭口青年党,似乎是允许党派公开存在似的,但同时何以又有许多青年仅仅因党派嫌疑,甚至仅仅因被人陷害,随便被戴上一顶不相干的帽子,就身陷囹圄,呼吁无门。敢问这究竟是怎么一回事? 承认有党派就老实承认有党派,要消灭一切党派就明说要消灭一切党派,否则仅这样扭扭捏捏,真是误尽苍生!'这番话在'陪客'先生们听来,即令心中明知是根据事实,不胜同情,在表面上也不得不悻悻然,很不高兴。可是我受良心的督促,却不能不说。随着最爱护青年的教育家陶行知先生立起来举出许多事实,证明我

的呼吁的正确。"(全集第 10 卷第 282—283 页)

"关于要求实施宪政的提案，经过'来宾'和'陪客'之间的一场舌战以后，结果怎样呢？""那一夜七八小时不断的舌战，对于第三审查会诸公不免要留下很深刻的印象，至少写下决议案的时候要稍微审慎一些。""这是一个很冠冕堂皇的决议案。诸位如把这个决议案和我在前几天所介绍过的六个提案的内容比较参看一下，便知道中国文字的奥妙。奥妙之处在运用文字的结构，把具体的事实或问题尽量抽象化，变为八面玲珑不着边际的东西，就文字的表面上看来，冠冕堂皇，似乎应有尽有，而办法人人会变，各有巧妙不同，讲到实际，那却是另一问题。"(全集第 10 卷第 284—285 页)

9 月 9 日　《欧战爆发与远东的关系》，载重庆《全民抗战》周刊第 87 号。(全集第 9 卷第 197—199 页)

同日　《民主与轨道》，载《店务通讯》第 64 号。(全集第 9 卷第 199—201 页)

《民主与轨道》摘要：

"本店在管理上采用民主集中的原则，但是采用民主集中原则的机关也有它的轨道。民主和无政府状态是完全两件事，我们为着整个事业的进行与发展计，对于这一点需要相当严格的注意。"(全集第 9 卷第 199 页)

9 月 12 日　《放弃了高中的课程》(全集未收)全文：

"根据来信所述，知道你为了'不愿将自己的幸福建筑在别人的痛苦上'因而放弃了高中的课程，决定去当小学教师，同时准备一面教书，一面预备功课，打算在两年以后，再以同等学力的资格投考大学。我们认为，你的理想，并非'主观的虚妄的幻想'。事实上有实现的可能，不过，有几点意见值得特别考虑，现在略述如次，藉供你的参考。""第一，作小学教师，并不一定有充裕的时间可以使你准备功课，即使如你所说每日只上四小时的课，但批改课卷，指导儿童课外作业，参加各种会议以及准备授课材料等等，常常会占去你上课以外时间的大部份。除非你打算做一个敷衍搪塞的教师，否则，课外的时间不会有多少余暇的。""第二，如果你上的是比较轻松的课，而不负其它比较重要的责任，以上的困难或可解决一部份，但是却不能不顾到你的健康。记得在前信你曾述及因为身体孱弱而致工作不力，甚至感到消极，所以我们希望你在健康没有完全恢复以前，对于身外的事物，最好不必多所顾虑，粉笔生涯，对于你的病，已不是最适当的工作，如果一面工作，一面还要准备比较艰深的功课，你的体力是否胜任，确是不能不审慎考虑的。""第三，教育部虽然有同等学力投考大学可以录取百分之五的规定，但这个微小的比例，就使得自学的青年朋友，很难跨进大学的门限，况且你的学程，还相差两年，这两年的课程，如数理等科，没有指导的人，在自学的时候将遭遇到甚大的困难，这些困难如得不到解决，就将使你感到莫大的痛苦。""因之我们觉得，入大学，可以作为你的志愿，但却不要存着太过迫切的心理；万一这个希望在短期间不能达到，也不必'伤心欲绝'。能入大学以求深造，固然更好，但不进大学，只要同样的努力，对于自己的前途，也决不会没有成就，像爱迪生，高尔基，他们何尝进过大学，但他们却都能造成不朽的事业。这便是一个最好的例证。况且两年的时间，我们不能预断这个时代将有什么变化，如果在这期间抛却了现实，专心埋头于死的知识的准备，也许到了那时，你所准备的功课，会毫无用处而你也将变成时代下的牺牲品。""一方面尽可能准备投考大学的功课，一方面从事于自己较有兴趣的专门研究，而最重要的，应当先顾到身体的健康。这是我们总结以上所述，贡献给你参考的意见。"（《激流中的水花》第59—61页）

同日 《追求真理》全文：

"一种进步的、正确的理论，有铁一般的事实做它的根据，任何攻击批评，都不能摇撼它本身的价值。某一些人，因为自己不能接受正确的理论，相反地，正确的理论所发生出来的力量，会影响到他的私利，于是，不惜用种种方法来污蔑它，企图把它消灭，殊不知在聪明的读者根据事实加以研究之后，真伪立辨，那些奇奇怪怪的挂羊头卖狗肉的招牌，终于会被事实所粉碎的。""我们绝不反对理论的辩论，因为辩论正可以阐明理论的正确性，而使得它可以格外适合时代的需求。但是辩争的立场应当是科学的，积极的，虚心的，如果怀有成见，肆意毁谤，不仅对于理论本身毫无损失，徒见其胸襟狭窄，心劳日拙而已。""因此，我们在研究哲学或社会科学的时候，决不能忽视现实，应该紧紧地把握住现实，配合着来研究，分析。"（全集未收，《激流中的水花》第145—146页）

9月14日 《没有本位工作可做》全文：

"来信收悉。你因为生长在'极度贫苦的环境里'，没有能接受时代的教育，但自抗战军兴，你就献身国家，做一个军事工人，在这两年来，对社会国家以至世界都开始有了认识，这确是很可宝贵的。最近你感到所受的专门训练，不能应用在实际的工作上，生活的闲散，无聊，使你急迫地想转换工作环境，为神圣民族解放战争贡献你的力量，你的志愿，我们深为钦佩。但是'年老的爹娘，年幼的弟妹'，都在待你举火，假使脱离目前的环境，他们就会有饥寒之忧，这个困难问题，横亘在你的面前，使你无法解决，而感到苦闷，彷徨。关于这一点，我们愿贡献一点意见，作为你的参考。""一个技术的军事集团，依常理判断，决不致'没有本位的工作可做'，因为在准备大规模全线反攻的前夜，正需要训练大批优秀的技术人才。而在你所处的团体里（之）所以会造成'闲散，无聊'的现象，大概是由于人事问题，而不是工作的意义问题。假使人事方面能有适当的调整，计划设施能有充分的改善，在训练时所耗费的人力财力物力，便不会白费，对于整个的军事，决不会没有帮助。但是环境的改善，非一朝一夕所能立致，必须由多数觉悟的人经长时间不断的努力方可收效，你在这个团体已有近两年的历史，你所学习的技术一定相当熟练，一旦完全放弃，对自己，对工作，都是非常可惜，这是应当从长考虑的第一点。""如果为事实所许可，则在目前的环境里，除掉本身的工作以外，仍然可以研究自己爱好的知识，参加其他有关抗战的工作。在实际上，你已经并且正在作乡村宣传工作，这是非常好的，虽则你常常流动，难于在某一个地方收到预期的成效，但是你可以在各个不同的地方，搜集许多实际的材料，加以研究，且可在可能的时间内，组织当地的知识青年，使他们能经常地负起教育民众的任务，这也不会没有收获的。""问题的中心应当是'恋栈'于目前的工作，并不是单单为了解决家庭的生活，而是为了工作本身的意义。以上所述，仅仅是原则方面的补充，实际上，还是要你根据具体的情形考虑决定。总之，工作本身如有意义，虽目前稍感痛苦，还是应当耐心地留下来，尽力争取有利的工作条件，反之，如实在毫无意义，便应毫不顾惜地转换环境。为了自己的前途，为了对国家民族更有贡献，家庭的生活虽不能不顾到，但究竟不能放在主要的地位的。"（全集未收，《激流中的水花》第 25—27 页）

9 月 15 日　《防空办法的商讨》全文：

"敌寇残暴性成，在抗战以来，轰炸我后方不设防的城市，屠杀我无辜的民众，已是它经常施用的无耻的惯技。为了避免无谓的牺牲，为了保存我们的力量，制订适当的防空办法，使民众严格遵守，实为必要的措施。但是每一政令的实行，对于一般民众的生活，是否要发生直接影响，自不能不兼筹并顾；如果这一政令，民众要身受到许多不能解决的困难，便将发生反感，而使政令在实施上遭遇到若干障碍。八月十日的来信，述及某地的防空情形，其动机，其目的，都是非常正当，不容置喙。但是因为在实施的时候，要直接影响到民众的生计；民众在城外，既无房屋，又无法解决吃饭的问题，自然要发生怨言。民众对防空工作不了解，固然应当说服他们；但在另一方面，却不能不设法解决民众所感到的实际上的痛苦，而使得每天整整六小时的时间，不致完全浪费。你所提议的执行有计划的疏散，与加强防空设备，确是值得考虑的补救的办法，可以使秩序安定,民众照常工作。而在疏散的计划中,对于民众在疏散之后如何解决生计问题,却不能不充分顾到,否则,民众无法谋生,或将挺而走险,或则不愿疏散,依旧是不能彻底执行的。""重庆的防空情形,确是在严格执行疏散与加强防空设备。疏散的结果,大重庆已化为若干小重庆,而在工业合作协会的努力与社会局规定的贷金办法之下,人民的生计,暂时也可以部份的解决;至于防空设备,火巷业已拆竣,防空洞也大致可敷人民躲避。最近复规定凡必须居住市区者,应领取居住证。无居住证之市民,须强迫疏散。营业时间并未有明文的限制,居住在市区的市民,亦相当安定。经过四个多月的滥炸,重庆的市民,已格外沉着镇定,恐慌与紊乱的现象已一扫无遗了。"(全集未收,《激流中的水花》第117—118页)

9月16日 《九一八的八周年纪念与当前的急迫任务》、《尼赫鲁先生访问记》(9月5日晚记),载重庆《全民抗战》周刊第88号。(全集第9卷第201—203页、204—206页)

《九一八的八周年纪念与当前的急迫任务》摘要:

"九一八是日寇以'不战而胜'的策略开始侵占我国东北四省的沉痛纪念日,也是日寇企图征服整个中国的开端的沉痛纪念日。""在全面抗战未发动以前,在这一天,我们只有忍辱含垢的惭愧心理。在全面抗战刚开始的时候,在这一天,我们感觉到悲壮与兴奋,但是还有些人对于胜利的信念似乎还不十分坚定。在全面抗战二年余的今日,铁的事实表示我们是确有坚持持久战的能力,铁的事实粉碎了日寇征服中国的幻想,铁的事实显示了我们抗战前途的光明,所以在这一天,我们所深深感觉到的不仅是悲壮与兴奋,同时还感觉到沉着与坚定。""但这不是说我们已没有了困难,却是说我们要更努力克服困难来纪念九一八的八周年;也不是说我们无须再努力,却是说我们要格外加紧努力来纪念九一八的八周年。我们经这二年余的努力奋斗,已奠定了胜利的基础,我们的新的困难和新的努力,都是在这个基础建立之后的新的形势所产生的。我们纪念九一八的八周年,应该和当前的急迫任务联系起来,由此更明确地认识我们的更进一步努力奋斗的方向。""第一是巩固抗日各党派的团结。""在实践方面,各党派的团结,仍有待于进一步的巩固。各党派的分子仅占全体人民中的一小部分,也许有人感觉到各党派的团结在全国团结中只是局部的问题。我们固然承认全国团结的重要,但是各党派的分子既为全国人民中尤其热诚于国事的改善运动,在全体人民中常立于领导与推动的地位,这却是事实。所以抗日各党派的巩固团结,实为国事进步到更高阶段的先决条件。""第二是迅速加强抗战的整个力量。""在原则上有一点值得郑重指出的是要努力求进步,坚决反对开倒车的路线。中国抗战必获胜利的枢纽就在我们的反侵略的战争是进步的战争,所谓进步的战争,并非说我们是已经完全进步之后才从事战争,却是说我们的力量是应该随着战争的进行而猛进,但是我们必须朝着进步的方向走,必须有意识地努力求进步,而不要恐慌进步,不要自己不进步而打击别人的进步,有使自己和别人同样的进步,然后才能迅速加强抗战的整个力量。""第三是积极运用自主的外交。""巩固团结,加强力量,运用外交,是我们当前的三大急迫任务。"(全集第 9 卷第 201—203 页)

同日　十时,闭会词起草委员会由黄炎培与张君劢、左舜生、周炳琳、李中襄、邹韬奋、张季鸾七人组成,推张季鸾执笔,黄炎培提供材料。(《黄炎培日记》)

9 月 17 日　邹韬奋等 22 人,在国民参政会第一届第四次大会上所提:《改善审查搜查书报办法及实行撤销增加书报寄费以解救出版界困难而加强抗战文化事业案》,由大会通过交政府执行。(《国民参政会纪实》上第 575 页,《重庆出版史志》1992 年第 3 期第 15 页)

同日　晚八时半,参加闭会词起草会,和黄炎培、左舜生,将张季鸾所拟草稿讨论定稿。(《黄炎培日记》)

9 月 19 日　《为家庭牺牲了学业》全文:

"接读来信,对于你诚恳的态度,殷切渴望求知的意念,不胜感佩。忠诚地为读者服务,希望每一位读者都成为本刊精神上的好友,这是本刊的立场之一,读者诸友,如有所询问,我们一面是抱着'知无不言,言无不尽'的态度,所以,你在这封信上所提出的问题,愿尽我所知,贡献给你,希望你在处理这些问题时,能得到一些帮助。""首先,希望你能克服自馁的心理。不要以为你是'一个平凡而知识贫乏的家庭女子'即感到前途的黯淡,固然,学识不够丰富,事业尚未开始,在你都是事实,然而我们要知道,每一件事业的成功,完全是累积许多平凡的努力而达到的。假使在主观上能立定坚决的意志,配合客观的环境,争取有利的种种条件,继续地,有耐心地,循着正确的指标向前奋斗,决不会没有光明的前途。""过去,你为了家庭的爱,放弃了求学的权利,这确是很大的牺牲,而值得惋惜的;但事情已成过去,追悔也是徒然,况且在家庭中,究竟代替了母亲主持一切事务,使母亲得到无上的安慰;同时,这八年来,因为直接和社会接触,已经获得许多实际的经验,知道许多处世接物的方法,从现在起,再继续求学,因为已深深感到需要,可以格外的专心致志;如果,把许多实际经历的事物配合起来研究,还可以有更进一步的了解,这些都不能不说是八年来的收获。""继续求学,在你目前的环境既已不成问题,所应当考虑的,便是如何选择读书的环境以及读些什么书的问题。你对于读书的目的已有很正确的了解:要充实自己,去'认识和应付复杂的社会',并且希望学得一门专门技术'为社会服务,为人群造福'。因此,在选择学习的功课时,不仅要顾到自己的兴趣,还得顾到社会的需要。至于读书的环境当然在学校里要比在家里自学容易进步得多。因为在学校里不但可以得到良师的指导,还可以交得许多可以互相切磋的益友,进行集体的研究,这些有利的条件,都不是在家庭里自学所能办得到的。来信对于'洋化的贵族学校',表示怀疑的态度,其实只要这个学校对于自己的学习确实有帮助,而经济条件又没有问题,学校的形式如何是没有多大关系的。""在这里,有一个严重的问题,必须密切地加以注意,那就是不要为了专心学业而忽视了身体的健康。学习是长期性的,即使终你的一生,也不会满足你的要求,学习的时间愈长,学得的知识愈多,愈会觉得不够,因之,我们不能不用一个坚强的体魄来对付它。假如要在短时间内吸收为你的能力所不许可的知识,不仅在事实上是不可能,反而会斫丧了身体的健康。你过去'不顾一切的夙夜硬干',以致身体遭受到重大的损失,这实在是一个很严重的教训,希望你在此后学习期间,不要再蹈覆辙,特别在最近,应当把身体疗养到健康完全恢复以后,再开始阅读比较艰深的书籍。""因为不知道你英文的程度,所以无法介绍阅读的书籍,但就学习的方法上,可以略述几点意见,作为你的参考。关于英语的研究,大致可以分做二种:如果英文程度已具相当基础,则可阅读政治、经济、文学等等专门的书籍,作专门的研究;如果是一个初学者,则应注重工具的研究。在工具研究的过程中,第一,可以在商务中华选择适合程度(最好能稍浅一些)的教科书,循序学习;第二,须练习用英文字典,最好是学习用英文注解的英文字典,因为英文注释比较正确,且可因此多认识一些另外的生字;第三,多认识字汇并须勤加练习;第四,配合程度选择有兴趣的初级补充读物(如杂志、袖珍小说等);第五,注意基本的文法,常作分析、造句、翻译等等的练习。以上所述的这些方法,对于初学英文者,确实可以得到一些帮助。"(全集未收,《激流中的水花》第46—49页)

9月23日 《国民参政会第四届大会的贡献》、《〈杜重远先生最近给记者的一封信〉按语》(署名韬),载重庆《全民抗战》周刊第89号。(全集第9卷第207—209页、209—212页)

同日 《顾到生活的急迫问题》,载《店务通讯》第66号。(全集第9卷第212—214页)

9 月 27 日　《怎样医治懒病?》全文：

"来信收悉。你所提出的问题,现在简单答复如下:""一、懒的原因,大致可分为下列几点：第一、由于身体之不健康,因而影响到精神的阑珊;第二、对于工作的意义,没有正确的认识,便缺乏对于工作的积极性;第三、因为目前的职业,不能适合理想,并且多所阻挠,遂致抱着敷衍苟且的态度。""二、不管懒的原因是属于那一方面的,总之,它是一个坏习惯,应该设法克服它;如果让它发展下去,不仅对于工作发生莫大的影响,甚至会丧失对于人生的兴趣,而变成意志颓唐,精神萎靡的废料。""三、要克服这个有害的习惯,必须先考察发生的原因,然后用适当的方法去'诊治',身体不健康,则应该设法疗养,甚至在必要时,可以放弃暂时的工作专心修养,如果让不健康的身子,拖着工作的重担,不肯放松,结果对于身体精神,便只有愈拖愈坏,而懒的习惯永远也不会克服,如果是为了目前的工作不如意,最好转换工作的环境,但在没有转换之前,仍要克尽厥职,从工作中寻出兴趣来,否则,懒洋洋地从事工作,不仅影响工作的效率,而且妨碍了你自己;一般说来,致懒的原因,大概还是由于没有充分了解工作的意义,这在许多场合都可以看到,有的人认为工作不过是为了吃饭,不必多卖气力;有的人看到人家敷衍,便认为自己也犯不着过于勤劳,因此,就得出'不求有功,但求无过'的结论,而使得工作永远停留在某一阶段上,甚至向倒退的路上走,这种观念,实在是要不得的。要纠正这个缺点,必须对于工作的意义有正确的了解：要认清工作决不仅仅是为了吃饭,而是为了整个社会的利益,要使社会进步,人类享受幸福,就非每一个人加紧努力不可。如果有一部分人因循苟且,那我们应当说服说服他,帮助他改正过来,决不能跟着他跑,这样,懒的根源,既已发掘出来,懒的现象,就会消失无遗了。""来信一再提起你在病中,足见你的'疏懒成性',主要的还是在乎身体的健康。希望你赶紧注意医治你的身体,等健康恢复以后,自会精神抖擞,勇气百倍,面对着困难,克服困难,不致畏怯地在困难面前低头了。"（全集未收,《激流中的水花》第169—170 页）

9 月 29 日　《恋爱与工作》全文：

"接读来信,对于你工作的热情,坦白恳挚的态度,不胜感佩。你所提出的问题,现在分别答复如下:""一、关于你和那位女同学的友谊发生波折的原因,来信并未详细述及,故无从表示具体的意见。不过就原则上讲,既是你们两人'志气相投',对于学业、工作,均能互相策励,何以一旦她会突然改变,要把'已往的友谊,掷在垃圾箱里'? 这不会没有原因的。假使能研究出她所以对你决裂的原因(或是你做了什么引起她误会的事,或是有人从中挑拨,以致发生误会),而无法疏解,以消除双方的误会,或能恢复旧好,如果一味用严正的态度来训斥她,不仅不能消除误会,反而要引起她的反感,影响到她对于工作的态度,于她于你,都是没有好处的。同时,在友谊尚未恢复以前,最好不要先存着'发生了爱情而结婚'的希望,因为这种希望,将来在事实上万一不能实现,精神上便要受到更大的打击。总之,不管她对你的友谊是否能够恢复,而希望她能够继续工作,不要为了你而对工作消极,这种态度是非常正确的,在工作重于私人感情的意义上讲,你应当这样做,不过要使你的劝告能真正发生效力,你对她的态度,还需要审慎的考虑。""关于同姓是否可以结婚的问题,只要不是嫡系亲属,在法律上,是不禁止的,在情理上也没有什么问题。""二、到农村去做'民教'工作,要能收到实际的效果,必须深切了解民众的需要和他们感受到的痛苦,尽可能设法满足他们的要求。在生活上,要尽量和民众接近,要刻苦耐劳,要使得民众认为你是自己的人,不用特殊的目光对待你,这样方能使工作顺利进行。乡间的生活习惯,不同于都市,在乡村工作的同志,就不能不暂时放弃在城市里的习惯,而去适应他们的环境。'发亮如镜,一对对的爱人',在城市里是极平常的事情,不足骇怪,可是在保守农民的目光中,就要看不顺眼。因此,为了工作上的便利,服装就要力求朴素,男女间的态度,也要保持相当的谨慎。农村工作,本是非常艰苦的,要注意的地方也很多,这里只能根据你所举的例子简单的说一说,在本刊七十五期上,有一篇'宣传的技术问题',对于农村工作诸问题,写得比较详尽,可以作为农村工作者的参考。如果需要的话,可以把它再看一遍。""三、贵校'救亡工作会'的基本干部,要拟订整顿会务的计划,要我表示意见,但来信并未述及该会的中心任务以及过去的工作情形,故无从表示具体的意见。不过可以根据一般的原则,略述几点意见,藉供你们的参考:第一,工作计划,要顾到客观的条件。假如在目前的环境不许可我们做的工作,贸然定了进去,徒然增加困难而不会获得成果,所以,工作的范围,就只能先做到环境所能许可的最大限度;第二,工作计划,要顾到本身的力量,估计力量能做多少,就做多少,宁可脚踏实地的把握住一两件中心工作,切切实实去做,不要把工作定得过分庞大,结果反而一事无成;第三,工作计划,要能吸收最大多数的同学参加,要使得这个团体,作为每一个同学工作实习的园地,千万不能把工作操纵在少数人的手里,造成包办甚至包而不办的现象;第四,作风须谨慎,勿引起学校当局甚至地方当局的误会而受到种种的妨碍。上述四点,并非一般救亡团体都能适用,但在一个学校里组织的业余

救亡团体,对于这四点,却不能不特别加以注意。"(全集未收,《激流中的水花》第154—157 页)

9 月 30 日　《注意国际变化与远东关系的基本观点》、《参政会第四次大会的总结》(9 月 21 日晚作)、《参政余影(一)》,载重庆《全民抗战》周刊第 90 号。(全集第 9 卷第 215—217 页、217—223 页、223—224 页)

《注意国际变化与远东关系的基本观点》摘要:

"敌伪的居心不良,我们无须多所评论,我们所要注意的是不应相信谣言,或上了阴谋家的老当,同时不应被表面的现象所迷惑而看不清真相,以致忧虑和悲观。我们从中国的立场观察国际的变化,注意到这种变化于中国是有利还是有害,这是应有的态度,可是有人因为忽略了国际变化与远东关系的基本观点,于是认为欧洲的变化可能重演于远东,中国可能陷入波兰的悲运,换句话说,他们怀疑到苏联在远东可能以德国待日本,以波兰待中国! 我们对于这种的疑虑愿提出两个基本观点:第一、中国不是波兰;第二、远东不是欧洲。我们深信如果能把握住这两个基本观点,便不致为无稽谣言所乘,以不致被表面现象所迷惑。"(全集第 9 卷第 215 页)

《参政会第四次大会的总结》摘要:

"五记者等二十九人提:严加肃清汪派卖国活动与汉奸言论案。"(全集第 9 卷第 221 页)

同日　《慰问散处各地的本店同人》,载《店务通讯》第 67 号,收入 1940 年 11 月生活书店重庆版《事业管理与职业修养》。(全集第 9 卷第 651—653 页)

10 月 7 日　《今年国庆与推动实施宪政的努力》、《参政余影(二)》、《〈何以"限于男性"?〉附言》、《〈兴奋与苦闷〉附言》(以上二则署名韬),载重庆《全民抗战》周刊第 91 号。(全集第 9 卷第 224—226 页、227—228 页、229—231 页、231—232 页)

《今年国庆与推动实施宪政的努力》摘要:

"所谓实施宪政,并不是仅仅开个国民会议,颁布一部宪法,便算了事,便可发生意想不到的效力。而是从今日起就需有种种事实上的准备,就要使这件事成为广大而深入的民众运动,就要设计并保证切实执行的各种基本工作。""第一:实施宪政是加速促成抗战胜利建国成功的一个重要步骤。认真实施宪政,扩大国民对于政治的参与、提高国民对于政治的自觉与责任,就是加强国民对于抗战建国的共同努力,就是加强民众的切实动员。""第二:实施宪政是动员国民加强帮助政府而不是与政府成对立的形势。""第三:实施宪政更能充分反映大众的活动与他们的时代要求。宪政不是属于学院式的研究,不是仅仅抄袭几个已往或各国的宪法条文,而不顾到中国在抗战二年来的新形势与大众在这特殊时代的新要求。恰恰相反,宪政在今日所以成为迫切的需要,是要能配合当前的新形势与大众在这特殊时代的新要求。因此,全国国民不应静默等待专家起草宪法,而是即须发动全国作广泛的研究与讨论,使每一个明白这件事对他的切身利害有密切的关系,使每一个人有贡献他的意见的机会。""能把握住上面所说的三个要点,便明白实施宪政不是'无病呻吟',而是当前的迫切需要,所以我们要推动实施宪政的最大的努力,来纪念今年的国庆。"(全集第 9 卷第 225—226 页)

同日 《九 意见的沟通》,载《店务通讯》第 68 号,收入 1940 年 11 月生活书店重庆版《事业管理与职业修养》。(全集第 9 卷第 634—636 页)

《九 意见的沟通》摘要:

"本店的管理是采用民主集中的原则,在这个原则下,同人意见的沟通是非常重要的一件事。尤其是规模较大,分店较多之后,彼此的意见的隔阂最易发生,由隔阂而发生误会,小则影响到个人的工作情绪,大则影响到整个事业的顺利发展,这个问题是值得我们严格的注意。""意见的沟通,除在各种会议中及机关志中有相当的园地外,当然还不够,全体同人中任何人有意见还应具体提出,用口头或书面告诉负责人或店内的相当机构,如理事会、人委会或监察会等,负责人或店的机构即当加以虚心的考虑。如所提出的确是可以做应该做的事情,应该实行起来;如所提出的是属于疑问的问题,应该加以诚恳切实的解释;如所提出的是值得讨论的问题,应该提出来讨论。要做到这一点,我们先须提倡有办法有疑问即须随时提出的作风与习惯。(无论用口头或书面提出都可以,在各地的当然可以写信。)我现在忝负本店业务上的总责,我遇着任何同事有意见提出,决不加以轻视,必能加以虚心考虑,在我职权以内可以解决的问题,必负责解决;即在我职权以外的事情,我也必能负责提交常务理事会或人委会讨论解决。我相信本店各级负责人都有这样的虚心态度,因为加强我们这共同努力事业的发展,增加我们工作的效果,以及在本店可能办到的改善同人待遇种种方面,在我们是有共同的目标和愿望,我们绝对没有理由不顾到同人的意见,不考虑同人的意见。""但在事实上我发现同人中有一部分似乎有一种习惯,就是有何意见,往往只在私人通信中说;有何不满,也往往只在私人通信中发发牢骚,而不向负责者提出,或不向店中的相当机构提出,结果是意见沟通的范围很有限,负责者很难知道;遇有误会,无从解释,遇有错误亦不易迅速改正。为加强意见的沟通起见,我觉得我们要提倡:无论何时,有意见有办法或有疑问,不仅在私人通信中说,要老老实实向负责人或店中的相当机构提出,负责人或店中的机构必能予以负责的答复。""加强同人间意见的沟通,是本店民众精神的一个重要因素,我希望全体同人共同认识这件事的重要。"(全集第 9 卷第 634—636 页)

10 月 13 日 《激流中的水花》全文:

"接读九月廿一日来信,使我非常高兴。虽然你在信上并未详细述及你过去的生活,但从字里行间可以看到你曾经受过时代的洪流的洗礼,在古城巨大的浪潮中,曾贡献过你的力量。当你离开这古城时,你希望用自己的力量能把它从魔手中夺回,你的志愿实在是值得钦佩的。""现在,你因为呼吸不惯'高贵淫靡的气息',而想抛弃了目前的工作,回到内地来参加更有意义的工作,关于这一点,我愿意贡献一点意见作为你的参考。我觉得,一个愿意献身工作的青年,最要考虑的是参加的工作是否有意义,是否值得全力以赴。假使考虑的结果是值得的话,便当毅然以全部精力放在工作上面,周遭的环境如何,可以不必顾及。环境的困难,并不是不可以克服的,只要工作者能运用适当的技巧,表现优良的成绩,不仅可以克服困难,且可以影响环境,改造环境。目前祖国正在进行着全民的抗敌圣战,必须动员全体民众的力量,方能取得最后的胜利。在这期间,前方战士杀敌的工作,固然重要,后方各部门生产建设的工作也不容忽视,至于如何动员侨胞的力量,使其能为祖国效力,尤为迫切需要的工作。你目前既在那里作着妇女工作,我以为这正是发挥你的力量,以期达成你的志愿的机会,假使你能把全部精力放在工作上面,那你决不再是'高等难民',而是一个艰苦的工作者。由于你的努力,由于你的刻苦,可以影响到你所接触的妇女侨胞,可以使'高贵淫靡的气息'逐渐消失,更可以使得于祖国抗战有利的许多工作能积极的开展。因此,假使你仅仅为了上述原因而想摆脱这样重要的工作,我却期期以为不可,希望你能重加考虑。""如果你确实有非离开那里不可的原因,而要回到内地来,当然是未尝不可。你可以根据你的具体情况寻求适当的工作机会,寻求的方法,可以请托内地的友好代为介绍,或请当地熟悉的妇女团体介绍。此外有在蒋夫人领导下的新运总会妇女指导委员会,从事各方面的妇女工作,地址为重庆曾家岩求精中学内,你不妨写一封信给蒋夫人,详述你的生平及志愿,写到上述地点去试一试。但在工作机会没有得到以前,而内地又没有可靠的亲友的话,最好不要贸然脱离目前的工作。""如果你来到重庆,有问题需要和我当面商讨,当然是可以的。"(全集未收,《激流中的水花》第 3—5 页)

10月14日 "中国青年记者学会总会召开宪政问题座谈会。褚辅成、沈钧儒、邹韬奋、李中襄、张申府、江恒源及新闻记者三十余人到会。南方局和《新华日报》的吴克坚、徐冰、潘梓年出席。座谈会由范长江主持,与会各位对实施宪政、抗战建国纲领之意义、宪政运动中新闻记者之任务等进行了热烈的讨论。"(《南方局党史资料·大事记》第72页)

同日 《湘北大捷的重大意义》,载重庆《全民抗战》周刊第92号。(全集第9卷第233—235页)

同日 《针对事实的意见》、《关于节约运动的一封信》(10月13日作),载《店务通讯》第69号。(全集第9卷第235—237页、238页)

《针对事实的意见》摘要:

"我们大家都听惯了理论是要与实践密切联系起来,同样地,我们也要注意意见是要与事实针对起来。针对事实的意见,才是有价值的意见,才能在事实上发生效力的意见。不能针对事实的意见,便是无的放矢,在事实上是得不到什么实际的效果的。""话又要说回来,上面所举的例子,只是我偶然从个别的同事谈话里'拾'来的,倘若我没有这样'拾'来的机会,有着这些意见的同事只把这些意见藏在肚子里,尽管不能针对事实,在我是无法加以解释或互相讨论的。幸而有了意见的沟通,我发现了他有这样的意见,才能根据事实加以纠正。这样看来,必须有了意见的传达,然后才有可能做到意见的纠正。于此更可以看出意见沟通的十分重要。""同时我们对于意见之必须针对事实,还是有特别加以注意的必要。我们提出的意见,如果不能针对事实,既经提了出来,自然可以得到纠正的机会,但是在未提出以前我们仍先须尽可能注意于事实的配合,仍先须尽可能使所提出的意见不致与事实隔阂,成为有价值的意见。我们要记着只有针对事实的意见,才是真有价值的意见,才能相助解决实际问题的意见。"(全集第9卷第237页)

《关于节约运动的一封信》摘要:

"在国难期间,无论公私生活,均须厉行节约。因为,从大的地方说,节约可以增加抗战力量;从小的方面即以本店而论,节约可以充实资金,发展事业。总处鉴于节约运动的重要如此,最近拟定了一个节约运动的实施办法,在第八次业务会议时决定,一面交总处及各店同人自治会讨论并提供实施意见,一面并先自总处施行。"(全集第9卷第238页)

同日 《关于苏联进兵波兰》全文:

"九月二十四日来信收悉。你所提出的问题,在最近本刊各期,都曾为文论及,在九十号信箱栏《最近苏联的行动离奇么》一文,就是答复读者关于这方面的疑问,现在你大概已经看到了。此外还有好几篇专论,也是可供参考的。""在这封信上,因为限于篇幅,我不能再把那篇文字的内容重复告诉你,只想向你提出几个简单的注意点,希望你在民教工作方面能得到一些帮助。""一、苏联进兵波兰,是在波兰国家崩溃,统治阶级解体而把人民遗弃以后,假使他不去援助并解放西乌克兰及西白俄罗斯两民族,这两个民族,便要沦入法西斯统治的下面受尽种种痛苦。""二、苏联进兵波兰,是防止别国企图利用波兰作为反苏的根据地。在苏德划界新约签订以后,东欧的和平便多了一层保障,这对于世界的和平也是有帮助的。""三、苏联在本质上是社会主义的国家,不是帝国主义的国家,她从未有过侵略的事实,我们只要看到波兰人民热烈欢迎苏军入境的情形,便可以了解,苏联军队确是解放被压迫人民的军队,跟侵略国家,完全不同。所以,我们研究一个国家,要从本质上去了解。"（全集未收,《激流中的水花》第133—134页）

同日　《青年与三民主义》全文:

"三民主义,在目前的中国,是全国民众所应一致奉行的主义,这是谁也不能否认的。为了要完成抗战建国的大业,非要彻底实行孙中山先生的三民主义不可。这是天经地义的事情,因之,不仅是国民党的党员要研究三民主义,各党各派以及无党无派的同胞,都要研究三民主义。三民主义决不是装潢门面的某种形式,也不是死板的教条,所以,决不能把它'神秘化'起来,不能把它看作呆板的东西,更不能认为阅读其它学说的书籍,就是三民主义的叛徒。倘若满口'三民主义',实际上是不学无术,看到人家为了要探寻三民主义的精义,光大三民主义的精神而研讨其它的书籍,便要横加压抑,这种人实在是可笑亦复可怜。""孙中山先生在世的时候,他是最爱好书籍的人,他曾博览世界的名著,他曾吸收中国古代先哲以及欧西各大思想家的学说,三民主义也就是他在撷取各先进的学说之后才产生的。所以,只要不是违反三民主义精神的书籍,我们都可以阅读。为了要发挥中山先生学说的精义,充实三民主义的内容,我们更应阅读进步的书籍,作深刻的研究。假使自己故步自封,不思进益,仅仅以几个名词为标榜,这已如来信所说的'肤浅'不足道,如果对于求进步的青年还要加以摧残,那就无异于自杀。""所以,我们的结论是:要使得三民主义的真义,能够普遍地深印在全国民众的脑海里,则非展开广泛的讨论及深入的研究不可。阅读其它进步的书籍,尤不应加以禁止。至于正在求学的青年,则可根据自己的程度,阅读正确的书籍,捧着一本《资本论》生吞活剥固然不对,若因此而说只能阅读三民主义,其它的书籍一概不许读,却不是妥当的办法。""'闭户读书',要看怎样的解释。假使说是在学校和社会中间高高地筑上一道围墙,把学校和社会隔离开来,使学生不问世事,专读死书,等将来出了学校的大门,一看社会,都与书上所讲不合,要想建国,亦将无从下手。这样来培植建国的人才,其结果将培植出一批废料,那是千万要不得的。所以,闭户读书只能把它了解为:偏重研究专门的知识,以备将来应用;一方面,对于社会、政治、国际各方面的动态,仍应抽出一部份时间来加以注意。""少数青年,'根本不问国事',愿意躲在自己脑子里幻想出来的世外桃源里面,作着做官发财的迷梦,这确深堪痛心。我们推究所以发生这种现象的原因,不能不归咎于教育的失败。有些学校,还盘踞着封建残余的势力,充斥着昏庸老朽的教师,严格限制着学生思想的发展,灌输给学生的是一些不合时代的腐朽的死知识;另外一些教师,因为待遇过薄,于是心灰意冷,抱着敷衍苟且的态度,受着这种教育的学生,难免不发生上述的现象。所以,一方面,我们要竭力设法谋教育制度的改进,一方面学校里觉悟的青年,在课余时间,应当从各方面影响这些暮气沉沉的同学们,使他们从幻梦中觉醒过来,这是一种艰巨的责任,进步的青年们应当勇敢地把它担负起来。"(全集未收,《激流中的水花》第141—143页)

10月15日 《战区文学干部的培养》全文:

"九月十一日来信收悉。对于你热心向学,艰苦奋斗的精神,深为钦佩。你既爱好文学,我觉得和你目前所担任的工作并无妨碍,丰富的生活经验,正是文艺作者必须具备的条件之一。你在战区既然工作了相当的时间,一定看到听到以及亲身经历过不少可歌可泣的故事,这些故事,都是最能感人的题材,只要运用适当的技巧,把它经过剪裁,记载下来,便可成为优秀的作品。关于写作的技术书籍,有《创作的准备》(茅盾著)《给初学写作者的一封信》(张仲实译)等书,以及《读书月报》,都可作为参考,这些书刊,各地生活书店均有发售,但在战区恐不易购得,假使一时看不到这些书刊,那么不打紧,好在你对于写作已具相当的基础,只要能抽出时间来多多写作,决不会没有成就,如德国的雷马克,第一次欧战前本是一个极普通的人,可是四年的战壕生活,却把他培养成优秀的作家,《西线无战事》与《战后》两部名著,轰动了世界文坛,这便是一个例子。"(全集未收,《激流中的水花》第84—85页)

同日 《民众动员太不够》全文:

"接读大扎,藉悉先生关切之情,至深感谢!敌寇深入,河山破碎,流离失所之民众,达数千万,先生毅然离别亲长,奋身投入军校,壮志良堪敬佩!赐询问题二则,敬答于后:""一、国内各党派之合作,民族统一战线之建立,实为吾国抗战最重要之基础。虽此时有一部份人仍未彻底了解政府团结一致,抗战建国之意旨,时或对某党放肆谰言诋毁;但大势所趋,尤以全国民众之坚决反对分裂及全国军队历年内战之痛苦经验,即有细微摩擦,绝不致扩大。只须各方努力,巩固团结,抗战结束后,亦不致再演过去之惨剧。""二、动员民众之不够,不仅武汉如此,接近前线之后方,尤感此种现象之严重。民众文化水准诚亦是原因之一,但主要之症结在于动员方法之欠妥,未能将动员工作与一般民众之生活联系,未能使被动员者发生自发的情绪。下层机构往往也有对于动员缺乏正确的认识,甚至发生弊端,更使动员工作发生相反之影响。有效之办法即改善动员方法,并彻底改革下层行政机构。"（全集未收,《激流中的水花》第111—112 页）

10 月 19 日　晚六点,冯玉祥请钟可托、章乃器、张澜、邹韬奋、章伯钧、张申府、沈钧儒会餐。各自漫谈。韬奋谈,"他对于三民主义一点批评是没有的,对于国民党不加正论,要非真正加以刷洗一遍,而腐败之气不能消除,过错不能改革"。冯"以为邹先生的话很有道理"。"当今这种局面之下,惟一的就是打胜仗,赶走日本鬼子出境,还得总裁接受一班真正爱国之人的话,从事刷洗本党之污秽,我们的国家方能得救。"冯自称那天"谈很长的时间,得到了不少的教训,真所谓'近朱者赤,近墨者黑','入于苍则苍,入于黄则黄',这几位先生长于文学者也有,长于政治、经济者也有,而在各界之内,可以说是首屈一指的。他们所说的井井有条,句句可谓人法,处处可谓人则。今日于他们几位先生谈话,得很多很多的好教训。"（《冯玉祥日记》第五册第 725—726 页）

10 月 21 日　《宪政运动的民众化》、《〈残废兵员的职业问题〉附言》、《〈在黑暗的角落里〉附言》（以上二则署名韬）,载重庆《全民抗战》周刊第 93 号。（全集第 9 卷第 239—241 页、241—242 页、243 页）

《宪政运动的民众化》摘要:

"我们如果希望宪政的实施真能获得实际的功效和真正的成功,绝对不能坐待国民大会的自然来到与宪法的自然产生,必须在第二阶段尚未到来,第一阶段刚才开始,推动宪政运动,务使宪政运动尽量民众化,所谓宪政运动的民众化,就是要尽量推动最大多数的民众参加宪政运动。""中国在这个抗战建国伟大时代所迫切需要的宪政,是要能够充分反映全国最大多数民众的要求,是要使全国人民各阶层的要求,都能够尽量顾到。必须这样,才能使全国人民对于国家有更亲切的感觉,增强他们对于抗战建国的努力。""我们主张在这准备的时期,即须积极推动各方面参加宪政运动,有组织有系统地展开最大多数民众参加的宪政运动。我们希望每一个民众团体及学术团体,每个茶馆,每个民众教育馆,每个大大小小的事业机关,都能举行宪政座谈会,使一般民众都有机会明白宪政究竟是什么一回事,宪政和他们的切身利害究竟有什么关系,他们所希望的宪政内容究竟怎样。这种民众化的宪政运动如能得到良好的领导和开展,在直接方面可以充分反映全国民众的要求,使将来的宪法在实际上能反映全国民众实际上的需要;在间接方面也就是实际的政治教育,加强他们对于政治的认识与了解,为实施宪政的前途建立巩固的基础。有些人怀疑于中国国民的教育程度不足以讨论宪政,认为推动最大多数民众参加宪政运动是一件不可能的事情,这实在是似是而非的意见。倘若要叫一般下层民众背诵各国宪政运动史,演讲中国宪政运动史,诚然不及所谓学者,但是他们里面每一个人对于自己的切身利害的问题是都能有着彻底的了解,你如能抽出工夫和每一个乡巴老倾谈他所受的痛苦,及他所希望的改善,他都能滔滔不绝地告诉你一切,只要领导得法,给与一般民众以发表意见的机会,他们是可能提出他们的要求。这种种由大众提出的要求,便是宪法内容的主要材料,不是少数人闭门造车所能幻想出来的。况且民众化的宪政运动同时也就是事实上的大众化的政治教育运动,对于大多数教育比较落后的大众,更有实际的需要。”

“推动这种民众化的宪政运动,是全国舆论界、文化界、教育界,尤其要负起的责任。”(全集第 9 卷第 239—241 页)

《〈在黑暗的角落里〉附言》摘要:

“这封信里,有几点值得教育家的注意与考虑:第一是学校和周围社会的相当接触,我们认为是必要的。学生不应该完全关在学校里读死书,和社会生活完全隔阂。恰恰相反,一个学校应该是它在所在的乡村或城镇,至少是它所在地的周围社会的推动民众文化的中心。如果学生在课余的时间,热心帮助老百姓,和他们谈话,谈时事,代写信,也是罪状,那未免太不合理了。第二是教育应该特别注重感化与说服,而不宜用暗室禁闭一类的不合理的办法。这样徒然有害青年身心而与教育原理背道而驰的办法,如允许我们说一句老实话,简直是罪恶,简直是把学校当牢狱,把学生当犯人,这表示了教育的破产,这样的教学生,绝对领导不起青年,是我们所断然深信而不疑的。青年是国家民族的重要基础,这样戕害青年,无论是出于无心,也是国家民族莫大的罪人,我们为爱护国家民族重要基础的青年,为爱护教育,认为这种现象即属例外的例外,也不应该继续存在于中国的教育界。”(全集第 9 卷第 243 页)

同日　《致冯成就同事的奖励信》(10 月 13 日作),载《店务通讯》第 70 号。(全集第 9 卷第 244 页)

《致冯成就同事的奖励信》全文:

　　"成就同事:接到曲江分店经理的报告,知道你在八月十八日奉派去香港,添配货物七千元,分装百件,通过敌人防线,克服运输上的种种困难,于二十日后安全返抵曲江。作为本店事业和中国文化奋斗的英勇精神,是很值得佩服赞扬的。这种工作,在你固然是视为职务范围以内的事,但在本店,对于努力克服困难,而工作上有特别优良成绩表现的同事,不得不加以奖励,业已决定除颁给'生活奖状'以留纪念外,并自十月份起,按月加薪十元以资鼓励。尚希本此英勇奋斗精神,继续为文化事业前途努力! 专达。　人事委员会主席邹韬奋　廿八年十月十三日"(全集第 9 卷第 244 页)

同日　《一一　对于同人意见的处理》,载《店务通讯》第 70 号,收入《事业管理与职业修养》。(全集第 9 卷第 639—641 页)

《一一　对于同人意见的处理》摘要:

　　"所谓要重视同人的意见,不是一句空话,是要使每一个同事所发表的意见都得到考虑,都不致'落空'。如在各级负责人职权以内的事情,对于同人的意见认为可行的就应该采行,不仅仅是不把它发表;认为不可行的也应该说明理由,不仅仅是把它发表;认为可供讨论的,就应该付之有关的会议中讨论,或在文字上讨论。如在各级负责人职权以外的事情,也应该把同人的意见提出于有关的机构讨论,如理事会、人事委员会、监察委员会等。这些负责机构也不应仅是听听同人的意见而已;认为可行的就应该采行,不仅仅是把它发表;认为不可行的也应该说明理由,不仅仅是不把它发表;认为可供同人讨论的,也应该付之自治会干事会或各组讨论,或在文字上讨论。""每一个意见都须得到考虑,都须有考虑后的结果,这是'不落空'。必须这样,才能使同人在提出意见的时候,很明确的知道他的意见如果是对的,一定有效;如果是不对的,也知道其所以然。我们不但需要言论自由,而且需要有效的言论自由。""重视同人的意见,才能鼓励同人发表意见,同时也希望同人发表的意见能尽量针对着事实。"(全集第 9 卷第 639—641 页)

10 月 23 日　中午,当地警察所长"邀请"福建南平分店经理顾一凡,至县长处谈话,谈话终了,即派人与顾同程返店,将账册银钱及私人行李搬出,然后在店门上贴上封条,顾亦即被拘押,半年后始无罪释放。自称系国民党县政府"奉上峰的命令"封闭南平分店,扣押分店负责人,不准复业。(徐伯昕《生活书店横被摧残经过》,收入

《生活书店史稿》第 242 页,第 10 卷第 333 页)

10 月 28 日 《格鲁大使对日的怒吼》,载重庆《全民抗战》周刊第 94 号。(全集第 9 卷第 247—249 页)

《格鲁大使对日的怒吼》摘要:

"美国对远东的更积极化,正是客观上给与我们以更有利的国际形势,再配合上我们主观的抗战的努力,对于我们的抗战胜利是必然有着更有利的影响。在另一方面,如果我们不善于利用这种有利的形势来加强抗战,反而希望美国可以出来调停中日战争,引导我们走上妥协的道路。姑无论事实上我国的抗战国策是全国精诚团结的唯一支柱,违反这国策必然是民族的千万批罪人,即只是有此动摇心理,传播妥协毒菌,也有着松懈抗战努力的罪恶。这是我们所应极力提防的。"(全集第 9 卷第 248—249 页)

同日 《一二 店务会议的效用与权限》,载《店务通讯》第 71 号,收入《事业管理与职业修养》。(全集第 9 卷第 641—643 页)

同日 《韬奋自述》,载重庆《店务通讯》第 71 号。(全集第 9 卷第 249—250 页)

《韬奋自述》全文:

"最近有些同人在生活调查表上说起同人一天天增多,工作又散在各地,大家有不知道'谁是谁'的缺憾,所以本刊拟从本期起添一栏'同人介绍'。本刊编者第一名点将点到了我,我便义不容辞地写了这一篇简而短的自述,聊尽'抛砖引玉'的任务。""讣告重衔头,哀启重赞誉。还在人间不得死所的我,在自述里都无须这些,只须多报告些老实话,但是报告做过的职务,有些衔头却也不得不附带提及,不过和在一般讣告里有意张大其词的不同。""我曾应读者的要求,在看守所里写了一本《经历》,所以在这里似乎可以偷懒写得更简单些。扼要地说来,我自己看来还是个孩子,据说我已经活到了四十四岁,常觉得出乎我意料之外。在中学时代因是苦学生,半工半读,算是一半进了职业界,民国十年毕业于上海圣约翰后,算是全部进了职业界,到今日也出乎意料之外地有了十八年。做过的事情:(一)中华职业教育社编辑股主任,同时担任中华职业学校英文教员;(二)《时事新报》秘书主任;(三)《生活》周刊、《大众生活》、《生活日报》、《生活星期刊》主编。我的生平志愿只是要做主笔,做新闻记者。目前被公推勉任本店总经理,也是出乎意料之外的,希望能早有同事接手。""有了一妻,二子,一女。老父六十四岁,退休已近二十年,大家族由我和二弟共同抚养。弟妹很多,算不清楚,现在还有四个弟妹的学费用费要照顾到,特征近视,特性性急,牛性发时容易得罪人,近几年常自加重修养,也许可

以好些。"(全集第 9 卷第 249 页)

同日　《本店史话(一)生活书店的前身》,载《店务通讯》第 71 号,收入 1940 年 11 月生活书店重庆版《事业管理与职业修养》,"本店史话"改为"生活史话"。(全集第 9 卷第 716—717 页)

《本店史话(一)生活书店的前身》全文摘要:

"《生活》周刊是民国十四年十月由中华职业教育社创办的。""我以半天时间在该社担任编辑股主任,主持该社出版的《教育与职业》月刊,译著职业教育丛书,及编著英文年刊。大家鉴于《教育与职业》月刊要每一个月才刊行一次,而且是偏于研究职业教育理论的比较学术性的刊物,于是想再出版一种周刊,每星期就可以刊行一次,专门用来宣传职业教育及职业指导的消息和简要的言论。我记得在一天由黄先生做主席的社务会议上(等于我们现在的业务会议或店务会议,每星期开一次),大家对这个问题加以讨论,结果决定办。""采用了杨卫玉先生所提出的'生活'两个字。主笔呢?""公推新由美国学成回国的王志莘先生担任,""'生活'两个字是由黄先生一挥而就的。"(全集第 9 卷第 716—717 页)

同日　《求学高于一切》全文:

"接读来信,知道你希望能得到继续入学的机会,以求深造;但是因为经济问题不能得到适当的解决,因而感到非常焦虑。关于这一问题,我愿贡献一点意见,作为你的参考。""一个正在求学年龄的青年,应当争取一切可能的机会,专心学习,这是没有问题的。但如经济条件不许可,或环境有所限制,当然不能勉强,只有在工作中努力自学,工作了一个时期,俟经济能力相当充裕或环境稍稍改善之后,再作入学校的打算。你过去因为'环境的限制',毕业之后,没有能立刻升学;现在既已'稍积金钱',当然可以继续升学。但是来信述及你所积的金钱,尚未能达到求学的需要,尚须'变卖家产',方能完成高中毕业的阶段,这就值得重加考虑。因为你过去所以没有能够升学,就是因为家庭无力负担你求学的经费,现在如果还要变卖家产,家庭的生活,就要难于维持,不仅和你的初衷完全相背,在事实上,也恐难办到。所以如变卖家产要影响到家庭生活的维持,那就不宜因升学而变卖仅有的家产,只有再继续工作一个时期,俟储蓄的经济力量,能完全供给你升学的需要时,再准备升学,这样,把家庭的产业,留下来维持家庭的生计,你便可以安心求学,不要再顾虑家庭的问题了。好在你现在年龄只有二十岁,升学的时间,稍稍延迟一点,也没有多大关系,同时,在工作的过程中,仍可努力自学,不致把过去学得的功课完全荒疏的。希望你根据实际的情形,审慎考虑,再作决定。请你注意,无论解决什么问题,必须根据实际情形,尽可能的努力,否则徒然焦虑是无益的。"(全集未收,《激流中的水花》第50—51页)

是月 在沈钧儒寓所良庄,欢送叶挺将军出任新四军军长。参加欢送的有沈钧儒、邹韬奋、沙千里、叶挺、章乃器、张申府、王炳南。(《爱国主义的丰碑——中国人民救国会纪念文集》图片第19页)

11月2日 致王炳南便函之二,收入《韬奋手迹》第31页。(全集第9卷第250页)

11月4日 《苏联十月革命廿二周年纪念》,载重庆《全民抗战》周刊第95号。(全集第9卷第251—253页)

同日 《一 对民主集中的正确了解》,载《店务通讯》第72号,收入《事业管理与职业修养》。(全集第9卷第613—615页)

《一 对民主集中的正确了解》摘要:

"民主集中的内容,扼要地说来,有下列四点:""一、领导的机构,一律是由选举制产生。""二、领导的机构须定期对整个组织作工作报告。""三、严格的纪律和少数服从多数。""四、下级机构和全体人员,务必执行上级机构的决议和上级负责人的指示。""民主绝对不是无政府状态,集中也绝对不是独裁的意义。不民主的集中才是独裁;不集中的民主才是无政府状态;两者都是要不得的。我们所需要的是不折不扣的民主集中,不能把它任意分裂开来。如再简单地说起来,大家共同规定的原则,是民主;把这原则交给负责人去负责执行,是集中。所谓严格的纪律,不是任何个人的作威作福,是要负责人严格执行大家共同规定的原则。""所谓少数服从多数,是指任何人都须服从大家所共同规定的原则;是指领导性质机构的会议中,少数人须服从多数通过的决议。""由多数人通过的章程授权理事会或人事委员会所订立的章则,全体同事都有服从的义务,这并不违反少数服从多数的原则。由多数人选举出来的领导的机构与各级负责人的职权,在职权内应有的指示,有关的同事都有服从的义务,这也不违反少数服从多数的原则。""大家共同规定的原则是民主;由大家共同规定的原则所产生的领导机构的机能与负责人的职权是集中;这两方面是相辅相成而不是相违反。不过这里有两点须值得注意的;就是:第一,领导机构的机能与负责人的职权不能违反大家所共同规定的原则;第二,倘若大家发现这种机能或职权有违反章则的地方,可以而且应该提出询问或抗议,要求解释。""还有一点也很重要,那就是询问或抗议,都有一定的'轨道'而不能以个人的'自由行动'来作答复，因为倘若这样，便形成无政府状态，既不是民主，也更不是集中。""我们如要得到民主集中的实益，必须先对民主集中的原则有着正确的了解。"（全集第 9 卷第 613—615 页）

同日　《我们的胡主席》，载《店务通讯》第 72 号。（全集第 9 卷第 253—254 页）

《我们的胡主席》全文：

"我们的胡主席是胡愈之先生，他不是'国府主席'，却是我们书店的编审委员会主席。""胡主席是浙江绍兴人，虽然在上海许多年，还是满口十足道地的绍兴口音，你只要听他把书的'价钱'一致叫做'哥钿'，便可见一斑。他今年虽有了四十四年的年龄，但是活动力和工作力还完全是一个'后生可畏'的青年。以胡主席的这样好的学识文章，却是从商务印书馆编译所做练习生，开始他的文化事业，这一点给与我们——本店的同事们——以无限的'灵感'，特别增加了我们的敬意。他担任《东方杂志》主笔十余年，在工作的过程中，曾赴法留学，赴苏联视察，他的名著《莫斯科印象记》曾震动了千百万读者的心弦。""胡主席是本店的最有功勋的一位同事。他在《生活》周刊时代就经常替我们写国际文章，最有趣的是当时他用的笔名就是照呼他的一个茶房的大名——伏生。他参加本店创办时的计划，等于本店'大宪章'的'社章'就是由他起草的。他对本店的重大贡献不仅是编审，在实际上是包括了我们的整个事业。但是他总是澹泊为怀，不自居功。他的计划力极为朋友们所心折，所以有'诸葛亮'的绰号。我们请得一位'诸葛亮'来做我们的主席，是再欣幸不过的事情！他的特征是脑袋特大。他的特长不仅文章界人讽诵，而且对出版营业无所不精，他的特性是视友如己，热血心肠。他是我们的事业的同志，患难的挚友。"（全集第 9 卷第 253—254 页）

同日　《本店史话（二）空手起家的〈生活〉周刊》，载《店务通讯》第 72 号。（全集第 9 卷第 717—718 页）

《本店史话（二）空手起家的〈生活〉周刊》全文摘要：

"主笔王志莘先生有数十元的薪水，其余的像徐先生和我只是帮忙，但是我们都是中华职教社的职员，所以也可以说《生活》周刊是揩着职教社的一部分的油起家的。可是它是苦出身，并没有一定的资金开头，却是事实，""说它是空手起家，也未尝完全没有理由。""王志莘先生在美国学的是银行学，所以他主编了一年，就脱离去做银行家去了。我揩的是编辑股主任的名义，""他走了之后，这副担子就抛在我的肩上。这个'弃儿'在第一年中并看不出它有什么大的前途，因为职业教育和职业指导在有些人看来似乎并不怎样一般化民众化,订户当然说不到,报贩也不起劲。有一次遇着运动场开运动会,由一位茶博士带了一大堆立在门口分送,——在当时是不敢想到卖得出的。印的数量虽有一千余份,最大部都只是赠给职教社的社员。谁想得到在中国文化界受到千百万读者欢迎的'生活书店',它是在这样惨淡的情景中生长起来的!""老实说,我自己在当时也没有看出这个'弃儿'有什么远大的前程,只是因为它是一个突然失去了保姆怪可怜的'弃儿',我义不容辞地把它收容下来!"(全集第 9 卷第 718 页)

11 月上旬 《〈宪政运动参考材料〉弁言》(10 月 25 日记于全民抗战编辑室),收入同名单行本。(全集第 9 卷第 244—246 页)

11 月 11 日 《悼马相伯先生》,载重庆《全民抗战》周刊第 96 号。(全集第 9 卷第 255—257 页)

同日 《关于宪政的种种疑问》(署名韬),载重庆《全民抗战》周刊第 96 号,收入 1940 年 2 月生活书店重庆版《〈宪政运动论文选集〉代序》。(全集第 9 卷第 257—262 页)

《关于宪政的种种疑问》摘要:

"(一) 有人认为别国在战争的时候正要停止宪政,我们为什么在抗战紧急的时期,反而要实施宪政?""我们是建国与抗战并行的时期,我们应该了解中山先生遗教的精神,顾到现实的需要,而不应该把中山先生的遗教,断章取义,作机械的解释。如强说中国现在的抗战只是'破坏时期',与'建国'无涉,那是机械地运用着中山先生的遗教,显然是不应该的。""(二) 有人认为在此国家对外万分紧张的时候,何必消耗不必要的精力于宪政上呢?""事实上,主张实施宪政,正是要加强抗战的力量,要加速抗战胜利的到来。""由于我们的神圣抗战是采取持久战的策略,是要在抗战的过程只努力进步,愈战愈强,由防御而进步到确能相持,阻敌进展,再由确能相持而进步到整个反攻,驱逐或歼灭敌寇,收复失地,恢复整个中国的国土主权的完整。""(三) 有人说,依各国宪政的发展史看来,宪政运动总是人民向政府争取民权,中国现在提倡宪政,是不是也来这一套?""有人认为宪政运动多少是和政府取对立的态度,甚至有人把'争取民主'与'夺取政权'混为一谈,这不是很危险的吗?""这种疑问在满清末年提出来是有理由的,在北洋军阀时代提出是有理由的,但是在目前的中国,在国民政府领导下的中国,在全国正在努力实行三民主义的中国,提出这个疑问实在是不应该的。""(四) 有人说,真正的老百姓本身不需要而且老实说也不知道什么是宪政,于此可见实施宪政只是少数人的愿望而并不是多数老百姓的要求。说一般老百姓不知道宪政的定义,这未尝不是实际的情形,但是说老百姓本身不需要宪政,却不是事实。老百姓对于国家所尽的义务,尤其是在这抗战建国大时代中对于国家所尽的义务,是异常伟大的;老百姓所应得的权利怎样,对于老百姓本身是有着切肤的关系,是谁也不能否认的事实,试就宪法中所应有的人民义务与权利的规定,国民经济及教育的规定等,那一项和老百姓是没有关系的? 你要摆出学者的架子和老百姓讨论宪政运动史,宪政的理论,他也许说你不过;你如肯不怕麻烦,和他谈谈他的生活,他能做的事情,他在生活上及工作上的希望,他的苦痛,他所受到的土豪劣绅贪官污吏的苛虐,只要他真享得到'言论自由',他是能够如数家珍滔滔不绝地打开话匣和你高谈阔论的。这些要求的实际材料,便是真能反映人民要求的宪政的源泉,我们能说老百姓不需要的吗? 我们不能因为多数老百姓没有说出他们的要求的机会,便把他们的需要和愿望一概抹煞,反而要尽我们的力量,反映他们的要求,要把他们的要求包含在宪政中去,使他们得到真能代表他们的国民大会,得到真能反映他们需要的宪法,而且还要使宪政不仅仅是个点缀品,却是切实执行,能使老百姓得到实惠的民主政治。""有人把宪政运动和政府对立起来,固然是大错而特错;这里把宪政这件事完全推在政府的肩上,使它和人民的努力完全脱离关系,也是大错而特错。宪政既然要反映人民在此时此地的要求,如果人民都三缄其口,不尽量表现他们的意见,这种种要求怎样能反映到宪政方面去呢? 这样'闭门造车'的宪政才是少数人的需要,和多数老百姓是不相干的。""广大地引起人民参加政治的兴趣,使人人感觉到他对于国家大法都有一份贡献和参与,就是民主精神的一部分,也就是极有意义的政治教育。"(全集第 9 卷第 257—262 页)

同日　《一三　会议中的听话和说话》、《本店史话(三)光杆编辑》,载《店务通讯》第 73 号,收入《事业管理与职业修养》。(全集第 9 卷第 644—646 页、719—721 页)

《本店史话(三)光杆编辑》摘要:

"《生活》周刊既是空手起家,它的编辑只配做光杆编辑,是一种很合于逻辑的现象。职教社的几位先生,原来是可以帮忙写点文章的,但是因为他们各忙于原有的职务,所以慢慢地少起来,要向外征文吗? 一文钱稿费没有,刊物的销路又很小,都是一时难以解决的问题。结果往往全期的文章,长长短短的,庄的谐的,都是由光杆编辑包办,并不是他欢喜这样做,却是因为出于万不得已。但是这光杆编辑不干则已,既然干了,却不愿消极,却不愿怨天尤人,存着不高兴或拆烂污的心理。他模仿了孙悟空先生摇身一变的把戏,取了十来个不同的笔名,每个笔名派它一个特殊的任务。""在光杆编辑主持下的这个'编辑部',似乎人才济济,应有尽有!仅仅有了许多笔名是不会凭空生产出文章的,那时没有听到什么'资料室'的名词,补救的办法是光杆编辑采用了'跑街'政策,常常到上海的棋盘街和四川路一带跑,在那一带的中西书店里东奔西窜,东翻西阅,利用现成的'资料室',有些西文杂志实在太贵,只得看后记个大概,请脑袋偏劳,有的也酌量买一点。奔回'编辑部'后,便怪头怪脑地分配各位'编辑'的工作!(全集第9卷第719—720页)

11月15日 《一 宪政与民主》,载重庆《理论与现实》第1卷第8期,收入《宪政运动论文选集》。(全集第9卷第263—276页)

11月18日 《关于宪政的三个基本原则》、《〈读范予遂现实论宪政文〉附言》(署名韬),载重庆《全民抗战》周刊第97号。(全集第9卷第277—279页、280—282页)

《关于宪政的三个基本原则》摘要:

"我们认为政府严厉督促全国各地方当局切实保障约法及抗战建国纲领中所规定的人民权利,实为开展宪政运动及树立宪政先声的最基本的原则之一。""宪政的内容必须更充分地包含全国各方面的进步的力量,以贡献于国家,然后才是由过渡的民意机关国民参政会进步到包含更广、更能反映全国各方面意见的民意机关,而不致有狭隘或偏颇的弊病。尊重各方面意见以巩固全国的统一与团结,实为建立真正宪政的最基本的原则之二。""中国自抗战二年多以来,演变的迅速普遍而深刻,实甚于平时的数十年,这是无可否认的事实。我们研究宪政,决不能把这个甚于平时数十年的伟大的演变,完全置之不顾,否则便无异把时代拉向后转,宪政的实施将不但不能促进国家的进步,反而阻碍了国家的进步,这样一来,原应加强国本的宪政反而成为削弱国本的宪政,是完全违反全国人民的期望的。""我们对于旧的国民大会组织法选举法,旧的宪法草案,便应针对新的时代的要求,加以平心静气的审慎检讨,保存优点而补救缺憾,而不应存着故步自封的成见。宪政内容应适应激变时代以促进国家的进步,实为建立真正宪政的最基本的原则之三。"(全集第9卷第277—279页)

同日 《九 节约和我们的事业》,载《店务通讯》第74号,收入《事业管理与职业修养》。(全集第9卷第714—716页)

《九 节约和我们的事业》摘要:

"节约应该是经常的事情,但在今日还富有一种时代性。为什么呢?第一,中国抗战了二年多,胜利的曙光虽日益接近,但行百里者半九十,物质的缺乏也是一种不能免的现象,立于拥护抗战建国的立场,本店的节约运动可说是全国节约运动中的一个支流。第二,本店在这抗战二年余的今日,虽应着抗战文化的需要,规模日广,同事日多,但经济上周转不易,一个钱要当两个钱用的需要也比以前来得急迫,为着维持本店事业计,有更努力节约的必要。第三,店的据点日多,同人散处各地,管理上容易松懈,浪费的事情也随着容易发生,在主观上,人人都是爱护整个事业的,在客观上也许还不免有疏忽的地方。所以在目前情况之下,更有提倡节约运动的必要,使每一位同事都认识这件事的重要性,都能加以更有意识的努力。""此外在实行方面,还有两点值得我们注意:(一)勿因细小而忽略。例如晚间的电灯,无论是办公室里的或寄宿舍里的,走开的时候,如没有余下的人在那里,必须随手把灯关闭,否则电表上无声中急转过去的每一刹那,都在对准着我们店的经济力作'消耗战'!""这种损公而并无益于己的恶习惯要铲除——就是损公而利己的事情,当然也应该力诫——最重要的是要使自己养成爱惜公物的良好习惯。""(二)同事中对于节约要互相勉励。""我要对全体同事提出一点共同勉励,那就是遇着有同事指出我们任何人中有浪费公物的过失,都应当虚心接受,千万不可因此老羞成怒,由此结起私怨。(倘若所指出的浪费并非事实,当然也可以加以解释。)同时,对同事提醒这类浪费事实的同事,却应该诚恳婉和,不应该疾言厉色,好像寻相骂,如果我们都能遵守互相勉励的原则,对于本店节约运动一定可有很好的帮助"(全集第 9 卷第 715—716 页)

11 月 25 日　《读六中全会宣言》、《〈我们要求怎样的国民大会〉附言》(署名韬),载重庆《全民抗战》周刊第 98 号。(全集第 9 卷第 283—284 页、285—287 页)

《读六中全会宣言》摘要:

"第五,对抗战方针重申四大原则:(一)反对日本侵略;(二)尊重国际公约;(三)不参加防共协定;(四)外交自立自主。同时说明中国抗战不仅有关自身的自由独立,而且有关人类正义与世界和平。这完全是因为我国的利害和人类正义与世界和平是相一致的,而并不是立国只须顾到自己利害而不必顾到人类正义与世界和平。""以上所举几点都是进步的方向,中国向着这些进步的方向切实努力,'不妥协不受骗',必然获得的是光明的前途。"(全集第 9 卷第 284 页)

同日　《关于调整薪水与津贴的办法》、《本店史话(四)四毛钱一千字的特约撰述》,载《店务通讯》第 75 号,收入《事业管理与职业修养》。(全集第 9 卷第 665—668 页、720—721 页)

《本店史话(四)四毛钱一千字的特约撰述》摘要：

"可怜的'弃儿'已渐露头角了，不到二年，销数由二千余份突增到二万份以上，胆子越弄越大，不但有了国内的特约撰述，而且有了国外的特约的通讯，最初两位是在日本的徐玉文女士，和在美国的李公朴先生。""他们两位有个共同的优点，就是写得非常的勤，源源不断地来，同时光杆编辑和他们也经常有密切的通信，深深地感谢他们，热烈地鼓励他们。""越弄越有劲儿，不但由国内四毛钱的特约撰述，发展到国外一只洋的特约通讯，而且还有漫画！由徐伯昕先生笔名吟秋的'免费'漫画到倪绵贤先生五毛钱的特约漫画，可算是应有尽有了！"(全集第9卷第720—721页)

12月2日　《日寇犯桂的回光返照》、《救国老人的哀荣》(署名记者)、《〈吴承仕先生赴义不屈〉附言》、《希望改善疏散后的学校行政》(以上二则署名韬)，载重庆《全民抗战》周刊第99号。(全集第9卷第287—289页、289—290页、290—291页、292—293页)

《日寇犯桂的回光返照》摘要：

"在我国坚持持久抗战的过程中，每遇军事上有一次激战，敌人如得到若干进展，往往不免引起有些人的过分忧虑甚至消极，使敌人汉奸得到'谣言进攻'或企图动摇我们抗战意志的机会，这一点首先须要我们的严格注意。""日本自称战时可召集三千万兵员，但据最低估计，日寇在中国战争二年间，死伤达一百三十万，除了伤者之中有一部分可以重上前线者外，死与重伤而不能再当兵者约八十万，加上在中国关内处处被胶着的七十五万及东北四省的二十万，在后方及其他殖民地者若干万人，日寇人力的枯竭，可以想见，它的最后的挣扎只是回光返照，是无可疑的。""根据事实说明日寇犯桂不能破坏我国的整个抗战计划，只是敌人最后挣扎的回光返照，我们不应因此动摇抗战的意志。但在另一方面，我们不但不应轻敌，而且应深自反省，到了今日，我们还只能限于相持的阶段，有的时候还不能完全阻止敌人的飞机的冒险突击，我们应怎样更努力于更坚强的反攻力量的造成，敌人的愈战愈弱虽为铁一般的事实。但我们的愈战愈强所已达到的程度，还不够完全阻敌进犯，进一步作驱逐敌寇的有力反攻，这是我们所应深刻认识与加紧奋斗的。"(全集第9卷第288—289页)

《〈吴承仕先生赴义不屈〉附言》摘要：

"先生以五六十岁的年龄，宁愿遭受敌人的毒刑，而不肯泄露平津一带我国爱国学生的救国抗敌活动，这是只知有祖国，有同胞，而不自知自有其身，虽至遭敌支解而始终不屈，这是我们中华民族舍生取义杀身成仁的最可宝贵的

民族道德,最可以动天地泣鬼神的最可崇敬的精神。我们对先生的被敌惨杀,
固然不胜其悲痛愤慨,但仅仅悲痛愤慨是无济于事的,我们必须发挥光大先生
为国艰苦奋斗的精神,发挥光大先生宁死不屈的精神,使一个吴承仕先生虽不
幸遭敌惨杀,有着千千万万的吴承仕先生继之而起,为吴烈士报仇,也即是为
中国争取独立自由。""吴先生这次被捕,是因为汉奸报告敌方,谓吴思想左倾,
在平津学生界极有势力。依敌人和汉奸们的看法,把不愿做亡国奴的中国人,
尤其是像吴先生这样热烈爱国的人,都替他戴上'思想左倾'的帽子,这原不足
为奇,不过有一点却更显出敌人和汉奸们的愚蠢,就是他们因为吴先生在思想
上能领导许多青年爱国救国,在平津学生界极有势力,便把他惨杀,以为如此
便可以断绝中国人的爱国思想和救国努力,其实敌人和汉奸们恰恰打错了算
盘,因为正是由于吴先生'在平津学生界极有势力',他的被敌惨杀,更要引起
爱国青年更深刻的认识与拼命,更要产生无量数的爱国救国的青年,起来为国
奋斗,正是促成如上面所指出的,一个吴承仕先生虽不幸遭敌惨杀,却有着千
千万万的吴承仕先生继之而起!"(全集第 9 卷第 290—291 页)

同日　《同人福利普遍性的研究》、《本店史话(五)光杆编辑兼光杆书记》,载
《店务通讯》第 76 号,收入《事业管理与职业修养》。(全集第 9 卷第 662—665 页、721—
722 页)

《本店史话(五)光杆编辑兼光杆书记》摘要:

"所谓'生活周刊社'的内部事情,在实际上最初就只是两个半的同事干
着。除光杆编辑算一个外,还有一个是徐伯昕先生,还有半个是孙梦旦先生
(他有一部分时间还兼任职教社的事情)。读者的信件多了,光杆编辑不得不
兼任光杆书记,自己拆信,自己看信,自己起草复信,自己誊写复信(因要存
稿)。忙得不可开交,但也乐得不亦乐乎。因为做编辑最快乐的一件事就是看
读者的来信,尽自己的心力,替读者解决或商讨种种问题。把读者的事看作自
己的事,与读者的悲欢离合,甜酸苦辣,打成一片。当然,光杆编辑不是万能,
遇有必要的时候,还须代为请教专家,拿笔之外,还须跑腿,讲到读者来信的内
容,真是形形色色,无所不有","有一次我写了三千余字的一封复信,说服了一
个做未婚夫而万端多疑的青年,终于玉成了他们一对快乐的小夫妻,他们于欣
慰之余写信来说要把《生活》周刊作为他们快乐家庭的永远读物。有许多事,
编辑当然有严守秘密的责任。这种对读者的尽心竭智的服务是'生活精神'的
一个重要因素,是生活书店最重要的基础。"(全集第 9 卷第 721—722 页)

12 月 9 日　《本刊百期纪念》、《〈宪政座谈与宪政运动〉附言》、《〈旧恨新仇〉附

言》(以上两则署名韬)、《〈全民抗战〉周刊第 100 号编辑以后》(未署名),载重庆《全民抗战》周刊第 100 号。(全集第 9 卷第 293—297 页、297—298 页、298—299 页、299 页)

《本刊百期纪念》摘要:

"取名《全民抗战》的本刊,是由《抗战》三日刊与《全民》周刊,于民国廿七年七月七日,也就是'七七'一周年纪念日,在汉口合并编行的。《抗战》与《全民》都是诞生于这次争取民族独立自由的伟大战斗中,这两个刊物为着集中力量而合并,适在踏上神圣抗战第二年更重要的新阶段。在这抗战重要阶段中作为一个鼓动前进的小小号兵《全民抗战》,它的生命是和国家民族的生命交织在一起,备尝着这时代的兴奋鼓舞与艰苦困难。""略谈关于本刊的任务。关于这一点,本刊创刊号曾经这样说过:'本刊在抗战建国总的任务下,当前实践的任务,我们认为有两个:一是巩固全国团结,提高民族意识,灌输抗战知识,传达解释政府的国策,剖析国内政治、军事、经济、文化、以及国际之情势,为教育宣传的任务。另一是以使政府经常听到人民的声音,民间的痛苦,动员的状况,行政的优劣,使政府在领导抗战,实施庶政上得到一种参考,为我们政治的任务。'这在今日还是一贯的。如更具体一些说,我们特别注意的有三点:第一是坚持抗战,拥护政府的抗战国策,反对妥协投降。第二是巩固团结,反对党派摩擦,反对任何挑拨离间分散整个民族一致对外的力量。第三是推进民主政治,藉此加强民众动员,参加抗战建国工作,加强国民对参加政治改善政治的兴趣与责任,反对任何损害民权违反法治的行为。简单说来,坚持抗战,巩固团结,推进民主,是我们在抗战建国时代中目前最重要的任务,是我们愿与全国同胞共同勉励积极努力的任务。"(全集第 9 卷第 293—297 页)

《〈宪政座谈与宪政运动〉附言》摘要:

"还有人骂宪政座谈会是空谈,由此断言宪政座谈会是不必要的,或是要不得的,其实谈的空不空要看所谈的是什么内容。根据实际的情况研究宪政应有的办法,不能目为空谈。根据宪政的内容作切实的检讨与建议,不能目为空谈。根据宪政的内容作明确的解释,不能目为空谈。否则一切研究工作,一切教育工作,都可加上'空谈'的罪名而完全取消了!在实际上,政治教育愈扩大而普及,了解宪政真谛的人民愈多,注意与研究宪政问题的人愈多,对实施宪政的基础,也愈有良好的培养,对于真正宪政的实现也愈有贡献,于实施宪政是有很大的帮助,是很显然的。"(全集第 9 卷第 297—298 页)

《〈全民抗战〉周刊第 100 号编辑以后》摘要:

"我们一向欢迎读者对于本刊有批评建议,我们也时时在设法使本刊的内容充实，新鲜活泼。总之：读者的建议，只要在我们能力能够办到，无不力求进步的。最近因为有人批评本刊过于偏重政治，失去了综合刊物的多样性，也许要使一部分读者，感到有些单调，故从一百期起，我们打算纠正这种偏向。同时为了加深一般读者对政治、国际以及专门问题的研究起见，今后拟随时另刊各种专门问题的别册，提倡研究资料。想来这一定是本刊读者诸友所乐闻的。"（全集第 9 卷第 299 页）

同日　《在过渡社会中的薪水与津贴》、《本店史话(六)生活与服务》，载《店务通讯》第 77 号，收入《事业管理与职业修养》。（全集第 9 卷第 659—662 页、722—723 页）《本店史话(六)生活与服务》摘要：

"服务是'生活精神'最重要的因素，也可说是'生活书店'的奠基石，它在《生活》周刊时代就已萌芽了。最初的表现是尽心竭力答复广大读者的来信，当时我们答复的热情不逊于写情书，一点不肯马虎，鞠躬尽瘁，写而后已！最盛的时候，有四位同事专门担任拆信与抄信的事情。读者和我们真做成了好朋友，不但大大小小的事要和我们商量，在海外的侨胞和在内地的同胞，还时常寄钱来托我们买东西，买鞋子，买衣料，都在'义不容辞'之列，这当然需要跑腿，选择，包寄，买得不十分对还要包换：麻烦虽是麻烦，但是寥寥几个同事却没有丝毫烦躁或不高兴的意识，简直跑得愉快，麻烦得愉快！""所代买的东西之中，书报占最大部分，其初我们只是由同事兼带照料，后来愈来愈多，兼带不了，于是才于民国十九年设立'书报代办部'，对读者还是纯尽义务，不过与同行立有合同，用特殊批发折扣的一些收入作该部一部分的开销。""这'书报代办部'是附属于'生活周刊社'的，它可算是'生活书店'的胚胎。最可注意的是它的产生完全是'服务'做它的产妇，服务成为'生活精神'的最重要的因素，这不是凭着口说说的，是的确有着它的可宝贵的历史。"（全集第 9 卷第 722—723 页）

12 月 10 日　"重庆青年宪政问题讨论会在中山三路美专校大礼堂举行，到会五百余人。会上讨论了'青年对宪政应有之认识'等问题"。"邹韬奋在会上演讲了实施宪政的有关问题。"（《南方局党史资料·大事记》第 77 页）

12 月 15 日　四川实业家卢作孚应生活书店之约请，在总管理处作"办事经验"的讲演。（《店务通讯》第 78 号"总处近讯"栏）

"1939 年到重庆以后，韬奋又当面向周恩来提出入党要求。周恩来鼓励他还是以党外人士身份工作为好，亲切地对他说：'目前党还需要你这样做。'"（徐伯昕《生活书店是怎样接受南方局的领导的》，收入《南方局党史资料·文化工作》第 267 页）

12 月 16 日　《吴将军与民族气节》，载重庆《全民抗战》周刊第 101 号。(全集第 9 卷第 300—301 页)

《吴将军与民族气节》摘要：

"吴将军近数年来在北平敌伪重重包围之中，始终坚守着民族气节，值得我们的崇敬。""'七七'以后，国难益深，日寇即想利用吴将军以前在军界的潜势力及复杂的旧部，令作傀儡，吴氏屹然不动，日寇威迫利诱，无所不用其极，甚至伪造宣言，假发通电，而吴氏身陷危境，始终不变，汪逆精卫北上用尽诱惑手段，亦无所得。最近日寇因汪逆精卫的伪中央政权即使勉强成立，仍不足以号召，于是更急图强迫吴将军出任某重要军职，企图藉此加强傀儡组织的'声誉'。自上月廿五日起，日寇即派大批特务包围吴将军住宅，敌酋坂西并亲自胁迫他与汪逆合作，或在华北自树一帜。虽被吴将军拒绝，坂西仍在继续逼迫中。日寇愈逼，吴将军愈坚拒，他的民族气节愈发挥它的万丈光芒，愈表示中华民族是世界上有气节的民族，是必然要争得独立自由的民族，使敌人惊慌，汉奸愧怍，世界正义感人士加强他们的同情，这是吴将军在始终保持民族气节这一点上对于中华民族所贡献的最大的功绩！吴将军在威权煊赫的时代，我们反而说不出他对于国家有何贡献；在他晚年艰贞苦斗的时代，对于正在艰苦抗战的祖国，却有着很伟大的贡献：这就是由于他能保持民族气节，在极艰苦的环境中保持民族气节，在九死一生的挣扎中保持民族气节。""吴将军因严厉拒绝敌人无耻逼迫而死得愈凄惨，给与全国同胞的哀思愈深刻，因为他的死是为着保持民族气节而死，而民族气节是民族解放斗争中最可宝贵最可崇敬的精神。""与吴将军的正气磅礴恰恰相反的是汪逆精卫的卖身投靠，丧尽了他的民族气节。""吴将军宁死不屈，受全国的崇敬，虽死犹生；汪逆婢颜奴膝，受全国的唾弃，生不如死，吴将军临死时'死的好'三个字激动了全国爱国同胞的心弦，引起了全国爱国同胞的悲悼，加强了全国爱国同胞对于抗战的努力。汪'优男'虽千言万语，掩饰不了他的罪恶，欺骗不了全国的人心！"(全集第 9 卷第 300—301 页)

同日　《我们对于政治应有的态度》，载《店务通讯》第 78 号。(全集第 9 卷第 302—304 页)

《我们对于政治应有的态度》摘要：

"在商言商，对于政治应该有着什么态度，似乎是没有注意的必要。但是我们的这个商业机关和卖馄饨的五芳斋，或卖糖果的冠生园，究竟不同，因为它是文化的商业机关，卖馄饨和糖果是只含有经济性的，经营文化食粮却含有政治性。我们对于政治的态度,和我们所编行的书报的内容,和我们所经售的一切书报的内容,以及和我们的作风,在在都有密切的关系;因此,我们对于政治的态度究竟应该怎样,应该弄个一清二白,不应迷迷糊糊,像盲人骑瞎马,半夜临深池!而且盲人这样瞎来,死的只是他个人的一条命,死了就算了,虽然可怜,影响有限;文化事业却与国家民族的生命交织在一起,责任重大,更是不应该瞎来的。""我们对于政治应有的态度,却不是从什么党派的立场做出发点,是从国家民族及人类的光明前途做出发点。""第一、我们应该坚决巩固全国精诚团结,反对任何挑拨离间、反对引起党派摩擦、反对分散整个民族力量的言论。我国当前最大的敌人是日本帝国主义者,我们为中华民族的自由独立,为全人类的正义,必须全国精诚团结,集中力量来对付日本强盗,绝对不许内部再有任何分散国力以利敌人的行为。这一个扼要的原则,是每一个中华民国的儿女所应该深刻认识,切实执行的。明白了这一点,凡是含有挑拨离间引起党派摩擦作用的书报,我们绝对不编行,也绝对不代售。""第二、我们在积极方面服膺三民主义,但不在消极方面参加任何党派斗争。""任何党派,只要它是在忠于中华民族,拿出力量来参加抗战建国的工作,我们都表示敬意。(汉奸的狐群狗党当然除外)我们不愿在消极方面帮甲党骂乙党,也不愿帮乙党骂甲党;也就是说,我们不在消极方面参加任何党派斗争。这一态度当然也要反映到我们的工作内容;我们自己不编行参加党派斗争的书报,也不愿代售有关党派斗争的书报。我们以有限的人力物力,在积极方面做有益大众的文化工作还来不及,原来也没有工夫做消极的工作。""第三、我们是主张民主政治的,直接间接反对民主的一切言论,我们都反对。民主政治不单是世界的潮流,也符合中山先生的遗教。""反映到我们的工作内容,便是我们自己不编行反对民主政治的书报,也不愿代售反对民主政治的书报。"(全集第 9 卷 302—304 页)

同日　《本店史话(七)〈生活〉周刊的发展》,载《店务通讯》第 78 号,收入《事业管理与职业修养》。(全集第 9 卷第 723—724 页)

《本店史话(七)〈生活〉周刊的发展》摘要:

"《生活》周刊是创办于民国十四年十月,我的正式接办是在十五年十月,最初只是一单张,慢慢儿扩展到一张半,至十八年五卷起,才扩展到本子的格式。""《生活》周刊在三年间从二千余份增加到四万余份,它的声誉,一天天隆盛起来,读者群一天天广大起来。""我们的这个小小周刊幸亏非常节省,勉强支持,但是要发展却非另有筹款办法不可……唯一办法只有'自力更生'!由一张加到一张半,不是一想就办到的,我和伯昕先生商量又商量,一方面充实内容,推广销路,一方面努力拉广告,经了好久时间,才把这个愿望实现。要由一张半加到本子格式,不但要增加篇幅,而且还要加上订工,是个更大的难关,更不是一想就办到的,我和伯昕先生商量又商量,一方面更充实内容,更推广销路,一方面更努力拉广告,又经了好久时间,才把这个愿望实现。"(全集第9卷第723—724页)

同日 致信严长衍,请严即回渝担任书店生产部主任一职。该信写于12月14日,署名弟韬奋、伯昕。载《店务通讯》第78号。(全集第9卷第304—306页)

12月21日 《致王炳南便函之三》,收入《韬奋手迹》第32页。(全集第9卷第306—307页)

12月23日 《关于宪政促进会》、《〈孤岛上维护民族正气的学生〉附言》、《〈县政腐败的症结〉附言》、《关于刘良模先生的消息》(以上三则署名韬),载重庆《全民抗战》周刊第102号。(全集第9卷第307—309页、309—310页、310—311页、311—312页)

《〈孤岛上维护民族正气的学生〉附言》摘要:

"这是上海法政学校校友陈立予先生转述该校在上海的同学艰苦维护民族正气的一幕。上海自汪逆到后,对文化界横施摧残,威胁利诱,卑鄙手段,无所不用其极,令人发指。但在另一方面,我们看到爱国的青年学生虽在极艰危的环境中,对于附逆的汉奸,绝不受其麻醉拢络,这是非常令人兴奋的。我们对艰苦奋斗中的上海法政学校的同学们,愿致诚恳的敬意。""依这封信里所说的情形,校方还要强辞袒护附逆的教授,后来虽决定王教授解聘,又强迫学生写悔过书,这是莫大的憾事。王教授如果没有附逆的行为,校方应举出事实公开告诉学生;既已决定解职,便已承认他的辱国行为,在学生方面便是完全对的,何以又要强迫学生写悔过书呢? 指反对教授附逆为应悔之过,那末追随教授附逆才是正常行为吗? 这种'教育原理'实在令人费解的!""上海法政学校的同学们为着顾全大局起见,情愿忍痛给校方记过,被藉辞强令退学的同学情愿改为旁听,他们认为这在学生方面已是充分让步,体谅校方的行为,而校方却仍'态度强硬'! 教育者对于青年用单纯的'强硬'手段,是必然走上失败的道路,而况是站在附逆方面对学生'强硬',更是自掘坟墓的暴行!"(全集第9卷第309—310页)

《县政腐败的症结》摘要:

"依中山先生的遗教,县是自治的单位,对于县是非常重视的。现在县政之不如人意,固然是事实,但是制度与人选都有问题。据国民参政会川康视察团中朋友所谈，县长上面有二十几个上司机关给他命令，事务如此之繁，职权如彼之小，待遇如彼之薄，虽有贤者，无能为力。他们说，关于县长，有人认为是'望之如圣贤，防之如盗贼，弃之如敝屣'，可谓慨乎言之。当然，人选也大有问题，不过制度如不改善，虽有贤材，无所施展。"（全集第 9 卷第 310—311 页）

同日　《检讨一年来的工作》，载《店务通讯》第 79 号，收入《事业管理与职业修养》。（全集第 9 卷第 709—111 页）

12 月 29 日　《致王炳南便函之四》，收入《韬奋手迹》第 33 页。（全集第 9 卷第312 页）

12 月 30 日　《迎一九四〇年》，载重庆《全民抗战》周刊第 103 号。（全集第 9 卷第 313—315 页）

《迎一九四〇年》摘要：

　　"我们试追溯一九三九年的前夜，那时正是在我撤退广州敌入武汉之后，汪逆精卫发出所谓艳电，藉'和平'的烟幕，实行他的为虎作伥、妥协投降的时候。在汪逆出逃以前，他和他的逆徒周佛海陶希圣等，还利用他们当时所处的地位，在言论上传播他们的毒菌。还有些人不免受他们的欺骗，对其他正确的言论加以嫉视，但是后来汪逆的一群终于渐渐显露着他们的尾巴，这尾巴的显露，在汪逆等是不幸，而在中华民族却是莫大的幸事，因为抗战阵营中排除了这类对抗战不忠诚的动摇分子，反而较前巩固，不致让他们躲藏在内部肆其破坏伎俩，使人防不胜防。尤其可以欣幸的是汪逆等秉承他们的'主子'的意旨，多方挑拨离间中国内部的团结，多方挑拨离间中国与援助中国抗战的友邦的关系，尤其是中苏的关系，而我们全国上下却始终认识清楚，始终坚决，为抗战保持了最基本的一个条件。""国际上每发生一个事件，都直接间接引起有些人的动摇抗战必胜的信念，甚至因不认识事件的本质，惑于敌人汉奸的从中挑拨离间，把友邦和侵略者混淆不清起来！现在经过事实的表现，实际的内容已渐为人们所明了，中国以全国团结坚持抗战所发挥的伟大力量，不但在远东绝对不是捷克，绝对不是阿尔巴尼亚，绝对不是波兰，也绝对不是任何第三国的妥协所能牺牲，而且由于这二年余的全国团结坚持抗战所发挥的伟大力量，使日寇泥足愈陷愈深，减少它威胁苏联的力量，由此使苏联更可放手在欧洲发挥它的举足轻重减少战祸的伟大作用。所以我们只能巩固团结，坚持抗战，在事实上不但能达到自卫的目的，而且还可以转移国际形势，有利于我，同时有利于世界。这也是一九四〇年所要继续努力的。""在已过一年中虽在九月底有湘北大胜，使敌伪丧胆，全国鼓舞，而在三月间南昌放弃，最近南宁陷落，却表示我国抗战虽愈战愈强,不致因局部暂时顿挫而影响全局,但国力进步不够,相持形势中却还不能阻止敌人跳跃的进攻,这还有待于更大的努力,这一点却是值得我们警惕的。所以我们热烈迎接一九四〇年,是要热烈迎接巩固团结坚持抗战与求进步的一九四〇年!"(全集第 9 卷第 313—315 页)

同日 《本店的事业与新年》,载《店务通讯》第 80 号。(全集第 9 卷第 315—317 页)

《本店的事业与新年》摘要:

"我们这些成年人遇到新年,虽不像孩子们那样贪吃好玩,但是也有着特殊的感觉;我们这一群是共同努力于中国的前进的文化事业,我们的特殊感觉,除个人的以外,还有共同的,那就是对于我们共同努力的事业,在这新年中,也应该有着特殊的感觉。""我们希望在来年中对于中国的文化有更进一步的贡献,首先要注意的是要先健全我们这个集团。关于这一点,有三个因素特别重要:第一是资金;第二是计划;第三是干部。我不是说这三个因素我们在以前都没有,但虽有而都不够。本店是靠'自力更生'起家的,原来就没有巨量的资金给我们运用,全靠大家省吃省用,用自己的共同努力'挤'出来的一些资金来应付。抗战爆发后,因应抗战文化的急迫需要而在短期内建立了许多据点,增设了许多分店,于是资金不够就成为一个严重的问题。""本店在合作精神上有它的特点,在保全这个特点之下扩充资金,是很费周折的。这件事不是不在焦思苦虑地想办法,因为有上述的困难,所以未能速成。现在我可以负责告慰同人的,是扩充资金已有相当解决的办法,这项借用的资金仍须计息按期归还,仍须很勤俭地按着新的生产计划运用,但不致像以前那样的虽欲苦过而不可得的情况,是可以好得多了。""现在留下尚待努力的是计划和干部的充实问题。关于编审及营业方面,去年原也有相当的计划,但是远不够周密,我们应该根据对于以往的检讨,保留原有的优点,补救所有的缺点,起草新的计划。""仅有计划,不能自行,不能执行的计划,等于没有计划,所以干部的充实问题非常重要。本店向来最大的特色之一是有着一群得力的干部,外面的朋友谈起生活书店,总要敬羡生活书店的一群英俊有为的得力干部。""本店事业在较短时期中有着迅速的发展,因此同事的数量突然增加。新加入的同事对于我们共同努力的事业都有着忠诚热忱,固然是事实,但是我们应该怎样用教育方法增进同人对于文化事业有更深刻的认识,对于本店的奋斗历史及服务精神有更深刻的了解,对于工作技术有更速的进步,这是有待于我们更大努力者一。""我们应怎样用沟通方法加强同事的彼此间的了解,增进同事的彼此间的友爱,这是有待于我们更大努力者二。对于干部的工作不但应分配得当,而且还要根据计划加以经常的视察与鼓励,帮助解决在执行过程中所发生的困难,在计划结束时应根据检讨,分别奖励,由此增加工作的效率,这是有待我们更大努力者三。此外干部在生活上有何困难,应提出研究,以最大努力帮同解决。爱护干部就是爱护事业,关于这一点,各级负责人尤其应该时时加以深切的注意。"(全集第 9 卷第 315—317 页)

12 月 31 日　胡愈之从桂林飞抵重庆,次年 1 月 11 日返桂。(《店务通讯》第 84 号"同仁消息"栏)

秋冬　为开展民主宪政运动,策划组织"政治讨论会"(不是团体,不设机构,只是原救国会核心人物的一种活动形式),成员有沈钧儒、张申府、章乃器、邹韬奋、柳湜、张友渔、钱俊瑞、沈志远、于毅夫、李赓等。扩大活动范围的分工计划,其中各党派方面的活动主要为统一建国同志会及宪政运动聚餐会,由沈钧儒、章乃器、张申府、邹韬奋、史良负责。(沈谱、沈人骅编《沈钧儒年谱》第 224 页)

1940 年"由于生活书店本身发展的历史,以及所受的政治压迫,并且为了对革命事业更为有利,它接受和实行党的领导的方式,是靠书店负责人和党的南方局的领导同志进行个人联系,并通过在书店工作的地下党员在内部发挥作用来实现的。""一、接受南方局(领导)以前生活书店和党的关系　生活书店和党的关系是由书店的创办人邹韬奋的政治态度起决定作用。""三十年代初,正是经过极为严酷的白色恐怖,革命力量遭受惨重摧残,而又集聚起来的时候,""以《世界知识》和《文学》两个大型期刊为中心的一批编委和特约撰稿人中,中共党员和进步的文人学者成为生活书店在编辑出版方面的有力支柱。""钱亦石、张仲实、金仲华、钱俊瑞、柳湜、艾寒松等党与非党在文化工作方面的领导骨干力量,先后担任生活书店编辑部和期刊编辑的主要负责人。他们在工作中有意识的宣传马列主义,体现和贯彻党的方针政策,使生活书店成为三十年代国统区文化战线上反文化'围剿'的重要阵地。""他(韬奋)强烈地要求参加中国共产党这一心愿,从 1935 年起到他 1944 年近世前,始终不渝。""二、生活书店接受党的南方局的领导的一些情况(1) 1937 年秋冬,生活书店总店(后改称总管理处)迁至重庆,韬奋常去访看周恩来以及南方局的其他同志,面谈和请教书店工作以及他在政治活动中所遇到的问题,及时得到指点,恩来有时也找韬奋,通知或提醒一些事情。这是这个时期书店接受党的南方局领导的主要通道和方式。""(2) 书店常请中共办事处的一些负责同志来书店讲话做报告。这样的事在汉口就已经开始。1938 年 2 月,周恩来应迁来汉口生活书店的同人做'关于当前抗战形势和青年的任务'的报告。这是党中央领导人首次对书店同人直接进行政治教育。1939 年 6 月 9 日,""在重庆生活书店总管理处做'抗战第二期的文化工作的报告。来生活书店做报告或者讲话的南方局的领导同志还有董必武、叶剑英、博古、凯丰等。""(3) 1938 年冬季，""中共办事处指定徐冰为领导三书店(生活·读书·新知)工作的具体领导人，一直到抗战胜利。"(4) "从汉口到重庆，中共办事处对书店的编辑出版工作是大力支持的。支持的办法：一是向书店提供延安出版的中国出版社和解放社的样书，由书店发往上海(已沦陷)重版，运到内地及香港、新加坡等地销售；二是向书店提供推荐稿件。""推荐的稿件，由书店编辑工作的主持人秘密经手，难有一个确切的统计或书目。""(5) 1940 年夏秋，接替沈志远任书店图书编审工作的是胡绳，太平洋战争之后是张友渔，抗战胜利之后又是胡绳。胡绳、张友渔领导机构与党的关系密切，他们无异于党派在书店的代表。除了编审工作，还过问书店的人事以及干部教育方面的问题，""加强了党对书店的领导。""特别是韬奋出走以后及逝世，失去了书店接受党的领导的主要通道，有一位相当于党代表常驻书店，对书店工作有很大的好处。""(6) 书店出版的《抗战》《全民抗战》《世界知识》《妇女生活》等期刊杂志的主编人：韬奋、柳湜、茅盾、金仲华、胡绳、沈兹九，除金仲华在香港外，""都和南方局领导同志或有关同志有直接的联系。""(7) 1938 年 12 月底，""胡愈之从桂林到重庆，和韬奋、书店部分领导一起总结工作，修订《生活出版合作社章程》，1939 年 2 月，社员大会通过，选举出第五届理事会等领导机构成员，书店在""经营管理方面更加充份体现了为人民服务和民主集中制的精神。""(8) 1940 年韬奋从中共办事处拿到毛主席的著作《新民主主义论》，高兴地对人讲述著作内容，并把书中的一些论点，立即引用阐述，写到《事业管理与职业修养》的文章中去。""(9) 1938 年李公朴去延安，毛主席在会见时提出：今后文化教育出版事业要考虑广大沦陷区的工作，应该在华北、华中、华南分别设立据点，以适应敌后各个抗日根据地的需要。"(徐伯昕《生活书店是怎样接受南方局的领导的》,《南方局党史资料·文化工作》第 267 页—272 页)

1940 年(民国二十九年) 46 岁

2 月　毛泽东发表《新民主主义论》。

3 月　日本扶持汪精卫于南京组建国民政府。北京临时政府、南京维新政府并入南京国民政府。

8 月　彭德怀指挥第十八集团军在华北打响发动"百团大战"。

9 月　国民政府定重庆为陪都。

1 月初　《〈宪政运动参考材料〉第二辑导言》(1939 年 11 月 10 日记于全民抗战社),收入同名单行本。(全集第 9 卷第 254—255 页)

1 月 6 日　《应记取的沉痛誓言》,载重庆《全民抗战》周刊第 104 号。(全集第 9 卷第 321—323 页)

《应记取的沉痛誓言》摘要:

> "东北四省不只是东北同胞的东北,而是全中华民国同胞的东北,东北的存在是整个中国存亡的关键,我们想到东北失地的未复,其悲切沉痛是和东北同胞一致的;'我们必收复东北'(同时当然要收复其他的沦陷区),这不仅是东北同胞应记取的沉痛誓言,也是全国同胞应记取的沉痛誓言。""抗战的目的是必须收复一切失地,这是天经地义,无待赘言的,何必特别郑重提起东北四省乃至长城以北的国土呢? 这却有它特殊的原因。日本强盗在国际上千方百计企图诱惑各国承认他所一手制造的'满洲国',这是众所周知的事实。而且在国难于九一八开始以后,国内还有少数认识不清的人认为只须老实放弃东北,就可太平无事,那时甚至有所谓学者高唱'毒蛇在手,壮士断腕'之说。这种'妄想苟安'的心理是最须严厉消除的。具有这种谬误心理的人根本不认识日本强盗的侵略中国,绝对不是我们的苟安退让所能中止的。"(全集第 9 卷第 321—322 页)

1 月 9 日　举行茶话会欢迎胡愈之,并请陶行知、史良、胡子婴参加。胡愈之作国内和国际形势报告。(《店务通讯》第 82 号"总处动态"栏)

1 月 10 日　举行理事会第五次常会,讨论 1940 年度工作计划大纲。计总的方针十条,社务部分十四条,业务部分总的三十一条,总务十三条,主计十一条,编审九条,生产十一条,营业十八条。(《店务通讯》第 82 号"总处动态"栏)

1 月 11 日 胡愈之返回桂林。(《店务通讯》第 84 号"同仁消息"栏)

1 月 13 日 《破坏团结与醉心投降者的末路》、《业余专修》,载重庆《全民抗战》周刊第 105 号。(全集第 9 卷第 324—326 页、327—329 页)

《破坏团结与醉心投降者的末路》摘要:

"汪逆精卫和他的一群到今日的狼狈惨状是众人所共见共闻的了。他战战兢兢地说了几句希望日寇撤兵的话,便被'安藤司令官'痛骂了一顿;他和他的狐群狗党在上海汉奸机关报上居然说几句中国要'自由独立'的话,又被日寇的机关报申斥了一顿,说汪逆的'和平运动''幼稚软弱',说汪逆的'生长发展,一切须待日本支持',不应'拘泥于中国人处理中国事之见解';汪逆卖身投靠之后,想偷偷说几句漂亮话来欺骗中国民众,遮掩遮掩他的无耻的脸孔,都为敌人所不许,最近软骨头又再三秉承他的'主子'的意旨,在所唱的投降理论中不谈全部,只说局部'和平',希望在王逆梁逆汉奸前辈之后做个小傀儡,敌人撤兵更一字不敢再提了!""如有人以为破坏团结醉心投降还有什么成功希望,汪逆和他一群的末路便是前车之鉴,不应再糊里糊涂自掘坟墓了!""汪逆之流常常对人作不利抗战的宣传,说'现在的抗战并不是民族战争;现在的抗战并非出于民意',这是完全诬蔑中华民族的话,与事实绝对相反的。汪逆因为无视了全国人民对于巩固团结坚持抗战的真诚的热望,所以误认他的阴谋可以得到全国人民的响应。这里就已种下了他的必然失败的原因。""这次为整个民族对外反抗侵略的民族战士,他们对于战争的认识,绝对不是北洋军阀内战时代所能比拟的。""经过长期抗战中所锻炼出来的民族战士,是一致富于民族意识的。在民族的大敌当前,要希望他们对敌投降,执行'以华制华''以中国人打中国人'的亡国政策,是不易受欺骗的了。"(全集第 9 卷第 324—326 页)

《〈业余专修〉附言》摘要:

"因为抗战建国大时代的猛进,青年求知的欲望尤其勃发兴旺,除在学校里求学的青年外,整千整万的职业青年因为没有适当的教育机构来满足他们的求知欲,来帮助他们在知识及技术上求进步,使他们感到莫大的苦闷,这确是一个无可讳言的事实"。"首先我们要指出的是这绝对不是仅仅若干职业青年求知的问题,而是有关国家在这加紧建设中的人材问题——决定一切的干部问题。谁都不否认各种建设事业是要靠千千万万的具有专门才能的青年参加工作,否则虽有良好的计划还只是纸上空谈。""要达到这个目的,不但要注意到学校中的青年须有切实的教育训练,同时还要注意到无数的职业青年有业余专修的机会,利用他们的求进步的青年心理与欲望,加以积极的辅导与鼓励,使每一个职业青年都天天在进步的路上跑。""我国有些大学也仿效欧美大学中的'扩充部'的办法。使大学课程及时间能适合于无力入正式大学的青年,其中最大多数当然是属于职业青年。""函授班用意甚好,但却不是一件简单的事情,因为须有相当充分的人材才办得好,这最好能由教授人材较多的学府简办。"（全集第 9 卷第 328—329 页）

同日　《八　发现困难与克服困难》,载《店务通讯》第 81 号,收入《事业管理与职业修养》。（全集第 9 卷第 712—714 页）

《八　发现困难与克服困难》摘要:

"天下任何事业都是有困难的,事业愈大,困难也愈多,因为事业愈大,内容愈复杂,所以要应付的问题也愈多,困难当然要随着多起来的。""就苏联的革命说,看看《联共党史》,也可以看出即在得到政权之后所经过的艰苦困难,也是一言难尽。困难是任何事业所必经过的过程。看见困难而惧怕而退却而消极的人,便不配参加任何事业! 尤其不配参加有益社会的任何伟大的事业!""这种不怕困难的精神,是每一个要做事的人所必须培养起来的:这种精神的有无,小的方面关系他个人的成败,大的方面关系他所参加的团体事业的成败;所以值得每一个人的深切的注意。""这种不怕困难的精神,在艰苦抗战的时期中尤其重要,因为整个国家民族正在艰苦奋斗争取独立生存的过程中,在这里面占着一部分地位的事业,所可能遭受到的困难比平时更多,如果看见困难只是惧怕、退却、消极,那就非绝对失败不可。""本店事业是有益社会的文化事业,是在抗战期间努力奋斗的文化事业,我们也有着种种困难,是不必讳言的,这种种困难,与其说是例外,不如说是应有的现象。尤其是因为我们采用了相当的民主精神,大家可以随时随地指出我们的缺点,于是别的机关有困难,也许是隐藏着的,是在避讳中的,而我们有了困难,却是浮在面上,是坦白公开的。""所谓不怕困难,当然不是说我们要无视困难,却是说我们要发现困难,发现后还要克服困难。尤其是负比较重要责任的同事,于发现困难后更应该在积极方面想法克服困难,而不应认识错误,因见困难而惧怕而退却而消极,甚至引起一般同事的消极情绪,忧郁情绪。""说句直率的话,要没有困难,就束手不必做事;做事必然有困难。我们要不怕困难,发现困难后要努力克服困难。"（全集第 9 卷第 712—713 页）

1 月 20 日　《短命阿部内阁的崩溃》,载重庆《全民抗战》周刊第 106 号。（全集

第 9 卷 330—332 页）

《短命阿部内阁的崩溃》摘要：

"日寇的短命内阁阿部已于一月十四日寿终正寝，已由前首相米内光政受命组织新阁。阿部内阁成立仅四个半月，即行夭折。阿部在最初成立的时候，就毫不自量地以集中全力解决'中国事变'自命，但因中国坚持抗战，再接再厉，日寇无论用'军事进攻'，'政治进攻'，乃至'谣言进攻'，都无法解决'中国事变'。""阿部内阁夭折的原因，不外国内经济枯竭，财政困难，物价高涨，米粮缺乏，民不聊生；外交方面的陷于绝对孤立，尤其是对外交僵局，无法打开；最主要的还是对华侵略战争愈陷愈深，无法解决，由于这侵略战争的延展，国内经济及国际僵局都随着尖锐化。在这样无路可走的状况之下，阿部内阁便不得不滚蛋了。阿部内阁不得不提早滚蛋，在一方面是日寇愈打愈弱，愈打愈没有办法的表现；在另一方面是中国愈打愈强，愈打愈有办法的表现。""就敌国方面论，阿部也罢，米内也罢，他们都无法减轻敌国困难则一，因为他们都无法解决所谓'中国事变'。中国是不可征服的，不但不是庸碌无能的阿部所能解决，不但不是性喜醉酒的米内所能解决，即令有能干的人物上台，如仍采用侵略中国的策略，都是无能为力的。阿部说欲解决中国事件，至少需时五年或十年，其实在中国坚持抗战之下，他们是永远不能达到这个幻想！我们全中国同胞决不允许他们达到这个幻想！"（全集第 9 卷第 330—332 页）

同日 《二 关于领导机构的几个要点》，载《店务通讯》第 82 号，收入《事业管理与职业修养》。（全集第 9 卷第 616—619 页）

《二 关于领导机构的几个要点》摘要：

"第一须以店的整个事业的利益为前提。这个态度本来是每一个同事所应有的，原不限于领导机构中的同事，但是因为领导机构的同事尤其是处于顾到整个的事业的地位，他们对于任何营业计划的核定，对于任何人事问题的考虑，都应该特别注意于店的整个事业的利益，他们的眼光都不应该限于任何狭小的部分，而妨碍到店的整个的事业的利益。""第二须有大公无私的精神。人是感情动物，感情是血性的表现，用得其当，原不是坏的事情，我们更绝对不提倡冷血动物的作风。但是感情用不得当，便要以私害公。某人犯了错误，因为他素来与我感情特别好，我便替他掩护，替他包庇；某人即有优点或劳绩，因为他向来与我有恶感，我便要中伤他，欲得而甘心：这种偏私的态度如用到领导结构中来，便无事不糟糕，尤其是有关人事的问题。有大公无私的精神，处事的时候，便丝毫不肯以私害公，要完全根据客观的事实，与所规定的章则或规约,作公平的决定。""第三须有民主的精神。具体地说,在这里所谓民主精神,还可分三点来说:(一)须有参加讨论的雅量,即讨论时须能平心静气,遇有与己不同的意见,亦能虚心倾听,不要意见不合就发脾气,或结成冤家。(二)须有服从多数的习惯,讨论的时候尽管知无不言,言无不尽,甚至作热烈的讨论(最好不要面红耳赤),但一经多数通过,即须服从决议,不应口是心非,或尚存悻悻之意,甚至另作捣乱企图!(这只是就一般而论,本店向无此事,这是深可欣幸的。)即令你有卓见,在民主原则下,只有努力说服大家的一法,说服失败,便是你的不行,不能怨天尤人。(三)须有集体责任的认识。任何事一经领导机构决议之后,任何参加者都须共同负责,即所谓集体责任。(除非辞职不干,那是另一问题。)例如关于人事问题的决议,如有参加者在会后将讨论经过公开告人,以讨好于被讨论者,这是不认识集体的责任,同时由此引起人事的怨恨,使以后讨论人事时没有人肯说实话,以免问罪同事,更失去了领导结构的效用,这更是罪无可怨的!""第四须有严守秘密的习惯。无论关于营业计划,或人事问题,在有利于整个事业的原则下,往往有些部分是有严守的秘密的必要。参加领导结构的同事对于这些部分便有严守秘密的责任。对于在业务上没有告诉必要的同事,便不应告诉。例如关于人事问题的讨论,在领导机构开会讨论的时候,各人都应尽量贡献材料于意见,最后依决议办理。在这讨论过程中说的话,尤其是反面的话,如被有关系的人听到,便极易开罪,故参加者必须严守秘密,以免引起人事纠纷。(由相当负责人对同事婉告他的错误,俾得改善,那是另一回事。由个别同事间直接作友谊的规劝,那也是另一回事。)至于营业计划,在这样同业激烈竞争的复杂社会环境中,也有些部分有时需要严守秘密的。尤其要注意的是泄漏秘密的人也许并无恶意,他只是对于被告者说:'这是秘密,只对你一人说,不要对别人说!'被告者可能把同样的'警告'转告他所认为可以相信的好友,任何秘密都可由于这样的作风传扬起来,重要的会议须严守秘密是最重要的纪律之一。我们既取民主制,这个重要纪律的培养也是很重要的。""以上所说的都是参加领导机构者应有的态度,但是同时也可适用于领导机构以外的同事。为什么呢?因为他们如果也能明白这些要点,就能协助领导机构易于负起它所应负的任务。例如我即在领导结构之外,如果明白大公无私精神的必要,虽在领导结构中有一要好的同事。我也不希望他为着私谊帮我的忙而妨碍了公事,更不致因为他不因私谊偏袒而埋怨他,甚至我在会议之后,连问都不去问他。我如有事被处分,我只静候公告,决不愿缠夹不清地向着参加领导结构的同事探听谁人在会议时说我好话,或谁人当时说我坏话。即使他意存讨好私人来自动地告诉我,我反而觉得这个同事的修养训练还不配参加领导机构,因为他还不能严守应守的秘密,还是公私不分,还不能明白什么是集体责任!领导机构中只须有着一个这样的人,整个组织便无法健全起来!"(全集第9卷第616—619页)

同日 《关于本届选举的重要说明》,载《店务通讯》第82号附册。(全集第9卷第332—337页)

《关于本届选举的重要说明》摘要:

"关于本届选举,我想特别提出两点来作较详的说明。""第一:我要乘此机会说明领导机构的重要性,由此提高我们对于选举重要性的认识。我们在管理上采用的是民主集中制,""'民主集中'这个名词,听起来似乎还不免抽象,不易很明确地把握着它,所以特把它的含义,用比较具体的说法来表示出来,使人一听就能明白,这两句话就是:'集体领导,个人负责。'所谓集体领导,是指全体社员所选举出来的机构,如理事会、人事委员会等,负有领导的任务。个人负责,是指各级职员在职权内所应负的执行的责任,尤其是较重要的负责人,如总经理、经理、各部主任、各区主任、各店经理。""不是任何部分的社员聚合起来都可构成'集体领导',只是全体社员所选出的最高机构才有权利执行'集体领导'。明白了这一点,各店负责人便知道他固然应该注意集思广益,虚怀倾听任何同事的意见,尤其是在店务会议中所表现的公意,但是这只是备他的咨询,他还是要负职权上的责任,事情如果做错了,他要负责,不能往店务会议一推的。分店负责人不是对店务会议负责,是要对总经理、经理负责;总经理、经理不是对业务会议负责,是要对理事会人事委员负责。我们要正确地实行民主集中制,须正确地了解'集体领导,个人负责'的真义。""经过了上面的解释,可以看出领导机构的重要性,从此也可以看出选举的重要性,因为我们所要选举出的正是领导本店事业的最高机构。""第二:我要说明本届选举有一个新的特点,就是由理事会、人事委员会及监察委员会联席会议提出供同人参考的候选人名单。""任何民主的选举,无论是欧美各国的工会(欧美各国的工会选举算是各国选举中最民主的一种),或是苏联的选举最高会议,都有提出候选人名单的办法。可见民主的选举并不是散漫地由各个人随便在选举票上写上几个名字算数,也还是含有多少领导的作用。个人的见闻究竟有限,经过多数人的考虑,经过会议的检讨,确有很大的参考价值。""我们虽不是一个国家,但是我们既采用了民主的选举,也应该尽可能采取优点,改善我们的办法。尤其是想到本店因事业发展,分店加多,同人的人数也加多,比之只有总店在上海而没有分店的时候,容易聚会一堂,各同事间彼此容易认识,对整个事业容易全部看到,情形已迥不相同,所以更有必要由时常接触全局的领导机构提出候选人名单,以供同人选举时的参考。""首先要声明的一点是:这个候选人名单绝对不含有指定或指派的意思,只是供同人的参考,因为同人选举时仍可不选举这个名单里所列的人名。""同时最高机构却很重视候选人名单,因为要使这个名单有供同人参考的价值,并且希望同人尽量采用,尤须加以审慎考虑。"(全集第 9 卷第 332—335 页)

1 月 27 日　《汪派卖国密约的大暴露》,载重庆《全民抗战》周刊第 107 号。(全集第 9 卷第 337—339 页)

《汪派卖国密约的大暴露》摘要:

"这从日文译出来的卖国密约,虽看起来怪不通顺,但彻底卖国灭种,从现在卖到将来,从物质卖到思想,把整个中国的资源土地军权警权文化教育,一切一切,都彻底出卖给日寇,却是谁都一看都知道的。""我们所要郑重指出的是日寇企图灭亡中国的毒辣阴谋,经过此番重大的暴露,应该能够给与公开及潜伏的妥协心理一种最严重的打击,应该能使人们更坚决地相信中国的生路只有巩固全国的精诚团结,坚持抗战到底,否则任何中国人都要陷入悲惨绝沦的奴隶酷境,任何中国人的子子孙孙,任何中国人的妻女姊妹,都要陷入任人宰割任人污辱的悲惨绝伦的奴隶酷境。这只要看一遍汪派卖国贼与敌人签订的卖国密约的内容,就可以想象得到的。"(全集第 9 卷第 338 页)

同日　《一〇　当面和背后》、《本店史话(八)第一批同事的增加》,载《店务通讯》第 83 号,收入《事业管理与职业修养》。(全集第 9 卷第 637—639 页、724—725 页)

1 月 30 日　与沈钧儒在国民参政会第四次大会上提案要求组织"华北视察团",国民党政府违反提案本意,组织了李元鼎、邓飞黄为正、副团长的反共视察团,自重庆出发。(沈谱、沈人骅编《沈钧儒年谱》第 225 页)

2 月 2 日　接昆明分店报告,经理毕子桂患急性盲肠炎入院割治的急电,如晴天霹雳,忧心如焚,当即托渝友介绍昆明名医助诊,并复急电:"阅转慈群疗养院范哲冰医师:敝友子桂患肠炎,请妥为诊治。"六日,昆明第二次来急电,报告子桂病危,在挽救中。当即下午五时复急电:"桂病危切念,请尽最大努力救治,续情电告。"六时再发一急电:"桂病请多延名医会诊,防转别症。"七日,接昆明第三次来电,报告子桂危甚。七日夜间韬奋忧念不得安眠。八日晨,张锡荣送来第四次电报,告毕子桂病逝,两人对泣。决定发出两电,一慰唁子桂的未婚妻,一慰唁子桂的父母。著文《痛悼子桂同事》。(《店务通讯》第 86 号、全集第 9 卷第 671—673 页)

2月3日 《汪逆卖国文件揭露以后》，载重庆《全民抗战》周刊第108号。（全集第9卷第340—341页）

《汪逆卖国文件揭露以后》摘要：

"汪逆最近在青岛与王逆克敏，梁逆鸿志等大开其汉奸大会，讨论建立伪中央政权，日寇替这班奸逆大做宣传，他们的阴谋的主旨仍不外要用种种方法企图破坏中国的团结与抗战。敌人认为这伪中央政权是集中了'反共'的力量，同时还可吸引其他的'反共'力量加入，这是敌人的第一个幻想，也是敌伪企图用来分化中国以实行他们'以华制华'的酷烈手段；其次他们还想利用这种阴谋来引诱国际上的妥协分子来和他们狼狈为奸，破坏中国的抗战，这是敌人的第二个幻想。""汪逆和他的狐群狗党禀承他们主子的意旨，无疑地更将横肆他们的欺骗诱惑的卑鄙手段，想藉此一方面分化我国内部，一方面勾结国际的妥协分子，达到他们破坏中国团结与抗战的目的。我们固然不怕汪逆的这种阴谋，而且深信在汪逆卖国文件揭露及最高领袖驳斥这种卖国文件之后，全国同胞更认清奸逆的真相，更增强抗战必要的了解，但是我们却也不应疏忽，认为汪逆的卖国文件既被揭露之后，这件事便可告一段落，无须严密提防敌伪更进一步的阴谋了。我们应该根据最高领袖的指示，揭穿一切汉奸的似是而非的'汉奸理论'，坚决反对有些微对抗的动摇心理，以更大的警觉与努力，粉碎敌伪破坏中国团结与抗战的鬼蜮伎俩。这是在汪逆卖国文件揭露以后，我们应有的认识与努力。"（全集第9卷第341页）

同日 《关于调整同人待遇的几点说明》，载《店务通讯》第84号。（全集第9卷第342—344页）

《关于调整同人待遇的几点说明》摘要：

"文化事业是比较艰苦的事业，本店同人为着文化事业对于国家民族乃至人类社会有它的重要意义，所以宁守艰苦的岗位，共同努力，否则在抗战期间，发困难财的事业不是没有，收入可比我们多的机关不是没有，若完全从物质的观点看去，每一位同事都没有坚守这个艰苦岗位的必要。我们屡次发现，有好些同事宁愿抛弃了在别处收入较丰的位置而加入我们这个艰苦的事业；还有些同事宁愿拒绝了别处在收入上较丰的延揽，不愿抛弃我们这艰苦的事业：这些都是使我们异常感动的事实。但这不是说我们就不必顾到我们同人待遇的改善。我们仍当根据总的经济力量所允许的最大可能的范围，用比较合理的办法努力顾到我们同人待遇的改善。"（全集第9卷第342页）

同日 《本店史话（九）怎样扩充起来》，载《店务通讯》第84号，收入《事业管理

与职业修养》。(全集第 9 卷第 725—726 页)

《本店史话(九)怎样扩充起来》摘要：

"《生活》周刊改为本子之后，内容更充实，销数突增至八万份，随即增至十二万份，后来竟增至十五万份以上，为中国杂志界开一新纪元，所以就本店的事业说，可以算是划一新时代。""扩充要有钱，也就是现在大家所常谈起的所谓资金。可是当时我们两手空空，怎样扩充起来呢？""一面推广销路，一面设法大拉广告。伯昕先生每天夹着一个黑色皮包，里面藏着不少宣传的印刷品(这都是他一手包办的)，他不但有十二万分的热诚，而且还有一副艺术家的本领，把宣传材料做得怪美丽，怪动人，东奔西跑，到各行家去用着'苏张之舌'，尽游说怂恿的能事，真是'上天不负苦心人'，广告居然一天多一天。我们看到没有一家报上不登'韦廉氏医生'的红色补丸，以及其他形形色色的补品东西，我们也转着它的念头，想向他们拉一个广告来'补'一下！这是洋人办的卖药公司，因为我懂得几句洋话，于是由我出马，跑到江西路那家'洋行'里去闯它一下。"(全集第 9 卷第 726 页)

同日 "中共参政员毛泽东、陈绍禹、林伯渠、吴玉章致电国民参政会秘书处，拒绝接受国民党利用国民参政会名义派出的'视察团'到陕甘宁边区。指出：国民参政会华北视察团，不仅无一中共参政员，且连提出组织该视察团的沈钧儒、邹韬奋、陶行知诸先生，以及以老成硕望公正无私著称之张一麐、黄任之(黄炎培)、江恒源、张表方(张澜)等亦无一参加，在团长团员中，除梁实秋、余家菊两个拥汪主和反共的人外，余皆国民党一党之参政员。由此等人选所组成之视察团，对于视察事项所收材料及所作结论，必属偏私害公，绝无疑义。该团与特务机关配合行动，收集虚假材料，以便作为国民党在下次参政会上提出取消边区与八路军提案的依据，阴谋打击中国共产党。因此，中共拒绝接受这个所谓的视察团。"(《南方局党史资料·大事记》第 81—82 页)

同日 "深夜 12 点钟，突然有十多位'武装同志'打门闯进，藉调查户口为名，将陕西宜川临时营业处负责人周军(贺尚华)，职员王海瑞、林震东等三人用绳索捆绑后解至县政府看守所。第二日，经过一番审询，职员二人被释放；经理延至七日后始行'无罪'释放，财货全被侵占。"(徐伯昕《生活书店横被摧残经过》，收入《生活书店史稿》第 242 页，第 10 卷第 333 页)

2 月 5 日 下午六时半，衡阳警备司令部会同警察局、图书杂志审查委员会、书业公会及保甲长至衡阳生活书店分店搜查，至深夜十二点，达六小时之久，未查出任何一册禁书，结果却仍然将店封闭，并将职员十一人全体被捕，拘押于警备司令部。后来几经交涉与疏解,结果十一人在锁链银铐中押解到耒阳,经过军法执监大堂之审问后,认为"毫无罪状",才于三月十八日,被囚43天后,准予交保释放,几经请求复业无效。(《店务通讯》第93号,徐伯昕《生活书店横被摧残经过》,收入《生活书店史稿》第242页,第10卷第333页)

2月10日 《四 民主的纪律》、《本店史话(十)拉洋广告》,载《店务通讯》第85号,收入《事业管理与职业修养》。(全集第9卷第621—623页、727—728页)

《四 民主的纪律》摘要:

"本店在管理上是采用民主集中的原则,也就是采用'集体领导,个人负责'的原则。""在民主的原则下,并不是可以没有纪律,没有纪律便要形成无政府状态,便没有轨道可循,所以我们必须有纪律,这是谁也不能否认的。不过我们所有的是民主的纪律。民主纪律的第一个特点,有共同规定的原则做根据;第二个特点,是执行如果有错误,得提出理由要求纠正。""原则既经共同规定之后,全体同人都有遵守的义务。执行纪律的人必须根据共同规定的原则执行,因违反了纪律而受到处分的人也是根据共同规定的原则而受处分。总负责人以及各级负责人,他们在职权范围内执行纪律,也应该根据共同规定的原则。各级负责人遇有超出他们职权的事情,应该提交上级负责人解决;上级负责人遇有超出他们职权的事情,应该提交总负责人解决;总负责人遇有超出他的职权的事情,应该提交领导机构解决。(业务方面的事情,最后应该提交理事会;人事方面的事情最后应该提交人事委员。)领导机构保留最后的决定权,领导机构的决议案,是任何同事所应遵守的。""有了共同规定的原则做根据,倘若执行者有错误,无论他是总负责人也罢,或是各级负责人也罢,都有提出纠正的必要;不过这种纠正也有着它应循的轨道:如对各级负责人所执行的认为有错误,应向上级负责人提出;如对上级负责人所执行的认为有错误,应向总负责人提出;如对总负责人所执行的认为有错误,应向领导机构提出。领导机构保留最后的决定权,领导机构的决议案是任何同事所应遵守的。""有了共同规定的原则做根据,如认为违反了原则,得用相当手续提出理由要求纠正:这是民主纪律的两个特点。但是无论关于原则方面是否需要修正,或是关于执行方面是否有错误,最后的决定权都是操诸选举出来的领导机构,领导机构的决议案是任何同事所应遵守的。""也许有人觉得,倘若他认为领导机构也犯了错误,怎样办呢?如遇有这样的情形:任何同事只有在下面几个途径中选择一条可能的路:(一)如错误非常严重,有关整个事业,得要求召集全体同人大会处决之;(二)提出理由交领导机构重加考虑(最后决定权仍在领导机构);(三) 服从领导机构的决议;(四) 辞职不干。这是个人方面应遵守的光明磊落的态度。倘若对这四个途径一条也不取,既不辞职,也不服从领导机构的决议,或阳奉阴违,只是个人发牢骚,对工作存着消极态度,这就民主的纪律说,是完全无一是处的。据我所知道,本店的领导机构向来不以私意偏袒任何个人的,都是根据事实慎重讨论及公意决定的,对于任何同事提出的建议,向来也都加以虚心的考虑。即令领导机构有错误,也应该提出理由交付重议,重议结果如抗议者仍认为不满,只有选举上述四个途径中的任何一条路走。这是对于民主纪律应有的正确的态度。"(全集第 9 卷第 621—623 页)

《本店史话(十)拉洋广告》摘要:

"申报经理张竹平先生在我刚从学校出来之后,很有意要把我练成一个英文广告员,也就是要去拉英文广告,因此他曾经把一些诀窍告诉了我。第一是要不怕难为情,第二是要不怕麻烦,第三……甚至说拉广告时要有不怕被人赶出来的决心! 我这次出马往韦廉氏去替《生活》周刊拉广告,虽未准备被人赶出来还赖在那里,但却预先存有不怕难为情,不怕麻烦的态度去。""该行的总经理听我噜噜苏苏说明了一大顿后,他叫一个中国买办来问一下,你想他说什么,我暗中真想打他一个耳光,他说这个报销路虽好,但是一个小报(洋话叫做蚊虫报)! 他这样拖一句,几乎破坏了我的好事。他滚出之后,我又费了九牛二虎之力才把这位洋经理说回来,由他介绍一位洋人经理接下去谈具体条件。商人讲价钱是要不怕麻烦的,我因为得到他们总经理的允登,更大胆地和他们这位洋经理作胶着战,首尾去了二小时,居然把洋合同订好! 每期登全页四分之一的'大'广告!""我走出这家洋行的时候,正落着倾盆大雨,大得异乎寻常,但是我边走边对自己发笑:拉到了大广告,真不在乎什么大雨! 我出了大门,跨上了一辆黄包车,不料那辆黄包车的篷布破烂不堪,的的达达,淋得我满身透湿,从头发淋漓尽致到脚底,可是我跳进我们那个小小过街楼时,笑嘻嘻地告诉徐先生说:'洋广告拉到了!'"(全集第 9 卷第 727—728 页)

2 月 13 日　《敌议会中的斋藤悲观演说》、《〈青年的苦闷——几个问题的提出〉附言》(署名韬),载重庆《全民抗战》周刊第 109 期。(全集第 9 卷第 344—346 页、346—348 页)

《敌议会中的斋藤悲观演说》摘要:

"日寇是以远东实施宪政最早的国家自诩的。但是只要看它的军阀在议会中这样颐指气使,横行无忌,一怒而议员闭口,再怒而政党屈膝,对于言论自由摧残无遗,这可见真正的宪政和从事侵略战争的国家是不相容的。在这样的国家里,有名无实的议会,只是侵略暴阀的传声筒而已。有些人还在幻想日寇所谓'政党内阁'抬头的时候,也许要和缓它的侵略政策罢！这只是在做梦！""敌阀必然要坚持它的侵略,我们必然要坚持我们的反侵略。敌阀的坚持侵略是用暴力来压迫全国民众,因为这是他们全国民众所不愿的;我们的坚持反侵略是可以发动广大的民众力量,因为这是我们全国民众所心愿的。所以我们的作风可以而且应该和敌国的不同。"(全集第9卷第346页)

《〈青年的苦闷——几个问题的提出〉附言》摘要:

"解决任何问题,都须注意每一个特殊问题中的特殊因素——每一个特殊问题中的特殊的主观条件和特殊的客观条件——然后才能决定特殊的解决方案。例如同一求学或就业问题,同一恋爱问题,因各人的特殊的主观条件和特殊的客观条件的差异,解决的实际的具体的办法也不能呆板一致。""我们在这里只能在原则上提出几点意见:""一、封建残余的势力仍处处束缚青年,阻碍青年的前进,这是事实,但是比之五四运动以前已不同,比之抗战大时代未爆发以前更不同,从这里面可以体会出:封建残余势力的消除,是要靠我们的奋斗,而不是苦闷所能退却的。讲到奋斗,便须讲究'战略'与'战术',更不是苦闷所能济事。例如这封信里所提到的喜欢新文学的那位青年朋友,在'逼着读《孝经》看《纲鉴》'的父亲之下,他居然能表面上虽很顺从他的父亲,而实际上却自己在研究着新文学,而且'有相当的成就',这就是他的奋斗的初步成功！他不该苦闷,应该继续向前努力。""二、关于不如人意的环境,正确的态度应该是改造环境,运用环境,而不应该逃避环境。""在尚可有为的范围内,我们应该改造环境,其次也应该运用环境,逃避环境是最下策。"(全集第9卷第347—348页)

2月17日 《对抗战进一步的努力》,载重庆《全民抗战》周刊第110期。(全集第9卷第348—350页)

《对抗战进一步的努力》摘要:

"一方面由于日寇的困难重重,绝对没有办法,一方面由于我国的反侵略的正义战是进步的战争,在抗战过程中得到了许多进步,所以战争继续了三十个月的今日,已逐渐踏上了可以相持的阶段,这诚然是全国努力抗战工作的同胞们最感觉到欣幸的事情。但是仅仅可以相持,绝对不能满足我们的希望,在事实上,直到今日,我们还不能阻止日寇作飞跃的进攻,最近敌人在绥远方面,在广西方面,在浙江方面,都在增援作最后挣扎,这虽只是敌人的回光返照,不能影响我国抗战的整个局面,但是我们应该在已争得的胜利基础之上,对抗战作进一步的努力,从相持提高到有效的全面反攻,使日寇不能再在我们国土之内苟延残喘,这是我们全国在目前所应切实认真担负起来的最重要的任务。"

"我们所应深切警惕的是:从相持提高到有效的全面反攻,固然有赖于军事上的猛进与努力,但却不仅限于军事上的猛进与努力,围绕于军事周围,与军事的胜利息息相关的,还有许多重要的方面,有待于各方面工作者的加紧努力。"

"人人对于政治问题有正确的认识与坚定的态度,便可形成集体的舆论力量,这种潜伏的力量对于政治进步的推动便有伟大的影响。例如在巩固团结一致对外的原则下,有许多待决的具体问题,人人对于这个原则有正确的认识与坚定的态度,挑拨离间的阴谋便无所施其鬼蜮伎俩。又例如在'提高民权加强国本'(借用蒋议长语)的原则下,有许多有关宪政的实际问题值得研究,人人对于这个原则能有正确的认识与坚定的态度,宪政运动才有真正的效果。大家努力督促政治的进步,是加速抗战胜利的最基本的一件事。"(全集第 9 卷第 349—350 页)

同日 《痛悼子桂同事》、《本店史话(十一)大拉广告与自力更生》,载《店务通讯》第 86 号,收入《事业管理与职业修养》。(全集第 9 卷第 671—673 页、728—729 页)

《本店史话(十一)大拉广告与自力更生》摘要:

"现在有些外人不明白本店历史的——尤其是奋斗史——往往把寻常的商店必须相当资金才开起来的事实,来对我们作不合理的怀疑,其实我们的发展的确是靠我们的'自力更生',这当然是靠全体同人的努力,但在筚路蓝缕,基础更为薄弱的时期,伯昕先生聚精会神,为本店努力开源的艰辛,实在值得我们永久的敬念。他当时替薄薄的一本《生活》周刊所拉的广告,每期所登在五六十家以上,而且像煞有价事,限制非常的严,略有迹近妨碍道德的广告不登,略有迹近招摇的广告不登,花柳病药的广告不登,迹近滑头医生的广告不登,有国货代用品的外国货广告不登,这样不登,那样不登,但是一方面由于销数的增加,一方面由于伯昕先生的手段高明,广告仍然大大地发达起来,引起上海整个广告界的震惊。""广告做熟了,做得发财了,总是要撇开公家而走上个人藉此发财的道路。但是伯昕先生始终没有丝毫替他自己打算,始终涓滴归公,使本店在奠定最初的基础上得到一个有力的臂助,这在本店的功绩,是永远不朽的。"(全集第 9 卷第 728—729 页)

2 月 21 日 晚上,在总管理处饭厅,召开毕子桂、黄宝兴两同事的追悼会。韬奋以异常沉痛低弱的声调报告两位的病逝,勉励大家对健康的注意,对敌人的深恶,结束时说:"我们须随时学习子桂的长处和优点,来发展我们的事业,完成他的

遗志……"(《店务通讯》第 88 号)

2 月 24 日 《响应伤兵之友运动》,载重庆《全民抗战》周刊第 111 期。(全集第 9 卷第 350—353 页)

同日 《二 工作实践中的学习》、《本店史话(十二)广告的广大联系》,载《店务通讯》第 87 号,收入《事业管理与职业修养》。(全集第 9 卷第 698—700 页、729—730 页)

《二 工作实践中的学习》摘要:

"在学校里,教师的主要部分的时间,都全用在解说,学生的主要部分的时间,都全用在听讲。在一个职业机关里,全体同事的主要部分的时间,都全用在办公,在事实上不可能有像学校时期那样的学习形式。但这却不是说,在'办公'的时间就没有学习的意义:恰恰相反。我们既不是在学校里,而是在一个办事的职业机关里,正是要特别注意工作实践中的学习。""要预存在工作中学习的态度,然后在学习中才能发生学习的结果。譬如抄写一封信吧,写的时候马马虎虎,瞎揭一阵,至少并无意使自己写得好些,这样抄了一百封信,末了一封的字,还是要和最初的那一封的字差不多;同样费时间写,只要在写的时候,稍稍存着学习的态度,一定是能够越写越进步的。我们有许多事要做,固然用不着特别费时间来练字,但是如果在办公中把字逐渐写得比以前好些,容易看些,就是将来把自己造成中国高尔基,印刷所的排字工友也要谢谢你的。又例如在抄信时,不动天君地呆抄,是一种写法,同时还能用些脑子注意信的内容,信内所应付的事情和适当的措辞,使自己也能藉此增加些办事的经验与起稿的能力,这又是一种写法。前一种是学习效用很少,后一种却是学习效用很大。这差异只是肯不肯在工作实践中学习。这里只是举个比较简单的例子,其他比较复杂的工作,可以类推。""工作实践中的学习,不但是同事的学习,即办事技术上的学习,同时还有对人的学习。在一个职业机关里,责任愈重的人,对于人的应付或处理也愈复杂,所以我们不但要学习如何把事办得好,同时还要注意如何与人相处得好,这不是学习如何敷衍人,是要学习如何与人合作,但是要学习如何待人接物,乃至细心观察对于同事工作的分配,对于同事工作效率的增进,尽管自己在目前并不负有指导或领导的责任,也应该切实注意,以备将来自己负到这种责任时可以左右逢源,不至临渴掘井。"(全集第 9 卷第 699—700 页)

2 月 29 日 重庆分店邀请韬奋为新同事作演讲生活书店店史,加强青年同事树立为文化事业而努力的信念。(《店务通讯》第 88 号"分店动态"栏)

3月2日　《三八节与中国妇女问题》、《〈杜先生来函辟谣〉附言》、《〈家累与工作〉附言》、《〈日侵略政策的特质〉附言》（以上三则署名韬），载重庆《全民抗战》周刊第 112 期。(全集第 9 卷第 353—355 页、355—357 页、358—359 页、359—360 页)

《三八节与中国妇女问题》摘要：

"在这最有意义的三八节，我们一方面要认识中国妇女在参加民族解放的工作中推进了妇女解放的伟绩，一方面却要认识已被动员的妇女只是全国二万二千余万妇女中的一小部分，即就知识妇女中说，也还只是全数中的一小部分。在这里我们愿提出最值得注意的一点，就是要达到广大动员妇女来服务社会的目的，不只是在理论上提倡男女应该平等，不只是在抽象方面鼓励妇女来参加社会工作，最重要的是要在实际上设法解除有志服务社会的妇女所感到的困难，是要用国家或社会的助力，解决妇女的实际的困难问题。"(全集第 9 卷第 354 页)

《〈家累与工作〉附言》摘要：

"国家民族正在艰苦抗战之中，抗战的最后胜利必须经过艰苦的历程，在参加这伟大抗战中各部门工作的人，为着国家民族的远大前途，都应该忍耐这较短期间的艰苦生活，这是我们所应深切认识的。但为着工作的效率起见，我们对于最低限度生活的维持，仍须努力顾到，这一点也是我们所不应忽略的。""这封信的要点不是要求为本人的需要提高待遇，却是由于有家族的牵累而感到困难，我们以为于统一的薪饷以外，不知是否可能调查低级薪水者的家庭状况，予以相当的家属津贴，以解决一般薪水低微而无法顾到家属的困难。""其次请就胤夫先生个人方面贡献一点管见。我们以为倘若他能设法顾到家属的最低生活，为着国家继续努力于原有工作，当然最好。否则他不能坐视家属饿死而不救，那末让没有家属的人来做他的工作，他自己设法改做其他可以助他解决这个困难的工作，谁也不能说他'是个无国家观念的小子'，因为除了汉奸的工作之外，各部门的工作对于国家都是直接或间接有所裨益的，各人只须尽其心力做去就是了。"(全集第 9 卷第 358—359 页)

《〈日寇侵略政策的特质〉附言》摘要：

"帝国主义的侵略，根本是由于帝国主义国家中的少数资产阶级为着要独占殖民地或半殖民地国家的利润，加紧对于殖民地或半殖民地人民的剥削与奴化，同时压迫国内的劳工大众替这少数人当炮灰，为这少数人的利益而牺牲生命，因此对外固然是压迫被侵略国的人民，对内也是在尽力压迫国内的人民大众。这是日寇侵略中国的实际背景，绝对不是由于日寇的统治阶级真要替日本的人民大众解决什么资源不足人口过剩的问题。我们的抗战是反对日寇的军阀——日寇统治阶级的爪牙——和他们的统治阶级,而不是反对也在被压迫中的日本人民大众,原因也在这里。我们必须坚持抗战,使日寇统治阶级无法支持他们的侵略政策,同时由此引起日本人民大众的抬头,打倒日寇的军阀和统治的阶级,才能'绝其侵略之根源',绝对不能由于与日寇的军阀及统治阶级讲'人类生存互助之大义',因为日本帝国主义的侵略者是要我们做殖民地的奴隶以供他们的剥削与摧残,绝对说不上什么'人类生存互助之大义',绝对说不上'作妥善之商讨'的。""认清这一点,才不至走上汪逆一类的妥协投降的道路,才能始终坚持抗战的决心。完全平等的朋友,才有真正'互助'与'妥善商讨'之可能,主人与奴隶之间(日寇侵略者便是以奴隶待中国人),是不可能讲'互助'与'妥善商讨'的。"(全集第9卷第359—360页)

同日 《五 友谊与职权》、《本店史话(十三)赚钱干什么?》,载《店务通讯》第88号,收入《事业管理与职业修养》。(全集第9卷第705—707页、730—731页)

《五 友谊与职权》摘要:

"友谊是天地间最可宝贵的东西,深挚的友谊是人生最大的一种安慰。古人曾有'得一知己,虽死无憾'的话语,也是形容真切友谊的可贵。古今从友谊中不知发生了多少可歌可泣的故事!我们这一群,是为着进步的文化事业而共同努力,我们是同事,但同时也是好友。我们彼此之间应该有着深挚的友谊;我们彼此之间应该有着深厚的同情,亲切的谅解,诚恳的互助。亲密恳切的友爱应该笼罩着我们的整个的环境。""我们同时之间怎样能加强友爱,增进友谊呢?最重要的是待人的态度。我们所做的工作,尽管有种种的差异,但是待人的态度却可以一致,那就是都应该诚恳,和蔼,虚心。我常于无意中静默旁观,看到有些同事对话的态度,不到一言两语,即彼此暴躁起来,好像短兵相接似的!我明明知道我们的同事都是好人,其心都是无他,但是这样的对人态度却大有商量的余地。我自己也是一个性急的人,遇着自己认为重要事情的时候,也不免有疾言厉色的毛病,近几年来已在努力修养,虽比从前自制得多,但仍有待于更多的修养。我深深地感觉到待人的态度与加强友爱增进友谊有很重要的关系,所以特提出来谈谈,希望我们大家互相勉励,尤其是在职务上负责较重的同事,对于同人更须诚恳,和蔼,虚心。但是当局者迷,旁观者清,我们应该有则改之,无则加勉。""所谓友谊,也不可以有两种误会:一种误会以为要培养同人间的友谊,就是要马马虎虎,做'烂好人',对的是对的,不对的也是对的,横正是公家的损失,与我个人无关!这种误会便是无视职权,牺牲职权来讨好于同人。这种人在实际上也不一定能够得到友谊，因为'是非之心，人皆有之'，尤其是在本店，大家对于公事及集体的利益，都知道重视，这样的拆烂污朋友终究是要失败的。还有一种误会便是把友谊和职权混淆起来。这怎么说呢？我也曾经听到同事诉说有负责人对于向来感情好的同事，事事都可优容，做错了事也可以包庇；对于向来感情差一些的同事，那态度就不同了，做错了什么事就无所逃于天地间；友谊和职权这样混淆之后，在执行职权时便不能保持'大公无私'的精神。各级负责人最要注意的须要把公私分清楚，即是把友谊和职权分清楚。当然，各级负责人对于某些同事感情比较地好，不一定是单纯的私人友谊，很可能是因为那些同事平日在职务上有着良好的成绩；对于某些同事感情比较差一些，也不一定有关单纯的私人友谊，很可能是因为那些同事平日在职务上的成绩就有问题。因为有着这样的背景，临时发生一件什么错误的事情，对于前者也许优容的心理多些，这就动机上看来，似乎也未可厚非，但在实际上还是有很不好的流弊，因为就临时发生的那一件事说，还是要引起不平的心理，因为就事论事，负责人显然有着偏私的态度，那怎么办才对呢？我以为就所发生的特殊事件说，无论什么人，都应该根据原则处理，不应该因人而异。不过在办法根据原则决定之后，如有特殊情况，根据另一原则可以减轻处分的话，应该公开说明理由而减轻之。例如依我们的服务规约，遇有一个同事要得到解职处分的时候，要考虑到他平日整个的服务状况，看看有无减轻的可能，因为解职是我们处分中最严厉的一着，但是这仍然是根据原则，与专凭个人感情——即由个人友谊所产生的感情——而对同样事实抱着不同的态度，使友谊影响到职权的公正执行，却是根本不同的。""我们要珍视友谊，但是我们绝对不可因个人的友谊而妨碍到职权的公正执行，我们应把这两方面分得清清楚楚，必须如此，然后才能使同事心服。"（全集第 9 卷第 705—707 页）

《本店史话(十三)赚钱干什么?》摘要：

"赚钱干什么？全是为着事业。我当时和伯昕先生憨头憨脑地立下一个心愿，就是把所有赚来的钱，统统用到事业上面去。屡次增加篇幅，出特刊，一个钱的价格不加。刊物内容要有精彩，稿费大加特加，最初八毛钱一千字的稿费，后来由一元，二元，三元，四元，五元，六元，七元，八元，乃至十元！（较多的是海外寄来的通讯，因为洋面包特别费，非重费难得好稿。）在当时，全国刊物中所送稿费最大的是推《生活》周刊了。这种种开销的钱从那里来的呢？都是我们从营业上赚来的。我们拼命赚钱，拼命用钱，但是赚钱却坚守着合理正当的途径,决不赚'不义之财',例如拉广告是赚钱之一道,但是登广告的条件却非常严格,(这在以前已说及)不肯为着老孔(指孔方兄,勿误会!)而有丝毫的迁就,用钱也不是浪费用,却是很认真地用到事业上面去。(全集第9卷第730—731页)

3月9日 《中山先生逝世十五周年纪念》,载重庆《全民抗战》周刊第113期。(全集第9卷第360—362页)

《中山先生逝世十五周年纪念》摘要:

"第一,我们应从进步的立场发展中山先生遗教的精神与原则,而不应把它看作呆板的机械的信条。""第二,我们不仅在理论上阐扬中山先生遗教,发展中山先生遗教的真义,而且要在实践上努力实现中山先生的遗教。""上面所举的二点:——在理论上的阐扬与在实践上的努力——在实际上都包含着一个中心的因素,就是要向进步的方面走。""时代的车轮是向前进的,中国抗战建国的成功,也只有进步能使它得到保证。"(全集第9卷第361—362页)

同日 《九 奖励与处分的意义》、《本店史话(十四)第二批的老同事》,载《店务通讯》第89号,收入《事业管理与职业修养》。(全集第9卷第668—670页、731—732页)

《九 奖励与处分的意义》摘要:

"奖励的意义容易了解,得到奖励的人也不容易对这件事起什么反感;可是处分的意义却不是很容易了解的,得到处分的人本来说不上什么高兴,因为不很容易了解,反要引起很大的反感,甚至影响到工作的情绪!这在表面上看来,似乎是一件矛盾的事情。我们为着要维持或更进一步要增进工作的效率,要避免因工作不良影响到文化事业的发展,所以遇必要时须执行处分的办法;但是执行了处分的办法之后,又要引起受处分者很大的反感,由此影响到工作情绪,间接影响到文化事业的发展!这种矛盾怎样统一起来呢?第一我们要彻底明白处分的意义,尤其是在我们这样的文化事业机关里,关于处分的意义。""我们虽不是什么政治组织或政治集团的同志,但因为我们是共同努力于文化事业的同事,具有这同一的目标,所以我们不仅是泛泛的一般的同事,而是具有深切的友谊,也可以说具有一种同志爱。因此,我们所决定的处分,其意义可以说是完全旨在改善,而绝对不含有对敌人的意味。""'改善'这二个字,我们这里要特别把它强调起来。""我们要进步,自己的优点要发展,自己的缺点要消除,但是自己往往苦于不自知,所以需要'师友夹持',需要忠直的朋友提醒我们。奖励是鼓励发展优点,处分是提醒消除缺点。虽有积极消极之分,它的动机都是一样的:就是要希望同人进步,是完全善意的。""明白了这一点,即使受到处分,只应有积极求进步的态度,不应消极,不应因此影响到工作情绪。""附带还有一个问题,那就是处分要公平。关于这个问题,在本店有两点值得我们注意。第一,是本店用人向来采取人材主义,绝对没有不顾能力,引用私人,所以易于公平。第二,本店关于人事的处理,有集体领导机构(人事委员会)所定的原则与决议,所以也易于公平。如有不公平情形,受处分者还可对领导机构提出申诉,要求复议。"(全集第 9 卷第 669—670 页)

3 月 14 日　《"三一八"惨案纪念》、《〈一些供参考的感想〉附言》(署名韬),载重庆《全民抗战》周刊第 114 期。(全集第 9 卷第 364—366 页、366—369 页)

《"三一八"惨案纪念》摘要:

　　"距今十四年前的三月十八日,北京各界民众数千人,在天安门举行民众大会,反对日寇的军舰驶入大沽口,炮轰当时倾向于革命的国民军,会后游行示威,在执政府前,被为虎作伥的所谓段执政(段祺瑞)唆使执政府的卫队开枪射击,牺牲了四十余个反日的青年战士,重伤了二百余个反日的爱国学生,造成了中国历史上最令人悲愤的一幕惨剧。""在全国继续艰苦抗战争取最后胜利的今日,来举行'三一八'惨案纪念,是有着它的特殊的时代意义,我们必须接受历史的教训,配合到当前抗战建国的实际努力,才真能纪念这历史上最惨痛也是最伟大的一个纪念日。""第一,我们应该深刻地认识日本帝国主义和进步的中国是势不两立的。""第二,最热烈忠诚于国家民族利益的是广大民众,最当珍视宝贵的是民众的伟大力量。""第三,'三一八'惨案中遭难的是爱国民众,其中尤占多数的是青年学生,青年学生以及青年干部实为爱国民众的重要基层。对爱国最具热诚的是青年,对救国工作最具活动力的是青年。我国自抗战爆发以来,在前方为国挣扎奋斗,勇不顾身的是千千万万的热血青年,在后方参加各部门工作以及潜心学习以备为国效力的,也有千千万万在苦斗中的青年。""我们要信任青年,我们要动员广大的青年干部到各部门的工作中去,我们要以最诚恳最公正最合理的态度与方法教育青年。必须这样,我们才能使对爱国最具热诚的青年,对救国工作最具活动力的青年,对于国家民族有更充分的更伟大的贡献。""我们在今日纪念'三一八',对于坚持抗战,对于民众力量,对于青年力量,都应该有进一步的更深刻的认识,这样才不致愧对于十四年前在'三一八'那天为国牺牲的许多烈士。"(全集第 9 卷第 364—366 页)

3 月 16 日　访黄炎培,谈生活书店事。(《黄炎培日记》)

同日　《三　管理上的改革》、《本店史话(十五)请不起三十元一月的总务主

任》,《店务通讯》第90号,收入《事业管理与职业修养》。(全集第9卷第619—621页、732—733页)

《三　管理上的改革》摘要:

"本店在管理上是采用民主集中的原则,这是同人所知道的。这个原则在根本上是不错的,我们仍然要宝贵这个原则。但是在运用方面,换句话说,在具体的办法方面,却应该根据现实情形的变化而斟酌改革,才能在实际上收到良好的效果。""管理上的改革应特别注意实行'集体领导,个人负责'的办法,""同时我们还决定实行巡回视察的办法。""我希望由于巡回视察办法的执行,散在各处的同人间的意见可以获得相当充分的沟通,总处和各地间的隔阂可以得到相当的消除,这样,对于我们的文化事业,应该有着更大的整顿和推进。"(全集第9卷第619—621页)

3月20日　在渝书店社员举行大会,韬奋任会议主席,会议选出第六届理事,有邹韬奋、徐伯昕、沈钧儒、胡愈之、杜重远、王志莘、沈志远、金仲华、李济安、艾寒松、王泰来。(《店务通讯》第91号"专载")

3月21日　宪政座谈会及宪政促进会筹备会在重庆银行公会举行茶会,招待宪政期成会会员,交换对宪政问题的意见。到有宪政期成会的张澜、章伯钧、周炳琳、董必武、黄炎培、罗文干、史良、李中襄、罗隆基、左舜生十参政员及宪政座谈会的沈钧儒、邹韬奋、张申府、张友渔、潘梓年、张晓梅、曹孟君、刘清扬、韩幽桐等四十余人。(《南方局党史资料·大事记》第85页)

3月23日　《汪逆傀儡戏急于登台》、《教育会议与青年福利》(署名因公),载重庆《全民抗战》周刊第115期。(全集第9卷第369—371页、371—373页)

《汪逆傀儡戏急于登台》摘要:

"汪逆自从背党叛国以来,在最初还觍然通电著文,放着'和平救国'的烟幕弹,有一些忠厚的同胞想到他在追随中山先生的时候有过一段革命的历史,以为人之不良,何至于此,多少还被他的烟幕所迷惑,但是后来他愈演愈丑,在上海'歹土'里无恶不作,杀人绑票,威吓利诱,以及公开向敌人摇尾乞怜的种种丑状,已令任何人不免作三日呕,最后卖国密约被揭开,他的卖国铁证,更无可掩饰,以这样狗彘不食全国共弃的奸逆,被日寇拖上傀儡台,只有令人掩鼻而过,这种傀儡戏对于日寇所梦想的'结束中国事件'没有什么效用,是非常明显的,想到这一点,汪逆傀儡戏的登台,简直不值得我们的论述,但是我们对于站在汪逆后面替他撑腰的日寇的阴谋,却不可不存着很高的警觉性。""由于敌人在中国的惨无人道的暴行,由于敌人勾结我们的民族败类订立亡国密约之被揭露，由于我国三十几个月英勇抗战的收获，多数中国人对于妥协投降必致亡国的真理，已有了深刻的认识。但是日暮途穷的日寇，对诱降的幻想仍然不肯放松，他们仍然要无孔不入地传播毒菌，我们对于敌伪的种种含毒宣传，必须随时随地予以严厉的打击。""日寇拉汪逆等上傀儡台，还有一个大阴谋，即梦想使中国的对外争取民族自由独立的正义战，变成自相残杀的内战。他们梦想把中国变成第二西班牙，把汪逆变成东方佛朗哥。这样，他们不但可使中国人惨杀中国人，在国际上还可以大放烟幕，强调他们'反共'的藉口，使同情中国反侵略战的各国都由此移转视线，收回他们对中国抗战的同情和援助。""我们认定汪逆一群奸伪是日寇的走狗，而日寇是我们的民族敌人；我们加紧打击日寇，即附带打击汪逆一群；打击汪逆一群即无异打击日寇。我们给与日寇阴谋的答复是加紧团结，加紧打击敌伪，争取更大的胜利！"（全集第 9 卷第 369—371 页）

《教育会议与青年福利》摘要：

"做教师的不只是'贩卖'知识，必须具有能令学生感动的人格；师生之间的深切的感情不是可由强迫获得的，是要由于教师对于青年的真诚爱护，对于青年的善意教导。我们常听到学校青年苦闷之声，这里面也许不全是教师的责任，也许有些地方是由于青年的误会，但是教师对于青年的真诚爱护与善意教导仍是值得我们的特别注意，仍是辅助青年解决苦闷的重要因素。""有许多青年都以为只有到前线去工作才算有贡献于国家，在后方求学简直是虚耗时间，于是引起不安于校的心理。这种见解当然是不正确的。有机会有能力到前方去参加相当的工作，固然是一件很好的事情，但是如说非往前方工作便是于国无补，却未免陷于狭隘的见解，尤其是长期的抗战，更有赖于各部门工作的兼程并进。""我们所要注意的是青年学生所以有这样的误解，也不是没有原因，最主要的是课程内容与课余活动还未能尽量与抗战建国的实际需要有密切的配合，使青年感到自己是置身伟大时代之外！"（全集第 9 卷第 372—373 页）

3 月 30 日　《声讨汪逆伪组织》《纪念儿童节与儿童保育运动》（署名因公），载重庆《全民抗战》周刊第 116 期。（全集第 9 卷第 373—374 页、375—377 页）

《声讨汪逆伪组织》摘要：

"汪逆精卫和他的狐群狗党已悍然甘冒天下之大不韪，在全世界唾骂之中，听任民族敌人日本强盗牵着鼻子上台了！""汪逆伪组织完全以出卖民族断绝子子孙孙的生路为目的，已明目张胆地说出来，所谓不打自招的了！全国爱国同胞对于这样罪大恶极的民族罪人，对于这样公开出卖民族以陷全国人民于奴隶境域的伪组织,实应发挥民族气节,一致声讨!""汪逆伪组织之必然失败,不但在全国爱国同胞坚决抗战之下,已属明显的事实,即日本人也自知汪逆毫无用处。""但是我们不能以汪逆伪组织的毫无用处便可满足,我们还须进一步消灭这个贻羞祖宗万代的汉奸组织,所以我们全国同胞更须竭诚拥护坚决领导抗战的国民政府与最高领袖,更须努力巩固团结,争取更大的胜利,贯彻抗战的目的。敌人要以军事屈服中国,在他们已自知是不可能的事情,所以他们正在实行政治的和经济的破坏阴谋,尤其是他们所处心积虑的是要尽其挑拨离间的能事,企图破坏我们内部的团结,以分散我们抗战的整个力量,这也就是松本所谓'思想战'的真正内容。我们应给他们的严厉的答复是:我们要坚决巩固团结,坚持抗战。即令我们内部不无某些问题待决,不无某些缺点亟待救正,尤其是关于有碍精诚团结的问题和缺点,我们也应该而且可以用开诚公布的和平的方法来解决,使拥护抗战的全国国民与各党各派团结得像铜墙铁壁,使敌伪无隙可乘。这是我们对付汪逆伪组织应有的认识与努力。"(全集第9卷第373—374页)

《纪念儿童节与儿童保育运动》摘要:

"在抗战爆发以后,日本强盗对我国沦陷区儿童的惨酷,是令人眦裂发指的;整千整万的儿童被迫离开了他们的慈爱父母的怀抱,掳掠到日本去,有的儿童被关闭着供抽血之用,演着人类最惨痛的悲剧。""努力提倡对于儿童的保护与重视,尤其要严禁对于儿童的殴打。殴打绝对不是教训儿童的好办法,甚至有些无知的父母往往藉殴打儿童来出气,或发泄自己的'威严欲'!诸君如稍加留意,便知道这种野蛮现象不仅见于所谓'下层'社会,就是在自命受过高等教育的家庭,也常见这种怪象。"(全集第9卷第375—376页)

同日 《三 工作与学习的问题》,载《店务通讯》第91号,收入《事业管理与职业修养》时改题。原题《我们要补救的几个缺憾——先谈工作与学习的问题》。(全集第9卷第701—703页)

《三 工作与学习的问题》摘要:

"本店是事业的机关,不是单纯的学校,当然是应该'工作第一'。""我们这一群文化工作者的集合,不是靠任何封建的关系,也不是大家聚拢来做'饭桶',我们是为着文化事业而集合的,我们当然是要靠重视工作,我们如果对工作不负责,如果对工作马马虎虎,拆拆烂污,我们这一群的集合便没有意义了。但是我们'工作第一'不但不反对学习,而且要提倡学习,尤其是我们都是青年工作者,青年工作者要常在进步的途程上向前迈进,因为我们要使青年工作者能由学识经验的增加而渐渐加重他们的责任,非常在学习中求进步不可。学习是进步的源泉,进步可以增加工作的效率:这两方面是应该相成相辅而不应该相妨相碍的。与工作有直接关系的学识技能,对于工作效率的增进,固然有着密切的关系,即业余对于其他方面学识经验的培养,对于工作效率的增进,也是有着间接的关系。""原来是不应该成为问题而竟成为问题,这里面究竟有着什么漏洞呢? 这漏洞是在于有些同事对于工作和学习缺乏正确的认识与态度。有些同事把认真工作视为'事务主义',好像因为讨厌'事务主义'而即可轻视事务,也即可轻视工作。这是大错而特错! 所谓'事务主义'是指除了做着事务外,即不顾学习,不想进步,而不是说事务可以马虎,犹之我们反对'唯武器论'并非轻视武器,而且反对有些人除了武器之外,把其他重要因素如民众的力量等等一概抹煞。因为有着这样的误解,所以对工作渐渐发生不负责任的态度,'放工'的钟点一到,没有写完的信即搁笔不写,即令在短时间可以结束的事也硬搁起来! 同时把学习和工作分离,尽管能读几本书(读书当然是好的,毛病在下文),而对工作却存着马马虎虎不负责的态度,在另一方面,虽有些人重视工作(这是对的),但却忽视业余的学习或阅读,结果即使原来的工作在熟练上不无收获,但要再进一步,能够负起更重要的工作,却不容易,这在个人方面固然是一种损失,在培养干部方面,在提拔干部方面,也发生了问题。"(全集第 9 卷第 701—702 页)

是年第一季度　为形势及工作需要,便于与各地各界各团体中的救国会负责人保持经常联系,由沈钧儒主持,在重庆组织张申府、邹韬奋、章乃器、柳湜、王炳南、李赓、曹孟君、沙千里、刘清扬、于毅夫、郑代巩、史良、胡子婴、沈兹九、钱俊瑞、陶行知、沈钧儒等十七人"座谈会",定期研讨时局及问题。(沈谱、沈人骅编《沈钧儒年谱》第 225 页)

4 月 1—10 日　在重庆,参加国民参政会第五次大会,提出《严禁违法拘捕,迅速实行提审法,以保障人民身体自由案》。(《国民参政会纪实》上第 696 页,《国民参政会纪实》续编第 151 页,第 10 卷第 309 页)

4 月 5 日　因邻居失火而诬告安徽立煌分店职工方钧、严永明二人为纵火犯,被拘押至警备司令部,且传至军事法庭审讯,问题由"失火"事而牵涉至所谓"政治问题"。在转辗押解与候讯中,方严二人一直被囚押至 5 月 22 日才被认为"无罪"而准予交保释放,书店被封。(徐伯昕《生活书店横被摧残经过》,收入《生活书店史稿》第 242 页,第 10 卷第 333—334 页)

4 月 6 日　《国民参政会第五届大会开幕》,载重庆《全民抗战》周刊第 117 期。

（全集第 9 卷第 377—379 页）

《国民参政会第五届大会开幕》摘要：

"国民参政会第五届大会的任务是什么呢？依我们默察各方面的期望，至少有下列三件事是值得提出的。""第一件事是怎样在实际上更能巩固团结。这是全国爱国同胞所最关怀的第一件事，因为团结愈巩固，抗战最后胜利的提早到来便愈有把握。""日寇要想单纯以武力征服中国是一件不可能的事情，但是敌人并不因此就停止它的侵略中国的毒计，它还要企图在政治及经济方面加紧它的阴谋，实行'以华制华'的策略，所谓'以华制华'，扶植汪逆伪政权仅是其中的一端，同时还要运用敌伪的种种阴谋，来企图分散我们抗战的阵营，使内部形成对立，消耗自己的力量，如此就是间接救济了敌人的窘迫，敌人希望由此可在实际上达到'以华制华'的另一作用。""为加强我国的抗战力量，以期提早由相持达到整个反攻的目的，我们内部的团结实有待于进一步的巩固。某些妨碍巩固团结的问题，是有迅速得到合理解决的必要。""第二件事是怎样在实际上扩大宪政运动的影响。""如果真要得到实施宪政的效果，决不是仅仅颁布一部宪法，选出一个国民大会，便已尽其能事，必须事前事后在广大的民众间展开热烈的自发的宪政运动，由此使大多数人民都能得到政治教育的机会，使大多数人民都能认识宪政的切实执行是和他们的每一人的福利有着密切的关系，是和国家整个政治的进步有着密切的关系，有着这样反映大多数人民要求及得到大多数人民共同推进的宪政，才能受到实施宪政的良效。""要充分办到此事，必须给与人民更充分的关于展开宪政运动的集会结社言论出版等等自由。""第三件事是怎样在实际上减低物价，以救济人民生活上的痛苦。""我们仍然要在可能范围内减少人民在生活上的不必要的痛苦。数月来物价飞涨，影响到多数人民的生活，其中原因固然不止一端，但趁火打劫，大发其国难财以加重人民负担的事，实不可胜数。于是一方面有着生活陷于非常困难的现象，一方面却也增长着骄奢淫佚的现象。"（全集第 9 卷 377—379 页）

4 月 10 日　在国民参政会第一届第五次大会上提出《严禁违法逮捕，迅速实行提审，以保障人民言论自由案》，获得通过。（《重庆出版史志》，1992 年第 3 期第 18 页）

同日　下午五时，黄炎培与王云五、邹韬奋、杨卫玉商谈文化机关合组事。（《黄炎培日记》）

4 月 13 日　中午，到乡建学会。黄炎培、梁漱溟、李幼椿招一部分参政员便餐，到者有左舜生、沈衡山、邹韬奋、罗隆基、周士观、张申甫、张表方（澜）、杨赓陶、章伯钧，商定统建会以周士观南岸弹子石操坝子巷 36 号（玉皇观）为通讯处。（《黄

炎培日记》）

同日　《对参政会第五届大会的感想》，载重庆《全民抗战》周刊第 118 期。（全集第 9 卷第 379—381 页）

《对参政会第五届大会的感想》摘要：

　　"本届大会所最注意的几个问题，不出记者在上期那篇社评里所预料的范围，即：一、怎样在实际上更能巩固团结；二、怎样在实际上扩大宪政运动的影响；三、怎样在实际上平定物价，以救济人民生活上的痛苦。""关于第一类问题""现在已由议长指定参政员十一人，来处理这个全国所关怀的问题，结果如何，当然还有待于以后事实的证明，在本届大会期间还不能知道。""关于第二类问题的提案很多，""终于因为时间过于匆促，""发言的只有八九人，便将全案交政府参考。""关于第三类问题的提案有八个，""其实这不仅仅是一个单纯的经济问题，同时牵涉到政治问题、财政策略问题，所以内容是相当复杂的。""补救的方法不是没有，重要的是在能够切实执行。""最后，历届以及本届的国民参政大会所给与我们的总的感想，是在这样紧张的抗战建国的时代，像国民参政会这样一个所谓'半民意'的机关是不够的，因为它的不够，所以我们既不存奢望，也无所谓失望。"（全集第 9 卷第 380—381 页）

4 月 15 日　《五　事业性与商业性的问题》、《本店史话（十六）人才主义的用人政策》，载《店务通讯》第 92 号，收入《事业管理与职业修养》。（全集第 9 卷第 682—684 页、734—735 页）

《五　事业性与商业性的问题》全文：

　　"在本文里要提出来谈的是事业性与商业性的问题。""我们这一群的工作者所共同努力的是进步的文化事业，所谓进步的文化事业是要能够适应进步时代的需要，是要推动国家民族走上进步的大道。我们在上海开始的时候，就力避'鸳鸯蝴蝶派'的颓唐作风，而努力于引人向上的精神食粮；在抗战建国的伟大时代中，我们也力避破坏团结的作风，而努力于巩固团结坚持抗战及积极建设的文化工作。这可以说是我们的事业性的含义。为着要充分顾到我们的事业性，我们有时不惜牺牲，我们的同事往往为着抗战建国的文化事业而受到种种磨折与苦难，毫不怨尤。但是在经济方面，因为我们要靠自己的收入，维持自己的生存，所以仍然要严格遵守量入为出的原则。这里便牵涉到所谓商业性。我们的业务费，我们的资金，既然要靠自己的收入，所以我们不得不打算盘，不得不赚钱。这可以说是我们的商业性的含义。""这样说来，我们的事业性和商业性是要兼顾而不应该是对立的。诚然这两方面如超出了应有限度,是有对立的流弊。例如倘若因为顾到事业性而在经济上作无限的牺牲,其势不至使店整个经济破产不止,实际上便要使店无法生存,所谓皮之不存,毛将焉附,机构消灭,事业又何从支持,发展更谈不到了。在另一方面,如果因为顾到商业性而对于文化食粮的内容不加注意,那也是自杀政策,事业必然要一天天衰落,商业也将随之而衰落,所谓两败俱伤。但是我们不许各有所偏。因为我们所共同努力的是文化事业,所以必须顾到事业性,同时因为我们是自食其力,是靠自己的收入来支持事业,而发展事业,所以必须同时顾到商业性,这两方面是应该相辅相成的,不应该对立起来的。""这样看来,事业性与商业性原来是不成问题的,而竟有人觉得成问题,这又是什么缘故呢?这也是因为对这两方面都缺乏正确的认识。事业性的维持,必须在量入为出的范围内,否则便是不顾现实,破坏本店的生存。本店的出版事业,有些部分是有钱可赚的,可以移来补贴补贴蚀本的部分。此外还须多些余利来作更求发展的资金。在这样的范围之内,我们是不怕经济上有所牺牲。倘若超出了这个范围,便是使本店走上关门大吉的道路!不但如此,我们为着要发展事业,在不违背我们事业性的范围内(我们当然不专为赚钱而做含有毒菌落后的事业),必须尽力赚钱,因为我们所赚的钱都是直接或间接用到事业上面去。""要充分发挥商业性,在积极方面,必须注意'工作第一',在工作上最努力,最有成绩的同事,是我们的英雄!工作能力最强,办事最负责的同事,是我们大家的宝贝!在另一方面,在工作上撒烂污,成绩上恶劣的同事是我们的害群之马,工作能力不强而办事又不负责的同事,是我们的蠹虫!前一种同事,对于我们的事业,对于我们的商业,都有切实的贡献;后一种同事,对于我们的商业固然只有破坏的作用,即对于我们的事业,也是只有破坏的作用。要充分发展商业性,在消极方面,必须爱护公物公财,极力避免浪费。自己的东西知道爱护,对自己的经济知道节省,而对于公家的东西或经济,便不注意爱护与节省,马马虎虎,随随便便,这是对于团体最不忠,最最要不得的劣根性,我们对于这种劣根性必须尽力铲除。能爱护公物公财的人,对于我们的商业固然有切实的贡献,同时对于我们的事业也有切实的贡献,因为必须在经济上能力避浪费,充实力量,才有发展事业的凭藉,这样看来,充实发展商业性。同时也是充分发展事业性。这两方面是可以而且应该统一起来的。"(全集第9卷第682—684页)

《本店史话(十六)人才主义的用人政策》摘要:

"我自从全权主持生活周刊社之后,始终坚决地不介绍自己的亲戚,也可以说不用私人的任何关系而作为用人的标准。这也许有人要觉得矫枉过正,但是，为着扫除封建余毒，宁严毋滥。""这种人才主义的用人政策，已成为本店在用人方面的一种传统的精神。我们的事业发展到了今天的规模，同人的数量较前增加了百余倍，在人事问题上当然比较以前复杂一些，但是和其他机关比较一下，便知因私人的关系而倾轧排挤的恶习惯，可以说是没有，在比较负重责的人从来也不因任何私人的关系而感到棘手：这都是由于这个传统精神的作用。""除了极少数在社会上服务多年，在事业上已有昭著成绩的人，我们依着事业的需要聘请进来之外，最大多数的同事都是经过考试手续的，一方面根据业务上的实际需要，一方面根据应考者的实际能力，加以公正的考虑。现在本店有许多得力的干部，其学识能力都能超过任何受过国内外大学教育的人，都是由考取本店练习生升起来的。这种极可欣幸的现象，就是人才主义的用人政策的结果。""我们这一群一心一德亲密诚挚的同事，是人才的集团，是事业的共同目标所吸聚，而不是由于任何私人的关系而聚集的。这可以说是本店事业所以得到相当成功的最重要的因素之一。"（全集第 9 卷第 734—735 页）

同日　《为生活书店辟谣　敬告海内外读者及朋友们书》（3 月 30 日深夜作），载《店务通讯》第 92 号，收入《事业管理与职业修养》附录。（全集第 9 卷第 742—746 页）

《为生活书店辟谣　敬告海内外读者及朋友们书》全文：

"海内外读者及朋友们："生活书店由于海内外读者及朋友们的深厚同情，热心赞助，经十五年之惨淡经营，始略具规模，对于国内民族的文化事业，无日不在艰苦奋斗中，以无负海内外读者及朋友们的热诚期望。自抗战爆发以来，对于抗战国策的宣传与前方精神食粮的供给，尤竭尽心力，不敢懈怠，所设分店深入战区及游击区，同事冒战地危险而努力服务，屡次押运大量书籍出入敌人封锁线，艰苦备尝，几遭不测，有一同事因忠于职务，不幸惨遭敌机炸毙，为抗战文化而牺牲。凡遇党政当局有所号召，本店无不竭诚响应，不敢后人，举其较显著者，如在战时首都，本店第一家响应党部对于义卖的号召；在党政军五大机关五十万封慰劳信的伟大运动中，本店同人全体动员，单独征得慰劳信十三万余封；中央党部征求翻印总理遗教，本店亦为第一家响应实行者；此外如广印《蒋委员长抗战言论集》，特为前方战士编行《全民抗战》周刊战地版（总数已达五十余万册），为一般民众编行《战时读本》（总数已达百余万册）、《大众读物》（宣传抗战的通俗小册，总数已达三百余万册）等等，凡遇与抗战有裨的文化事业，虽在印刷纸张及运输极艰难的情况中，无不全力奔赴。本店虽自愧贡献微薄，但尚可告无罪于国家民族。不料最近屡承读者见告，谓竟有人造谣中伤本店,说本店是受共产党津贴的机关,企图利用党派摩擦以破坏本店的事业,最初以事出捏造,一笑置之,但报告者日多,且有以此类诬陷的印刷品见示者,似有人企图造成不利于本店的浓厚空气,作为整个摧残的张本,所以不得不根据事实,略加辩正。我国自抗战以来,全国同胞及各党各派皆在最高领袖及政府抗战国策领导之下,精诚团结,一致为国努力,党派原已不应成为罪名,本店所以辩正在事实上并无任何党的关系,不过就事实加以说明而已。为简明计,请分三点略加解释。""第一、谣言中最动人听闻者,为本店以如许小资本(民国二十四年十二月二十八日向实业部商号注册资本十五万元,领有执照设字第八七六〇号)怎样能办这样大规模的事业,于是认为这就可以作为本店必然受了共产党津贴的铁证! 这种诬陷的话,是完全抹煞了本店十五年艰苦奋斗日积月累的历史。本店最初为生活周刊社,该刊销数每期在十五万份以上(有当时邮局盖章的立券簿为证)。仅仅该刊每年的订费即有数万元。本店忠诚为读者服务,积时既久,信用日著,所以刊物种类亦渐多,都深蒙读者赞许,每年所收订费,总数亦逐渐增加;此外因侨胞读者以及内地读者经常存款委托随时代办书籍,邮购户经常总在三万户以上;这两项每年一二十万元以上的订费存款,虽非资本,但只须分期及随时由书刊中逐渐偿还,在运用资金方面实为读者对本店间接的莫大的协助。这种事实完全由于本店多年在广大读者间所建立的信誉而来,初办同类事业者未能在短期间得到这样的基础,或一般社会人士不明此中实际情形者,听到有人致疑于本店以如许小资本能办这大规模的事业,往往易被谣言所迷惑。去年六月间,重庆市政府社会局会同市党部及中央图书杂志审查委员会,派员三人亲到本店审查帐册,连查二日,对于经济之来踪去迹特别注意,结果无弊病可言,足见本店实全恃自食其力,绝不受任何方面的津贴。造谣者之毫无根据,不辩自明。此外本店同人创业的艰苦,平日工作的辛勤,亦有非外人所能尽悉的。最初数年,因经济特别艰难,同人工作夜以继日,有几位同事因过于劳瘁,以致牺牲生命者,如由练习生逐渐升至主计部主任之孙君梦旦,由练习生逐渐升至分店经理之陈君元毕君子桂等,都是因为过劳伤及健康以致短命早死。近数年虽业务比较发达,劳苦比较减少,但以支出随事业发展而渐大,仍不得不极力撙节,每日工作仍极紧张,每一同事仍极辛苦。现在还有几位同事因参加创业过劳及多年辛勤而致疾,未获痊愈的(多属肺病)。即韬奋自己亦因参加创业,日夜工作,伏案过久,发生胸部剧痛,病剧时在床上乱滚,医生束手,每数日一发,或一日数发,缠扰数年,后来出国游历二年,才渐渐痊愈。这样由海内外无数热心读者所赞助与许多同事的血汗乃至生命所培植,经十五年的含辛茹苦而有今日的文化事业机关,竟有人广播无根据的谣言,企图中伤,每念及此,不胜痛心! 是非不明,正义何在,一个文化事业机关被摧残的事小,影响于国家民族的前途事大。这是韬奋所沉痛悲愤,诚恳提出,希望全国公正人士加以注意的。""第二、关于书报内容,亦往往被造谣者加以种种诬陷。本店出书共达九百十余种,其中有关思想问题者仅四十种,为图书杂志审查委员会认为应禁止者二十六种,在此二十六种中尚有十种为已由内政部审查通过得有执照。足见本店在出版方面即偶有被认为有错误之处,亦甚微细,且早已接受纠正。本店出版的杂志,都已经过重庆图书杂志审查委员会的审查。依照中央图书杂志审查委员会对于一般书业的办法,在本年四月以前出版的书,除有通令禁止者外,均可售卖。同月以后出版的书须一律将原稿送审,本店已随同同业一致遵办。韬奋个人曾以国民参政员资格在国民参政会中提出撤消原稿审查的议案,是不错的,但这是另为一事,至于在政府决定之后,公布法令,人民有服从法令的义务,这又是一事,韬奋认为出版自由之争,为个人属于国民方面应尽的天职。而本店服从法令的态度,亦为平时一贯的方针。这种界限,是最应该分别清楚的。""第三、关于本店在管理上相当地采用了民主的原则,亦往往被造谣者作为一种口实,其实本店的同人自治会,其任务只是由同人自理关于卫生、娱乐及自我教育等事;同人所公举的人事委员会,其任务只是在相助商决关于考绩奖励及待遇等事;每二周由各分店负责者召开店务会议,由同事参加工作检讨及商决有关营业上的种种问题。本店同人自创业以及现在,在极艰苦的环境中尚能团结奋斗共甘苦者,即藉此集思广益,有事大家商量的民主精神,得以勉力维持。以上种种组织及会议都不出店务范围,竟有人诬为秘密组织或秘密会议云云,贸然加以毫无根据的罪名,实属冤枉。""谣言无根,原无足惧,亦不至引起政府轻信,但三告曾参,曾母投杼,不利于本店的谣言日播日广,即平日深表同情于本店的朋友们,也许以为本店是自陷于党派摩擦的漩涡中,实为自作自受,于人何尤,这样适中造谣者的阴谋,加深本店的冤抑,所以略就事实加以说明,诚恳希望海内外读者及朋友们主持主义,如听到上述谣言,代为力辟,俾十五年艰苦辛勤培成的文化事业机关不致含冤沉没,俾对国家民族能作继续的贡献,不胜感激之至。谨致抗战胜利敬礼!""韬奋敬启""廿九、三、三十日深夜,重庆。"

(全集第 9 卷第 742—746 页)

4 月 16 日　与黄炎培、杨卫玉、徐伯昕共商发起组织国讯书店。(《黄炎培日记》)

4 月中旬　《激流中的水花——〈全民抗战〉信箱外集》重庆生活书店初版。

《激流中的水花——〈全民抗战〉信箱外集》目次：

"第一编　工作与学习"、"激流中的水花"、"救国的热情时时在燃烧着"、"为人类幸福而奋斗"、"离开了慈父"、"不满意现在的生活"、"没有本位工作可做"、"依人作嫁"、"辜负了国家给我的教育"、"来到这万花筒似的都市"、"领受了闭门羹"、"到底应该走哪条路?"、"读书与救国工作的兼顾"、"为家庭牺牲了学业"、"求学高于一切"、"让他们自生自灭吧!"、"不愿把时间浪费"、"放弃了高中的课程"、"读大学与自修"、"工业能不能自修"、"自学英文"、"一个暑期读书会"、"怎样办华侨报纸?"、"无理的干涉"、"我们的义卖工作"、"战区文学干部的培养"、"用我残存的左手来写作"、"怎样运用游击战术?"、"工人的苦闷"、"怎样能够勇敢的干下去?"、"决不屈服"

"第二编　政治与思想"、"青年对抗战应有的态度"、"抗战中的国内民族问题"、"抗战期中大后方"、"民众动员太不够"、"回国服务与逃避兵役"、"防空办法的商讨"、"中国现在需要的是生存"、"汪案传到这里时"、"打击动摇分子"、"疑事数点"、"关于苏联进兵波兰"、"参政会与国会的分别"、"政治重于军事"、"青年与三民主义"、"追求真理"、

"第三编　婚姻与家庭"、"恋爱至上? 民族至上?"、"恋爱与工作"、"误会的发生"、"怎样摆脱家庭的羁绊?"、"背叛家庭的女孩子"、

"第四编　健康与法律"、"怎样医治懒病"、"身体使我绝望"、"怎样解决我的犯罪问题"。(全集未收,摘自复印件)

4月中旬　《〈激流中的水花——《全民抗战》信箱外集〉弁言》(1月9日记于重庆全民抗战社),收入同名单行本。(全集第9卷第323—324页)

《〈激流中的水花——《全民抗战》信箱外集〉弁言》摘要：

"这些信件原来是不准备发表的,只是本刊编者和读者诸友间的直接通信而已,但是其中内容往往不仅与来信者本人有关系,却多少具有一般性,为有同类问题待决者所共同关心的,因此特就廿七年三月至廿八年十月间与读者往返的许多信件中稍加甄别,选择其中之尤有参考价值者,编成这本《激流中的水花》,也就是《全民抗战》信箱外集第一辑。""这本信箱外集取名'激流中的水花'非常合适,因为这个书名适作表现这本书的特殊时代性。这本书里所选辑的读者来信,是从廿七年三月以后一年半间的时期里写出的,是在我国战士因战略关系由淞沪撤退,民族神圣战争逾入更坚忍持久的阶段,是抗战工作者随着由局部抗战而扩展为全面抗战的形势下,更广大地开展着各种工作,以配合持久战需要的时期。""这本书里所选辑的各信,重在信内所述的材料内容,

而避免对于写信者个人的牵涉,使写信者不致因此引起不便或不必要的纠纷,所以只发表信的内容而省去了写信者的姓名。""编辑这本书的时候,深深地感到来信的读者诸友对于本刊的信任与深挚的友谊,这是最可珍贵而永不能忘的,我们把这本书贡献给社会,由此扩大讨论所得的效果,也就是更充分地报答来信读者诸友的深挚的友谊,这一点想必为来信读者诸友所赞同的。"（全集第 9 卷第 323—324 页）

4 月中旬 《〈我们对于五五宪草的意见〉弁言》(3 月 14 日记于重庆),收入同名单行本。（全集第 9 卷第 363—364 页）

4 月 20 日 《热烈欢迎南侨回国慰劳团》、《〈西南各民族的团结问题〉附言》,载重庆《全民抗战》周刊第 119 期。（全集第 9 卷第 381—383 页、383—384 页）

《热烈欢迎南侨回国慰劳团》摘要:

"自抗战爆发以来,海外侨胞对于祖国的热诚,在精神及物质各方面支持祖国的抗战,都使国内同胞受到极深的感动。在这个抗战建国的伟大时代,西南经济建设的开展,国外国民外交的猛进,以及海外贸易的增强,在在都有赖于侨胞的努力参加,所以我们由已往看到现在,由现在看到将来,对于千万的海外侨胞,实抱着无限的希望。正在艰苦奋斗中的祖国是在欣然招手,对这一群中华民族的好儿女,怀着诚恳的属望,而团员诸君正在这个时候代表千万侨胞回国慰劳,这情景是不能不令人感奋的。""自总会(注:南洋华侨筹赈总会)成立以后,各项救国工作进步更为迅速,仅就捐款而论,便增加一倍,自总会成立到去年年底,共募得国币二万万余元,团结就是力量,从这里可以得到事实的证明! 所以我们感觉到这次回国慰劳的侨胞代表不仅是海外的民族战士,而且每一位都是团结御侮的象征。诸君在海外以团结的力量为祖国尽了很大的贡献,现在更以这个铁的事实显示给祖国,巩固整个祖国的团结,这功绩是尤其伟大的。"（全集第 9 卷第 382—383 页）

《〈西南各民族的团结问题〉附言》摘要:

"尽力帮助国内少数民族达到平等的地位,只有充分执行民主的原则,使他们能有充分的机会来共同努力参加抗战建国的工作,才有达到的希望,这不仅是为着各少数民族本身的利益;各少数民族如能得到合理的发展,充分发挥他们的力量,也是整个中华民国的福利。"（全集第 9 卷第 384 页）

4 月 27 日 《英勇抗战三年中的五一节》、《〈就业后的求知问题〉附言》、《〈中学生苦闷些什么〉附言》,载重庆《全民抗战》周刊第 120 期。（全集第 9 卷第 384—386 页、387 页、387—389 页）

《英勇抗战三年中的五一节》摘要：

"在次殖民地的中国，中国的劳动界比起各先进国的劳动界，亦更多负一个重要的任务，那就是为争取中国的自由解放而努力奋斗。""中国工人在抗战期间对于国家民族的贡献，不仅在大后方努力生产，加强抗战的国力，而且还在游击区冒着万险破坏敌人的建设，消耗敌人的力量，他们为国家民族所受的艰苦，与所贡献的伟大，往往易为一般人所忽略，中国劳动界为国奋斗的这样伟大的力量，随着抗战的前进而继长增高着，在'五一'这一天，实在增加了纪念的意义，使人深深地感觉到英勇抗战三年中的'五一'节是有着它的特殊的光辉。""在这个对中国抗战具有特殊意义的'五一'节，我们不但要敬念劳动界同胞对于中国的伟大贡献，同时还要注意改善工人的生活和吸引沦陷区及租界内外国工厂的技术工人到大后方参加建国的生产工作。抗战是艰苦的任务，在拥护抗战参加抗战工作的人民，必须具有不畏艰苦的精神，这个原则是完全正确的，但是这个原则并不否认工人生活应在可能范围内加以改善的必要。尤其是在物价飞涨，生活较前困难的时候，工人生活更有积极改善的必要。这不仅是有关工人本身的问题，也是有关生产效率以及增强国力的问题。这是我们所应特别注意的第一件事。有些沦陷区域及租界内的工厂并未撤退，其中所留技术工人不少，这都是抗战建国时代的国宝，为充实大后方建设的人材计，应有具体的计划，容纳这种技术人才，使他们有可能到后方来参加生产工作，为国努力。这是我们所应特别注意的第二件事。此外，如全国工人组织之应加强团结，与国际工人组织之应加强联系，内以加速抗战的胜利，外以推进国际的声援，那更是劳动界同胞在'五一'节所应检讨已往与勉励将来的。"（全集第9卷第385—386页）

《〈中学生苦闷些什么〉附言》摘要：

"我们要郑重地指出，'失望'或'悲观'不能改善环境，'苦闷'不能解决任何问题。我们必须以积极的态度和不断的努力来对付艰苦的环境。首先我们必须保持积极的态度，即今环境非常艰苦，但即在非常艰苦的环境中，是否已尽了我们的最大的努力？这是值得青年朋友们平心省察的问题。社会科学不易研究，至少还有自然科学可以研究，自然科学有了相当的基础，对于将来研究社会科学是有很大的益处，至于自然科学本身的应用更不消说；至少可以加功研究外国文，（尤其是高中）把阅读外国文的能力充分培养之后，对于将来进一步研究任何部门的专门学问，都有很大的帮助。我们当然不是说：青年朋友在这个抗战建国的伟大时代，只要能够如此便已可满足；我们的意思是说，无论在如何艰苦的环境，必须保持积极的态度，不应'失望'，不应'悲观'，不应为'苦闷'所迫倒，虚过宝贵的时间。同时我们当然不能放弃在客观条件可能的范围内，努力争取环境的改善。""我们要诚恳地唤起教育者改善青年环境的责任心。青年是天真活泼的，坦白纯洁的，他们的最大的特点是好动，最大的欲望是求知，最诚挚而热烈的情绪是要对国家民族的这个伟大时代有贡献。倘若青年好动而教育者偏喜静，青年欲明真理而教育者并未能加以积极的领导，青年要知道对国家民族有所贡献的途径而教育者却一味搪塞，认为多事：这样一来，教育者只有终日忙于作消极的抑制，而忘却了对于青年应该负起积极领导的责任。在青年方面，只有积极的领导才能接受，如专用消极的抑制，是终于抑制不了的，因为青年的特性是动，是要求知，是热烈，这些和消极的抑制都是不能相容的，不能相容而加强抑制，其势非如'甚于防川'，一发而不可收拾不止。教育者方面原想省事而反致多事，原想平平安安地过日子，而反致如置身于炉火之上，不能一朝居；我们并不是说青年如有错误，不应该加以纠正，倘若这样，根本就用不着教育者，但是如用消极的抑制的方法来纠正错误，在青年方面即令在表面上唯唯诺诺，他心里是否已收到教育的效果，是否已明白其所以然，还是一个大疑问，这在青年方面固然是一种莫大的灾难，在教育者方面也是一种莫大的失败，这真是值得教育者深长考虑的。"（全集第 9 卷第 388—389 页）

4 月 30 日 《关于组织是否适宜的问题》，载《店务通讯》第 93 号。（全集第 9 卷第 390—392 页）

《关于组织是否适宜的问题》摘要：

"我们事业的得到发展，固然是由于先后同事的共同努力，但同时也由于我们的组织是相当的合理，这是我们大家所知道的。为什么现在竟成了问题呢？这大概是来自四个主要的原因。第一个原因是我们的规模比前扩大，同事的人数比前突增而又散在各地，意见的沟通不及以前的迅速而充分了。我们在管理方面所采用的是民主集中的原则，这原则在根本上是无可非议的，但是在实行的过程中，我们在许多地方陷入了琐屑的弊病，尤其是关于人事方面琐屑的弊病，尤其显著，往往在人事上的一个比较小的具体问题，各地负责人无权解决，要请示总处，总处负责人也无权解决，要提人事委员会，请示与复示的信札往返，开会与讨论的程序，有时更须等候调查，于是一件小事的解决，往往要费不少时间，在某些同事看来，来往信札不是都能看到，开会讨论不是都能听到，所亲切感到的是一件小事往往要拖延不少时间，非颟顸而何！其实，各地的事情,只有各地的负责人最为清楚,远在中枢的总处在事实上很不易彻底明了。""这在规模较小,大家都聚在一地的时候琐屑的弊病所给与业务上的不便甚至防碍,还不觉得,因为近在咫尺,一切手续都比较简单,所需要的时间也比较少得多。但以现在的各种情形看来,以前的办法,原来的精神尽可保存,而实际的办法都须修正。换句话说,琐屑的弊病必须改善,比较重要的负责人(如区主任及各店经理等)的职权必须相当地提高(当然要依据领导机构所定的原则。)这也就是要切实执行'集体领导,个人负责'的原则,领导机构只应注意原则的规定,不必'事必躬亲'芝麻绿豆大的事情也要顾问,有了原则之后,各级负责人即可根据原则,来处理特殊的具体的事件,如果执行错了,他当然要负责,要受领导机构的纠正甚至处罚,这样补救,也许可以减少'颟顸'的流弊,增加工作的效率。""现在请略谈第二个原因。我们的组织虽相当合理,但是要大量增加股本,却不是一件容易的事情,而在业务扩大、资金困难的状况下,这件事也引起了组织是否适宜的问题。那末我们是否应该根本推翻原来的组织而采用股份有限公司的普通组织呢?这是值得我们慎重考虑的一个问题,我们原来的组织无疑地有着它的许多优点,所以目前的方针是在可能范围内保持原有的组织,所谓可能范围内即是在资金方面另想种种补救的办法。假如最近设法使垫本亏本过多的杂志另谋独立经营的办法,减轻本店在资金方面的负担,相当地减少据点,节省开支;酌量减少大部的新书,多用力量于重版畅销书等等,都是根据这个方针努力的,我们相信在工作效率方面积极改善,在开源节流方面积极改善,在资金方面不是没有办法补救缺点的。"(全集第9卷第390—392页)

同日 《本店史话(十七)第一件轰动的事情》,载《店务通讯》第93号,收入《事业管理与职业修养》。(全集第9卷第735—736页)

《本店史话(十七)第一件轰动的事情》摘要:

"日本强盗在'九一八'开始掠夺我国的东北国土,引起了我国全国爱国同胞的愤怒,霹雳一声,坐镇黑龙江的马占山将军奋起抗战,嫩江战役,震动了海内外同胞的心弦,生活周刊社也大声疾呼,号召读者为马将军和他所领导的民族战士捐款,登高一呼,万山响应。""每日随着东北马将军抗战的紧张,门口挤满了男女老幼的热心读者,数十成群,继续不断,争伸着手把钞票,洋钿,角子,乃至铜板,纷纷交入,卖报的孩子与卖菜的乡下老伯伯,都挤在里面慷慨捐输,那种热烈的情形,真使人永不能忘。我们仅仅十几人的全体同事全体动员,收钱的收钱,记录的记录,打算盘的打算盘,大家忙得喘不过气来,十多架算盘的的搭搭算到深夜二三点钟,把姓名和数目赶着送到日报去登广告,第二日全张四分之一的大广告赫然显露了。""这样热闹了好几天,捐款竟到十五万余元之多。当时不仅轰动了全沪,简直轰动了全国!""在踊跃捐输的读者中,有年仅二十岁左右的'粤东女子'独将父母遗产全部二万五千元捐给马将军抗战,社会上都在纷纷揣测谁是这位'粤东女子',她曾经亲来见我一面,但不愿公布姓名。这是一件够令人感动的义举,她可说是拥护抗战国策最早最力的一位女先锋!"(全集第 9 卷第 735—736 页)

5 月初　国民党参谋总长兼军政部部长何应钦在国防最高委员会议中报告说,据"情报",沈钧儒、邹韬奋、沙千里将于"七七"在重庆领导暴动,如不成,将于"双十"再暴动。三人觉得此事显然是有组织的"谣言攻势",便同往军委会访何应钦,详询原委。何亲自出来接见,承认确有报告,并叫某参谋拿出书面报告,大意说是根据政治部干训团的两个自首学生的报告。报告称邹、沈、沙三人定于"七七"领导暴动,沙主持沙坪坝(学校区,有不少大学中学)一带的暴动,邹和沈主持重庆城里的暴动,总指挥已委定某某,邹还有一个管理军械的重要任务,自首的两个学生中有一个姓胡的还曾经见过韬奋,说军械已布置好,只要用时去邹处领取就行。邹问何氏那两个自首学生在那里,可否叫出来对质,他说党部方面为安全计已把他们藏到别处去了。邹称陪都军警深严,特务密布,军械不是小东西,究竟有无,不难查明,而且三人平日拥护抗战国策的言行,光明磊落,一切公开,暴动是否三人干的事情,显然易见,何总长竟然相信此种无稽谣言,报告于国防最高会议,实属不可思议。自此,国民党最高当局密令军警机关各地方党部严加防范,并派武装特务严密监视沈钧儒、邹韬奋、沙千里的行动和住所。韬奋著文述:"说起来真是天晓得! 我在重庆所住的地方,就在陈果夫先生的公馆一个大门内的另一座屋子,我因出不起大的租费,只在那座屋子楼下租了一个房间,全家在内,除一妻外,三个小孩由学校回来也挤在一起,真是济济一室。现在很流行的用语,指笔和书报为'笔枪纸弹',在我这个狭小的济济一室里面,几枝'笔枪'和几架'纸弹'是有的,军械实在放不下,而且搬进搬出,要经过陈公馆的传达室,也瞒不住我的贵邻居。"(沈谱、沈人骅编《沈钧儒年谱》第 227 页,全集第 10 卷第 312—313 页)

5 月 4 日　《今日的五四运动纪念》、《〈一位军人对伤兵的意见〉附言》、《〈不偷油不捉鱼了〉附言》(以上两则署名韬),载重庆《全民抗战》周刊第 121 期。(全集第 9 卷第 392—394 页、394—395 页、395—396 页)

《今日的五四运动纪念》摘要:

　　"在二十一年前的五四这一天,为着协约国在巴黎所召开的'和平会议'

中,在与日本帝国主义勾结之下,竟决定将德国在山东的一切权益全部由日本继承,于是由北平学生五千多人集合起来举行了中国历史上第一次的学生大示威,结对游行,向总统府请愿,要求惩办卖国贼曹汝霖('廿一条'的签订者)、陆宗舆、章宗祥('山东换文'的签订者),喊出了'打倒亲日派卖国贼!''打倒日本帝国主义!'的口号,这两个在廿一年前就已喊出的口号,在今日汪逆汉奸群的为虎作伥,日本强盗还在继续侵略的时候,使人听着仍然感到亲切。""当时所应付的是廿一条问题,是山东问题,现在日本强盗与汪逆所订的卖国条约,就比廿一条毒辣千万倍,现在日本强盗对于整个中国的侵犯亦不是一隅的问题,在中国是到了争取整个民族生存的紧急关头,虽与侵略者英勇抗战即将踏上第四年,要最后驱出日寇于国土之外,还有待于巩固全国团结,加紧增强国力,以达到最后胜利的目的。""中华民族争取独立自由的伟大事业,必须与进步的力量结成密切的联系,而不能与日趋崩溃的旧势力同流合污。""廿一年前的五四运动,除了引起全国民众反对日本帝国主义侵略的巨潮外,并且进一步提出了民主政治的要求,所谓'德谟克拉西'的呼声,震动了全国。""真正的民主政治之实现正有待于全国上下的加紧努力,在这样的情况下,想到廿一年前五四运动开展中关于民主政治要求的提出,无疑地是很能增加我们的兴趣的。""现在我们所要实现的""却是在抗战建国大时代中全国各阶层各党派精诚团结共同努力的民主。""民主的要求虽同,而也有着配合时代要求的新的动向,这也是值得我们的特别注意的。""五四运动的主要内容还有提倡科学,反对封建思想,及主张文学革命等等,但就政治的意义方面说,上举的两点是尤其重要的。反抗侵略,实行民主,这是我们在今日的五四运动纪念中所要特别提出,继续努力的。"(全集第9卷第392—394页)

《〈不偷油不捉鱼了〉附言》摘要:

"我们同情于艰苦挣扎中的司机,并不是表示舞弊是可以干值得干的事情;我们所要郑重指出的,是希望负责的当局不仅注意于严禁贪污,同时还要顾到他们的最低限度的生活。当然,物质生活的顾到,是最主要的一件事,同时对于精神生活的改善,也是不应忽略的,""是非不明,赏罚不公,是社会上一个最大的弊病,任何事情犯了这个弊病,总是要糟糕的。依以前的情形,偷油捉'鱼'的司机可以过比较宽裕的生活,奉公守法的司机反而无以维持生活,那是无法鼓励人心向善的。我们要改善任何事情,不能仅有凭空的期望,必须有明是非公赏罚的具体的办法,切实执行,才能收效。"(全集第9卷第395—396页)

5月11日 《上海学生总会与青年救国运动》、《育才学校致晋察冀儿童团的信——伟大精神与艰苦作风》，载重庆《全民抗战》周刊第 122 期。（全集第 9 卷第 397—399 页、399—403 页）

《上海学生总会与青年救国运动》摘要：

"第一，我们对于上海青年同学在艰危的环境中之奋斗精神，不得不致其最崇高的敬意。我们知道上海文化界自从汪逆精卫的狐群狗党到了以后，对知识分子的威胁利诱，绑票残杀，用尽卑鄙恶劣的无耻手段；汪逆成了十足道地的日本强盗的特务，大大小小的特子特孙布满了上海各地，把上海造成一个鬼蜮世界；在这样的情况之下，上海青年同学仍能发挥其大无畏的精神，光大其无上尊荣的民族气节，成立上海全市学生总会，以集体的伟大力量，'严守岗位，坚持国策，外攘倭寇，内剪国贼'（该会讨汪通电中语），这种艰贞伟大的精神，实足以代表中华民族好儿女的特色，是全国青年所应闻风兴起，视作良好的模范。""第二，内地青年看到上海青年同学在那样艰苦的环境中还能努力于有组织的集体行动，参加救国，振作人心，应如何改善已往的散漫，加强组织的健全，开展工作，努力奋斗，使青年救国运动得到进一步的成绩。""内地的环境应比上海优良百倍，但是青年的散漫状态仍未能完全克服，青年救国运动仍未能充分加强，这不能完全归咎于青年本身努力不够，领导青年者对于辅助青年造成开展工作的必要条件，是否已有了相当充分的努力，是否可使青年不致往消极颓废的路上跑，而能向着发扬蹈厉的大道前进，这也是值得审慎考虑，深切反省的。""第三，""青年救国运动的加紧开展，就是要更彻底地加强青年的组织，由这健全的组织包容广大的青年来共同担负抗战建国的神圣任务。上海学生总会的成立，只是青年救国运动大洪流中的一个支流，要发挥整个中国青年的伟力，希望这个支流能激动整个大洪流的汹涌澎湃，重振整个青年救国运动的阵容。要达到这个目的，必须在抗战建国纲领的大原则下，广泛地容纳一切有志于抗战建国的青年于民主的组织之中，不以偏狭的态度与顽固的成见，拒青年于千里之外，必须有这样的大团结，才能充分发挥中国青年救国的伟大力量。"（全集第 9 卷第 397—398 页）

《〈育才学校致晋察冀儿童团的信——伟大精神与艰苦作风〉附言》摘要：

"这是育才学校社会组的几位小朋友们给晋察冀儿童团的一封公开信，要想通过本刊的发行网而达到晋察冀的许多小朋友们，这是我们所应尽的一种光荣的任务，所以很愉快地把它在这里公布出来。""这里所谓大朋友们，尤其重要的是包括着教育家和一切负有指导青年责任的人们，因为在这封信里可以看出怎样培养有创造力有自动力的下一代的公民，可以看出怎样运用民主集中的原则于教育之中,老实说一句,这实在是许多教育家所应尽心学习的办法,也就是许多大朋友们所应虚心学习的办法!""在这封信里有许多要点值得我们注意的。第一,我们可以看到前方的儿童是在怎样参加着辅助抗战的种种工作,他们的伟大精神与艰苦作风,实在是在这个抗战建国伟大时代中每一个国民的模范。也许还有些大朋友们,认为小朋友们能干些什么!简直可以说是'与抗战无关'!但是在晋察冀各地的儿童团在实际上英勇奋斗帮助抗战的种种事实,是给与他们的最有力的答复。""第二,我们可以附带看到育才学校小朋友们的民主集中的组织,一方面有'从上而下'的作用,一方面又有'从下而上'的作用。'先生只是指导员',这样才是培养中华民国(共和国)国民的基本方法,因为只有在这样的民主的气氛中才培养得出民主社会(共和国)所需要的国民。""第三,据我们所听到,育才学校于一般教育之中,注意提拔天生才,现在看到这封信里所报告的每一个小朋友都须'根据他的才能和志愿'而'参加一组特修',大概便是由这个做出发点的办法之一。""我们希望育才学校能为中华民国多培养几个天才出来!""第四,鼓励有创造性的自动性的研究法,是我们从这封信里所看到的另一特点。""现在有些学校只'欢迎'学生死读课本,最'忌'学生阅读课外读物,殊不知教育只是每个人一生中的学习过程的一小部分,而校内的课本教育更只是学校教育中的一小部分,死读几册课本,便能满足青年的求知欲吗?这只是'大朋友'糟蹋小朋友的罪恶而已!""第五,提倡民主的互助的集体生活,是我们从这封信里所看到的另一特点。在这种民主的互助的集体生活中充满着可贵的友爱;这种友爱充满到社会中去,便构成民主的互助的社会,无所不至,这实在不是合理的社会所需要的坏子!""第六,把学校教育和社会工作打成一片,使学生所学习的不是书本上的死东西,而能注意到活的材料,这一点也大可供在教育上死守'闭关主义'的人们的参考。"(全集第9卷第401—403页)

5月12日 赴中苏文化协会,听取国民党立法院院长孙哲生(孙科)作关于欧战问题的演讲。著文《欧战扩大与远东》。(全集第9卷第407页)

5月13日 读者秋萍的信及韬奋的简复被国民党图书杂志审查委员会无理批复"扣留"。五十多年后,于编纂《韬奋全集》的过程中,在南京第二历史档案馆的国民党档案里,发现当年被扣的一组韬奋的文章,使之得以重见天日。(全集第9卷第403—404页)

复石子山秋萍信摘要:

"来信说起,最近学校里扣押了五位同学,扣押的理由是这五位同学爱看生活书店的书籍。这件事的发生,诚令人不胜骇异。生活书店出版书籍,和其他书业一样,对于中央颁布法令,均能严格遵守。依照中央图书杂志审查委员会对于一般书业的办法,在廿八年四月份以前出版的书,除有通令禁止者外,均可售卖;四月份以后出版的书,须一律原稿送审,生活书店亦随同其他书业一致遵办。未被通令禁止及经过政府审查通过的书是应该得到合法保障的。"

"生活书店出版书籍和其他书业并无不同之处,为什么单单看生活书店出版的书籍,便要遭受扣押的处分呢? 我们认为这也许是一个误会,希望同学们向学校当局善为解释,请求恢复无辜同学们的自由;同时,希望该校当局能够慎重考虑,为了爱护青年,为了培植抗战建国的人才,摧残青年的办法,决不是妥善的办法,实有迅予改善的必要。"（全集第 9 卷第 404 页）

5 月 15 日　《四　尊重技术》、《本店史话（十八）第二件轰动的事情》,载《店务通讯》第 94 号,收入《事业管理与职业修养》。（全集第 9 卷第 703—705 页、736—737 页）

《本店史话（十八）第二件轰动的事情》摘要:

"第二件轰动的事情是发生在'一二八'淞沪抗日之战。""生活周刊社门口捐款的拥挤,其热烈情形也不下于我们为马占山将军捐款的时候。不过为马将军捐款时,我们因远在上海,只须设法把款汇往黑龙江就行;这次战役,却近在上海,我们同时还参加了战事后方的服务,根据战士们的实际需要,帮同后方的机关采购种种需用品,押送到前线去,所以忙上加忙。同时因为我们的读者对我们特别信任,我们办公处里的电话机上的铃声响个不断,'喂! 战事有何新消息?'刚回答了一个,第二个又继续地接上来。我们这号称全体而实际只有十几个人的同事,不得不轮流在电话机旁服务,甚至在深夜还有许多读者来'喂!'我们不但不以此为麻烦,而且感觉到深深的荣幸,很诚恳地很客气地回答了每一个读者在电话中的询问。幸而我们不但有人参加了后方的服务,和军事的后方机关有密切的接触,而且战地记者也有不少是我们的熟友,所以在战事消息方面的确有'独到'之处,尚不辜负读者对于我们的特殊信任。""尤其是在下午以后没有报看的时候,于是我们每天居然写了几次大张的'号外',在门外专备的大木版上贴着,报告最近的军事消息,在那里你常常可以看到数千成群的读者静悄悄地仰着头细细地看着。他们对于我们的'号外'的信任,超过对于任何日报的'号外'。在这样鼓励之下,我们同事尽管缩短睡眠,疲于奔命,但是精神上的愉快却是无法形容的!"（全集第 9 卷第 736—737 页）

同日　《韬奋声明》,载重庆《店务通讯》第 94 号。（全集第 9 卷第 404—405 页）

《韬奋声明》全文:

"近闻有人在同事中传说:韬奋一面在本店预支版税,一面将预支的版税存入银行,这是全属谣言。我于三年前因国事入狱八个月,本店关于我的薪水因离职停止,家属无以为生,诚然曾由店中负责人自动将版税按月照薪水额预支给我家属。后来在我出狱四个月后(廿六年底结算版税时)已由结算后之版税中完全扣还。在当时即在素不相识的社会人士尚有激于公义,对因国事入狱的数人慨捐一部分的费用,我在本店原有著作出版,以此抵押预支版税若干以应患难中之家属生活费,想无罪状可言。至于近来资金困难,每届本店关于我的版税已结算之后,我念店中经济困难,并未于结算后即全数支取,仅于家用需要贴补时,陆续情商支取,本届版税亦已结算,我亦以同样原因,至今尚未全数支取,以上情形均有主计部帐目可查,谣言所传,适与事实相反。我在本店服务十余年,大小家累增加数倍(须顾三个子女四个弟妹的学费及生活费),所以须时著作版税贴补家用,确是事实,但绝无预支版税存入银行的事实。(在国民参政会所得公费,我并不取作家用,已陆续捐给本店办战地版及社会上其他捐款。)自愧德信未孚,深觉沉痛;个人毁誉,原不足计,亦不值多说,但因在本店忝为负责人之一,此种谣言,如任其传播,在客观上不免有离间同人与我感情的作用,故特根据事实加以声明。以后同事中如有人对我有何怀疑,尽请直接质问,或报告理事会处决,否则背后传说,即属事实亦难于纠正;如非事实,被诬者亦有无从说明之冤。这不仅是我的要求,凡同事间的互相待遇,都应该注意到这一点。"(全集第9卷第404—405页)

同日 读者张有余的信及韬奋的复信被国民党图书杂志审查委员会无理批复"扣留"。五十多年后,于编纂《韬奋全集》的过程中,在南京第二历史档案馆的国民党档案里,发现当年被扣的一组韬奋的文章,使之得以重见天日。(全集第9卷第406页)

复江北张有余信摘要:

"来信所列各书,均获有审查通过的凭证,或在廿八年四月以前出版未经通令禁止的书籍,何以竟因此而获咎,除书籍没收外,且遭受禁闭江津×××××监狱的处分,诚令人惶惑无已。以后如不幸而再遭到这一类的事件,可以把书后面所印审查证或注册执照向检查方面据理善为解释,至于目前所遭受的损失,当可根据上述理由去信请求发还(如果这样做的话,措辞方面必须十分和平,以免引起误会)。"(全集第9卷第406页)

5月18日 《欧战扩大与远东》,载重庆《全民抗战》周刊第123期。(全集第9卷第407—409页)

5 月 23 日　《豫鄂大捷与集中抗战》，载重庆《全民抗战》周刊第 124 期。(全集第 9 卷第 409—411 页)

《豫鄂大捷与集中抗战》摘要：

"最使全国同胞兴奋的是抗战大捷的消息，这是因为共在艰苦中忍受灾难的全国同胞，只有争取到抗战的最后胜利才能在水深火热之中拯救出来；我们的共同愿望，就是要使一切集中于抗战，争取最后胜利。豫鄂大捷固然使我们欢欣鼓舞，但是我们不要忘却这只是最后胜利愈益接近的过程中一个前奏，而非即此已可满足；为循着这个过程再进一步争取最后胜利计，也须更注意使一切集中于抗战。我们全国既高呼'胜利第一'，集中抗战似乎已是一句多余的话，但是我们在实际上是否已充分做到一切集中于抗战，这实在是我们在庆祝豫鄂大捷之余，各方面都须细加检讨的事情。抗战的更大胜利是要靠整个国力的加强，而整个国力的加强是要靠各部门工作的进步——无论政治的进步，文化的进步，经济的进步，尤其是团结的进步，都要配合得上军事的进步。这种种方面是否都能集中于抗战的迫切需要，而不致有分散力量于不必要的内部消耗，这是值得全国注意的问题。倘若我们真能注意到务使一切集中于抗战，在消极方面说，也就是绝对不许分散力量于不必要的内部消耗，那末对于真与抗战有利的力量必能更加卫护，对于真与抗战有碍的弊病必能更加消除；政治、文化、经济、团结等等方面必能向着进步的方向迈进！""我们不应仅仅以欢欣鼓舞来庆祝豫鄂大捷，我们还要以更求进步来争取比豫鄂大捷更大的胜利！"(全集第 9 卷第 410—411 页)

5 月 28 日　《复梅林》，复读者信，原件存韬奋纪念馆。(全集第 9 卷第 411—413 页)

《复梅林》摘要：

"一个参加实际工作的青年，在自学的时候，有两点不能不特别注意：第一，必须尽可能适应环境。就原则上说来，阅读正确的书籍当不致会受人家的误会，但在现在的复杂社会中，有些事情还是格外谨慎些好。如果你的工作环境比较开明的话，尽可在业余时间自由研究自己所爱好的学科；反之，则只能阅读环境所能许可的最大限度的书籍，避免越出这个范围，以引起不必要的误会。""你现在正在工作，便应当以工作第一，至于自己学习，只能尽量利用业余的时间，绝对不可能影响到工作，原因是你既参加工作，便当对工作负责任，一天不脱离工作，在规定的工作时间内，就得以全部精力放在工作上，学习虽然对于自己有好处，也许间接对工作有帮助，但如因此而松懈了工作，一方面对

不起自己的责任,一方面也更容易引起人家的误会。"(全集第 9 卷第 412—413 页)

5 月 29 日 生活书店第六届理事会成立。邹韬奋当选为理事会主席,徐伯昕为总经理,徐伯昕、邹韬奋、沈志远、胡愈之、李济安为常务理事。(《店务通讯》第 96 号"特讯"栏)

同日 《四 干部间的互相爱护》《本店史话(十九)第三件轰动的事情》,载《店务通讯》第 95 号,收入《事业管理与职业修养》。(全集第 9 卷第 654—656 页、737—738 页)

《四 干部间的互相爱护》摘要:

"在这篇短文里,我却要根据目前感到需要纠正的缺点,就干部间应该互相爱护的原则,提出来一说,希望大家注意,极力加以纠正。""这缺点是我曾屡次提及,但至今似乎还在相当广地流行着,那就是有什么话不肯当面说,不肯向有关的负责人或领导机构说,却喜欢在背后说闲话!""现在不妨再举一个较近发生的又一个例子。有一位同事因为负责较重要,总处根据新的环境,对某些营业有新的布置,在布置上有紧急晤面的必要,决定请他乘飞机来渝,飞机费当然是相当浩大的,但是总处对这点并非没有考虑到,办法是由他带些文具来,在渝出售之后,可以相当抵偿旅费的损失,现在这些文具事实上是已经售卖出去,所以这件事在实际上节省了不少时间,达到了紧急晤商的目的,而在经济上并没有加重店的负担,这完全是总处决定的办法,这位飞渝的同事只是遵照总处的嘱咐办理,这种布置如有不当之处,责任完全由总处担负,这位同事是不必负责的。但是有些同事不明白此种情形,认为某同事飞来飞去,用费太大,既不向总处负责人提出询问,也不向负责机构如理事会提出询问,却在背后大说这位同事的闲话,这位同事听了之后,无故受人背后说闲话,当然引起很大的愤懑情绪。这类事件如果多了,必然要使受冤的同事在工作情绪上发生不良影响,间接便影响到本店事业。""任何同事有何怀疑的问题,尽可提出向有关的负责人或领导机构询问,而不应该抛开这条轨道而在背后说闲话。否则,尽管动机也许未可厚非,而在实际上,却等于攻讦,等于挑拨离间,使事业受到打击——并没有两样。""有些同事喜欢在背后说闲话,已加强有些干部的离心力,已是无可讳言的事实,这实在是使爱护本店事业的人所共同感到痛心的。""我们大家是共同努力于进步的文化事业,我们同人的工作,比别家辛苦,报酬却比别家微薄,所赖以支持全体同人的工作情绪的,全恃我们大家有着精诚团结的精神,有着互相爱护的精神,否则谁没有其他工作的机会,一定要在这里受微薄的报酬,做这辛苦的工作?要精诚团结,首先要使同人之间不要受到不必要的精神上的打击,要使同人之间不要受到不必要的精神上的打击,做负责人的做领导机构的,对于干部固然要爱护,即在干部与干部之间,彼此也须互相爱护;爱护之道多端,但有话当面说,不要在背后说闲话,是目前最须注意的一件事。""干部是不易培养起来的,是不易请到的,如'放冷箭'一个一个的'放掉',实在是莫大的罪恶!"(全集第 9 卷第 654—656 页)

《本店史话(十九)第三件轰动的事情》摘要:

"第三件轰动的事情就是《生活日报》的招股,招股原是一件很平常的事情,有何轰动之有?""首先,《生活日报》的发起是应许多读者长时期中的要求,并不是由少数人凭空想办的,所以一旦公布招股,便有着非常蓬勃的气象,数千份招股章程放在门内柜台上,几乎瞬息精光!许多读者因为信任《生活》周刊,都希望能有一个具有同样精神的日报,都抱着满腔热诚来投股,所以在一月左右便达到十五万元以上。十五万元的数目似乎也并不足以惊人,但是你如果想到这是数元数十元凑集而成的,便可以想见这里面所包含的热血肝胆,实在不是任何数目字所能测计的!我们没有大股东,而股东的数量却是几千人,布满着海内外的各角落!""我们也在勤勤恳恳地筹备着一切。今天接洽印刷机,明天研究健全的组织,后天讨论报的格式与内容。那时我们的心情,真是好像在办理什么天大的喜事!但是正在蓬蓬勃勃之际,却因'迫于环境'而不得不中途作罢,我自己也不得不出国。当时因为开办遥遥无期,所以把已招得的股款完全发还,并且把存款于银行所得的利息,也一并归还给投股者。"(全集第 9 卷第 737—738 页)

6 月 1 日　《密切注意欧战的发展》、《〈君主立宪与民主立宪的本质问题〉附言》、《〈小公务员的呼声〉附言》(以上两则署名韬),载重庆《全民抗战》周刊第 125 期。(全集第 9 卷第 413—415 页、415—418 页、419 页)

《密切注意欧战的发展》摘要:

"中国的抗战重在自力更生,已是不易的原则,但是中国是国际的一员,在国际的激变中,我们亦应努力争取及运用有利于我们抗战的国际形势,所以我们对于欧战的发展及其影响,有时刻加以密切注意的必要。"(全集第 9 卷第 415 页)

《〈君主立宪与民主立宪的本质问题〉附言》摘要:

"现在中国所要实行的宪政,既不是'有产者阶层专政'的民主,也不是'无产者阶层专政的民主制',是由全国各阶层各党派精诚团结共同努力的民主制。""中国整个民族是在集中全力反抗民族敌人日本强盗的残暴侵略,整个民

族的生存是全靠全国同胞的团结御侮,不是任何阶层任何党派所能单独逃避其责任与后果的。"(全集第9卷第418页)

6月5日 生活书店第六届人事委员会成立,邹韬奋当选为主席,张锡荣为秘书。(《店务通讯》第97号"特讯"栏)

6月8日 《广西宪政协进会成立》、《〈美国对欧战怎么样?〉附言》(署名韬),载重庆《全民抗战》周刊第126期。(全集第9卷第420—422页、422—427页)

《〈美国对欧战怎么样?〉附言》:

"国际问题所包含的因素是相当复杂的,我们研究每一个国际问题,对于各重要的因素之配合或关系,有目注全局,兼筹并顾的必要,不但如此,有关的各因素是在时常变动中,所谓瞬息万变,所以又须从动的方面看去,才不致犯着机械论的流弊。因此我们对于每一个国际问题的答案,要以'是'或'否'的简单答复交卷,几乎是不可能的,因为一件事的发生往往要看其他有关联的事情的发展情况,不是可以孤立起来下判断的。"(全集第9卷第423页)

"至二十九年六月间,五十五个分支店,仅剩六个。在这阶段中,我也曾经请求过国民党中贤明的前辈,他们虽同情,无能为力,最后我只得直接写信给蒋委员长,请他主持公道。"(全集第10卷第346页)

6月18日 下午三时,出席在重庆中苏文化协会召开的高尔基逝世四周年纪念会,会议由会长孙哲生担任主席,并作关于欧战局势的演讲。著文《欧局的惊人变化》。(全集第9卷第439页)

6月23日 上午十时,参政会一部分同人借会餐聚谈,主人周士观,到者有黄炎培、左舜生、沈衡山(钧儒)、章乃器、章伯钧、邹韬奋、张申府、杨赓陶。谈国际大局问题,国共合作问题,宪政问题等。(《黄炎培日记》)

6月29日 晚,在神仙洞124号李济深(任潮)寓所晚餐,畅谈国事。到者有冯玉祥(焕章)、白崇禧(健生)、黄季宽、周恩来、黄炎培、沈衡山(钧儒)、左舜生、博古、邹韬奋、章伯钧等。(《黄炎培日记》,沈谱、沈人骅编《沈钧儒年谱》第227页)

6月30日 《几位老同事辞职引起的波动》,载《店务通讯》第96号。(全集第9卷第427—430页)

同日 《本店史话(二十)少不了的会计师》,载《店务通讯》第96号,收入《事业管理与职业修养》。(全集第9卷第738—739页)

《本店史话(二十)少不了的会计师》摘要:

"有关于经济的事情,也就是关于银钱经手的事情,关于这方面,本店有一个特点,就是必须请会计师查帐,出证明书。除《生活日报》的股款本息全部归还外，为马将军捐的款，为十九路军捐的款，都经过上海潘序伦会计师查帐证明无误。我们都根据会计师的证明登报宣布及印发征信录。我们认为这个手续非常必要的。这不但是本店保持读者的信任所必要的手续，而且即我个人也受其赐，因为后来有人企图破坏我在社会上的信誉，公开用文字诬蔑，说我把替马将军捐的巨款私吞下来，用来办书店，并用为出国的费用，但是我不怕，因为我们再把会计师的证明书制铜版在报上公布，什么阴谋都无所施其伎俩。""不但关于上述的几件事而已，自从本店开办以来，每年度的收支，都请会计师查帐出证明书，即在抗战以来的帐目，虽因迁徙无定，未能早查，但最近也逐一由会计师清查了。少不了的会计师，他是我们在经济上绝对诚实的证人。""我们的事业是由艰苦中产生出来的，我们的同事所以能在很艰苦的情况中共甘苦，共同奋斗，固然是由于有着为进步文化而努力的共同目标，同时也因为我们大家都是靠工作取得生活费，没有不劳而获的分子，并因为我们的经济公开，偶有一部分的赢余，也是用到发展事业的上面去。"（全集第 9 卷第 738—739 页）

同日　《致明心、雪岭、晓恩三同事信》（6 月 8 日作，署名邹韬奋、徐伯昕），载《店务通讯》第 96 号。（全集第 9 卷第 430—431 页）

是月　"自民国二十八年三月至二十九年六月间，仅仅一年零三个月，'生活'原来在全国各地满布着的五十五个分支店，为全国文化事业最积极最努力的一个坚强堡垒，一个又一个地被摧残着，最后只剩下了六个分店。""由于'生活'十六年来对于文化事业的努力，它得到国内外最广大读者的爱护与支持，在任何据点的'生活'分店，它都有一个一看就知道的象征，那就是每天从早到晚，门市部都源源不绝的拥满着热心的读者和购买书报的人们。""'生活'为什么能得到国内外广大读者的这样爱护和支持呢？说来也很简单，它内部的基础建立在苦干的精神和民主的纪律，它外部的基础，除了书刊有着正确丰富的内容外，最重要的是自从生活周刊社成立以来的传统的对于读者竭尽心力的服务精神。""因此有许多读者简直把'生活'当作他们的'家'，每到一个地方，只须知道那个地方有'生活'分店，他们总要想到'生活'。人地生疏，想起'生活'，往那里跑认不得路，想起'生活'，往那里跑。找不到旅馆，想起'生活'往那里跑，请代找一个。买不到车票或船票，想起'生活'，也往那里跑，请帮忙代买一张。地址一时不能确定，也想起'生活'，也往那里跑，请有信暂为留下转交，以便自己来取。""'生活'的全体同事都是从苦干中锻炼出来的，也是从社会服务中锻炼出来的。他们对于任何读者委托的事情，只须他们能力办得到的，没有不看作如同自己的事情。不怕麻烦，不厌噜苏，以十分诚恳的同情心,十分严重的责任心,乃至十分浓厚的兴趣心竭忠尽智,务必为读者办到,然后于心始安。'生活'所以能够'空手起家'所以能在十二三年里由三个半人的工作者增加到三百人的坚强而勇敢的工作干部,所以能在十二三年中由上海一隅的一家小小的店铺增加到有布满全国五十五个的分支店,这不是偶然的,是由于全体同事在这十几年中流血汗、绞脑汁、劳淬心力、忍饥耐寒,对于国内外读者竭诚服务的一片丹心赤忱,凝结而成的!""但是这样凝结而成的一个文化堡垒,竟遭受国民党中一部分人的嫉恨,加以惨酷的摧残。""所出书刊经政府设立的机关审查通过,数年的帐册经党部派人仔细审查过,证明无他,它究竟犯了什么滔天大罪受到这样惨酷的摧残呢?我曾经为着这件事往访陈布雷先生。""他的答语中有几句特别使我受到很深的感触,他说:'韬奋兄!党里有些同志认为你们所办的文化事业的发展,妨碍了他们所办的事业的发展。'我很沉痛地对陈先生说,事业发展有其本身积极努力的因素,应该在工作努力上比赛,不应凭藉政治力量给予对方以压迫和摧残,这样的作风,在实际上绝对不能促进'党里有些同志''所办的文化事业'。""我曾屡次说明过,我绝对不是仅仅为着一个'生活书店'的被摧残而作抗议,虽则这个文化堡垒本身有它应该存在的价值。我们知道'生活'的被无理摧残只是许多被摧残的文化堡垒中的一个,只是人民的民主权利被摧残的许多象征中的一个,只是政治逆流中许多象征中的一个,只是在文化上开倒车的许多象征中的一个。我所以不惮烦地报告'许多象征中的一个',是希望由此可以唤起国人对于整个政治改革的注意与努力,而不是拘拘于一个机关本身的得失。这一点意思,我在本文中也许已暗示过,但因为特别重要,所以不惮烦又在这里郑重提它一下。"(《六七 广大读者爱护支持的文化堡垒》,第10卷第346—349页)

"中国的'特务'有二大系统:一个是军事委员会的特务,由戴雨农先生主持其事,还有一个是属于国民党中央党部的特务,由徐恩曾先生主持其事。后一系统的特务工作,和我们这一班所谓'文化人'更有着密切的关系。""我在'生活'被摧残的第一个时期中,曾经和党部的'特务'首领有过几次诚恳的谈话。""事颇凑巧,我和这个'□□'上的首领徐恩曾先生私谊不薄。我们以前在上海的南洋大学做过同学,从中学到大学的电机科是同班同学。""我们彼此间的私人友谊就建立在同班同学的关系上。""我们有过几次晤谈,有时在他的'□□'上,有时在他的寓所里(他住在国府路,离开我的寓所学田湾很近)。我们谈时还是老同学的样子,彼此没有什么拘束。""他对于共产党当然是破口大骂。这是在他的地位有着必然性,诸位是可以想象得到的。但是我不是共产党员,我没有代表共产党和他辩论的义务,我所要和他说明的是国民党摧残进步文化事业的不合理。我问他：'依我们老同学的友谊，彼此都可以说老实话，你是主持特务的，依你所得的材料，我究竟是不是共产党？'他微笑着说：'我"跟"了你七年之久，未能证明你是共产党。'我说：'既然如此，你何必对我说了许多关于共产党的话？'他很直率地说：'到了现在的时候，不做国民党就是共产党，其间没有中立的余地，无所谓民众的立场！你们这班文化人不加入国民党就是替共产党工作！'我说：'我的工作是完全公开的，无论是出书或出刊物，无论是写书或写文章在刊物上发表，都经过政府所设立的审查机关的审查，审查通过的文章不能再归罪于我罢？如果我们做的工作是为共产党工作，审查机关是国民党的机关，为什么通过呢？'他说：'有许多事情不能见于法令，与审查的通过不相干，要你自己明白其意而为之。'这句话我无法了解，我只沉痛地感到做今日的中华民国的国民，即在遵守法令的范围内，也不一定能够得到合法的保障。""所谓'明白其意而为之'，大概是'仰承意旨'的意思罢，我老实对他说：'做一个光明磊落的国民，只能做有益国家民族的光明磊落的事情，遵守国家法令就是光明磊落的事情，我不能于国家法令之外，做任何私人或私党的走狗！"仰承意旨"的玩意儿是我这副硬骨头所干不来的！'""我们虽然是可以无话不谈的老同学，但是谈到这里，至少对于这一点，似乎无法再谈下去了。""关于我个人，他希望我加入国民党，并多研究三民主义。他说：'有许多人看不起三民主义，其实三民主义是全世界上独一无二的好主义，愈读愈有味，愈读愈能发现真理。'我说：'三民主义已为全国人民所接受，只须在实际上实行起来，没有不受全国人民所欢迎的，至于我自己，也曾经读过好几遍，你要我再读，我当然'愿安承受'的。不过要我加入国民党，也不妨事前和我商量商量，现在无缘无故在短时期内把几十家书店封闭，把无辜的工人拘捕，在这样无理压迫下要我入党，无异叫我屈膝。中国读书人是最讲气节的，这也是民族气节的一个根源，即使我屈膝，你们得到这样一个无人格的党员有何益处？'（这里所谓'无人格'是指如果'屈膝'以后，我始终不屈膝，所以我的人格仍在，并非'无人格'，党老爷们不要曲解，特此声明。）""他忽然怒形于色，说我把加入国民党视为屈膝，是在侮辱国民党。我说我正是尊重国民党，所以希望它能尊重每一个中华民国国民的人格。""关于'生活'，他说中宣部主张和党办的正中书局等合并，是表示国民党看得起'生活'，真该赶紧接受！我虽感谢老同学的好意，但却无法'仰承意旨'，不胜歉然！"（《六八　与党部"特务"首领的谈话》，第 10 卷第 349—352 页）

　　"我于民国二十九年六月间写了一封信给蒋委员长，因为听说党老爷对

'生活'落井下石,把共产党每月津贴十万元的谣言传到蒋委员长的耳朵里去。信的内容注重说明二点:一点是用出版物的统计数字证明售卖违禁刊物的不确,还有一点是举出党部派人到'生活'查帐的事实,证明津贴十万元的不确。""我在写给蒋委员长的这封信里,是用铁一般的事实,粉碎了党老爷的诬陷阴谋。平常给蒋委员长的信,不一定能够直达到他的面前,我们这封信是用国民参政员写给议长的名义,请国民参政会秘书长直接面交议长。""不久得到确息,蒋委员长看到这封信后,叫叶楚伧先生去(叶先生当时为中央党部秘书长),大意对他说生活书店在社会上有着它的信誉,不可弄得太利害,免引起社会的反感(大意如此,词句也许不无出入)。这寥寥几句话,蒋委员长说了之后,自民国二十九年七月至三十年一月止,在这半年间,党部方面对于所仅仅剩下的六个分店(原有五十多个分支店)暂时停止了封店捕人的事情。"(《七一——位"大员"的话》,第10卷第358页)

是年上半年 周恩来在重庆红岩村约见生活书店徐伯昕、读书出版社黄洛峰、新知书店徐雪寒谈话,指示他们除继续在国统区做好出版发行工作外,还应以民间企业的形式去延安和华北敌后开展图书出版发行工作。三店遵照指示,经过一段时间准备,在九十月间,分两次派人到晋东南抗日根据地和延安开设了华北书店,并在工作中逐步走向联合。(《周恩来年谱》第456页,徐伯昕《在艰苦战斗中建立的团结》,载《出版史料》1982年第1辑)

"7月中旬,中央党部方面派了一位'大员'做非正式的代表到'生活'总管理处看我。""他来看我的时候,说是出于私人的友谊,同时也是非正式地代表叶楚伧先生来和我谈谈。他个人的态度是非常诚恳和婉约的;但是他的使命,仍然是站在党老爷的立场。""在最初一小时余的时间内,仍然强调非与正中书局等合并,即继续封店捕人的恫吓。他问我究竟想不想保全'生活',如想保全的话,非接受这个条件不可,否则蒋委员长已决定把'生活'全部消灭。""我只说明为着中国的文化,为着'生活'对中国文化有着它的贡献,我们当然想保全'生活',不愿它'全部消灭',可是我们所要保全的是精神和实际,而不是躯壳和形式。我直率地指出,'生活'有它固有的苦干精神和民主纪律,有它的种种优点。这种精神和优点是它的事业所以发展的原因,如和党办的机关合并,这种精神和优点必保全不住,'生活'也就等于被毁灭。我对此事看得清清楚楚,所以对于合并于党办机关的建议,始终不敢接受。""这位'大员'花了一小时余的宝贵时间,用'不接受即须全部消灭'的恫吓,反复对我开导。后来见我态度坚决,丝毫不为之动摇,他觉得第一个步骤只得宣告破产,立刻作了一个一百八十度的转弯,很天真地说:'我这次和你商量,与正中等合并的原议可以取消,不过据中央党部的意思,你无论如何,必须接受另一种办法,否则即须全部消灭无疑。'"他接着表示中央党部要派党代表经常驻店监督一切,他再三郑重声明,如果这个办法仍不接受,那就非全部消灭不可。'"我说我们只能受中央党部原则上的领导,如发现我们有违法之处,甘受处分,但派党部代表经常驻店监督,出版界无此先例,万难接受。我并说明:办文化机关和办百货商店不同,办百货商店只须有资本就行,老板只须腰包有钱,接收几个百货商店,生意仍可兴隆,文化事业机关则不同,须宝贵平日在广大读者间所建立的信誉,倘接受上述办法,势必丧失其信誉,与其丧失信誉而等于消灭,毋宁保全信誉而遭受封闭。'"这位'大员'也很天真地表示党代表监督的办法确有困难。他说如果叫他来担任这样的党代表,天天坐在书店受着全体同事的'另眼'看待,把他看作一个敌人,使他坐立不安,终日没精打彩,也是干不了的。我听了这位'大员'的这些话,暗中敬佩他的忠厚。如果是别位党老爷,有什么干不了,正是厚脸黑心的作威作福良好机会。'"最后'大员'和我谈到哲学。他说最成问题的还是唯物论和唯物辩证法!必须使这个劳什子绝迹于中国,然后才能根本铲除未来的祸患。我说唯心论和唯物论是世界数千年来哲学上争论的问题,加以研究则可,'绝迹'似乎不可能,即中山先生的主义与遗教,也不禁人研究哲学上的问题。'生活'出书千余种,关于哲学的书不过寥寥几种,此点并不成问题,唯国民党对于学术思想的研究态度,实有重加考虑的必要。'"'阿斗'恭送了'大员之后,虽感谢他光临的一番好意,但对于中国文化前途的苦难,不胜怅惘者久之。"(《七一 一位"大员"的话》,第 10 卷第 358—360 页)

7月6日   下午五时一心花园因水管被大雷震坏,无水,黄炎培招同人至职教社,略备餐事,商谈大局。到者有沈衡山、邹韬奋、周士观、张申府、杨赓陶、章伯钧。(《黄炎培日记》)

同日   "'七七'的前一天,我因为白天专心致志多造了一些'纸弹'(请注意不是子弹!)疲顿不堪,忘记了第二日就是我应该'领导暴动'的重要日期,晚饭后八点钟就鼾睡,像死人似的一睡直睡到天亮,刚从床上滚起来,我的妻就现着十分诧异的神气,说前一夜里及当天早晨,我们的门口,沿马路的右边(竹篱隔开),以及后门,都有好几位持枪实弹的武装同志防守着,抓抓头深思远虑一下,才恍然大悟这一天我应该起来'领导暴动'的日期,几位武装同志大概是来保护'军械'的!我把这个意思告诉了我那诧异万分的妻,彼此都不免大笑了一番。不但我们禁不住大笑,后来遇着我们的许多的朋友谈到这幕'喜剧',他

们也都禁不住大笑。"（全集第 10 卷第 313 页）

同日 《抗战三周年纪念与当前的急迫问题》、《抗战三年来民主政治的发展》、《欧局的惊人变化》（署名记者，6 月 22 日作）、《〈对德国胜利的感想〉附言》、《〈言过其实〉附言》（以上两则署名韬），载重庆《全民抗战》周刊第 127 期。（全集第 9 卷第 431—433 页、433—438 页、439—441 页、442—444 页、444—446 页）

《抗战三周年纪念与当前的急迫问题》摘要：

"在三年前的今日，日本强盗开始对中国作大规模的侵略战，认为只须三个月即可灭亡中国，达到'速战速决'的目的，如今打了三年，敌人只是泥足愈陷愈深，我国仍在继续坚持英勇的抗战，这是由于最高统帅坚决领导全国实行抗战国策，数百万战士前线浴血抗战，千百万同胞艰苦奋斗，无数难胞为国家民族受尽困苦所得的成果。我们看到一日而亡的丹麦，五日而亡的荷兰，十八日而亡的比利时，二三月而投降的法国，我们在这光荣的纪念日，不得不深深感谢我们的民族先人遗留给我们的凭藉的雄厚，同时不得不深深感觉到这光荣纪念日的弥足珍贵。""依我们最近观察所及，许多方面认为从争取更大胜利的观点看来，除军事机密须由最高统帅部运筹，不容讨论，经济问题已引起各方注意，正在力谋解决者外，还有三个重要问题值得我们加紧努力的。""第一是协助政府应付紧急局面的机构问题。""这里所指的是在原有行政机构之外，再有一个可供政府经常听取各方面对于要政的意见或建议，以备采择施行，尤其是在有紧急的重大的问题发生的时候，能收到集思广益之效。""在政府方面似乎有考虑建立这样一个机构的必要。""第二是根据最近国际新形势的检讨，对于外交应有更进一步的方策。""我们为进一步应付远东的紧急局势，在外交方面应有伟大魄力的断然处置。""第三是更能加紧巩固全国团结及刷新政治的宪政问题。""我们在这里所愿郑重指出的，是我们所要求的是宪政之实而非宪政之名。所谓宪政之实，最重要者是真能反映民意，团结党派，协助政府，促起政治的进步，加强抗战的实力。"（全集第 9 卷第 431—433 页）

《〈对德国胜利的感想〉附言》摘要：

"我们要彻底明了法西斯的本质。帝国主义是资本主义的最后阶段，（所谓'垂死的资本主义'）而法西斯就是在这回光返照中的最后阶段的最尖锐而残酷的形式。帝国主义矛盾的发展，不但与殖民地及半殖民地发生更尖锐的冲突，更残酷的压迫，而且在帝国主义国家彼此之间的矛盾，也发展到不得不各牺牲其人民的生命来为他们的资产阶级征服海外市场。为着要驱迫人民来接受他们的这种命令，为着要避免人民的反抗，使不得不一笔勾销人民的一切自由，即号称民主国也逐渐地法西斯化。可是以三民主义立国的中华民国，遵守国父中山先生的遗教，在本质上是反侵略的，绝对不能附和帝国主义和法西斯主义，是非常明显的。即令法西斯的强权令人惊异，难道中国可以抛弃国父遗教而步法西斯的后尘吗？这是绝对说不通的！况且依上段的分析，强大的军力只是一种工具而已，谁都可以利用它。"（全集第 9 卷第 444 页）

《〈言过其实〉附言》摘要：

"田先生爱护伤兵的意思，我们完全同意，而且本刊发表过不少关于爱护伤兵同情伤兵的言论，我们自信对于这一点向来也很重视。其实这是每一个爱国同胞所应该共具的态度。在此暴敌侵略，国家危急的时候，站在最前线来保卫祖国的当然是前方英勇抗战的将士，伤兵都是为着争取国家民族独立自由而受到个人肢体上的损伤，全国同胞对伤兵应该感谢敬重，无疑地是每一个同胞所应尽的本份。本刊信箱栏原是要尽可能发表读者对于各种问题的意见及商讨，但也有一个大原则，这大原则就是无论积极地提出建议，或消极地指出缺点，都须对于国家民族有益。"（全集第 9 卷第 444—445 页）

7 月 13 日　《注意欧战与关心外交》、《〈急不容缓的生活问题〉附言》、《〈一个民族战士对抗属的怀念〉附言》（以上两则署名韬），载重庆《全民抗战》周刊第 128期。（全集第 9 卷第 446—448 页、448—449 页、450—451 页）

《注意欧战与关心外交》摘要：

"外交与内政无关，这意思如指内政不许别国干涉，这当然是对的，但是彻底说来，外交与内政不能无关系；内政修明，也是外交胜利的一个重要因素，因为平等的外交既是建立在互助的基础上，内政修明，国力加强的国家，对它的与国的贡献当然是要特别伟大的。""我们要在剧变的国际形势中争取外交的胜利，其眼光不仅须注视外交，同时还要注视内政。"（全集第 9 卷第 447—448 页）

7 月 15 日　《再谈几位老同事的辞职问题》，载《店务通讯》第 97 号。（全集第 9卷第 451—453 页）

《再谈几位老同事的辞职问题》摘要：

"辞职的老同事里面，就我所知，他们的原因并不一致。大概说来，似可分为两类。有一类是由于我们的事业比较的辛苦，物质的待遇比较的菲薄，他们为了家累或受不了这样的苦生活，而我们是靠自己的收入来维持自己的支出，在实际上无法充分满足他们的要求，于是他们便另谋收入较丰的职业。还有一类是并非为着收入多寡而有所计较，同时也并不是不能共甘苦，而是由于'部分同事的见解各异'而分道扬镳。关于前一类，他们的注意点着重在物质的收入,本店既无力满足其要求,志趣不同,实属于无可如何之事。关于后一类,他们格外使我们感觉到不安,感觉到可惜。除极少数另有志趣而不得不分道扬镳之外,我们最大多数的同事都是有着共同的目标,那就是共为进步的文化而努力奋斗,在这样的大目标之下,即有差异的见解,不妨提出来大家商量,共同检讨,择善而从,不致得不到合理的解决。现在有几位同事不采用这样的解决方法,而采用辞职的办法,这实在是莫大的憾事。任何事业机关,有它的优点也有它的缺点;本店也不能例外,这是无庸讳言的。但是平心而论,本店的优点仍多于缺点,我们所要努力的是要积极发展我们的优点,设法消除我们的缺点。这就须大家用积极的态度来共同努力,而不是一走了事所能解决的。""现在既然不幸有着几位老同事提出辞职的问题,我们对这件事的态度应该怎样呢?除极少数专为收入而改其志趣者外,我们应该注意下述的三点:""第一,我们应该研究所谓'见解各异',其实际内容如何,我们应该很虚心地根据这种内容来检讨我们的缺点,然后进一步设法消除我们所发现的缺点,我们为什么不能巩固团结?为什么使一部分同事感到失望与不安而终于不得不出于辞职?倘若辞职的老同事是'坏蛋',那我们也可以无所顾惜,这个问题也比较简单得多,坏蛋去而好者留,于本店的事业不但无害而且有益。但在事实上辞职走的老同事都是我们的得力干部,是人事委员会所一致决议要诚恳挽留的。""我认为我们的第一件事要下一番反省的工夫,检讨的工夫,明确地抉出我们的缺点,努力设法消除我们的缺点。""第二,我们仍然要继续诚恳地挽留提出辞职的得力老干部,尽可能使他们归来,继续和我们共为进步的文化事业而努力奋斗。""第三,假使诚恳挽留实在不能打消他们的辞意,那末只须他们确是仍为进步的文化事业而努力,倾向仍然是很好的,个人的生活仍然是不腐化的,我们仍然要保持我们老同事的深挚的友谊,在可能范围内还应该互助合作,使中国整个的文化事业得到良好的结果。有一部分得力的老干部分散,以致我们在干部方面要感到更大的困难,这当然是一件极可惋惜而为我们所不愿有的事情,但是既然不幸有了,诚恳挽留如果无效,那末我们也只有一面检讨缺点,以提防再有这种不幸的事情发生,一面对于辞职而仍忠于进步的文化事业的老同事,仍保持善意的态度,祝祷他们'另创'的'新局'得到成功。这样,就本店说,虽是不幸的损失,而就整个的中国文化事业说,仍然是有着它的积极的意义,我们不但不应该存着敌视的态度,却应该尽力互助与合作。(这当然是指仍旧努力于文化事业而言,倘若是属于发国难财或专为赚钱做生意,那当然说不上什么互助合作。)"(全集第9卷第451—453页)

同日　《本店史话(二十一)长足的发展》,载《店务通讯》第 97 号,收入《事业管理与职业修养》。(全集第 9 卷第 739—740 页)

《本店史话(二十一)长足的发展》全文:

"我于民国二十二年六月间出国,但是本店在我出国后,由于诸位同事的努力,在我出国后的第二年间,不但不衰落,而且有着长足的发展。伯昕先生的辛勤支撑,劳怨不辞;诸同事的同心协力,积极工作,愈之先生的热心赞助,策划周详,以及云程仲实诸先生的加入共同努力,为本店发展史上造成最灿烂的一页。试举其荦荦大端:(一)杂志种类大增,有《文学》、《世界知识》、《妇女生活》、《太白》、《译文》、《生活教育》等等,都是风行一时,万人争诵,杂志订户亦随着突飞猛进。(二)本版书大增加,我们最初是以经售外版书为大宗,这时自己也有了编印本版书的计划。(三)邮购户大增。(四)创制全国出版物联合广告,首创十大银行免费汇款,以便读者订购书报。(五)同事人数由二十人左右突增至六七十人。(六)租赁四马路店址,并在该屋三楼之上自建四楼。""《生活》周刊虽因文字获罪而停办,但由杜重远先生接下去创办《新生》周刊,由寒松先生相助,内容精彩,风行海内外,成为一支锐不可当的生力军。中间虽因文字触怒了日本强盗,不幸夭折,但是由此更暴露了日寇对中国的横蛮,引起了全中国的爱国同胞的愤慨,引起了全世界同情中国人士的正义感,实为我国后来神圣抗战奠下了一块基石。""我于民国二十四年八月间回国,我下船后第一件事是眼眶里含着热泪奔往狱里去慰问杜先生,随后跑到四马路本店里,和每一位同事亲切的握手,出国时只有十几位同事,回国时竟看到六七十位同事,握手就握了不少时候! 我在那短短的半天里,真是悲喜交集!"

(全集第 9 卷第 739—740 页)

7 月 20 日　《领袖号召各党派精诚团结》、《〈选业与谋事〉附言》、《〈一个严重的问题〉附言》(以上两则署名韬),载重庆《全民抗战》周刊第 129 期。(全集第 9 卷第454—455 页、456—459 页、459—460 页)

《〈选业与谋事〉附言》摘要:

"倘若因不得已而采用了'选习专业'的办法,那就须有意识地注意到几个要点:第一,要明白自己既存心学习,学习的事情总是先从粗浅的入手,所谓'登高必自卑,行远必自迩',开始时不可存着厌恶'位置卑微'的态度,因为一有这个态度就只有怨天尤人,无心学习。""我们当然不是主张青年只要终其身安于'卑微''位置'而无须别有大志,只是说这是'选习专业'的初步而已。初步不愿意走,怎样走上更进一步的途径呢? 第二,既存心学习,首先必须虚心,不虚心则处处只痛感到环境的不好,别人的不好,而自己却少反省的工夫,自己的缺点却易于轻轻放过。""开始学习任何专业的青年,缺乏经验,'幼稚浅薄'的缺点确是在所难免,只须能时加检讨,时加纠正,并不足为病,至于'不足以当大任',那更是开始学习者的本色:如果是已'足以当大任',那便是已成熟的专门人材,用不着说是'选习专业'了! 第三,要明白社会是复杂性的,有其光明方面,也有其黑暗方面,青年是纯洁的,渴求进步的,但进步不是一蹴可几,亦有其程序与时间,初入社会学习的青年往往没有顾到这一点,过分性急,一来就失望,一来就灰心,在失望与灰心之下,学习也就等于泡影了! 对症的药是'坚苦卓绝'!"(全集第 9 卷第 457—458 页)

7 月 27 日 《变与不变》、《〈对英国助敌迫我屈服的愤慨〉附言》(署名韬),载重庆《全民抗战》周刊第 130 期。(全集第 9 卷第 460—462 页、462—467 页)

《〈对英国助敌迫我屈服的愤慨〉附言》摘要:

"英国这次助敌迫我屈服,是道地十足的违法背信的行为,这是无可疑的,可是如果我们稍稍研究英国的外交政策的一贯作风,便知道这并不是'奇事'。""随手拈来的事实,都可以证明资本主义国家对于殖民地或半殖民地的外交政策的一贯作风,最近用封锁缅甸与香港对华运输,企图在三个月内逼迫中国向日屈服,只是一贯作风的尖锐化。""英国这次助敌迫我屈服,诚然是极可愤慨的事情,但依资本主义的本质看来,却不能说是一件奇事。""英国在远东是有着巨大的利益,日本强盗的侵略是要独霸远东,是要独占远东市场的,这与英国显然是有着重大的矛盾,尤其是在日本强盗食言而肥,使英国在实际上感觉到严重的损失,中国抗战能使日寇不能实现独占的企图,于英国在远东的利益亦有保障的作用。""对于我国的抗战只须有某限度的同情与援助,我们还是要争取的,不过一点非常重要,那就是我们必须认清楚这种同情与援助是有其限度的,因此我们对于资本主义国家的外交必须特别提高我们的警觉性,不可作过大的幻想,更不可作过分的信赖。""必须成竹在胸,不可上当。""以前说英美法苏都同情我国抗战,这并不错,但是如果等量齐观,硬说是'一样',那就不对了。同是可以做朋友,但是在朋友之间当然还有深浅的差异。倘若不管这种实际的差异而认人人都是'一样'的最好的朋友,势必都是'泛泛之交',得不到一个真正最好的朋友! 我国认日寇是我们的民族敌人,其他凡是同情和援助我国抗战的都是我们的朋友,我们要集中火力对付日寇,不愿多树敌,这个原则是完全正确的,但这却不是说外交可以没有'重心';我们诚然要争取一切友邦的同情与援助,但是同时却须努力争取或联合更靠得住的赤诚忠胆可共患难的友邦。""社会主义的国家和三民主义的国家,在本质上,它们的利益与弱小国家的利益并不处于对立的地位,所以不是不讲利害,却是因为它们的利害和弱小国家的利害是一致的,是与正义相符合的,于是乎是讲是非的。"(全集第 9 卷第 462、464—467 页)

7 月 30 日　周恩来在中共中央政治局会议上作统战工作报告,称:在统战工作中也要执行隐蔽政策。其中谈到:救国会、生活书店等是进步分子的组织,他们的成败就是我们的成败,我们不应使同盟者失败。对于非党干部,要说服他们做非党布尔什维克,不要急于入党。(《周恩来年谱》第 460 页)

"我与韬奋相识,是在一九三五年。""与韬奋接触较多,相知较深,是抗日战争时期的一九三八年至一九四〇年,在武汉和重庆的一段时间。""我所写的一些政论文章和国际评论,大都交由《抗战》三日刊发表。后来《全民》与《抗战》合并为《全民抗战》,由韬奋、柳湜主编,我就成了这家当时影响很大的刊物的经常撰稿人。两三年间,为它写了不少国际评论,这些文章,都是经韬奋之手发表的。""一九四〇年夏,有一天,我到衡舍去看韬奋,他要我把几年来所写的有关国际问题的论文和评论,汇编为一本专集,由他拿到香港去出版。""当时韬奋索稿很急。""当我把稿子亲自送到衡舍韬奋家时,他立即通知徐伯昕同志付给我在当时来说数量相当可观的一笔稿费。我说这些文章都已支付过稿费了,韬奋说,按照书店的章程,在文章汇辑出版时,还要付一笔稿酬。我说这笔稿酬是否太多了,他沉默了一会说不多,款数并没有超出书店支付稿酬的最高标准。接着他语重心长地说:'现在重庆的政治环境越来越坏,这个雾气沉沉的地方,恐怕不是文化界进步朋友们久居之地,现在有的朋友去延安,有的朋友去桂林,还有些人去战地,也有疏散下乡的。现在生活书店在各地的分店不断被封,重庆的业务也不断受到干扰,生活书店被迫要收缩。你虽然不是生活书店的工作人员,几年来你为生活书店系统的刊物写过不少文章,生活书店的期刊不但是你工作的场地,生活书店的稿费也是你生活的主要来源,生活书店要收缩了,你不但要失去工作的场地,生活来源也将受到影响。我们还不知道你未来的去向,这笔稿费,就作为你将来离开重庆时的生活基金吧!'韬奋这种关心和爱护朋友的深厚感情,使我感动得热泪盈眶。事隔四十多年,当时的情景仍然历历在目,记忆犹新。""在很长一段时间里,我的生活,基本上就是靠韬奋付给我的这笔稿费维持下来的。"(杜若君《忆韬奋》,收入《忆韬奋》第 433 页)

同日　《加强教育与了解业务》,载《店务通讯》第 98 号。(全集第 9 卷第 467—470 页)

《加强教育与了解业务》摘要：

"我最近看了桂林同人第五期《我们的生活》之后，更深刻感觉到我们（尤其包括负有较重要责任的干部）有对一般同人加强教育，使他们更清楚地了解业务的必要，同时也有唤起全体同人对于此事特加注意的必要。""为着易于明了起见，我想把该期中所论及的比较重要的事情做讨论的纲领。""第一件是关于有几位同事离开本店的事情。关于这件事，胡先生的《团结第一》，全篇都对，他把现在脱离书店的同事大概分为三种：第一种人是因为有意义更重要的工作而脱离的；第二种人是因为对工作或人事上稍有不满而怨然离店的；第三种人是因为书店待遇不够高，为了求个人的'高升'而离去的。他们认为第三种人是只图私人不顾公益原无可取，走了就算了；第一种人的脱离是无可非议的，他们虽表面脱离了，而在精神上是不会真正脱离的；只有第二种人应该耐心想一想，不要只为了小的不满，而离开大家所共同努力的事业据点。胡先生的意见我完全同意：我为着有几位老同事提出辞职的事情，曾做了两篇文章登在《店讯》，想诸同人都已看到，我也曾经论及胡先生所谓第二种人和第三种人，我对第三种人也主张不足惜，对第二种人主张诚恳挽留。第一种人我所以未提及，因为这是为数极少，像胡先生屡次固辞，我们挽留不住，便属于这一类。胡先生和我关于此事的文章有一个不谋而合的共同点（说是不谋而合，因为我们两人在事前并没有机会商量过），请诸同人特别注意的就是：脱离本店的同人的原因并不是一致的，我们应该分开来看，不要作笼统的批评，尤其不应该作笼统的'讥讽'、'攻击'、甚至'谩骂'。我们对第三种人无话可说，但对第二种人确是诚意希望他们回来，那末我们的态度更是应该格外善意的诚恳。""这一期里，除了胡先生的这篇文章外，关于此事的其他同人的文章，我也仔细地看了一遍，在动机上，我要说很愉快地发现一致有着几个值得敬佩的正确的观点：例如坚定对于事业的信心，加强同人的团结与努力，共同克服当前的困难，希望走了的同人回来等等。但是患的毛病是笼统的批评，在笼统批评中有地方有着不必要的讥讽，攻击，乃至近乎谩骂的辞句。在脱离的同事里面，为着'发财'或'高升'而走的不敢说完全没有，但是不加区别，一概说是这一类的，却不正确。因此不加区别地加以'为优裕的物质生活所引诱'，'自私自利的个人主义者'，'老羞成怒的老鸹'，乃至'无耻的人们'，这是太欠斟酌的话语，值得我们加以注意的。我知道同人中说出这样激于感情的话，在主观上也是为着整个事业着急，并无恶意，但人究竟是感情的动物，我们正在设法劝第二种人回来，这样不区别地加以笼统的引起反感的话语，在实际上所发生的效果，也许反而与说这样话的人的主观的善意背道而驰。我知道全体同人为的都是整个事业的利益，但是同时也还要注意任何问题能在客观上尽可能获得良好的结果，要常常以理智克服感情，倘若这感情的激动在主观上尽管无恶意，而在客观上却会发生我们所不愿有的后果。""第二件是关于书籍的定价和同行折扣问题。我翻开这期的内容一看，发现'短评'栏有三篇短文都有问题，都含有很大的误会，或对于业务的隔膜，由误会或隔膜而引申的见解之错误，是无足怪的。我看了这几篇'短评'之后，格外感觉到加强教育与了解业务的重要。以本店的同人，对本店业务上的措施（这里先谈定价和折扣问题）竟隔膜一至于此，这是负着较重要责任的干部，所要特加注意的事实，（因为他们尤其负有使一般同人了解业务上一切措施的责任。）""在新定价办法实行以前，曾有通告（六十四号）给各分店负责人，其中曾把加价的不得已的苦衷说明，现在看到上面所说的不正确的'短评'，可见各分店负责人中不是都能把这件事使一般同人都明了——倘若这是实情，那末可见各分店负责人中对于加强同人教育（广义的），使同人都能了解业务的工作，还有加以坚强化、充实化的必要。"（全集第 9 卷第 467—470 页）

同日　《本店史话（二十二）惊风骇浪中迈进》（四月十七日晚十时作），载《店务通讯》第 98 号，收入《事业管理与职业修养》。（全集第 9 卷第 741—742 页）

《本店史话（二十二）惊风骇浪中迈进》摘要：

"为着推进救国运动，在这时期（注：1935 年），我们办了每期销数量多时达二十万份的《大众生活》"。"二十六年'八一三'神圣抗战爆发，本店为着努力抗战文化起见，许多同事不得不分配到内地各重要据点去工作。我们因限于资金，各位同事只是以数百元作为一个新据点的开办费，号称经理，实同士兵，在没有旅馆可住的地方，初到时往往即在码头上露宿一宵！有一次有位'经理'因船挤被挤下水，幸而得救。这种苦楚的生涯，只有我们同人自己知道。即在上海将分散到内地去的时候，计划已定，而盘费无着。（一时没有现款）还是临时靠伯昕先生设法做了一笔纸生意，出于意外地赚了三千块钱，才把这个难题勉强解决。我们这样艰苦创造的事业，还有人疑心我们的'经济来源'，冤乎不冤！"（全集第 9 卷第 741—742 页）

8 月 3 日　《美统制石油废铁出口》、《〈外交与内政〉附言》（署名韬），载《全民抗战》周刊第 131 期。（全集第 9 卷第 471—473 页、473—478 页）

《美统制石油废铁出口》摘要：

"由于整个国际形势的影响，在美国国防未充实以前，它对远东的积极性的限度是须要我们的深切的注意,必须这样,我们才不致对美国存着过大的奢望,除尽可能继续争取美国最大限度的直接或间接的援助外,同时不松懈联络更有力援助我们抗战的友邦。"(全集第9卷第472—473页)

《〈外交与内政〉附言》摘要:

"我们的注意外交问题,固然是由争取抗战胜利的目的做出发点,即注意国际问题,也是由争取抗战胜利的目的做出发点,并不是抛弃了本国的利害问题而专门对国际作凭空的,无关中国的研究。由这样的出发点从事研究的结果,使中国能在外交政策上,得到更正确的动向,这是于中国有利的,所以在这里'外'与'内'是紧密地联系着的。不但不是对立,而且也不是截然分离的。""外交与内政的关系。(这里所谓内政,包括华先生所谓'国内问题与内交问题'。)一国的内政不许别国干涉,就这点说,外交是外交,内政是内政,可以说是两不相涉的,外交问题和内政应该截然分开,不应混在一起来说。但在另一方面说,外交与内政在实际上确有密切关系。""内政与外交是有着不可分离的密切的关系,是很明显的。我们说内政要影响到外交,当然不是说一个国家有权干涉任何其他和它有外交关系的国家的内政,而是说要在外交上得到更大的胜利,同时必须注意到本国政治的充分的改进,必须注意到本国政治能有迅速的进步。"(全集第9卷第474—477页)

8月10日 《对莫洛托夫外交报告的感想》、《〈关于国际问题的几个谜〉附言》(署名韬),载《全民抗战》周刊第132期。(全集第9卷第478—480页、480—484页)

《对莫洛托夫外交报告的感想》摘要:

"第一是该报告中指出法国失败是由于法国政府不信任法国人民。""资本主义国家的统治阶级,他们的利益在基本上原与一般人民对立着的,但是他们如能在某限度内给与一般人民以民权,或在某种宣传的掩护下运用人民的力量,还是可以相当支持他们自己,不致像法国这样一败涂地,从这种地方,更可看出人民力量的伟大。仅仅有限度地运用人民力量,即使是资本主义的民主,也还可得相当的收获,如这有限度的运用人民力量都完全抛弃,那结果就只有惨败,法国便是一个极明显的例子。反顾我国抗战,是关系着全民的利益,要具有充分运用人民伟大力量的良好条件,我们更须充分动员人民,信任人民,发挥光大人民的伟大力量。""第二是该报告表示中苏友谊的密切。""我们为着远东的真正福利与中国的抗战前途,对于中苏关系仍不能以现状为已满足,希望仍有进一步的开展。""第三是该报告再三注意苏联实力的增强与加紧生产,巩固国防。谈外交而提及增强国力、加紧生产、巩固国防,这实在是值得我们

的深长思的。于此足见外交与内政的不可分离的密切的关系。""苏联近一年
来外交方面的逐步的成功，便可看出有着修明的内政与强大的国力为后盾，同
时由于外交的成功也愈益增强了苏联的国力，这两方面实有相互的作用。反
顾中国，我们英勇抗战三年，仍在继续奋斗，这种事实无疑地增强了我国在国
际上的地位，同时对于外交能加强对于最可靠的与国的关系，也必然要愈益增
强我们的国力。""苏联所采用的是和平外交，但莫洛托夫在报告中还引着斯大
林的名言以勖勉苏联人民，说'吾人必须使吾全国人民始终在动员状态中，以
准备抵挡军事进攻之危机'，我们是正在努力抵挡敌人的军事进攻，更应怎样
加强我们的动员？"（全集第 9 卷第 478—480 页）

8 月 11 日　读者钱啬庵的信及韬奋的复信被国民党图书杂志审查委员会无
理批复"扣留"。五十多年后，于编纂《韬奋全集》的过程中，在南京中国第二历史档
案馆国民党档案里，发现当年被扣的一组韬奋的文章，使之得以重见天日。该文系
其中的一篇。（全集第 9 卷第 485—486 页）

8 月 15 日　《再谈加强教育与了解业务》、《领导机构的改革》，载《店务通讯》
第 99 号。（全集第 9 卷第 486—490 页、491—492 页）

《再谈加强教育与了解业务》摘要：

"我鉴于本店有一部分同人对于店务（业务上或人事上）有所不满，——无
论是有理由的不满或是出于误会的不满，——往往在私人通信中发牢骚，而不
肯对有关系的领导机构或有关系的负责人提出询问或者表示，结果，即属有理
的不满，有关的领导机构或有关的负责人无从知悉而不能即加以改正，至于出
于误会的不满，流弊更大，因为无意中传播着没有根据的事实，影响同人的积
极情绪，在事实上发生许多流弊。""看了《明说与暗说》那篇短评，该文作者虽
说'绝对拥护'我的主张，但在实际上却误会了我的原意，而且同时还犯了不小
的错误。""首先我们要明白'真理是具体的不是抽象的'。我们当注意当前所
研究的事实而不可以仅仅抽象地谈着与当前所研究的事实脱离的原则，试举
几个例子来说。""一、该文说'我想建议一些减少说背后话的办法，一句话就
是：该说的要多说。'这在抽象的原则上是无可反对的，谁有理由反对'该说的
要多说'呢？但是一看到该文作者接下去举的例子（具体的事实），便知道他的
错误。他举我在文中所举过的关于某同事的乘飞机到渝的事实做例子。他说
'一来肉麻当白洋钱，替外国洋油商撑家当'，怀疑到本店负责人对于此事的处
理（即属某同事因公乘机来渝）是要'替外国洋油商撑家当'，本店负责人在动
机上如真是卑鄙至此，对于这个讥讽当然没有话说，全体同人如也相信的话，

自另有集体制裁的办法,这里无须讨论。""该文作者接下去说:'二则也是工作热诚的流露,终想知道飞的原因。可是这些应该说明的原因却始终未见说明,于是乎我们希望知道的原因变成了失望,更于是乎由应该说明的不说的缘故,变成了不该说的在背后说了。'在这短短一段的议论中我们可以指出下列的错误。第一,有同事因公遵照总处的嘱咐飞渝,总处是否应该把这件事的原因对每一同事而告之(或对全体同人说明原因),我认为这是没有必要的。民主原则也不是每个人对于每一件事都非知道不可,有些职权是由集体赋与所选出的领导机构,有些职权是由领导机构赋与所推出的负责人。全体同人所应知道的是关于业务的大政方针或原则,关于全体同人福利的重大事件(如薪水表的规定),和与个别同事自己的职务有关的事项,至于根据大政方针所作的具体的布置与执行领导机构或负责人应在职权范围内负责做去,每一件具体的布置与执行(尽管有相当的重要性,下同),除与此事在职务上有关的同事说明外不需要对每一个同事或全体同人说明原因。""该文作者说'我希望以后有人飞一次,把原因说明一次',这是不合理的。第二,以上还是就常态说,在同人散处各地及复杂环境的现状之下,因书信及印刷品的检查,尤其不应该每一件事必须每一同事或全体同人而告之,因为本店尽管没有什么不可告人的事情,但任何营业部都具有竞争性,即对同业有一部分秘密性,况且在事实上还有人误会我们,甚至有意陷害我们,倘若我们每一件具体的布置与执行,因通告各地同人而事事公开与外人(因全体同人散处各地,势必用书信或印刷品通告不可),反与我们的业务有害。第三,总处的处理事务,在原则上有理事会及人事委员会领导,在办法上也有部务会议(各部主任都参加,每星期至少一次,往往每星期因事多须开二次)的共同商量,即就某同事的飞渝一事而言,当时因欧战激变,沿海及海外业务据点有重要布置的必要,特由部务会议商定从速请在这一带负重责的区主任来渝面谈,一面听取其详细报告,一面共商办法,此事并在理事会作原则上的商决,然后由总负责人根据原则与办法,嘱咐某同事飞渝。""第四,即使该文作者不能信任总负责人,不能信任部务会议,不能信任理事会,对'飞'有所怀疑,也应该函询有关的负责人或领导机构,但在事实上并未照这样做,有关的负责机构和有关的负责人也从未接到该文作者关于此事的询问,而该文作者却怪'这些应该说明的原因,却始终未见说明,于是乎,我们希望知道的原因变成了失望'!并未提出询问,只是背后说说,领导结构或负责人何从向该文作者说明,该文作者的失望又何从所根据呢?所以该文作者虽说'绝对拥护'我的主张,其实依他举例的说明,显然和我的主张是背道而驰的。（我当然不是说负责人必无错误，也不是说任何同事认为有错误时不可以提出询问，我所指的是不要只是背后说说，而不询问有关的领导机构或有关的负责人。）"（全集第 9 卷第 487—490 页）

《领导机构的改革》摘要：

　　"本店的领导机构原有三个，即理事会、人事委员会及监察委员会，""在抗战期间散在各处的据点增加，环境与内部都需要更迅速更灵捷执行领导任务的必要，不免略有散漫与迟缓的缺憾，尤其是在敌机连续轰炸，同人在疏散状况中紧张工作，分别开会更有困难。""本月五日理事会于第二次常会中建议召集理人监联席会议决定：由以上三个机构组成联席会议，同时各推出代表组成联席会议常务委员会。联席会议每三个月开一次，由三机构全体委员参加，其重要任务为：（一）听取报告；（二）核准过去工作；（三）决定未来业务上的方针与原则。联席会议常务委员会每半月开会一次，由理事会人委会各推代表三人，监委会推代表一人参加（共七人），其任务为根据联席会议所决定的方针原则，核定检讨比较经常的问题。三机构原有的分别会议，各机构认为有重大事件须单独举行时仍可由各机构自己决定并无任何限制。""这个办法有下列几个优点：（一）有三个机构代表参加的联席会议常务委员会，人数较少开会较易，在业务上可获得比较迅速灵捷的效用，增加集体领导的效率；（二）每三个月须开三机构全体联席会议一次，执行上述的三个重要任务，常务委员会须对联席会议负责，不违背民主的原则；（三）三机构虽各有其独立的任务，但就整个事业言，各部门都有联带的密切关系，在研究和决定方案时，对于各方面都有同时顾到的必要，三机构的委员在联席会议中及常务会议中，固仍可各注意其原有的任务，同时还可注意到整个的情形，更充分地收到分工合作的效用，成为最高的集中的集体领导机构。""本月五日举行的理人监联席会议认为这个办法可以更有效地应付当前的紧急局面，故已决定实行。"（全集第 9 卷第491—492 页）

8 月 17 日　《怎样渡过最严重的阶段？》、《〈一个民族战士对苏联的回忆〉附言》、《〈为了全中国的一批不幸者〉附言》（以上两则署名韬），载重庆《全民抗战》周刊第 133 期。（全集第 9 卷 492—494 页、494—497 页、497—500 页）

《怎样渡过最严重的阶段？》摘要：

　　"现在真是我们奋斗最严重的阶段了，尤其是自从英法在欧洲失败之后，安南运输禁止于前，缅港运输禁止于后，国内则物价高涨，人民生活愈艰，于是不免引起有些人的消极悲观，对于抗战前途发生黯澹的感觉。""我们一方面看到敌人的困难重重,无法结束所谓'中国事变',应了解中国苦战三年的成果,也就是中国胜利的逼近,但在另一方面,我们却也不应存着讳疾忌医的态度,无视自己所须加紧努力克服的危机,要集中注意怎样渡过这最严重的阶段。"

"我们首先要指出的,就是当前的阶段无论怎样严重,各种困难无论怎样增加,都不是没有可以运用的解决办法,最重要的是我们能充分实行这些办法。""我们能在外交上争取友邦增强对华之援助,军力的大量加强也就附带地解决了。""又例如财政问题,尤其是有关一般人民生活的物价问题,绝对不是单纯地由于货物的不够供给,主要地还是由于奸商的囤积居奇,而'奸商大富的鬼祟行为,必托庇于贪官污吏之下'(八月八日《中央日报》社论语),所以《中央日报》记者也认为'平定物价应做到整顿官方'(亦见上述该报社论),确是一针见血之语。关于此事,领袖在'七七'告军民书中亦有指示,即'力戒囤积居奇,杜绝营私舞弊',可见这也是有办法解决的,现在最急迫需要者,就是能体会领袖的意旨,迅速切实执行,从政治的彻底改革达到财政的合理解决。""怎样渡过最严重的阶段? 各种困难都有解决的办法,最重要的是要照办法切实地做去。能够这样,必然能够'从这艰苦困难中,发挥中华民族的伟大力量'。"(全集第9卷第493—494页)

8月24日 《为什么在炎热下应热烈响应征募寒衣》、《〈职业妇女的苦痛〉附言》,载重庆《全民抗战》周刊第 134 期。(全集第 9 卷第 501—502 页、503—508 页)

《为什么在炎热下应热烈响应征募寒衣》摘要:

"这个时候,后方同胞仍在炎热之下,也许要觉得天未寒而在热天征募寒衣,似乎是一件不必着急的事情,这个观念是完全错误的。抗战已抗了三年,前线英勇将士对于国家民族的丰功伟烈,可谓有口皆碑,但是后方同胞也许还不知道,即就最近的情形说,到了隆冬,战士身上有的只是单衣,到了夏天火烧似的炎炎赤日之下,他们身上有的却只是破烂的棉衣! 这固然是由于适时衣服的缺乏,同时大部分也由于制衣需时,运输不易,更加上各地办事机关的迟缓,造成的怪现象是冬衣到了前线将近夏季,夏衣到了前线却将近隆冬! 这种怪现象表示着我们对于劳苦功高的前线将士实在太亏待了,应该要感到深深的惭愧。抗战已三年,事事要力求进步,这种怪现象是必须努力消除的。全国征募寒衣运动委员会总会这次提早征募,提早完成,我们认为确有必要。""我们不但要响应,而且要迅速响应,不但自己要迅速响应,而且要努力推动别人,要努力推动与自己有关系的团体迅速响应。"(全集第 9 卷第 501—502 页)

《〈职业妇女的苦痛〉附言》摘要:

"王女士所提出的问题,实属有关整个妇女界的问题。至于王女士个人的问题,在比较可以满意的托儿所(及幼稚园)出现以前,是很难得到圆满的解决办法,不得已而求其次,也要看王女士的具体状况及环境而尽可能设法,我们很难凭空代为设计。现在姑就悬揣所及,举出下列几点,以助商榷:一、倘若经济上可无问题,是否可以请一个保姆代为看护孩子,使自己可以抽身出来做自己所能做的职业;二、如保姆请不起,是否可以物色到比较聪明清洁的阿妈,代为照顾,自己于业余也略作督察的工夫;三、倘若这两层都办不到,余下的只有再打听打听看有没有托儿所比前进步一些,虽则我们不知道有什么比较可以满意的托儿所可供介绍;四、倘若这一层也办不到,我们当然不敢主张把孩子抛在马路上,可是也再想不出王女士怎样可以脱身的其他的办法!""如有其他读者能根据实际的经验指出其他的好办法,希望让我们知道,除为转告王女士外,还可以刊载出来,以供其他有相类苦况者的参考。"(全集第 9 卷第507—508 页)

8 月 30 日   邹韬奋为《店务通讯》所撰写的文章除信件外,连店史二十二节,共计一〇一篇,恰巧等于每期有一篇(从 21 期写起)。(《店务通讯》第 100 期"百期纪念号")

同日   《三谈加强教育与了解业务——中坚干部的重要责任》,载《店务通讯》第 100 号。(全集第 9 卷第 508—510 页)

《三谈加强教育与了解业务——中坚干部的重要责任》摘要:

"《我们的生活》既是桂店同人自治会的刊物,(说桂林只是举个例子来说)这刊物是应该由自治会干事会指定干事,会同桂店重要负责人共同主持与照顾的,他们应该组成编辑委员会,每篇文章都应该先经他们看过的,如遇着有错误或误会的地方,他们应该在发表以前就提出来与作者商量,使作者彻底了解,加以纠正。这也是中坚干部所应担负起来的'加强同人教育与了解业务'的一部分工作。现在含有错误的文章居然登了出来,这表示通过了自治会干事会与重要负责人的考虑,这意义是相当严重的,因为这表示该据点的中坚干部对业务了解也发生了问题,随着领导同人的作用也发生了问题。含有错误的文章发表以后,在本据点的全体同人中传播着,甚至分散到各据点的同人中传播着,这在教育同人这一点上的影响如何是可以想见的。所以我感觉到为着店的事业计,这件事实相当严重,值得我们的注意和改善的。""我们当然不是主张用什么检查制度来压迫同人的言论,绝对不是。我们不是很简单地不许某同事登这篇文章,那篇文章,像检查机关批一个'应予免登'就算了事。中坚干部发现了同事的稿子有错误或误会,应该由集体的方式(例如上述的编辑委员会)决定是否确有错误或误会,如经过了这个集体的考虑认为确有错误或误会,应由负责人中指定一个对作者详细解释。如作者同意,那末可对这文章加以修改,如全篇都错误,那也可以征得作者的同意而免登。如作者不同意,并不接受负责人的解释,负责者决不强制,执行可交给自治会干事会商决;如再不能决定,还可以交给自治会全体商决,展开更广大的讨论;最后可依民主方式决定,即任何方面都须服从多数人的决定。在这种'集体考虑','详细解释','更广大的讨论'的过程中,使含有很重要的'加强教育与了解业务'的作用。"(全集第9卷第509—510页)

8月31日 《物价暴涨的断然处置》、《〈富有向学及爱国热忱的女同学〉附言》、《〈引起研究的兴趣〉附言》(以上两则署名韬),载重庆《全民抗战》周刊第135期。(全集第9卷第511—513页、513—515页、516—517页)

《〈引起研究的兴趣〉附言》摘要:

"亚凌先生自称他和他们的同志们是'机械技术青年',我们可以想见他们都是专门的技术人材,但是做着现代的专门技术人材,只是通达本部门的学问还不够,同时还要对于本国的整个形势与前途,世界的整个形势与前途,也有相当的了解,尤其是在中国正在抗战建国的伟大时代,构成国民中坚层的分子,对于国事及国际尤须有比较深刻的认识,由大智中产生大勇,由理解中加强信心,才是最坚毅的大勇与最坚强的信心。""关于这方面的研究,有两点值得特别注意:第一是要能把握住基本的观点;第二是要能把握住每一个阶段的特点。对于国内外任何问题,如能把握住基本的观点和每一个阶段的特点,那末无论表面的现象如何的紊乱,个别的事实如何的紊乱,都能够整理出条理来,了解得清清楚楚。本刊对于各种问题——例如对于国际问题——的分析与研究,都特别注意这两点,使读者能把握住正确的基本观点和每一新阶段的特点,得到了这个锁钥,以后对于新的现象或新的事实,便好像有了尺度来量似的,不致眼光撩乱,莫名其妙了。亚凌先生和他的同志们有了集体研讨的机会,真理由交换意见及切实讨论而愈明,必然可有更大的进步,一方面当注意有价值的,内容正确的书报,作为参考的材料,在另一方面,如有什么问题须待询问,请写信来,我们当尽可能奉告。本刊把读者认作我们自己的朋友,对读者的服务不尽是我们的天职,而且也是我们的光荣。我们当竭尽心力,帮助读者诸友解决困难。""关于和战问题的谣言,我们想附带在这里奉答几句,我国在每一次军事上略有挫折,敌人汉奸和动摇分子往往就要传播一次'和平'谣言。我国抗战必须经过艰苦的过程，同心协力渡过了这艰苦的过程，必然可以达到最后胜利的目的，在这艰苦的过程中，无可讳言的，不免有一些信心不坚遇败即馁，甚至想妥协投降，像汪逆和他的一派便是个例子，但是上自最高领袖下至一般国民都是要坚持抗战，即令有少数分子的胡思乱想，也不能成为事实。""我们听到谣言，不但不应在精神上受到打击，而且要更坚决地参加抗战工作，要更坚决地求进步。"(全集第 9 卷第 516—517 页)

9 月 7 日　《打击敌人的军事冒险》、《征求读者对本刊的意见》(署名编者)、《〈了解青年与领导青年〉附言》(署名韬)，载重庆《全民抗战》周刊第 136 期。(全集第 9 卷第 517—519 页、520—522 页、522—526 页)

《打击敌人的军事冒险》摘要：

"敌国在远东造成'东方慕尼黑'的企图已无形粉碎，只有铤而走险，加紧南进阴谋，企图以军事冒险来结束'中国事变'。所以敌人最近对于中国的侵略阴谋，除仍然进行其政治诱降及经济封锁的鬼蜮伎俩外，其新的特点就是特别偏重于军事冒险。敌军除在宜昌与我军作正面对峙外，并企图假道越南，侵我领土。""在实际的军事行动方面，最近我们各地区在互相呼应下，分别出击，尤为打击敌人军事冒险的主要对策。""日本经我们三年的英勇抗战后，已在作最后的挣扎，我们虽也有困难，但不是没有克服的条件，全看我们下决心作更大的努力。"(全集第 9 卷第 518—519 页)

《征求读者对本刊的意见》摘要：

"本刊主要的内容是要就国内外重要时事的发展，加以正确的论述分析，揭出基本观点和各阶段的特点，俾读者能把握现实的动向，得到了解现实的锁钥，加强对于改造现实的努力。我们虽由于印刷条件的困难，原稿送审的需时，没有达到我们原有的期望，但是我们却始终本着这个原则向前努力，希望由于正确认识的传播，对于抗战建国有一些贡献。我们首先希望于读者的，是根据上述的原则，给与我们以切实的建议和直率的批判。""本刊向来并不呆板分栏的，每因材料的内容而略有变化，但大概说来，现有的可指出上面的几栏。倘依上面所指出的次序说，有如下的类别："(一) 每周评坛；(二) 专论；(三) 通讯或报告；(四) 文艺；(五) 每周时事；(六) 信箱和简复；(七) 杂感短篇。""这是现有的各栏。第一，我们希望读者告诉我们，对于这几栏最爱读的是那一栏，其次是那一栏，最后是那一栏，表示的方法只须来信把这几栏依爱好的次序，把上述的先后次序改变一下写出来，例如最爱读专论，可把专论列入(一)；其次爱读的是信箱与简复，可把信箱与简复列入(二)，以下类推。这样,我们可根据许多读者的来信,作个统计,知道最爱读那一栏的人有若干,次爱读那一栏的人有若干,以下类推;同时还可以算出百分比来表示。这个统计的结果,可以使我们知道应该扩充那一栏,以应多数读者的要求。""第二,我们希望读者对某栏作较详的指教,例如该栏的缺点,应如何改善等等的意见,倘有什么栏应取消,也请指出,并说明理由。""第三,除这几栏外,还有什么栏或怎样的文章应该加添进去?""当然并不一定以上面所要求几点的为限,读者有任何指教,只须是可以使本刊进步或革新的地方,都是我们所竭诚欢迎,要尽可能使它实现的。""做编辑的人好像是读者所用的厨子,所差异的,不过厨子所贡献的是物质食粮,编辑所贡献的是精神食粮。厨子要使菜烧得可口,往往要征求主人对于菜单的意见,我们现在是要征求读者对于精神'菜单'的意见,很诚恳地希望读者诸君不吝赐教。"(全集第9卷第520—522页)

《〈了解青年与领导青年〉附言》摘要:

"家庭中思想保守的父母对于子女的正当要求,往往不免冲突,尤其是关于子女婚姻的问题,意见往往各是其所是,引起很大的家庭悲剧,只有比较开明的父母,抛开自己的主观,处处为子女设身处地想,处处顾到子女所处的时代,处处顾到子女的需要与欲望,作开明的指导,才能收到良好的效果,否则尽管做着极严厉的父母,子女当面尽管不敢说一个否字,心里却在另外打着主意,背着父母进行一切,反而得不到父母的爱护与指导。""领导者不要以为只是青年应该向成年人学习,同时要注意成年人也应该而且必须向青年学习。青年应该向成年人学习,这是容易明白的,因为一般说来,成年人的学识经验是应该比青年丰富的,所以青年应该向成年人学习。成年人应该而且必须向青年学习,也就是领导者应该而且必须向青年学习,听来似乎不免离奇,但教育者或领导者要了解青年,那就非向青年学习不可,只有虚心向青年学习,才能如本信作者所谓'了解青年的时代,了解青年的性格,了解青年的需要,了解青年的环境,了解青年的苦闷,了解青年的一切',作为领导青年的根据。""向青年学习与领导青年,不但不矛盾,而且有着相辅相成的效用,这一点实在值得教育青年者的深刻的认识与努力实践的。""青年是进步的,尤其在抗战时代的青年,更热烈地要求进步。领导者的一切言行,一切观点,也都是须进步的,然后才能合得上。挑拨离间的言论,那是进步的青年所不能内心接受的;抗战需要坚决到底,教育者如对青年发表动摇信念的言论,那也是进步的青年所不能内心接受的;抗战需要加强以平等待我的民族之外交,教育者如对青年发表妨碍抗战外交的言论,那也是进步的青年所不能内心接受的。""时代进步,现代的青年也进步，教育者必须也站在时代的前面，也站在进步的大道上，才能了解青年，才能负起领导青年的责任。""青年所以必然愿意接受真正的领导，因为青年确有许多问题待决，只有站在青年的立场，帮助青年解决他们所亟待解决的问题，才是青年所需要的领导，这决不是教育者根据主观成见所能勉强加以'领导'的，所以要真正领导青年，必须真正了解青年。"（全集第 9 卷第 523—526 页）

9月上旬 国民党图书杂志审查委员会在韬奋复读者徐建生的信《关于苏联访问团》一文上盖了"审查讫"章，继而重重的写上了"全民抗战 136 期，扣"、"此稿审查讫章应作废"等字样，全文扣留。从批复内容可窥见扣留经过。五十多年后，于编纂《韬奋全集》的过程中，在南京中国第二历史档案馆的国民党档案里，发现当年被扣的一组韬奋的文章，使之得以重见天日。该文系其中的一篇。（全集第 9 卷第 526—529 页）

《关于苏联访问团》(8 月 30 日)。（全集第 9 卷第 526—529 页）

9月14日 《"九一八"九周年纪念》、《〈认识了社会的真面目〉附言》（署名韬），载重庆《全民抗战》周刊第 137 期。（全集第 9 卷第 530—532 页、532—535 页）

《"九一八"九周年纪念》摘要：

"东北四省是中华民国领土的一部分，东北三千万同胞是中华民族好儿女的一部分，中国的神圣抗战是要保全整个中国领土行政的完整，东北四省绝对不是例外，光复东北四省的努力，如同光复其他部分的沦陷区一样，其责任是全国同胞的事情，不仅是东北同胞以及流亡在关内一部分东北同胞的事情，这是不消说的，但是家乡沦陷最久的东北同胞，无论是尚在关外或一部分在关内，他们在救亡工作中所表现的彻底团结一致御侮的可敬作风，实足为全国的模范。他们真是不论党派，只要真有决心要'打回老家去'的，都团结起来，共同为着这个目标而携手奋斗。""无论看国内，看敌国，看国际形势，我们都没有消极悲观的理由，最重要的还是我们自己努力的程度怎样。我们自己的加紧努力，不要辜负有利的整个形势，是纪念今年九一八的宝贵礼物！"（全集第 9 卷第 530—532 页）

《〈认识了社会的真面目〉附言》摘要：

"这封信的内容，包含着纯洁青年由学校初入社会做事的种种苦闷，这种种苦闷也许不限于本信作者，所以值得我们公布出来，加以较详的讨论。""一、有志求学，因经济关系而不得不中途辍学就业，精神上常留着不能磨灭的伤痕。""二、由比较单纯的学校环境跑入比较复杂的社会环境，尤其看到社会的黑暗面,不胜其愤慨,也是纯洁青年苦闷的另一个因素。""三、我们只是说现在的社会有其黑暗面是一种现实:我们应认识这现实,面对这现实,当然不是说会有其黑暗面是一件什么可幸的事情;我们的任务要努力使社会的光明面扩大,社会的黑暗面收缩乃至消除;但对于社会的改造怀着急性的纯洁的青年,感到自己力量的微弱,得不到速效,于是又感苦闷了!""我们承认环境的重要,因为环境有着它的影响,正因为这个缘故,我们要努力改造环境,""同时我们也不能说恶劣环境有绝对支配的力量,它只能支配意志薄弱的人而不能支配意志坚强的人,否则在历史上极黑暗的时代中怎样会产生领导革命的斗士和自求解放的群众呢? 我们不应因为看了有一部分同流合污的人,便认为恶劣环境有绝对支配人的力量。""另一方面,我们却也不要以为社会的改造是一蹴可几,尤其是初入社会的人,要想在'矩短时期中'把黑暗改造过来,天下那有这样容易的事情! 个人的努力本有其限度,个人的努力必须配合群众的力量才能发生伟大的效力,而且还须主观力量和客观条件的配合,有其必要的过程和时间。""对社会改造怀着急性的纯洁青年能对于这样的常识时时注意到;便只有向更坚决的努力奋斗的路上走,而不致怀疑到只有恶劣的环境能支配人,人对于恶劣环境是无能为力的;也不致因为恶劣环境不能立即改造过来,而便感到失望。""四、意识进步的青年,往往因为看不惯周围的情形,看不惯周围的人,对于待人接物不屑注意,进步摆在面上,进步摆在口上,在客观上使人觉得他看不起人,觉得他特殊,觉得无法和他接近,于是他只得'孤高自赏','落落寡合'。""我们绝对不主张同流合污,也绝对不是主张要随着别人同干'拍马的勾当',但在不丧失自己人格的原则下,对于处世待人的方法,也的确值得我们初入社会的青年的注意。你尽管进步,明知对方不够进步,你就是要说服他,或感化他,也要顾到他们的接受性,最初不要太露锋芒,使他一下吓倒,等弄到不愿和你多谈! 你当然不应开倒车,但向前开也不能一下开得太快,使旁人赶不上你。离开落伍的群众,独自'孤独'的进步,这不是真正的进步,(至少就改造周围环境或周围的人的观点说)只有能用不吓人的言语态度来引导落伍群众慢慢进步,才是真正的进步。改造是不能脱离现实的,倘若因'眼高于顶'而脱离现实,即有改造可能,从何做起?""不满现状而感到苦闷,由此跑上积极努力奋斗之路,苦闷可以说是进步之母;但如因苦闷而消极,而彷徨,那末苦闷也可能使人陷入颓废的深渊:这是值得我们注意的,"(全集第9卷第532—535页)

9月21日 《伦敦与重庆》、《〈关于世界和中国的几个问题〉附言》、《〈正视现实〉附言》(以上两则署名韬)，载重庆《全民抗战》周刊第 138 期。(全集第 9 卷第 536—538 页、538—540 页、541—542 页)

《〈关于世界和中国的几个问题〉附言》摘要：

> "我们首先要了解我国的义战是进步的战争，即在抗战的过程中努力求进步，由于进步而更加强抗战的力量，加速最后胜利的到来。抗战与建国所以是一件事的两面，要兼程并进，而不可以截然分开，就是由于这个道理。明白了这一点，我们就很容易明白李先生所谓'改革与推翻一切阻碍抗战的恶劣势力和封建余毒'，也就是'执行对外抗战工作'中一个极重要的部分，只是一件事的两面，而不是截然分开的两个问题，'并专'是当然的了。在这里，我们可以附带指出的，真在进步的路上努力的是真正忠诚于抗战，因为只有进步才能加强抗战的力量；凡事开倒车的就是在阻碍抗战，因为开倒车就是削弱抗战的力量。这个认识可以指示我们应该努力的方向。"(全集第 9 卷第 540 页)

《〈正视现实〉附言》摘要：

> "对青年应注重教育上的感化与事实上的说明，而不可用高压的手段。青年对学校可能有误会，学校当局应倾听学生的意见，对错误者加以纠正，对正确者加以容纳，'发表意见就不免得罪'，是不能解决问题的。"(全集第 9 卷第 541 页)

9 月 28 日　《太平洋上的新火药库》、《本刊革新的前夜》(署名编者)、《〈不愿合流〉附言》(署名韬)，载重庆《全民抗战》周刊第 139 期。(全集第 9 卷第 542—544 页、544—546 页、546—550 页)

《太平洋上的新火药库》摘要：

> "如说日寇占领海南岛是太平洋上的'九一八'，那末日寇占领越南无疑地是太平洋上的'七七'！越南是在太平洋上一个新火药库，这火药库的爆发是有关整个太平洋上各国的安危的，也是要引起整个太平洋上各国的对付的。无论战争即行爆发，或最后一瞬间成立协定，可能是几小时内的事情(海通社记者自维琪发出电讯中语)，但是这个火药库在太平洋上所必要引起的国际斗争却不是数小时的事情！中国为着自己的民族解放伟业，为着协助弱小民族解放的伟大任务，为着保障太平洋上的真正和平，所应负的责任是神圣而伟大的。"(全集第 9 卷第 544 页)

9 月 30 日　《中坚干部的重要》，载《店务通讯》第 101 号，收入《事业管理与职业修养》增订本。(全集第 9 卷第 550—552 页)

《中坚干部的重要》摘要：

　　"所谓领导,绝对不是一个光棍所能办到的,必须要有干部——真能切切实实干的干部——把所定的方针和方案真能切切实实执行起来,所谓领导,不仅是考虑方针,起草方案,发通告,下命令,同时还要能物色干部,提拔干部,指导干部,看着干部把所定的方针和方案真能切切实实的执行起来;执行的过程中需要督促与检查,执行以后还需要检讨与赏罚分明;这整个过程都是在领导工作的范围以内。""事业的内容愈广愈复杂,领导工作愈不易做,因为负较重要责任者愈须有知人之明,有用人之能,也就是必须能布置得力的干部。""全体同事原来都是干部,但是尤其重要的是中坚干部,中坚干部能得力,全体同事都易于有成绩,整个事业也易于上轨道。""全体同事都重要。而这一群负责较重的中坚干部尤其重要。因为他们是全体同事中的中坚,应该起模范作用。""曾经有一位分店的经理本身就违背了店的规章假公济私地做生意发财,而且'领导'着好些'同事'共同做着违背店章的事情! 这样的离心的现象,表示身处'中坚干部'地位的人,有的反而大做其不是'中坚干部'所应做的事! 幸而这类事极少,不然的话,'干部决定一切'竟成为'干部破坏一切'了!""最大多数的同事都忠于事业,这是我们大家所感到最安慰的,但是身处'中坚干部'地位的人,对于'中坚干部'所应负起的重要任务,是否都有着深刻的认识,这一点却值得我们大家来认真检讨。"(全集第9卷第550—552页)

　　10月4日　　赴一心饭店聚餐会,到者有周恩来、博古、沈衡山、黄炎培、章伯钧、邹韬奋、左舜生。(《黄炎培日记》,沈谱、沈人骅编《沈钧儒年谱》第228页)

　　10月5日　《今年双十的国内外》、《〈低薪与留才〉附言》(署名韬),载重庆《全民抗战》周刊第140期。(全集第9卷第552—554页、554—557页)

　　10月11日　　韬奋致电李文。(《黄炎培日记》)

　　10月12日　《国际新形势与中国的立场》、《女明星的热吻引起的前线来鸿》、《〈关于德意日同盟的几个问题〉附言》(以上两则署名韬),载重庆《全民抗战》周刊第141期。(全集第9卷第558—559页、560—561页、561—567页)

　　《国际新形势与中国的立场》摘要:

　　"中国是被压迫民族而不是帝国主义国家,我们的全力是要集中在民族解放这一点上。我们为着要达到彻底的民族解放,我们对这一点要'力量集中,意志集中'! 我们要以中国的立场,对国际新形势作最善的努力。我们要加紧充实自己的力量,以创造更有利于我们的国际新形势,展开中国无限光明的前途。"(全集第9卷第559页)

　　《〈关于德意日同盟的几个问题〉附言》摘要:

　　"为中国打日本是争取被压迫民族的解放,是符合中山先生民族主义遗教的,中华民族好儿女的壮烈牺牲是值得的;为一个帝国主义打别个帝国主义,或甚至打若干帝国主义(因为与英美争霸的不仅日本一国),牺牲中华民族好男女为帝国主义从火中取栗子,这也是值得的事情吗? 所以我们既明白民族解放战争和帝国主义战争在本质上,在目的上,既迥然不同,是不应该结成军事同盟的。努力争取解放的被压迫的民族诚然可以而且应该运用国际形势,争取同情或有需于自己的别国(如今日的英美之对于中国)的尽量的援助,增加抗战的力量,但必须本着自主的立场,认清自己的目的与历史的任务,对民族敌人(在中国是日本帝国主义)加以致命的打击,而不应该亦步亦趋地跟着帝国主义的国家跑。殖民地或半殖民地的国家欲求得彻底的解放,必须能够很坚决地把握着这个立场。""中国的抗战是世界光明前途中的一个部分,至于帝国主义战争,无论是帝国主义彼此间的战争,或是两大社会体系彼此间的战争,帝国主义总是无疑地属于世界没落的部分。这是无可疑的。""我们没有任何理由和义务要替任何帝国主义从火中取栗子,也没有任何理由和义务要替任何没落的社会体系向进步的社会体系作战。这当然不是说我们不要努力争取任何国家对于加强我们抗战力量的援助,却是说我们同时必须始终坚持我们自己为民族解放而奋斗的独立的立场。倘若身投到帝国主义的阵营中去,把抗日战争混入帝国主义战争的深渊中去,那便无异于使中国从原有的光明的地位降到随着帝国主义共同没落的地位中去,这是太严重的错误! 目前虽只是出于少数人的议论,已有提高警觉加以严厉纠正的必要。"(全集第 9 卷第 565—567 页)

10 月 19 日　《准备应付激变的局势》、《〈工作与学习〉附言》(署名韬),载重庆《全民抗战》周刊第 142 期。(全集第 9 卷第 567—569 页、569—572 页)

《准备应付激变的局势》摘要:

　　"无论日寇将侵南进脚步战稳后进攻我国西南,或双管齐下,同时并进,都是激变的局势,我国在军事上的布置固有最高统帅部的运筹帷幄,而与军事配合的各部门工作,则有待于整个的加紧努力,尤其是更要巩固团结,消除摩擦,一致对外,不使力量有丝毫在内部有所消耗。固守西南边防是要看全国各方面的配合,而不能把眼光拘宥于一个地点的。""英美对于中国,由于日寇对自己威胁日增,其援助我的可能较前增加,但由于上面的分析,可以看出我们虽须努力争取国际更多的援助,而对于英美却不应作过大的奢望,要深刻地认识激变局势的应付,主要地还是要靠我们自己的力量。所以在日寇以欺诈哄骗手段诱胁英美及企图对中国作新的攻势以前,每一分钟都是要尽量用在加强我们自己的力量,准备应付激变的局势的。"(全集第9卷第568—569页)

《〈工作与学习〉附言》摘要:

"一个人如果真有坚决的志愿学习,没有任何环境可以限制他的。学校固然是一种学习的环境,但是我们绝不认为除了学校之外,就绝对不能学习。""一定要坐在学校里读书才算是读书,这是应该纠正的不正确的看法!""所谓学习,读书这件事只占其中的一个部分——虽然是一个很重要的部分。工作中的学习也是一个很重要的部分。"(全集第9卷第570页)

10月下旬 韬奋突发急性疟疾,发高烧,由高烧引起幻觉,以为孩子们挤在一间房里吵闹。"病中,周恩来来看望过,爸爸躺在床上,总理坐在床边椅子上,和爸爸侃侃而谈。当时我在门外,是从门缝里看到的。一位西医来看病,打针,他不肯收出诊费,只要求爸爸给他题词,用镜框挂起来。"(邹竞蒙口述,朱中英记录。全集第9卷第581页)

(注:医师薛映辉(1912—1993),江苏江阴人。抗战期间在重庆从事医务工作,经常接触共产党人,义务承担中共代表团、新华日报社、八路军办事处的医疗保健工作。经薛医师诊治,解除了病痛。11月5日,韬奋手书鸣谢并请夫人沈粹缜代为面呈。)

10月24日 去黄炎培处,告知杜重远在新疆被捕事。(《黄炎培日记》)

10月26日 《战争中的民主政治》(本文有126个字被审查时删去),载重庆《全民抗战》周刊第143期。(全集第9卷第572—574页)

10月30日 《中坚干部应有的几个共同点》,载《店务通讯》第103号,收入1945年11月韬奋出版社上海版《事业管理与职业修养》增订本。(全集第9卷第574—577页)

《中坚干部应有的几个共同点》摘要:

"本文要研究中坚干部应有的几个共同点。""第一,中坚干部对于事业的意义应有特别深刻的认识。""我们这一群工作同志,不是由于封建关系而聚集,也不是为着升官发财或追求个人私利或享用而聚集,我们的聚集是由于认识进步的文化事业对于抗战建国,对于中国大众,乃至对于人类前途,有着广大而深远的贡献,值得我们含辛茹苦,鞠躬尽瘁。尤其是在异常艰苦的环境中,在生活困难,利诱随处向着我们进攻的时候,我们的文化事业能够排除万难,艰苦支撑得住,就全靠有一群对文化事业意义有特别深刻认识的中坚干部,手携手,背靠背,共患难,同生死,在狂涛中构成中流砥柱的坚强堡垒!""第二,中坚干部对于工作技术应有特别熟练的能力。我们是为文化事业而努力工作的同志,我们仅仅对事业有深刻的认识还不够,同时还须把工作做得好,在工作上起模范作用。""他负有组织和分配,视察和协助一般同事的核心责任,他的工作技术的优劣,不仅影响到一人的工作,却要影响到他所主持的一部门或一据点的整个部分的工作,""第三,中坚干部对同人应有意识地负起参加领导的工作。""使一般同人对于政策或办法都能彻底了解,了解后都能彻底执行:这种工作也是领导工作的重要部分,必须有一群中坚干部来认真参加的。""由这一群中坚干部做核心,普及到全体同人里面去。中坚干部对于店的政策或办法,当然可以贡献他们的意见,同时还要把同事间正确的意见迅速反映到最高机构或总负责人方面去。这些意见如属正确,最高机构或总负责人应该迅速接受,如不正确,也应该详加解释,使中坚干部免除误会。最高机构或总负责人和中坚干部之间的这种沟通是非常重要的,因为都是要共同参加整个部分领导工作的。最要不得的是中坚干部有意见不向最高机构或总负责人贡献,同事间的正确意见也不迅速反映到最高机构或总负责人方面去,不仅此也,由于他们自己根本未彻底了解店的政策或办法,不但没有能力纠正同事间的误会或不正确的意见,反而做'群众尾巴',跟在后面一起嚷着! 这样一来,处于中坚地位的干部,不但不能参加领导工作,使店的政策或办法得到全体同人的彻底了解,得到全体同人的忠诚执行,反而酿成种种障碍,在客观上实际上破坏店的政策或办法,破坏店的领导工作;不但不能团结全体同人于店的事业的周围,反而酿成离心力,减低同人的工作情绪!""领导工作当然包括对同人的教育工作或说服工作,这种经常要做的工作,也是中坚干部所要注意的。例如《店务通讯》上的重要意见,或办法,中坚干部须先有彻底的注意与研究。在店务会议中须将要点提出请同人注意,或交换意见,或加以讨论,在交换意见或讨论的过程中,中坚干部对于一般同事便有着领导的作用,这整个过程便会有教育或说服的意义。""我们要重视已有的中坚干部,我们要爱护已有的中坚干部;我们要培养未来的中坚干部,我们要提拔未来的中坚干部。"(全集第 9 卷第 574—577 页)

10 月 31 日 周恩来、秦博古到章伯钧寓所,与章伯钧、沈钧儒、黄炎培、左舜生、邹韬奋、张申府谈当前国内形势,并听取他们对国内团结的意见。(《南方局党史资料・大事记》第 115 页,《周恩来年谱》第 472 页,沈谱、沈人骅编《沈钧儒年谱》第 229 页)

11 月 2 日 《全国伤兵悼念伤兵之母》、《〈学生吃饭的严重问题〉附言》(署名韬),载重庆《全民抗战》周刊第 144 期。(全集第 9 卷第 577—578 页、579—581 页)

11 月 5 日 下午三时,周恩来到康宁路 5 号张申府寓所,与沈钧儒、黄炎培、章

伯钧、邹韬奋谈时局。(《黄炎培日记》,《周恩来年谱》第 474 页,沈谱、沈人骅编《沈钧儒年谱》第 229 页)

同日　自 8 月 5 日至 11 月 5 日,共举行过三次由第六届理事、人事、监事组成的常务委员会,出席者有邹韬奋、邵公文、柳湜、徐伯昕、胡耐秋、张锡荣等。通过议案三十八件。(《店务通讯》第 106 号)

同日　《致薛映辉》,收入 1984 年 5 月香港三联版《韬奋手迹》。(全集第 9 卷第 581—582 页)

《致薛映辉》摘要:

“映辉先生惠鉴:弟患疾承蒙热诚诊治,已占勿药,至深铭感。医药费屡请开示,均蒙谦辞,隆情厚谊,尤增感愧,惟文化生涯虽属清苦,而对于先生治疗厚惠,理应略表谢忱,兹因事冗,特由内子面呈薄酬,聊申微意,尚希勿却为幸。先生妙手回春之厚惠,殊非区区物质所能报答,固当永感不忘也。”(全集第 9 卷第 581—582 页)

11 月 6 日　与黄炎培、沈钧儒、章伯钧、张申府等共商时局。(许汉三编《黄炎培年谱》第 136 页)

11 月 9 日　《敌人为什么撤退?》,载重庆《全民抗战》周刊第 145 期。(全集第 9 卷第 582—584 页)

《敌人为什么撤退?》摘要:

“自敌人于十月廿八日晚自南宁撤退之后,尚有敌人将自宜昌、九江、甚至汉口广州撤退的传说,于是大家发生一个疑问:敌人为什么撤退?”“摆在敌人面前的有两个问题:一个是‘结束中国事件’,一个是实行南进政策。”“我们切勿误会敌人因加紧南进而放弃对于中国的侵略。它固然不会全部撤兵,即有几个据点由于上述原因而撤兵,同时还会有狠毒的阴谋。它的最大企图是利用局部撤退来松懈我们的抗战意志与工作,希望我们内部发生问题,团结不能继续,把一致对敌的目光向内转,分散消耗自己的力量,使它易于达到‘结束中国事件’的目的,减少它不得不以侵华战争配合世界战争苦况下的困难。同时它企图在世界战争中解决了英美在远东的势力,‘中国事件’将随着得到有利于日本的‘结束’。它可能不逼迫中国即签订什么妥协条约,避免激起中国人加强抗战的情绪,只希望中国内部分裂,力量意志不能集中于对付共同的敌人,形成瘫痪的状态,便可达到它的目的。这种种当然只是敌人的阴谋,只须我们提高警惕性,不上它的当,不陷入它的圈套,乘敌人困难的愈益增加,更加强我国的团结,更加紧我国的抗战工作,那正是加速最后胜利到来的良好机

会。"（全集第 9 卷第 582—584 页）

同日　《为张维元题词》，收入 1984 年 5 月香港三联版《韬奋手迹》。（全集第 9 卷第 584 页）

韬奋为批驳读《全民抗战》会"中毒"谬论，复读者张维元的信：

"我向来言论公开，主张全国一致团结御侮，这是怎样的'思想有问题'，读者自能明白。但我也感到惭愧，就是怎么时至今天，还不能使这位中学训导主任了解，使他知道中国人都该努力救国，救国的事虽要依各人的能力去干，但是并没有毒，也不会引起生理上的反感，这样也许他便可大胆放心，也要毅然参加救国阵线。所以我的结论是我们还该格外努力，希望你和许多同学们都要格外努力。"（张维元《"非我族类嫉如仇"》，收入《忆韬奋》第 355 页）

11 月 11 日　中午十二点，冯玉祥请沈钧儒、邹韬奋、张申府、程希孟、沈致（志）远、张友渔诸位吃饭。席间，谈到英美也不主张我内战，苏（联）更不主张我内战。（《冯玉祥日记》第五册第 944 页）

11 月 15 日　《各部门中的中坚干部》，载《店务通讯》第 104 号，收入《事业管理与职业修养》增订本。（全集第 9 卷第 584—587 页）

《各部门中的中坚干部》摘要：

"'同事'和'中坚干部'究竟有什么重要的区别呢？有！具有所担任的职务上所需要的技术和经验，都可以做该项职务的'同事'，但未必就可以做'中坚干部'，因为'中坚干部'除了对于所担任的职务上所需要的技术和经验之外，还须具有中坚干部所应有的条件，例如对于文化事业有深刻的正确的认识，对于本店的组织和历史有清楚的正确的了解，对于我们所共同努力的事业有忠诚的热爱，有高度的奋斗精神，努力精神，吃苦精神，牺牲精神（牺牲小我以保卫团体，不是牺牲团体以利小我），共患难的精神，为本店虚心教育同人（包括工作上起模范作用），为本店真心爱护同人，为本店时常注意弊端的清除，事业的改善等等。""我们认识了中坚干部与事业的重要关系，平日便应该特别注意中坚干部的培养与提拔，特别注意中坚干部的布置与联系。""进步的文化事业虽是很有意义的事业，但却是很艰苦的事业，非有一群有决心为着事业排除万难与艰苦搏斗的中坚干部，是很难坚持的，本店是在十几年的艰苦中奋斗出来的，我们当然已有了我们的中坚干部，——能与艰苦搏斗百折不回的中坚干部！这是我们可以自傲的无上光荣的事情。但是同时也无可讳言，在我们千辛万苦的作战过程中，曾局部发生令人痛心的现象。但是我们并不因此而灰心或消极。我们深信进步的文化事业有其伟大的贡献，有其无限光明的前途,我们必须而且必能排除万难,向前递进!""我们所可以欣慰的是最近对于我们的事业,对于重要的据点,因努力整顿已大有起色,我们当继续努力,再接再厉,我要在这里对我们的中坚干部致最诚挚的敬礼与希望!"(全集第 9 卷第 585—587 页)

同日 晚,参加一心聚餐会,到者有周士观、张申府、章伯钧、邹韬奋、沈钧儒、左舜生、梁漱溟、张君劢、启天、黄炎培。见朱德、彭德怀、叶挺、项英致何、白电。(《黄炎培日记》,沈谱、沈人骅编《沈钧儒年谱》第 229 页)

11 月 16 日 《罗斯福大选胜利的影响》,载重庆《全民抗战》周刊第 146 期。(全集第 9 卷第 587—589 页)

《罗斯福大选胜利的影响》摘要:

"在我们中国,坚持抗战以达到民族解放的目的是我们国策的核心,我们是没有兴趣于第二次划分世界殖民地的战争,但是列强间的矛盾,足以削弱日寇及加强我们抗战力量的运用,当然不可放松机会的。从这个立足点看去,美国能对日寇实行强硬的政策,能对中国增进实际的援助,都是我们所欢迎的。"

(全集第 9 卷第 588 页)

11 月 17 日 上午九时,周恩来、叶剑英到张申府寓所,与张申府、张君劢、梁漱溟、周士观、邹韬奋、黄炎培、沈钧儒、左舜生、章伯钧等交谈最近国民党制造摩擦,以及新四军在江南移动情况。(《黄炎培日记》,《南方局党史资料·大事记》第 122 页,《周恩来年谱》第 476 页,沈谱、沈人骅编《沈钧儒年谱》第 229 页)

11 月下旬 茅盾夫妇历经艰险,避开盛世才的监控,从新疆到达重庆,在八路军办事处住了两天。第二天,周恩来、邓颖超来看望他们。周恩来谈了当前的形势和今后的任务。还告知,听说生活书店打算把《文艺阵地》迁到重庆出版,想请茅盾继续担任主编,可以考虑,徐伯昕会找他面谈的。第三天,茅盾夫妇搬到市中心生活书店门市部楼上临时腾出来的一小间房内。刚把简单行李安顿好,邹韬奋和徐伯昕就来了。阔别三年,可谈的话题甚多。韬奋关心杜重远,详细了解了杜重远"案件"发生的经过,问了张仲实在延安的工作和生活。韬奋告诉茅盾"生活书店的处境是愈来愈困难了,抗战初期在全国各地开设的五十余个分支店,现在只剩下重庆的总店和贵阳、桂林、香港三个分店,其余的都在这两年内横遭国民党查封了,不少工作人员无辜被捕,有的生死不明。国民党还派了几个会计专家来查书店的帐目,企图找出生活书店领共产党津贴的证据,结果自然一无所获。蒋介石还想以高官厚禄来'争取'韬奋,吞没生活书店。先由戴笠亲自出面劝韬奋参加国民党,被拒绝了。后又建议将生活书店与国民党的正中书局、独立出版社'联合'或'合并',请韬奋主持，又遭韬奋拒绝。最后说，为了生活书店的业务发展，又免受政府'误会'，政府愿意出资金资助书店，但要向书店派出两名常驻人员，经常对书店的业务提供建议，不过对外可以不公开。这个政府'监督'的办法，韬奋也严词拒绝了。国民党威胁道：你不接受这些方案，生活书店的后果将是全部消灭。韬奋的回答是：宁为玉碎，不为瓦全！韬奋对我说：现在重庆的文化出版工作面临的困难和压迫，超过了三十年代的上海，在上海还有个租界可以回旋，而这里是戴笠的天下。现在的图书审查制度也比上海那时厉害了，现在的审查老爷从白纸上也能嗅出'异党'的气味来。那时候言抗日就是'共匪'，而现在反过来了，动不动就说你破坏'抗建'，是'奸党'言论。不过生活书店还是要奋斗下去，我们已经作了一些应急事变的准备，你现在来到重庆，正可以助我们一臂之力"。徐伯昕邀请茅盾继续担任准备搬到重庆出版的《文艺阵地》主编，茅盾答应了，但提出能不能把楼适夷从上海召来，仍旧当茅盾的帮手，担负实际的编辑工作。韬奋、徐伯昕都同意，说这些事就由他们去办。茅盾到重庆后写的第一篇文章《旅途见闻》，是为韬奋编的《全民抗战》写的。（茅盾《在抗战逆流中》回忆录二十七，《新文学史料》1985 年第 2 期第 4—5 页）

11 月 23 日　《造谣与辟谣》、《英美禁运下的日本末路》（署名木旦译）、《〈物价暴涨下的生活问题〉附言》（署名韬），载重庆《全民抗战》周刊第 147 期。（全集第 9 卷第 589—591 页，第 14 卷第 531—536 页，第 9 卷第 592—595 页）

《造谣与辟谣》摘要：

"我们看到塔斯社自从欧战爆发以来，几于继续不断地忙着辟谣，使我们深深感觉到我们所处的简直是一个造谣的世界！该社对英国辟过谣，对美国辟过谣，对法国辟过谣，对罗马尼亚辟过谣，对希腊辟过谣，对意大利辟过谣，对德国辟过谣，但是对各国虽辟过谣，总还不及对日本帝国主义辟了那么多的谣，尤其是在较近期间为甚。倘若我们可以说现在的世界是个造谣的世界，日本无疑地是个造谣国。""日本强盗因中国坚持抗战，在军事进攻方面难有发展，于是以谣言攻势配合其和平攻势，公然在报上登载'十月廿四日德意法三国驻渝大使曾向中国政府建议与日本媾和'，于是我国王外长也不得不出面辟谣了，指出抗战以来德意大使根本未到过重庆，并严正声明'我国具有最大决心，抗战到底，无论日人如何散布谣言，均难掩蔽此举世共见之事实'，于是造谣国又出了一次丑！""日本强盗明知谣言终要揭穿，为什么一造再造，乐此不疲呢？这是因为即在短时期内也还足以欺骗二种人，协助一种人。所欺骗的二种人是头脑不清的人和不肯面对事实的人；所协助的一种人是原来怀着鬼胎，有志中伤与最可靠的友邦的亲善关系及破坏中国抗战的人。无论是前二种人或后一种人,在日本强盗的阴谋尚未被揭露的时期内,无论怎样短(有时并不短),只要多少能松懈我们的抗战意志或工作,或只要多少能造成我们内部的纠纷,减少我们的抗战力量,在敌人方面都认为是杰作,都认为是有收获的。而且继续不断地造谣,无孔不入地造谣,'集小胜为大胜',我们仍然不应忽视敌人的毒谋。我们不仅要提高警觉性,不为敌人的谣言所欺骗,我们不但要辟谣,而且要以铁的事实粉碎敌人的谣言。敌人谣传我们'媾和',我们必须以巩固团结和加强抗战的铁的事实来答复它。"(全集第9卷第589—591页)

11月27日 中午,邹韬奋听安南西贡陈镛光讲述越南人民统一革命党事。下午三时,在枣子岚垭83号沈钧儒寓所,与黄炎培、张君劢、张申府、李璜、左舜生谈日方和平攻势问题、国共问题、政策问题及改革政治问题等。(《黄炎培日记》,沈谱、沈人骅编《沈钧儒年谱》第229页)

11月30日 《团结抗敌的重要关头》、《美苏在远东合作的基础》(署名木旦译)、《〈关于日寇南进的几个问题〉附言》(署名韬),载重庆《全民抗战》周刊第148期。(全集第9卷第596—597页,第14卷第537—539页,第9卷第598—603页)

《团结抗敌的重要关头》摘要:

"中国在国际上的优势,同时也就是日寇在国际上的孤立。日寇加入了倒霉同盟,不但得不到德意的任何援助,而且加强了英美的合作。日寇满心要凭藉两位盟兄在英伦和地中海的声威,来慑住英国,以便在远东放手趁火打劫一番,不意闪击不灵,希腊对意军竟似摧枯拉朽,而日寇的泥腿又深深陷在中国而无法拔出,最近不得不从几个据点撤兵,不得不发动和平攻势,不得不哀哀恳求中国考虑和平,这都表示日寇的进退失据,困难严重。""国际形势好转,敌人困难严重,这种有利中国抗战的客观形势,正是中国团结抗敌争取最后胜利的重要关头!""这种有利的客观形势,是由中国团结抗战争取而来的,今后要充分运用这有利的客观形势,以达到中国的解放自由,仍然要靠中国坚持它的团结抗战政策。""中国抗战的基本条件是团结,所以在中国抗战将爆发之际,全国人民及各党派一致团结在抗战国策之下,为历史上空前的盛举,随后团结的继续,即抗战的继续,抗战的继续亦即建立在团结的继续之基础上面。拥护团结者志在争取抗战胜利,拥护抗战者亦必爱护团结。到了今日的团结抗敌的重要关头,全国必须以一切力量保卫团结,一致对外。""团结既为抗战的基本条件,自从抗战开始以至抗战的过程中,团结已是全国所最珍视的一个宝物,而在这个时候所以值得特别提出来,再郑重唤起全国同胞的严重注意者,因为由全国军民千辛万苦,以无数头颅和无数血汗造成的今日的有利抗战的客观形势,实绝端宝贵,稍纵即逝,为整个国家民族计,我们必须绝对避免抗战力量在内部的分散,必须以一切力量保卫团结,一致对外。"（全集第 9 卷第 596—597 页）

是月　《事业管理与职业修养》由重庆生活书店出版。（全集第 9 卷第 607—746 页）

是月　《〈事业管理与职业修养〉弁言》(4 月 20 日晚记于重庆),收入同名单行本。（全集第 9 卷第 607—612 页）

《〈事业管理与职业修养〉弁言》摘要:

"自'八一三'全面抗战爆发以后,生活书店为着供应战时需要,推进抗战文化,工作的据点也突增起来,数百同事散处于三四十个据点,布满于前后方各地,不可能聚首一堂从事讨论或检讨,于是为沟通意见和报告工作计,便由总管理处编印《店务通讯》,每周一次,专备本店同人阅览。我在每期的《店务通讯》上发表一篇文字,当作与全体同人的面谈,所谈的内容,大部分是关于事业的管理与职业的修养。""各文略依性质分为四类:（一）关于民主与集中,（二）关于干部与待遇,（三）关于服务的对象与态度,（四）关于工作与学习。前二类偏于事业管理,后二类偏于职业修养,虽则这两方面在实际上是有着相互的关系,不能截然分离的,因为在合理的事业管理中固含有职业修养的成份,在合理的职业修养中也含有事业管理的成份,这种联系,读者看到本书的内容,自能理会得到的。""这里还有两点值得我们提出来说一说:""第一点是:寻常所谓管理,往往是指一个人或少数人的管理,多数人是被管理者。如运用民主集中的原则于事业的管理,那末全体同事都是管理者,同时全体同事都是被管理者,说得简单些,可以说是集体的管理。""为着运用民主集中的原则于事业管理之中,为着实行集体的管理,它让全体同人（须在正式任职半年以后）公举理事参加理事会,共同商量关于营业的事情:让全体同人公举人事委员参加人事委员会,共同商量关于人事方面的待遇及奖惩的事情;让全体同人公举监察委员参加监察委员会,其主要任务在查阅帐目;让全体同事组织自治会,共同处理关于同人的卫生、娱乐及教育等问题。""我们要知道,一个事业办得好,不是只靠一个人或少数人,要靠全体同事'群策群力'来共同努力的,要达到'同心协力'的目的,要使得全体同事都能自发地重视并遵守'民主的纪律',虽略费一些时间,多忍一些麻烦的手续,在工作的效率上反而可以多收得较高的效率,比之彼此隔阂,甚至误会丛生,无形中影响到奋发的工作情绪。两相比较,孰得孰失,还是很显然的。可是为着补求这方面或有的流弊,我们要特别注意'集体领导，个人负责'的原则；'集体领导'即在原则上由大家共同商定，'个人负责'即在职权上由负责者根据原则切实执行。""此外还有一件事也非常重要，值得特别提出，那就是要在管理上采用民主集中的原则，必须加强对于同人的教育。民主的程序重在集体的商讨决议，如果构成集体的分子对于事业的意义没有明白的认识，对于应付的问题没有正确的见解，对于处事的态度不能大公无私，那是不免要发生种种流弊的。虽则在民主的程序中，也可以给与同人以实践上的学习，增加他们的经验与认识，但同时仍须加强对于同人的教育，使他们更能得到更充分的知识经验，成为更健全的分子。分子愈健全，民主集中的管理法愈能收到宏大的效果。""第二点，是关于职业修养方面。这第二点的主要内容是：寻常所谓职业修养，往往只注意于一般职员的修养（这当然是需要的），而忽略了负责人（即各级负责人，经理部科主任等）的修养；其次，寻常所谓职业修养，往往只注意于消极的，接受的方面，而忽略了积极的，创造的方面。""一般职员固然要诚恳，谦虚，和蔼；负责人也要诚恳，谦虚，和蔼；一般职员固然要时时在用心学习，时时在进步中前进；负责人也要时时在用心学习，时时在进步中前进。事业的发展是靠全体同事的共同努力，职业修养的增强是发展事业的发动力，这发动力不是只是要从某一局部发出，是要从全部分同事发出来的。如果负责人任用私人，包庇私党，培植私人势力，而对于一般同事却要求全责备，在事实上将适得其反！如果负责人态度傲慢，颐指气使，不知道重视干部，爱护干部，而对于一般同事却要求全责备，在事实上也将适得其反！我们不应该注意到片面的职业修养；我们应该注意到'全面'的职业修养。""其次，事业的发展要靠人才，职业修养便是造就人才的源泉，""其实事业上最需要的是有创造力的人才。你说什么，他能照你所说的做去，做得很好，这固然已经是一种很大的帮助，但是有的同事能补充你的不足，能做出比你期望的更好，那是更大的帮助。你提出原则，他能很细密地替你定出很切实而具体的方案；你提出困难的问题，他能很灵敏地替你想出切实而具体的解决的办法；这都须具有创造力才能办得到，都不是仅仅奉行故事，不动天君，所能办到的。这样的积极的，创造的能力，必须从工作的实践中学习出来的，培养出来的；服务者必须注意这样的职业修养，负责人必须提倡鼓励这样的职业修养。""事业管理与职业修养不能截然分离的，是彼此间有着密切的联系。""我们主张事业的管理应该由全体同人来参加，在参加中的工作与学习，也是职业修养中最重要的部分。'事非经过不知难'。愈有参加事业管理的机会，在实践中愈能得到锻炼的机会，也就是愈能锻炼出领导的人才来，锻炼领导的人才,不也是职业修养中一个很重要的任务吗? 从另一方面看,在工作实践中能注意培养积极的,创造的能力,造成有力量的健全的分子,对于民主化的管理,当然也能有更大的贡献:这两方面是有着互相影响的作用,都值得我们的注意。""无论参加任何事业,都离不开管理;我们要在事业上能有更大的贡献,也都离不开职业修养。"(全集第 9 卷第 607—612 页)

12 月初　与茅盾、沈钧儒商量营救杜重远的办法,征求周恩来的意见。周认为,目前可行的办法是以私人名义联名给盛世才去电,表示对杜案的关切,并愿意为杜作保,要求盛世才把杜重远送回重庆,由中央司法部门审理。他认为用这种方式也许盛世才能让步。大家推举茅盾起草电文。电文列举杜抗日爱国的言行,为人鲠直磊落的品性,既婉转又严正地申辩杜重远绝对不可能"通汪精卫"。同时又给盛世才留了退路,希望能将杜案移来重庆复审,我们愿意为杜作保。在电报上署名的有沈钧儒、韬奋、郭沫若、沈志远、沈雁冰等七八个人。一周后盛世才回电,只有一句话:"在新疆六大政策下没有冤狱。"(茅盾《在抗战的逆流中》回忆录二十七,《新文学史料》1985 年第 2 期第 7 页)

12 月 6 日　总管理处和重庆生活书店联合举行盛大茶话会,欢迎茅盾、李公朴两位先生。其间举行"劳动英雄授奖典礼",为书店劳动英雄董文椿颁奖。韬奋主持会议,黄炎培颁奖。参加者除本店同人外,还有读书出版社、新知书店的友人,沈钧儒、阎宝航等先生。韬奋致词:"我们今天不单是一个最值得纪念的日子,同时也是最值得愉快的日子,因为我们今天有三大喜事集合在一起:第一是沈、李二先生难得跟我们会面,今天居然能参加这个集会;第二是生活劳动英雄的授奖旗——这留着让总经理徐先生另行作详细报告;第三是我们今天能请到黄任之先生来主持给奖,因为黄先生的公务非常之忙,我们能一请即到,这实在是值得我们高兴与感谢的。……"茅盾先生最后发言,他说:"中国有句古语,如坠五里雾中,此刻我正有这样的感觉,……但是在雾里的时候,也会见到一点像灯塔之类的光焰,这就是我今天在这个盛会里所见到的这种真诚的、热烈的情绪,我犹如在雾里见到了灯塔一样。……""在我到过的那个地方,那许多中华民族的最优秀的儿女们,就是用了这种忠实、热忱、刻苦和耐劳的工作精神来从事于抗战建国的工作的。我们知道苏联社会主义国家的成功,并不是一种奇迹,而恰就是由于这种公而忘私与埋头苦干的工作精神建设起来的,这正如董先生(注:指生活书店的劳动英雄董文椿)刚才所说的,他们不但努力工作,而且连一根麻线也不让它浪费掉。……"面对会场上挂的标语发出赞扬,他说:"今天我一走进会场,就见到这样一张标语:'作家、出版家联合起来,击退奴隶文化!'这给予我的印象很深,同时也非常感动。作为作家的我,和在座的各位,我们大家一起来为这一口号而努力奋斗。"李公朴先生演讲:"劳动英雄的产生,如果没有足以产生的必要条件,那么像董先生这样的人也就不会成为大家所拥护的劳动英雄了。"接着,他讲了许多敌后的可歌可泣的故事。(《店务通讯》第 106 期,全集第 9 卷第 761—764 页。韬奋致词全集未收)

12 月 7 日 《敌人和平攻势惨败以后》、《〈国际看法不同中的误会〉附言》(署名韬),载重庆《全民抗战》周刊第 149 期。(全集第 9 卷第 747—749 页、750—753 页)

《敌人和平攻势惨败以后》摘要:

"敌人自在中国消耗严重而又不自量,急于南进之后,便千方百计进行其所谓和平攻势,一面从几个据点撤兵以装腔做势,一面放出种种'和平'的烟幕,不是说'在日本正式承认汪组织以前,重庆方面最好对和议加以考虑',便是说'给重庆一个最后考虑的机会'。为着要想达到'与国民政府进行直接和平谈判'的迷梦,把他们所一手造成的汪傀儡搁在一边,表示冷淡。敌人不但对中国放出种种'和平'的烟幕,企图由此动摇我们抗战的意志,松懈我们抗战的工作,而且还对国际放出种种'和平'的烟幕,企图由此削弱友邦对于我国的信心,减少对于我国的援助。""只有对抗战有充分决心者,然后对于团结的爱护才能有着充分的诚意和热烈的心情,敌人的和平攻势对于认识不正确者也许多少要引起苟安侥幸的心理,对外的意志松懈一分,即对内的纠纷增加一分,现今敌人在日汪伪约中表现了和平攻势的惨败,也就是对于中国侵略是要一不做二不休的,是需要团结整个中国的力量来对付的,于是对于加强团结的需要应该有较清楚的认识或感觉罢。"(全集第 9 卷第 747—749 页)

《〈国际看法不同中的误会〉附言》摘要:

"首先我们要指出的,反对参战是一件事,接受英美的援助是另一件事,这二件截然不同的事情,绝对的不应混为一谈的。""我们也从来没有听见过反对参战者主张'拒绝英美的援助'的。所以'激昂慷慨起来',把'拒绝英美的援助'来指摘反对参战,实在是无的放矢。至于硬把接受英美的援助和参战混为一事,那更是常识所不许。""其次要略为说明第二点。民族解放战争和帝国主义战争在本质上有其差异,这不是我们的新发明,国父中山先生在民族主义中就曾经昭示过我们。""民族解放战争和帝国主义战争在本质上的差异是一事;中国坚持抗战是另一事,这二件事也不应混为一谈的。欧战如蔓延到远东,英美对日本宣战,它们在远东要打倒的对象是日本,和中国所要打倒的对象虽然是相同的,但中国的目的是在中国的解放自由,英美的目的是在保全它们在远东的权益和殖民地,是各有其自己的目的,却是很显然的。因为所对付的对象相同,所以英美可能加强对于中国的援助,中国的胜利也可能间接有利于英美,这也都是事实。但是即令欧战蔓延到远东来,中国既没有理由放弃它的争取民族解放自由的原有的目的,也就没有理由要因欧战之蔓延到远东而停止中国的抗战。我们从来没有听见过反对参战者认为欧战蔓延到远东,中国的抗战便要变质,中国的抗战便要停止,因为各有其目的的两种战争为什么不可以在远东同时并存,各为其所有的目的而奋斗? 为什么有了一种战争,其他一种战争便非变质不可,甚至非停止不可? 这都是毫无理由的想法! 反对参战者诚然反对中国的抗战变质,但绝对不是说欧战一蔓延到了远东,中国的抗战就必然变质。反对参战者正是要坚持中国的抗战,固守着中国原有立场——民族的解放自由——坚持抗战,恰恰和抗战的停止相反,为什么把反对参战和停止抗战二件风马牛不相及而且恰恰相反的事情扯在一起呢?”“主张参战就主张参战,反对参战就反对参战,都须出以堂堂正正之旗,如硬把反对参战和拒绝英美援助混淆起来,又硬把反对参战和停止抗战混淆起来,在实际上却是不相干的,这并不能为主张参战者增加一丝一毫的理由,徒见其思想糊涂,纠缠不清罢了!”“最重要的一点是这种种‘荒谬绝伦’的说法都不能作为攻击反对参战这件事的本身,也不能对主张参战这件事的本身有所张目,只是与这本题不相干的胡说八道罢了!”(全集第 9 卷第 750—753 页)

12 月 8 日　见黄炎培。(《黄炎培日记》)

同日,午后 3 时,中苏两国文化人假中苏文化协会举行联欢会,中方参加的有沈钧儒、邹韬奋、陈铭枢、郭沫若、王昆仑、张西曼、老舍、茅盾、洪深、阳翰笙、应云卫等数十人,苏方参加的有对外文化协会的代表、使馆顾问以及塔斯社社长等十余人。郭沫若代表中国文化界发言,苏联代表致词后茅盾讲话。会后余兴并合影留念。(重庆《新华日报》1940 年 12 月 9 日,茅盾《在抗战逆流中》回忆录二十七,《新文学史料》1985 年第 2 期第 8 页,张桂兴编《老舍年谱》第 337 页)

12 月 10 日　与夫人沈粹缜赴枣子岚垭良庄沈钧儒寓所,出席范长江、沈谱的婚礼。(沈谱、沈人骅编《沈钧儒年谱》第 229 页)

12 月 14 日　读者严振民、罗邵民的信及韬奋的简复被国民党图书杂志审查委员会无理批复《全民抗战》第 151 期上“免登”,全文扣留。五十多年后,于编纂《韬奋全集》的过程中,在南京中国第二历史档案馆的国民党档案里,发现当年被扣的一组韬奋的文章,使之得以重见天日。(全集第 9 卷第 753—755 页)

同日　复广西严振民、乐山罗邵民信。(全集第 9 卷第 753—755 页)

复广西严振民、乐山罗邵民信摘要:

"革命本来是除旧更新的意思,因此也就是旧与新的斗争,在这一个过程中,凡是感到保持旧的'现状'是于他更有利的人,就会起来阻挠革命向前发展,如果革命的力量能够战胜旧的力量,革命就能成功;反之,就只能暂时保持原来的统治局面。在中外历史上每一次的革命,可以说都要经过这一个必然的过程。中国现在正在进行的民族解放战争,按照一般道理说来,应当是举国一致同心协力抵御日寇的侵略,不会产生出卖民族的卖国汉奸,不会产生动摇妥协的分子;但在事实上,因为抗战妨碍了某些人们的权益,因为抗战的长期性,艰苦性,某些脆弱的人们,忍受不了,再因为某些人们只图目前一时的享乐,遂不惜为日寇作工具,由于这些原因,所以,在抗战过程中,还不免要产生汪逆精卫一流的卖国汉奸,还不免要产生某些或明或暗地企图阻挠抗战的人们。""这一次中国的抗战,有关于整个民族的生死存亡,最大多数的中国人民,都愿意以整个身心贡献给抗战,企图阻挠抗战的人,究竟是少数中的少数,不会起什么决定的作用,这是可以断言的。"(全集第9卷第753—754页)

同日 《加强外援的基本条件》、《〈经济问题与政治问题〉附言》,载重庆《全民抗战》周刊第150期。(全集第9卷第755—757页、757—760页)

《加强外援的基本条件》摘要:

"中国要加强外援,最重要的基本条件有二,第一是对外抗战,第二是对内团结。""很显然地,英美看穿了与日寇无妥协余地之后,在远东的唯一希望寄在中国的抗战,必须坚持抗战的中国才能争取得到它们的援助。""只有团结的中国,才有能够坚持抗战的保证,所以也只有团结的中国才能争取得到它们的援助。"(全集第9卷第756页)

《〈经济问题与政治问题〉附言》摘要:

"人民生活的安定不只是经济的问题,同时尤其是政治的问题。已有了办法而仍然'没有得到解决',可见此事症结所在可以说完全是政治的问题。""根本问题还是民主政治的真能实现为前提,否则一切都无从说起。民主政治真能实现,政治的问题得到相当合理的解决,经济的问题也容易得到合理的解决,这只要看了上面的研究,便可以了然的。"(全集第9卷第759—760页)

12月15日 《对于奖励劳动英雄的正确的认识》,载《店务通讯》第106号,收入《事业管理与职业修养》增订本。(全集第9卷第761—764页)

12月21日 读者袁承昌的信,题《越看越苦闷》及韬奋附言均被国民党图书杂志审查委员会无理批复《全民抗战》第152期上"免登",全文扣留。五十多年后,于编纂《韬奋全集》的过程中,在南京中国第二历史档案馆的国民党档案里,发现当

年被扣的一组韬奋的文章，使之得以重见天日。该文系其中的一篇。(全集第 9 卷第764—769 页)

同日　《〈越看越苦闷〉附言》。(全集第 9 卷第 764—769 页)

同日　《团结的推动力》、《对人对境和对己的态度——一个总答复》(署名韬)，载重庆《全民抗战》周刊第 151 期。(全集第 9 卷第 769—771 页、771—776 页)

《团结的推动力》摘要：

"徒然希望团结的巩固，徒然祈祷团结的巩固，那是不够的，我们必须在各方面的实践上努力促进团结的巩固；有益于团结的事情，我们必须全力以赴，有害于团结的事情，我们必须尽力避免。人人能向着这个共同的目标迈进，不畏艰苦，不屈不挠，无论各人的力量有大小，各人的业务有差异，对于国家民族所贡献的总量，都占有一个部分，这是每一个国民所责无旁贷的神圣的任务。""团结的推动力可能有若干，但我们认为最主要的是进步。进步是团结的推动力；反进步是团结的障碍物。""我们的大动向虽在进步的大道上前进，却不应以目前的状况自满，我们必须百尺竿头进一步，有意识地看清进步是团结的推动力，各部门的工作都须特别注意这个伟大的推动力，然后才能在实际上有所贡献于团结。""军事，是抗战期间的一个重要部门，长官和士兵是否能共甘苦，关于士兵的政治工作是否做得正确而充分，军民合作是否充分做到，是否能够以真诚爱民的精神感召人民的真诚爱护，这种种事实的表现便代表军事上进步性的程度。""政治，也是抗战期间的一个重要部门，政治机构是否健全，官吏是否廉洁守法，爱护民众而不压迫民众，信任民众而不惧怕民众，服从民意而不违反民意，重视舆论而不摧残舆论，尊重民权而不蹂躏民权，绝不为少数人而牺牲多数人的利益，这种种事实上的表现便代表政治上进步性的程度。""经济，也是抗战期间一个重要部门，战时经济政策能否彻底执行，对少数发国难财以牺牲人民福利的奸商富豪能否彻底制裁，大多数人民的生活能否改善，'不患寡而患不均'的畸形现象能否纠正，这种种事实的表现便代表经济上进步性的程度。""文化，也是抗战期间一个重要部门，能否为大多数人提高并普及文化水准，能否得到自由研究的园地，能否朝进步方面领导青年的思想，能否发挥中国与世界的进步思潮，这种种事实上的表现便代表文化上进步性的程度。""无论任何部门，大家都朝着进步的方向努力，进步的固须继续努力，不够进步的也须以更进步自勉，彼此以进步的模楷为工作的准绳，以工作的竞赛为事实的改善，不斤斤于形式表面而共同注重于实际的进步，这样便能反映全国大多数人民的真正要求，实践全国大多数人民的希望，这样便奠定了巩固团

结的基础,把握着了团结的推动力。"(全集第 9 卷第 769—771 页)

12 月 23 日　下午三时,去良庄沈钧儒寓所,会见从莫斯科来的美国著名新闻记者安娜·路易斯·斯特朗,参加会见与谈话的有:周恩来、陶行知、邹韬奋、黄炎培、章伯钧、梁漱溟、张君劢、左舜生。著文《史特朗临别晤谈记》。(《黄炎培日记》,《南方局党史资料·大事记》第 124 页,《周恩来年谱》第 479 页,沈谱、沈人骅编《沈钧儒年谱》第 230 页,全集第 10 卷第 6 页)

12 月 25 日　下午,周恩来赴章伯钧寓所,与沈钧儒、黄炎培、邹韬奋、张君劢、左舜生、梁漱溟、张申府等晤谈时局,商谈组织民主政团同盟问题,以及调解国共关系须有第三者明确的立场和主张等。(《黄炎培日记》,《南方局党史资料·大事记》第 127 页,《周恩来年谱》第 480 页,沈谱、沈人骅编《沈钧儒年谱》第 230 页)

12 月 28 日　《欢迎胜利的一九四一年》,载重庆《全民抗战》周刊第 152 期。(全集第 9 卷第 777—782 页)

《欢迎胜利的一九四一年——保障已得的胜利争取重大的胜利》摘要:

"中国今日已做到敌人不能再有大规模军事进攻的可能;已做到敌人不能利用'和平攻势'的阴谋来从速'结束中国事变';已做到国际上(中略二十四字)在德意日三国同盟成立以后,尤其是在日本帝国主义承认汪逆伪组织及公布汪逆卖国条约以后,特别加强对于中国的援助。""我们要保障已得的胜利,以作争取更大胜利的基础;我们要争取更大的胜利,以扩大已得胜利的成果。""我们如作进一步的思考,那就更了然于天下事不进则退,只有努力争取更大的胜利,以扩大已得胜利的成果,才有保障已得胜利的可能。""我们要保障已得的胜利,却不可满足于已得的胜利,却不可停滞于已得的胜利,我们欢迎胜利的一九四一年,是要以已得的胜利为基础,争取更大的胜利。""怎样以已得的胜利为基础,争取更大的胜利呢? 根据我们研究所得及默察国人的殷切的希望所集中,认为左列六项,实可为今后国人积极加强或推进的要事:""(一)加强团结,坚持抗战;""(二)实现民主政治,保障言论、出版、集会、结社的自由;""(三)加强亲苏联美的外交政策;""(四)实施战时财政经济政策,平抑物价安定民生;""(五)实施抗战建国教育,保障学术讲习的自由;""(六)保障妇女在政治、经济、社会、教育、职业各方面的平等。""上面所举六项要目,当然不是凭空而来的全新的东西,有许多是已在努力进行中,只是需要加强或推进,有些部分是需要加紧充实,更求实际而已。""国际形势对中国是在好转了,但是能充分运用国际优势,并争取国际间更大的援助,以加强我们制敌的力量,其基础还在于我们的自强;我们必须努力使内政的进步配合到国际对我形势的进步。就内政言,一切进步都以政治进步为枢机,政治进步必以实现民主政治的实际为前提,只有努力实现民主政治的实际,才真能集中并充分运用各方的人材和力量,才真能充分发挥广大民众的伟大力量,才真能在进步的途径上领导着万千青年向前迈进,才真能根本铲除贪污和澄清史治,才真能使政治上轨道,才真能解决其他一切困难的问题。"(全集第 9 卷第 777—781 页)

12 月 31 日 《关于联席会议的几点说明》,载《店务通讯》第 107 号。(全集第 9 卷第 782—784 页)

1941 年(民国三十年)　47 岁

1 月　"皖南事变"发生。

3 月　以统一建国同志会为基础的中国民主政团同盟在成立。中国民主政团同盟机关报《光明报》在香港创刊。梁漱溟任社长,萨空了任总经理,俞颂华任总编辑。

5 月　中共中央机关报《解放日报》在延安创刊。

9 月至 10 月,第二次长沙会战,日军占领长沙后又被迫退出。

12 月　日本发动"太平洋战争",国民政府对日、德、意宣战。日军占领香港。

12 月　国民党召开五届九中全会通过《加强国家总动员实施纲领案》,建立全面战时统制经济体制。

1 月 11 日　《对第二届参政会的希望》、《史特朗临别晤谈记》(署名记者),载《全民抗战》第 153 期。(全集第 10 卷第 3—5 页、6—8 页)

《对第二届参政会的希望》摘要:

"我们首先要明了国民参政会的职权,然后才能进而研究我们对于第二届国民参政会可以有着怎样的希望。""第一,我们希望第二届参政会对于所有的职权能作最大限度的运用。我们知道一个机构的效果和它所能运用的职权有着密切的关系,超出职权的希望是不可能实现的。""第二,我们希望第二届参政会对于当前国人所最关心的几个重要问题,能作最大的努力。""第三,我们希望第二届参政会在开会以前能充分采求民间的意见,俾在不久即将举行的大会中能充分反映民间的公意。""以上所举三点只是就我们感想所及,对于第二届国民参政会的小小贡献。政治的刷新与改进实为解决一切问题的枢纽,第二届国民参政会如真能努力,在这方面应该是能够起着良好作用的。"(全集第 10 卷第 4—5 页)

同日　《领导与反映》,载《新华日报》。(全集第 10 卷第 8—10 页)

《领导与反映》摘要:

"舆论机关的重要任务一方面在领导社会,一方面在能反映社会大众的公意，这两方面是要融会贯通、打成一片的。一个报纸对社会能引起领导的作用，绝对不是由于它要怎样便怎样，必须由于它能够灵敏地意识到社会大众的真正的要求，代表着社会大众的真正的利益，在这个立场上，教育大众，指导大众。""这样的报纸才是进步的报纸，只有进步的报纸能引起领导的作用。在另一方面，只顾到少数人的利益，有意歪曲事实，胡说八道，那是开倒车的报纸，开倒车的报纸虽在形式上是舆论机关，在实际上已不能发生什么领导的作用。所以舆论机关能否负起它的领导的任务，全看它是站在进步的立场，还是站在开倒车的立场。站在进步的立场，虽在极艰苦的条件之下，仍光芒万丈，得到多数人的宝爱；站在开倒车的立场，即令在极优越的条件之下，仍黯然无光，使人漠然视之，甚至感到讨厌。""作为全国精诚团结的最显著的一个象征的《新华日报》，它在抗战三年来吸引着多数读者的宝爱，在种种极艰辛的情况下仍能发挥光大它的灿烂的成绩，也是由于它努力反映最大多数同胞在这个大时代的真正要求。这是《新华日报》已往成功的源泉，也是《新华日报》未来更大成功的基础。我愿以此庆祝《新华日报》已往的成功，并以此预祝《新华日报》未来的更大的成功。"（全集第 10 卷第 8—10 页）

同日　《怎样使侨胞满意？》。本文系读者范离开的来信及韬奋的复函，原拟编入《全民抗战》第 154 期，送审时，被国民党图书杂志审查委员会无理批复"免登"，全文扣留。五十多年后，于编纂《韬奋全集》过程中，在南京第二历史档案馆的国民党档案里，发现当年被扣的一组韬奋的文章，使之重见天日。本文是其中的一篇。（全集第 10 卷第 20—24 页）

《怎样使侨胞满意？》摘要：

"这封信原文还要愤慨激昂，我们为求得'发表可能'，已在不失原意的范围内，略加删改，这一点首先要请范先生原谅的。范先生自己是回国的侨胞，在这封信里为回国的侨胞呼吁，希望有所改善，虽措辞不无直率之处，但却是出于善意的批评，我们认为国内言论界应多与侨胞以贡献意见的机会，所以特把这封信公布出来，藉以唤起国人的注意，尤其希望与侨务有关系的机关或负责人加以特别的注意和检讨。""侨胞对于祖国，尤其是在抗战期间的祖国有着伟大的贡献，所以侨胞最得到国人的崇敬，同时我们深信政府对于侨胞也是非常重视，努力爱护的。""范先生在这封信里所提及的几件事，其中第四和第五所述的情形，如果属实，确是违法的举动，应检举事实证据，向有关机关控诉，如仍不能得到公正的处理，亦可续向中央侨务机关或径向中央政府伸诉，请求法办。这不仅是有关待遇侨胞的问题，即在一般国民，遇到这种违法的行为，

亦应请求政府纠正或法办的。"(全集第10卷第22—23页)

1月12日 下午,去嘉陵宾馆,出席苏联塔斯社中国分社为招待重庆文化界、新闻界人士而举行的茶会。到会的有郭沫若、沈钧儒、邹韬奋、茅盾、侯外庐、章汉夫、戈宝权、王世杰等。(13日重庆《新华日报》,唐金海、刘长鼎主编《茅盾年谱》第589页)

1月16日 《解放妇女的实际设施》,载《妇女生活》第9卷第6期。(全集第10卷第10—15页)

《解放妇女的实际设施》摘要:

"妇女解放问题不只是妇女界的问题,而是整个社会问题的一部分。""这个问题的解决能达到怎样的程度,和整个社会的动向是相配合的,是息息相关的。在向着进步的大道上迈进的社会里,妇女在社会上的地位一定也是向着进步的方向发展——她们一定是被人敬重,一定能在政治、经济、文化种种方面和男子立于平等的地位。在相反方面,在开倒车的社会里,妇女在社会上的地位一定也是向着倒退方面发展——她们一定是被人轻视,一定不能在政治、经济、文化种种方面和男子立于平等的地位。所以妇女在一个社会里的状况,可以作为一面光亮的镜子,可以反映这个社会的整个状况,整个动向。在合理的社会里,妇女得到合理的待遇;在不合理的社会里,妇女也仅能得到不合理的待遇。""就妇女的地位方面说,社会大概可分为三种,在这三种的社会里,可以看出妇女地位的差异。第一种是社会主义社会,第二种是资本主义民主的社会,第三种是法西斯主义的社会。在第一种社会里不仅在宪法上公开地确定:'苏联妇女在经济、国家、文化及社会政治生活一切方面,均与男子享有同等权利',而且在事实上有着实际的设施,作为实现解放妇女的保证,除了'妇女与男子享有同等工作、劳动报酬、休息、社会保险及教育等权利,国家对母性及儿童利益的保护,孕妇保留赡养的休假',还有'广大的产科医院,托儿所,幼稚园等等'的实际设施(上面引语见苏联宪法第一二二条,在实际设施方面,公共食堂的设备也很重要)。""其次要谈到第二种社会里的妇女的地位。在资本主义的民主国家里,就是在代议制度的民意机关成立以后,有的对妇女根本就剥夺她们的选举权,有的对妇女的选举仍加以种种的限制,仍不能与男子处于平等的地位。至于经济上的种种不平等仍然存在着,不但女工的工资总是比做着同样工作的男工的工资少,就是在各种事业的机关里,女职员的薪金也总是比做着同样工作的男职员的薪金少。他们对于结婚的妇女,也有着种种的限制。有的职业不用结了婚的妇女,有的职业即定妇女可以参加,一旦结了婚就须退职。""在这样的社会里,在理论或原则上虽还有人主张男女应该平等,但能解放妇女的实际设施却仍然绝无仅有。""在资本主义民主的社会里,妇女在社会上的地位还比较地受人重视,至少没有人敢公开地宣传妇女是应该屈居于劣等的地位,至少没有人敢公开地宣传妇女是应该和男子处于不平等的地位,至少没有人敢公开地倡言妇女应该都回到家庭里去而不应该在社会上服务;""在第三种社会里即在法西斯主义的社会里,那就老实不客气,明目张胆地提倡妇女的地位只是在家庭里! 自从一九三三年纳粹魔王希特勒上台以后,认为妇女的位置只限于'教堂、厨房和儿童',用官方的力量大大地宣传,比他的老兄墨索利尼还要起劲得多。""经济的独立是一切平等的一个极重要的因素,妇女要能平等,必须得到经济的独立以作基础;要办到这一层,必须在社会上服务,否则在经济上总是脱离不了依赖男子的范畴。""要鼓励妇女参加社会服务而不拘囿于家庭,必须有实际的设施以减轻家庭妇女的负担,这实在是解放妇女的前提。倘若没有减轻家庭妇女负担的设施,眼巴巴地望着有儿童的家庭没有人照料,使这些天真烂漫的小国民在实际上成了'无母之儿',在社会上也仍然是一个大损失。""我认为真要达到妇女解放的目的,应该努力的事情固然不止一端,而极力提倡解放妇女的实际设施普遍化,实为最重要的一件事。否则所谓妇女解放云云,只是空谈而已。""根据国父中山先生的遗教,中国在原则上无疑地应该是一个男女平等的国家,自从神圣抗战爆发以来,妇女同胞在前后方努力参加种种工作,也有过光辉灿烂的成绩,在民族解放战争的过程中可谓部分地开展了妇女解放的神圣任务。但在局部的情况中,事业机关对于任用女职员仍不免有所歧视,最近甚至发生妇女回到家庭去的呼声,虽然这呼声尚微弱,但是履霜坚冰,其来也渐,却不可不加以纠正。""热心妇女解放的朋友们,尤其是妇女界的领袖们,更应该注意提倡解放妇女的实际设施,俾妇女解放不落空谈而收到实际的效果。"(全集第 10 卷第 10—15 页)

1 月 17—18 日　当夜,周恩来为重庆《新华日报》写了"为江南死国难者志哀!"的题词和"千古奇冤,江南一页,同室操戈,相煎何急?!"的题诗,冲破层层新闻封锁和重庆山城的"浓雾",在第二天清晨把皖南事变的真象和实质,告诉了山城的和在后方的广大的读者和群众。(戈宝权《忆和茅盾同志相处的日子》,《新文学史料》1981年第四期第 53 页)

1 月 18 日　董必武与黄炎培、沈钧儒、邹韬奋等共进午餐,交谈对皖南事变的态度。(《黄炎培日记》,《南方局党史资料·大事记》第 137 页,沈谱、沈人骅编《沈钧儒年谱》第 232 页)

同日　《美总统狮吼后的国际形势》、译文《美国在国际的特殊地位》、《〈关于团结等问题〉附言》,载《全民抗战》第154期。(全集第10卷第15—17页,第14卷第543—552页,第10卷第17—19页)

《美总统狮吼后的国际形势》摘要:

"有一点我们却须始终注意到的,那就是只有中国在制裁日寇这一件事上愈显出力量,才能争取美国以及其他友邦的更大的援助。罗斯福在《炉边闲话》里还有几句话极值得我们的注意;他说'日本则给中国在又一个抗战场合中困住了'。日本如今是美国的敌人,也是我们的敌人,我们已经有力量把这个敌人'困住',才引起美国对于中国抗战的重视。我们一方面固然要在外交上提醒美国,要在远东加强对于日寇的制裁,必须加强对于中国的援助,但另一方面却不可忘却巩固本身的团结,努力本身的进步。尤其是因为中国抗战的彻底胜利必须靠我们能坚持民族解放的独立的立场,这就更必须以加强自己的力量为主,以得到外援的助力为辅,然后才能把握自己的独立的立场,运用国际的有利形势而不为外力所左右。"(全集第10卷第16—17页)

《〈关于团结等问题〉附言》摘要:

"我们愿再指出团结,抗战,进步,这三件事是互相关联着的。例如能巩固团结必能坚持抗战,继续进步,(中略三十八字)中国是在坚持抗战中,只有一个团结的中国,进步的中国,才有继续坚持抗战的可能,所以对于杨先生有无好转希望这一问,我们的回答是肯定的。""我们的回答是肯定的,是指国际形势以及国内需要都使我们具有'好转'的客观条件,而不是说无须主观的更大的努力而'好转'会自动地来归! 讲到国际方面,除苏联始终希望中国坚持抗战外,即英美各国,在德意日三国同盟成立,日寇南进阴谋日露之后,也希望中国坚持抗战,随着来的是逐渐加强对于中国的援助。在国内方面,英勇抗战三年半,最后胜利的曙光已透露,日寇疲弱的现象也日显,全国更迫切希望中国抗战国策的贯彻。但是要坚持抗战,就非巩固团结不可,就非努力进步不可。至于'好转'的程度怎样,那就要看各方面的努力如何了。"(全集第10卷第18页)

1月23日 中午,参加一心聚餐会。到者有黄炎培、章伯钧、左舜生、邹韬奋、沈衡山、周士观、张申府、李公朴。(《黄炎培日记》)

1月25日 《从中国立场看美日战争》、《〈改变事业的部门〉附言》、《〈膳厅中冲锋〉附言》,载《全民抗战》第155期。(全集第10卷第24—26页、26—29页、30—31页)

《从中国立场看美日战争》摘要:

"从中国立场看美日战争,日寇因急于南进而不得不分散其实力,这显然是与中国有利;英美,尤其是美国,因要中国能够继续拖着日寇陷入中国的泥腿，不得不酌量加强对于中国的援助，这也显然是与中国有利。于是国际形势有利于中国论，几乎已成为一致的认识了。""我们必须明白即令美日战争实现，仅仅此事本身对于中国抗战的最后胜利也不能有决定的作用，有决定作用的还是在我们自己能加强国力，能以自己的力量，根据自己的民族解放的独立的立场，争取得到最后的胜利，达到民族自由解放的目的。日本是中国和美国的共同敌人，这里有着一个共同点，是谁也不能否认的，但这却不是说中国和美国的最终目的是完全相同的，因为中国的最终目的是在民族的自由解放，美国并没有这同样的最终目的。美国在目前希望中国能继续拖住日寇的泥腿，中国却不能以此为满足，中国必须努力充实反攻的力量，彻底打倒日本帝国主义。所以美国打胜仗是美国的胜仗，中国不能坐享其成，中国的胜仗必须由中国自己打出来的。由自己打出来的胜仗才能用来达到自己的目的，不是仅倚赖别人打胜仗所能达到的。所以我们运用美日战争则可，倚赖美日战争则不可。论运用，必须加强自己的力量，团结自己的力量，根据自己的独立的立场，而不是随着别人跑，认别人的目的为自己的目的，把别人的利害当作自己的利害，这一点是值得我们深切注意的。""我们以为从中国立场应该这样看美日战争。"（全集第 10 卷第 24—26 页）

《〈改变事业的部门〉附言》摘要：

"工科与文科各有其用途，中国的建设需要极大数量的工程师，同时也需要极大数量的政治工作者和文化工作者，只须真能有所专精，无论那一部门，对社会都是可有贡献的。所以对于这两方面各部门的本身，没有什么绝对的'优劣论'可言，所须注意者是个人的兴趣和特长。如对这两方面先存有偏见，那都是不正确的。""来信作者入电机科已修满三年毕了业，如对该科尚能从事实际的工作，那末正在建设中的中国，对工业人材需要迫切，对中等工业人才都还需要，对高级工业人材势必更为需要，三年养材的时间也不能算短，倘若可能的话，以'工'为正业，以'文'为副业或业余娱乐，也未尝不是一种办法，因为研究社会科学不是和研究自然科学不相容，有时还可以互相参证而相得益彰的。""倘若认为非完全抛弃三年学得的'工'而另起炉灶不可，首先要考虑的当然是转学问题。统考规定'职业学校只能报考性质相同院系'，其用意也许是在提防学生废弃已得到的基础而见异思迁，未免可惜，但是平心而论，要青年不致空耗时间和努力，在开始时即能选定适合的学科，必须在较早时期注意职业指导和升学指导，等到职业学校毕业而限于报考性质相同院系，使走错了路的人没有改路的机会，这似乎订得太呆板，而在实际上勉强不宜于学'工'的人硬须学到底,在个人在社会都是一种损失,因为在个人不能运用其特长,在社会增多一个庸才,显然是损失。所以我们认为这个规定确有修正之必要,希望教育当局能重新加以考虑。""听说大学招考照教部的规定,有百分之几是可以无须文凭,只须有同等学力者即可,倘若将来有机会考入大学续学,固属幸事,否则自己研究得好,即令不经过学校的形式,也不是没有成为专门学者之可能,用苦工得到的学问,总不会辜负你的,最重要的还是自己要有坚决的意志和有恒的学习。"(全集第10卷第27—29页)

《〈膳厅中冲锋〉附言》摘要:

"各校学生在膳厅中'要知道冲锋方能勉强一饱'的情形,仍属相当普通的现象,这样的'吃饭训练班',无意中养成'强夺性',确是一件不应有的事情,采行'分'的制度,可免'强夺',又合卫生,不是不可能的办法,我们希望学校当局能加以考虑。""其实不仅在少而需抢的情况下宜于采用'分'的制度,即在多而不需抢的情况之下,也宜于采用'分'的制度,因为团体中或机关中多人聚食,用共食制度,是传染病的最可能的媒介,对于卫生原是极不适宜的。学校不但为青年们增进知识的地方,也是为青年们增进健康加强体格的地方,对于这件事更有努力实行的必要。"(全集第10卷第31页)

"自从蒋委员长于二十九年六月底看到我写给他的一封信,叫叶楚伧先生去嘱咐几句话之后,自二十九年七月至三十年一月的半年间,对于五十五个分支店中仅剩下的六个'生活'分店,算是暂时停顿了封店捕人的悲喜剧。这在'阿斗'方面似乎已是意外的幸运,但是党老爷对于'阿斗''不合并即须全部消灭'的'政策',在实际上却并没有丝毫放松过,他们在这半年中虽暂时不再用封店捕人的方式来直接摧残'生活',却拼命用文化封锁的方式来间接摧残'生活'。"(《七二 文化封锁》,第10卷第361页)

2月7日 四川省图书杂志审查委员会到四川成都分店搜查,搜去图书24种,至8日晨,既无任何正式行文,亦未明示审查结果,即遭封闭。12日,无任何明令查禁的书籍,抄去2 687册。(徐伯昕《生活书店横被摧残经过》,收入《生活书店史稿》第242页、248页)

"从今年二月八日起至二十一日止,不到半个月,又无故将成都、昆明二分店先后查封,桂林分店被勒令限期停业,贵阳分店则在遭封后,并将全体员工拘捕(连练习生、茶房、厨子都一同请君入瓮),家具现金搬运一空,形同抢劫! 同时在二月下旬,我们听到热心友人从重庆卫戍司令部得到消息,知道他们已经接到封闭重庆'生活'的'密令',惟应该采取怎样的具体步骤,由该机关斟酌处理。""这是'生活'

被摧残的第二个时期。第一个时期有一年零三个月,第二个时期只是短短半个月,这一部分是因为剩下的'生活'分店已是寥寥,一部分也因为进行得更为迅速。在第一个时期还找一些掩饰的办法,如拿出若干已审查通过的书去'复审',或备好呈文派人叫人各公团盖印等等,在第二个时期便干脆得多,由党部所控制的各地审查会会同三民主义青年团,带同几个宪兵或警察把'区区几个商店封闭'就算了事。"（《七三　今年二月后》,第 10 卷第 365—367 页）

2 月 8 日　《□□□□……》（社论,送审时题目及正文全部被国民党审查机关扣检）、《〈询问一位游击战士〉附言》,载《全民抗战》第 156 期。（全集第 10 卷第 32 页、33 页）

2 月 10 日　桂林当局接到国民党"'中央'查封'生活'桂林分店的命令（三民主义青年团中央团部及中央党部宣传部的命令）,即约桂林'生活'的负责人（经理）谈话,限令于三日内办理结束。至十二日晚七点多钟,桂林分店门市部正当顾客十分拥挤的时候,忽有一个穿军服及两个穿便服的,不声不响地私将数十本并非禁书的纯文艺的书籍拿着就走。当时门市部职员认为这无疑是在偷书,即挺身而出,和他们交涉,他们三人才出示名片二张,上书'军委会少校谍务员'及'桂林警备司令部特务连长'。""既非禁书,当然不得任意带走,职员再三解释,吃了几个耳光,终被自由拿去。时隔半小时,该连长与警备司令部官长多人又重临门市部,进门即大声辱骂本店营业旺盛的景况为'毫无秩序',并喝令顾客不准将所买的书带走。""随后又拥进警察四名,宪兵六名,以及省党部人员三名,将本店职员四人拘去,押在警备司令部"。"事后发现会计课贮藏现钞的抽屉锁被毁,现款六百元及各项单据已不翼而飞。"实物包括蒋介石瓷像二十余个,及肥皂、袜子、牙膏等日用品、私人信件都取去。（徐伯昕《生活书店横被摧残经过》,收入《生活书店史稿》第 242 页,全集第 10 卷第 366 页）

同日　至重庆玉皇观,出席周士观在寓所设之午餐,同席者有周恩来、沈钧儒、黄炎培、邹韬奋、章伯钧、张申府、左舜生、张君劢,席间周恩来说明中国共产党拒绝参加第二届国民参政会第一次会议的原因。（《黄炎培日记》,《周恩来年谱》第 492 页,《南方局党史资料·大事记》第 143 页,沈谱、沈人骅编《沈钧儒年谱》第 233 页）

2 月 10 日前后　和夫人沈粹缜同去曾家岩拜会周恩来夫妇。（《周恩来年谱》第 492 页）

2 月 14—15 日　生活书店致函蒋介石,申辩多处分店被查封,要求准予继续营业,以利抗战。题《呈为请求迅予撤消查封成都、桂林两地生活书店命令,准予继续营业,以利抗战事》。（手迹底稿复印件。上海韬奋纪念馆提供）

《呈为请求迅予撤消查封成都、桂林两地生活书店命令,准予继续营业,以利抗战事》全文:

"行政院、中央党部、中央宣传部、监察院:呈为请求迅予撤消查封成都、桂林两地生活书店命令,准予继续营业,以利抗战事。""窃属店曾于民国廿四年十二月廿八日向实业部注册备案,持有设字第八七六零号营业执照在案;所有出版书刊,均经中央图书杂志审查委员会审查通过。自抗战爆发以还,属店对于抗战国策之宣传与前方精神食粮之供应,尤竭尽心力,莫敢懈怠。凡遇党政当局有所号召,无不竭诚响应,不敢后人。凡此种种,均足证明属店为一恪遵法令,努力抗战文化工作之正当商业机关,理应获得法律之保障。讵于最近,接获成都生活书店负责方面来电,述及该店已于本月七日遭四川省会警察局明令查封;复接桂林生活书店负责方面来电,述及桂林警备司令部限令该店于本月底以前停止营业等情,不胜骇异。窃该店等并未发售任何违禁书刊,又无其他任何违法情事,今兹突遭无故查封或勒令限期停业,似与中央保障正当商业之原旨,显有不合。素仰 钧部公正明断,爱护文化事业,不遗余力,敬恳 转饬成都桂林两地负责机关,迅予撤消查封及限期停业之命令,准予该店继续营业,以保障正当商业,而利抗战,不胜屏营待命之至。 谨呈 行政院院长 蒋"

2月15日,以韬奋名义呈文成都四川省政府张岳军(注:张群)主席、广西省政府黄旭初主席等,恳请他们主持正义,转饬有关机关"撤消查封命令,准予该店继续营业"。呈文摘要:"讵最近得成都、桂林生活书店负责人来电,述及该店在本月七日已遭四川省会警察局查封,桂林警备司令部限令该店于本月底以前结束营业。闻悉之下,不胜骇异。窃该店并未发售任何违禁书刊,所有书刊,均经中央图书杂志审查委员会审查通过,以一正当商业机关平白得此处分,殊难索解。韬特亲往中央宣传部晤王部长雪艇及许主任孝炎,均负责表示中央从未发出此类命令,亦无此意云云,如此则此事仅属地方性质。先生主持正义,爱护文化事业,不遗余力,敬恳 赐予伸雪,俾由有关机关转饬该局部迅予撤消查封(限期停业)命令,准予该店继续营业,俾正当商业机关能获得合法保障,俾恪遵法令之文化机关不致含冤沉没,而对国家民族能作继续之贡献。"

(手迹底稿复印件。上海韬奋纪念馆提供)

2月20日 贵阳分店被查封。深夜二时,由当地图书审查委员会会同宪警查封贵阳分店。职员、经理全体被拘捕。查封当晚,分店所有之生财存货及银钱,全被搬运一空,形同抢劫。(徐伯昕《生活书店横被摧残经过》,收入《生活书店史稿》第242页)

2 月 21 日　《〈革命文豪高尔基〉第六版修订后记》（记于重庆学田湾衡舍），收入同名单行本。(全集第 10 卷第 37—38 页)

《〈革命文豪高尔基〉第六版修订后记》摘要：

　　"本书第六版略有修订之处,大概说来有：(一)增加精美铜图十余张,插入书的当中,每编之前,附插铜图两面,图画都与每编内容有关,并略加说明。此外在书的前面,原来的若干铜图,因重新制版关系,有的不甚清楚,减少了一些,余仍照旧。""(二)全书的译名已根据最近惯用的(如人名、地名、书名等)加以更改。""(三)附录的'高尔基著作一览'原来只提到英译本,现在特加上中译本,关于译者及出版处,凡为我们所知道的,都已尽可能地加进去了。"
"(四)尤其重要的是对于第五及第六两编的删改,特别是第五编中的第二十三章及第二十四章。这些删改的部分,都是由于发现原著者有疏忽或不甚正确的地方,参考其他材料加以修正的。""关于本书第六版的细心校对,新增铜图的俄文说明的叙述,我要感谢刘执之先生；关于铜图的排样的设计,我要感谢何步云先生；关于新加插图的搜集,删改部分的材料的搜集和指教,我要感谢艾寒松先生。"(全集第 10 卷第 37—38 页)

同日　晚七时,昆明分店被查封。封存货物之总值约在万元以上。(徐伯昕《生活书店横被摧残经过》,收入《生活书店史稿》第 242 页)

2 月下旬　由徐冰安排,周恩来在曾家岩 40 号的小客厅接见了茅盾,建议茅盾到香港去。周称：现在香港有很大变化,所处的地位十分重要,是我们向资本主义国家和海外华侨宣传中国共产党的政策,争取国际舆论同情和爱国侨胞支持的窗口,又是内地与上海孤岛联系的桥梁。万一国内政局发生剧变,香港将成为我们重要的战斗堡垒。因此我们要加强香港的力量,在那里开辟一个新阵线。已经从重庆和桂林抽调一些人去了,其中有夏衍和范长江,韬奋先生也要去,他在这里不安全。(茅盾《在抗战逆流中》回忆录二十七,《新文学史料》1985 年第 2 期第 17 页)

2 月下旬　"自今年二月八日起,不到半个月,'生活'分店又接连着被摧残了四个,这是'生活'被摧残的第二个时期。""经十六年的惨淡经营备尝艰苦所培成的五十五个分支店,可谓被摧残殆尽,'不合并即须全部消灭'的'政策',在忍心害理,无视法律,不知羞耻,摧残文化事业的文化□□□方面,可以算踌躇满志了。""人究竟应该是有若干人性的动物罢,这种忍心害理,无视法律,不知羞耻的行为,我在整个事实完全过去之后,才完全相信应有若干人性的动物竟也有干出这样不要脸的勾当来,但在二月初旬先后又将成都和昆明的两个分店无故封闭的时候,我仍没有完全绝望,仍以为也许有商谈挽回的可能,我特往访中宣部部长王世杰先生,他同时是国民参政会秘书长,原是熟人。我把党部方面无理取闹的事实告诉他,他说中宣部只管书报内容是否错误,至于书店不是中宣部所管的,封闭书店是军警的事情,更是中宣部所管不到,他冷着面孔推得一干二净。其实我们得到的确息,摧残'生活'的勾当,全是由中央党部密令干的,我后来到桂林后,就地亲自切实调查,即桂林的军政长官亦不讳言,王先生身为负责部长,竟当面推得这样干净,并极力表示中宣部绝无此种命令发出,而且也绝无此意。大概是党部内定的整个'政策',他也无可如何。""在访问王部长不得要领之后,几次访问潘副部长,都没有遇到,却见到了中宣部秘书主任许孝炎先生二次。""他的口气和王先生口气差不多,也是首先替中宣部推得干干净净,说封闭是军警干的,于中央党部无涉,接着也说中央党部绝无此种命令发出,而且也绝无此意。部长和秘书主任说得这样不谋而合,事后想来,使我感到他们大概是经过'集体'商量决定的应付办法。我当时真太傻,还和他辩论,说军警和中央党部尽管是不同的机关,但政府是整个的,国民党是整个的,出版事业既在中宣部管辖之下,应该负起责任,不该如此推诿,他对此点虽表示同情,但仍说这不是中宣部一个机关的事情! 结果是摸不着一个负责的机关! 实际上我们明明知道'密令'是中宣部发出的,他们矢口不承认,推得干干净净,你奈他何!""后来桂林、贵阳二处分店相继被摧残,我第二次再去访问许先生(同时访问潘先生,他又不在),一则问问他查到了什么,二则再探探他有无最后商谈挽回的余地。他说去查了,还没有答复。我说几处'生活'分店的被摧残,为事尚小,值得考虑的是党部领导文化事业的整个态度问题。我问党部是否已经内定,凡不是党部或党员所办的文化事业机关统统非关闭不可。他否认。我说那末民间所办的文化事业机关,既然'服从法令接受纠正',在原则上接受党部的领导,为什么还不许存在?他没有什么理由可以答复这个问句"。"他答应俟与王、潘诸先生商谈办法后,再行通知,但是这通知就永远没有来,我知道最后的商谈是毫无希望的了。"(《七四 最后的商谈》,第10卷第367—369页)

2月22日 下午三时,在沈钧儒寓所,谈参政会提案建议问题。在座有黄炎培、沈钧儒、张君劢、左舜生、李幼椿、梁漱溟、章伯钧、张表方、罗努生、邹韬奋、周士观。(《黄炎培日记》)

2月下旬 "我在这几天的心境是苦痛得利害,一方面国民参政会就要开会,我正追随着各位前辈努力于支持'团结'的'形式',参加应该主持正义的所谓过渡的'民意机关',一方面却眼巴巴地望着硕果仅存的几个'生活'分店被暴风雨似地摧残着,不但违法背理大封其店,而且违法背理大捕其人! '团结'作何解释? '正义'作何解释? '民意'又作何解释? 有人说你何妨把这件违法背理的事情,在'民意机关'里力求伸诉,但是诸君如不健忘我在以前所报告的参政会中的提案在实际上的效力等于零,便知道这个好意的建议是在开玩笑!""书店一个个又被封闭是事实,忠诚于文化事业的青年干部一个个又锒铛入狱也是事实,我又怎能昧着良心,装作痴聋呢? 我那几天真是忍耐又忍耐,万分的忍耐着。""暴风雨似的摧残来势越来越凶! 贵阳'生活'分店在二月二十日深夜即被封闭,而且全体职工无故被捕,而因为邮电均被封锁,直至二月二十三日接到贵阳的热心读者出于义愤的自动的告急信,才知道此事的残酷经过。被迫到这样的田地,我伤心惨目想到为抗战文化而艰苦奋斗的青年干部遭受到这样冤抑惨遇而无法援救,任何稍稍有心肝的人,没有还能抑制其愤怒的。我愤怒得目瞪口呆,眠食俱废! 我不自禁地又想到在这种地狱似的凄惨环境中,再粉饰场面实在是莫大的罪恶! 我的稳健的妻看到这种情形,她也知道再留不住我,沈老先生看到这种情形,也知道再留不住我了。"(《七五　第二届国民参政会的前夜》,全集第 10 卷第 370—372 页)

2 月 22 日　在《全民抗战》发表檄文《言行一致的政治》,抨击国民党表里不一,制造皖南事变,掀起又一次反共高潮。该刊出版至 157 期被迫停刊。

同日　《言行一致的政治》、《〈关于宪政与文学的几个问题〉按》,载《全民抗战》第 157 期。(全集第 10 卷第 34—35 页、35—37 页)

《言行一致的政治》全文:

"孔丘先生曾经发过愤慨,说他最初听人说什么,就相信这个人的行为也是这样,后来感觉说的话和做的事未必能符合,于是他听人说什么,不能就相信,必须按着他所说的话,来在实际上观察这个人所做的事究竟怎样。""孔老先生的这种经验是很值得我们注意的,因为世间实在不少满口仁义道德,实际男盗女娼的人! 这类人公开说的话,有时听来也好像头头是道,像煞有介事,但是你如仔细观察他在实际上的行动,却和他所说的话恰恰相反! 这叫做言行不一致。""在言行不一致的人,自以为可以达到欺骗的目的,但是在听的人,……在最初也许要像孔老夫子最初那样上当,但后来看到事实并不是这么一回事,也就必然好像孔老夫子后来的进步,要把说的话和做的事比较比较,如果发现言行不一致,便不再上当,说的人的信用便从此破产了。说尽好话,做尽坏事,在这种人自己也许洋洋得意,我们旁观者清的人,却不禁为之慨叹不置!""观察个人如此,观察一国的政治也是如此。例如我们的民族敌人日本国。它在表面上未尝不自称是实行了宪政的进步国家;自跻于英美民主政治之林,好不自豪! 天皇来一道敕语,近卫发一篇谈话,好不冠冕堂皇! 但是在重重压迫下的人民,虽'耳语'运动亦受严禁,大批拘捕'思想犯',妄想以独裁的'新体制'来消灭各政党,对言论出版集会结社的民主权利,压迫摧残,无所不用其极。这样的国家,尽管有暴力强制人民,但是因为言行不一致,却永远引不起人民的真正信任。它自己言行不一致,却最怕别人说公道话,所以日本的议会便有只准点头鼓掌,不许演说质问的别致作风!"(全集第 10 卷第 34—35 页)

2 月下旬 《舆论的力量》,被国民党图书杂志审查委员会以"完全出于私利的立场"为罪名,全文扣留。五十年后,编纂《韬奋全集》过程中,在南京中国第二历史档案馆的国民党档案中发现一组被扣留的韬奋的文章,使之重见天日,本文是其中的一篇。(全集第 10 卷第 43—45 页、242—243 页)

《舆论的力量》全文:

"民主政治的社会最重视民意的表现,表现的方法除选举外,便是舆论。就一般说来,舆论的表现虽也有着种种的途径,但是报纸和杂志上的言论,尤其是社论,更被人视为直接的表现。""因此,有些人一想到舆论,便很容易地连想到各报的社论。遇着国际或本国里有重要事件发生,各报为着要负起舆论的责任,也往往要针对所发生的重要事件发挥高论,以代表舆论自勉。""无论那一个报,执笔写社论的主笔先生,只是个人,至多只是言论部的若干位同人会议的结果,个人或少数人的言论何以又能发生伟大的力量呢?这绝对不在执笔的个人或少数人的自身,却在所发表的言论确是根据正确的事实和公平的判断,确能言人所欲言,言人所不敢言(这一点当然也还须有着相当的客观条件),真够得上舆论,才能发生舆论的伟大力量。""所以'舆论'这个重要的——也可以说是神圣的——宝物,不是有钱办报,有笔写文,就可以夺取到手的;也不是强迫任何人拿起笔来写出你所要说的文章,印在纸上,送到读者的手里,就可以发生什么舆论效力的。有钱有势的人尽管可以压迫舆论,收买舆论,乃至摧残舆论,但这些手段只是做到表面上像煞有介事,在实际上丝毫收不到所希望的舆论的效果,因为'舆论'这个宝物也是奇物,真正的舆论有如真理,无论如何是压不下去的!""写文章的人不要以为读者是易欺的,读者不都是瞎子聋子,他们也有听到正确事实和公平判断的机会,他们自己也有根据正确事实,引伸公平判断的能力。所以惯于下笔胡说八道的人固然引不起读者的信任,即使平日持论比较公平,被人视为社论能手的先生们,一旦写了违心之论,或有意歪曲事实的文章,也仍然要引起读者的不满以至愤怒。在写者以为他既可以舆论权威自居,好像说出的话都可以发生意想不到的效力,其实他根本就不明白他平日所以得到人们的信服,并不是他个人有着什么魔力,全恃他的'持论比较公平'，一旦他的这个特点抽去，令人信服的因素便寿终正寝，所得的只是人们的唾弃和齿冷罢了！""最有趣的是一篇歪曲事实的言论尽管发表了出去，读者都只注意于主笔先生为什么要写出这样一篇文章来，结果是知道了其中曲折经过的一大段故事，原来是如此这般不得不写的，于是除了一声慨叹或且还对他加上一些可怜的同情以外，没有什么其他的感想。至于曾否发生舆论的力量呢？那只有天晓得！""这些说明言论固然可以发生舆论的力量，但却不是一切言论都可以发生舆论的力量。只有根据正确事实和公平判断的言论，才可能发生舆论的力量。例如你是努力抗战的人，我一定要说你是破坏抗战的人；或你是在分散抗战的力量，我一定要说你是在加强抗战的力量：这好像可以随便由我嘴里说出算数，但是人们听了能否信服，却不是因为我一定要这样说，却要研究我所说的是否根据正确的事实和公平的判断。倘若我所说的是根据正确的事实和公平的判断，人们当然信服；倘若我所说的不是根据正确的事实，也更说不上什么公平的判断，那末你不但不信服，而且还要引起你的反感或悲感，因为任何有理性的人是不愿有人把努力抗战说做破坏抗战，或把分散抗战力量说做加强抗战力量的。""我们要重视舆论的力量，我们更须知道舆论力量之所由来。"（全集第 10 卷第 43—45 页）

"我曾于今年二月间写一篇'社论'，题为《舆论的力量》，里面的意思不但是原则的，而且在我们看来也是很平凡的。""该文全篇没有指任何特殊事实，都只就原则研究，""不知为什么审查老爷却看了心虚，全文被扣留，批示的理由是'完全出于派系的立场'！说言论必须'确是根据正确的事实和公平的判断……才能发生舆论的伟大力量'，谁都不能否认这是一般的真理，为什么是'完全出于派系的立场'呢？难道说言论须不根据正确的事实和公平的判断才能发生舆论的伟大力量，才是大公无私的说法吗？说'真正舆论有如真理，无论如何是压不下去的'，谁也不能否认这是一般的真理；为什么是'完全出于派系的立场'呢？难道说真正的舆论不是真理，只有胡说八道是真正的舆论？说真正的舆论是可以压下去，天地间没有公理是非可言，这样才是大公无私的说法吗？""在'官吏至上'的铁的原则之下，在审查老爷'我说怎么办就要怎么办'的金科玉律之下，这种极平常的道理都无从说起，审查老爷毫无理由地把文章扣留，已成为毫不足奇的事，这只是随手拈来的一个例子罢了。"（《二九　审查老爷和舆论》，第 10 卷第 242—243 页）

2 月 23 日　面对国民党的横蛮压迫和摧残，当晚，决定辞去国民参政员职务，拒绝参加 3 月 1 日即将召开的第二届国民参政会。往访沈钧儒，他"手里拿着几份电报,眼里含着带怒的泪",告诉沈老"昆明、成都、桂林、贵阳五处分店先后都被当地政府无理由的封禁。你说:'这是什么景象! 一点不要理由,就这样干完了我的书店! 我无法保障它,还能保障什么! 我决意走了!'"生活书店分支店被查封,仅存重庆总店。两人商量对策,制定秘密去港计划,决定乘商车出行。傍晚,写成《呈请国民参政会转呈国民政府辞职电》。(沈钧儒《悲痛的回忆》,收入《忆韬奋》第22页,沈谱、沈人骅编《沈钧儒年谱》第233页,全集第10卷第39页、372页)

《呈请国民参政会转呈国民政府辞职电》全文:

"国民参政会主席团并转全体参政员公鉴:本会上届第一次大会通过公布之抗战建国纲领,明载在抗战期间于不违反三民主义最高原则及法令范围内,对于言论出版集会结社自由,当与以合法之充分保障。此种最低限度之民权,必须在实际上得到合法保障,始有推进政治之可言。韬奋参加工作之生活书店,努力抗战建国文化,现在所出杂志八种及书籍千余种,均经政府机关审查通过,毫无违法行为。乃最近又于二月八日起至二十一日止,不及半个月,成都、桂林、贵阳、昆明等处分店,均无故被封,或勒令停业,十六年之惨淡经营,五十余处分店至此已全部被毁,虽屡向中央及地方有关之党政各机关请求纠正,毫无结果。一部分文化事业被违法摧残之事小,民权毫无保障之事大。国民参政会号称民意机关,决议等于废纸。念及民主政治前途,不胜痛心。韬奋忝列议席,无补时艰,深自愧疚。敬请转呈国民政府,辞去国民参政员,嗣后仍当以国民一分子资格,拥护政府,服从领袖,抗战到底,所望民权得到实际保障,民意机关始有实效,由此巩固团结,发扬民力,改善政治,争取抗战最后胜利,不胜大愿。邹韬奋"(全集第10卷第39页)

2月24日 上午,仍往第二届国民参政会会场报到,"领到一大张冠冕堂皇由国府主席及各院院长署名盖章的聘请状,领到一个新制的参政员徽章,抽签抽着了第二十号的议席,还被一位拿好一架大照相机的中央通讯社特派的摄影员坚邀着拍了一张半身照片,他拍后还很客气地追问一句:'邹参政员最近到不到别的地方去?'在他也许是无意中问起,也许是知道了我曾经向重庆卫戍司令部稽查处要求购飞机票,我听了只有笑着对他摇头"。下午,参加在野各抗日党派的会议,参加者有沈钧儒、黄炎培、张表方、褚辅成(慧僧)、张君劢、左舜生、罗努生、李幼椿、周士观、杨赓陶、梁漱溟等。"大家都深深地感觉到政治的'逆流'的可忧,公决在开会前即联名写一封信给蒋委员长的必要,内容是对于巩固团结及改善政治,在具体方法方面有所建议。经大家多次的商讨,于二月廿四日下午作最后的决定,参加签名者十六人","记者亦签了名"。归已夜,拟就辞去国民参政员的电稿(23日晚拟就)

《致沈钧儒等在野各抗日党派领袖》的信，及为生活书店辩白长文，再亲往沈钧儒寓所告别，沈深情收下留交的电、文、书信，毅然承允代为转递国民党政府，以示抗议；又往张家花园"菁园"黄炎培寓所辞行，即夜出亡，大哭握别；为贵阳生活书店电吴达诠主席，请释该店职员。同时被封闭的各地生活书店十几处。（《黄炎培日记》、《黄炎培年谱》第 138 页，沈谱、沈人骅编《沈钧儒年谱》第 234 页，《南方局党史资料·大事记》第 147 页，全集第 10 卷第 370—372 页）

2 月 25 日　《致沈钧儒等在野各抗日党派领袖》，收入 1984 年 5 月香港三联版《韬奋手迹》。（复印件、全集第 10 卷第 40—41 页）

《致沈钧儒等在野各抗日党派领袖》全文：

"衡山先生并转任之、问渔、御秋、君劢、努生、舜生、幼椿、伯钧、漱溟、表方、士观、慧僧、申府诸先生惠鉴：韬奋追随诸先生之后，曾于二三年来在国民参政会中，勉竭驽钝，原冀对于民主政治有所推进，俾于国家民族有所贡献，但二三年之实际经验，深觉提议等于废纸，会议徒具形式，精神上时感深刻之苦痛，但以顾全大局，希望有徐图挽救之机会，故未忍遽尔言去耳。惟就韬奋参加工作之生活书店言，自前年四五月后所受之无理压迫，实已至忍无可忍之地步。本会上届第一次大会通过公布之抗战建国纲领，明载在抗战期间，于不违反三民主义最高原则及法令范围内，对于言论出版集会结社自由，当予以合法之充分保障。此种最低限度之民权，必须在实际上得到合法保障，始有推进政治之可言。生活书店努力抗战建国文化，现在所出杂志八种及书籍千余种，均经政府机关审查通过，毫无违法行为。乃最近又于二月八日至二十日，不及半个月，成都、桂林、昆明、贵阳等处分支店，均无故被封，或勒令停业（贵阳全体同人且被拘捕）。十五年之惨淡经营，五十余处分店，至此已全部被毁。虽屡向中央及地方有关之党政各机关请求纠正，毫无结果。一部分文化事业被违法摧残之事小，民权毫无保障之事大。在此种惨酷压迫之情况下，法治无存，是非不论，韬奋苟犹列身议席，无异自侮，即在会外欲勉守文化岗位，有所努力，亦为事实所许，故决计远离，暂以尽心于译著，自藏愚拙。临行匆促，未能尽所欲言。最后所愿奉告者，韬奋仍当以国民一分子资格，拥护抗战国策，为民族自由解放而努力奋斗。苟有政敌以造谣毁谤相诬陷者，敬恳诸先生根据事实，代为辩证，而免于政治压迫之余，复遭莫须有之冤抑。忝在爱末，用敢披沥上陈，诸希鉴察为幸。诸先生为前辈先进，对国家民族尤具无上热诚，必能为全国同胞积极谋福利，再接再厉也。临颖怅惘，无任神驰。敬颂公安　邹韬奋倚装敬启　卅·二·廿五·晚"（全集第 10 卷第 40—41 页）

同日 凌晨四时,沈钧儒赶去韬奋寓所送行。秘密离渝之交通问题,由沈钧儒托其侄儿沈诰妥善解决。(沈谱、沈人骅编《沈钧儒年谱》第234页)

3月初 在国民参政会开会前,由徐伯昕主持起草了题为《生活书店横被摧残的经过》的长文,交沈钧儒转交各位参政员。(《生活书店史稿》第242页)

3月2日 周恩来、董必武、邓颖超联名致函黄炎培、梁漱溟、左舜生、章伯钧、沈钧儒、张申府、邹韬奋、罗隆基、张澜等十六人,说明中国共产党中央为顾全大局,已将原定的十二条善后办法改为临时解决办法十二条,只要国民党实行这"十二条",有明确保证,董必武、邓颖超必能出席参政会。参政会中的救国会代表,遂也宣布拒绝出席会议,以表示对国民党反共反人民罪行的抗议。与中共参政员采取完全一致的坚定立场。(《周恩来年谱》第496页,《国民参政会纪实》下第869页,沈谱、沈人骅编《沈钧儒年谱》第234页)

周恩来、董必武、邓颖超联名致黄炎培等十六人函全文:

"任之、表方、问渔、御秋、君劢、努生、漱溟、士观、舜生、幼椿、伯钧、赓陶、衡山、慧僧、申府、韬奋诸先生:敬启者,数日来承 奔走团结,钦感无既。敝党代表之碍难出席此届参政会,所有苦衷,早经 洞鉴。现为顾全大局起见,特与敝党中央往返电商,改定临时解决办法十二条,具见于致参政会公函中。凡有可以谋团结之道者,同人等无不惟力是赴。今兹所提,已力求容忍,倘能得有结果,并获有明确保证,必武、颖超必亲往参政会报到。考其形,容或有负诸先生之望;察其心,又知诸先生之必能见谅。方命事小,国家事大,惟求诸先生能一致主张,俾此临时办法早得结果,斯真国家民族之福。万一因一时扞格,大局趋于恶化,同人等实已委曲求全,问心可告无愧,而诸先生尤为爱国先进,届时必有更多匡时宏谟,同人等窃愿追随不懈也。延安诸同人闻诸先生之热诚苦心,亦极感奋,并电嘱转致谢意。特此奉达,敬请公安! 周恩来(印)董必武(印)邓颖超(印)谨启 (民国)三十年三月二日夜。"(复印件)

附注:"周恩来、董必武、邓颖超三十年(即民国三十年,一九四一年)三月二日致民主党派负责人任之、表方、衡山等人的信是真的。是由十八集团军驻渝办事处文书科同志用铜板油印后分头发出的。当时给国民党当局和民主党派负责人的公函一般是盖章的,我曾保存过周恩来、董必武的这样图章。此信原件可能在中央档案馆,待查。此信起草人估计是董必武或周恩来。此信和毛泽东等七参政员二月十五日到国民参政会秘书处电,周恩来三月二日致张冲函,董必武、邓颖超三月二日致国民参政会函并附临时解决办法十二条等文件,在《新华日报》一九四一年三月十日的增刊发表,用公开和秘密方式广泛发给重庆以至各地、各界、各机关团体,表明了我党的严正态度,揭露了国民党反动派的反共阴谋,起了很好作用。童小鹏注　1988 年 7 月 16 日。"(童小鹏,1934 年参加长征,1941 随周恩来在重庆八路军办事处负责秘书机要工作。)

3 月 3 日　中午,蒋介石招黄炎培便餐,宋美龄、张群(岳军)、王世杰(雪艇)同餐,黄请张君劢、左舜生、冷御秋同进见。黄畅谈。陈述中包括生活书店与韬奋出亡事。(《黄炎培日记》)

3 月初　到桂林,在一位朋友的寄庐,夏衍会见了韬奋,谈到蒋介石,夏衍"第一次看到这位温良敦厚的君子的盛怒。他提高了声音,把沿途所写的一束原稿紧紧地捏在手里,急促地说:'我还有嘴,还有笔,我一定要让前方和后方的中国人知道,这是怎样可耻可鄙的一个阴谋!'"(夏衍《追念韬奋》,收入《忆韬奋》第 226 页)

3 月 4—5 日　蒋介石得悉邹韬奋已离渝,嘱王世杰用参政会主席团名义,电广西桂林李济深:"务必劝邹回渝。"电报五日下午到,邹已于当日下午二时和张友渔同机飞抵香港,相距约一二小时。李回电:"邹已经走了。"如果晚走一天,或迟一个航班,邹韬奋将会被特务扣留。(《〈抗战以来〉弁言》,收入同名单行本,张友渔《革命文化运动的堡垒》,收入《生活·读书·新知革命出版工作五十年纪念集》,全集第 10 卷第 374 页)

3 月 5 日　从桂林抵达香港。暂住湾仔峡道 15 号 5 楼金仲华家。与金仲华、范长江等文化界人士会晤。(《〈抗战以来〉弁言》,《金仲华年谱》第 40 页)

3 月 10 日　金仲华在家中设宴招待在港以及刚从内地来港的文化界朋友。邹韬奋在宴会上报告了脱险经过。(《金仲华年谱》第 40 页)

3 月中旬　中国民权保障同盟在香港出版《"保盟"通讯》中文版,由"保盟"执行委员金仲华、邹韬奋主编。(《金仲华年谱》第 40 页)

3 月 21 日　中午十二时,宋庆龄在寓所设宴招待邹韬奋,陈君葆等参加。

3 月 24 日　廖承志等致中央书记处并周恩来电摘要:

"甲:党的统战委员会由廖、潘、张友渔、胡绳、章汉夫五人组织之,不要夏衍参加,另成一包括内外总的座谈会,包括潘、廖、张友渔、范长江、夏衍、邹韬奋、金仲华、茅盾等八人,做为扩大统战活动,应暂以香港为中心,建立救国会,奠海外基础,以策应沈志远在重庆内地的活动。一、以邹韬奋为中心,成立救国会,座谈会包括邹、张友渔、范长江、金仲华、梅龙水、杨东莼、于毅夫。二、邹等店设法在香港取得合法地位,以保持其长期活动。"(《廖承志等关于文化统战组织的具体意见致中央书记处并周恩来电》,收入《南方局党史资料·文化工作》第 5 页)

"皖南事变后,国民党对左派人士也不客气了。中央决定把左派人士疏散到香港去。""香港党的工作,当时做领导工作的是廖承志同志。""我主要还是搞救国会工作,在香港成立了'救国会香港工作委员会',邹韬奋是头头。从桂林去的杨东莼,因代表一个方面,是二把手。再就是范长江、我、韩幽桐、于毅夫,还有原在当地的金仲华。当时我们办了个《华商晚报》,由廖承志的一个表兄、银行家出面注册。范长江担任经理,胡仲持担任总编辑,廖沫沙是编辑主任,我是总主笔,负责审核社论。当时分工写社论的是:文艺部分由茅盾、夏衍写,民主运动邹韬奋写,国际问题乔冠华写,思想问题胡绳写,我负责写有关抗战和日本问题的社论,也写一些民主宪政方面的社论。"(张友渔《八年烽火忆山城》,原载《重庆文史资料选辑》第九辑,收入《南方局党史资料·统一战线工作》第3辑)

是月 主持成立了救国会海外工作委员会,由邹韬奋、杨东莼、范长江、张友渔、于毅夫、金仲华、韩幽桐七人为常务理事。(沈谱、沈人骅编《沈钧儒年谱》第236页)

是月 廖承志约韬奋等人开会,讨论办报的具体工作。参加者有:邹韬奋、金仲华、范长江、乔冠华、羊枣(杨潮)、张明养、胡仲持、夏衍。会议讨论了报刊名称,同意廖承志提议的报名《华商报》;办报方针是对内要求团结、民主、进步,反对分裂、独裁、倒退;对外是反对英美对日妥协,揭批绥靖政策和"东方慕尼黑"阴谋。连续召开多次会议,相应考虑了斗争的"有理、有利、有节"的问题。(夏衍《懒寻旧梦录》第456—457页)

4月8日 范长江主持的《华商报》创刊,辟专栏,刊登韬奋撰写的长篇抗战史料《抗战以来》,每日连载,至6月30日登完。共得文七十七篇。(全集第10卷第172—386页)

同日 《一 开场白》,载香港《华商报》,收入《抗战以来》单行本。(全集第10卷第172—174页)

《一 开场白》摘要:

"我常把大自然当作一个大学校看,认为我们每一个人的一生都是在学习的过程中,我们应当以虚心学习的态度在这过程中作最大可能的努力,并且尽可能把学习所得公诸社会,扩大个人学习所得的成果。记者曾经根据这个原则,将在国外学习所得著成《萍踪寄语》、《萍踪忆语》,将在学校苦学,社会服务,及参加救国运动时期学习所得,著成《经历》一书,以贡献于国人。我国这次反侵略的神圣抗战时代,是历史上空前伟大的时代,也是最值得我们学习的极可宝贵的时期,抗战期中令人感奋令人警惕的种种事实都是我们的课程。我们对于这种事实的观察和研究,应该具着求真理的精神和客观的科学的态度,好像我们在学校里研究历史地理物理化学等等的课程一样,我在这个伟大的学习时期和学校里,始终未曾离开文化的岗位,所以也许可以说我所选习的这是文化一部门,我愿以有关抗战建国文化这一部门的观察感想报告给读者诸友。但是我同时又在无意中得到参加国民参政会的机会,扩大了我所选习的课程范围,我所原来选习的文化,原是偏于政治性的,而由于参加了国民参政会,对于政治的实际内幕,更给我一种实际研究的机缘,也可以说是加习了政治这一重要部门课程,我愿以更直接地有关抗战建国的政治这一部门的观察感想报告给读者诸友。我对抗战爆发以前的救国运动,只是肩着一枝秃笔去参加,战期中由于参加了国民参政会,得有机会与抗日各党派共同参加实际的政治活动,得到更多的实际的政治的接触。我也愿以有关抗战建国的实际的政治前途的观察感想报告给读者诸友。""外国的有关现实政治的笔记或回忆录之类的书,每在著者死后问世,或在民主政治比较上轨道的环境中问世,所以说来少顾忌,记者不幸尚未死得其所,中国的政治环境也还未许尽言,而为着国际观听和国内情绪,有的事情也不得尽言,所以本文也只就尽可能可以公开谈起的提出来谈谈。还有一点也可以附带声明的,记者执笔写本文时,遇有所检讨或批评,完全出于善意的诚恳的态度,以有益于国家民族为依归,决无意攻讦任何方面或任何个人。"(全集第 10 卷第 173—174 页)

4 月 9 日　《二　发动全面抗战的基本条件》,载香港《华商报》,收入《抗战以来》单行本。(全集第 10 卷第 175—177 页)

《二　发动全面抗战的基本条件》摘要:

"当时参加救国运动的朋友们所主张的停止内战,释放政治犯,实现民主等等,都是以形成全国精诚团结一致对外的民族统一阵线为最主要的对象。关于这方面,有一点值得指出的,是当时我们都认为领导全国抗战的责任非国民政府和领袖莫属,同时也都认为国民党在全国抗战的伟业中实居于领导的地位。(详见当时救国会的重要文件及拙著《坦白集》及该书附录中我与沈钧儒、章乃器、陶行知诸先生所共同发表的《团结御侮的最低条件与要求》一文。)这不仅是救国会少数人的意见,实是反映全国爱国同胞的希望。换句话说,我们是在拥护政府与领袖,以及爱护国民党的态度之下,对于国事的办法有所主张与建议而已。这一点所值得提出的,是这不仅是我和许多朋友们的过去的态度,也是我和许多朋友们现在的态度。在不违背抗战国策的原则下,对国事的改进有所主张与建议,这是一件事;拥护政府或领袖是一件事。这二件事是相辅、相成而不是对立的。但是令人感到不无遗憾的,是有些人往往把这二件事对立起来。他们认为对国事有所主张与建议,便犯了反对政府或领袖的大罪。他们认为要表示拥护政府或领袖,只有歌功颂德之一途!这些人的这种态度虽不一定在口头上或文字上表示出来,但在实际上却使人感觉到他们有着这样的倾向。我们以为有功可歌有德可颂的地方,我们为国家民族庆幸,应该歌颂,而且也要自发地歌颂,但是我们同时却也坚决地相信,在不违背抗战国策的原则下,对国事的改进有所主张与建议,和拥护政府或领袖是并不冲突的。""诸位总还记得,在当时这件事虽为全国爱国同胞一致的愿望,有些人仍昧于时代的要求,力持异议,关于'安内'与'攘外'的论争,盛极一时,可是在实际上只是对于国事办法上的论争,并不发生反对政府的问题。民族统一阵线形成之时,即全面抗战发动之日,全国各方面在政府抗战国策领导之下,一致为中华民族争取自由解放的伟业而努力奋斗,民族统一阵线的形成,实为全面抗战的基本条件,得到事实上的证明。这个重要基本条件的建立,不但不发生反对政府的问题,而且反而给与政府执行抗战国策以莫大的便利!""在当时是要建立民族统一阵线,在现在是要巩固民族统一阵线。建立民族统一阵线是发动全面抗战的基本条件,巩固民族统一阵线是争取全面抗战最后胜利的基本条件。"(全集第10卷第175—176页)

4月10日 《三 民主政治的初步展开》,载香港《华商报》,收入《抗战以来》单行本。(全集第10卷第177—179页)

4月11日 《四 参政会的胚胎》,载香港《华商报》,收入《抗战以来》单行本。(全集第10卷第179—182页)

4月12日 《五 共赴国难的党派团结》,载香港《华商报》,收入《抗战以来》单行本。(全集第10卷第182—184页)

4月13日 《六 闹不清的"人民阵线"》,载香港《华商报》,收入《抗战以来》单行本。(全集第10卷第184—187页)

《六 闹不清的"人民阵线"》摘要:

"'你白昼见鬼!'这是一句说人毫无根据的胡说八道。说中国有所谓'人民阵线',这真是一件道地十足的'白昼见鬼'的事情!但是自从有某些另有作用的人积极在中国'提倡'以来,这个名词居然不胫而走,风行一时,家喻户晓,咸使闻知,到现在还是说出来怪响亮似的,因为到现在还有人把这顶帽子硬戴在救国会朋友们的头上。""记者有一次和国民党中一位贤明前辈偶然谈起这件怪事,他笑着说道:'他们虽明明知道你是救国会而不是什么人民阵线,但是这个名词已用得根深蒂固,你们尽管说明,恐怕这顶帽子是永远脱不下了!'

绝对不是我们的帽子，一定要万分殷勤地替我们戴上，真觉得却之不恭，但受之又与事实太不适合，却未免有愧。""中国是受日本帝国主义侵略的半殖民地的国家，不是资本主义的国家，根本就没有产生法西斯主义的经济条件。既没有产生法西斯主义的条件，便无从产生什么人民阵线。如指反对侵略战争为人民阵线，那末全中国都是人民阵线了！讲到主张民主，彼此的情形也不相同，法国的人民阵线是要防止法西斯推翻法国原有的民主制度，中国则为努力实现国父主张民主政治的遗教而建立民主。救国会的朋友们主张团结御侮，主张实行民主，改善政治，以加强抗战力量，加速建国成功，对象与外国人民阵线完全不同，领导抗战建国的政府也不是什么法西斯，为什么要替救国会硬戴上'人民阵线'的帽子呢？这不是'白昼见鬼'吗？""当然，闭着眼睛硬把这顶帽子送人的，并不怀好意，他们原不想理会人民阵线的本来意义，只在表面上看到'人民'二字，便以为必然是与政府对立的(其实就是法国人民阵线也只是与法西斯对立而不是与法国政府对立)，无缘无故硬把这顶帽子戴上，便可在无缘无故中加上罪状。这在实际上仍然不外乎是一种破坏团结的技术而已。"

（全集第 10 卷第 184—187 页）

同日　苏联日本签订了"苏日中立条约"。在重庆的救国会由于领导成员中的章乃器、张申府的坚持，发表了反对苏联这个作法的声明。他们认为，在抗战期间，对这个问题不表态，就会被认为是苏联走狗。香港的国民党派报纸大肆渲染，说左派也反对苏联，共产党孤立了。张友渔、邹韬奋、金仲华三人，以救国会香港工作委员会的身份，发表了一个声明：反对章乃器等人的声明。他们认为苏联为了解除对德战争的后顾之忧，和日本签订中立条约是可以的，是对反法西斯战争有利的，对我国抗日战争实际上也没有损害。（张友渔《在华商报》，收入《报人生涯三十年》第57 页）

4 月 14 日　《七　初期民运的宝贵教训》，载香港《华商报》，收入《抗战以来》单行本。（全集第 10 卷第 187—189 页）

4 月 15 日　《八　七个月两万人》，载香港《华商报》，收入《抗战以来》单行本。（全集第 10 卷第 189—191 页）

同日　《中国政治发展的展望》(署名 T. F. Chow)，载《保卫中国同盟通讯》第29 期。（全集第 10 卷第 41—42 页）

《中国政治发展的展望》全文：

"自从今年一月中旬不幸发生了新四军事件后，中国的政治发展状况，不仅使支持抗日统一战线的中国爱国人士感到焦虑，也引起了同情中国英勇抗战精神的朋友们的严重关注。政府坚持说,这一事件只涉及军纪问题。然而不可抹煞的事实是:事件发生后,在重庆以及全国各地,民主力量遭受了更严重的迫害。中国人民在抗战初期得到的法定自由权,已经一个又一个地被剥夺了。虽然围歼新四军一事的政治意义遭到断然否认,但这一事件的后果已经明白无疑了:它同一切政治因素有密切联系。今日中国之关键问题,在于决策和行政管理的民主化,因为'没有民主就没有团结'。""事实上,这是各党派领袖们的共同看法,也包括国民党的进步分子在内。他们一致要求立即实行政治改革,以此作为解决一切难题的关键。这一主张已经形成了巨大的力量,最终将推动中国的民主运动,废除一党专制,建立所有党派真正合作的民主政府。笔者两年半来一直担任国民参政会成员,有幸与这些领袖们接触,因而确信这一政治力量反映了广大民众的普遍要求,并在此最困难的时期有了迅速的增长。当然,根本的问题在于能建立一个真正有代表性的立法机构。但是为了适合战时状况,已经致力于成立一个由国民党、共产党和其他政党领袖们组成的专门委员会,以便找到和平地、恰当地解决国共争端的途径和方法,采取必要的步骤来解决各种政治问题。委员长可能担任该委员会的主席。虽然政治局势还不可能出现重大转变,但是,如果国民党内外的爱国进步力量以及国际上的压力十分强大,足以阻止亲日、反进步集团的阴谋活动,中国的政治状况仍然有希望得到改进。众所周知,近来美国报刊的评论十分关注中国的团结问题,这已在重庆产生了很大作用,据信这是阻止国共磨擦加剧的因素之一。""我们深信中国终将成为一个民主的国家。一切想使历史车轮倒转的人终将失败,尽管他们现在是多么的不可一世。"(全集第10卷第41—42页)

4月16日 《九 领袖晤谈记》,载香港《华商报》,收入《抗战以来》单行本。(全集第10卷第192—194页)

同日 《我对于民主政治的信念》(3月27日作),载《世界知识》第12卷第4号,收入《抗战以来》单行本。(全集第10卷第386—392页)

4月17日 《一○ 领袖与工具》,载香港《华商报》,收入《抗战以来》单行本。(全集第10卷第194—196页)

《一○ 领袖与工具》摘要:

"他(注:指陈布雷)很诚恳地对我谈起他对于领袖的态度。他说他因鉴于领袖对国家民族所负责任的重大,所以他只一心一意地做领袖的工具,以减领袖的忧勤,领袖叫他做什么他就做什么,领袖叫他说什么他就说什么,领袖叫他写什么他就写什么,无条件地绝对服从,这位先生对于领袖的忠诚是值得敬佩的，但是他的作风却大有商榷之余地。""首先我们要指出的是，凡是爱护国家民族的人，没有不爱护国家民族的领袖，而况在坚持抗战努力建国的紧张时期，领导全国贯彻抗战国策的民族领袖，我们尤其应该竭诚爱护。领袖对国家民族所负责任的重大，以及领袖的左右要尽忠职守，以减领袖的忧勤，关于这些意思，记者都与某先生有同感，但是一味做被动的工具，好像自己没有了脑子，或虽有脑子而不用，虽有嘴巴而不敢说话，是否真能减领袖的忧勤，是否真正爱护领袖之道，实在令人不能无疑。所谓做工具，看你怎样解释，如解释得当，原亦无所用其反对。为社会服务，谋人类幸福，也可以说是做了社会的工具，做了人类的工具，依此类推，为整个民族争自由解放的领袖也可以说是做了整个民族的工具，这样的工具在实际上是光荣的任务，虽做工具何妨？某先生的话所以令人听了不禁为领袖忧虑，为我国政治忧虑，为我国家前途忧虑的是，那样自居牛马犬豕的'工具'，流弊所及，可使领袖左右人才减少，奴才加多，那就不免造成太严重的问题了！""其实领袖的伟大，一方面在能真正反映全国多数民众的要求，尽其历史的使命，一方面在能善用人才以自辅，增强其执行历史使命的力量。倘若人人都以被动的工具为尽了辅助领袖的责任，抛弃了自己的脑子和眼睛，把领袖的脑子做自己的脑子，把领袖的眼睛做自己的眼睛，那就不但不能增加领袖脑眼的力量，反而加疲了领袖脑眼的力量，限制了领袖脑眼的力量，也就是减少了领袖脑眼的力量，这理由是很显明的。我们主张民主政治，正是要使领袖更能充分反映全国多数民众的要求，我们主张改善政治，善用人才，增强舆论及民意（都与言论自由有关）对于政府及官吏之督察，正是要增强领袖执行历史的使命。这都只会增加领袖的伟大，而不会减损领袖的伟大。""在另一方面，如果我们把工具解释为人才而不是奴才，那末我们却不免感觉到领袖的工具实在太不够，有大大增加的必要。这一点只要看领袖兼职之多，劳苦之甚，便可见一斑了。""领袖的为国贤劳，一日万机，在我们老百姓只有感念不已，有何话说？不过正为国家民族而爱护领袖，一方面使人感到'工具'对于领袖的尽忠之道似乎尚有检讨之必要，一方面又使人感到工具的太不够！最重要的，还是要把工具解释为人才，而不许变成为奴才。必须这样，才能真正减领袖的忧勤。"（全集第 10 卷第 194—196 页）

4 月 18 日　《一一　"请客"与民意》，载香港《华商报》，收入《抗战以来》单行本。（全集第 10 卷第 196—199 页）

4 月 19 日　《一二　"来宾"种种》，载香港《华商报》，收入《抗战以来》单行本。（全集第 10 卷第 199—201 页）

4月20日 《一三 "来宾"中的各党派人物》，载香港《华商报》，收入《抗战以来》单行本。(全集第10卷第201—203页)

4月21日 《一四 再谈"来宾"中的各党派人物》，载香港《华商报》，收入《抗战以来》单行本。(全集第10卷第204—206页)

4月22日 《一五 三谈"来宾"中的各党派人物》，载香港《华商报》，收入《抗战以来》单行本。(全集第10卷第206—208页)

4月23日 《一六 究竟怎样?》，载香港《华商报》，收入《抗战以来》单行本。(全集第10卷第209—211页)

4月24日 《一七 "来宾"的建议》，载香港《华商报》，收入《抗战以来》单行本。(全集第10卷第211—213页)

《一七 "来宾"的建议》摘要：

"初做'来宾'的我这个傻子，抱着满腔的热诚和希望，在第一次大会中就针对当时的迫切需要，冒冒失失地接连提出了三个提案。第一是'调整民众团体以发挥民力案'，反映当时民众运动的一个迫切要求。第二是'具体规定检查书报标准并统一执行案'，反映当时文化界的一个迫切要求。第三个是'改善青年训练以解除青年苦闷而培植救国干部案'，反映当时多数青年一个迫切的要求。""这提案经过我与几位'陪客'先生的激烈辩论之后，算是通过了，但提案尽管通过，后来民众团体所遭受的厄运还不是一样? 我现在回想起来，当时的提案是发傻，激烈辩论更是发傻，因为提案的通过不通过，和民众团体的命运是不相干的。""我们如把随便举出的任何一条，和实际的情形比较比较，便可以断言要研究中国政治，光看白纸上的黑字是不够的。要改善中国政治，光从条文上做工夫更是绝对不够的。"(全集第10卷第212—213页)

4月25日 《一八 "建议"种种》，载香港《华商报》，收入《抗战以来》单行本。(全集第10卷第214—216页)

4月26日 《一九 "来宾"放炮》，载香港《华商报》，收入《抗战以来》单行本。(全集第10卷第216—218页)

4月27日 《二○ 忙得一场空》，载香港《华商报》，收入《抗战以来》单行本。(全集第10卷第219—221页)

《二○ 忙得一场空》摘要：

"图书杂志原稿审查办法于廿七年七月底公布以后，即引起全国出版界及编著人的注意，商务、中华、开明、世界、生活等十余家书店联合具文吁请有关当局要求撤消该项决定。记者一方面以编著人的身份，一方面受全国最大出版家的嘱托,在双重感觉与认识下,在参政会第二次大会中提出了'撤消图书杂志原稿审查办法以充分反映舆论及保障出版自由'一案。我在这个时候还未认清'表面骨子脱节'的中国政治,以为提案如得通过,就有希望,所以用尽全副力量促成这个提案的'成功'。每一个提案原来只须二十位'来宾'联署就够了,我费了几天的工夫奔走接洽,居然得到七十余位'来宾'的联署,其中还有若干'陪客',真够兴奋!我当时认为肯联署的人,即使有不很热心的,在会场上也应该不致起来反对罢(后来知道联署本案的'陪客'大受'主人'的责备)。这一提案在审查会及大会中都引起非常激烈的辩论,我虽在审查会中费了很大的力气争论,但在审查会中,'撤消'二字终被改为'改善'二字,这和原案的精神完全不符,所以我不得不准备在大会中作最后的力争(因为审查会的修正必须经大会通过)。在审查辩论时,'陪客'刘百闵先生说图书杂志原稿审查办法是王云五先生向政府请的(刘先生当时系在中央党部主持审查的事,他为职务关系,不得不说话,这一点我们是应该加以体谅的),我不能相信,但觉得这一点太关重要,立刻打电报到香港询问王先生(王先生也是'来宾'之一,惟该次未到),在最后关头(指大会)的最后几分钟,接到王先生的回电如下:'国民参政会秘书处即转邹韬奋先生:渝冬电敬悉。图书杂志原稿审查,弟去年绝未向政府请求举办。反之,力子先生初长中宣部时,曾以应否恢复审查见商,弟详举窒碍情形,力劝不可,兹当交通梗滞之时,如欲审查原稿,更无异禁止一切新刊物,或使新刊物绝迹于内地,窒碍尤多,务望先生等坚持撤消。幸甚!王云五　江。'""我得到了这个电报,拍案叫绝,即在大会辩论时公开宣布,又得罗隆基在舜生诸先生等桴鼓相应,竟恢复'撤消'字样,得到大多数的通过,震动了全会场。但是如今想来,通过有什么用?结果还不是忙得一场空!"(全集第 10 卷第 220—221 页)

4 月 28 日　《二一　审查与讲理》,载香港《华商报》,收入《抗战以来》单行本。(全集第 10 卷第 221—224 页)

《二一　审查与讲理》摘要:

"老百姓的苦衷本来不容易为大人先生们所谅解,我们这班编著人的苦衷也不容易为审查先生们所谅解,例如我们办一种刊物,要办后不脱期,内容要能反映在时间上最近的问题或事实,我们把时间看得很重,不能限定什么'办公时间',必要时常要通宵达旦地开夜车,而审查会的先生们并不能陪着我们不睡觉,他们是要讲办公时间和手续的,办公时间过了,即令你急得要死,也非等到明天不可,刊物往往就非因此脱期不可,或非迟几天出版不可,这是肯负责的编者所最感苦痛的事情。有一次重庆审查会发还我们稿子的时候，有一篇文章被认为有几句不妥，全文不许用，时已傍晚，我们的刊物当晚等着要排印，要和审查会'讲理'已来不及，我赶紧拿着这篇文章，飞跑地赶到青年会刘先生的寓所里找他，他刚巧出门未回，我由晚间八点钟等到十二点钟，他终于回来了，经我解释之后，他答应通过，我要求他在他的名片上写几个字让我转交给审查会，他照办了。这样一来，我们的刊物当晚就可以赶印，第二天才把刘先生的名片交给审查会备案，渡过了一个难关。""公道自在人心，有人自己倒行逆施，厚颜开口怪别人不给他'赞美辞'，在实际上他永远得不到'赞美辞'，只有令人闻之齿冷，有人肯讲理，他不要求'赞美辞'，我们倒不妨多送他几句'赞美辞'。"（全集第10卷第222—223页）

4月29日 《二二　老爷们高兴怎么办》，载香港《华商报》，收入《抗战以来》单行本。（全集第10卷第224—226页）

《二二　老爷们高兴怎么办》摘要：

"首先是在星期日只办半天公，送审查的稿子已不免搁积，后来索性星期日全天不办公，使定期刊物，尤其是周刊，发生很大的困难，因为比较有紧迫时间性的文章都受到影响。星期日不办公，原是各机关的通例，但是审查稿件的机关，为便利出版界计，只应实行轮班的办法，不应置出版界的困难于不顾。但是他们一定要实行星期日全天不办公，你又能拿他们怎样？我们办定期刊的人只有忍痛把时间性提早，减少刊物内容的精彩。要使刊物的内容能反映到最近的时间性，是文化工作所要注意的问题，在审查会的老爷们却觉得这是管他娘的鸟事！""空袭来了！我们做编辑的人，因为印刷所不能搬到山上去，而且要反映现实，躲在山上也不免隔膜，所以仍然在重庆城里埋头苦干着，但是重庆审查会的老爷们对于这一点是无须理睬的，他们的生命比甚么人都特别重要，把办公处搬到高高的南岸山上去，于是依审查条例稿子隔日可以审查完毕索回的，要增加一日，而且稿子只许一次总送审，不得像以前那样可以分次送。这样一来，时间上又增加了好几天，但是文化工作的效率，在他们是次要或无关紧要的问题，你又能拿他们怎样？""以前稿子不通过的，除批示理由外，原稿附同发还，后来不通过的稿子不但'应予免登，而且把原稿一概扣留，这样一来，原稿不在手边，批示的对不对，你无从作详细的检讨，就是你记得原稿大意，跑去'讲理'，他们原稿死不拿出来，你就是要'讲理'也无从'讲'起！依审查条例，并没有扣留原稿不许发还的规定，但是审查会的老爷们可不管这些，只须他们高兴，突然给你一个通告，说以后原稿不许发表的，都一概要扣留，你就得'绝对服从法令'，老爷高兴怎样办，就是'法令'，你既是老百姓，就得'绝对服从'，否则他们就要扯到'国家至上'的大道理上面去，你便成了该死的叛徒！""以前他们对于你送审的文章，认为其中有不妥的句子应该修改的，只在句子旁边用红笔划上红条，叫你自己修改（指出的对不对是另一问题），后来他们老实不客气地拿起笔来替你修改，把你的原文用墨浓浓地涂得毫丝看不见，另外替你写上他们的高见，算为你的文章！你拿回这样的原稿以后，可以看到你自己的原文已在黑漆一团中消踪灭迹，记不起写了什么，而代替你的意见是审查老爷的高见！（究竟高不高，当然只有天晓得！）发表时，文章题目下面的署名尽管是你自己的，但是在实际上你却无异要代表审查老爷发表他的意见，而且要对读者替他的高见负责！文字究竟通不通，意思究竟对不对，都是你的责任！你要不'绝对服从'吗？那又要发生'不服从法令'的问题了！""审查老爷认为必要的时候，他可以把你的文章中随便删去几句，使你的上下文脱节，连贯不上，但你却须'绝对服从'，把上下文连贯不上的句子排紧。有些编者觉得这样太对不住读者，于是在脱节之处用括号注上（中被略）字样，也被审查老爷下令禁止，后来编者觉得审查老爷也许看到'被'字心虚，改注'中略'，表示审查老爷可不负责任，可能是编者自己荒唐瞎删的，但是审查老爷仍然心虚，非严禁不可，并严厉警告，说以后再敢故犯，当以不服从审查论罪，刊物没收，其实文章既遵命照略，正是小心翼翼地'绝对服从''老爷命令'，不过仅仅对读者声明此处有'略'，免得文字不通而已，对老爷的'体面'似乎没有多大损失，但是老爷们一定要以不服从审查论罪，否则刊物没收，威风凛凛，你又把他们怎样？此外你如在刊物上登启示告诉你的投稿者（往往因无通讯地址，不能迳复），说他的某篇文章'奉令免登'，也是犯禁的事情。我们找遍审查条例，没有禁用'中略'或不许声明'奉令免登'的规定（其实声明'奉令'应该大可增加老爷的'体面'），但是这都不足为根据，因为在上面已说过老爷们高兴怎样办就是'法令'，老百姓就有'绝对服从'的义务！"（全集第 10 卷第 224—226 页）

4 月 30 日　《二三　上山拜访审查老爷》，载香港《华商报》，收入《抗战以来》单行本。（全集第 10 卷第 226—228 页）

《二三　上山拜访审查老爷》摘要：

　　"法国投降应否同情？诸位突然看到这个问题的提出，也许要感觉到我是在开玩笑，因为法国投降有什么同情的价值？这还成为问题吗？但是我却为着这个应该绝对不成问题的问题，费了整整半天的工夫，跑了几十里的山路，和重庆图书杂志审查会的一位秘书先生作了一番非常激烈的辩论，办了一次严重的交涉,所以留下了下述的一个故事。""话说法国投降之后,有些人被希特勒一时的胜利冲昏了头脑,有些人简直向来就崇拜独裁厌恶民主,大夸张其民主失败独裁胜利的谬说,淹没了法国投降的真正原因。《全民抗战》有鉴于此,敦请了一位作家特著《论法国战败·速降·变更国体》一文(编者注:刊1940年7月20日《全民抗战》第129期,作者树滋),揭露真相,送审时被重庆审查老爷毫无理由地删去了最有精彩的部分"。"为了说明法国投降并非由于民主,必须揭出法国投降的真正的主要原因,但是关于最重要是这部分,却被审查老爷删除得干干净净。我觉得这件事非和审查老爷力争不可。这时老爷们已乔迁到高高的山上去,几十里山路往返非费半天工夫不可。我也顾不得许多,为着要救救这篇重要的文章,只得硬着头皮,搁开其他要事,披发入山!我去的时候是邀着同事徐先生同走的,一则因为我路途不熟,二则万一有三长两短,让他知道我的下落。我当时下了决心,如果审查老爷不讲理,自知理屈而仍要以官力糟蹋这篇重要文章的话,我打算赖在那里,死不下山,非救回这篇为许多读者所急迫需要的好文章不可。其实现在想来,赖在那里有什么用,你真是赖在那里,老爷们有的是宪兵、警察,他们随便下个命令,叫几个宪兵或警察来把你抓去,不是易如吹灰的事情吗?再不然的话,让你赖在那里饿死,对于他们更是功德无量的事情,因为多死了一个要求审查老爷讲理的编著人,以后便可以减少麻烦,便可以顺利地删文章,改文章,扣文章,岂不是一举数得的美事!"(全集第10卷第226—228页)

5月1日 《二四 一大堆废话的激辩》,载香港《华商报》,收入《抗战以来》单行本。(全集第10卷第229—231页)

《二四 一大堆废话的激辩》摘要:

"且说我们(记者和同事徐先生)爬上了山顶,踏入了老爷们藏身之所的大寺,他们发现我这样的一个'冤家'竟不惮烦地追踪到山上来了,仍由那位秘书先生来应付。我首先请他说明那篇文章里被删去部分的理由,他最初指出的是那里面有'阶级'的字样,很不妥当。我说法国是资本主义发展的国家,他们国内有资产阶级,也有无产阶级,是全世界公认的事实,这篇是研究法国的事情,为什么不可以用'阶级'的字样?他没有话说,但仍叽里咕噜地说,最好不要用!我说就是国父中山先生在'三民主义'中也不讳言外国有'资本家',资本家不是资产阶级中人是什么?国父中山先生在国民党第一次代表宣言中更明白说到'近世各国所谓国权制度,往往为资产阶级所专有'。为什么三民主义的中国发展到今天,作家研究法国的问题,提到法国的资产阶级都有人发

抖,这是什么道理?""他更没有话说,一溜烟跑进去和审查老爷去商量一番,再
溜出来,说那篇文章里指出法国的迅速投降是由于要镇压国内革命,是由于资
产者要保全自己的财产,很不妥当。我说这是法国的事实,有什么不妥当? 我
告诉他上海英文《密勒氏评论报》是美国人办的刊物(那篇文章里引证了该报
关于法国事实的记载),美国是众所周知的资本主义国家,该报编者至多是自
由主义者,他们都不怕据实指出关于法国投降的这些事实,作为研究法国迅速
投降的根据,为什么三民主义的中国一定要替法国的资产阶级做保镖? 为什
么三民主义中国的作家一定要对于国际上这类铁的事实闭拢眼睛说假话,以
自欺而欺国人,让那些硬说法国的投降是由于民主的失败,以打击民主政治在
中国的发展?""他又没有话说,又一溜烟跑进去和审查老爷去再商量一番再溜
出来,说那篇文章指出法国资产者为了镇压国内革命,为了保存自己的财产,
便采取了速降的政策,这实有意暗射中国的情形,所以很不妥当! 我本来是在
用全力抑住自己的气愤,客客气气地说话,记住沈老先生所常说的'主张坚决,
态度和平'的格言,此时听到了这样的胡说,我自认养气工夫不够,不免有一点
儿疾言厉色了,我很严正地提出抗议,我说法国投降是事实,但是中国政府和
领袖是在领导全国坚持抗战,为什么我们分析法国的投降就是暗射中国情形,
你的话实在是侮辱政府、侮辱领袖、侮辱整个中国的人民!""那位秘书先生究
竟还是一个'好人',因为我看见他的面色有点变,靠在桌边的十个手指都在发
抖。我觉得可怜他,原谅他,我把严厉的声音改缓和了,我说我没有别的目的,
只是要救救那篇重要的好文章。他略略静默了一会儿,又忽忽地一溜烟跑进
去和审查老爷商量一番,再溜出来,嗫嚅着说,我们对于法国的失败,实在是应
该同情的。我毫不踌躇地回答他说,即令我们对于法国的失败应该同情,对于
法国的投降却绝对不应该同情,只有中国的汉奸对于法国的投降才表示同情!
他听了只是沉默,没有什么话说,我想我们的一大堆废话的激辩大可以结束
了,我声明审查老爷的'理由'既没有一丝一毫可以成立,那篇文章非全部恢复
原状不可。他又略略静默了一会儿,悻悻然把那篇文章往桌上一掷说,你要登
就登罢。当时天已近黑,我抓着那篇稿子和徐先生往外飞奔,脚下好像轻快得
什么似的! 徐先生边奔边笑着说,今天的大辩论可惜没有请许多审查老爷都
来参加!""我始终还是感谢那位秘书先生,因为他至少还让我讲理,最后还因
为理屈而肯把稿子掷还。这是他最后一次和我'讲理',此后他永不再出来相
见,换了一个完全蛮不讲理的所谓总干事。"(全集第 10 卷第 229—231 页)

同日　《苏日中立条约和远东局势》(署名 T. F. C.),载《保卫中国同盟通讯》

第30期。(全集第10卷第45—47页)

5月2日　《二五　老爷于老百姓不平等论》,载香港《华商报》,收入《抗战以来》单行本。(全集第10卷第231—233页)

《二五　老爷于老百姓不平等论》摘要:

"我有一次因为一篇稿子被无辜扣留的事情去'讲理',他摆出十足的官架子,放出十足的官腔,发挥了一大篇的'老爷与老百姓不平等论'的大'理论'!他的大'理论'中有精彩的警句是脱口而出的几句:'你和我讲理没有用!只有处于平等地位的彼此才可以讲理,我是主管机关,我说怎么办就要怎么办,你和我是不平等的,你不能和我讲理!'""如果不是我亲耳听见,而由别人转述的话,我还是难于相信。和我同去的同事程先生,在旁听了也气得目瞪口呆,说不出话来。这样的坏蛋完全是高尔基所谓只有坟墓才能解决他的代表型的东西,当然是无理可讲,所以我们并没有和他计较,实行了战略上的自动撤退。""我和程先生带着很沉重的心境走出了老爷的衙门之后,沉默地向前走着。程先生是一位英俊有为,充满着正义感的青年工作者,他是一位最富责任心的助理编辑。我看他气愤填膺,感慨无极,我安慰他说,这不是消极的气所能解决的事情,我们在这种地方大可长长见识。""我们应该把这样的现象作为我们研究中国政治的一种材料。你听他说'我是主管机关',这种'思想'就是脱胎于法国专制魔王路易十四'朕即国家'的名言。我们如稍稍注意各国民主政治的发展史,便知道直至十八世纪末叶,所谓'法律',不是被视为'上帝法则'的解释,便是被视为统治者(君主)的'意志'。在昔君主专制时代,'朕即国家',那时如说'国家至上',在专制君主们看来,便在实际上等于'专制君主至上'!在当时的专制君主们看来,反对'专制君主至上'的人就是反对'国家至上',成了'国家'的叛逆,罪该万死!专制君主'说怎么办就要怎么办',便成了'国家'的'法律'或'法令',蚩蚩者民,就有'绝对服从'的义务,那位总干事老爷厚着面皮说'我说怎么办就要怎么办',你不要小觑了他,他的话在历史上是有根据的,就是以前专制君主的看法。""我们都渴望中国获得自由解放。我们都明白中国的自由解放对于我们每一个人的福利乃至我们子子孙孙的福利有着不可分离的关系,所以我们对于'国家至上'的口号是至诚热烈拥护的。但是我们反对有些官吏——尤其是有些高级官吏——把'国家至上'来做护符,在实际上实行其'官吏至上'主义,把'绝对服从法令'来做护符,在实际上实行其'我说怎么办就要怎么办'的欺民政策。"(全集第10卷第231—233页)

5月3日　香港版《大众生活》召开第一次编委会,讨论出刊的有关事宜。韬奋任主编,邀请出席的编委是：千家驹、金仲华、茅盾、夏衍、乔木（乔冠华）、胡绳。
（《大众生活》1941 年影印合订本,茅盾《战斗的一九四一年》回忆录二十八,《新文学史料》1985
年第 3 期,唐金海、刘长鼎主编《茅盾年谱》第 599 页）

同日 《二六 审查老爷对文艺的贡献》,载香港《华商报》,收入《抗战以来》单
行本。（全集第 10 卷第 234—236 页）

《二六 审查老爷对文艺的贡献》摘要：

"重庆图书杂志审查会的老爷们自从不再准许'讲理'以后,干了许多好成
绩,受他们'主管'的编辑人和著作人在饮泣吞声的苦况下,却也感到了不少的
趣味！""现在只就记忆所及,略举数件事做例子,藉以证明老爷们对于文化工
作的重大贡献！""首先想谈到的是地主'应予删除'。诸君听了这句话,请勿误
会,以为审查老爷在那里热心实行土地革命,那是绝对不是的,他们是要在纸
面上把'地主'这个名词删去。如其不信,有例为证。名小说家欧阳山先生著
了一篇小说,题目是《农民的智慧》,里面描写一个伪军的司令叫做宋文楷的,
说他是地主出身,审查老爷把全篇中的'地主'二字,用墨浓浓地涂得一团漆
黑！""在审查老爷只要'涂'得痛快,读者如何如何,在他们看来大概也不外是
管他娘的事。尤其使人看了啼笑皆非的是那篇小说里说了那位地主'有上五
百亩田',这'有上五百亩田'也被审查老爷用浓墨涂掉,又有一个地方说到这
位宋文楷是'一个四十多岁的大地主',不但'大地主'三个字被审查老爷用浓
墨涂得非常周到,同时连'一个四十多岁的'这几个字,也被审查老爷在浓墨之
下毫不留情,涂得干干净净,不但使读者看了不知道该篇小说中的这个主要人
物原来是干什么的,而且连他的年岁多大,也摸不着头脑！文艺家对于人物的
描写要深刻,审查老爷却非迫他写得糊涂不可！""自从审查老爷们不再讲理以
后,我们虽有种种疑问,却无法向他们请教,实在是莫大的憾事。助理编辑的
同事问我怎么办？我说这类混蛋透顶的东西,我实在无法'绝对服从',把这几
处的原文照登出来,登出后如老爷们要将刊物没收就让他们没收罢,在这样
'官吏至上'的情况下,我的编辑原已干不下去,要拉倒就此拉倒可也！""通常
在刊物出版之后,审查老爷如发现对于他们的'法令'有未'绝对服从'之处,就
要再下一道'法令'没收的,但是这次欧阳山先生的这篇名著发表之后,审查老
爷们也许由于贤劳过度,精神不济,也许由于喝醉了酒,精神昏乱""对于'地
主','上五百亩的田',以及'四十多岁'等等的起死回生,并未发现,这总算是
欧阳山先生的文星高照！"（全集第 10 卷第 234—236 页）

5 月 4 日 《二七 审查老爷对文艺又有贡献》,载香港《华商报》,收入《抗战

以来》单行本。(全集第 10 卷第 236—238 页)

5 月 5 日 专程过海从九龙赶去茅盾寓所,转达上次会后大家的建议,称"那天会上当着你的面,大家不便说,会后都向我建议,《大众生活》上的连载小说,应该请你来写,你的名气大,下笔又快,承担这个任务是不成问题的。请你就作为紧急任务赶写一部罢。"茅盾为难道:"长篇小说哪能说写就写得出来的。韬奋说,这也是万不得已,你就把平时积累的素材拿出来编个故事罢。你可以一边写一边登,大约每期只占四个页码,八千字左右。三八年你在《立报·言林》上不就边写边登过一个连载小说吗?"茅盾说:"所以那部小说写失败了。韬奋道,我不这样认为,那是第一部写抗战的长篇小说,在帮助当时的青年认清持久抗战的道路来说,是起了很好的作用的。"茅盾"沉吟片刻,咬咬牙说:好罢,我来写! 你什么时候要第一批稿?韬奋扳了扳手指道,给你一个星期,十三号交稿。我给你留出四个页码,你给我四天印刷的时间。"(茅盾《战斗的一九四一年》回忆录二十八,《新文学史料》1985 年第 3 期第 54 页)

同日 《二八 审查老爷对社会科学也有贡献》,载香港《华商报》,收入《抗战以来》单行本。(全集第 10 卷第 239—241 页)

5 月 6 日 《二九 审查老爷和舆论》,载香港《华商报》,收入《抗战以来》单行本。(全集第 10 卷第 241—244 页)

《二九 审查老爷和舆论》摘要:

"我曾于今年二月间写一篇'社论',题为《舆论的力量》,里面的意思不但是原则的,而且在我们看来也是很平凡的。""该文全篇没有指任何特殊事实,都只就原则研究","不知为什么审查老爷却看了心虚,全文被扣留,批示的理由是'完全出于派系私利的立场'"!"在'官吏至上'的铁的原则之下,在审查老爷'我说怎么办就要怎么办'的金科玉律之下,这种极平常的道理都无从说起,审查老爷毫无理由地把文章扣留,已成为毫无足奇的事,这只是随手拈来的一个例子罢了。""在他们看来,这是'贯彻政令',谁敢反对这类不肖官吏的滥用职权,谁敢批评这类不肖官吏的作威作福,谁敢要求纠正这类不肖官吏的压迫舆论,摧残文化,便被诬为不顾国家的利益,好像'拥护'不肖官吏便是为国家的莫大利益似的! 这是'官吏至上'主义者最喜发出的烟幕弹,我们真要改善中国政治的话,对于这种烟幕非把它揭开不可。"(全集第 10 卷第 242—243 页)

5 月 7 日 周恩来复电廖承志,摘要:

"我们仍要向你提议对待文化战线上的朋友及党与非党干部,第一不能仍拿抗战前的眼光看他们,因他们已进步了,已经过一次考验了,第二不能拿抗战前的态度对待他们,因他们已经过一些政治生活,不是从前上海时代的生活了,第三,我们也不能拿一般党员的尺度去测量他们,去要求他们,因为他们终究是做上层统战及文化工作的人,故仍保留一些文化人的习气和作风,这虽然如高尔基、鲁迅也不能免的,何况他们乎。因此,我们必须学习列宁、斯大林对待高尔基的眼光、态度和尺度,才能帮助和提拔这般文化人前进。毛主席告诉我们要重视这支文化战线上的力量,因为他们正是群众革命精神宣传者和歌颂者,我这一年来在此收获不少,希望和建议你们本此精神做去,原则的问题不要放松,工作方法上处人态度和蔼,作风不能尽人一致的。从前那种有时失之轻浮,有时失之圆滑,有时失之谦虚,有时失之骄傲的态度是不适当的。希望你也一样的排斥,并且更慎重认忍切实细密一些,因为你来电中对夏衍有'不敢相信'一语,并且又曾拒绝他参加支委,故我有些感觉港电告你的,望你有则改之无则加勉。"(《周恩来关于领导文化工作者的态度给廖承志的指示》,收入《南方局党史资料·文化工作》第 7 页)

"那时,廖承志是共产党在香港的负责人,他十分重视对国际国内形势的分析和研究。""我们这批文化人到香港不久,他就提议每周举行一次时局漫谈会,相互交流情报,交换意见。参加这个漫谈会的人,记得有邹韬奋、金仲华、杨东莼、乔冠华,好像还有范长江、夏衍、胡绳等。""这个漫谈会实际上是廖承志组织的一个小型学习会"。(茅盾《战斗的一九四一年》回忆录二十八,《新文学史料》1985 年第 3 期第 57 页)

同日　《三〇　进一步的认识》,载香港《华商报》,收入《抗战以来》单行本。(全集第 10 卷第 244—246 页)

5 月 8 日　《三一　一段插话》,载香港《华商报》,收入《抗战以来》单行本。(全集第 10 卷第 247—250 页)

5 月 9 日　《三二　震动寰宇的民族战士》,载香港《华商报》,收入《抗战以来》单行本。(全集第 10 卷第 251—253 页)

《三二　震动寰宇的民族战士》摘要:

"我们要看到黑暗方面,才能消除黑暗,也要看到光明方面,才能扩大光明。我国抗战四年,且在继续抗战,当然有着我们的光明面。关于这光明面,政府和领袖的坚持抗战国策,固然是重要的因素,而前线民族战士的英勇奋斗,在极艰苦的环境中为国挣扎,不仅引起了全国同胞的感念,增强了全国同胞对于抗战胜利的信心,而且震动了全世界,引起了全世界对于中国的敬意,这是中国抗战史上最光荣的一章。"(全集第 10 卷第 251 页)

5月10日 《三三 自动奋发的千万青年》,载香港《华商报》,收入《抗战以来》单行本。(全集第10卷第253—255页)

《三三 自动奋发的千万青年》摘要:

"时代不同了,在'五四'运动的时代,有许多男女青年为着'家庭革命'而与家庭发生冲突,为着恋爱不自由而出走,随处都寻得着'娜拉'那样风范的人物,现在我们看到不少青年男女却因要从军,因要奔赴前方服务,而与家庭发生冲突,不顾家庭的不同意而迳自出走了。青年的本质都是纯洁热烈的,因时代巨流的差异和时代需要的不同,反映着千万青年的趋向。千万青年所反映的伟大时代的要求,这种排山倒海的巨潮,是任何顽固势力所不能抵挡得住的。他们是伟大时代巨潮的先锋!他们是要立在伟大时代的最前线!"(全集第10卷第255页)

5月11日 《三四 无比的求知热情》,载香港《华商报》,收入《抗战以来》单行本。(全集第10卷第255—258页)

《三四 无比的求知热情》摘要:

"最使我们感动的就是那么多的青年对于求知有着那么高度的热情。我们所住的旅馆里,从天一亮直至晚间十二点钟,一批又一批的男女青年络绎不绝地来找我们谈话。我每晨刚从床上起来,还未洗脸,就发现房门外坐着几十个男女青年,等候着晤谈,这种情形使我们不得不受到深深的感动。他们谈话时的诚恳坦白,固然是纯洁青年的本色,所提问题的内容,从国内的战局及政治文化等等,到当时国际上的种种问题,你听了之后简直要感觉到和你相对的不是中学生乃至大学生,而是热心研究政治文化及国际问题的学者。有一天在桂林,我和金仲华先生应广西大学之约,同往演讲,本来打算每人只讲一小时,但是我们两人讲完之后,挤满着大礼堂的男女同学异常热烈地提出了许多关于国内国际的重要问题,我和金先生轮流答复,全场空气的紧张热烈,近千同学的专心一致,都使我和金先生赞叹无已,除演讲的时间外,讨论的时间增加了三小时,同学们还没有散座的意思。他们对于求知的无比热情,是要振奋每一个人的心弦!""又有一次我和几位朋友在桂林被约往广西学生军演讲,男女青年全体全体武装,一切军事化,但是他们却不是仅仅受军事训练,同时对于抗战有关的国内外问题,也迫切地要知道一切,他们的询问纸条像飞雪似地递上讲台,反复讨论,不厌求详,各就笔记簿上走笔疾书,一点不肯放松。他们不但要求武装他们的身体,同时还要'文装'他们的脑袋。""我有一位新闻记者朋友到前方去,斗士们听了他的说明还不满足,一定要他画一张关于欧战的大地图，再就地图讲给他们听听。这位朋友尽管讲得好，要凭空画一张大地图，却画不出，只得交白卷！在前方有些地方不易得到日报，偶然得到一张一个月前的报纸，他们视为至宝，一字不漏地传观着，看得烂了，还要来个座谈会！我也曾在前方和若干青年军官谈过，他们当时对于'德意路线'问题，对于'集体安全制度'问题等等发表高见，口若悬河，滔滔不绝，我仔细研究其内容，觉得并不逊于《世界知识》上诸专家的名作！猗欤盛哉！这伟大时代中的中华民族优秀儿女对于求知的无比热情！这伟大时代的洪炉，陶冶了多少中国现代的青年战士，陶冶了多少中国未来的青年战士！"（全集第 10 卷第 256—258 页）

5 月 12 日　《三五　沦陷区同胞的艰苦奋斗》，载香港《华商报》，收入《抗战以来》单行本。（全集第 10 卷第 258—260 页）

《三五　沦陷区同胞的艰苦奋斗》摘要：

"这一大群沦陷区同胞的艰苦奋斗，不屈不挠，在敌后建立许多抗日根据地，尤其是在华北的许多区域：如晋西北、晋东南、晋冀察、冀中、冀南、鲁南、鲁西北、胶东、鲁南、苏鲁边、豫北等等。这许多区域里的沦陷在敌后的数千万同胞，从血的斗争中长成起来的新的伟大力量，不但在军事上削减着敌人，粉碎着敌人的进攻，并且在政治经济文化各方面都开展着向敌人作反'扫荡'的战争；他们的艰苦奋斗，不但在今日强有力地牵掣了侵略者的泥腿，而且在将来还要制敌人的死命。""我现在只撮述几位朋友从那些地方来后所谈及的许多可歌可泣的故事里面的一二。有一位朋友齐鲁先生不久以前自河北回到陪都，谈起该处同胞坚持平原游击战，实行'破路'的情形。游击战原来是用低劣的武器（当然不是不要优良的武器，是没有），利用困难的地形，在敌人行动不便时，争取主动来打击敌人，所以要靠山川湖沼的特殊地势，才能展开游击战术。但是在广大的群众坚持之下，在彻底动员广大群众情况之下，在河北的大平原上居然开创了旷古未闻的平原游击战！他们以千万群众集体的人力改变了天然的地形，在大平原上造成了千万条纵横交错的沟渠，以迟滞敌人快速步队的进行。他们为着坚持平原游击战，于二十七年的冬季便开始了'破路'的工作，经过了若干次的试验与失败，最后的经验告诉他们要在平原上掘成长的沟渠，三尺宽四尺深，底狭上宽，刚刚可以容许一辆中国的牛车行走，从这一村到那一村，从这一城到那一城，像蛛网一样地密布着，沟中还造有水引沟等等。在这样的'沟地'上，只有中国的牛车可以照常通过，敌人的汽车机械化部队就只能大跳其舞，不但打不来战，汽油的消耗要增加四分之三（从截获的敌军日记中知道）！""秦始皇筑'万里长城'，民怨沸腾，如今在争取独立自由的神圣抗战中,在广大民众热烈拥护的情况下,不但不以为苦,反而踊跃参加。这应该能使我们得到这样的深刻的教训:真能为群众谋利益的事情是没有做不成,昔人称'愚公移山'等于神话,现在以'人力移地',竟成事实。但是我们还应该得到另一个深刻的教训,那便是不重视群众,不依靠群众,便什么也干不成!""他们不但在军事上打游击,而且还在政治上努力改善,一面使人民有权选举他们平时最敬服的打击敌人最坚决的人做县长区长村长,一面让他们选举真能代表自己意见的参议会;同时民众有自动性积极性的组织,配合军事上的需要。他们把内部的改革和对外的战争打成一片,密切地联系起来。"(全集第10卷第258—260页)

5月13日 《三六 热烈爱国的千万侨胞》,载香港《华商报》,收入《抗战以来》单行本。(全集第10卷第260—262页)

《三六 热烈爱国的千万侨胞》摘要:

"侨胞的金钱不是容易得到的,是由于他们终年胼手胝足,千辛万苦,省吃俭用,积蓄起来的,最令人感动的故事,莫过于倾听新从海外回的朋友谈起工作勤苦的侨胞,尽其所有的历年积蓄,倾囊倒出以捐助祖国抗战的种种情形。有许多地方的侨胞,按月自动出其工资的若干,交给海外的捐款机关汇送到祖国作协助抗战的费用,乃至收入较微的洗衣工人,也争相贡献,不甘落后。""中国抗战的胜利,和每一个中国人的福利都有着不可分离的关系,这个真理的认识,以侨胞为最深刻,所以他们对于有益于抗战的事情,没有不尽力拥护,竭诚努力,对于少数人的妥协投降危害国家民族的行为,也极端愤怒,严厉制裁。例如汪精卫和他的走狗们的妥协投降,便受到广大侨胞的最严厉的制裁。即在汪精卫的叛国阴谋尚未完全公开以前,南洋的侨胞领袖陈嘉庚先生在国民参政会第二次大会中所放出的大炮,主张'官吏谈和平者以汉奸论',便在实际上代表了海外千万侨胞的意志。后来汪精卫的叛国阴谋完全公开了,更引起侨胞的怒火。""政府接到海外侨胞请求对汪通缉的电报如雪片飞来,至少在一千封以上,政府鉴于舆情的激昂,毅然提早决定下令通缉。"(全集第10卷第261—262页)

5月14日 黄炎培5月3日到香港,14日夜,金仲华在家设家常便餐招待黄炎培,同席者有邹韬奋、徐伯昕、金仲华的妹妹金端苓画图家及其女儿。(《黄炎培日记》)

同日 《三七 爱我们的祖国》,载香港《华商报》,收入《抗战以来》单行本。(全集第10卷第263—265页)

《三七　爱我们的祖国》摘要：

"英勇卫国的民族战士，奋发英俊的千万青年，艰苦奋斗的沦区同胞，热诚爱国的海外侨胞——这许多广大的爱国民族是中华民国的广大而巩固的基础，是中华民族光明前途的骨干。这样的有着无限光明前途的祖国是我们所值得爱所不得不爱的！我们不否认中国有着局部的黑暗，有着一时的逆流，但是我们只有共同努力消除这局部的黑暗，制止这一时的逆流，使我们的祖国渡过难关，踏上坦途，而不应该看到局部的黑暗一时的逆流而忽视了中华民国仍然有着她的广大而巩固的基础，中华民族仍然有着她的光明前途的骨干，而发生消极或悲观的情绪，这绝对不是具有五千年文明历史的黄帝子孙所应有的态度。""我说不得不爱我们的祖国，这是因为身为中国人，只有使中国独立自由，个人在这世界上才能得到真正的保障。""自从全面抗战发动以来，全国的许多同胞受到日本帝国主义者的摧残踩躏，奸淫残杀，在这极惨酷的苦痛中使每一个中国人（汉奸当然除外，）虽不出国门一步，也都能深深地感觉到祖国的可宝贵，都深深地感觉到争取祖国的独立自由是每一个中国人所不得不负起的重要责任。我们要做一个堂堂正正的人，就不得不爱我们的祖国！如今我们的祖国还有着这么广大的爱国民众做她的基础，还有着那么无限的光明前途，值得我们爱，这不是更使我们够兴奋的事情吗？""换句话说，中国的广大人民对于中国的前途，实有决定的力量。任何在政治舞台上已具有伟力的个人，或在中国已具有相当力量的政党，真能反映中国的广大人民的要求，必然得到最后的胜利，否则必然要遭到最大的失败。""我在这里所欲提出的，是大多数的中国人民，为爱护祖国，为争取祖国的光荣前途，必须明白自己的责任，必须明白努力的动向。我们当然竭诚拥护领导抗战建国的国民政府和最高领袖，但是君子爱人以德，小人爱人以姑息，我们对于政治改革的要求，为着抗战必胜建国必成的目的，也一点不能放松。有些不肖官吏以'国家至上'为藉口而实行其'官吏至上'之私的，即令对我们作种种造谣的诬蔑，也阻止不了我们对于国事的热诚，因为我们爱我们的祖国。我们要在'争取国家独立和实现民主政治'的总目标下，努力奋斗到底。这是中国广大人民的要求，必然得到最后的胜利。"（全集第 10 卷第 263—265 页）

5 月 15 日　《三八　晴天霹雳的宪政运动》，载香港《华商报》，收入《抗战以来》单行本。（全集第 10 卷第 265—267 页）

5 月 16 日　《三九　抗日各党派对宪政的一致要求》，载香港《华商报》，收入《抗战以来》单行本。（全集第 10 卷第 268—270 页）

5 月 17 日 《四〇 再谈抗日各党派对宪政的要求》,载香港《华商报》,收入《抗战以来》单行本。(全集第 10 卷第 270—273 页)

同日 新版《大众生活》在香港出版,由千家驹、金仲华、茅盾、夏衍、乔木(乔冠华)、胡绳、韬奋任编辑委员,韬奋任主编。雷打不动,每周六上午在香港中环太子行办公室开编委会,讨论时事之外,确定下一期的主要内容,每个编委担任一篇以上的文稿。开会时除编委外,徐伯昕有时亦参加讨论,还有助理编辑程浩飞列席。编委会的朋友们都是另有工作的,他们对于韬奋的帮助只能是:每星期开会一次,决定下一期刊物的主要内容,并在这范围内担任写稿一篇,或者是负责向编委以外的朋友拉一篇那一期刊物所需要的稿。韬奋必须自己做的有下列的一大堆事情:每期登在卷首的社评,那是有一定的篇幅的,太长或太短都会影响到刊物的整个编排的计划性;审阅来稿(包括特约稿和外来的投稿);给读者的来信作"简复",这是刊物的很重要的一栏,尤其重要的,是借这一栏发表一些还不宜于用其他方式(例如短评等等)来发表的主张或批评。(千家驹《回忆〈大众生活〉在香港》,程浩飞《韬奋在香港创办〈大众生活〉》,收入《忆韬奋》第 281 页、275 页,夏衍《懒寻旧梦录》第 460 页,茅盾《邹韬奋和〈大众生活〉》,《人民日报》1954 年 7 月 24 日)

同日 《〈大众生活〉复刊词》(署名本社同人)、《民主的妙解》(署名木旦)、《中国的光明前途》、《简复周承新、欧阳海、李正华、黄翼山等诸先生》,载香港《大众生活》新 1 号。(全集第 10 卷第 47—48 页、49—50 页、50—55 页、56—58 页)

《〈大众生活〉复刊词》摘要:

"假如在五年以前,摆在全国人民面前的紧迫问题是如何促成停止内战,团结统一的局面以进一步达到对外的全国抗战,那么现在,摆在全国人民面前的紧急问题,就是如何使分裂的危机根本消灭,巩固团结统一,建立民主政治,由而使抗战坚持到底,以达到最后的胜利。回顾五年以前,那时中国是处在何等的惊风骇浪之中,内争未息,外侮频仍,但卒赖全国人民一致呼号奋发而使民族的航轮驶上坦途;因此,现在虽然很不幸地发生了局部的逆流,但我们坚信,靠着全国人民的巨大力量也一定能旋乾转坤,而到达胜利与光荣的彼岸,所以目前正需要一个比五年以前更广泛而深刻的民众力量的表现。""正确的行动发生于正确的认识,我们要能构成集体的国民力量以协助政府,改进政治,争取胜利,就必须充实我们的知识,增加我们对于本国及国际上各种重要问题的了解。《大众生活》这回和诸位重行见面,所自勉的就是要造成诸位的一个'知识上的好友'——但却不是脱离现实的抽象的知识,而是直接间接和抗战建国以及在这大时代中各人工作上修养上有关的知识。""我们不愿意讳病忌医,对于进步的,有利于民族前途的一切设施固极愿尽其鼓吹宣扬之力,但对于退步的,有害于民族前途的现象我们也不能默尔无言。纵使因此而受到误会与攻讦,但我们对民族前途的信心与为这信心而不惜一切牺牲的决意是必能为读者诸友们共鉴的。《大众生活》是为了大众也是属于大众的一个刊物,我们不但热诚希望读者诸友随时赐予批评指示,同时也极望读者以见闻所及,研究所得,惠赐佳作。"(全集第 10 卷第 47—48 页)

《民主的妙解》摘要:

"有些人好像从娘胎落地就在本能上是反民主的,在他们看来,在抗战以前固然用不着民主,在抗战以后呢? 他们公开倡言战争更是用不着民主的,读者诸君想还记得,关于这方面的好文章,的确盛极一时。""到处碰壁,怎么办呢? 反民主在他们是'当务之急',于是急则智生,有新发明,公然诬蔑主张民主是要另来一个政府,这样一来,岂不是道地十足的反政府吗? 他们又公然诬蔑主张民主是要予人以发表破坏抗战言论的自由,这样一来,岂不是存心不良要破坏抗战吗? 对民主发明了这样的妙解,似乎是可以无往不利,'莫予毒也已'! 妙计妙计!""但是主张民主政治者不但不反政府,反而要使政治清明,政府巩固,不但不破坏抗战,反而要'加强国本',加速抗战最后胜利的到来,反民主者尽放烟幕弹,徒然心劳日拙而已。"(全集第 10 卷第 49—50 页)

《中国的光明前途》摘要:

"一本身的力量"。"中国地大物博人多,实在是我们的祖宗遗留给我们以光明前途的基础。我们一方面看到欧洲的小国接二连三地受到纳粹暴力的摧残蹂躏,有的几天亡国,有的简直在几小时就亡了国,其中原因固然相当复杂,但因为'小'得易被打光,却也是一个事实;一方面看到日本帝国主义者对于中国的残酷侵略,虽以暴力占了不少的土地,整整打了四年,越打越没有把握:我们不得不深深地感觉到我们的祖宗遗留给我们的基础的优厚,要宝贵这个光明前途的基础,加紧发挥光大我们的这种'潜伏中'的伟大的力量,建立'世界上最强最伟大的国家'。""二国际的有利形势"。"三我们的努力动向"。"我们一方面须明白中国的光明前途已有着它的客观的条件,一方面也须明白要能利用客观条件以达到我们所要达到必须达到的抗战建国的目的。我们郑重指出主观努力的重要性,也就是说明光明的前途虽在前面向我们招手,一线的曙光虽已在望,但是我们如呆立不动,或甚至向后倒退,那仍然是达不到的。""就整个民族的前途说,我们有着光明前途的信心,但同时我们却也不忽视当前亟待克服的种种困难,例如国共纠纷的拖延未决,经济问题的困难未除,廉洁政治的尚待建立,法治精神的尚待实现,反攻力量的尚待培成等等,都吸注了全国爱国同胞的严重注意。""我们不应讳疾忌医,也不应妄自菲薄。我们要就各人的岗位,向着抗战建国的共同目标而加倍努力。我们固然各有其本位的工作,但当前解决各种问题的基本条件,却在共同努力促成民主政治在中国的真正实现。""民主政治的实现不仅指真正民意机关的建立,俾得协助政府,督促政府,根据民意切实执行应兴应革的一切措施,并旨在当前即须切实执行约法及抗战建国纲领所规定的最低限度人民权利的保障,例如人民的言论出版集会结社自由的切实保障,人民不得被违法拘捕及须经法院公开审判等等的切实保障等,这种最低限度的人民权利必须切实的保障,然后才有反映民意推进政治改善的可能,否则只有官意而无民意,特务横行无忌,人民吞声饮泣,少数不肖官吏,藉口'国家至上'来实行'官吏至上',无恶不作,即有贤明的领袖,贤明领袖即具有三头六臂,亦难使政治上轨道。第一步我们必须认识民主政治的切实执行,实为解决一切问题的枢纽,各方面都有了这种深切的认识,分头努力促成民主要求的伟大运动,由此促成民主政治的真正实现,一切问题都可迎刃而解,中国的光明前途即将随着迅速地展开,迅速地到来。"(全集第10卷第50—55页)

《简复周承新、欧阳海、李正华、黄翼山等诸先生》摘要:

"你说有许多人以为香港的《华商晚刊》是我在主办,这的确是出于误会。该报的发起和创办,都在我到港以前,我不敢掠美。我到港以后,适逢其会,该报开始出版,承蒙他们特约撰述《抗战以来》一篇连载的长文,如此而已,此外我并不参加该报的任何工作。该报的重要负责人如长江胡仲持诸先生都是我所敬佩的朋友,但该报却不是我所主办,这个事实是需要声明的。""现在有人在纸面上或在广播中承认中国必须走上民主之路,或甚至说中国已经是一个民主国家了。他们不敢公开反对民主政治,这就某一种意义说,未尝不是好事,但是这样在纸面上或广播中吹着,好像已经可以满足似的,这却是一个很大的危险,所以我们不能以不兑现的支票而满足,必须共同努力要求民主政治的真正实现。即在目前,约法及抗战建国纲领中所规定的最低限度的人民权利,如不得违法拘捕及言论出版集会结社自由等等,必须得到切实的保障,这绝对不是仅属个人的自由,是和推进政治的改善有着重大的关系,因为督察官吏,反映人民要求,发挥舆论力量,都非有最低限度人民权利的保障不办。"(全集第10卷第56—57页)

5月中旬 《批评与民主》,载香港《时代批评》第3卷第71期。(全集第10卷第

58—62 页)

《批评与民主》摘要：

"就世界民主政治发展史看,批评的自由与民主的发展实有着非常密切的关系。批评自由的获得,在民主政治发展史上,实占着很重要的位置。""我们都知道民主政治和专制政治是对立的,也可以说是从专制政治中发展出来的,一般地说来,民主政治的前身是专制政治,在专制政治的时代,就不许人民对政治或国家任何大事有批评的自由。""国家大事,本来就是全国人民的事,照理是应由全国人民自己起来管理的,人民管理国事既属天经地义,人民批评国事应该是不成问题的了。但在历史的事实上并非完全如此。远的不必说,在封建时代,国家就只是皇帝、贵族、地主们的国家,管理国事的只是少数贵族,而与广大的人民不相干。所谓国事,也不是关于全国人民的幸福生活,而是单在玩着如统治人民,防止人民造反,这样的国家就是所谓封建专制国家,这样管理人民就是所谓专制政治。在专制政治之下,人民对于国事是没有批评自由可言的。'偶语弃市',人民敢于批评国事,敢于批评管理'国事'的人,便须准备砍脑袋,这是历史上极平常的事情,在中国的历史上也是没有例外的。""诚然,从专制到自由,又是另一件事。国民所要求的是言论自由的实际保障,而不能以仅仅公开表示为已足。这理由甚明显,领袖尽管虚怀若谷,党部尽管在纸面上为言论界呼吁,但是我们如稍稍留意大多数官吏——尤其高级官吏——以及大多数的'党官',对于人民的批评,在实际上都视为莫大的仇敌,摧残压迫,无所不用其极,言论界所批评者,其对象明明为一部分的不肖官吏,或一部分的行政措施,官吏动辄加人民以反政府的罪名,必欲置之死地而后甘心,利用检查或审查机关加以种种的抑制,甚至一面由审查通过,一面又利用各地方军警机关作无理由的扣留或毁灭,或利用邮政机关禁止邮寄,或暗销毁,或对阅者加以威胁,使不敢阅读,不但不能仰体领袖重视民间批评的至意,不但不能符合党部在表面上对于言论界'伸张民意'的倡导,反而变本加厉,违法蛮干,人民饮泣吞声,莫可如何,以国民党党报的重要地位,对言论自由竟一方面怪人民'没有一句赞美辞',一方面作为'挑剔政府措施'",""在视民间批评自由为大逆不道的官吏或党官们看来,当然是逆耳的,但是在民主政治的原则下,官吏为公仆,人民为主人,却为天经地义,为国父中山先生一生所奋斗所欲达到的目的!""我们尤其要郑重指出的是有许多官吏和党官动辄以'国家至上'为藉口,实行其'官吏至上'的阴谋。我们做中华民国主人的,必须揭露这种荒谬绝伦的意识和行为。我们做国民的当然拥护'国家至上',我们拥护抗战，拥护领导抗战的政府与领袖，为的就是'国家至上'，但是我们却要坚决反对压迫人民批评自由的'官吏至上'主义者！我们不能以有名无实的民国自足，我们必须坚决要求民主政治的真正实现，而批评自由的切实保障，却是实现民主政治的一种最主要的工具。我们对于这主要的工具，必须共同努力达到实际的要求。"（全集第10卷第58—62页）

5月18日 《四一 三谈抗日各党派对宪政的要求》，载香港《华商报》，收入《抗战以来》单行本。（全集第10卷第273—274页）

5月19日 《四二 四谈抗日各党派对宪政的要求》，载香港《华商报》，收入《抗战以来》单行本。（全集第10卷第275—278页）

5月20日 《四三 一个综合的研究》，载香港《华商报》，收入《抗战以来》单行本。（全集第10卷第279—281页）

5月21日 《四四 关于宪政提案的一场舌战》，载香港《华商报》，收入《抗战以来》单行本。（全集第10卷第281—284页）

5月22日 《四五 舌战后的"治本办法"》，载香港《华商报》，收入《抗战以来》单行本。（全集第10卷第284—286页）

5月23日 《四六 舌战后的"治标办法"》，载香港《华商报》，收入《抗战以来》单行本。（全集第10卷第287—289页）

5月24日 《四七 对保障人民权利的再呼吁》，载香港《华商报》，收入《抗战以来》单行本。（全集第10卷第289—291页）

同日 《晋南战事的严重性》（未署名）、《事实发展的证明》、《还需要统一战线么》、《如何识别谣言》、《妇女不能漠视政治》、《有了爱人后的苦恼》、《百年树人》，载香港《大众生活》新2号。（全集第10卷第63—64页、65—66页、66—67页、67—68页、68页、68—69页、69—70页）

《晋南战事的严重性》摘要：

"然而，事情的严重还不仅在这一点。在过去，日本因为急于南进，所以未尝在中国有过进取的战略企图；然而，现在，由于形势的改变，日本作进一步的战略企图，不但可能，而且是不可避免了，山西是中日战争的决定的枢纽，山西有失，天下大势将难以有为，这是我们伟大的祖先所不断昭示于我们的。""为粉碎日本的这一企图，我们不得不向全国各党各派力竭声嘶地呼吁：形势变了，现在是要求我们真正的精诚团结的时候了；在这样严重的关头，任何酝酿内战乃至保持内战可能性的企图都等于万劫不复的自杀！"（全集第10卷第64页）

《还需要统一战线么》摘要：

"民族统一战线,在今日的需要并不比抗战初期减低,不但不减低,而且较初期更为重要,一则因为抗战的最后胜利虽较前接近,但行百里者半九十,同时也踏上了更艰苦的阶段,因此更需要团结全国的一切力量,准备作强有力的反攻;二则因为我们能够继续抗战四年而仍不屈不挠,全国团结是一个最基本的条件,敌人汉奸为破坏抗战计,更加紧努力破坏我们全国的精诚团结,我们为粉碎敌人汉奸的阴谋,格外要保障民族统一战线。你说已往为着要保全民族统一战线,对一切向后退的现象,不得不予以最大的忍耐,但愈忍耐,后退的势力愈猖狂,大有'养痈贻患'的危险,现在已到了忍无可忍的时候,再忍下去,国家民族前途更不堪设想了! 你这些话确是沉痛之至,但是你根据这个理便断言现在不再需要民族统一战线,却是不正确的。以已因保全民族统一战线而一切忍耐,那也并不是出于消极的态度,是希望在忍耐中促成若干的进步,现在形势固然与前不同,有些人只一味粉饰太平,讳疾忌医,认为一切都已尽美尽善,无须检讨,不容批评,我们必须力争政治上的改革,以作解决种种困难问题的基础,不能再像以前那样出于完全忍耐的态度了,但这却不是不再需要民族统一战线,而是要清除躲在抗战阵营中的破坏团结破坏抗战的腐化分子,而是各方面的贤明分子(国民党的贤明分子也包括在内)更巩固团结,更有力量,正所以巩固民族统一阵线,也可以说是形成新的民族统一阵线,继续为抗战建国而戮力同心,共同奋斗。"(全集第 10 卷第 66—67 页)

《如何识别谣言》摘要：

"你说'造谣重于宣传'的人,因事实终究是事实,终有水落石出的时候,所以骗人也只能骗人于一时,但是在这'一时'之间,仍不免有人受他们的欺骗,听任他们播种毒素,这一点仍属可忧。询问有什么好办法对付,这在一方面固然要根据事实,揭发其欺骗;在另一方面,如能留心任何事都有它的来源,都有它的发展过程,便不致易于受骗。出卖民族利益的人如汪精卫,他的这种行为决不是发生于一朝一夕的,你如果平日留意他的言行,便知道他的卖国'理论',早就陆续露出了马脚。在相反方面,真是忠于国家民族的人,他的平日言行,也是可以鉴别得出来的,而不是一朝一夕形成的,对于这样的人,忽然有人加以毫无事实根据的诬蔑,略有常识的人也不会被欺骗的。我们对人对事,如能注意事实发展的过程,而不仅仅看到临时发生的事情,或听到临时造出的谣言,便可洞若观火了。"(全集第 10 卷第 67—68 页)

《妇女不能漠视政治》摘要：

"妇女运动也是和政治的进步或落后脱离不了关系。在纳粹或法西斯政治统治之下的妇女,只有回到厨房里去的一条路走。在资本主义民主政治统治之下的妇女,只能得到局部的解放,有些妇女得在事业上有所建树(在全体妇女中仍占少数),有些妇女(占多数)仍在很艰难的情况下挣扎着。在更进步的国家里,或真在实行三民主义的情况下,妇女是应该向着进步的康庄大道迈进,职业界排斥妇女,以及提倡妇女回到厨房去的谬说都是不应该在中国出现的。"(全集第10卷第68页)

《有了爱人后的苦恼》摘要:

"我觉得恋爱是要注重双方的,她既然对你那么好,你又那样死心塌地爱她,某要人虽腰缠万贯,莫奈她何,她既'坚决表示讨厌'那位'某要人',可见她的心仍然只有你,你大可不必'寝食不安,几乎发狂',更不宜'妨碍到经常的工作'。你既觉得必须成全这件好事,才能使你安心工作,如何'成全',却值得细加考虑。我们觉得可能之路似乎不外乎这几条:(一)你那位'称心满意的爱人'也能寻得一种职业,家庭经济,夫妇合作;(二)如办不到,就你的收入,夫妇共甘苦;(三)如又办不到,那只有暂时做好朋友,或暂时做爱人,不立即组织家庭。"(全集第10卷第69页)

《百年树人》摘要:

"俗谚有所谓'十年树木,百年树人',教育的事业与下一代国民的身心的健全确有着莫大的关系,你因为'效果不彰',有意改业,不过,我们要知道,教育的效果是在较长时期中才收得到的,甚至在表面上不一定就看得出具体的效果,所以教育者必须以不求效的精神,不厌不倦的态度,为国家百年大计而继续努力,不必因一时的'效果不彰'而即改业。"(全集第10卷第69—70页)

5月25日 《四八 对保障文化事业的再呼吁》,载香港《华商报》,收入《抗战以来》单行本。(全集第10卷第292—295页)

5月26日 《四九 苦命的宪政运动》,载香港《华商报》,收入《抗战以来》单行本。(全集第10卷第295—297页)

5月27日 《五〇 一幕悲喜剧》,载香港《华商报》,收入《抗战以来》单行本。(全集第10卷第297—300页)

5月28日 《五一 两种倾向》,载香港《华商报》,收入《抗战以来》单行本。(全集第10卷第300—303页)

5月30日 《五二 对宪政的最后挣扎》,载香港《华商报》,收入《抗战以来》单行本。(全集第10卷第303—306页)

5 月 31 日　《我们对于国事的态度和主张》(5 月 29 日作,署名韬奋、茅盾、金仲华、恽逸群、范长江、于毅夫、沈志远、沈兹九、韩幽桐),载香港《华商报》,收入《抗战以来》单行本附录,香港《大众生活》6 月 7 日新 4 号特载。(全集第 10 卷第 379—385 页)

同日　《五三　虚文与实行》,载香港《华商报》,收入《抗战以来》单行本。(全集第 10 卷第 306—308 页)

同日　《如何卫护国家中心》(未署名)、《"自由的前哨"》、《〈学习的环境改变了〉附言》,载香港《大众生活》新 3 号。(全集第 10 卷第 70—71 页、72—73 页、73—77 页)

《如何卫护国家中心》摘要:

　　"《大公报》记者重视'现在的国家中心',出于爱国热诚,我们非常同情,不过据记者所知,在野各抗日党派以及无党无派的爱国人士的言论,不但没有人希望现在的国家中心失败,来再建一个中心,而且诚恳地希望'现在的国家中心'能够进步,能够健全,以保证并加速抗战必胜建国必成的目的之达到。""为着要卫护国家中心,我们反对像有些人那样对于国事存着粉饰敷衍讳疾忌医的态度,而对于完全站在国家民族利益的立场,提出改革政治的要求,检讨政治的'缺陷',则加上'反政府'的罪名,诬蔑为要'推翻国家中心'。最近有中央常委某君语人,说你对政府措施有所批评,即令是对的,政府接受了要失政府的面子,不接受要失你的面子,所以还是不要批评的好!""倘认为接受舆论正确的批评都是失面子的事情,这种最低限度的民主态度都没有,国家中心怎样能够进步? 怎样能够健全? 我们正因为十分重视'现在的国家中心',不得不大声疾呼,垂涕而道,认为'一切力量皆须发扬,一切缺憾皆须填补',必须在事实上做到,而不应再一味粉饰太平,敷衍塞责,藉'相忍为国'之名,行'相忍误国'之实。"(全集第 10 卷第 70—71 页)

《"自由的前哨"》摘要:

　　"必须享有民主自由的人民才能构成真正民主的国家,真正民主的国家是不能由奴隶的人民构成的。"(全集第 10 卷第 72—73 页)

《〈学习的环境改变了〉附言》摘要:

　　"他在这封信里所流露着的爱国家爱人类爱正义的积极性,所流露着的热烈求知的心情,所流露着的努力奋斗自强不息的精神,不只是他个人的表现,实在是他'在街上见到一批批流亡的青年'的共同的象征。实在是千万中华民族优秀儿女的共同的象征。这是中国光明前途最重要的一个基础,是值得我们宝贵和欣慰的。""这一伟大的力量,对国家民族曾经有过伟大贡献而在目前及将来可能有更伟大贡献的力量,在目前却在苦难挣扎中,这引起了如何领导青年的问题,目前戕害青年最酷烈的是教育的特务化,他们用每月几块钱的津贴,收买青年学生做特务,捏造种种'情报',甚至供给以手枪,对同学实行威胁。这种忍心害理的事情,好的学生当然不肯干,于是只有平日品性恶劣或成绩恶劣的少数学生被威胁利诱而成为藏污纳垢的集团,用种种恶劣手段来陷害品性纯洁成绩优异的同学。学校本来是青年获得知识的处所,无论是自然科学或社会科学,如今却要他们养成'摩擦专家',埋头于'摩擦理论'努力于'摩擦工作',这样的'学习环境'当然是纯洁的积极的青年所受不了的。""青年是在学习的时代,对于事物不但要知其然,而且要知其所以然,现在有些领导青年的人动辄提出'绝对服从'的口号来压迫青年。我们不是无条件地反对服从,但是我们主张合理的服从,反对盲目的服从。有某校的军事教官公然对学生说:'明明是白的,我说是黑的,你就也要跟着说是黑的;明明是黑的,我说是白的,你就也要跟着说是白的。这就是绝对服从!'倘若不是亲受这样'训育'的青年来信告诉我们,简直令人听了不能相信。这样'混淆黑白'的'教育'不是要把青年培成有理智的健全的国民,而是要把他们培成奴才!""学习时代的青年是喜动的,而现在有许多领导青年者不注意领导他们怎样动,却一味地怕他们动,不许他们动,甚至除课本外,不许他们阅看一切书报!""最后,领导青年必须注重教育的说服与感化,而不能由于强制的压迫,现在有许多负教育青年之责者,除本信作者所报告的种种压迫方法之外,还有什么暗室,把青年学生关在那种暗无天日的暗室,一关几天,饿着肚子! 内地有好多地方,缺乏医药,青年饿着肚子关了几天放出之后,往往生病,因缺乏医药而酿成大病,生死随他,这样糟蹋青年的教育方法,真是古今中外所罕见! 这样的学习环境,你怎能怪青年不'逃'呢?"(全集第 10 卷第 75—77 页)

6月1日 《五四 严禁违法拘捕的建议》,载香港《华商报》,收入《抗战以来》单行本。(全集第 10 卷第 308—311 页)

《五四 严禁违法拘捕的建议》摘要:

"在国民参政会第五次大会中,除了上次所谈过的光升和张申府二位先生所提的提案有关宪政的基本条件外,还有一个是记者所提的'严禁违法拘捕,迅速实行《提审法》,以保障人民身体自由案'。""在国民参政会第五次大会以前,我已参加了四次大会,我很沉痛地感觉到我所提出的提案,乃至许多其他'来宾'的提案,尽管经大会通过,在事实上凡是比较重要的提案都只是等于废纸。尤其明显的是关于实施宪政的要案,无论'治本办法'也好,'治标办法'也好,有那一点'切实执行'过？但是在第五次开会时,我仍抱着一线的希望,提出'严禁违法拘捕'的提案,作最后的尝试。""这个提案经大会决议:'送请政府切实执行'。后来'送请政府'之后,结果怎样呢？结果等到宪法公布实行之后再说！于是'切实执行'尚保留在纸面上！"（全集第 10 卷第 309—311 页）

6 月 2 日　《五五　"笔杆暴动"！》,载香港《华商报》,收入《抗战以来》单行本。（全集第 10 卷第 311—314 页）

6 月 3 日　《五六　"笔杆暴动"与青年惨剧》,载香港《华商报》,收入《抗战以来》单行本。（全集第 10 卷第 314—316 页）

6 月 4 日　《五七　万方感念的马寅初先生》,载香港《华商报》,收入《抗战以来》单行本。（全集第 10 卷第 316—319 页）

6 月 6 日　《五八　郭先生的和尚妙喻》,载香港《华商报》,收入《抗战以来》单行本。（全集第 10 卷第 319—321 页）

6 月 7 日　《五九　故事的象征》,载香港《华商报》,收入《抗战以来》单行本。（全集第 10 卷第 322—324 页）

同日　《美总统的炉边谈话》（未署名）、《远东和平与中国抗战》,载香港《大众生活》新 4 号。（全集第 10 卷第 78—79 页、80—81 页）

《远东和平与中国抗战》摘要:

"中国苦于不平等条约的束缚久矣,友邦关怀在华特权的废除,我们当然要表示谢意,不过在罗斯福总统最近发表的《炉边谈话》省略日本以后,日本大放美国调停中日战争的烟幕,在这样的时候,我们深深感到美国加强援助中国抗战,比表示于中国恢复和平以后的如何如何,其重要性更急迫得多,因为远东的真正和平与中国抗战的最后胜利是有着不可分离的关系。""在我们中国所以自勉者,也是要集中一切力量于争取抗战的最后胜利,抗战获得最后胜利之后,不平等条约的废除必成为当然的结果。不平等条约的真正废除,绝对不可能在'奴隶的和平'之下达到的。合众社一日重庆电讯谓,中国官方认为近来汪精卫有一暗示,谓南京以日人之助,将片面的取消一切治外法权,若此成功,必使南京获得中国大多数人的拥护云云,而赫尔正于此时发表声明,可谓极得其时。其实这是拟于不伦。汪精卫在'奴隶的和平'之下,所谓'取消治外法权'云云,只是欺人之谈,绝对得不到'中国大多数人的拥护',这实在是常之又常的常识。坚持抗战以建立远东真正和平基础的中国,岂有和傀儡组织比赛的道理？"（全集第 10 卷第 80—81 页）

6 月 8 日　《六○　逆流中的一个文化堡垒》,载香港《华商报》,收入《抗战以

来》单行本。(全集第10卷第324—326页)

6月9日 《六一 "生活"在抗战期间贡献了什么?》,载香港《华商报》,收入《抗战以来》单行本。(全集第10卷第327—329页)

6月10日 《六二 "生活"是怎样被摧残的?》,载香港《华商报》,收入《抗战以来》单行本。(全集第10卷第329—334页)

6月11日 《六三 有什么藉口?》,载香港《华商报》,收入《抗战以来》单行本。(全集第10卷第334—336页)

同日 《六四 又来几个故事》,载香港《华商报》,收入《抗战以来》单行本。(全集第10卷第337—340页)

6月14日 《比奖金更重要的事》(未署名)、《真伪之别》、《我们的态度和主张》、《研究学问的程序》、《对老朽的古文的不满》、《怎样唤醒落后的青年》,载香港《大众生活》新5号。(全集第10卷第81—83页、83—84页、84—86页、86页、87页、88页)

《真伪之别》摘要:

"国父中山先生主张'中国非民主不可',国民参政会第四次大会决议定期召集国民大会实施宪政,得到全国爱国同胞的热烈拥护。但是在另一方面,汪精卫和他的走狗们也在那里嚷着'民主',也在那里嚷着要开'国民大会实施宪政'。可是全国同胞,除了汉奸之外,是能够辨别真伪的,他们绝对不致把国父中山先生所主张的民主以及国民参政会所决议的召集国民大会实施宪政案,和汪精卫在他的主子牵着鼻子之下所嚷着的勾当等量齐观。也绝对不致因为汪等乱嚷'民主'而就不敢谈真正的民主,不敢要求真正的民主。""同样地,日本鼓励汪精卫把他的傀儡组织称为'国民政府',把他的狐群狗党称为'国民党',全国国民,除了汉奸之外,也是能够辨别真伪的,也绝对不致因此而不敢拥护领导抗战的国民政府和国民党。国民政府和国民党也不因此而另外换过招牌。""我国有些人却有意混淆真伪,把拥护抗战国策的国民对于国事的批评,和敌伪的'批评'等量齐观,企图藉此'防民之口',以便横行无忌,无恶不作,我们立于加强国力争取抗战胜利的立场,对于这种卑劣的手段,欺骗的烟幕,应该具有高度的警觉性。"(全集第10卷第83—84页)

《我们的态度和主张》摘要:

"(一)""你对于民众团体这样关切,是值得敬佩的。我们对于这'八十六团体'的情形未能一一奉告,但在政治逆流中,应得合法保障的民众团体之被摧残,已是一件司空见惯的事情,例如中国青年记者学会总会曾在中宣部政治部社会部立案,具有四年光辉成绩的历史,亦于四月间被勒令停止活动,贻中国文化界以深刻的伤痕,便是一件众所周知及愤慨的不幸事件。这种不幸现象,在政治逆流愈趋愈剧时,必愈将变本加厉,是意中事,惟有政治改善达到目的,这种不幸现象才有不再发现的可能。'"(三)不过你说我们'排斥英美而把苏联捧上卅三天',我们很觉得诧异,我们在本刊新一号答复周承新先生的信曾说'苏英美对于我国抗战都是同情的,也都是援助我国的友邦,直到现在为止,苏联还是援助我国最多的一个友邦,非但没有停止它的援华政策,而且只有增加,那末立于我们国家民族的利益立场,我们对于有些人企图造成反苏高潮,是无法同意的,犹之乎在英美仍同情我国,继续援助我国的时候,我们也不能同意有人起来反英反美一样。'这很明确地表示了我们的态度。就是你所深表同情的'对于国事的态度和主张'一文,是我们正式宣布的态度和主张,对外交也没有像你所责备的主张。(三)(注:应四)你责备我们把'国父蒋委员长''唤蒋先生',表示不满,这也是出于误会,'国父'是由国民政府通令全国国民尊崇中山先生的称呼,并不是蒋委员长。记者在《华商报》及本刊所发表的文章,以及我所见到的茅盾先生最近所发表的文章,并没有用到'蒋先生'的称呼。而且'民国'的国民对于领袖或元首称'先生',也并不含有任何不敬的意味。例如美国国民称罗斯福总统也常用 Mr. ROOsevelt。国民参政员和蒋委员长的谈话会,记者也曾经屡次参加过,有的称蒋委员长为委员长,有的称他为议长,也有的称蒋先生,在我们看来都是一样的。"(全集第10卷第84—86页)

《对老朽的古文的不满》摘要:

"你对于有些同学的思想落伍,表示愤慨,这固然不是没有理由的,但同时你却要体谅他们在那样'冬烘'先生及'老朽古文'陶冶之下,思想落伍不应完全归罪于他们的自身,也不是一朝一夕所造成的现象,你对于他们只可在可能范围内予以启迪或说明,态度要和平,言词要诚恳和缓,而不宜徒然愤慨,甚至发生厌恶或轻视的情绪及态度,那不但于事无补,徒然引起他们的反感,增加你自己精神上的苦痛,这一点是值得注意的。"(全集第10卷第87页)

《怎样唤醒落后的青年》全文:

"你看到你所服务的学校里的图书馆中,有些青年只注意'娱乐消息,澳闻,和武侠小说',感觉到文化工作有注意更广泛更深入的必要,你的意见是很正确的。我们一方面固然也不能抹煞在这抗战的伟大时代,有千万青年被觉醒,在进步的途程上迈进,但在另一方面,也尚有一部分的青年需要正确的领导,使他们走上进步的康庄大道。这方面的工作似乎有二点值得注意:第一点,就大的方面说,我们要努力使整个政治上轨道,使加在青年身上的桎梏和镣铐能解除,使他们得到求知的自由;就文化工作的本位方面说,书报的内容应该力避公式化,应该和当前的实际的需要有密切的配合,写的技术和内容的组织都应该注意引人入胜,不要使人开卷无益,索然无味,沉沉睡去。"(全集第10卷第88页)

6月16日 《六五 党老爷的"政治哲学"》,载香港《华商报》,收入《抗战以来》单行本。(全集第10卷第340—342页)

同日 《党派与人权》,载香港《时代批评》第73、74期合刊。(全集第10卷第89—94页)

6月17日 《六六 与中央党部交涉的经过》,载香港《华商报》,收入《抗战以来》单行本。(全集第10卷第343—346页)

6月18日 《六七 广大读者爱护支持的文化堡垒》,载香港《华商报》,收入《抗战以来》单行本。(全集第10卷第346—349页)

6月20日 《六八 与党部"特务"首领的谈话》,载香港《华商报》,收入《抗战以来》单行本。(全集第10卷第349—352页)

6月21日 《六九 又是几个故事》,载香港《华商报》,收入《抗战以来》单行本。(全集第10卷第352—355页)

同日 《苏日商业协定》(未署名)、《隧道惨剧的教训》、《〈言论的立场和态度〉附言》、《进大学的态度》、《正确认识与实际材料》、《赶快救他早离苦海》、《国共问题在参政会中》、《我们的信箱栏的办法》、《伸入华侨中的魔手》(以上七篇署名韬),载香港《大众生活》新6号。(全集第10卷第94—96页、96—97页、98—102页、102—103页、103页、104页、105页、106页、106—107页)

《隧道惨剧的教训》摘要:

"震惊全国的陪都大隧道惨剧,发生于六月五日晚间日机轰炸之际,当时空袭时间达六小时之久,闷死隧道中者初传七百人,继传七千人,自五日晚间惨剧发生后,救死扶伤,两日未毕,至七日止,已抬出尸首二千余人,掘出尸首有全家七八人手携手至死不放者,其惨痛可以概见。""敌机轰炸,空袭过久,以致大隧道闷死数千人,这种血债新仇,我们固然要把它记在敌人的血债上,增强我们对于民族敌人的敌忾同仇,但同时我们却也不可忽视我们防空洞的通风设备太劣,空气窒塞,益以管理防空洞的防护团团员(其中有不少三民主义青年团团员)凭藉'官'势,对人作威作福,蛮不讲理,甚至辱骂殴打,大有租界中'阿三'气概,早视民命如草芥。据说这次惨剧发生,近因即由他们把洞门紧闭,历时过久,洞内有人窒闷而死,于是群起恐慌,涌至洞口,空气愈塞,闷死愈多。尤其不可恕的是这种惨剧，并非首次，在去夏已有三四百人闷死同一隧道内，蒋委员长曾亲到该处视察，手令负责机关迅速改善通风设备，竟因官僚政治的腐化积习，事过一年，还是一切照旧，高级官吏不负责任，下级喽罗卤莽横行，演成更酷烈的惨剧。""这次惨案发生后，政府亦甚注意，但以七千人的惨死，仅仅换得二三官吏的'撤职留任'，民命未免太贱，而尤其要注意的是防空行政的腐化，只是整个政治腐化的局部表现，如不从根本上求治，枝节的弥缝仍是无济于事的。"（全集第 10 卷第 96—97 页）

《〈言论的立场和态度〉附言》摘要：

"梁先生曾谈到所谓'中共人物'，'为中共宣传'，这实在不仅是限于对付一二少数人的'战略'，在今日，略有理性，略能艰苦工作的人，都有可能被视为'中共人物'；略有正义感，肯说老实话的人，坚持团结抗战，要求实现民主政治的人，都有可能被视为'为中共宣传'。这种'战略'已逐渐扩充其范围，逐渐普遍化，由少数被'嫉忌'的文化工作者扩充到一般青年及一般工作人员。记者不久以前在陪都时，遇见在复旦大学担任教授的陈望道先生，就听他谈起复旦大学有几个东北籍的青年学生，因平日耐苦勤学，不修边幅，发长不剪，衣破不换，只知苦学，忽被'特务'注意，认为这种作风必是'异党分子'，"又例如在重庆妇女慰劳分会有一个青年女职员，耐苦勤奋，极有成绩，该会经费有限，酬报极薄，她情愿几条萝卜干下饭，忍饥耐寒，不以为苦，努力做慰劳及协助抗战军人家属的工作，听说陪都及附近有抗属二千余家，她家家都熟悉，家家对她都敬爱得什么似的（她自己有一个哥哥在前线打战，所以她自己在实际上也是抗属），但是因为她的耐苦勤劳，也被'特务'疑为'异党分子'，□□□'□□'□□□□□□□□□，□□□□□□□，□□□□□□□□□□□□，□□□□□，□□'□□□□□'，（□□□□□□□□□□□'□□□□'□），此事虽被'新闻封锁'，仍轰动整个陪都妇女界，后来经多方营救，才得保释。""最令人不解的是他们简直好像把一切好事好人都归在共产党方面去，把一切坏事坏人都拉到自己方面来！最近有一位英国记者从陪都来，他慨然说：'在中国今日，任何有理智的人都被视为共产党！'这位英国记者是英国的工党党员，他本人就不是共产党员，但他在陪都住了三个月，所得的观感如此。我们绝对不能因为有人瞎把帽子戴上，便放弃我们做人应有的'理智'，更绝对不能因此自弃国民应有的天职。这是关于'瞎戴帽子'的感想。""其次，梁先生主张言论的态度要'更慎重而诚恳'，这个原则，我们是应该注意的。但是梁先生所举的二个例子，却尚有商榷之余地。第一个例子是陈此生先生《'拖'之为用》一文里曾说起'结果就不得不抄袭满清的"宁赠友邦,不给家奴"'一语,梁先生认为'未免欠缺充分的论据',其实陈先生这句话的'充分的论据'即在该文同段中所说的'所谓"日本乃疥癣之疾,共产党却是心腹之患"这一套理论'。""把日本帝国主义者的侵略看作无足重轻的'疥癣之疾',日本人显然是'异族',陈先生的论断不是没有'充分的论据'的。""被批评者如不知'反省觉悟'而反要'老羞成怒',那不该怪陈先生而当怪自己何以要那样胡说八道,贻误国事!""第二个例子是夏衍先生在《出走与回都》一文中""把当局比喻做'晚娘',已经是客气之至,和婉之至,'晚娘'听到平心静气的解释(该文全篇只是根据事实主持公道,没有一句漫骂'晚娘'的话),如不知'反省觉悟'而反要'老羞成怒',那也只有怪她自己太不讲理,而不能怪根据事实主持公道者的解释。当局既有着'晚娘'的行为,我们对'晚娘'解释则可,把'晚娘'硬说成'慈母',于事实不符,却是不可能、也是不应该撒谎以欺骗社会,遗患无穷的。""记者在文章中屡次说起国民党有着贤明的分子,我们所反对的不是整个的国民党,而只是'国民党中的败类',只是国民党中一部分不良的作风和倒退的政策。就这一点说,与其说我们反对国民党,不如说我们爱护国民党。'君子爱人以德,小人爱人以姑息。'我们如以'姑息'态度对国民党,让国民党腐化下去,于国民党无益,于国家则有大害,这是'以民族利益作前提'者所不愿做所不该做的。"(全集第10卷第99—102页)

同日 周恩来向中宣部和文委的报告摘录:

"香港文艺活动的组织:(略)。香港文艺团体及刊物:(略)。香港文艺活动工作情况:(略)。香港工作的几个阶段,新四军事变后,主要为争取时局好转,文艺以揭露国内政治黑暗为主,茅盾、韬奋写的文章影响极大,五六月份后,各方面工作都较有基础""港文艺界发生之争论:(略)。""港对文艺活动之限制。""后来华商报发现左倾,特别是茅盾、韬奋的文章登过后,引起很大注意,检查也就严格起来了。随便可以扣文章,有关港府及国内政治的文章都不能登,而延安消息及战报,仍可通过当时定的检查标准,而有关领袖的生活之悲观言论及暴露黑暗等文章均不准登,开始时对华商特别严格,到民主政团同盟宣言发表后,则对华商较宽,对各党报则严,如□□□□□光明等都受到压迫。并有《中国评论》出版,以与《大众生活》对战。然《大众生活》却照旧毫没有受到打击(《大众生活》韬奋编,每月销一万X千份,为港杂志站之最大销数)。"(《周恩来关于香港文艺运动情况向中央宣传部和文委的报告》,收入《南方党史资料·文化工作》第15—18页)

6 月 22 日　苏德战争爆发。

同日　《七〇　"诸葛亮"和"阿斗"搏斗》，载香港《华商报》，收入《抗战以来》单行本。（全集第 10 卷第 355—358 页）

6 月 23 日　《七一　一位"大员"的话》，载香港《华商报》，收入《抗战以来》单行本。（全集第 10 卷第 358—360 页）

6 月 24 日　《七二　文化封锁》，载香港《华商报》，收入《抗战以来》单行本。（全集第 10 卷第 361—364 页）

6 月 25 日　《七三　今年二月后》，载香港《华商报》，收入《抗战以来》单行本。（全集第 10 卷第 364—367 页）

6 月 27 日　《七四　最后的商谈》，载香港《华商报》，收入《抗战以来》单行本。（全集第 10 卷第 367—369 页）

6 月 28 日　《七五　第二届国民参政会的前夜》，载香港《华商报》，收入《抗战以来》单行本。（全集第 10 卷第 369—372 页）

同日　《德军进攻苏联》（未署名）、《汪逆在东京□□》（当年《华商报》广告栏登出，题为《汪逆在东京叩头》）、《正视现实不必彷徨》、《监学先生封锁报纸》、《并不组织新的政党》、《赶出妥协主降分子》、《应重视的两个运动》（以上五篇署名韬）、《汉奸父子争风吃醋的悲喜剧》（署名马来），载香港《大众生活》新 7 号。（全集第 10 卷 107—109 页、109—110 页、110—111 页、112 页、113 页、113—114 页、114—116 页、116 页）

《德军进攻苏联》摘要：

> "我们对于德苏战争的态度而言，我们根本上是同情于苏联的；而且我们相信由于这战争的展开，将触发一个广大世界的反法西斯怒潮，加速侵略帝国主义的崩溃！"（全集第 10 卷第 109 页）

《汪逆在东京□□》全文：

> "汪逆带着一群小傀儡往东京向日本皇帝叩头，并向他们的大小主子东条、松冈、近卫等等致敬，不仅如此，还到日本已死的人如日本故首相犬养毅、梅田、富井等等的墓地哀祭一番，婢膝奴颜，淋漓尽致，真令人听了肉麻，看了掩鼻。""日本现在最重要的政略是梦想引诱中国上它的圈套，造成等于屈膝投降沦为奴隶的所谓'全面的和平'，在这个企图之中，日本内部对于他们所一手培成的汪逆也有二种看法，有一部分人认为不妨牺牲汪逆，有一部分人（尤其是日本在华军人）还要扶植汪逆，觉得这个傀儡组织对于他们在华抢得的利益，尚有警犬的效用。汪逆等恐怕他们主子里面前一种主张抬头，所以在敌酋本多回国以后，他就仓皇带着一群□□，往东京向大小各主子甚至死的主子叩

头致敬,娇滴滴地献媚一番。""尤其可笑的是近卫和汪逆竟于六月廿三日发表所谓'联合声明',强调声述加强'解决中国事件'及建立'东亚新秩序',以'和睦、共同反共、及经济合作'为基础等等之梦呓! 这原是敌伪的老套,它的新的意义是日阀仍不能以军事征服中国,政治攻势也无法发生速效,最近国际形势的剧变更使他们手足失措,日暮途穷,于是只得于极无聊赖之中,拉着娇滴滴的汪逆再唱这么几句,想骗骗已陷入失望深渊的日本国民而已。"(全集第 10 卷第 109—110 页)

《正视现实不必彷徨》摘要:

"纯洁的青年要求热、要求进步、要求真理,现实的社会并不全是热的,并不全是进步的,并不全是合于真理的。这是事实,在事实未被改变前,我们必须面对事实,我们不能逃避事实。你如果发现了现实的社会和你未入社会前所想象的社会不同,这正是证明你以前的错误,增加了你的见识,你在认识上是比以前进步了,不应该失望,不应该彷徨。此其一。我们不能希望已有一个现成的热的、进步的、合于真理的社会,开着门等候我们,而是要用我们的努力,替自己和我们周围的人创造合理的环境,用我们的共同的努力使冷的、倒退的、不合理的社会,变成热的、进步的、合理的社会。这就必须具有克服困难而不为困难所克服的决心和勇气,此其二。现实的社会有黑暗的方面,同时也有其光明的方面。有它的冷的方面,也有它的热的方面;有它的倒退的方面,也有它的进步的方面;有它的不合理的方面,也有它的合理的方面。我们要看到整个社会的各方面,然后才不致悲观,消极。"(全集第 10 卷第 110—111 页)

《赶出妥协主降分子》摘要:

"以全国爱国同胞对于抗战的热烈拥护,以前线数百万爱国将士对于抗战的热烈拥护,在这种伟大的抗战力量之下,妥协主和分子不易达其破坏抗战的目的,是我们所深信的,但是他们仍隐藏在抗战阵营内,却可以肆其怠工的阴谋,肆其挑拨离间破坏团结的阴谋,至少要延缓抗战最后胜利的到来,制造抗战的危机,仍贻国家民族以隐忧,所以我们必须'肃清此等分子',根本消除他们所企图造成的祸患。"(全集第 10 卷第 114 页)

6 月 30 日 《七六 临行的一封信》,载香港《华商报》,收入《抗战以来》单行本。(全集第 10 卷第 372—375 页)

《七六 临行的一封信》摘要:

"最近有朋友自陪都来,据说在重庆平日被派着监视我的二三位'特务',因为事前未能发觉我已离渝,被拘押起来,至今未被释放,这却是使我感到非常抱歉的一件事。其实怪不得他们。我在陪都时平日光明磊落，事事公开，既无'暴动'阴谋，又无任何其他秘密行动，他们觉得监无可监，视无可视，所以不免松懈了下来。就是我的出走，也是被逼到最后，至二月廿三日傍晚才决定（廿四日深夜四点钟就动身），事出仓卒，我自己也是临时才知道，实在不能怪这几位'特务'仁兄未能事前发觉。所以关于这件事，他们是和我同样受到无妄之灾的！我希望这几位'特务'仁兄早获自由，重见天日，不过同时希望他们出来之后，把工作改换方向，用来对付敌伪，□□□□□□□□□□□□□！不胜馨香祷祝之至！"（全集第 10 卷第 372—375 页）

《七七　关于态度和主张的补充说明》，发表日期和出处不详。（全集第 10 卷第 375—379 页）

《七七　关于态度和主张的补充说明》摘要：

"这是公开发表的文章，指出优点，固无问题，指出缺憾，似乎有些人感觉到是否要被敌伪利用，其实这一点是不足虑的，因为我对于有关国防及外交秘密的问题，并没有提出公开讨论。所提出的只是关于政治上的某些缺憾，这在各民主国家是可以允许的。缺憾指出之后，能加以改善，正可以加强国力，加速抗战最后胜利的到来，何所惧于敌伪？讳疾忌医，养痈贻患，正是于敌伪有利，于中国何益？""有些人认为你有所批评有所建议，尽可写信给有关的政治当局，何必公开发表呢？我们承认少数人写信在某种场合固有其可能的效用，我也曾屡次追随参政会中诸前辈联名写信给蒋委员长，但同时却不能抹煞舆论的效用。""尤其是关于政治文化的运动，不是少数人写信所能奏效，必须唤起舆论的力量，形成多数人所认为必要的主张，然后由于群策群力，共同努力，才能达到政治改革的目的。""有些人认为一切等到抗战胜利以后再说。他们根本没有认识中国抗战是半殖民地的解放战争，是持久战，争取最后胜利是要靠着抗战过程中的继续不断的新生力量，因此，政治改革——一切改革的核心——是与抗战最后胜利有不可分离的密切关系。""关于本文的措辞，也许有人觉得太直率一些，甚至觉得太激烈一些。我自问所根据的都是确凿的事实，我自问我的动机是要藉此推进政治的改革，是积极的而不是消极的，但是心直口快，生性戆直，确是我生平的缺点，我平日易得朋友的谅解者以此，我平日易于得罪朋友者也在此。我在本文中所最注意的是政治改革的推进，并无意于开罪任何个人，如有因为叙述事实以示'象征'，笔锋所及，不免开罪任何个人之处，那是不胜歉然的。""第一点要补充说明的是我对于执政的国民党责备特严则有之，但我并不反对整个的国民党，我只是严厉批评国民党中黑暗的一部分。""本文中屡次提起国民党中有着贤明的分子,所以我在本文中所指摘的'党老爷',显然不是指整个国民党的全体党员,而只是指国民党中一部分的'吃教骗子'。""我对国民党中'吃教骗子'所表现的违法背理的作风,曾加以毫不客气的揭露,正是重视国民党,正是希望国民党改善与进步,因为我深信国民党的改善与进步,对于中国政治的改善与进步,有着很大的影响。""第二点要补充说明的是我为着中国政治的改革,对于政府和领袖存着忠言直谏的态度则有之,但我并不反对领导抗战的政府和领袖(即有些人所谓推翻政治中心)。""我只是强调政治改革的必要,并没有说过一句用非法手段来推翻政府或推翻领袖的话。""我曾经反对以奴才的态度拥护领袖(见《领袖与工具》一篇),也许要引起某些人的不快,但是我始终认为这种反对是正确的,而且我深信国民党的贤明分子也必有同感。""第三点要补充说明的是我对于抗日各党派都一律敬重(国民党中的贤明分子当然也包括在内)。这理由很简单,因为我深信'中国的抗战建国是要由全国各阶层共同努力达到成功的,不是任何一个阶级所能包办的,政党既是为着其所代表的阶层努力奋斗(争取民族自由及建立真正的共和国家,这在各阶层是共同利益),所以中国的民主政治当然是出于多党的方式,而不是出于任何一党的专政'(见拙著《我对于民主政治的信念》一文)。""第四点我要补充说明的,是我对于国家民族的光明前途,对于抗战必胜建国必成的光明前途,有着坚强的信念,虽则我同时并不讳言,在我们共同努力奋斗的过程中,我们有许多困难须要克服,有不少危机须要警觉。我的这种坚强的信念并不是幻想,而是有其事实上的根据,如我在这连载长文中所指出的'震动寰宇的民族战士','自动奋发的千万青年','沦陷区同胞的艰苦奋斗','热烈爱国的侨胞',抗日各党派对于民主政治运动的再接再厉等等,都是事实上的根据。"(全集第10卷第376—379页)

7月5日 《美国政治顾问与中国政治》,载香港《华商报》,收入《对反民主的抗争》。(全集第10卷第659—663页)

同日 《"七七"四周年》(未署名)、《不到黄河心不死》、《曲线升降的四年来政治》、《〈十万青年上书　领袖致敬〉附言》、《关于苏联的几个问题》、《能否感动权贵者们》、《人类永久的乐园》、《"周旋"于两个女友间》、《有志于新闻事业》、《不应对努力工作者猜忌》、《向海员工人们致敬》(本文原版面只保留了题目、致函者姓名和署名,全文四百余字被检删。)(以上八篇署名韬),载香港《大众生活》新8号。(全集第10卷第117—118页、119—120页、120—126页、126—128页、128—129页、130页、131页、132页、133页、134页、135页)

《"七七"四周年》摘要：

"我们在今日回顾四年来全国艰苦抗战百折不回的经历，不禁感触万端，喜惧交并。就国内方面说，我们不得不深深感动于数百万为国牺牲前赴后继的前方战士，千百万受尽磨折努力奋斗的后方难胞。此外我们也不得不想到四年来全国各方面对于破坏抗战破坏团结的汉奸及妥协主降分子的种种阴谋，作继续不断的揭露与痛击，务使他们动摇全国抗战意志的企图与挑拨离间酝酿分裂的毒计，无法实现，终于在今日仍能保持抗战的国策，勉维团结的局面，继续已往的光荣战绩，展开未来的最后胜利，这是四年来的一个最大的成功，而尚有待于我们继续努力的。时至今日，公开倡言'奴隶和平''亡国和平'如汪精卫之流固然无法再容身于抗战阵营之中，但是我们看到造谣诬陷打击进步和挑拨离间打击团结的言论行为，仍不绝地出现，□□□□□□□□□□□□□□□□□□□□□□□□□□□□□□□□，国人要贯彻抗战国策，加速抗战胜利，对这类破坏团结的分子实有根本肃清的必要。"（全集第10卷第117—118页）

《曲线升降的四年来政治》摘要：

"在野的各抗日党派的参政员一致认为要补救这种每况愈下的政治倾向，只有结束一党专政，实行民主政治，所以在第四次大会中，一致提出要求实行宪政的议案，在第五次大会中，又对此事作最后的挣扎。但是一切决议，一切努力，都只是留在纸上，而政治图表上的曲线却一直加速地往下降，至本年一月间皖南事件发生，乃更急转直下，造成中国四年来政治上的大逆流。""政府强调皖南事件只是军令军纪问题，与党派问题无关，与政治问题无关。但是事实上的发展，对于民众团体，对于进步的文化事业，对于无数的爱国纯洁的进步男女青年，都加以更酷烈的压迫与摧残。在另一方面，权贵巨宦发国难财，官僚政治颟顸腐败，党中败类横行无忌，人民因此困苦流离，无可伸诉，（在抗战期中，人民为抗战而受苦，甘之如饴，但为不良政治而牺牲，却为不应有的现象，）最近因政治不良，演成惨死近万的重庆大隧道窒息惨案，政治改革之声才普遍于各方面。""但是我们深信政治的逆流只是暂时的现象，中华民族的前途仍然是光明灿烂的，因为中华民族自有它的潜在的伟大的力量！""全国的进步的文化工作者及在野的各抗日党派，经过了四年来的深刻而沉痛的教训，他们反映着全国各方面各阶层对于政治改革的要求，对于政治改革的要求更是明显而坚强。他们是中国政治改革的先锋，在他们的后面，无形中存在着千千万万的中国人民大众的实际要求！""中国的政治图表上的曲线必然将要上升，因为中华民族有着它的潜在的伟大力量！让我们共同加紧努力罢，光明灿烂的前途在向着我们招手！"（全集第 10 卷第 123—126 页）

《〈十万青年上书领袖致敬〉附言》全文摘要：

"这封'一群青年的伙伴'送来的信，它的内容，读者诸友看了自明，原来用不着记者再加上什么解释，不过使我们感到不胜诧异的是：青年在'七七'四周年纪念日上书蒋委员长致敬，也用得着'官老爷'出来实行种种为难！""据这封信告诉我们，'官老爷'的藉口不外二点：一点是没有青年团体'领导'及发起；还有一点是对领袖致敬，竟加上了呼吁'团结'和'民主'。对这二点反对理由，这封信都有很好的理由的反驳。其实最主要的关键，还是由于'官老爷'的反对'团结'和'民主'。因为他们衷心反对'团结'和'民主'，而十万青年上领袖致敬书，偏偏提到他们所最恐惧的二个名词，所以根本不愿有这个运动。他们说没有青年团体'领导'及发起，难道有了青年团体'领导'及发起，他们就不会起来为难吗？还不是一样？所不同者是如果有青年团体'领导'及发起，□□□□□□□□□□□□□□□□□□□□，现在既由青年自动来发起，他们苦于抓不住头儿，所以着急起来，大喊没有青年团体'领导'及发起，好像他们忽然十分重视青年团体似的！其实不论青年团体不青年团体，他们的决心是反对'团结'和'民主'，因反对'团结'和'民主'，不得不反对这个运动""关于第二点藉口，分析起来，比第一点略为复杂。首先他们把一味的歌功颂德认为是拥护领袖爱护领袖的唯一法宝，认为对领袖有所建议便是反对领袖，甚至违反了国家民族的利益！根据这种心理，他们看到青年上领袖书的内容，已经老不高兴，何况所建议的又是他们所最讨厌的'团结'和'民主'？这好像正打着他们的心坎，安得而不'震颤'！""我们看到青年上领袖书的内容，最感欣慰的倒是青年朋友们也深切地感觉到'团结'和'民主'的重要性。他们很正确地指出'非民主无以保证团结，非团结无以争取胜利'，这真是一针见血之言！这个真理从十万个纯洁爱国的青年的口中喊出，实具有异常伟大的力量！对于'团结'和'民主'运动的推进，有着很大的功效。我们敬祝这个'十万青年联签运动'的成功！""在另一方面，在这个运动中所受到的磨难，也看出了'官老爷'反对'团结'和'民主'的顽强的程度。虽然由于'团结'和'民主'已成为全国爱国同胞的共同要求，不是任何倒退的黑暗势力所能阻止，但在进行过程中所受到的磨难却是可以想象得到的。这不但不能使热心于这个运动者灰心消极，而且是更唤起他们更大的努力，更坚决的意志，□□□□□□□□□□□□，达到他们所要达到的目的。"（全集第 10 卷第 126—128 页）

《关于苏联的几个问题》摘要：

　　"你说：'要说革命，也得将我们当前的敌日首先打倒。'这句话我们具有同感。我们现在一切的一切，都是为着争取抗战最后的胜利。我们主张政治上应有相当彻底的改革，实现民主政治，并不是像有些人所诬蔑的'要推翻政治中心'，正是要改善政治中心，要充实政治中心，以加强力量，来加速'将我们当前的敌日首先打倒'。如果你所说的'革命'是指'国民革命'，或'民族革命'，那领袖曾屡次指示我们，抗战就是我们国民革命的一部分，我们正在共同努力这件事。如果你所说的'革命'是指'社会革命'，那末我们并没有主张过在这个时候来干什么'社会革命'，我们只主张加强抗日，坚持抗日，争取民族的自由解放。这是有本刊公开发表的文章证明，想你是一定能够明了的。我们希望朋友们要把我们公开发表的负责言论作根据，不要听信别人有意诬蔑我们的话。"（全集第 10 卷第 129 页）

《能否感动权贵者们》摘要：

　　"我们并不以为一篇文章发表以后，立刻就能'感动权贵者们'，这在事实上原是不可能的，我们也并不存在着这样的奢望。政治改革运动是群众的运动而不是少数人的运动。少数人说的话如能反映多数人的要求，这种话便渐渐能得到多数人的认识和响应，便渐渐能形成政治改革运动，即渐渐能形成群众运动，群策群力，兼程并进，最后必能达到政治改革的目的。这是各国政治改革的历史所给与我们的深切的信念。"（全集第 10 卷第 130 页）

《人类永久的乐园》摘要：

　　"全世界正在展开侵略和反侵略的激烈斗争，英勇抗战了四年，现在仍在继续抗战的中国，是世界反侵略的一个急先锋，是世界反侵略的一个重要的堡垒。中国的反侵略，争取自由解放的伟业，在世界上是绝对不会孤立的。你对于中华民族光明前途的信念是完全正确的。侵略者终于要走上死亡的道路，'人类永久的乐园'终于要被建立起来的，我们完全和你有着同感。"（全集第 10 卷第 131 页）

《不应对努力工作者猜忌》摘要：

　　"我们对于工作得力的朋友不可以猜忌，否则大家怠惰因循，工作怎样做得好呢？但是在一个复杂的社会里，任何团体中人，尤其是在团体中负比较重要责任的人，为着公共的利益起见，对于任何分子的平日言行，都须仔细注意。这注意和猜忌不同。注意是普遍性的，而且不是因为有可疑才注意。猜忌则含有歧视或成见的意味，那是要不得的。一个人如果真是一个团体的敌人，用认真工作来作烟幕,在长时期中一定多少要露出马脚来,在整个的经常的注意之下,这种马脚是不难发现的。但是在马脚未发现以前,却不该因为工作努力而加以歧视或对他存着成见,否则便不是注意而是猜忌了。等到马脚已露,那也无所用其猜忌,应该根据一个团体的纪律,请他离开。一切都应该以事实为根据,而不应以莫须有的罪状,随便加在人们的头上。某革命者的话只是要使人提高警觉性,提高经常的注意,绝对不是叫人对工作努力的同志妄加猜忌,如果对工作努力的同志妄加猜忌,任何事都不能成功,何况是什么革命的事业?"(全集第 10 卷第 134 页)

7 月 7 日 《当前的主要任务》,载香港《华商报》,收入《对反民主的抗争》。(全集第 10 卷第 664—666 页)

7 月 11 日 与郭沫若、沈钧儒、茅盾、郁达夫、曹靖华、陶行知、田汉、胡愈之、老舍、胡风等 264 人联名签署的《中国文化界致苏联科学院会员书》在重庆《新华日报》发表。信中说:"我们真挚而热烈地响应你们的号召,我们要英勇并肩作战,扑灭人类的公敌——法西斯强盗,维持人类的正义,争取世界的和平。"(张桂兴编《老舍年谱》上第 354 页)

7 月 12 日 《对苏联的态度问题》,载香港《华商报》,收入《对反民主的抗争》。(全集第 10 卷第 667—672 页)

同日 《打击法西斯及其傀儡》(未署名)、《欢迎拉第摩尔先生来华》、《几个青年工人的问题》、《一个小学教师的烦恼》、《反民主者的心劳力拙》、《向往于专心写作的生活》(以上四篇署名韬),载香港《大众生活》新 9 号。(全集第 10 卷第 135—137 页、137—138 页、138—140 页、141—142 页、143 页、144 页)

《打击法西斯及其傀儡》摘要:

"德军侵苏的战争爆发以后,在远东国际上的第一个反映,是德义法西斯政府承认日阀卵翼下的汪逆伪组织。这一件事,把东西法西斯帝国主义相互勾结的真面目,完全暴露了出来。我们固然痛恨德义帝国主义这一无耻的勾当;但是,正由于侵略者益加暴露其丑态面目,我们以及全世界人士的反法西斯反侵略斗争,得以更明确地认清其目标了。""第一,就日本帝国主义而言,在过去,他知道自己不能在军事上战胜中国,而企图以政治配合军事来进行征服。去年三月汪逆伪组织的成立,显示着这样的作用,而日阀本身到十一月底才加以'承认',更充分暴露了他的阴谋。不过,从去年底到现在,日本侵略者军事上的压迫与政治上的诱降,虽然双管齐下,却并未能奏效。相反的,对华战争长久不能解决,汪逆伪组织又是丑态毕露,使日阀及其傀儡不能不设法推动进一步的政治攻势；这样才有了最近汪逆的赴东京乞求财政援助，并拉德义法西斯加以'承认'。""本月一日德义法西斯政府承认汪逆伪组织，连同德义在欧洲侵占与控制地上的傀儡政权——包括罗马尼亚，保加利亚，斯洛伐克，克罗地亚与西班牙在内——都采取了同样的行动。傀儡就是傀儡，它们只是绝对服从其主子的命令，所以对于这些法西斯帝国主义傀儡的行动，我们也绝非认为意外。德义在欧亚侵占地上的傀儡，与日阀在我国侵占地上的傀儡，其本质正是相同，所以他们相互承认其法西斯奴隶的身份，也可说是当然的。""由于这一件事，我们益加明了，'法西斯就是战争'，这话是对的，'法西斯就是奴役'，这话更见其确实。所以在今日，我们应该更广泛的展开反法西斯与反侵略的斗争，加强给与国际法西斯及其傀儡们以打击。而在这一斗争中，中国对日的抗战，与苏联对德的战争，可说完全是在一条战线上的。""我们不仅在外交上要有这表示，在内政上尤其要肃清法西斯的势力。过去由于德义在中国军事政治上活动，由于有人眩惑于纳粹对内统治及对外侵略的'成功'，在许多方面袭用了法西斯的作用，使中国的政治文化的发展受到了重大的限制。现在，我们已益加明白地看到，法西斯对内是民主政治的敌人，对外是一切和平国家的敌人；我们必须严正自己的立场，号召一个全世界打击法西斯及其傀儡的斗争！"（全集第 10 卷第 135—137 页）

《一个小学教师的烦恼》摘要：

"你以初中学生的资格担任小学教师，深以学历不够为憾，补救的办法只得利用自修，努力充实自己。""不必由此自馁，当下决心自修。""小学是儿童培养基本初步知识的处所，如有常识一科，最好能时常留意新鲜有趣味的材料，在实际材料中（如故事之类），灌输有关民族意识的知识，切忌公式化，或呆板说教的方式，容易使儿童索然无味。这种材料似乎未见有专书，要自己在书报中留意搜集。""要在算术一科中灌输民族意识，当然机会不多，虽则不是绝不可能，例如叫学生计算中国国土已失去了若干，便可乘机略为说明恢复失地的重要，这只是随便说一个例子，一切都要运用灵活。如教国语，那运用加强民族意识的材料有较多的机会。""一切工作只能就实际情况中作最大的努力。""与你同事的教务主任既然是进步分子，与你相得益彰，当然是学校之幸，但是你既感到学校环境颇有困难之处，就一切不能操之过急。""所谓应付环境当然不是说要'同流合污'，只是说要有步骤的进行，要在不过分引起阻碍或反感的情况下进行（能在得到协助和好感的情况下，当然更好）。除了配合环境的步骤以外，工作的态度，也可以说应人接物态度，也很值得注意。有人自己进步，并不把它放在面孔上,令人难堪,却能虚心诚恳而和蔼,令人心悦诚服,至少不觉得讨厌。有人自己以为是进步了,有意或无意中现出看不起别人的神气,或不到三言两语,便和人发生冲突,使人一看就讨厌。主观的动机上也许都是好的,但是做人的态度,因此影响到工作的态度,却有了很大的区别。"(全集第10卷第141—142页)

《反民主者的心劳力拙》摘要:

"你愤慨于'有人赞成民主政治,也会被人戴上'替中共宣传'的红帽子',这正是反民主者认为是破坏民主政治的无上妙计,因为这样可以随处把人吓退,没有人敢赞成民主政治,更没有人敢提倡民主政治,那些压迫人民的恶劣官僚们不是可以高枕无忧,永远保持目前是一团糟的政治状况吗?我们的对策应该是不怕它们昧着良心瞎戴帽子,赞成民主政治的还是要赞成民主政治,提倡民主政治的还是要提倡民主政治,仍旧共同努力促成民主政治的实现,这种昧着良心陷人的罪行才能根本铲除。在实际上,公道自在人心,民主政治究竟还是民主政治,尽管有人千方百计反对民主政治,把种种罪名加在民主政治头上,却不能以一手掩尽天下人耳目,并不能达到他们所幻想的甜蜜的结果。" "任何社会里面,都难免有一部分糊涂虫,这种现象的存在,正是叫我们对教育方面(广义的)去作更坚韧而持久的工作。"(全集第10卷第143页)

《向往于专心写作的生活》摘要:

"文化工作虽艰苦,自有其深远的效果和精神上的报酬,但是要靠写作的收入来维持家计,是否能用来代替你目前在职业上的收入,我们实在无法保证!如果你在经济方面毫无问题,那末完全根据自己兴趣所近,抛去现有的职业而专心致志于你所最爱好的工作,当然是可以的。如果你要从写作生活中得到相当的收入来维持你的一妻二子的生活,这是事实问题,还是慎重一些来得妥当。" "如果你实在有志于把自己造成一个作家,在最初阶段,也不一定就要把现有的职业立刻抛弃(假如你在事业上需要用它来维持家计的话),尽可在业余努力,等到这方面的能力已充实,卖文的收入已有了相当的把握,那时才完全抛弃现业,未尝不可。" "这一切都希望你自己根据实际的情形,加以决定。"(全集第10卷第144页)

7月19日 《反民主的几种烟幕》,载香港《华商报》,收入《对反民主的抗争》。(全集第10卷第672—679页)

《反民主的几种烟幕》摘要:

"第一种烟幕是公开明言或努力暗示抗战和民主的不相容。这种烟幕,从抗战爆发以来就一直不停地放着。在第四次国民参政会通过要求实行宪政案以后，这种烟幕放得特别浓厚，他们公开宣言'实行民主必不利于抗战，要实行抗战必须暂时停止民主'。这种言论，或隐或现地，在'党报''党刊'上简直是满坑满谷。""你如果不满足于抗战期间应该实现民主仅见于话语而不见于实施，对政府提出要求吗？那你可以看到另一道烟幕！反民主者以非常沉痛的姿态放出这样的烟幕：'朋友！请你睁开眼睛来看看中华民国的神圣国土上，是充满了民族的腥膻；成千成万的兄弟姊妹遭受奸淫屠杀；在这样的时候，我们应该向抗战的政府争自由呢？还是向民族的敌人争自由？……前方的战士正在和敌人拼死命，争胜负，后方的少数人却和政府打麻烦，要自由（指民主自由），扪心自问，这种言论与行动，对得起国家民族吗？'这确是很动人的论调，你在万分悲感中听了之后，除了收回政治改革的要求，除了立刻停止民主政治运动，怎么对得起'成千成万的兄弟姊妹'呢？又怎么对得起'前方的战士'呢？还是三缄其口，不要'打麻烦'罢！""第二种烟幕是把国家自由和个人自由对立起来。他们说：'要为个人争自由，须先替国家争自由。要为人民争民权，须先替国家争国权。'当然，'替国家争自由'，'替国家争国权'，这是谁也都赞成的。这里的妙处在一个'先'字，这'先'字初看起来似乎很可欢迎，因为能'先替国家争自由'，能'先替国家争国权'，你能表示不欢迎吗？烟幕的妙用就在此。'先'字的妙用在下文，即他们接着强调'我们要牺牲各个人的自由'，要'全体国民各人对自由的牺牲'。这暗示了个人自由和国家自由（或民权和国权）是绝对处于对立的地位，要保全甲，就非先牺牲乙不可。这个理论如果正确，你在抗战期间还敢主张民主政治或民权的实现吗？那你便犯了破坏国家自由，破坏国权的大罪！你看这烟幕是多么利害，老爷们为什么用尽气力把它放得乌烟瘴气呢！""为要揭破这又一欺骗的烟幕，我们要扼要地指出二点：""第一点是一般宪法上所规定的个人自由""并不与国家自由处于对立的地位。个人自由，主要的是人民的生命财产自由，言论出版集会结社自由。国家在宪法及法律范围内需要人民服兵役及贡献财产，不是侵犯人民的自由（在民主政治下，宪法及法律都是由民意机关通过的，不是老爷'要怎么办就怎么办'），人民生命财产在法律上应得的保障并没有被取消。至于言论出版集会结社的自由，不但不与国家自由不相容，而且在'提高民权'之下，可以加强国力，动员民众，加速国家自由的争取，抗战建国纲领是在抗战爆发后，即由政府公布的，对于人民的言论出版集会结社的自由，有'与以合法充分之保障'的规定，便是明证。""第二点是：在不良的政治之下，人民的个人自由遭受种种的摧残，尽管

'牺牲各个人的自由',尽管'全体国民对自由的牺牲',不但无益于'国家自由'的争取,而且因放纵党老爷的横行,贪官污吏的横行,权贵的横行,加深了政治的腐化,反而削弱了国力,妨碍到'国家自由'的争取。""第三种烟幕是诬蔑要求实现民主政治是要推翻现有的政治中心,是要颠覆政府。这是多么大的一个罪名!把这个罪名加在你的头上,你还敢再要求民主政治的实现吗?这样一来,老爷又可免'打麻烦'的头痛,反民主者大可高枕而卧,乐哉乐哉!但是如果要求民主政治的实现就是犯了颠覆政府的大罪,那么国民参政会以及国民党六中全会的召集国民大会实施宪政的决议都是颠覆政府的阴谋!(因为都还留在纸上,所以只得称为阴谋。)""第四种烟幕是亡国的恫吓。他们遇着欧洲每一个国家在希特勒'闪电战'之下亡了国,便好像挥着一副眼泪一把鼻涕,不胜唏嘘地说,你看,亡了国的人民还有什么民主自由可说!亡了国的人民没有什么民主自由可说,这诚然是事实,但却不足以说明民主自由是要不得的,是不该要的,是可以让压迫人民摧残人民的党老爷们横行的。这理由实极简单。譬如我们看见有人不幸被打死了,指着对人说,你看,死了的人还有什么吃饭可说!这诚然也是事实,但却不足以说明饭是吃不得的,是不该吃的,是可以让专横无理的人抢去吃的。反民主的老爷们或老爷们的代言人,想把亡了国的人民没有民主自由可说的事实来奉劝中国人民不要再要求民主政治,这和有人把死了的人没有吃饭可说的事实来奉劝人们不再要求吃饭,不是同样的浅薄可笑吗?但是他们却津津乐道,说了再说,你又奈他们何呢?在最近的法国革命纪念日还听到这样的妙论:'法国是提倡自由平等最早的国家,法国今日是屈降了,法国国家今日丧失了自由,法国人民的自由在那里?'法国亡了,法国人民没有什么自由可说,你们为什么还在要求民主自由?这用意和上述的相同,所不同者是把法国的屈降,法国的亡国,都算在'法国是提倡自由平等最早的国家'这一笔帐上去!""这是多么沉痛而恳挚的呼吁啊!但是这个烟幕无论费了多少心血发明出来,又必然是要失败的,因为法国的屈降和亡国不是由于民主政治的保持,正是由于民主政治的被摧残,已成为众所周知的事实,和法国是否最早提倡自由平等的国家,毫不相干!"(全集第 10 卷第 673—678 页)

同日 《英苏协定的划时代性》(未署名)、《参政会又一次保障人民自由》、《徒忧虑不足以挽逆流》、《关于重庆隧道窒息案》、《理直气壮何惧于毁谤》、《为何还有反苏的论调》、《个人自由与民族自由》(以上五篇署名韬),载香港《大众生活》新 10 号。(全集第 10 卷第 145—147 页、147—148 页、149—150 页、151 页、152 页、153 页、154 页)

《参政会又一次保障人民自由》摘要：

"国民参政会已开过六次大会,据我们所知道,六次大会都有关于保障人民自由的决议,也都经国民政府的通令遵照,但显然在每次国民参政会开会,人民自由都成了问题,迄今也还成问题,'决议'而不'决行','通令'而不'遵照',这是中国政治上的整个的象征,实有彻底改革的必要。有人说这是与'官报'和'准官报'上所提倡的宗旨相符,那却是我们不能忍言的了!"(全集第 10 卷第 148 页)

《理直气壮何惧于毁谤》摘要：

"我们只须自己是为着国家民族的利益而努力,问心无愧,理直气壮,尽管有人毁谤,不足损害我们的毫末。社会原有光明和黑暗两方面,努力站在光明方面的人一定要受到黑暗势力的嫉视和毁谤,毋宁说是意中事。我们如对这样的嫉视和毁谤,有所畏惧,那就该'同流合污',用不着有所主张,更用不着为着所主张而努力奋斗了。对国事有积极主张的人,有友人,同时亦难免有敌人,只有不声不响,与世浮沉,才不致引起黑暗势力的嫉视和毁谤,这是我们所不愿为的。在另一方面,我们深信'公道自在人心',明眼人自能辨别是非,黑暗势力无论怎样凶狠恶毒,总不能以一手遮尽天下人的耳目。"(全集第 10 卷第 152 页)

《个人自由与民族自由》摘要：

"我们现在是在争民族自由,确是事实,但个人自由不一定是和民族自由不相容的。所谓个人自由是指国民所享受的合法的自由,如合法的身体自由,言论出版集会结社自由等。这都是民权中的重要部分,训政时期约法及抗战后所公布的抗战建国纲领里面都有明确的规定,这样的个人自由不但不与民族自由对立,而且是有益于民族自由的争取,因为动员民众,运用民力,反映民意,以加强抗战力量,都与上述民权的发扬有着不可分离的关系。如指个人自由为汉奸自由,为妥协主降分子的自由,那和国家民族的利益完全相反,当然和民族自由是势不两立的。但我们一般国民所争取的个人的自由,当然是在爱国原则下的合法的国民自由,绝对不会涉及汉奸的自由,是显而易见的。现在有人笼统反对个人自由,故意把个人自由和民族自由对立起来,其用意无非是要保持一党专政的局面,便于压迫民众和青年的藉口而已。如果他们的话是对的,训政时期约法和抗战建国纲领都成为破坏民族自由的东西,这如何说得通呢?亦徒见其心劳日拙罢了!"(全集第 10 卷第 154 页)

7 月 26 日　《国际友人对中国民主的热望》,载香港《华商报》,收入《对反民主

的抗争》。(全集第 10 卷第 679—685 页)

同日 《民主、团结与胜利》(未署名)、《国际变化与中国外交》、《〈海外侨胞对祖国政治的关心〉附言》、《怎样办学校的周报》、《杜重远先生的近况》、《那些是贪官污吏?》、《中国是否民主国家》,载香港《大众生活》新 11 号。(全集第 10 卷第 155—156 页、157—158 页、158—162 页、162—163 页、164—165 页、165—166 页、166—167 页)

《民主、团结与胜利》摘要:

"关于民主政治的推进,现在谁都不会加以公开的反对了;但我们见到,有人一面承认民主政治对于中国的需要,另一面却又强调国家的自由与个人的自由的对立。这样,在表面上承认民主而实际上否定民主,结果对于任何积极有意义的批评和建议,都被曲解为对于政府的反对,因而中国政治上的改进与团结的巩固,还是受到了很大的障碍。""最近我们又见到官方的中央社接连发出第十八集团军'攻袭友军'的消息。据美国合众社驻重庆记者的电讯,共产党方面已否认其事,重庆的共产党机关报《新华日报》也发表该党驻渝代表周恩来的文字,加以辩论。从这两方面的态度表示看来,这显然又是一个党派摩擦的问题,而不是'军纪''防区'等混统解释所能加以一概抹煞。""我们深信,必须先有了真正的民主,然后能有真正的团结,要有了真正的民主与团结,我们才能更顺利走向民族解放斗争最后胜利的大目标。"(全集第 10 卷第 155—156 页)

《〈海外侨胞对祖国政治的关心〉附言》摘要:

"我们看到这封信,最感到快慰的是听到《生活》周刊读者所组织的'纯粹爱国的团体'和诸同志对于爱国、正义、及进步的热诚。《生活》周刊的读者布满于国内外者以数百万计,由《生活》周刊所发展出来的'生活书店'的读者更以千百万计,这十六年来(《生活》周刊创办于民国十四年),'生活'所播种的爱国和正义的种子,所传播的进步的种子,实已渗透到整个中国的抗战建国文化。倒退的黑暗势力尽管千方百计摧残了大部分形式上的'生活',而精神上的'生活',即'生活'十余年来所培养的爱国、正义、进步的精神,却不是任何倒退的黑暗势力所能损其毫末,却是要永远发扬光大下去的。'生活'的同人虽受尽磨难,但他们在精神上所得到的安慰是无量的,原因就在这里。我们敬祝菲律宾怡朗华侨救亡会诸同志的健康进步,愈益奋勉,为国努力。""关于救国会,'自动取消'并非事实。当'八一三'的前夜,记者和几位朋友在苏州恢复自由之后同往南京一行,国民党方面由叶楚伧先生表示最好能把救国会解散,我们表示不可能,同时表示政府既实行对日抗战,救国会的同志们当然在抗战国策领导之下，加入各部门的抗战工作积极努力。后来我们在事实上实践了这句话。不过在民主政治于抗战爆发后略现一线曙光而即逐渐淹没的情况下，除了一党专政的国民党外，其他抗日党派都不能公开的存在却是事实。在这类情况下，救国会不能以政治集团的资格在国内作公开的活动，并不是例外，其他在野的抗日各党派也遭受着同样的命运。但这不是说在野的抗日各党派在实际上不存在或'取消'，不过活动和联系受到种种的阻碍和压迫而已。而且救国会偕同其他在野的抗日各党派对于民主政治的努力推动，始终不懈，最具体的表现是在第一届国民参政会的第四次大会和第五次大会，救国会的几个参政员和其他在野的抗日各党派的参政员，都站在坚决要求实现民主政治的最前线，掀起了盛极一时的宪政运动。但是我们当然要承认，这种运动不久即被反民主者压抑了下去，可是这只是表面上的情形，在实际上民主势力已一天天'普遍地深入'，除了'党报''党刊'仍在种种烟幕之下，充满着反民主的空气外，即在最稳健的言论机关，也公开承认政治改革实为今日的急务。作为全国各阶层先锋的在野的抗日各党派（乃至国民党中一部分的贤明分子）都已更深刻地感觉到要争取抗战的最后胜利，要克服国内的种种困难和危机，实现民主政治实为急不容缓的事情。反民主者的'防御'加紧，对主张实现民主政治者之毁谤污蔑无所不用其极，正足表示在野的民主势力'进攻'的加紧，民主势力的怒潮已在相当迅速地继长增高。所以我们不要仅看到国内政治逆流在表面上的汹涌，同时也要看到在野的潜伏的民主势力的兼程并进，已近了黎明的前夜。""当然，我们不能采用等待政治好转的自然到来，我们必须加紧努力以保证并加速政治好转的必然到来。这不是少数人的事，也不是少数人的力量所能造成'奇迹'的，我们必须服膺国父所谓'唤起民众，共同奋斗'，能'唤起'来共同奋'斗'的方面愈多，人数愈多，民主政治的实现也愈得到更大的保证和更快的速率。这是我们要和海内外热心国事的同胞和同志们继续努力奋斗，不达到目的不止的。""民主政治的实现固可巩固人权的保障，但是人权保障没有相当的开展，民主政治运动也遭受到许多的压迫，增加了许多的困难。因此，我们对于保障人权的提出和争取，也是一点不能放松的。"（全集第 10 卷第 159—162 页）

《杜重远先生的近况》摘要：

　　"你说'杜先生向为爱国中坚分子，且曾为救国运动，受过许多磨难'，都是事实，他至今仍然是这样的一个人，一点没有变化。你要急于知道他在新疆被冤的详情和最近的状况，我们想不但你急于知道，许多敬仰杜先生的朋友们都是非常关心的。杜先生屡到新疆,都是不久即回来,最后一次新疆当局用三星期的恳挚请求,才把他勉强留下,最初对他极端信任,杜先生也积极相助,希望为国家造成一个坚强的民族复兴根据地之一。但是杜先生为血性男子,刚正忠直,不免为新疆当局左右中的小人所忌,渐渐设法陷害,最初诬他是中央暗中派去做'特务'工作的,后来又诬他和汪勾结,姑无论杜先生平日为人绝对不至于此,即就常识判断,如果是由中央暗中派去,或由汪暗中派去,还需要新疆当局三星期之久的请求,才肯勉强留下吗?杜先生如要在中央做官(中央有许多方面要借重他),早就做了,去新疆干吗?要与汪勾结,早往南京做'院长''部长'去了(在汪是求之不可得的),也何必跑到万里塞外的新疆去做一个校长?但是新疆当局竟轻信左右谗言,杜先生至今仍含冤莫白。中央要人及各方朋友担保援救,函电如飞,记者和茅盾先生皆各写过三四千字的长信,托《大公报》记者陈纪滢先生赴新之便,面交新疆当局,回信对杜先生仍不谅解。杜先生的朋友们仍在继续援救中,最近他有一位好友和新疆当局亦有深厚交情,将亲自奔往新疆援救,能否有效,仍不可知。"(全集第10卷第164—165页)

《那些是贪官污吏?》摘要:

"你们要求将贪官污吏和尽忠于国家的重要人员分别开个名单,用意很好,但贪污成为政治上的一种严重现象虽是事实,而要一下开出一张名单,却很不容易,因为开不胜开,有的具体材料不在我们手边,也不易开出来。""至于尽忠于国家的重要人员当然有,我们也并不认为全体官吏都是不好的,但是开名单也不很容易,因为同是一人,有的某件事是尽忠于国家,有的某件事却不是尽忠于国家,所以我们觉得与其开名单,不如注意尽忠于国家的必需条件。例如尽忠于抗战是尽忠于国家的一个重要条件,那末在后方真为抗战工作努力的人员,在前方艰苦抗战的将领,都是尽忠于国家的人物,又例如巩固团结也是尽忠于国家的一个条件,那末凡是干着妨碍团结的事情,都是尽忠于国家的人物。用这样的标准来分别判断,似乎比开个笼统的名单更为确切些。"

(全集第10卷第165—166页)

《中国是否民主国家》摘要:

"中国是不是一个民主的国家?是不是已经实现了民主政治的国家?目前的确有好些人对于这个问题做着热烈的争论。中国挂的是'民国'的招牌,依招牌看来,应该是一个民主的国家。既然是一个民主的国家,民主政治是应该实现的了。但是仅仅招牌是不够的,还须注意实际。讲到实际,在民主政治之下,至少而又最明显的事实,应该有一个真能代表民意真能执行政权的民意机关,中国现在有没有? 有人想到这一点,就勉强拉国民参政会来解嘲,甚至有人大胆地(同时也可以说是厚脸地)宣称国民参政会是民主政治在中国的'充分表现'。我们如稍稍想一想国民参政会是怎样组成的,稍稍想一想它的职权究竟怎样,我们敢说它是真正的民意机关吗? 其次,保障人民的自由权利是民主政治的另一主要内容,中国现在这方面的实际状况如何? 我们可以闭拢眼睛说中国目前已具备了这个民主政治的主要内容吗?""你说有不少党官连篇累牍地抄出国父遗教中语,来表示中国已是民主国,这是事实,但是中国的民主政治只留在国父的遗教中,不曾见于实行,也是事实。""中国人民到了今日,是再不能满足于'挂羊头卖狗肉'了! 他们所要求的是事实上的民主。纸面上的民主或口头上的民主,是再不能满足他们的要求了。"(全集第 10 卷第166—167 页)

8 月初　《抗战以来》,香港华商报馆出版单行本,发行所华商报馆营业部。(全集第 10 卷第 171—385 页)

8 月初　《〈抗战以来〉序》(7 月 14 日记于香港),收入同名单行本。(全集第 10卷第 171—172 页)

《〈抗战以来〉序》摘要:

"我于今年二月廿五日离开陪都,三月五日到了香港。我在未到以前,已有几位朋友正在筹备《华商报》,于四月八日出版,要我写一篇长篇连载的文章,长江先生的鼓励尤为恳挚。我适逢《华商报》出版需文的机会,便贡献了《抗战以来》这篇长文,从《华商报》创刊日登起,至六月三十日登完,共得文七十七篇:这便是《抗战以来》这本书之所由来。""如同我这本书里所曾经提及,我的辞去国民参政员,意在以光明磊落的辞职行动,唤起国人对于政治改革的认识和努力,用意是积极的而不是消极的;我的这本书的写出,也意在以光明磊落的公开言论,唤起国人对于政治改革的认识和努力,用意也是积极的而不是消极的。"(全集第 10 卷第 171—172 页)

8 月 2 日　《揭穿妨碍民主的几种论调》,载香港《华商报》,收入《对反民主的抗争》。(全集第 10 卷第 685—691 页)

《揭穿妨害民主的几种论调》摘要:

"在民主势力和反民主势力斗争尖锐的今日,反民主的言论仍然层出不穷,甚嚣尘上,还需要我们提高警觉,不受欺骗。""一　国家至上与民主自由""第一,他们常捧出'国家至上'的大帽子来反对民主的要求。他们主张除了拥护'国家至上'之外,'我们要牺牲各个人的自由',要'全体国民各人对自由的牺牲',换句话说,在'国家至上'的口号之下,国民对于民主自由的要求是绝对不应提出的,否则便是犯了违反'国家至上'的大罪。'"我们要提出三点:""(一)国家是为人民而存在的,只有法西斯的国家观,才把国家和人民强为划分开来。""法西斯主义者的所谓'国家至上',对外固然要侵略其他国家,对内却要压迫人民,剥夺人民的一切民主自由,因为法西斯主义者的国家不是人民大众的国家。民主国的所谓'国家至上'的'国家',正是为着保卫民主自由而反抗法西斯摧残民主自由的国家,它没有理由把正在号召保卫的民主自由,藉口'国家至上',要强迫人民'牺牲各个人的自由',要'全国国民各人对自由的牺牲',效法法西斯主义者那样压迫人民,剥夺人民的一切民主自由。""(二)中国只是挂了'民国'的招牌,在实际上并未实现民主政治,""中山先生的国家观,不是像法西斯主义者那样把国家神秘化,强迫人民为着这神秘化的国家,超出人民以上的国家,而牺牲自己的一切民主自由。""(三)""今日我们积极主张实现民主政治,正是要使官僚专制的国家变成国父遗教中所诏示的'以民为主'的民主国家,正是要充实'国家至上'的意义,因为官僚专制的'国家'配不上'至上',只有'以民为主'的国家才配得上'至上',尽管这种说法是法西斯主义者或官僚专制主义者所不愿接受的。""二 无政府与民主政治""第二,他们故意把'民主'解释为'散漫无政府状态'。党报的论客把滇缅路的腐败,归罪于'拥有若干歌颂民主的专家',已是奇论,而同时又把'民主'认为'只是散漫无政府状态的代名',那更是为'民主'加上了一个莫须有的罪名。在抗战时期,我们需要集中力量加强力量来抗敌,如今'民主'既等于'散漫无政府状态',那'民主'当然是要不得的了。这在这些论客们无疑地认为是打击民主的最响亮而动人的理由。其实这种说法并不新奇,在去年宪政运动初开始时,党老爷即大喊'抗战时期势非实行集权不可,宪政与抗战不能同时并行。'如今不过是略换花样,实际是老调重弹罢了。但是'民主'如果'只是散漫无政府状态的代名',那末中国现在随着各民主国家高喊'为保卫民主而战',大可改为'为保卫散漫无政府状态而战'了!""其实民主政治与'散漫无政府状态'是风马牛不相及,乃是一种极寻常的常识。在民主政治之下,有代表人民的民意机关监督政府督促政府,是一般民主国家的常态,如果说一个政府有着一个代表人民的民意机关在旁监督和督促,便陷入了'散漫无政府状态',那末凡有议会制度存在的各民主国,难道都陷入了'散漫无政府状态'吗?""其实任何实行民主政治的国家,民主不但不妨碍集权,而且民主集权是当然的现象。重要国政取决于民意机关,执行则集中于行政元首或责任内阁,民主与专制对立,并不与集权对立。""民主政治并不妨碍'成为一个统一强固的战斗体'，因为它不是'散漫无政府状态的代名'。""三　中国已实现了民主吗？""古往今来的民主政治尽管有种种形式，但在事实上（请特别注意事实二字）至少有下述几个事实（再请特别注意事实二字）：""（一）起码应该有人民选出的代表人民的民意机关，负起监督政府督促政府的责任。""（二）起码应该有对民意机关负责的政府。""（三）起码对于人民的最低限度的民主自由应有切实的合法保障。"（全集第 10 卷第 685—690 页）

同日　《太平洋上的新浪涛》（未署名）、《中山学潮所暴露的教育政策》、《初中毕业后的职业问题》、《读者中有你是本刊光荣》、《中心问题是建立民主国》、《张学良不被释放的症结》、《渐渐地争取切不要焦急》、《改造环境非一朝一夕事》、《拉第摩尔所引起的风波》、《认清目标不要节外生枝》（以上八篇署名韬），载香港《大众生活》新 12 号。（全集第 10 卷第 393—395 页、395—396 页、397 页、397—398 页、398—399 页、399—400 页、400—401 页、402 页、403 页、404 页）

8 月 6 日　《对青年朋友的小小贡献》，载香港《青年知识》创刊号。（全集第 10 卷第 405—407 页）

《对青年朋友的小小贡献》摘要：

"本刊主编先生叫我和诸位青年朋友谈谈关于青年修养的问题，青年是国家民族的至宝，是人类的新血液，是未来新世界的创造者，我有机会和诸位青年朋友谈谈修养问题，实在是一个光荣的任务。""我想，与其抽象地谈修养，不如谈谈我自己在求学时代——尤其是中学——所得到的一些观感，也许可供诸位青年朋友求学时的参考。""第一，是理解重于记忆。我们在研究任何科目的时候，理解和记忆都是需要的。懂了不记，随懂随忘，学问还是教师的，和自己不发生关系。记而不懂，不但伤脑筋，愈记愈笨，而且也容易忘记。所以我说理解和记忆都是需要的，不可偏废。""青年在学校里求学，往往偏重记忆而忽略理解的重要。""经过自己想过的问题，知其所以然，印象特别深刻，记得牢而持久，而且脑子因愈思考而愈磨练，也愈聪明，触类旁通，遇着新问题，更能应付裕如，头头是道。那些自己不肯用脑子，专喜欢偷抄或明抄别人想过的结果——做好的算式和得数——不免糊里糊涂，即令明白其中的理由，印象不深，容易忘记，而且有着自己的现成脑袋空着不用，久而久之，由于缺乏自动思索的训练，慢慢呆笨起来，遇着新问题便要手足失措，不知怎么办才好。""肯用心思索的，即注重理解的，在最初也许多一些麻烦，但思索力和判断力因训练而向前进步，以后遇着难问题也能迎刃而解，反而得到容易的结果；偏重记忆讨便宜的人,最初也许觉得简单得多,但思索力和判断力因缺乏训练而退步,以后遇着难问题便想来想去想不出办法,反而得到麻烦的结果。""第二是知识要尽量与现实联系。""例如读历史,最好能和现代的问题联系起来研究,不要死记孤独的或隔离的事实本身。试举一个具体的例子。读到秦始皇的焚书坑儒,大可和目前的法西斯国家或效法法西斯国家的摧残文化的行为,联系起来讨论,更有兴趣,更切实际。""又例如读本国地理,不要死记地名河名,而能与当前的抗战的地理形势联系起来研究,便更有兴趣,更切实际。读世界地理,能与当前世界大战的地理形势联系起来研究,又是多么一件有趣而有价值的事情!""第三是认识基本知识的重要性。到了大学,所习的科目比较地都有专门性,没有工夫来充实一般在中学时代即须打好基础的基本知识,如历史地理国文外国文及初步的理化算学等等。在中学里已将基础打好的,到大学时便左右逢源,头头是道。即将来毕业入社会服务,无论继续研究,或应职务上的需要,基本知识有了良好的基础,也受用无穷。这就是须在中学时代就能自己注意到。研究各科目时,要明白不只是应教师的考试,不只是为博得分数,所以都须认真求得切实的心得,彻底的了解,马虎不得的。""第四是学习与游戏要分清楚,都须用全副精神干去。学习功课的时候,无论是在课堂上听讲,或在自修室里自修,都须专心致志,不要心猿意马,听了半天不知道听了什么,或自己做了半天功课,不知道做了什么。但是在游戏的时候,却不要心里还牵挂着功课,要把功课抛诸九霄云外,贯注全副精神在游戏中,无论是比球,或是爬山,要兴奋淋漓,天塌下来不管的心情,痛痛快快地玩它一番。""游戏时使身心得到充分的休息或松动,恢复身心的整个疲乏,增进身心的健康,然后在学习功课时才能精神百倍,效率增加。"(全集第10卷第405—407页)

8月9日 《国父对苏联的态度》,载香港《华商报》,收入《对反民主的抗争》。(全集第10卷第691—696页)

同日 《纪念第五"八一三"》(未署名)、《官办的理智》、《从发展过程中看战争性质》、《女人可以学政治么》、《一半胆小一半糊涂》、《只要持久就能进步》、《可见公道自在人心》(以上四篇署名韬),载香港《大众生活》新13号。(全集第10卷第408—409页、410—411页、411—417页、417—418页、419—420页、420页、421—422页)

《纪念第五"八一三"》摘要:

"就内部说,有几个老问题,因形势的发展和变化,都含有新的意义,都要求更大的更普遍的努力。最主要最显著的是抗战、团结、民主。""全国团结,一致御侮,为贯彻抗战国策的基本条件,虽在已往四年中由于国内外爱国同胞的坚持，经种种的惊涛骇浪而仍能勉持团结的局面，但在抗战阵营中潜伏着的顽固分子，仍在千方百计，企图破坏，最近对于'造谣重于宣传'，更变本加厉，甚至丧心病狂，阴谋发动海外侨胞团结电请中央发动内战！内部分裂即是对于抗战的严重的打击，全国同胞必须粉碎分裂的毒计，坚持团结，然后才能坚持抗战。改善政治以加强国力，巩固团结以加强国力，其中心问题尤在力求民主政治的实现。""民主政治的实现，原是抗战以来全国同胞一致的愿望，但是在今日有着一个必须特加注意的要点，那就是我们不能满意于书面上的民主，宣言上的民主，广播中的民主，决议案上的民主，因为这些粉饰太平的欺骗，绝对不能解决抗战期中的种种困难问题。我们现在所要求的是切切实实在事实上实行出来的民主政治。这是抗战发展到了今日，要坚持抗战，要争取抗战最后胜利，所必须争取到的基本条件。""我们要以更大更普遍的努力，克服危机，争取光明，来纪念含有特别重要意义的第五'八一三'！"（全集第 10 卷第 408—409 页）

《官办的理智》摘要：

"官报上以悲天悯人的姿态，关怀到'理智存亡的问题'，用意却很扼要而简单，就是：凡中国人敢于提出民主要求的都是共产党，而据说共产党是根本上不配谈民主的，所以从此以后，中国人便应该知趣，不要再提出什么民主要求了，否则便是'对不起人类的理智'，便是'抹煞了人类的理智'！""官办的理智'那样怕民主，那样痛恨民主，那样千方百计不许人谈民主，在真正具有人类理智的人民是能够了解的，因为民主政治虽有利于人民，却大不利于官僚专制下的官僚，要永远保持官僚的利益，□□□□□□□□□□，怎么可以希望实现民主政治呢？""老爷们心目中尽管认为提出民主要求便是'对不起人类的理智'，便是'抹煞了人类的理智'，在人民方面却觉得纵任官僚专制存在，□□□□□□□□□，眼巴巴地望着自己□□□□□□□□而受到无限制的摧残压迫，实在'对不起人类的理智'，实在'抹煞了人类的理智'。最后胜利属于那一种理智，人类进步的历史早就告诉我们的。"（全集第 10 卷第 410—411 页）

《只要持久就能进步》全文：

"新加坡梁志学先生：你业余自修，一方面觉得你自己不无进步，一方面却因自己进步太慢而感到苦闷，我们愿贡献你一点，就是自我教育只须能注意'恒'字的工夫，积少成多，日积月累，自有很大的进步，千万不可过于性急。既在业余自修，不能得到很充分的时间，那是无足为怪的，只须尽可能把时间分配得当,按步就班地依着预定的计划作持久的实行。健康的身体是一切事业的基本,休息的时间不能一点没有,相当的休息不仅含有消极的意义,也含有积极的意义,因为恢复精力之后,精神饱满,思考灵敏,对读书研究,都易有良好的效果,如果不顾身体拼命蛮干,精神常在疲乏的状态中,读书研究的效果也要因之减少,终于所得不偿所失。你因过于勤劳,有时看了许久的书,糊里糊涂不知究竟看了什么,已透露着这种弊病,我们希望你对于这一点要特别加以注意。你对读书方面有什么要和我们商榷的问题,尽管写信来,我们当尽所知奉告。"(全集第 10 卷第 420 页)

《可见公道自在人心》摘要:

"承你关切生活书店的状况,足见你对于祖国文化事业的热忱,不胜感佩。生活书店虽被嫉妒者作残酷的破坏,在物质上受到重大的打击,但在精神上一点没有受到影响,'生活'同人仍在'转移阵地',艰苦奋斗,为祖国的进步文化努力。""又承见告你那里的报馆接到某某社的一篇匿名来稿,对积极主张民主政治者说了'一堆坏话,不忍卒读',别报都不登,只有一家销路很小的党报登了出来,不但不能引起同情,而且博得侨胞大骂'卑鄙',可见公道自在人心。造谣毁谤不是可以都能收到预期的效果。你说那篇稿件没有公布作者的姓名,可见他也做贼心虚,怪可怜的! 民主势力和反民主势力的斗争正在尖锐化的今日,这种现象与其说是意外,不如说是早在意料之中,忠诚与民主政治运动者决不致因此灰心消极,反而要加倍努力,积极进行。""光明的前途终属于民主势力方面,是断然无疑的。"(全集第 10 卷第 421—422 页)

8 月上旬 在一次编委会上,韬奋对茅盾说:"我已看完《腐蚀》的结尾,不少读者来信,希望作者在小说中给赵惠明一条自新之路。请你考虑,能否再续几节,给主人公一个光明的前途。"茅盾接受了这个意见,"于是在原定的结构上'再生枝节','而且给了赵惠明一条自新之路'。"(茅盾《〈腐蚀〉后记》,《战斗的 1941 年》,全集第 10 卷第 457—458 页)

8 月 13 日 《为贯彻抗战国策而奋斗》,载香港《华商报》,收入《对反民主的抗争》。(全集第 10 卷第 697—699 页)

8 月 16 日 《民主阵线中的苏联》,载香港《华商报》,收入《对反民主的抗争》。(全集第 10 卷第 699—705 页)

同日 《从斯摩伦斯克到曼谷》(未署名)、《汪逆机关报被炸》、《〈我校的□□〉附言》(来信及复信大部分被检删。)、《〈青年群中□□□□〉附言》(来信部分被检删。)、《怎样争取光明进步》、《把三民主义比圣经》、《关于英美冻结资金》(以上五篇署名韬），载香港《大众生活》新 14 号。（全集第 10 卷第 422—424 页、424—425 页、425—428 页、429—430 页、431—432 页、432—433 页、433 页）

《汪逆机关报被炸》全文：

"汪逆在上海的机关报《中华日报》于本月九日被人预置炸弹，爆炸起火，烧毁全部房屋生财，伤五职员，该报即全部消灭，损失二百五十万元。据在火场视察者称，救火员当时都懒洋洋，任火势炽烈，仅以水浇邻屋，以免蔓延，一般遭受被迫订阅《中华日报》的订户，对此莫不额手称庆。""文化的事业原是为国家民族谋福利，为人类前途谋进步的，但是它的效用的深远伟大，居然也被出卖国家民族的汉奸所'赏识'，除行动上无恶不作外，居然也有什么言论机关来宣传他们的那一套。可是中国有句俗语，叫做'粪坑愈掏愈臭'，文化一被汉奸所利用，令人觉得它的毁灭是一件快事。这种地方愈可见文化事业本身的神圣和高洁。""文化事业的深远伟大的效用全恃发挥真理，启迪理智，使人心悦诚服，而不是用欺骗强迫的卑鄙手段所能窃取强夺的。救火员的懒洋洋，被迫订户的额手称庆，这种铁一般的事实，都足以表示欺骗强迫的徒劳而无功。这不是很足以警告那些企图利用文化事业以达到欺骗压迫目的的人们，叫他们不要以为只须有钱有走狗，便以为文化事业是可以被侮辱的，便以为办报办刊物是可以发生他们自己所梦想的'不可思议的效用'？"（全集第 10 卷第 424—425 页）

《怎样争取光明进步》摘要：

"来信还提出二个问题，现奉答如下：（一）""光明的力量一定有光明的前途，这是毫无疑问的，但是任何反动的势力在最初阶段的表面上看来，都有着'不易摇撼的顽固力量'，我们不能因此就可断言反动的力量永远是占着优势的，不然的话，历史的进步便是不可能的了。""我们觉得你的看法似乎过于笼统，过于悲观。（二）我们是否应该下决心离开黑暗倒退的环境而走向光明进步的环境中去？关于这个问题，我们愿指出二点以供参考：一、黑暗倒退的环境不是绝对的，□□□□□□□□□□□□□□□□□□□□□□□□□□□□□□□□□□□□□□在大后方却也有许多工作可以作，这要看各人的特殊情形及工作部门而定，不能一概而论。二、中国的进步，是要靠大家努力把黑暗倒退变为光明进步，如果大家都跑到光明进步的环境中去，谁在黑暗倒退的环境中去努力改造环境？所以愈是向往光明进步的人，愈应该尽可能在黑暗倒退的环境中努力奋斗。否则便有躲懒的嫌疑！这当然要以能否进行最低限度的工作为前提。"（全集第 10 卷第 431—432 页）

8月20日　黄炎培19日到香港。韬奋与黄作深谈。(《黄炎培日记》)

8月23日　夜,黄伯樵夫妇、潘仰尧、秦翰才、曹伯权、邹韬奋夫妇招餐于华侨生产建设协会,与黄炎培谈甚欢。(《黄炎培日记》)

同日　《言论自由与民主政治》(第三节数十行全部被检),载香港《华商报》,收入《对反民主的抗争》。(全集第10卷第705—709页)

《言论自由与民主政治》摘要:

"民主政治最主要的任务是要切实反映最大多数人民的要求,但是如果人民不能充分表现他们的意见,这种反映便很困难。""言论自由的保障,在积极方面可以反映人民的要求,在消极方面可以发生继续监督政府督促人民代表的作用。在反民主的官僚独裁者看来,往往一听见人民胆敢发生监督政府的念头,那不是反对政府,便是要另建政治中心! 其实人民通过舆论来监督政府(另一途径便是通过民意机关来监督政府,二者是相辅相成的),乃是民主政治中最基本最重要的一个途径,也是极寻常而毫无足怪的事情。""即令已有民选的民意机关的存在,已有人民代表执行政权以督促治权,但是在人民方面也不是仅仅投票选举之后,就可以一切不管,他们仍须从种种方面,经常使人民代表能知道顾到人民的公意,注意舆论所反映的民意,把它反映到民意机关里面去。""反民主的论客们,往往故作轻视民间公开言论的口吻,他们最喜欢说你有什么意见,不妨直接写信给有关的当局,不必公开发表言论。依他们的意见,民主国家里只须多多增设邮政局,言论机关都可以关门大吉! 他们根本不认识或不愿意认识民间公开言论在民主国中所占的重要性和可能发生的伟大的作用。""言论机关有反映民意的,也有反映官意的。就一般的情形说来,民意的言论机关和官意的言论机关,同在法律保障之下,同享言论自由的民主权利。在反民主和假民主的国家里,官意的言论机关所享受的言论自由的保障较民意的言论机关为大,甚至官意占着绝对的便利,民意常在摧残压迫之下挣扎着。""民意的言论机关,大概可分为民间团体的机关报或机关刊物,和民间个人经营的报纸或刊物。无论是民间团体办的,或是民间个人办的,就言论的任务说,都应该注重反映民意。它在社会上所能发生的影响的大小,和它所能反映的民意的程度成比例。所以民意的言论机关可能由少数人办,或由少数人主持,但是它必须能反映民意,才能取得多数人的同情和信仰,才能发生舆论的力量,否则尽管有着言论机关的躯壳,已失去了言论机关的精神。当然,言论机关除了反映民意之外,还负有指导民意的责任,但是所谓指导,绝不是凭着主观的成见或幻想,仍须根据民众的潜在的利益和愿望,不过以远大的眼光和深刻的认识，对于民众的潜在的利益和愿望，作先知先觉的指明或阐发而已。归根到底，指导民意仍逃不出反映民意的范畴。""官意的言论机关，不一定都是要不得的。""愈民主的国家，官意也应该愈接近民意，至少应该和民意的言论机关在同样的言论自由保障之下，光明磊落地各以言论充分发挥各人的意见，呈现于一般人民之前，听人民的公判。官意如果确能集合人民的公意，则经过讨论或笔战的过程，不但无损官意，反而可使人民对官意有更彻底的了解，有更坚强的信念。在另一方面，官意如果不能符合人民的公意，那末经过民间舆论的纠正，却应该虚心考虑，力谋改善。当然如果官意能完全根据民意，可能不必经过讨论或笔战，即与民意打成一片，发生完全一致的现象。这样的一致，才是真正的一致，不是用压迫或恐怖造成的表面上的一致。""这种现象只有在民主政治实现之下，才有可能。因为只有在民主政治实现之下，人民的言论自由才能得到充分的保障，民意的言论机关才能充分反映民意，和官意的言论机关充分交换意见，充分检讨，得到关于真理的结论。在反民主的情况之下，官权高于一切，民权徒拥虚名，官意的言论机关得到充分的言论自由，（被检卅一个字）在尚有民主流风余韵的海外地方，在民意的言论机关也许还有根据事实略明真相的机会，在绝对只有官意可得自由的地方，（被检十五个字）?""第三节数十行全部被检"。（全集第 10 卷第 706—709 页）

同日　《反侵略阵线的新形势》(未署名)、《中苏加紧制裁侵略者》、《中苏关系与国际形势》、《教育政策不能不重视》、《标点符号与写作方法》、《在工作中实行自我教育》、《暹京侨胞对国事的关切》、《由实际问题研究政治学》、《建国抗战要同时并进》、《如何对付依靠敌人的奸徒》、《有志于做新闻记者》、《无犯罪嫌疑而被拘》、《民族自决的正确意义》(以上十篇署名韬)，载香港《大众生活》新 15 号。（全集第 10 卷第 434—436 页、436—437 页、437—439 页、439 页、440—441 页、441—442 页、442—443 页、443—444 页、444—445 页、445 页、446—447 页、447 页、448 页）

《在工作中实行自我教育》摘要：

"事在人为，你对于你自己的光明前途，必须保持坚强的信念，然后才能把你的这种精神坚持下去。现在使你苦闷的是你的工作时间太长，终日没有一点空闲的时间给你自修的机会，就在晚间也须到十二时后才有一点喘息的时间，你就时常利用这一点短短的时间来阅读各种书报和自修，这真是太辛苦了！我们现在只能贡献几点小小意见给你参考：（一）工作时间那样长，长时间工作后的精神不免疲乏，所以自修时间不宜过长，至多恐怕只可以半小时至一小时，再长怕要妨碍健康。自修时间虽短，能用有恒来补救它，不要无故间断,日积月累,成绩也有可观。(二)自修的时间既那样短促,必须作最经济的运用。要达到这个目的,对于所阅的'各种的书报'必须精选,重质而不重量,看一二种内容最正确最有精彩的书报,比看多种内容不很正确或肤浅的书报,要获益得多。(三)一个人的工作机会,可能随着他们的知识经验的进步而开展的,你不必因一时的环境而灰心,只须一面充实自己,一面留意更适当的工作机会(对当前的工作当然仍须负责)。罗马不是一天造成的,一个人的丰富的学识经验也不是一朝一夕可以速成,只须意志坚强,持之以恒,终必有成。"(全集第 10 卷第 441—442 页)

《建国抗战要同时并进》摘要:

"抗战与建国同时并进,还不是二件各自独立的事情,不过在同时并进而已,这二件事彼此间还有着密切的关系。中国是以半殖民地的国家抵抗日本帝国主义的国家,在最初的阶段,彼此的武力比例是相差很大的,但是我们所以对于祖国的抗战必得最后胜利有着坚强的信念者,是因为中国的抗战在本质上是进步的战争。这句话怎么说呢?在一方面,由于中国的奋起抗战,以前分裂的国家团结起来了,以前懵懵懂懂的人们现在觉醒起来了,抗战所燃起的高度的民族意识和爱国情绪,抗战所激起的高度的对于参加抗战工作的热诚,都使中国向着进步的方向迈进;在另一方面,尤其重要的是中国的潜在的伟大的人力物力,在抗战的过程中如能由于政治的民主化,'提高民权,加强国本'(借用蒋委员长在国民参政会中赞扬宪政决议案语),中国的国力是在抗战过程中逐渐生长强大起来的,这是愈打愈强的来源,这是中国的实力在抗战中和日本实力的比例要逐渐向中国方面好转的根据。所以我们必须在抗战过程中,努力把中国'建'成真正的民主国,由此加强国力,才能保证抗战的最后胜利。政治改革和抗战胜利所以有着密切的不可分离的关系,原因也就在此。建国与抗战必须同时并进,主要的原因也就在此。"(全集第 10 卷第 444—445 页)

《如何对付依靠敌人的奸徒》摘要:

"承寄来信报告前某报'大众顾问'栏的编辑某人已经出卖了灵魂,投靠在敌人的卵翼之下,在敌人特务机关里当组长,诱惑青年,以供利用。""依你来信所述,此人已做了汉奸,依理是可予暴露,但是除非证据确凿,否则可能引起法律问题,被反噬的。最好能由中国的政府机关或官方通讯社,根据调查的事实,负责发个新闻,言论界便可根据这消息作严厉的抨击。""你忧虑他凭藉以前的职务的地位,来诱惑青年,是一件很危险的事。这诚然是应该提防的。""任何人变了节去做汉奸,不管他以前做了什么,没有青年肯再信任他的。任何个人的本身都没有什么力量，他的力量只在于他的合于正义的实际行动。即令他戴着假面具来勾引青年去供敌人利用，有志的青年一旦发现了他的真面目，也不会跟他走的。"（全集第 10 卷第 445 页）

《民族自决的正确意义》摘要：

"诚然，'民族自决'这个名词也曾经被侵略者偷用过。例如日本帝国主义者对于我国东北四省的侵略，捧出傀儡溥仪来组织什么'满洲国'的伪组织，也腼颜以'民族自决'来欺骗世界。纳粹侵略者希特勒在进行吞并欧洲各小国的时候，也曾经以'民族自决'为藉口而无恶不作。但是事实究竟胜雄辩，谁也不会相信日本帝国主义者和纳粹侵略者的所谓'民族自决'是真的，因为它们根本是侵略主义者。在另一方面，在本质上无须侵略他国的国家，对于民族自决的支持，却是正确的，但是有些人存着成见，对于本质上无须侵略他国的国家不愿有正确的了解，顽固的成见掩蔽了客观的思考和判断，也就是只看形式，不肯认识实际的内容，把真的民族自决和伪的民族自决混为一谈，有着这种基本态度的分歧，简直无从讨论，也难于解释，甚至还可能引起别有用心者的诬蔑陷害，所以还是让事实本身的向前发展来证明罢。"（全集第 10 卷第 448 页）

8 月 25 日　《舆论力量与张学良将军自由》，载 1941 年 9 月香港时代批评社《张学良的自由问题》一书。（全集第 10 卷第 449—450 页）

《舆论力量与张学良将军自由》摘要：

"张学良先生自西安事变解决以后，他虽然曾经被政府判定了罪，也曾经被政府赦免了他的罪，他仍然是一个无罪的应该自由的公民，他的应该被释放，原是一件不成问题的事情。但他却仍被囚禁着。""这种无罪状□□□的囚禁，最初只有少数人替张先生向政府求情，但是无效。最初也有少数人著文鸣不平，但是无效。自从周鲸文先生等所提倡的人权运动渐渐扩大以后，因为张先生的囚禁是许多重要例子里面的一个，引起了更多人的注意，引起了更多人的不平，引起了更多的文字上的呼吁，于是表现出了舆论的力量，原来无期的囚禁，最近中宣部长王世杰先生回答外国新闻记者的询问，便临时按上管束五年的有期的说法，虽在政府公布的命令上从来没有看见过管束五年的规定，虽在任何法律条文上也从来没有看见过有这样的规定，但是在以前少数人的求情和不平都无效，现在至少由无期而变为有期，不禁令人想到舆论的力量。""自从恢复张先生自由的要求一天天扩大之后，□□□□□□□□舆论显然是形成了二个阵营。一方面举出种种藉口，甚至修改政府的命令，硬说被夺公权并未经赦免，表示张先生的囚禁是活该的，另一方面举出种种理由说明张先生的被无辜囚禁,完全没有理由□□□□□□□□□□□□□□。""我在这里所要指出的一种要点却是:在尚有民主流风余韵的地方,□□'□'□□□□,'民'也当可得到一点机会说话,各说各的话,听社会公判,是非终能大白于社会,关于张先生的这件事,便是一个很好的例证。尽管有人对张先生落井下石,造出种种说法来陷害他,但是只须民间尚有一点点言论自由的余地,公道自在人心,舆论的力量终不能完全埋没。""当然,舆论的力量在目前还只是使这件事的是非大白社会,还没有恢复张先生的自由,要达到这个目的,还有待于更大的继续不断的努力。""张先生的囚禁是保障人权运动中许多重要例子里面的一个。我们看到舆论力量对于他们的冤抑已经发生了相当伟大的效用,应该更进一步想到舆论对于整个保障人权运动可能发生更伟大的效用。因此,为着争取保障人权运动的胜利,我们应该推动更大的舆论力量。在另一方面,舆论对于保障人权运动也应该更给予积极的响应,为民主政治争取一种巩固的基础。""整个保障人权运动的胜利,绝对不是少数人的事情,而是与国家民族光明前途有关的事情。"(全集第 10 卷第 449—450 页)

8 月 30 日 《实现民主的普遍要求》,载香港《华商报》,收入《对反民主的抗争》。(全集第 10 卷第 709—715 页)

《实现民主的普遍要求》摘要:

"中国当前政治上最大的特征,是民主和反民主的日趋激烈的斗争。很明显的事实是:主张实现民主政治者,其态度光明磊落,其言论是理直气壮,反民主者因为懔懔畏惧于国内人心所向与世界大势所趋,不敢明目张胆反民主,只得转弯抹角,企图暗伤民主政治的发展。""同时他们对于主张实现民主政治者加以种种的诬蔑与诽谤,以为这样可以增加他们反民主烟幕的作用,可以增加他们妨害民主论调的欺骗。""一 广大人民""关于这方面,我只想很扼要地举出三个事实。""第一件事实是在野的各抗日党派对于实现民主政治的一致要求。任何政党都是为着它所代表的阶层而努力奋斗,但是在争取民族自由及建立真正的共和国家,这在各阶层是共同利益,是整个民族的利益和各阶层的利益配合在一起,因此在实际上代表全国各阶层的各抗日党派,对于贯彻抗战国策及实现民主政治都有着一致的愿望。""我在这里还可以举出一个亲历的事实:在去年年底,美国名记者史特朗女士到我国陪都观察,她要知道在野的各抗日党派对于国事的意见,于是有一天各抗日党派代表聚拢来为她举行了一个简单的茶话会。出席者除来宾史特朗女士外,有中共的周恩来先生,青年党的左舜生先生,国社党的张君劢先生,第三党的章伯钧先生,职教派的黄炎培先生,村治派的梁漱溟先生,救国会派的沈钧儒先生,陶行知先生和我自己,由我担任翻译,""上述各党派的代表人,除一致积极主张抗战和巩固团结之外,便是一致积极主张实现民主,他们而且一致认为实现民主是坚持抗战和巩固团结的中心工作。(即就国共问题而论,他们也是一致主张通过民主政治的实现而得到合理的解决,反对用内战方式来解决,因为这是不利于对日抗战的。)这是我亲耳听到的在野的各抗日党派对于实现民主政治的一致的要求。""第二件事是各抗日党派(连执政的国民党也包括在内)在第一届国民参政会中对于要求实施宪政的一致的要求。""第三件事是在宪政运动中表现了一般人民对于实现民主政治的热烈要求。""实现民主政治实为全国各阶层广大人民的普遍的要求,即就抗日各党派而论,不仅包括有中共,其他党派,也包括有国民党的分子。反民主的论客们却不顾这种事实,硬把民主政治运动归于'无业的过剩人口',甚至加上'无政府'和'分裂'的罪名! 他们无视全国各阶层广大人民对于实现民主政治的要求,遇着有人提出实现民主政治的主张,一概加上'共产党'的头衔,硬说民主政治运动只是为着'延安政府及其军队的集团'。他们的动机说穿了却也十分简单,即是企图由此把全国广大人民所要求的民主,缩小范围到一个小角落里去,分散你对于民主政治运动的视线,甚至把它视为洪水猛兽,达到他们的反民主的目的。"(全集第 10 卷第 709—713 页)

同日　《民主是我们这一代的救星》(未署名)、《关于民主的几点常识》、《〈救救中华民族第二代子孙〉附言》、《〈把惠明救出苦海〉附言》、《非民族英雄亦非叛贼》、《如何洗净良心的污点》、《盼望成立公共图书馆》、《党员治国与主义治国》、《受骗走入歧路的朋友》,载香港《大众生活》新 16 号。(全集第 10 卷第 451—453 页、453—455 页、455—456 页、457—458 页、458—459 页、460 页、461 页、461—462 页、463—464 页)

《〈把惠明救出苦海〉附言》摘要:

"关于白浪先生对于《腐蚀》中那位'惠明'女士的意见,记者已转达给茅盾先生,他说谢谢白浪先生的好意。作家对于读者的意见,总是欢迎的。有许多读者也都希望茅盾先生'把她(惠明)提醒','救出黑暗的苦海',究竟如何,只得静观茅盾先生的那枝生花之笔的'妙手回春'了!""读者之关怀惠明的命运,也不同于日本读者之关怀那个情死的女主人翁,正表明了今日广大读者对于'腐蚀'势力的憎恶。"(全集第 10 卷第 457—458 页)

《非民族英雄亦非叛贼》摘要:

"有人提起张氏在'九一八'沈阳事变的不抵抗,当时记者在《生活》周刊中也曾经发表言论严厉批评过不抵抗的错误。但是就整个责任说,当时是在政府实行'睦邻'政策的时候,后来华北的所谓何梅协定,以及'七七'以前屡次的对敌退让,都是在同样情形之下进行的。据熟悉当时东北情形的东北朋友说,当时张氏也奉有政府的命令,这一点我们手边没有证据,不敢肯定,但政府始终对于张氏当时的不抵抗,未曾加以查办及依法责罚,则为公开的事实。所以我们虽反对当时的不抵抗,如把这件事的整个责任抛在张氏的肩上,显然是不合理的。又有人提起西安事变。在西安事变中用兵谏的非常手段,确有可议之处,但根据张氏当时所公布的要求停止内战一致抗日及实现民主的主张,其动机实反映了全国人民的要求,而且亲自护送领袖回都,自请处分,经政府依法定罪,而又依法赦免,这段公案也就早已结束。讲到客观的结果,推动了停止内战一致抗日的实现,对于民族解放战争毋宁说是有功,至少可将功补过。"
(全集第 10 卷第 458—459 页)

《如何洗净良心的污点》摘要:

"你的八月九日的那封痛心忏悔的令人感动的信已经我们仔细看过。因为你被迫签名在'破坏团结'的'通电'上,因为你和若干同行的朋友在九日那天'做了这一件违反良心的事,不知怎样才能洗却这个耻辱',而受到良心的严厉的责备,感到无限的精神上的痛苦。""怎样才能洗却这个耻辱,我们愿意贡献二点给你参考:(一)你和若干朋友的签名既然不是出于本意,而是'违反良心',倘若你们能联名登报否认,光明磊落的态度便可大白于世,在你们心上便不致再永远遗留着悲痛了。这当然需要相当的勇气。(二)如果你们在事实上有困难,又没有勇气克服困难,那末至少你们以后要坚决不再干这类'破坏团结'的任何事情。"(全集第 10 卷第 460 页)

《受骗走入歧途的朋友》摘要:

"你的那位朋友既表示不反对民主和人权,又认为提倡实现民主和保障人权便是为共产党张目,好像实现民主和保障人权是共产党的专有物,这完全是成见作祟! 其实国父中山先生一生就是为实现民主政治而努力奋斗,现在民主政治在中国显然尚未实现,我们应该努力求其实现,为什么一定要把民主政治推在共产党方面去? 在第一届国民参政会第四次大会中,抗日各党派的参政员都有要求实行民主政治的提案(连国民党亦在内),难道都是为共产党张目吗? 难道因为共产党也在要求实现民主政治,其他抗日党派及其他全国人民就从此不应该要求实现民主政治吗? 这于理是说不通的。如有人坚持这种不合理的说法,便是用红帽子来吓人,在实际上达其反民主的目的,我们绝对不应该被这样的阴谋所欺骗。""不顾事实,随便乱戴帽子,把全国人民所真正要求的好事情,都一概推到共产党方面去,这种作风究竟于国民党有什么好处? 这是真正爱护国民党者所应有的态度吗?""你问对于你的那位朋友'可否跟他如常做朋友?'我们认为对于这样对真理发生误解的朋友,在最初阶段仍宜保持原有的良好友谊,努力说服他,使他消除误会,返到真理方面来。倘若他虽然详细听到了真理,虽经你再三诚恳说服而仍不肯抛弃成见,一定要往倒退和黑暗的方面走入坟墓,那在你已尽了做朋友的最大的努力,在无可如何之后,你也只有让坟墓去解决他(借用高尔基语)了!"(全集第 10 卷第 463—464 页)

是月　萨空了听从周恩来的安排,离开重庆去香港。原计划决定到新加坡找胡愈之,创办一个通讯社。船票买好,动身在即。廖承志和韬奋找萨谈话,希望萨留在香港创办中国民主政团同盟的机关报《光明报》。他们谈了创办这张报纸的重要意义,也谈到办报的困难,以及报社成员的复杂情况。萨是救国会成员。当时,韬奋代表救国会,廖承志代表中国共产党同萨谈这件事。萨接受任务退了船票。韬奋介绍萨与《光明报》社长梁漱溟,说萨有办报经验,给梁当帮手。事后梁对萨说,他相信韬奋的介绍,相信在共同工作中可以进一步互相了解。梁当时是民盟的常委兼宣传部长,乡村建设派的领导人。梁在港办报有困难,应该帮梁把《光明报》办起来。民主党派办报,党支持,包括人力上、经济上都支持。梁任社长,萨任总经理。(萨空了《创办香港〈光明报〉的回忆》,载《新闻研究资料》1986 年第 2 辑;张友渔《在华商报》,收入《报人生涯三十年》)

9 月初　《德苏战争与中国》(8 月 18 日作),载香港《世界知识》第 12 卷第 11 期。(全集第 10 卷第 464—470 页)

9 月 6 日　《一党专政与以党治国》,载香港《华商报》,收入《对反民主的抗争》。(全集第 10 卷第 715—721 页)

《一党专政与以党治国》摘要:

"现在想起来有些像梦境了! 时间是在前年(民国二十八年)十一月光景,正在第一届国民参政会第四次大会通过实行宪政的决议案以后的几个月内,那时还允许各界举行什么宪政座谈会,还允许在'自由中国'公开研究民主政治问题。在重庆郊外沙坪坝的中央大学的青年也举行了一次宪政座谈会,由该校学生会主持,请了两个人演讲,一个是中宣部副部长潘公展先生,还有一个是现在仍在呼吁民主使反民主的先生们感觉头痛的我。潘先生对我再三谦让之后,先登台演讲,在他讲到一个地方,忽然抖擞精神,声色俱厉,大声疾呼的问道:'现在有人说苏联是最民主的国家,试问苏联是不是只有着一个政党?'苏联现在只有一个政党诚然是事实,但是我们却不能从此得到结论,说凡是民主的国家,都只有一个政党的可能。""在我们当前的世界上所看到的实际的情形,除了无产阶级专政的民主国家行一党政治外,还有资产阶级蛮横专政的法西斯国家如德意,是行一党专政的。但是在本质上,这两种'一',有着基本的差异。""无产阶级专政的民主国家,由于特权阶级的消灭,由于全国只有一个工作者阶级的存在,所以它的一党政治的'一'是真正的'一',因为在事实上只需要一个党就可以代表全国中唯一的工作者阶级的利益,而资产阶级蛮横专政的法西斯国家,在实际上不能不依赖无产阶级而存在,在实际上并不能使全国都变成一个资产阶级,所以它的一党专政的'一'只是表面上的现象,在实际上,暗中仍有其他党派的存在,例如在德国,在意大利,暗中仍有共产党及其他党派的存在,不过都在极秘密的情况下活动罢了。因为在实际上既有着各阶级各阶层的存在,必然有着代表各阶级各阶层利益的各党派的存在,而不可能勉强'一'起来的。苏联一党政治的'一',是由全国最大多数人民(初期占人口百分之九十五,后来占全人口百分之一百)所要求,是为着全国最多数人民的利益而自然存在的。德意一党专政的'一',却是为着全国中最少数特权阶级的利益,用暴力压迫最大多数人民,奴役最大多数人民而勉强存在的。""无产阶级专政的民主国家和资产阶级蛮横专政的法西斯国家,虽在表面上看来同是'一党制',而在本质上却有着这样大的差异。"(全集第 10 卷第 715—717 页)

同日 《美日谈判与远东局势》(未署名)、《陈仪去职与民意》、《英美联合宣言后的国际新形势》、《〈报告谣言的侨胞来信〉按》、《关于英语的学习》、《我们的国家和民族》(全集未收)、《怎样反抗恶环境》、《舆论的任务与力量》(署名韬),载香港《大众生活》新 17 号。(全集第 10 卷第 471—473 页、473—474 页、474—481 页、481—485 页、486—487 页、488 页、489—490 页)

《我们的国家和民族》摘要:

"中国是不应该成为法西斯的国家,因为依照国父遗教中的民族主义,我们对外是要求整个中华民族的独立自由,对内是要实行各民族平等。真正三民主义的国家是不会侵略'异族'的,那末你的问题的答案便应该是否定的了。""在抗战期间,上层分子有许多凭藉政治力量发国难财,工农大众的生活还没有得到相当的改善,这是变态的事实,我们应该努力使它改善,至于对日作战,是应该'为整个民族利益而战',这句话的本身是不错的。"(香港《大众生活》新 17 号)

《怎样反抗恶环境》摘要:

"关于第一个问题,很难有一致的公式,重要的原则是认识和宗旨要正确坚定,在最重要的关头,宁死不屈。例如要你做汉奸,或要你做破坏团结破坏抗战的工作,那就是凡属中华民族的儿女,都应该毅然决然拒绝,宁死不屈。至于应付的策略,那就要根据客观的情形和主观的力量,配合起来干。例如你被一群反动分子所威胁,或破坏,如果你的力量足够应付,当然要尽力应付;倘若你个人力量已不可能应付,其次要看你能否连合更多的人更大的力量来应付,如果可能的话,当然要尽力干去;倘若你已用尽了主观的一切力量,而仍不能应付,那也只有暂时作'战略上的撤退',以准备更充分的实力,继续奋斗,或'转移阵地',继续奋斗,这都须看实际的客观情形和主观的力量,作灵敏而适宜的进行,没有一致的公式可循。"(全集第 10 卷第 488 页)

《舆论的任务与力量》摘要:

"(一)最重要的当然是言论自由须得到合法的充分保障。""否则舆论无从表现,或得不到充分的表现,当然说不到什么发生监督政府的力量。(二)在抗战国策范围内(就中国说)批评政治或国事,是民国的国民应有的民主权利(法西斯国家的国民当然除外),不应把批评政治或国事,即视为推翻政府或'另建政治中心',这一点如不被执政者所承认,舆论常在压迫之中,也说不到什么发生监督政府的力量。怎样能使执政者承认这一点呢?这是各国民主政治运动所要达到的最重要的一个基本目的,必须努力推进民主政治运动的伟大力量,在宪政的实行上争取人民应有这种监督政府的基本的民主权利。(三)最后,舆论机关本身当然也要努力反映最大多数人民的愿望与要求,然后才能发生伟大的力量。舆论的力量不是仅仅由于少数人执笔写出几篇文章,最重要的是所发表的言论真能反映最大多数人民的愿望与要求。在实际上往往有些人办报,领得到丰富的津贴,出得起丰富的薪水,出的报没有人看,或看者寥寥,被社会上看作反动的倒退的代言人;有些人办报,虽然经济困难,受尽艰苦与压迫,埋头苦干,出的报受到许多读者的欢迎,受到社会上的重视。就是因为前者只是代表少数人私利或一个派系的私利说话,反对一切真正有利于国家民族的进步的事情和主张,后者恰恰与之相反,不怕也不顾少数顽固倒退分子的污蔑毁谤,站在真正大众的立场,提出真正有利于国家民族的进步的事情和主张,百折不回地干下去。"(全集第 10 卷第 489—490 页)

9 月 13 日　《中苏文化的交流》,载香港《华商报》,收入《对反民主的抗争》。(全集第 10 卷第 721—727 页)

同日　《打回鸭绿江边去》(未署名)、《悼季鸾先生》(署名本社同人)、《生物学的"用处"》、《"宿命论"的路线》、《坏事秘密得了么》、《"好女子不出闺门"》、《团结还是要坚持》、《挥泪忍声盼进步》、《造谣不值得气愤》、《"我有三个爱人"》、《致敬书如何送到》、《求职理想勿太高》、《大恶掩不了小善》(以上十一篇署名韬),载香港《大众生活》新18号。(全集第10卷第490—492页、492页、493页、494页、495—496页、496页、497页、497—498页、499页、500—501页、501页、502页、502—503页)

《打回鸭绿江边去》摘要:

"从一九三一年的北大营的炮声响后,到现在,已经有整整的十年了。这十个年头中的历史鲜血淋林地活在每个人的心头,用不着我们在这里细细追溯。'九一八'的十周年纪念之特别使我们触目惊心,也不只是因为它向我们提醒了这十年的历史——整个民族在这十年中所蒙受的耻辱与苦难,三千万东北同胞至今还在过着的被蹂躏与践踏的生活,我们何曾有一时一刻忘掉?——而是因为它像一声警钟在告示我们,这一切羞辱与苦难必须加以彻底清算了。""眼前正是我们去向敌人索还从九一八以来的全部血债的时机了。""回看国内的情况,这十年内的进步也不是轻易计算得出来的。抗战团结的局面在从人民大众中所发出来的无穷有生力量的支持之下始终坚持着,那些对九一八事变和跟着而来一连串的屈辱历史要负最大责任的罪人们——以汪逆为首的亲日亲德意分子已经纷纷露出原形,滚出民族的阵营。□□□□□□□;让我们更整饬我们的队伍,动员反攻,收回一切失地,直到鸭绿江边;洗刷一切耻辱,争回民族的光荣!""在今天,只要认真实行民主政治,切实巩固民族团结,一定能产生无限量的有生力量,以实行反攻。再配合以目前有利的国际局势,打回鸭绿江边去就不是一个幻想。反之,倘不这样做,我们就不得不继续生活在自九一八以来的耻辱之中。""只有屠头与奴才才日夜幻想敌人自动悔过屈服,企求他人为自己复仇,我们要有像古代的复仇者一样的气概,纵然有旁人拔刀相助,也要使敌人的血流在自己的刀下。事实上,英美苏的共同压力纵然能断绝日本南进北进的路,但对西进,它是绝不会放松的。透过汪伪政权,他正力谋加强与巩固其对沦陷区的掠夺与控制,同时继续实行着对我敌后游击区域的大规模扫荡。对于这些,我们绝不能采旁观的态度。必须认真准备和赶速实行反攻,来击破他的一切阴谋活动,否则敌人在布置妥当的时候,再度实行对我大后方的进攻是完全可能的。国际的援助当然是大大有助于我们的实行反攻,但我们不是说,只要外援增多,我们就能反攻;而是要堂堂地向一切友邦说:因为我们要实行反攻了,你们就更不必对日本作不必要的让步,更应该多给我们实际帮助。""在自力更生民主团结的基础上赶速发挥全力以实行反攻，这已经是当前的迫切任务。一切跟培养与团结反攻力量相反的政策与设施必须立即停止了！在九一八的纪念钟声之中，鸭绿江水在召唤着我们！"（全集第 10 卷第 490—492 页）

《"宿命论"的路线》全文：

"阅读来信，详悉你已往参加中国革命工作的经过情形，破家荡产颠沛流离而不惜，你的努力奋斗的精神，任何人看了都要感动的。你现在因受环境压迫，想入'修道院研究拉丁文英文哲学'。我们细阅你的来信，觉得你的动机似乎不无矛盾。你一方面说暂入修道院休养，'得有机缘仍出来活动'，这含有积极的意思；在另一方面又说'不得不在那地方去休养余生'，却含着消极灰心的意思。修道院的情形我们不熟悉，如果只是作为暂时休养之所，利用这机会增长些知识，以准备将来从事更积极的有益国家社会的工作，只要事实上有此需要，未尝不可，如果等于灰心尘世去做和尚，了此余生，那我们却不敢苟同。如何应付黑暗的环境，我们在上期本刊的简复里也略有意见贡献，此处不再赘述，最重要的一点，就是应付的策略尽管根据客观情形及主观力量作灵活的运用，但是真有奋斗精神的人，他对于根本的原则或目标是要始终不肯放弃的，是要一息尚存，此志不懈的。你说现在竟'从宿命论路线了'，这等于对黑暗的环境解除了自己在意志上的武装，等于战士对敌人解除了自己的武器，这是我们所认为万万不可的。"（全集第 10 卷第 494 页）

《团结还是要坚持》全文：

"（一）从来信知道泰国侨胞对于祖国团结近况的关怀，这是出于爱国的至诚，为海外侨胞所同有的心理。由于友邦希望中国能坚持抗战，以拖住日本的泥腿，不愿中国有分裂的情形，由于全国爱国同胞都能热诚拥护团结抗战，厌恶分裂，所以中国仍得于艰苦困难的情况下保持着相当团结的局面，不久以前虽有些人对团结造谣生事，亦由于国际形势与国内人民大众的心理趋向，不得不稍稍敛迹，不敢再扩大宣传，我们深信在全国人民的严厉督促之下，国内团结应该不会妨碍到抗战的进行。（二）你说侨胞中节衣节食，捐输祖国抗战，只有些少工资的侨胞竟有每月捐收入百分之六十的，这种爱国的精神，实在令人感动。现在祖国仍在坚持抗战国策，海外侨胞对于祖国的捐输，仍有继续的必要。"（全集第 10 卷第 497 页）

《求职理想勿太高》全文：

"你不满意现有的职业，如有其他更适宜的工作机会，当然可加以考虑，但是你说不愿做资本家的事情，这一点却有商榷之余地。我们都希望将来可以达到平等的理想的社会,但是这种社会的达到还须经相当久的过程,不是短时期内所能办到的。目前在全世界上除了六分之一的一块土地上外,都有资本家存在,难道我们就可以白白地先饿死么？所以这个观念在目前实际上是无法实现,而且也不必这样的。一二人或极少数人在目前不愿做资本家的事情,即令做得到,也不能因此达到平等的理想的社会。"(全集第10卷第502页)

《大恶掩不了小善》摘要:

"他以前那样热心助人,仍是一件好事,现在的出卖灵魂当然是罪恶。投降敌伪,出卖灵魂,是最大的罪恶,如果属实的话,我们绝对不能因为他以前曾经热心助人,而可以加以丝毫的宽恕(除非他赶紧忏悔'反正',那又当别论)。但我们也不能因为他后来的罪恶,而怀疑到热心助人这件事的本身是否应该做。例如汪逆往昔协助国父中山先生革命,在北京杀摄政王,那件事当然是正当的,但是他现在投降敌人,出卖祖国,却是极大的罪恶,受到全国爱国同胞的唾弃。我们也应把这前后二件事分开来看。""关于这类的事,我们还可以得到一点教训,就是社会对于一个人的行为的反应,终究是公平的,一个人做得好的时候,社会给他以好的反应(至少是在社会上的好人方面,而社会上没有偏见的好人却占着大多数),一个人做了罪恶或变节,社会要给他以'社会制裁'的反应。汪逆精卫往昔追随中山先生革命时,在革命史上未尝没有他的地位,但一旦他要利用他已往的地位来投降敌人,出卖民族,便没有好人肯跟他一同去做汉奸了。"(全集第10卷第503页)

9月16日 《实现民主与抗战胜利》(9月2日作),载香港《时代批评》第4卷第79期。(全集第10卷第504—508页)

《实现民主与抗战胜利》摘要:

"某些人听到有人提出实现民主政治的要求,就要加上破坏抗战的罪名,现在却说实现民主政治和抗战胜利有着不可分离的关系,这究竟是怎么一回事呢?""第一,实现民主政治包括人民的身体自由及言论出版集会结社自由等等民主权利的充分的合法保障。这种人民所应有的基本的民主权利,不必等到国民大会成立及新宪法颁布以后才可以实行,因为训政时期约法及抗战建国纲领都有明文规定,现在所迫切要求者,不仅是条文上有规定,而要在事实上把它切切实实地实行起来。""但是反民主者却硬把拥护抗战国策贯彻抗战国策之下的言论出版集会结社自由,扯到破坏抗战国策的汉奸自由方面去。企图藉此对人民的民主权利射个暗箭,达到他们反民主的目的,这个阴谋,我们实有加以严厉揭穿的必要。""在拥护抗战国策贯彻抗战国策之下的人民的民主权利得到合法的充分保障,对于加强抗战力量有着重要的效用。""试举几个实例来说。爱国侨胞领袖陈嘉庚先生去春回国视察,在福建亲自看到前主席陈仪的种种苛政,使福建人民陷身水深火热之中,曾经根据事实,向中央呼吁,并发表言论,引起社会注意,这实在是民主国家的人民所应做的有利国家的事情,但是某些人却把攻击政府的罪名加于热诚爱国的陈先生,内地报纸对于陈先生的爱国忧国的言论都加以封锁,而由于陈先生在海外仍不停止其呼吁,最近政府已采取舆情,将祸闽的陈仪免职。如果言论自由得到合法的充分保障,政府当局以民主的态度来注意民间舆论,福建人民早可脱身苦海,福州沦陷以前的人民的种种苦痛,可以避免,为敌人清道的种种惨象也可以不致发生了。福建的损失是全国在抗战期间损失的一部分,全国各地的损失的总量,其影响于抗战的整个力量,是可以想象得到的。保障民权,培植民力,以加强国力,已成为三位一体的要务。""又例如东北人士认为张汉卿先生在政府赦免其罪状之后,已为无罪的国民之身,且以张氏为最高统帅所赏识的军事人才,为保障人权计,为加强抗战力量计,都主张迅速恢复他的自由,使他得有机会报效国家(张氏应恢复自由,只是保障人权的许多例子中之一,反对人权运动者硬说保障人权运动是专为张氏一人,是完全歪曲事实的诬蔑),这种主张得到各方面主持正义的热烈同情和赞助。但是某些人却敢明目张胆修改国家法令,硬说张氏的剥夺公权并未赦免,哓哓不休,幸而□□□□□□□□□□□□□□□□□□□□□,民间舆论尚得根据确凿的事实,加以纠正,最近中宣部长王世杰对外国记者的谈话,已将张氏的□□拘禁,临时改为有期的五年'管束'了。""又例如最近美国派到中国视察滇缅路的三个专家,根据视察所得,亲将腐败情形面告蒋委员长,认为有全部整顿的必要,蒋委员长觉得闻所未闻,为之动容,已接受了专家的意见。其实关于滇缅的情形,我们不是无所知,但是不可能知无不言,言无不尽,如果言论自由得到合法的充分保障,政府当局以民主的态度来注意民间舆论,这样重要的国际运输路线,不必等到美国专家的揭发实际的情形,早已整顿好,对于抗战力量的增加,不是可想而知的么?""其次,我们为着争取抗战胜利,除保障民权发挥民力,俾得协助政府之外,最重要的是全国团结,是代表全国各阶层力量的各抗日党派的团结。在一方面,中国的抗战建国的成功,不是任何一个阶层所能包办的,因此也不是任何一个党派所能包办的,必须由全国各阶层的共同合作努力,因此必须由代表国各阶层的各抗日党派的共同合作努力。在另一方面,各抗日党派虽各有其所代表的社会阶层,但是在争取整个国家民族的自由解放及建立真正的民主国家,这在各抗日党派是有着共同的利益,所以在基本上是存在着可以团结御侮建国的可能性。""要真能使各抗日党派巩固团结,在一党专政的情况下是很困难的,简直可以说是不可能的;必须通过民主政治的实现,使各抗日党派得到公开的合法保障的地位,使各抗日党派不因党派关系而被剥削和一般国民所应享受的民主权利,使一切施政以民意为依归,而不致以一党一派的意见做出发点。""只有各抗日党派能在民主政治实现之下精诚团结起来,才能实现真正的统一。我们竭诚拥护国家的统一,但是我们却深信必须统一于民主,才能实现真正的统一,否则等于消灭或压迫其他各抗日党派而统一于一党专政,这在事实上不是谁愿不愿的问题,而且要徒然引起国家分裂而与真正的统一背道而驰。""保障人民的民主权利,以发挥民力,加强抗战力量;巩固各抗日党派的精诚团结,达到真正的统一,以发挥并集中各方面对于国家民族的贡献,加强抗战力量;这都是民主政治立刻可以实现的部分,也是立刻可以刷新政治振奋人心的措施,但是民主政治这个'我们这一代的救星',关于上述的部分固须要全国各阶层广大人民的努力争取,要求迅速实现,而巩固民主政治的保障,还需要进一步建立真正的民意机关,成立由真正的民意机关所决定的国家根本大法——宪法——,根据宪法成立对民意负责的政府,继续不断地督促国家根本大法的切实执行。""这是抗战胜利的最基本的保证,也是建国成功的最基本的保证。"(全集第 10 卷第 505—508 页)

9 月 17 日 为德国流亡作家乌尔夫的名作《希特勒的杰作》上演题词(全集未收):"反对法西斯作风为保卫民主的重要工作 题赠《希特勒的杰作》上演 韬奋"。载香港《华商报》。

9 月 20 日 《法西斯作风的罪恶》,载香港《华商报》,收入《对反民主的抗争》。(全集第 10 卷第 727—733 页)

同日 《我们怎样看美日谈判》(未署名)、《中国的忠实患难朋友》、《大学的新闻学系》、《中国和英国的反攻》、《怎样进行研究戏剧》、《如何解除妹妹的苦痛》、《团体中的民主精神》、《被邀入党时的态度》、《对于本刊的意见》、《几个问题人物的行踪》、《杂问二则》、《会计人才的出路》(以上十篇署名韬),载香港《大众生活》新 19 号。(全集第 10 卷第 509—511 页、511—512 页、512—513 页、514 页、514—515 页、515—516 页、516—517 页、517—518 页、518—519 页、519 页、520 页、520—521 页)

《中国的忠实患难朋友》摘要:

"中苏文化协会总会会长孙哲生先生最近在该会香港分会宣告成立的致词中,以他所目睹的事实,证明苏联是中国的忠实的患难朋友。""中国的人民大众,对于苏联有着深切的好感,也是出于国家民族的立场,是很显然的,因为它是中国的忠实的患难朋友。但是有些人却在挑拨离间中苏的友好关系,时常放出反苏毁苏的烟幕,对你咆哮着种种诬蔑的话语,一来就开口大骂'苏联至上主义'啊,'承认伪满的苏联'啊,'你的祖国苏联'啊等等。苏联为保卫国土奋起抗战了,他们却在旁下冷箭,说苏联是'一误再误三误四误',说苏联的军备如何不行,工业如何不行,重要将领只是'民军首领'! 这和孙先生以前曾经报告过,你在苏联全国报纸杂志中找不出一句不利中国抗战的话,是有着怎样的差异! 他们用这样的态度来对待援助中国抗战最热烈的友邦,却口口声声自命是出于'国家至上民族至上',你听了作何感想?"(全集第 10 卷第 511—512 页)

《对于本刊的意见》摘要:

"通俗化的重要,我们也时常深刻地感觉到,我们希望关于各部门的重要知识,不但要选择精华,配合时代性,而且要能写得深入浅出,人人看得懂。我们的目的虽如此,但是能做到什么程度,还有待于时常注意和继续努力。"(全集第 10 卷第 519 页)

《会计人才的出路》摘要:

"你的所学,必可有用,是无疑的,问题就在留意此类职业的机会。说需要此类人才,只是说就业的机会多些,但机会却须人去留意寻觅,不会自己跑到你面前的。你说'内地人事太少关系,或许讲得完全没有',这一点只有就可有的人事关系尽可能接洽。此外也许可以写详信给重庆中华职业教育社的职业指导所询问商量,他们那个地方是公开介绍职业的机关,也许消息灵通些。"(全集第 10 卷第 520—521 页)

9 月 27 日　《从三国同盟到美日谈判》,载香港《华商报》,收入《对反民主的抗争》。(全集第 10 卷第 734—739 页)

同日　《日苏战争的问题研究》(未署名)、《诤友要不要?》、《〈殉情与殉国〉附言》、《"海外中国"与"海内中国"》、《方形的空格》,载香港《大众生活》新 20 号。(全集第 10 卷第 521—523 页、523—525 页、525—527 页、527—529 页、529—530 页)

《〈殉情与殉国〉附言》摘要:

"殳先生在这封信里所提及的为着爱国情人而自杀的一件事,是指港《大公报》九月十二日及十三日连载的《一对战死与殉情的同命鸟》中所述的事情。男主角是慷慨为国捐躯的我国航空健儿黄荣发烈士,女主角是一位成都大学区里华西大学经济系的优秀女生杨金芳女士。他们由热烈的挚爱,于本年六月才订婚,可是不久黄烈士便因空战抗敌而为国牺牲,杨女士于悲痛中以手枪自杀。""这是一幕非常惨痛的悲剧。我们对于黄烈士的尽忠报国,谨致无限的尊崇与哀悼,对于杨女士的悲遇也发生无限的同情,但是我们却完全赞同殳先生的意见,'自己的爱人被日人所杀,应该替爱人报仇,那才是尽其爱的责任',绝对不应该走上自杀的路。这不但是敌人杀了我们的一位爱国战士,同时还无异让敌人杀了我们的一个优秀有为的女国民。这不只是个人的损失,也是国家的损失,所以我们虽对杨女士的身世万分同情,而对于这种做法,却是要坚决反对的。"(全集第 10 卷第 526 页)

《"海外中国"与"海内中国"》摘要:

"我们的祖国有比较别国更多的优点,千万华侨成为一个大集团,对于祖国的进步,具有极大的推动力,这也是我们祖国的一大优点,为他国所不及的。他国虽也有侨民,但只是散处各地,没有成为祖国进步推动力的大集团。""'海外中国'对于'海内中国'的进步,具有伟大的推动力,是有着它的光辉的历史。辛亥革命,抗战发动,'海外中国'对'海内中国'都尽了最大的贡献,以致国父中山先生曾经慨然兴感,说华侨是革命之母,没有华侨便没有中国革命。这都是有事实做根据,绝对不是过誉之言。因此我们深信今日我们祖国所最需要的是坚决抗战,巩固团结,实现民主,而其核心问题是政治的改革,使清明政治,廉洁政治能在事实上出现:而这方面的推进,'海外中国'对于'海内中国'又必然有其伟大的贡献。""倘若没有这样障碍物的存在,一切都无问题,便无所用于我们的努力奋斗,换句话说,我们的努力奋斗,百折不回,就是因为有这样障碍物的存在,所以主张抗战的必须和妥协动摇的言行斗争;主张巩固团结的必须和挑拨离间制造分裂□□□的言行斗争;主张实现民主的必须和反民主的种种烟幕之下的言行斗争。我们看清了这种斗争是必然的,是无可避免的,便只有努力于如何消除光明的前途的障碍,□□□□□□□□□□□□□,□□□。这也就是来信所谓'对于祖国之殷切,始终如一,仍以□□□□的精神,为祖国的光明前途而努力奋斗。'"(全集第 10 卷第 528—529 页)

10 月 1 日 《对美日谈判应有的看法》,载香港《世界知识》第 13 卷第 1 期。(全集第 10 卷第 531—532 页)

10 月 4 日 《三十年前的民主运动》,载香港《华商报》,收入《对反民主的抗争》。(全集第 10 卷第 740—745 页)

同日 《湘粤战事的重要性》(未署名)、《人权·民主与舟子》、《〈大众生活〉新 21 号编者的话》、《官与政治》、《流氓举动》、《健康与工作》、《学习与读书》、《病与信》、《充实自己锻炼自己》、《有血性的人》,载香港《大众生活》新 21 号。(全集第 10

卷第 532—534 页、535—536 页、536—537 页、537—540 页、540 页、541—542 页、542—543 页、543 页、544 页、544 页）

《官与政治》摘要：

"有人说主张实现民主政治者是志在做官，人人做了官，便是民主政治的实现！这种说法当然使民主政治蒙着千古奇冤，因为在专制时代也有官，民主政治的目标如果只是要使人人做官，那末专制政治大可保全下去，各国反抗专制政治的民主运动史也可放一把火烧光，或者就根本写不起来了。""但是做官的心理在中国确有其根深蒂固的历史，所以才能这样深入于人心。以前常听到所谓'万般皆下品，惟有读书高'，高在那里？就高在读了书有做官的机会。以前做父兄的勉励子弟要'扬名声，显父母'，在实际上也是希望子弟能做官，做了官便能'扬名声，显父母'。""做官为什么使许多人羡慕呢？因为在官僚的社会里，官有许多特权。中国往昔的政治哲学，有治人者和治于人者的分别，官是治人者，他们可以不守法律，随意治人。记者在小的时候，有一天偕同老弟走过一个县衙门，无意中随着一群人进去看老爷审案（时在清末），地点在福州。老爷高坐堂上，几个老百姓跪在地下，老爷说的是'官话'（当时指国语），小百姓说的是外省人听不懂的福州话。因翻译翻得不清楚，老爷大发雷霆，不问皂白，喊一声打，小百姓便须立刻脱下裤子挨一顿打，打得哭哭啼啼。究竟为什么，他们不知道，恐怕在发脾气的老爷，自己也说不出所以然。这表示老爷对老百姓有无上的威权。法律不法律，在他是不成问题的。民国成立以后，改老爷为先生或径称官职，叫人做老爷，有时要引起很大的反感，这是可喜的进步的现象。但是'我要怎么办就要怎么办'，现在的先生和以前的老爷，在精神上还是有着'共鸣'。""做官可以作威作福，可以不受法律限制，这是多么舒服而痛快，所以官有大可一做的价值！""做官可以发财，这是官的一个特点。这种风气由来已久。孟老夫子虽说'上下交征利，而国危矣'，但是国的危不危，与官无涉，而'交征利'，却是官的所以值得做。因为做官有这样大的经济的意义，所以在前清时代有一种'投资'的办法，即不能由正途（科举）出身的官，可以出钱捐官，叫做捐班出身，官越大，要出的'捐'费越多，因为官越大，捞回来的钱也越多。民国成立以后，出'捐'做官的办法已无形中取消，但出现了一个新名词，叫做'官僚资本'，规模宏大，名词新颖，在业务的便利上，'商人资本'当然远不及'官僚资本'。（□□□）。""做官不但自己可以得到无上的威权，不但自己可以扩大'官僚资本'，而且还可以协助自己的亲戚朋友同乡等等得到许多好处。在清末的官僚社会里，一县或一乡里出了一个官，他的家族戚党便可以武断乡曲，包揽诉讼，鱼肉乡民，无恶不作，这便是无上威权的延长。一个官到任，他的家族戚党可以不问有无工作机会，随意跑来，叫做'乡亲'，便有坐着吃白饭的权利，侍从人等便须称他为第几老爷。民国以后这种种作风在形式上是改变了，但是由'□□□□'进身的，却仍然是相当普遍的作风。以前在上海曾经喧传一时的新闻，□□□。"

"做官有许多好处妙处，所以有些人对于'同志'，也以'从政试验'（按即做官）作为鼓励的方法。对于青年的'领导'，也以毕业后位置可无问题为鼓励的方法。""以上云云，似乎大有提倡大家都来做官的嫌疑！记者于此不得不郑重声明，绝对没有这样的意思。官僚专制和官僚社会的恶习都是民主政治的敌人，民主政治所要改革的对象，正是官僚专制和官僚社会的恶习。所以我们应该明白此中的实际情形，应该明白，中国既是要朝着进步的方向前进，这种畸形的形象，其寿命必然是有限的，人们不但不应该羡慕，不但不应效尤，而且应该努力避免做官的腐败念头。""要改正一般人对于官的落伍的观念，是在整个政治制度的根本改革，也就是在民主政治的真正实现，因为只有这样，所谓官才不是压迫人民剥削人民的罪人（这里面当然还有'主犯''从犯'之分），才是为人民服务的公仆，才能使一般人们不致一方面鄙视做官的人，一方面却又迷惑于官之大可一做。"（全集第 10 卷第 537—540 页）

《健康与工作》摘要：

"我们的前次简复，使你对于应付困难问题有着更正确而适当的态度，减少苦痛，这是我们所最感欣慰的事情。""你说：'我爱健康，但我更爱工作'，我们觉得这样说还有语病，因为好像为着工作不妨伤害健康。我们的意思，工作与健康当同时顾到。徒然把身体养得好好的而闲散不做事，等于养猪一样（其实猪还有猪肉可以贡献），那固然要失去了人生的意义；不顾健康的死命工作，不但伤害了健康之后，工作要停止，而且由于身体的屡弱，工作的效率也要随之大受影响，在实际上不但妨害了健康，而且也妨害了工作。你应该对工作和健康之间要设法两面顾到，简单的办法是每日必须有一些时间休息，必须有一些时间运动。""工作布置得当，处理有力，有益于健康而无害于工作；健康日有增进，也有益于工作：这两方面是不可偏废的。你是一位热诚而负责的工作者，正是为着你的工作，必须同时注意健康。""第一不要性急，第二不要苦闷，

第三切不可拼命,把命拼掉,什么都拉倒!"(全集第 10 卷第 541—542 页)

《学习与读书》摘要:

"你的书架上已放满了书,不知从那篇着手看起,大有鱼与熊掌排列满前而不知从何着筷之感。这问题比较容易解决,要用一双筷子同时夹鱼与熊掌,很困难,不妨先吃鱼而后吃熊掌,或先吃熊掌而后吃鱼,孟老夫子对于鱼与熊掌所以感到困难,是二者不可得兼,顾此失彼,你既得兼,只是先后问题,选你最喜欢吃的先吃就行。倘若你都一样地喜吃,也可以随便先吃任何一样,反正你都可以吃到的,略有先后,并不妨事。"(全集第 10 卷第 543 页)

10 月 11 日　《中华民国的三十年》(未署名)、《希特勒道歉的悲鸣》、《苏联的选举制度》、《实行宪政与文盲》、《民主□□□□□□》(篇名被香港当局检删)、《南洋危局能否渡过》、《一个工人的愤慨》、《光明报不愧称光明》、《妹妹要出嫁了》(以上七篇署名韬),载香港《大众生活》新 22 号。(全集第 10 卷第 545—547 页、547—548 页、548—549 页、549—551 页、551—552 页、552—553 页、553—554 页、554—555 页、555—556 页)

《中华民国的三十年》摘要:

"复辟帝制的幻想是封建时代残留下来的鬼魂。自经辛亥革命以后,这种鬼魂固已再也难以施其作用,然而到底也还没有被彻底地绝灭。自辛亥革命以后的三十年来,民主的招牌虽然始终挂着,中间只有极短期的两次中断,因此连像北洋军阀,也不得不制定'宪法',召集'国会',不敢'得罪于国人',但按其所行所思则仍是封建的鬼魂的延续。而这三十年来作祟于民族命运的又不仅旧的鬼魂,更有新的鬼魂。后者是更加聪敏而狠毒,更加善于利用自辛亥革命以后的民主斗争的成果为幌子,而达到其出卖民族利益与人民利益的目的。""三十年来,这些新旧鬼魂经常地缠绕着我们,阻止着全民族向民主大道的进行。他们的相互结合与作祟构成了在民族生活中的内在的阴暗面。但他们毕竟只是鬼魂,因为他们不能像人一样地独立存在,而是虎伥似地必须依赖于外在的危害中国民族的强大力量。所以自抗战以来,这些新旧鬼魂纷纷地向南京,北平,沈阳城里集合起来了。当南京伪政权成立后的某一次会议中,北洋军阀余孽齐燮元提议全体起立向'汪主席'鞠躬致敬,这幕戏是何等生动地把新旧鬼魂的携手合作而又共同依存于侵略者刺刀的情形反映出来了啊!""内在的鬼魂之排除出去自然是可喜的事,我们更要继续排除他们,因为消灭一切鬼魂以成为堂堂的人正是我们抗战的目的。故事中说:凡元气不足的人就不易克服鬼魅,而反为鬼所捉弄。这是值得我们警惕的。西人也说:每个人身上有一个上帝,一个撒旦,因此每个人要和自己身上的撒旦斗争。中国民族经历过千余年的封建生活,又在现代的世界中处于半殖民地的地位,这正是一切新旧鬼魂得以活动的根源。抗战既然是在中国的历史上,中国的大地上发生起来的,其中仍有着鬼魂的痕迹,也并不是可耻的事。我们正要有勇气和自己身上的撒旦宣战,使自己成为更健康的人,则我们才更有把握克服已排除出去的一切鬼魂,和在他们背后的侵略者魔王,则我们才能完成三十年来中国人民所不断争取的真正的民主共和国!""'民可使由之,不可使知之'的教条是封建时代的魔鬼,□□腐蚀我们抗战中的生机。中国吃了这种旧鬼魂的亏已经太久了,还能更有意地宣传么?再者,法西斯是扰乱目前世界的巨魔,我们绝不能让他的魔手伸入我们的抗战的内部来。事实上,中国绝没有产生法西斯的土壤,纵然有人幻想法西斯,那也是半封建的专制主义的改装。这种幻想毫无问题的,不能被'国人所公认',是'得罪于国人而不能存在'的。""经过三十年的历史,□□□□□□□□□□□□□□□□□□,这虽然像是可悲的事,但是这毕竟是三十年历史中的阴暗的一面。自辛亥以后,继续发展起来的民主力量是其光明的一面。这一面发展到今日,已经'三十而立',成为不可克服的巨大的存在而挺立着了。□□□□□□□□□□□□□□□,一个真正的民主共和国却□□□□□□□而出现在地平面上了。"(全集第10卷第545—547页)

《希特勒道歉的悲鸣》摘要:

"最近因为德国人民的不满情绪逐渐增加,老希又不得不硬着头皮,撒几句谎。""天下事莫难于撒谎,因为撒谎是终于要露出马脚的。你看他一方面说'敌人已被击败,不能再抬头了'! 一方面却表示德国人须再作牺牲,要联合成为一个'牺牲集团'!""在这篇'陈旧谎言'的叫嚣里,除对苏联实力表示惊讶,并承认战事难于短期结束外,并说此次战争'必须击败世界犹太主义、民主政治、与互助团的阴险'。""要'击败''民主政治'么? 在德国国内,设立集中营,用特务(在德国叫做秘密警察)来压迫蹂躏无辜人民,任意拘捕、囚押、加以酷刑或残杀,无辜的人民随时随地可以失踪,可以送命,毫无法律保障,民主政治在德国诚然遭到暂时的厄运,但是全靠枪尖统治,能勉持多久,是不难预料的,若想'击败'世界的'民主政治',那更是幻想的幻想,因为民主政治是整个人类向着光明前途迈进的跳板,中国老话有句叫'众怒难犯',老希尽管自视不可一

世,要和全人类为敌,胜败之数,不待智者而后知。"(全集第 10 卷第 547—548 页)

《实行宪政与文盲》摘要:

"各国都各有其优点及缺点,最重要的是要能够发挥优点,改正缺点。有缺点而讳疾忌医,结果必致养痈贻患,危险更甚,故各民主国家的舆论,对于政治的得失,都保持着批评的民主权利,以民间舆论的力量,促进政治的改善。主持国政者对于民间舆论的态度,须视民主精神为转移。法西斯的国家根本独断独行,视人民如奴隶,当然不要舆论,民主国家则以人民为主人翁,政府的官吏只是国民所用的公仆,且有宪法规定人民有批评国政的民主权利,并有民选的民意机关监督执行,故舆论得到法律的切实保障。""关于实行宪政,文盲虽仍占多数,但不是没有办法补救,例如只须领导者大公无私,根据选举者的本人意思,助以适当的协助,便无问题。敌后有许多抗敌根据地已采用民主政治,并不因此受到妨碍,便是实际的例子。因为人民选举自己所愿选举的人,以谋乡土及己身的利益,自有他的真切的认识。""关于实行宪政,不但不妨碍抗战,而且正是加强动员民意,协助政府兴利除弊,以增强长期抗战力量,""实施宪政与抗战不相容的落伍思想与荒谬议论,在今日已成过去了。"(全集第 10 卷第 549—550 页)

10 月 12 日　香港,午后四时,假金马伦道 7 号华侨生产建设协会举行聚茗会。到者黄炎培、黄伯樵夫妇、叶采珍、吴涵真夫妇、汪卓云、王春泉、邹韬奋夫妇、潘仰尧、任矜蘋、胡叙五、胡达准、茅琼、秦翰才、许长卿、曹伯权、张军光、张裕良、瞿文楼、江正、殷庆堂、张荣祖、孟超、冰佩。(《黄炎培日记》)

10 月 13 日　《中国民主的一般性》,载香港《华商报》,收入《对反民主的抗争》。(全集第 10 卷第 746—751 页)

《中国民主的一般性》摘要:

"中国的主张民主者并没有'企图'要把'法兰西格式的民主政治''依样葫芦地搬演于中国'来。不但'法兰西格式的民主政治'而已,就是英美格式的民主政治,苏联格式的民主政治,主张民主者也没有'企图'要把它们'依样葫芦地搬演于中国'来。""中国的民主当然有它的特点,这是不成问题的,而且也是政治学上的常识。以此为藉口来反对中国民主,徒见其心劳日拙而已!""在另一方面,我们却也不能因此不敢主张保障人权,保障人民的民主权利,主张真能代表人民的民意机关,主张真能对民意机关切实负责的政府等等,因为中国的民主政治固有其特点或特殊性,同时也应该具有世界上民主政治的一般性。我们固然不应仅仅看到中国民主的一般性而忽视它的特殊性;但也不应仅仅看到中国民主的特殊性而否认它所应具的一般性。""首先我们要简单说明什么是民主。'民主'在西文的原字起源于希腊文,由'人民'和'治理'两个希腊字合组而成的,简单的意义便是由人民来治理。关于民主的定义,最为政治学者所普遍接受的是林肯所谓'民有、民治、民享的政府'。中山先生引伸其意,在《民生主义》第二讲里这样说过:'我们三民主义的意思就是民有、民治、民享。这个民有、民治、民享的意思,就是国家是人民所共有,政治是人民所共管,利益是人民所共享。'列宁曾把民主制和贵族制比较,他说:'贵族制是比较不大的少数人的政权,而民主制是人民政权。'所谓'人民政权',也就是由人民来治理。""现在世界上各民主国,尽管有种种不同的典型,但是由人民选举代表来构成民意机关,负起监督政府促进政治的责任,可说是民主政治的重要的一般性之一。无论任何国家,要实行民主,必须具有这一般性;倘若尚未实现,必须努力求其实现。这是世界上任何民主国家所具有的一般性,也是中国民主所应具的一般性。""既是人民的代表,必须由人民自己选举出来,这个原则是无可疑的。""在各国民主政治发展史上,统治者为人民指派代表只是'落伍的民主政治'的现象;这样指派的人民代表在职权上也只能构成咨询机关而不是具有最后决定权的民意机关。如果所谓'民意机关'只有指派的代表,只有聊备咨询的职权,而犹故步自封,厌闻再求进步,以'进步的民主政治'聊自解嘲,嚣然号于众曰:'我们有自己的民主政治','无须抄袭他国的成法'! 这是合理的吗? 我们要重复地指出:要有民选的真正民意机关,这并不是任何一个民主国所独有的特点,而是一切民主国家所应具的一般性。这和抄袭不抄袭他国成法,完全不相干!""其次,民主政治的实现,不但须有在组织及职权上真能构成代表人民的民意机关,而且还须有经人民选举或由民意机关产生,能直接对民意机关切实负责的政府。这是民主政治的另一个一般性,也不是任何一个民主国所独有的特点。""同样被称为法律,民主政治下由民意机关产生的法律,和在法西斯暴政下由专制独裁所擅定的法律,其性质是完全不同的。民主政治的领袖的权利,和法西斯国家领袖的权力,在性质上迥不相同,也有同样的理由。""最后,人民的民主权利须得到切实的保障,也不是任何一个民主国家所独有的特点,而为民主政治的一般性。""一般人民不是选出了代表之后,就漠视国事,一切不管,却要通过民主权利如言论出版集会结社自由等等的运用,对于政治乃至民意机关,作经常不断的督察和推进。必须这样,才能达到真由人民来治理的目的。在另一方面,必须有了民选的真能代表人民的民意机关和真对民意机关切实负责的政府,然后人民的民主权利才能得到更巩固的保障。""中国的民主应该具有上述的一般性，中山先生在遗教中已遗留给我们许多伟大而英明的指示。""中山先生又曾经说：'凡一切重要官吏，要人民有权可以选举，还要有罢免权。官吏不好的，人民也有权可以罢免。'""我们只要不忘却这些遗训，便知道中国民主政治应具有世界上'进步的民主政治'的一般性，也是中山先生所重视的。"（全集第 10 卷第 747—751 页）

10 月 18 日 《民主同盟与中国民主》，载香港《华商报》，收入《对反民主的抗争》。（全集第 10 卷第 752—758 页）

同日 《中国民主政治的推动》（未署名）、《英国援苏舆论的激昂》、《骗子的末路悲鸣》、《张冠李戴》、《家乡沦陷的苦痛》、《不必理会轻视者》（以上四篇署名韬），载香港《大众生活》新 23 号。（全集第 10 卷第 556—558 页、558—559 页、560—561 页、561—562 页、562 页、563 页）

《中国民主政治的推动》摘要：

"中国不但须努力实现民主，而且必须在抗战时期就要努力实现民主，因为民主政治的实现不但有关建国的基础，而且有关抗战的胜利。""各国民主政治发展史所给予我们的严厉的教训，使我们深刻地感到民主政治的实现不是可以由于袖手旁观，坐待而来的，必须由于人民的继续不断的推动，才有达到目的的可能。中国当然也不能例外，尤其看到形形色色的反民主的言论随处可见，以及他们对于主张民主者的毁谤诬蔑，无所不用其极，更使人深切地认识中国要实现民主，民间对于此事的积极推动，有着很重要的决定的作用。""由这个观点看去，我们对于本年双十国庆纪念日宣告在重庆成立的'中国民主政团同盟'，愿表示热烈的欢迎和竭诚的赞助。""反民主的论客们对于主张民主者总要加以种种的诬蔑和歪曲，说是要'推翻政治中心'，说是要完全抄袭英美成法等等。我们看了中国民主政团同盟所公布的对时局主张的十大纲领，更可知道反民主者的无的放矢。""该纲领共分十项，都是针对中国当前的迫切需要而提出的。""我们希望中国民主政团同盟继续努力，配合全国各方面的民主势力，推动中国民主的实现。"（全集第 10 卷第 557—558 页）

《英国援苏舆论的激昂》摘要：

"国民对于切肤关系的国事关怀，对于政府的措施'要求严重诘问'，这是民主国家的国民应有的权利也是责任，但是在反民主者看来却一律是属于反政府的范围！民主国家应有人民代表所构成的民意机关，政府须对人民代表负责，这也是民主政治的一般的条件，但在反民主者看来也是千不该万不该的要求！"（全集第 10 卷第 559 页）

《骗子的末路悲鸣》摘要:

"你随便报告它所造的二桩谣言,一个是说'老顽固最近动用某项款项'汇港以作'吹捧老顽固之活动费',我们不知他所指何人,想来这类自身是卑鄙龌龊含血喷人的顽固分子,由他们的嘴里所呼出的'老顽固',必然是指侨胞中忠诚爱国主持正义的老前辈,是绝对无可疑的。忠诚爱国主持正义的人,自会得到侨胞的信任和爱护,绝对用不着出什么活动费叫人'吹捧'的,这也是必然可以得到的推论。所以这样的谣言明眼人一见便知,没有辩正的价值。""还有一件谣言说:'梁漱溟等在港出版一《光明报》,邹韬奋颇有利用时机,活动一主编职务,但梁漱溟因该君在港言论反动,已加拒绝。'这种谣言,不但主持《光明》的诸位先生要觉得好笑,就是香港的文化界,尤其是报界的先生们也要觉得好笑,因为重要报纸的人事问题,不但各报自己知道,也瞒不过报界中人。""这种谣言原来不值得一提,但在香港的朋友们大可作为《笑林广记》看,并可看到'谣言重于宣传'到了什么程度,既蒙你不远千里见告,所以不妨提出来,以博一笑。""你问对于这类摩擦专家怎样使大家不受其欺骗? 这件事并不难。第一要注意报纸或刊物主办人的历史和平日的言行。例如你和许多朋友知道了周某是卑鄙龌龊惯作含血喷人的顽固分子,就知道某小报的造谣毁谤,不足置信,因为狗嘴里生不出象牙,是不足为奇的。第二是注意客观的事实。例如上述那个小报所诬蔑的'老顽固',由顽固分子的嘴里所骂出的'老顽固',固知其必然是'老前进',此外再留意被顽固分子所毁谤的'老前进'平日的公正言行,那末谣言也可以不攻自破。"(全集第10卷第560—561页)

《不必理会轻视者》摘要:

"你所处的是暂时的状况,而且也是受着环境的限制,轻视你的人未免眼光太浅近,你只须自己努力求进步,必有光明的前途,短视者的胡说八道,你尽可完全置之不理。"(全集第10卷第563页)

10月20日 下午四时,在香港,黄炎培偕俞寰澄、俞颂华假华胜酒店招作家开茶话会,到者有陈翰笙、恽逸群、金仲华、柳亚子、陈乐素、沈雁冰、千家驹、邹韬奋、沈志远、胡仲持、周鲸文、羊枣(杨潮)、夏衍、乔木、范长江、萨空了等。会上,黄炎培分赠自己所著《我对于中国民主政团同盟》一文。(《黄炎培日记》)

10月25日 《中国民主的特殊性》,载香港《华商报》,收入《对反民主的抗争》。(全集第10卷第758—764页)

同日 《远东新危机》(未署名)、《□□□□□□□?》(原篇名被检删。在当年《华商报》广告栏得知本篇名为《汪逆可做护符么?》)、《〈一个女人的历史〉附言》、

《当了仆欧仍要奋斗》、《张学良与人权保障》、《婚姻问题》、《妹妹的学习问题》、《店员生活》、《父子在两个世界中》、《惰性的克服》、《抗战不是一件简单的事》(以上九篇署名韬),载香港《大众生活》新 24 号。(全集第 10 卷第 564—566 页、566—567 页、568—569 页、569—570 页、570—571 页、571 页、572 页、573 页、573—575 页、576 页、576—577 页)

《父子在两个世界中》摘要:

"你的父亲已七十多岁,老年生子,又只有你一个,所以对你非常溺爱,但自从破坏团结的事件发生以后,你们父子间发生争论,你是进步的,而他却是站立在顽固方面。他又'常常挂在嘴边称赞本乡伪乡长维持有功',使你们原籍的家没有损失,因此你和他又常常不自觉地引起了争论,甚至他骂你是破坏祖国的汉奸,要你烧掉你所爱看的正确的爱国的书报,还说不许你升学!他自己'常常挂在嘴边称赞'本乡的汉奸,却开口骂你是破坏祖国的汉奸,当然是荒谬绝伦,怪不得你气得那样厉害。""看你们这样的情形,我们感觉到你和你的父亲是截然属于两个世界的人物:一个是属于顽固的旧世界,一个是属于进步的新世界。行为的差异,思想的冲突,都表现着这两个世界的矛盾。""同时也感觉到你在对待老前辈及对'尽孝'的辩驳上都不免过火,值得加以慎重考虑的。""我们所要贡献给你的意见是:你的对于父亲的作风应该改善。你的父亲最不可恕之处是他袒护汉奸,虽则他自己并没有做汉奸,也没有劝你去做汉奸。我们必须爱国,而你的父亲在这一点上却有着很大的遗憾。幸而他自己没做汉奸,也没有劝你去做汉奸,否则虽属父子,也不得不忍痛断绝关系的。目前他只还限于意识上或思想上的错误,还不是十分严重。你对他在可能范围内可委婉诚恳地晓以爱国大义,逐渐改变他的态度。但是由于他的年岁的高,脑子的旧,你必须用一番忍耐和婉的工夫,绝对不可疾言厉色,不可盛气凌人,不可出以教训的口气。在他正在火冒的时候,不要和他硬争,要等到他心平气和,心境宽舒的时候,乘机进言。我们深信只要你的态度很诚恳,措辞很和婉,加上爱国大义的颠扑不破和他老年爱子之心,这件事的成功的可能性是很大的。我们当然不主张你去附和你父亲袒护汉奸的言论,不但不可附和,而且还要多方设法,慢慢地使他改变态度,但是我们建议你要下一番艰苦的工夫,不要以为自己既是正确的,便可不顾老父的心绪和老旧的脑子而横冲直撞。""除了爱国大义必须坚持外,对于'尽孝'的一点,我们认为你不必和父亲再有一句话的争论,可以最诚恳的态度对他表示完全接受。就原则上说,我们对朋友都还有情义,对于父母当然有着更亲切的情义。况且以你的父亲的高

年,你又是他的独子,他对你一定存着得到'尽孝'的厚望。你一定要对他表示
'恩不恩'的问题,自然是使他伤心的。我们认为这样使他伤心,毫无益处,大
可不必,而且因为他在这方面的伤心,对于你的爱国思想,更难接受,不但无
益,而且有害。即令你对于孝字的意义另有高明的见解,也不能由于思想上的
争论改变他的七十多年的脑子,你也应该把这方面的高见暂时收藏起来,不必
再和他争论,同时还须在可能范围内努力'尽孝'来安慰他的晚景。除了绝对
不同意做汉奸之外,'尽孝'在你的目前情况下是有益而无害的。你应该使他
相信你是一个爱国的孝子,——坚持要爱国,同时也不妨做个孝子。"(全集第10
卷第573—575页)

《抗战不是一件简单的事》摘要:

"确有某些人认为在抗战期中只须抗战,其他可以一切不问,等到抗战胜
利之后再说。这种说法在表面上看来似乎不无可以动听之处,尤其是脑筋比
较简单的人听了之后,更容易受到麻醉。其实抗战不是一件简单的事情,尤其
是半殖民地反抗帝国主义侵略的长期抗战,在抗战过程中有许多困难要克服,
如巩固团结、改善政治、解决经济、充实兵役、加强动员等等,都和抗战的军事
发生直接间接的关系,如说一切都可以不管,甚至听其恶化而不思补救,只要
靠单纯的军事就可以获得最后胜利,这全是欺人之谈。""有些人心里不是不明
白,只是怕改革,怕妨碍到他们的私利,于是藉口在抗战期间什么都不该问,企
图延展'故步自封'的状态,以便在混水中摸鱼,其中心是不堪问的。对于这种
'别有用心'的人,你无论把理由讲得怎样充分和明白,他们还是要反对你的,
因为他们不是不懂,却是懂了有意放出烟幕,反对一切有益于抗战力量的改
革。"(全集第10卷第576—577页)

11月1日 《重新引起注意的参政会》,载香港《华商报》,收入《对反民主的抗
争》。(全集第10卷第764—770页)

《重新引起注意的参政会》摘要:

"平心而论,在抗战初期,国民参政会的设立,不是没有进一步团结全国各
种力量为抗战建国而努力的可能有、应该有的作用,也有使全国政治生活走向
真正民主化的可能有、应该有的开端的意义。""记者自己当时有着这样的心
情,据记者所亲历观察,那时参加该会的在野抗日党派的领袖们,以及无党无
派的各界人士,都有着这同样的心情的表现。""但在另一方面,却看到他们对
于参政会的热望一天天往下降,对于参政会的效用一天天冷淡下去。这绝对
不是由于他们主观上的消极,而且由于这个徒有粉饰作用的点缀品——国民

参政会——在今天已清清楚楚地表现了没有什么实际的效用；最主要的原因是它虽被人视为过渡的'民意机关'，而在实际上只是聊备顾问，可睬不睬，丝毫没有民意机关应具的职权，所以只是'集思广益'，行与不行可不是权力内事！一切一切只是在纸面上兜圈子；""这不仅是我个人从实际经验中得来的沉痛的观感，凡是肯说良心话的各位'来宾'都有着同样的观感。""现在有人诬蔑要求实现民主者为'不顾国家利益而争求其个人自由'，甚至'只念私人仇恨，置国家利益于度外'，真是无的放矢，其实大家如真'不顾国家利益'，真'置国家利益于度外'，尽可以闭拢眼睛，（被检十一字）与世无争，岂不逍遥自在？但正是要顾到国家利益，要国家利益于度内，所以目击心伤，不忍坐视，所以要求政治有进一步的推进。在实际上只有一味故步自封，听到政治改革便发抖的人，才真是'不顾国家利益'，才真是'置国家利益于度外'！"（全集第 10 卷第 767—769 页）

同日 《政治的进步已不能拖延了》(未署名)、《政府提倡保障人权》、《绕晕了的话》、《不愿做寄生虫》、《一面就业一面修学》、《报馆练习生和作家》、《抗战期间政治的进步》、《到底学什么好呢？》、《令人惊诧的谣言攻势》、《抗敌会的招牌也被抢走》，载香港《大众生活》新 25 号。（全集第 10 卷第 577—579 页、579—581 页、581—584 页、584—586 页、586—587 页、588—589 页、589—590 页、590—591 页、591—592 页、593 页）

《政府提倡保障人权》摘要：

"我们对政府保障人权的提倡，愿表示热烈赞成，竭诚拥护，同时我们并发生一些感想和希望。""有什么希望呢？第一，人权的被违法官吏所摧残，不限于'犯人'，更不止于'酷刑'，我们希望政府为着一般人民的福利与维护抗战建国基本力量，对整个人权保障，特加注意。""第二，人权保障必须严厉监督各级政府切实执行，否则一纸训令，还是无济于事。我们看到每一次国民参政会大会，几乎都有人权保障或人民权利保障的提案，审查，讨论，决议，也由国府通令全国遵照，但是实效如何，人所共知。我们希望这次的训令不是这样。""第三，根本办法还在实现民主，因为只有实现民主，有真能代表民意的民意机关，有真正有力的民间舆论，协助政府督察鼓励，避免'官官相护'的弊病，然后有益于人民的法令政令，才能彻底执行。"（全集第 10 卷第 580—581 页）

《绕晕了的话》摘要：

"最后我们还有一种深刻的感想，我们虽根本希望中国没有神志昏迷语无伦次的死硬派，但是不幸既经有了，与其让他们把一肚子的草包隐藏着，使人不知败絮其中，却惑于金玉其外，不如让他们尽量表现出来，使明眼人一望而知葫芦里卖的究竟是什么药,不致上当。这未尝不是不幸中的大幸。就这个观点看去,绕晕了的话还是值得欢迎的!"(全集第 10 卷第 583—584 页)

《抗战期间政治的进步》摘要:

"(一)政治的进步,不免有光明与黑暗之争,光明的开展,黑暗当然要随着减少或甚至消除,例如民主政治和官僚政治是不能两立的,民主政治发展一分,官僚政治须收缩一分,□□□□□□□□□□,□□□□□□□。(二)抗战这件事是中国历史上空前的伟业,它的发动是有其必要的条件,在当时即内战停止,全国团结,俾得一致御侮,而且延揽各在野党派参与协商国事(如国防参议会及国民参政会之类),对已有的民众团体也有相当的宽容,这样,在初期相当地集合全国各方的力量,相当地发展了民众的动员:这种种都是在抗战前夜及抗战初期所发现的一线曙光,也是光明面的初步。但是光明面的逐渐发展,民众力量的逐渐抬头,□□□□□□□□□□□□□,于是障碍亦有水涨船高之势了。(三)要消除这种不幸的现象,全国共同努力于推动民主政治的实现,使法治精神得建立起来(这法治精神的法是由民意机关根据人民的福利而产生的),然后政治才能根据人民公意而走上轨道,不致被少数人要怎么办就怎么办。"(全集第 10 卷第 589—590 页)

11 月 7 日 "一九四一年秋天,希特勒匪军的坦克兵团迫近了莫斯科,在香港出版的帝国主义者及其走狗们的报纸,幸灾乐祸地发出了各式各样的'预测'和谣言,这时候,永远常驻在韬奋脸上的笑容消逝了,看他又憔悴,又焦急。在一张大地图前面徘徊,从《战争与和平》里寻找一个小村落的名字,也常常在深夜打电话到我们的报社来打听前线的消息。这一年十一月七日,他在广播里听到斯大林在克里姆林宫的演说,他笑了,他建议到街上去散步,我记得他说了一句话:'我定心了'。"(夏衍《追念韬奋》,收入《忆韬奋》第 226 页)

同日 《致沈钧儒》,载 1984 年 5 月香港三联版《韬奋手迹》。(全集第 10 卷第594—595 页)

《致沈钧儒》摘要:

"兹乘有便人来渝,特先作此信奉告港地民主同盟嘱转达数事如下:(一)民主同盟在港之参政员已决定不出席,(二)渠等亦极力劝重庆各在野党派勿出席。希望救国会能取一致态度,韬鉴以救国会参政员在港者只韬一人,且已辞职,不成问题,海外当然一致。至重庆方面,如在野各党派确能一致不出席,则素与各党派团结合作之救国会,在原则上当亦不成问题,允渠等即将此意转达先生,俾就近与民主同盟在渝诸公商洽一切。慕韩并主张不出席之

理由,须公开摆出,渠意此时须逼国民党表示态度,须于下述二途中择定其一:

1. 如诚意与各党派合作,参政会职权须提高,并改组行政院,成立战时内阁;

2. 否则亦请明白说出仍须一党包办,吾人不能再糊涂混在一起,俾将来历史是非功罪,有所依归云云。渠于梁公,已将此意转达渝方同人,嘱救国会亦速将此意转达先生,俾与各党派共同商定一致办法,韬意救国会应与在野各抗日党派取一致态度,以促进民主政治之实现,或至少目前须有若干限度之改革,在原则上应不成问题。海外同人均对此一致同意,希望先生就近与民主同盟在渝诸公熟商为幸。"

"民主同盟在港诸人,曾梁之间虽有一时期因人事略有隔阂,近来已冰释,团结和洽,气象甚好。渝方或张大其词,可勿置信。"

"上述与民主同盟在渝诸公取一致态度,结果如何,请便中示及,或由周公处转电,俾明原委,转达彼方港地诸友,不胜企盼。愚意,如彼等在渝果能彻底一致,救国会参政员应不使彼等失望,为最要也。"

"沈小姐身体已完全恢复健康,堪以告慰。"

"孙哲生在港屡次发表谈话,直骂民主同盟及进步文化人为'第五纵队',真同疯狂,惟救国会海外同人并不在文字上对骂,只取冷淡态度,此点与沙兄所传先生意见完全相同,请勿为念。所谓孙痛惜者,渠之政治生命将从此断送耳。"

"民主同盟在港公告后,救国会曾以海外同人名义,由韬与金仲华、张友渔三人署名(系由此间常干会中公推)发表宣言响应,梁、曾等甚感奋。救国会迄今并未正式加入。惟对民主运动,自当积极支持耳。"

"先生健康最重要,衣食住须特加注意。韬虽日日握笔,较前辛勤,对身体则特别注意,每晨实行贝纳氏反老返童术二十分钟不断,受益甚大,必为先生所乐闻也。内子及孩子均好。"十一月七日晚(全集第 10 卷第 594—595 页)

11 月上旬　译作《社会科学与实际社会》由激流社出版。(全集第 14 卷第 553—631 页)

11 月上旬　《〈社会科学与实际社会〉译者序》(1940 年 3 月 25 日译毕附记,署名木旦),收入激流社版同名单行本。(全集第 14 卷第 555 页)

《〈社会科学与实际社会〉译者序》摘要:

"本书最大的优点是在这样一本简短篇幅的书里,把社会科学的基本内容,用明晰畅达的说法,完全表现出来。有了这个优点,所以这本书可以作为研究现代社会科学的'开路先锋'。看了这本书以后,对于社会科学已有着整个的明确的概念,随后便可以就本书所讲到的各个专门的课题,作进一步的搜讨与博览。""其次,这本书还有一个优点,那就是用现实来说明理论,这样使我们对于理论能有格外亲切的兴味与格外深刻的了解。这本书是充满着理论与实践的密切的联系。这不但使我们对于理论能有格外亲切的兴味与深刻的了解,并且使我们能把所了解的理论很灵活地运用到现实方面去,很灵活地运用到解决实际问题的方面去。"(全集第 14 卷第 555 页)

11 月 8 日 《关于参政会的回忆与感想》,载香港《华商报》,收入《对反民主的抗争》。(全集第 10 卷第 770—776 页)

同日 《法币问题的关键》(未署名)、《大可宝贵的"政治欲"》、《以扩大民主运动纪念中山先生诞辰》、《初中学生怎样读书》、《在职业介绍人的压迫下》、《为什么文化人流亡海外》、《统一战线和人民阵线》、《从解决困难中克服消极》、《法西斯是否组织坚强呢?》,载香港《大众生活》新 26 号。(全集第 10 卷第 596—598 页、598—599 页、600—607 页、608—610 页、610—611 页、611 页、612—613 页、613—614 页、614—615 页)

《大可宝贵的"政治欲"》摘要:

"有'官欲者'却以自己之腹,度他人之心,把主张实现民主的'政治欲'和'官欲'混在一起,于是才发生必须人人都做了官才是实现民主的妙论。"(全集第 10 卷第 599 页)

《以扩大民主运动纪念中山先生诞辰》摘要:

"要实现民主就实行民主,为什么要扩大民主运动呢?关于这方面,有几个理由值得指出。第一,只有通过民主运动的扩大,广大人民的实际要求才能表面化。""如果民主运动只是少数'前进文化人'的事情,那反民主者也只须对他们拘囚或驱逐,乃至送他们上西天,便可一了百了,百事大吉,还是用不着这样担忧的。""对于民主的要求在实际上是潜伏在广大人民的意识中,绝对不是少数人的事情。这种在实际上潜伏在广大人民意识中的要求,必须通过民主运动的扩大,才能表面化。""第二,只有通过民主运动的扩大,政治教育的伟大效用才能普遍化。""第三,只有通过民主运动的扩大,才能扫除对于民主的障碍。民主政治不是可以坐待而来的,因为任何政治改革必然要遇到顽固势力的顽强反抗,必然要遇到种种障碍,这就必须有着坚强的努力奋斗,才能达到目的。""法西斯主义的国家,是把国家看作绝对的,认为人民是为着国家而存在,不是国家为着人民而存在,所以他们在根本上是轻视人民,草芥人民的。中山先生的国家观,却把人民放在第一位,认为国家是为着人民而存在,人民不是为着不适于人民福利的国家而存在的(例如法西斯国家便是不适于人民

福利的国家）。""因为中山先生的国家观是'以民为本'，所以他对于人民权利
的保障，对于人民的福利，特别重视。""由于中山先生的国家观是'以民为本'，
所以国家的利益和人民的利益是相成相对而不是对立的。他一方面注重中国
民族的自由解放，一方面也注重人民民主权利的保障，这两方面并不是冲突
的。""现在反民主者却硬把国家自由和个人自由对立起来，他们说'我们要争
获国家的生存，国家的自由'，'我们要牺牲各个人的自由'，要'全体国民各人
对自由的牺牲'！这表现了个人自由和国家自由是绝对处于对立的地位，要保
全甲，就非先牺牲乙不可（亦见《星岛日报》社论）！好像中国要争取民族的解
放的成功，非取法压迫人民的法西斯国家不可！""他在原则上是积极主张'人
民有真正直接管理政府之权'，'要人民有充分的政权，可以直接去管理国事'。
在具体办法上，他于选举权之外，还加上罢免权、创制权、复决权；凡一切重要
官吏，要人民有权可以选举，官吏不好的，人民还有权可以罢免。人民对于有
关切身利害的法律，有创制订立之权；如有法律不适用的时候，他们还有权加
以修改废止。这便是所谓四权。民主政治的实现，民主机关的建立是一个重
要的因素，它的组成应由人民的选举，它的职权应有执行四权及其他有关政权
性质的职权。""国民参政会并非民选，它的职权亦仅限于咨询或顾问的范围，
依中山先生的遗教，是相去很远的。"（全集第 10 卷第 600—605 页）

《法西斯是否组织坚强呢?》摘要：

　　"你说有人认为希特勒在德苏战争中表示了他们的武力的坚强，是由于法
西斯的组织坚强，这样看来，法西斯似乎也有可取之处。这种看法实在是出于
误解，倘若他们不是别有用心。法西斯主义（或纳粹主义）的德国在实行疯狂
的侵略战争中，表示了相当坚强的武力是事实，但是我们要知道他凭藉了德国
百年来工业和科学的发展所立的基础，作为杀人的工具，而不是法西斯主义产
生了德国的工业和科学的基础。这同样久的时期建成的工业和科学基础，如
用在另一方向，也有造福于人群的宏大贡献的可能。在第一次世界大战的末
了时期，那时英国的首相劳易乔治却深明德国将布尔塞维克化，他说以德国工
业与科学的雄厚基础，如果布尔塞维克化，其雄伟的力量必将横扫全欧，影响
整个世界。可见希特勒是凭藉德国原有的雄厚的基础来作恶，我们如把德国
原有的雄厚的基础归功于法西斯的统治，那不是倒因为果，便是有意为万恶的
法西斯张目！意大利也是法西斯国家，它的强在那里呢?""你来信说起有些人
的幸灾乐祸的态度，他们在精神上已成了法西斯的俘虏，他们和进步的世界是
背道而驰的。"（全集第 10 卷第 614—615 页）

11月10日 《完成救国任务的途径》,收入香港救国出版社出版的《救国丛书》第一种,未找到原书,存目。(《华商报》第一版广告,全集第10卷第644页)

11月12日 《中山先生的伟大精神》,载香港《华商报》,收入《对反民主的抗争》。(全集第10卷第776—779页)

11月15日 《救国的途径》(署名韬奋等著),香港《大众生活》新27号广告。(未找到原著)

同日 《即将开会的参政会》(未署名)、《"□□""□□"□□□□□?》(本文原版面开天窗,只保留了空格题目和韬奋署名,全文一千余字被检删。从当年《华商报》广告栏得知篇名为《"民主""抗战"有什么代名?》)、《敬祝沫若先生五十初度》(署名张一麐、柳亚子、茅盾、韬奋等一百二十七人)、《〈有关研究苏联的两封信〉附言》(署名韬),载香港《大众生活》新27号。(全集第10卷第615—617页、618页、619—620页、620—623页)

《即将开会的参政会》摘要:

"第一届国民参政会的参政员名单初布的时候,一般社会看到其中虽有不少'陪客',但在'来宾'们里面,却也包括了素得社会信任的在野各抗日党派的领袖们,所以都怀着相当殷切的希望,以为这个机构应该可以团结全国各方面力量而集中于抗战建国的伟业,应该可使中国政治渐向民主化方面进展。我们看到在野的各抗日党派的领袖们在国民参政会中的奋斗经过,在坚持团结抗战,在打击妥协阴谋(汪系喽啰们的德义路线活动及主和阴谋),在发起宪政运动,都相当地反映了全国爱国同胞的公意。""但是仅仅反映民意而终于无法监督民意的实现,主要的是由于国民参政会虽被视为过渡的'民意机关',在实际上却没有民意机关所应有的职权。""国民参政会原来就不是由民选而是由政府指派的(在实际上是全由国民党中央执行委员会全权指定的)。在第一届国民参政会中已经是'陪客'多于'来宾';在第二届国民参政会中,由于'名额酌予增加'的结果,'陪客'更多于'来宾',所以就是顾问性的机构,真正的'顾问'也日少一日,其他更不消说了!""我们所需要的是货真价实,对改革政治有实际效力的民意机关(或在国民大会成立以前的过渡的民意机关),□□□□□□□,□□□□□□□□□□□□□□□□□□!"(全集第10卷第616—617页)

11月16日 下午,出席香港文化界在温莎餐厅举行的纪念会,庆祝郭沫若五十寿辰和创作二十五周年。与茅盾、郭步陶、马鉴、柳亚子、叶灵凤、杜国庠等被推选为主席团成员。(文芝《热烈欢欣——港文化界祝郭沫若寿》,《新华日报》1941年11月26日,徐封《香港通讯》,《时事新报》1941年11月28日,唐金海、刘长鼎主编《茅盾年谱》第621页)

11 月 17 日　《民意机关的组织与职权》，载香港《华商报》，收入《对反民主的抗争》。(全集第 10 卷第 779—785 页)

11 月 19 日　晚上，在香港某咖啡店接受《华商报》记者采访。"谦称自己已于二月底提出辞去参政员职务，虽闻蒋议长(介石)曾面嘱王秘书长以主席团名义致电桂林挽留，惟彼已来港。既已辞职，则赴会(重庆召开的参政会)与否已不成问题。""邹特别声明他辞去参政员职实非个人问题，亦非出于消极态度，详细情形已在《抗战以来》中有叙述。某种人以为凡对国事发表意见，应在参政会发挥与争取，此种议论，实不明参政会之实际情形而言，参政会如真具有民意机关之真正职权，则凡对国事有所主张，均应于参政会中提出及争取，目前最可惜者，则是参政会已为一种点缀品，诚如梁漱溟先生所说已'无可用力'矣。邹最后表白他过去在第一届参政会中所曾尽力之处，而结果除发生反作用外，则不外空忙一场。邹建议为参政会作组织及职权上必须作一次改造，始能发生实效。"(香港《华商报》11 月 20 日第 4 版)

11 月 20 日　与郭沫若、沈钧儒、张一麔、柳亚子、茅盾、许广平等六十八人，联名发表《文化界人士致苏联人民书》，向在反法西斯前线的苏联人民致敬，并表示将永远站在他们一边。(《新华日报》，唐金海、刘长鼎主编《茅盾年谱》第 623 页)

11 月 22 日　《训政约法与抗建纲领中的民主权利》，载香港《华商报》，收入《对反民主的抗争》。(全集第 10 卷第 785—792 页)

同日　《日美战争吗?》(未署名)、《民主权利与民主政治》、《对民主政治的两点意见》、《热情如火精神如蜗牛》、《□□□□□□□□□》(题目被检删)、《怎样进行农村中的教育工作》(以上四篇署名韬)，载香港《大众生活》新 28 号。(全集第 10 卷第 623—625 页、626—627 页、627—629 页、629—630 页、630—632 页、632—634 页)

《民主权利与民主政治》摘要：

"人民的民主权利的切实保障，是实现民主政治的极重要的部分，而言论出版集会结社自由都是民主权利的极重要部分，所以主张民主政治者，对于民主权利当然是很重视的。反民主者对于民主权利总不免感到疾首痛心，而又苦于没有公开反对的理由，于是妙想天开，抓住'绝对自由'四个字咬嚼一下，痛骂一番，企图使人觉得民主权利中的言论出版自由是属于汪逆精卫的《中华日报》，民主权利中的集会结社自由是属于敌人办的'大民会''新民会'，你敢再主张什么民主权利吗? 民主权利送了终，你还有主张民主政治的余地吗?"

"我们重视民主权利的人，一向只注重切实执行训政时期约法中抗战建国纲领中，以及将来的宪法中所规定的民权，并不拘拘于'绝对'的字眼(这只要稍稍留意主张民主政治的文章便知道),其实在抗战阵容中言'绝对自由',也绝对不会超出抗战的范围,即如一生为中国的自由平等努力奋斗而死的中山先生,他在宣言中提出'绝对自由',我们也只了解他是怎样重视民主权利,而绝对不至误解他会同情于像汪精卫的汉奸行为。这只是常识问题,倘若不是'别有用心'而故意曲解,是不可能误解的。"(全集第10卷第626—627页)

《对民主政治的两点意见》摘要:

"就第一点说,中国当前的严重问题在内而不在外,在外的方面,中国四年多的抗战,已使日本帝国主义者消耗了国力的大部分,在目前它虽然还能够乘机作飞跃式的军事冒险,但要想以单纯的军事力量来征服中国,在事实上已毫无把握了。""要能尽量运用有利于我们的国际形势,要能加强国力,使日本帝国主义者无法作最后的挣扎,最主要的还是要靠中国自己争气,内部能够巩固团结,政治能够改善,国力能够加强,摩擦能够消除,这就重涉到你来信所提及的抗日建国各党派的团结问题了。""全国抗日建国各党派的团结合作,不是一句空话可以办到,必须有适当的办法。这办法就是全国所一致要求的民主政治的实现。然须在民主政治之下,各党派才有巩固团结加紧合作的可能,因为只有在民主政治之下,各党派才可能贡献他们的力量于国家民族。""就第二点说,批评国事的民主权利,也就是言论出版的民主权利。民主政治须以人民公意为根据,人民公意的表现一方面通过民意机关,一方面通过舆论,发生实际的效力,而这两方面都和批评国事的民主权脱离不了关系。言论自由,在民主政治上占有这样重要的位置,所以怎么任何实行宪政的国家,都在宪法上有明确的规定,在实施上争得切实的保证。批评国事的民主权利如得不到切实的保障,民主政治要能实现,是一件不可想象的事情!"(全集第10卷第628—629页)

《怎样进行农村中的教育工作》摘要:

"你有志专学习写社论,其实这并不是可以笼统可以学习的事情,因为社论的内容包括政治、经济、国际、社会问题,种种部门,各部门有精彩的社论,多为有关各部门的专家执笔,这样看来,你有志学习写社论,还须先从研究专门问题或选习某部门的知识入手。写作能力的培养固然也重要,但是写作内容的准备更重要。"(全集第10卷第634页)

11月28日 《邓演达先生的精神不死》,载香港《华商报》,收入《对反民主的抗争》。(全集第10卷第792—794页)

11月29日 《政治上的学习精神》,载香港《华商报》,收入《对反民主的抗争》。(全集第10卷第794—800页)

　　同日 《大陆反攻的前奏》(未署名)、《欢迎司徒美堂先生》、《回国参加军事工作》、《马寅初是否自由了?》、《誓死为自立自由而争》、《破坏阴谋终受侨胞唾弃》、《中山先生关于结束党治的意见》(以上五篇署名韬)，载香港《大众生活》新 29 号。(全集第 10 卷第 634—637 页、637—638 页、638—640 页、640—641 页、641—642 页、642—643 页、643—644 页)

　　12 月 1 日 《双十二留下的问题》(11 月 26 日作)，载香港《时代批评》第 4 卷第 84 号。(全集第 10 卷第 644—647 页)

　　《双十二留下的问题》摘要：

　　　　"张汉卿先生在西安事变时所提出的八项主张中，第三条提及'释放上海被捕七爱国领袖'(这是张先生的说法，我自己'爱国'则有之，'领袖'则绝对不敢当)，几乎送掉我和几位同狱朋友的脑袋！我和几位朋友因做了'爱国犯'坐牢，承蒙海内外许多爱国同胞的深切关怀，要求释放我们的运动，在当时已成为全国普遍的一种运动，张先生的这一条，也只是反映当时全国普遍的要求，毫无其他的作用，在坐在牢里的我们，对于他的好意，事前一点儿不知道，西安事变的发动，更是我们在事前所未曾梦想到的。但是因为张先生提出了这一点，当时南京有些人硬说这是我们参加了西安事变的铁证，准备把我们由苏州解到南京枪决！一切已布置妥当，就只等到蒋委员长的不幸消息(意指被害)达到，就执行，当时被关在狱里的我们几个人，还是呆头呆脑不知道有这回事，只见看守加严，忽然绝对禁止接见，即家属亦不许见，只见已和我们发生友谊的狱吏与狱卒面现惊慌忧虑之色，而又不肯明言，我们莫名其妙，以为是我们的'爱国罪'已经判决，大家聚议决定，人生不免一死，死要死得雄壮，共约大家临刑时要共同英勇地高唱《义勇军进行曲》！(这是我们在狱里学得最熟的一个歌，就是向不唱歌的翰林公沈老先生也学会了。)后来蒋委员长安全回都了，全面抗战发动了，我们的几条命也就得到起死回生！""民主政治的要求，实在是随着抗战国策的发动而俱来。在实际上，抗战之得以发动，基本条件就在民族统一战线的形成，而民族统一战线的形成，即全恃当时民主作风的初步开展。否则国内一切力量仍在相消的情况下，抗战的发动根本就不可能，得以坚持四五年的抗战，其最重要的基础就在这里。中国的抗战是以次殖民地的国家反抗帝国主义者的侵略，抗战最后的胜利是要靠抗战过程中继续不断生长起来的新生力量，而民力的发展却和民权的发展成正比例，因此，争取民主政治的实现，实为今后争取抗战最后胜利整个计划中的一部分。这在执政的国民党也不是不知道，例如国民党临全大会的宣言里就曾提及：'抗战之胜负，不仅取决于兵力,尤取决于民力,民力之发展与民权之增进,相为因果',现在的问题就是要注意督促并协助其实践。""最后还有一点值得提到的,那就是在法律上已是一个无罪的公民张汉卿先生,为蒋委员长在请求特赦呈文中称为有军事英才的张汉卿先生,应该赶紧恢复其应得的自由,使他有机会出来参加抗战建国的工作。这是双十二留下的一个应该不成问题的问题!"(全集第10卷第645—647页)

12月6日 《太平洋问题与中国》,载香港《华商报》,收入《对反民主的抗争》。(全集第10卷第800—806页)

同日 《美日谈判与中国立场》(未署名)、《抗日党派的光明态度》、《〈菲岛侨胞对洪光学校教员被绑的公愤〉附言》(署名韬),载香港《大众生活》新30号。(全集第10卷第648—650页、650—651页、652—655页)

《抗日党派的光明态度》摘要:

"我们想到'彻底'二字,特别发生了更高的热望,那就是怎样才能使'精诚团结'达到'彻底'的地步,这里面必须有具体的办法,而不是依故步自封的现状所能迅速办到的。这具体的办法方案,当然不是一篇短短笔谈所能容,但在原则上我们可以指出的是执政的国民党必须努力实现民主政治,和在野的各抗日党派更能团结起来,更能合作得好。民主政治的真正实现,便是全国各党派各阶层的'精诚团结'真能达到'彻底'的基本条件。"(全集第10卷第650—651页)

12月7日 "一九四一年三月,我在香港,认识了邹韬奋先生。""韬奋先生一家租住的九龙弥敦道口寓居,就是我未婚妻出租的。""在九龙居住的近一年时间里,我基本上天天和韬奋先生见面。""我当时才二十多岁,他比我年长好多,但和年轻人在一起时,却变得有说有笑,天南地北,什么都谈,同他埋头工作时的严肃态度,判若两人。""珍珠港事件爆发的上一天,我们和韬奋夫妇一起到香港酒店参加茶舞。回九龙的渡轮上,我们遇见一位熟人,大家一起交谈了对时局的看法。""那人尚认为太平洋战争一时还不致很快爆发"。"就在第二天的早晨,整个港九上空,飞机的轰炸声轰隆隆响个不停,""太平洋战争爆发了。"(徐文烈《琐记邹韬奋》,广州《随笔》1980年,《缅怀韬奋同志》,《解放日报》1981年7月25日)

12月8日 日本偷袭珍珠港,太平洋战争爆发。上午,廖承志召开紧急会议,工委和文化界、新闻界的朋友都参加了。分析形势,商讨应急措施。立即派人与东江纵队联系,以便疏散大批进步文化人。会上决定《华商报》和《大众生活》作好停刊的准备。《华商报》十二月十二日停刊,《大众生活》则在十二月六日的新三十号

之后就不再出版。(夏衍《在战火波及香港之时》,《懒寻旧梦录》第 464 页,收入《秘密大营救》第 25 页)

同日　周恩来接到中共中央书记处来电:"我对英美政府应建立广泛和真诚的反日反德的统一战线:香港文化界人士和党的工作人员应向南洋及东江撤退。"(《周恩来年谱》第 521 页)

同日　周恩来两次急电香港廖承志、潘汉年、刘少文,指示中提到宋庆龄、何香凝及柳亚子、邹韬奋、梁漱溟,应派人帮助他们离港。(《南方党史资料·大事记》第 180 页)

同日　"港九轮渡下午起已经不渡九龙的乘客到香港了,原住在九龙的人怎么办? 韬奋同志的目标特别大,于毅夫同志已经去告诉他了,党决定今晚一定要把韬奋全家送过海去。"(于伶《韬奋同志在东江游击区》,收入《忆韬奋》第 401 页)

傍晚,韬奋携家人与友人(《华商报》采访部主任陆浮)等由九龙渡海至香港。(沈谱《范长江和我的婚后生活片断》,《上海滩》1995 年第 7 期)

(编者注:至香港的日期有两种说法,沈谱说是 8 号,萨空了《香港沦陷日记》和茅盾《脱险杂记》说是 9 号。)

12 月上旬　周恩来电《转移在港各界朋友——致廖承志、潘汉年等》摘要:

"廖、潘、刘并书记处:(一)太平洋战争爆发,香港已成死港。""(九)孙、廖两夫人及柳亚子、邹韬奋、梁漱溟等,望派人帮助她(他)们离港。"(《周恩来书信选集》1995 年版第 210 页)

12 月 9 日　"中午时分,邹韬奋来了。他们全家刚从九龙逃到香港,朋友们已为他找到了临时避难所,但只是空荡荡两间大屋子,什么也没有,连一口开水都弄不到。""他想看看我们的寓所是否还安全。我告诉他,这里也不安全,房东已经在'请'我们搬家了,不过在没有找到合适的住所前,你们不妨在这里挤几天。他也同意了。韬奋还没有吃中饭,德沚炒了一碗蛋炒饭。韬奋一边吃,一边谈这次突发的战争,又问我书架上的书怎么办,要不要紧。我说,恐怕多少总有点抗日的嫌疑,只好丢掉了。他沉思片刻摇摇头说,这样的事我还是头一遭,现在全听别人的安排。我说,你就相信他们的安排罢,我也听从他们的安排。韬奋刚吃完饭,就有朋友来找他,听说韬奋想住在我这里,就说这地方不安全,你们两个住在一起也不妥当,劝韬奋还是住到那两间空屋子里去。""战争爆发的第二天,韬奋从九龙过香港,曾在茅盾寓所过了一夜。"(茅盾《战斗的一九四一年》回忆录二十八,《新文学史料》1985 年第 3 期第 65—66 页,《脱险杂记》第 206 页)

同日　全家从九龙逃到香港,找到临时避难住所。中午,到茅盾住处,简单吃点饭后,杨潮(羊枣)来找韬奋,两人即离去。(茅盾《记香港战争时韬奋的琐事》,收入《忆韬奋》第 172 页,《茅盾年谱》第 626 页)

12 月 11 日　韬奋携夫人子女在香港峡道十五号五楼金仲华家逗留,与萨空了相遇,正逢响警报,一起下楼进防空洞躲避。(萨空了《香港沦陷日记》第 32 页)

12 月 11 日或 12 日　午后,到坚尼地道茅盾寓所晤谈,看主人的住所是否"安全"。(茅盾《记香港战争时韬奋的琐事》,收入《忆韬奋》第 172 页)

12 月 12 日　日侵略军占领九龙,炮火直射隔海相望的香港孤岛。午后,钱小柏上半山上湾仔峡道金仲华家打听消息,开门进去,见韬奋也聚集在大房间的进步文化人中。大家在议论怎么应付当前的危局。(钱小柏《回忆韬奋先生》,收入《忆韬奋》第 466 页)

12 月 14 日　"传日寇已攻到九龙那天",韬奋在电话公司门前遇萨空了,因无处隐蔽,由萨带领到俞颂华家,与羊枣和他夫人沈强共住。萨给他们讲了路上见闻,下午三时,离去前答应如果香港未陷落,仍会随时去看望他们。(萨空了《香港沦陷日记》第 50 页)

12 月 23 日　黄炎培在重庆闻邹韬奋被害。(《黄炎培日记》)

1942 年(民国三十一年) 48 岁

1月　中、美、英、苏四国领衔,26 个国家签名之《联合国家共同宣言》发表,世界反法西斯同盟正式形成。

1月　蒋介石出任中国战区盟军最高统帅,中国战区包括中国、英属缅甸和法属印度支那。史迪威任中国战区参谋长,兼美国驻华军事代表。

1月　西南联大学生举行"倒孔"游行。

1月　第三次长沙会战结束,日军再遭打击。

3月　中国远征军第一次赴缅协助英军对日作战。5月,缅北重镇密支那失守,日军占领缅甸,后又占领滇西重镇腾冲。

是年　中共中央宣传部发出《为改造党报的通知》,解放区新闻界开始整风。延安《解放日报》、重庆《新华日报》相继改版。《晋察冀画报》在河北平山县创刊。晋察冀军区政治部主办。沙飞、罗光达主编。

1月7日　萨空了去俞颂华处,得知韬奋、羊枣等早已迁出,迁到哪里也不清楚。(萨空了《香港沦陷日记》第 127 页)

1月上旬　在廖承志、连贯、刘少文、夏衍等的周密安排下,八路军驻港办事处机要人员潘柱几经周折找到张友渔、徐伯昕,进而找到一批民主人士、文化人。其时,韬奋已六易其居。潘柱在香港铜锣湾灯笼街的一个贫民窟里找到韬奋。韬奋听说很快就能把他和茅盾等送出香港,激动而郑重地说:"应付这样的局面,我是毫无经验的,你们告诉我怎样做我就怎样做。"(潘柱《虎口救精英》,收入《秘密大营救》第 31 页)

日侵略军占领香港后不久,曲江国民党报的"时人行踪"栏,第一次登出韬奋的消息:"邹韬奋、茅盾、夏衍等十余人,由香港乘小渔轮逃往广州湾,因中途遇风覆舟,估计可能已因此丧命。"(陈启昌《韬奋在梅县江头村隐蔽的日子》,收入《忆韬奋》第 475 页)

1月9日　傍晚,韬奋只身与茅盾夫妇、胡绳夫妇、叶以群、戈宝权、于伶夫妇、恽逸群、黎澍、胡仲持、廖沫沙、殷国秀、高汾等,由秘密交通员潘柱带领,通过日军的几重检查岗哨与铁丝网架,到达湾仔海边。韬奋看见茅盾夫人孔德沚随茅盾一起上船,"不胜惊异,连声说:'沈太太,你真勇敢。'""他就想起自己的夫人和孩子们,低声说:'粹缜他们还是随后再走罢,孩子恐怕吃不消;我都听从朋友们的意见。对于这件事,我一无经验。'他又高兴地指着他那大裤管",问茅盾:"'看得出么?——一支自来水笔,一只手表,在这边;那边是钞票,都是粹缜缝的。'他天真地笑了。"大家谈了各自在这几天战乱中的经历。韬奋指着身穿的那套浅色法兰绒的"唐装",说这是战争还在进行时他住在一家咖啡馆的楼上一个侍者"情让"给他的。在咖啡馆住了七八天后,又搬了个地方,是个贫民窟。大家乘上小木船,过渡换上大船,偷渡过海到达九龙的红磡海岸,此时已是 10 日黎明。一路上向导代向烂仔付下买路钱,穿过日兵岗哨,到达地下交通站。当晚,和茅盾、叶以群、戈宝权等七八个人在一栋很讲究的房子内安了身,过夜。(茅盾《战斗的一九四一年》回忆录二十八,《新文学史料》1985 年第 3 期第 68—69 页,《脱险杂记》第 206 页,于伶《邹韬奋同志在东江游击区》,收入《忆韬奋》第 405 页)

1 月 10 日 张文彬致周恩来的一份电报中第三款称:"韬奋对前定办法,详加考虑后托询往内地是否已无可能,是否可以往桂暂避再看形势,如已不可能如原议转往延安,家属可否设法由渝转延,如可则孩子暂不入校,在桂或渝候去延,望即复。"(《中共南方工作委员会副书记张文彬致党中央的两份电报》,收入《秘密大营救》第 371 页附录)

同日 "我们这一队有十多个人,按照预先的布置,由韬奋同志走在前面,跟着领路的'向导'走。韬奋同志装成难民的样子,背着一小袋米,我就跟在他的后面照顾着他。在我的后面,是茅盾夫妇、以群、于伶夫妇等许多人。"(戈宝权《忆韬奋同志——记从香港到东江的日子》,《人物》1980 年第 1 期第 102 页)

同日 黄炎培在重庆,从交通银行钱新之处确悉韬奋无恙。(《黄炎培日记》)

1 月 11 日 晨,向导又引来了叶籁士等十几位男女同志,一行人混杂在成万的难民群中。在新的向导带领下,大家走过荃湾镇,折进山陵小路,在两户老乡家的交通站休息打尖。饭后再过山间道,翻越数个山头,在绿林好汉地区,遇两个烂仔拦路抢劫东西阻住,被带枪的"大哥"们缴械用绳子绑着同行。是东江游击队跟"好汉"打了交道,他才表示友好,愿意帮忙,接待过境。黄昏,在离汉奸伪组织的元朗大镇不远的杨家祠堂绿林好汉的司令部休息。这一天赶了七十多里路。韬奋一跷一拐地努力走着,茅盾问他怎么了,他苦笑答道:"蹩脚,蹩脚,蹩了脚了!"原来他在爬第二个山头时滑了一跤,脚上扭了筋了。这一天,走了七十多里路。对于韬奋等这批文化人,是破天荒的记录。第二天,向导为韬奋雇来一顶轿子,但韬奋硬不肯坐,让给德沚,德沚也不肯坐,推让了好久,结果大家都不坐,仍然徒步上路。这天从宝安至深圳,翻越梅岭。(于伶《邹韬奋同志在东江游击区》,收入《忆韬奋》第 406 页,茅盾《战斗的一九四一年》回忆录二十八,《新文学史料》1985 年第 3 期第 70 页,《脱险杂记》第 224 页)

1 月 12 日(注:王作尧文系 13 日,《秘密大营救》第 132 页)　于伶被绿林好汉王大哥误认是韬奋,请进厢房,讲了很多真情钦佩的话,演了一出真假韬奋的"滑稽戏",被向导发觉,冲进来嚷着"出发,上路,走"!解了围。新旧向导领着这批"难民"沿着宝安深圳走去,路遇日本兵卡车开过,或遇日本兵对他们叽叽咕咕、哇啦哇啦叫,"难民"们一律听从指挥闷头赶路。天黑时到达宝安境内,离游击区不远,就地休息。茅盾夫妇从行李内找出万金油来,给韬奋治那扭了筋的脚。这脚已经发肿,在踝部,而且发烫。他一面搽着万金油,一面说:"过一夜大概会好些。"当晚"茅盾和韬奋等一行十来个睡在右厢走廊地上,虽然有稻草,仍旧觉得那水泥地上透着冷气"。大家"都没有脱衣服"。(于伶《邹韬奋同志在东江游击区》,收入《忆韬奋》第 407 页,茅盾《脱险杂记》第 226—229 页)

1 月 13 日　四个荷枪日本兵押送"难民"到一条大河边,新向导安排坐上三条木船,渡河上岸,又遇对岸哨岗有三个持枪日本兵,一向导交给一点钞票,另一向导领着大家快步直往岗峦起伏的小路奔走,翻上一座高山顶——梅林坳。是自己的地区了。傍晚到达宝安县白石龙。东江人民抗日游击队纵队司令部,在一座遭战火破坏的耶稣教堂前的广场上,这批文化界的精英受到东江游击队大队部的同志和村民的接待,受到东江纵队司令员曾生、副司令王作尧和大队政委尹林平的接见,并以狗肉款待。是夜睡在司令部楼上。(于伶《邹韬奋同志在东江游击区》,收入《忆韬奋》第 410 页,唐金海、刘长鼎主编《茅盾年谱》第 630 页)

1 月 14 日　上午,东江游击大队司令部在一小庙前的空地上举行盛大欢迎会,欢迎这第一批从香港脱险、被秘密营救出来的文化人。政委尹林平、正副司令员曾生、王作尧和大家见面,表示慰问,介绍了东江游击纵队发展的过程及目前的处境。韬奋做了"朴实纯真深沉动人的长篇发言"。(于伶《邹韬奋同志在东江游击区》,收入《忆韬奋》第 411 页,茅盾《脱险杂记》第 253 页)

国民党报的"时人行踪"栏第二次发出消息:"据闻邹韬奋等已到东江游击队,在游击区担任政治文化工作,前讯广州湾遇险消息不确。"(陈启昌《韬奋在梅县江头村隐蔽的日子》,收入《忆韬奋》第 475 页)

1 月 15 日　与茅盾等参观东江游击纵队机关报《东江民报》。"不知不觉过了五六天。这五六天的生活又热闹又痛快。""韬奋本想和茅盾同走,但终于被劝住了。而且据说他的夫人一二日内就可到了,他也觉得应该等她。""最后决定等太太来后再一起走。"(于伶《邹韬奋同志在东江游击区》,收入《忆韬奋》第 412 页,茅盾《脱险杂记》第 253 页,唐金海、刘长鼎主编《茅盾年谱》第 631 页)

1 月 20 日 《为曾生题词》:"保卫祖国 为民先锋 曾生大队长以文士奋起,领导爱国青年组成游击队,保卫祖国,驻军东江。韬从文化游击队自港转移阵地,承蒙卫护,不胜感奋。敬书此奉赠,藉志谢忱。韬奋 一九四二年一月廿日于白石龙。"(《韬奋手迹》第 77 页,全集第 10 卷第 809 页)

韬奋"对我们的报纸特别关心,建议把我军办的《新百姓报》和《团结报》合并,改为《东江民报》,以集中力量把报纸办得更好。当我们接受了他的建议,他欣然挥笔书写了《东江民报》的报头。临别时还送给我一张写有'为民先锋'的条幅。"(曾生《坚持华南战场抗战的一面旗帜》,收入《南方局党史资料·军事工作》)

一个多月内,这支小队伍在游击队的保护下,移动住过惠阳、东莞、宝安三县之间的七八个山林和村庄。韬奋"始终精神饱满,行动愉快。行军中不许高声谈话,他常是低声提醒与照顾别人,有时还说一两句幽默话来鼓励同行者。新到一个住地总忙着看问同仁有否受伤,或者找点破旧的报纸来研究。晚间争着要求担任放哨的一员,说自己要补课:学习行军,补习战士生活课,要练习当成一个戎马书生。"(于伶《邹韬奋同志在东江游击区》,收入《忆韬奋》第 413 页)

1 月中旬 地方党组织把邹韬奋夫人沈粹缜和三个孩子送到黄冠芳处,由短枪队护送到西贡,交给我们护航队,再由我们护航队护送到惠阳大队大队长彭沃同志处,一月下旬,转送到白石龙附近的阳台山区与邹韬奋团聚。(陈志贤《大鹏湾护航》,收入《秘密大营救》第 93 页)

2 月上旬 周恩来致电方方,关于接待柳亚子、邹韬奋等事,嘱即移交廖承志指定专人负责。(《周恩来年谱》第 526 页)

2 月上旬 纵队司令部考虑到安全,将一批文化人转移到宝安县西北面的阳台山上。阳台山地势隐蔽,可防备日本侵略军和国民党顽固派的袭击。山上新建两座人字形大草寮,一座供起居住宿,一座供吃饭休息。在寮里住宿的有韬奋偕夫人沈粹缜,儿子邹嘉骅、邹嘉骝,女儿邹嘉骊,于伶偕夫人梅朗珂,胡绳偕夫人吴全衡,叶籁士、殷国秀,章泯和他的学生,沈志远偕夫人崔平,袁水拍、戈宝权、杨刚、恽逸群、刘清扬、高汾、吴在东、黎澍、张铁生等。(于伶《邹韬奋同志在东江游击区》,收入《忆韬奋》第 418 页)

"韬公全家在大草寮中欢聚团圆,大家为之欢庆,同时以沉重和深深的钦佩的心情,体味与分尝着邹师母从港战开始一百多个日夜,对韬公时时刻刻无法用语言描述得出的苦心怀念。"(于伶《邹韬奋同志在东江游击区》,收入《忆韬奋》第 418 页)

在阳台山，"每晨起身前，韬公总是教大家做床上健身操、练身体。教得极认真"。"这种操可以躺在床上做，他称这是'懒人体操'。""还教我们做面部的按摩"。"爬山穿林，韬公是队伍中最活跃欢快的一员。""到溪边去洗脸洗衣，韬公总是走在前头。""韬公的洗脸毛巾破了，肥皂也没有。大队部给他补充来了，韬公坚持不肯接受，说是留给战士用。乘人不注意时塞入来人的包里带走了。""大家多次集合在空地上或树林里，请韬公演讲。韬公有求必应，多次精神健旺而专注地讲过：国际联盟企图放纵德国法西斯来对付苏联而在自食苦果；英美的民主政治的不民主实质；他所见到的苏联的新人新事新面貌；苏联抗德战争的艰苦和必胜的前景；国民党政治的反动本质和倒行逆施；他所接触到的共产党领袖人物的政治品德与言行；以及关于学习、修养、事业心等方面的自我感受等等。"韬奋"每次以他那特有的朝气蓬勃、言语朴实、平静深沉、诚恳而有时带点亲切的幽默表情，谆谆善诱与谦虚诲人的精神，让听者受益"。（于伶《邹韬奋同志在东江游击区》，收入《忆韬奋》第 413 页，戈宝权《忆韬奋同志——记从香港到东江的日子》，载《人物》1980 年第 1 辑）

"邹韬奋的铺离我的很近，他常在早晨醒来后先躺着用手按摩头部。后来他向我们传授了这套保健操。我对他一向有个印象，认为他一定是财大气粗的老板，那是由于《译文》停刊使鲁迅先生生气而这样想的。在武汉撤退前我第一次见到他，他讲了国民党的退却政策在重庆造成政治空气沉闷的情况。后来在重庆，在香港，好像都没有见到过他。不过我是和他夫人同船到香港的。在香港，胡绳特来看我，要我为邹韬奋主编的《大众生活》写稿，后来我写了一篇。""这次有天夜晚，我被派去和他一起放哨，有了随便聊天的机会，才感到他原来是平易近人的。"（胡风《在东江——抗战回忆录之十三》，《新文学史料》1988 年第 2 期第 81 页）

一个"星光之夜，大家围坐在山下一丘农田里，为韬公庆贺生辰。各人高举一碗又辣又甜的姜汤代酒，祝他健康长寿。韬公感谢了大家，笑语欢腾，更显得活跃。""渐渐地我（于伶）发现着他的情绪变化"，"有人鼓掌要求寿星演讲"。"韬公立起来严肃地讲话了。""大意是：过生日是假的，我不承认。但我理解大家的心意是借题发挥，欢叙谈心，我本人也正好反省一番。有人说这姜糖汤是土咖啡，我只觉得它甜太多，辣有余，而苦味不够。我邹韬奋是一个平凡人，人生四十七，只想在苦的酸的辣的时代里干一点苦事业！后来偶然的机会，认识了潘汉年，我眼睛一亮！由于他，我跟胡愈之、鲁迅、宋庆龄、沈衡老等人多了来往，初步认识到要辣！再后来跟周恩来、董必老、王稼祥等几位的相处，我才认识我自己是太弱，太浅，太不够，太差了。今天的辣姜汤是太甜了！……""韬公和我（于伶）等八人同编一'吃饭小组'。有时菜蔬很好"，"有时石块饭桌子上是一碗菜叶汤和一碟小鱼"，"有时只有一二方红乳腐下饭。韬公总是在他用漱口盅盛的饭面上,夹上一尾小鱼干或者一小点乳腐,坐到石块或土埂上去,高高兴兴有说有笑地吃着。最年轻的'饭小组长'江韵辉同志恭敬地捧着菜碟子前去请他多取一点,韬奋总是说:大家吃,我够了,你们小青年应该多吃一点才好!他端着口盅边吃边避走,坚决不肯多加一点"。(于伶《邹韬奋同志在东江游击区》,收入《忆韬奋》第415页、416页)

大队部的油印报纸编辑部请了韬公和于伶等三四个人去开座谈会。韬奋是主讲。"韬公好像仿佛回到了他当年办《生活》周刊编辑部,一本正经地恳切扼要地针对这张报纸的特点,指出它是游击队的战斗喉舌,是流动不定的油印报,对象是部队领导和文字水平高低不一的战士与老乡,根据这些特点,老报人把可以讲的万语千言,归纳成几条原则意见。接着把已经出版的每一期报纸的每一页每一篇,认真指出其优点和不足之处,提出改进的方向。""韬公还曾两次或三次经大队部请去对干部们做过国际国内战争与政治形势的报告。""是由胡绳或黎澍同志陪着去的。"(于伶《邹韬奋同志在东江游击区》,收入《忆韬奋》第416页、417页)

"有一次,敌人进攻惠州、博罗,国民党军队逃之夭夭,我们把韬奋同志请到编辑部,向他汇报了情况,请他为我们报纸赶写一篇社论。韬奋同志欣然答允,并且立即动笔,很快就写好了,题目是《惠博失陷的教训》。""他在这篇文章中,一再呼吁国民党军队立即停止消极抗战积极内战的政策,同人民游击队一道,坚决打击敌人。韬奋同志的这篇遗作,以及他给《东江民报》的题字,我在战争最艰苦的岁月里,一直是随身携带着的,谁料想到,在广州解放以后的和平环境里,由于借给某一单位展览,竟被他连同全部《前进报》都失落了"。(杨奇《和韬奋相处的日子》,收入《忆韬奋》第241页)

2月12日 《新华日报》载韬奋在港脱险归国。《新华日报》第2版载"柳亚子、邹韬奋均告脱险。本报确悉:柳亚子先生已由港脱险安抵广东某地。邹韬奋先生亦于一月九日安然离港,正绕道某地途中。此间文化界已接获二氏来电"。(《黄炎培日记》,《新华日报》第2版)

2月14日 1942年春节的除夕,"大队部的电台修好了,与延安党中央联系上了,党中央来了指示,这是特大喜讯。"纵队政委"林平代表曾生、王作尧司令员和全体指战员向大家祝贺新春,郑重热烈地代表党中央对大家进行慰问,代表当时正在延安的周恩来副主席,首先对韬奋同志致了亲切关怀和慰问,然后逐一转达对这时还留在阳台山上的每个同志的问候。大家起立鼓掌,一面接受慰问物品,一面拭着激动的眼泪,看着,笑着,想着延安党中央,久久不能平静。林平同志对大家传达了周恩来同志对国际国内战争与政治形势的分析,对东江游击区形势的估计,谈了对

仍留在这里的人员将作妥善安排的考虑等等。"(于伶《邹韬奋同志在东江游击区》,收入
《忆韬奋》第 417 页)

"当时紧急艰危的战事一直没有休止过。""这时敌人来大进攻大扫荡。韬公全
家与于伶等最后留下的这小批人,立即转移到大队部新驻地叫光头仔的小山村。"
(于伶《邹韬奋同志在东江游击区》,载《出版史料》1984 年第 3 辑,收入《忆韬奋》第 418 页)

"在这些被抢救的文化人当中,给我印象最深的是邹韬奋。他和茅盾等人是第
一批从香港撤到游击区的。为了安全,他在宝安游击区住了一段时间,直到 4 月间
才转到老隆。""邹韬奋到达老隆时,我党获悉国民党已派出特务,四出搜捕,并扬言
'一经发现,就地惩办'。根据上级指示,我找到邹韬奋谈话,说明他不能前往桂林,
需要在广东隐蔽一段时间,夫人和子女由党组织安排,先撤到桂林郊区暂住。邹表
示服从党组织决定。于是,我决定将邹送往梅县一个偏僻的山村——江头村侨兴
行经理陈炳传家里隐蔽起来。为了安全,我的女儿连洁和郑展以表兄妹的关系,护
送韬奋(化名李尚清)去梅县。(注:连洁自称此次未与郑展同行。)直到 9 月下旬,
党组织才派人把他转送苏北解放区。"(连贯《一九四二年在香港抢救文化人士及知名人士
的情况》,收入《南方局党史资料·文化工作》第 253 页)

4 月初 "大队部的负责领导齐集在光头仔山村边一座旧国民党军队留下的
破碉堡内,为韬奋全家以及于伶等几个也要走的人饯行送别。"在清明节的春雨中,
"邹师母、大宝、二宝、小妹和吴全衡共五人,由老黄(当时称老何)领队,同时兼管于
伶等四人","撑着雨伞跟韬奋及政委等告别。步行,宿夜,坐木船,经过白区的几个
县,到了粤东的交通要点老隆。小住几天,由地下交通站安排","分别上了两辆装
盐巴的大卡车,往粤北的曲江。""后因大水冲坏公路,抛锚等原因两车失去联系。
五月初从党的联络员处得知邹师母他们已安全乘火车去了桂林。六月初,在桂林
郊外,偶然遇见邹师母,她高兴地告诉于伶:'就在我们最后的一批人离开东江光头
仔的同时间,韬奋也离开了。现在党安排他住在梅县、兴宁、丰顺三县交界的乡下。
那里是老革命地区,反动派力量小,很安全。韬奋在研究《资本论》等书,同时做打
算经上海,进苏北去工作的准备。'"(于伶《邹韬奋同志在东江游击区》,收入《忆韬奋》第
419 页)

初到江头村的几个白天,韬奋以踏看陈姓祖屋、祖坟为名,与陈启昌父背着罗
盘,借此熟悉全村的地形地势和通路。(陈启昌《韬奋在梅县江头村隐蔽的日子》,收入《忆
韬奋》第 476 页)

4 月 9 日 周恩来听取夏衍汇报,关于香港沦陷时文化界人士分批安全撤离
的情况,特别关注柳亚子、邹韬奋、茅盾等人的安全和健康。(《周恩来年谱》第 529 页)

是月 周恩来得悉国民党下令通缉邹韬奋后,立即电告八路军驻香港办事处负责人连贯,一定要让邹就地隐蔽,并保证他的安全。(《周恩来年谱》第531页)

5月6日 黄炎培在重庆得悉国民党刘百闵将赴广西桂林迎香港文化人谈话。(《黄炎培日记》)

5月初 "5月初,蒋介石派了刘伯闵来桂林,邀请由港归来的文化人去重庆。刘伯闵的公开身份是文化服务社社长,实际是CC系的文化特务。""我猜不透蒋介石葫芦里卖的什么药,但有一点可以肯定,他想把我置于中统和军统的严密监视之下。""刘伯闵还拜访了张友渔、沈志远、千家驹、金仲华、梁漱溟等人,都没有结果。"(茅盾《桂林春秋》回忆录二十九,《新文学史料》1985年第4期第50页)

5月间 韬奋在东江转口信,托徐伯昕从桂林抵渝后访沈钧儒,告"书店工作要多依仗先生扶持。8月间口信带到。"(沈谱、沈人骅编《沈钧儒年谱》第243页)

6月初 连贯突然找到郑展,告知党内出了叛徒,粤北省委遭破坏,廖承志被捕,上级要他撤退去东江部队,交待郑展,要想尽办法安全护送韬奋。(郑展《邹韬奋脱险记》,收入《秘密大营救》第219页)

这时,韶关国民党报纸的"时人行踪"栏登了一则消息:"邹韬奋原在东江游击队,后因日寇进攻,闻已离队住在东江乡间。"紧接着,地下党又得到情报,国民党当局已派遣认识韬奋的特务头目刘百闵专程到广东,指挥特务组织在东江和兴(宁)梅(县)一带侦察韬奋踪迹,他本人还到了梅县。(郑展《邹韬奋脱险记》,收入《秘密大营救》第220页)

在江头村近半年的隐蔽生活,韬奋主要是:晚上参与"山村夜谈",白天只要天气晴朗,便与陈启昌的父亲背着罗盘,以"寻龙找穴"为名,穿山过屋进行调查访问。"在这六七十户人家的山村里,人们的主要业余活动就是晚饭后聚集聊天。"老学堂位于全村的中心,成为晚上聊天的集中地。"每晚总有二三十人次,其中绝大多数是农民,聚谈村内公私事件、天文地理、古今中外的新闻或史话。大家对提出的话题有补充,有质问,有是非争论,无拘无束,各抒己见。"韬奋"对这样的农村夜谈评价极高,兴趣极浓。他说这里是人民生活经验交流的场所,是思想智慧的源泉,是乡村文化的特种形式。他又说:这对他来说是一所'夜大学',在这'夜大学'里,可以听到过去没有听到过也难于听到的课程。他愿意在这样的'大学'里当个学生。""为了克服语言的困难,他曾刻苦学习客家话,拜孩子们做老师,并把日常用语写出来用英文字母注音。日常生活中则学一句用一句,讲了就请人纠正。不到两个月,基本上能听懂客家话,也能和大家作日常生活的简易交谈。""一次夜谈中,群众讲述了两年前关在本村的新兵,因不堪国民党军官的虐待,破监逃走,其中有五个受伤,被捉回来后活活地惨遭杀害,挖去心肝,挖出来的心肝一个个用竹片撑开,挂在水怡楼门口的竹竿上,直到晒干了才收回去。住在水怡楼的陈福连,这时正害着病,一看见人心肝便被吓死了!"听了这骇人听闻的事件,韬奋和我父亲以看我曾祖母坟墓为名,到对面山岭,顺路踏着看国民党军官戮杀新兵的刑场,以及挂竿晒人心肝的墙头,访问被吓死者的家属。韬奋非常沉痛地倾听死者家属的泣诉。他后来对我说:'抗战初期我曾到前线慰劳抗日战士,亲眼看到他们为保卫祖国忍受困难、牺牲自己的许多可歌可泣的事迹。同时看到受伤战士有的独自勉强支撑着走路,有的匍匐路旁奄奄一息,更有的满身血污卧在田野里挣扎,无人过问。我当时对国民党政府不关心战士疾苦,虽感愤慨,但以其还是实行抗日,未加深责。全面抗战爆发以来逐步暴露了他们不是决心抗日,不是走向民主、进步,而是日益走向反共反人民,走向对日投降。他们过去无视前线战士的疾苦,甚至在后方屠杀新兵,决不是偶然的,而是反动政治本质的必然表现。由此更显得中国共产党领导中国革命的坚定性、彻底性,自抗战以来的一系列方针政策的正确性,及其言必信行必果的伟大精神。'"韬奋"对于村里革命斗争的史实十分重视。他详问每一事件的经过和人物,对有关的房屋和作战过的山头,他都背着罗盘去作实地观察。"为了使韬奋进一步了解梅县地方的革命历史,陈启昌的父亲"设法把埋藏在梅县一个亲戚家里的两箱子历史文献取回来,其中有整套当时党中央机关报《响导》周刊、团中央机关报《中国青年》、广东党区委机关报《政治》周刊、团区委的《少年先锋》、梅县地委的《青年旗帜》等。""在距老学堂不远的鸣岗楼特辟了一个秘密书房,供韬奋读书用。韬奋看到这些书如获至宝,认真阅读研究。每天早、午饭后,村里人都到田里干活时,便由我的二儿陪着韬奋同志从楼的后门到房里阅读。自从搬回这批文件后,韬奋同志非常兴奋和珍惜,'好极了! 我要利用这个时间认真补课。'还说:'中国人民的巨火在广东炽烈燃起来的时候,我还是一个不大关心政治的人。后来国共分裂,我也还是当作党派斗争。我自己不想卷入到任何党派斗争方面去。我认为谁执政都没有问题,只要能够政治清明,使祖国逐步走上富强的道路。我自己总是希望脚踏实地,为国家及人民切切实实做一些具体有效的事情。直到"九一八"事件发生,我投身到挽救祖国危亡的战线上,才逐步认识到挽救中国的唯一道路,只有唤起全国人民,实行反帝反封建的民族民主革命。从此,才认识中国共产党,按着党所指的方向努力。我对中国革命是半路出家,是通过自己的摸索,走了不少迂回道路的。'""一次夜谈会上,讲起孔夫子不吃豆腐的故事。为了解决人民在豆腐生产上知其然不知其所以然的疑难,他曾做过一次有趣实察。据说,七八斤豆子可以做出一锅二三十斤豆腐,剩六七斤豆渣,一斤多豆壳,还有十多斤豆腐水可做猪、牛的饲料。""他向群众做了生动的解释。他说：孔夫子不吃豆腐只是传说，但他不懂得如何把黄豆制成豆腐这倒是可能的。幸好我在大家的帮助下弄清了制作豆腐的过程，否则一天两天，一月两月都还弄不清楚，我也许也会不吃豆腐的。""听的人哈哈大笑。韬奋同志教育大家，这些道理就叫做科学。无论什么事都有它的科学道理，将来大家都懂得了科学，就不会迷信，就能够相信自己的力量。""我的五弟在曲江读书，暑假回来因用钱太多，给我父亲大骂了一顿，他哭起来。韬奋同志一面要我父亲息怒，一面劝导五弟。并把五弟的日用帐拿来，亲自核算，根据各项目，分别总结。然后用总结的数字对我父亲和五弟详加分析，指出哪一笔是必须用的，哪一笔是可用可不用的，哪一笔是多用的。""这一实事求是的教育方法，使得我父亲及五弟均被感动得相对流泪。"他"特别注意培育孩子们的正义感和爱国主义的思想感情。经常利用一切机会给孩子们讲述中国历史上的民族英雄和抗日英雄的故事。村里受过他教育影响的孩子，有许多在解放战争前后参加了中国人民解放军。此外，他还经常和孩子们一道'打赤子'（农村小孩的一种游戏）、玩纸牌、游泳。""到老学堂来找韬奋同志的穷孩子，他常常给他们抹鼻涕，给他们洗手洗脸。正是这样亲密无间的关系，孩子们都愿意听他的话。"（陈启昌《韬奋在梅县江头村隐蔽的日子》，收入《忆韬奋》第477—480页）

6月17日　端午节前一天，陈启昌家自己做豆腐，韬奋"从选豆、过秤、除壳、泡豆、磨浆、煮浆、过滤、加卤水，直到包好完成，看得仔细认真，还在小本子上记点什么。"（陈汉辉《忆韬奋伯伯在江头村》，收入《忆韬奋》第481页）

7—8月间　周恩来派人转告韬奋：为了保证他的安全，使他能为革命继续发挥作用，建议韬奋前往苏北抗日根据地，还可以转赴延安。（《周恩来年谱》第538页）

8月　周恩来听取徐伯昕关于生活书店在国统区的布局和工作进展的汇报后，指示：在投资合营和化名自营的出版机构中，务必要区分一、二、三三条战线，以利战斗，免于遭受更严重的损失。要坚决采取隐蔽的作法，学会做统战工作，以便在艰难的环境下，把革命出版事业坚持下去。（《周恩来年谱》第538页，《南方局党史资料·大事记》第200页）

9月12日　农历八月初三是全村老少上祖坟扫墓的日子。韬奋尊重当地百姓的扫墓仪式，和长老们一起行礼点香。拜谒完两座祖坟，全村人在河边进行一年一次的集体野餐，韬奋"在烈日下与民同餐，和老少一起谈笑风生，如同一家人。"他"对村里人民的各种生活都有兴趣，都想了解。""看杀猪，看祖父网鱼，看农民拔秧、插秧，农忙的时候，他还帮着送茶水到田头。村里有人生病，祖父粗通医道，伯伯总是跟在后面做助手，帮着祖父关心护理病人。"（陈汉辉《忆韬奋伯伯在江头村》，收入《忆

韬奋》第 494 页）

地下党员胡一声，接到乔冠华从韶关拍出的电报，"即来侨兴谈生意"。胡即到韶关，乔焦急地告诉胡，国民党已在兴梅一带搜捕韬奋，南方局周恩来指示，必须立即设法护送韬奋安全到上海，转往苏北抗日根据地，并派来生活书店干部冯舒之参加护送。胡偕同冯回梅县即找郑展、陈炳传，商讨护送路线。（郑展《邹韬奋脱险记》，收入《秘密大营救》第 220 页）

9 月 20 日　农历八月十一日，陈启昌买回一包墨丝，嘱其子在秘密书房磨了一墨钵墨汁。22 日，韬奋为陈启昌、胡一声各写了一条幅。落款时署了真名"韬奋"。（陈汉辉《忆韬奋伯伯在江头村》，收入《忆韬奋》第 496 页）

9 月 22 日　《录鲁迅先生语书赠胡一声先生》，书鲁迅语："历史上都写着中国的灵魂　指示着将来的命运　只因为涂饰太厚　废话太多　所以很不容易察出底细来　正如通过密叶　投射在莓苔上面的日光　只看见点点的碎影　录鲁迅先生语书赠胡一声先生　韬奋　民国三十一年九月廿二日"。（注："日光"系"月光"之笔误。）（《韬奋手迹》第 78 页，胡一声《同君一夜话　胜读十年书》，收入《忆韬奋》第 364 页）

同日　录鲁迅先生语书赠炳传兄，书鲁迅语："翻开历史一查　歪歪斜斜的每页上都写着仁义道德几个字　仔细看了半夜　才从字缝里看出字来　满本都写着两个字是吃人"。（《韬奋手迹》第 79 页，陈启昌《韬奋在梅县江头村隐蔽的日子里》，收入《忆韬奋》第 496 页）

韬奋对帮助他隐蔽的地下党员胡一声讲了义愤填膺的一段话，他说："我毕生办报办刊、做记者、办书店，简直是'题残稿纸百万张，写秃毛锥十万管'了。但政权、军权还在蒋介石手里，他一声令下，就可以使千万个人头落地，千万本书籍杂志焚毁！连我这样的文弱书生，只谈爱国，他都一再使我流离失所，家破人散呢！我现在彻底觉悟了，我要到八路军、新四军方面去，在毛泽东、周恩来、朱德等同志领导下，参加革命斗争，争取加入中国共产党。"（胡一声《同君一夜话　胜读十年书》，收入《忆韬奋》第 362 页）

9 月 23 日　生活书店派冯舒之到江头村，准备护送韬奋到敌占区上海。（陈汉辉《忆韬奋伯伯在江头村》，收入《忆韬奋》第 498 页）

中秋节前，胡一声、冯舒之、郑展和韬奋商定护送他出走的具体办法。（胡一声《同君一夜话　胜读十年书》，收入《忆韬奋》第 364 页）

9 月 24 日　中秋节，用"李伯伯"的名义，在老学堂设便餐，邀请村里长辈和青年，表面是过中秋节，实际是韬奋向全村亲人告别。大家心里明白，几十对惜别的眼睛凝望着韬奋同志，一时说不出话来。（陈启昌《韬奋在梅县江头村隐蔽的日子里》，收

入《忆韬奋》第 498 页)

9 月 27 日 《为陈作民书贺"作庐"落成屏条》。韬奋离开江头村转往苏北解放区前夕,为屋主陈作民即将建成的新屋"作庐"写了四幅屏条。日期应主人之意写了落成后搬迁的良辰吉日(11 月 14 日),非实际书写日期。屏条真迹存韬奋纪念馆。(陈汉辉《忆韬奋伯伯在江头村》,收入《忆韬奋》第 496 页,全集第 10 卷第 810 页)

《为陈作民书贺"作庐"落成屏条》全文:

"作庐为作民先生与其哲嗣炳传兄躬自设计建成之新型家宅自创始以至完成惨淡经营历时二载皆由主人躬自规划督察艰苦备尝余尝谓炳传此宅在君家殆如艺术家对于亲手创造之艺术品顾此艺术品仍仅表象而已尤可感念者实为其所含之内容有非外观所能窥测者盖作民先生之生平坚苦卓绝公正宽仁言其自身虽幼年失学而由于发愤自修能诗文善书法家境原清苦而独能具远见排万难跋涉重洋艰苦创业为侨胞模楷言其齐家则慈爱严明启迪有方言其居乡则急公好义退迩咸钦言其对国家社会则尤可见其高瞻远瞩公尔忘私余与炳传为知交深知炳传为国努力每在危难震撼之际辄获其贤父母之衷心谅解与诚挚慰藉使其见义勇为无所顾虑炳传为国尽力之前程远大其贤父母实有以玉成之此则于乐观作庐告成之际所尤令人敬念不忘者故乐述其概略俾知作庐不仅有其表象实其弥可珍贵之内容焉 作庐落成纪念 韬奋 民国卅一年十一月十四日"(全集第 10 卷第 810 页)

9 月 27(或 28)日 刚过中秋节,韬奋告别了江头村,由郑展、冯舒之伴随,乘"侨兴行"运输货物的汽车,从广东梅县江头村出发前往韶关。韬奋穿着从香港逃出来的那套银灰色的唐装,戴着礼帽,装成商人的模样,和冯舒之并排坐在驾驶室里,郑展坐在后面的车厢里。胡一声坐在另一辆车的车头里,一路尾随前往,以防万一发生意外,可以马上向组织报告,及时援救。(郑展《韬奋脱险记》,收入《秘密大营救》第 220 页,胡一声《同君一夜话 胜读十年书》,陈汉辉《忆韬奋伯伯在江头村》,收入《忆韬奋》第 362 页、498 页)

10 月 到达上海。当时上海被日军占领(是沦陷区),处在极端恐怖时期,街上经常发生进步人士被捕或遭暗杀的事。到达当天,住在地下党员陈其襄的正泰商行里,第二天转移到陈的叔叔家。陈的叔叔是位工人,虽然信教,却有朴素的爱国心,住在设有一个济公佛坛的楼房内。佛坛却是紧急时收藏生活书店进步书刊和纸型的掩护场所。他欣然收留韬奋。住了几天,又搬到陈任经理的贝勒路德和企业公司楼上的一个亭子间。到上海的主要目的是检查耳疾。想到了曾耀仲。他曾是《生活》周刊的医药顾问,为人正直,与韬奋相识、相熟,是可靠的。一天,晚上天黑以后,由陈其襄陪同,到曾寓所,由曾介绍到静安寺 X 光专家沈成武医师处检查。环境险恶,不可能进行细致的检查,就表面症状,初步诊断为"中耳炎"。(陈其襄《和韬奋最后相处的日子》,收入《忆韬奋》第 504 页)

"一九四二年冬天,邹先生装扮乡人,潜行来沪。""告诉我鼻腔不适要我医治。我约请上海名医数人,详细检查后,均无法确实诊断。"(曾耀仲《纪念亡友邹韬奋先生》,收入《忆韬奋》第 205 页)

11 月　地下党组织精心安排,采取两项措施:一是派员在苏北港口秘密接应,一是为韬奋组成一个临时"家庭",由一同事的母亲华姓老太太充当"岳母",原读书出版社苏北籍女同志王兰芬,充当华老太太的"女儿",她们陪同生病的"女婿"回家乡。一路上还布置暗哨,以防意外。(陈其襄《和韬奋最后相处的日子》,收入《忆韬奋》第 505 页)

11 月 22 日　按党的战时交通线路,地下交通递步接送。陈其襄请来了充当"岳母"的华老太太。她手提佛珠、香篮,王兰芬也来了,和韬奋相见,张锡荣雇了三辆人力车,招呼他们"一家三口"启程。张另雇一辆尾随。到外滩,离航轮尚有一段距离的地方下车。华老太太和王兰芬搀扶"病人"缓缓前行,扮成商人的交通员诸侃向黄浦江上一挥手,一艘小舢板飞快驶来靠岸。"一家三口"登上舢板,诸侃随后,在轮船靠岸的另一侧登上航轮,避开了日伪军的检查。轮船到靖江(新港)码头。诸侃走在前面,通过事先买通的伪警,过了关卡。绕道下乡步行二十多里路,到达苏中三分区如西县(现为如皋县)江安区一个小村庄。大众书店和《江潮报》正移驻在这里。韬奋的到来,给书店同仁带来莫大喜悦,坚留韬奋住宿一夜共叙离情。韬奋和书店同仁热情交谈,他谈到皖南事变后,国统区生活书店遭到迫害、封闭;离开重庆前夕,周恩来同志要他把书店的出版发行工作的重点转移到共产党领导的解放区。他说,不管在游击区出现如何艰难险恶的环境,一定要坚持下去,眼前的困难是暂时的,要克服一切困难,坚守岗位,决不能后退。沈一展怀着敬仰的心情,率直地问韬奋:"你对中华民族的解放运动和共产主义事业,鞠躬尽瘁,是否允许我问一声,你是什么时候参加中国共产党的?"韬奋满怀深情,恳切和蔼地回答:"我在抗日战争开始时,在武汉曾向恩来同志提出要求入党,他回答说,'你现在以党外民主人士身份在国民党地区和国民党作政治斗争,和你以一个共产党员所起的作用不一样,这是党需要你这样做的。'"韬奋接着说:"我接受恩来同志的指示,到重庆后,又向恩来同志提出要求入党,他还是以前的意见,目前党还是需要你这样做。从武汉到重庆,直到我离开重庆到香港,其后,回到上海,转到解放区,我的一切工作和行动都是在党和恩来同志指示下进行的。"(张锡荣《在"生活"工作的日子》,沈一展《难忘的一夜》,徐中尼《艰险旅途中的一站》,收入《忆韬奋》第 271 页、353 页、442 页,刘谷风《邹韬奋在南通的日日夜夜》1990 年 9 月 15 日,《南通文史资料选辑》第 13 辑,收入《韬奋与南通》第 50 页,《华中抗日根据地文化工作大事记》第 196 页)

11 月 23 日　苏中三分区领导带来陈毅军长的欢迎电报。白天,韬奋看望了《江潮报》社,询问了编辑、通联、发行等情况,赞赏他们刻写蜡纸的功夫,并说东江游击队也有这样的油印报,像铅印报一样。分区领导机关在驻地一家地主的大厅堂里召开了欢迎大会,晚上联欢会,特地点了两盏汽灯。"韬奋讲了他在东江游击队的见闻,就像他写《萍踪寄语》一样,有自己独特的风格,以身历其境、亲闻目睹的生动形象、现场情景和有趣细节,侃侃而谈"。他"介绍东江游击队两位领导人时,出身、相貌、性格、群众称呼他们的绰号,带出传奇性的故事";"谈到游击队的艰苦生活时,着重从自己这样一个文弱书生随从三个月的体验讲起,几乎天天要爬山涉水,急行军,有一次自己怎样从山坡上滚下来,边谈边做动作,衬托出游击健儿们在艰险紧张的环境中磨练出来的行军作战本领和自己爱慕他们的心情";"特别讲了国民党反共高潮所造成的抗战艰难形势,精辟地分析了时局,把中国的命运寄托在共产党和八路军身上"。"他又以自己特有的政论家风格,高瞻远瞩,纵论国际国内的复杂斗争,讲了继续争取反法西斯和抗日统一战线的道理。""解答同志们提问的条子,其中有一张问:'国民党蒋介石积极反共消极抗战,结局会不会投降日本?'他回答:'国民党蒋先生是很为难的,他挂着两块招牌,一块是三民主义,一块是抗战。两块招牌全丢了,他也就什么都完了!'引起听众会心的笑声。当夜,由分区副司令员陈玉生亲率一支部队护送至泰东县,到达苏中区党委驻地。"(徐中尼《艰险旅途中的一站》,收入《忆韬奋》第 442 页,《华中抗日根据地文化工作大事记》第 196 页)

11 月下旬　苏中区党委接到中共中央华中局电报,嘱咐对韬奋的到来,要"确保安全,热情款待"。并指示,韬奋此行是奔赴华北延安,这里是路过的。因敌伪军正在对盐阜地区进行"大扫荡",陇海路不能通过,故建议邹先生"在苏中逗留一短时间。可利用此时机进行社会考察"。此时,刘季平正调回苏中行署任文教处长,接到韬奋托东台县长董希白派人送来的手书,谓已到达东台境,希望能见面。刘在国统区即与韬奋相识、熟悉,立即骑马赶到韬奋住地。区党委委托刘季平代表苏中领导机关,全程陪同韬奋在苏中抗日民主根据地同住、同吃、同行一个多月。(刘季平《韬奋同志在苏中抗日根据地》,《南通文史资料选辑》第 13 辑,收入《韬奋与南通》第 1 页,陈丕显《苏中解放区十年》第 110 页)

"邹韬奋到苏中时,日军八月大'扫荡'已过去。我较长时间移动作战,已相当疲惫。那时,我暂住在一士绅家里,早早睡了,睡得很沉。""次日清早起来,发现我房里地板上睡着一个人。"我心里很诧异。""这时,睡在地板上的那人已坐了起来,微笑着向我打招呼,说:'我姓邹,邹恩润。''就是邹韬奋。'""我听说他是邹韬奋,连忙起床和他热烈握手,并带些歉意说:'实在对不起,我一点不知道你这样快到这里,要知道你昨晚就来,我无论如何忙,也要来接你。'我问他:'什么时候到的?''大约是子夜十二时左右。'""警卫员在旁边插嘴说:'邹先生无论如何不许我叫醒你,叫我悄悄地在地板上打一个铺。'""我再三向他致歉。他说:'是四分区吉洛同志(姬鹏飞)派丁参谋护送我来的,一路顺利。来这里我有生还是第一次。'""我命警卫员在我房里另加一张床。早饭后他又上床睡了两个小时。""邹韬奋面貌清瘦,戴着副眼镜,侃侃而谈,很有文人气质。"当"问他蒋介石的情况,他直摇头说:'此人不可救药了,唉!'""他在我苏中住了一个月左右。我为他准备了一匹很驯良的马,行军时他总跟我在一起。""我们从二分区到四分区,看了不少地方。部队在天黑后总要集合起来,由参谋长或秘书长讲讲话,进行教育。出发前,各级干部都要检查纪律,借群众的门板有没有送还,地有没有扫干净,老乡家里的水缸有没有挑满水等等。每次出发时都要唱《三大纪律八项注意》的歌曲。邹韬奋看到这些情况,非常感动。他对我说:'这样的军队,是无法战胜的!'""我还集合机关的工作人员,请邹韬奋去作报告。他讲了敌占区如何摧残老百姓,大后方如何压迫老百姓的情况,激愤时声泪俱下,感人肺腑。他还讲了在香港和许多华侨接触的情况,讲了在广东我东江抗日民主根据地的见闻。讲了来苏中后的一路见闻。他确信无疑地认为中国共产党是真正为人民、为民族、为国家而流血奋斗的政党,是抗日战争中的中流砥柱。胜利必定属于中国共产党领导下的抗日军民。"(《管文蔚回忆录续编》第243—245页)

11 月 25 日　苏中三地委和中共如西县委于滨江中学举行欢迎会,韬奋在会上畅谈民主与团结问题。(《如皋县志·大事记》)

同日　台北县和泰东县合并成立东台县。新成立的东台县委在三仓镇召开区委副书记以上党内干部会议。会议也成了欢迎韬奋的集会。县委书记陈扬主持欢迎会。刘季平陪同韬奋到会。根据与会同志提出的问题,归结为国际反法西斯战争的形势和前途;国内抗战形势和前途;国统区政治状况和根据地政治状况的比较等问题,韬奋作了近三个小时的演讲,给与会者以深刻的印象。(周冶农回忆。时,周以泰东县栟茶区委书记身份参加会议。南通陈汝明2003年2月访谈记录)

11 月 26 日　苏中第三地委机关报《江潮报》第92期,刊登记者徐中尼采写的报道,标题"民主运动战将邹韬奋先生抵苏北",副题两行:"辗转经年备尝艰苦","欢迎会上畅论民主团结问题"。第三版的专栏上刊登了韬奋在欢迎会上介绍广东东江游击队的见闻摘要。(徐中尼《艰险旅途中的一站》,收入《忆韬奋》第442页,《华中抗日根据地文化工作大事记》第196页)

"东台县许墩乡正进行民主乡选工作",陈丕显、管文蔚陪同前往,"并在墩塘庄召开有千余群众参加的盛大欢迎会"。"那时他耳朵里常流脓血,开会前还感到疼痛难忍。""他坚持出席会议,同到会的干部、战士、农民群众见面","作了精彩的演讲,并回答人们提出的问题。他畅谈大后方民众致力于抗战救亡和民主运动的事迹,抨击国民党政府制造'皖南事变'的罪恶行径,激情似火,妙语如珠,引起阵阵热烈掌声"。会议结束,韬奋"累得几乎瘫倒"。"稍稍休息几天,他又到许墩乡参加了几次干部、群众中小座谈会。他无比感慨地说:农民群众能投票选举乡长,只有在共产党领导下才能做到。这在中国历史上是空前的创举,也是中国的希望所在。"(陈丕显《苏中解放区十年》第112—113页)

"一个天气晴朗的下午,在东台县许墩乡的一个打谷场上,挤满了好几百干部、群众,会场上贴着'热烈欢迎邹韬奋先生大会'的红纸标语,韬奋先生穿着古铜色的旧绸棉袍,清秀而瘦削的脸上,戴着深色边框的眼镜,他讲演的声音不大,但很有力,他谈了大后方人民致力于抗战救亡和民主运动的斗争事迹,尖锐抨击国民党政府制造'皖南事变'的罪恶行径,讲到激动处,双手挥动,语声昂扬,到会同志长时间向他鼓掌。最后,他希望苏中军民建设成模范的抗日根据地,说中国的希望寄托在大家身上。"会议结束,马达将准备好的三张《滨海报》,其中一张是套红的,送到韬奋手里。韬奋"一边连声称谢,一边打开了《滨海报》浏览,说:'我一路上看了《江潮报》,今天又看了你们的《滨海报》,我很高兴。我过去也办过油印报。你们在这么艰苦的条件下,办的油印报,真可以和铅印报媲美。'"(马达《独轮车上的报社——回忆在〈滨海报〉工作的日子》,收入《我们的脚印》[老新闻工作者回忆录第四辑]第49页)

11月下旬 韬奋到苏中联抗地区。(党在苏中三分区、二分区和国民党税警陈泰运部之间设置的特区。党设特委,政府设紫石县政府,军队设联抗司令部。)联抗领导机关在曲北区王家庄(现属海安县胡集乡)紫石中学举行了欢迎会。联抗副司令李俊民和《联抗报》编辑部负责人江毅陪同韬奋步入会场。场上爆发出热烈的掌声。同学们说:"久闻大名,今得一见。"有些同学发现他耳朵塞着药棉,知道他是带病演讲,益加崇敬。李俊民致欢迎词,韬奋作了慷慨激昂、热情的讲话。他首先感谢联抗领导和紫石中学为他安排的这次盛会,简要讲了他由香港辗转来到苏中解放区的经过。他说:去年十二月初太平洋战争爆发后,日本侵略军很快占领了九龙和香港,一批汉奸卖国贼相机出动,配合日特机关,以"内山完造"的名义,登报"邀请"文化界知名人士"共商大东亚共荣圈建设大计",并到处侦察搜捕。一月初他秘密离开香港，偷渡到九龙，到达东江游击区。这时国民党发出通缉令，行动受到限制，遂隐居广东梅县乡下，不久又被特务打听到，不得不于九月离开广东，经曲江、韶关等地，至上海。经过一道道关口，共产党作了周密安排，有幸脱离虎口，到达解放区。接着讲到抗日战争的形势和前途。他说，日本帝国主义妄想吞灭中国，独霸亚洲，进而与德、意法西斯共同瓜分世界，野心很大。它对我国进行疯狂侵略，占领了许多地方，到处烧、杀、抢、奸(淫)。在凶恶的敌人面前，中国人民没有低头，反抗日本侵略者的斗争如火如荼。特别是有中国共产党的坚强领导，和她领导的八路军、新四军，及其他抗日武装，军民团结一致，鱼水相依，对日本侵略者开展积极有效的斗争。在根据地内发动群众，推行民主政治，改善群众生活，搞得朝气蓬勃，和大后方国统区有天渊之别。在共产党领导下，敌人注定要失败的。若问抗日前途如何，他的回答是"中国必胜，日本必败。"转而，韬奋用义愤的语气，申讨抨击国民党的某些要人被敌人吓破了胆，密谋投降。汪精卫散布民族失败主义，鼓吹"和谈"，暗中和敌人勾结，带头叛逃，认贼作父，成为不耻于人类的汉奸卖国贼。大后方是否还有人准备投敌呢？大有人在，还有"张精卫"、"李精卫"等，他们是一伙投降派。国统区是独裁统治，特务横行，人民没有自由，许多进步人士遭到迫害，到处笼罩着阴森恐怖的气氛。他对解放区实行的民主政治钦佩不已。他说，共产党把各抗日阶层团结在自己周围，像韩国钧老先生坦诚地与共产党合作共事，是党的统一战线的伟大成功。现在联抗地区恢复了韩国钧倡办的紫石中学，也表明党对已故韩老的敬重。他热情而真挚地说，他到了敌后抗日根据地，亲眼看到了他所憧憬的真正的民主政治，各阶层抗战力量得到发挥，民众生活得到改善，人民向上的精神得到鼓舞，军民团结一致，坚持敌后斗争，深受感动。从共产党身上，从解放区的民主建设，从人民群众的伟大斗争中，更看到了中国的未来和希望，"伟大祖国的前途是光明的"。最后，他勉励同学们，要认识到在党的领导下，在抗日民主根据地的学校读书是很幸福的，大家要努力学习，奋发向上，为真理，为自由，为彻底战胜日本帝国主义，争取光明的新中国早日实现。这天下午，他还参加了有二十多位师生代表参加的座谈会。提问题，请他解答的有二十多条，他笑着说，题目不少呀。综合起来谈吧。他谈了世界反法西斯的前途；对世界大战的形势作了精辟扼要的对比分析。比较具体地谈了国统区重庆的情况。回答了救国会其他六君子等的情况。会后为部分同学题词签名留念。在王泽纪念册上题"继续努力，不断进步"，在吕锡邦的笔记本上写了"争取光明"等语。晚饭后，与师生一一握手告别。在联抗地区视察五天，和联抗党、政、军领导进行了亲切交谈，并为《联抗报》题词。(许映山《追忆邹韬奋先生在紫石中学》，《南通文史资料选辑》第 13 辑，收入《韬奋与南通》第 44—47 页，

《海安县志·大事记》)

12月10日 下午,中共如皋县委如中分县委、如皋(今如东)县政府西区行署召开了如中各界欢迎邹韬奋先生集会。地点在江苏如皋耙齿凌薛达三先生家的大厅内。与会者有如中"三个区的各界代表",邱升中学、四联中学、栟茶中学三个中学师生代表,还有一部分小学教师和区、县党政干部共约六七十人。由刘季平、夏征农等陪同,西区行署秘书干仲儒主持。他向大家介绍韬奋经历,并表示热烈欢迎。接着韬奋讲话。韬奋以他的亲身经历,揭露了国民党反动派在皖南事变后更加反动,压制民主,迫害青年,迫害进步人士的倒行逆施。讲了一个多小时,他提议,今天是座谈会,请大家一起谈,可以自由提问题。经过一段沉默之后,有的起立发言,有的插话,有的递条子,会场空气活跃起来。那时,根据地建立不久,知识界有的人对国民党蒋介石还存有幻想,有的人关切地询问国统区学生的情况,有的人关心抗战的前途。韬奋坚定地说,抗战最后的胜利是必然的,要坚持抗战就要坚持团结,发展民主。他揭露国民党派系纷争,假民主假抗日的本质。说国民党内有CC派、太子派,还有现状维持派。略带江西口音的普通话,用幽默的口气,把那个"派"字尾音拉得很长。然后说,不管什么派,首先应该是坚决的抗日派。现在,在大后方,言抗日者有罪,许多青年人,只是因为坚持抗日,反对内战,讲了几句真话,被特务钉梢,监视,上黑名单,有的莫名其妙地"失踪"了,这种局面非改变不可!当讲到"现状维持派"时,他嘲讽地说:"日本过去有个现状维持派,它是要维持军阀财阀统治,你这个现状维持究竟是要维持什么呢?现在这个状况能维持得下去吗?"讲到国民党在国民参政会安了个国社党,他说:"我曾当着张君劢(注:国社党头目)的面问,希特勒不是也有一个国社党吗?你这个国社党和希特勒的国社党有什么不同?弄得张君劢支支吾吾答不出话来。"他还谈到"职教派"。他对"职教派"的黄炎培历来十分尊重和爱护。大家关心"七君子"的境遇。他以自己的亲身经历,说明历史在抚育着每一个人。他举"七君子"章乃器想培养一批青年,来改变国民党政府的贪污腐败为实例,说:中国要办成点事业,离开青年不行,依靠国民党旧政府也不行。有同志问到敌后青年的出路问题。韬奋把中国共产党领导的抗日民主根据地称为民族的希望。他说,过去在上海,后来在大后方,言论出版受到种种限制,出份刊物能销到几千份就不容易了,而在根据地,有充分的自由,有那么多读者!他早就想在抗日民主根据地办一份刊物,这是他平生最大的愿望。他情不自禁地讲起到根据地听到看到的许多新鲜事。他说,以前他到欧洲一些国家考察过,脑子里有个难题一直没有解开,就是中国老百姓文化水平比较低,怎么运用民主权利?这次到根据地,听说农村基层选举,农民按照自己的意愿,在候选人背后的碗里放上一粒豆子,用豆粒多少来计算选票,这真是好办法。当场有人提问:对于根据地的教育,你愿意作些什么? 有人还半开玩笑地提出,听说邹先生英语很好,能不能教我们英语? 韬奋谦虚地回答:"我知道这里有很好的教育专家,我不敢班门弄斧。为了抗日民主事业,我愿意贡献自己的一切。"会后为邱升中学学生高宇题词:"加强团结 推进民主 争取抗战最后胜利"(题词原件真迹作者至今保存。全集第10 卷第 811 页注一)

座谈会结束,会场变成食堂。陪同就餐的有当时在四分区负责宣传,任专署主任秘书兼文教科长的夏征农,还有在"清乡区"内坚持斗争十分出色的区委书记白桐本。作者(注:吴骅)当年不到二十岁,也被安排与韬奋同桌。三菜一汤,粗菜粗饭,韬奋吃得津津有味。席间,一位同志送来一份刚出版的《滨海报》,是四地委的机关报。这期报上头版刊印了韬奋来到根据地的消息,标题旁装帧了一小幅韬奋速写画像,不仅形似,而且神似。夏征农笑着递给韬奋,指着画像问:"像不像?"韬奋答:"很像。"夏征农还请韬奋看一首七绝:《村居即事》,邱升中学校长顾贶予所作。(顾系南通桐城通派"四才子之一",南通城沦陷后下乡坚持抗日教育,为苏中区教育界"八老"之一。)韬奋频频点头,低声问这期《滨海报》有没有多余的。夏征农告诉他:"这份报就是给你的。"韬奋把报纸整整齐齐叠起来放进衣袋。(高宇《听邹韬奋先生演讲》1988 年 2 月,吴骅《忆韬奋在一次青年座谈会上》,《南通文史资料选辑》第 13辑,以上两篇收入《韬奋与南通》第 34 页、39—41 页)

12 月中旬 从如中地区移动到如皋县东北地区苴镇一带。因感冒,未与公众见面。这时苏中区党委正在南坎开区党委扩大会议,史称"南坎会议",苏中四地委也移至附近。由此,韬奋在南通县逗留的时间较长。出席会议约有七次。(南通陈汝明提供)

12 月 22 日 在南通县骑岸镇黄运清大圆场上"南坎会议"欢迎邹韬奋。与会者地方干部五六百人,其余是部队同志,共出席有两三千人,粟裕司令作形势报告,讲的是太平洋战争和反法西斯战争形势,还讲到日本鬼子妄想搞垮共产党、新四军,以使用这块地方的人力物力"以战养战",大家无论如何要坚持原地斗争,决不让鬼子的阴谋得逞。一个多小时。讲完后介绍韬奋与大家见面。韬奋讲了半个多小时。他说,到了根据地以后,耳目一新,心情非常激动。还说,上海的爱国同胞都不愿做亡国奴,整个中国的希望都寄托在中国共产党的身上,寄托在许许多多抗日军民的身上。(刘谷风《邹韬奋在南通的日日夜夜》,《南通文史资料选辑》第 13 辑,收入《韬奋与南通》第 50 页)

苏中四专署在十总店西边的一所小学校里,请韬奋作报告,出席报告会的有地委、专署、分区机关的主要领导,部队的干部、十总区附近几个区的教师,还有一些开明士绅和民主人士。陪同韬奋入场的有专员季方,主任秘书长夏征农等。季方致欢迎词。韬奋在报告中,揭露了国统区"大后方"的种种黑暗:贪官污吏,反动统治,压制民主,迫害进步人士的罪行。来解放区后,看到我党我军坚决抗日,建立广泛的统一战线,巩固的民主政权,施的是仁政,深得民心,一定能取得更大的胜利。当时,他正中耳炎发作,疼痛不止,还是忍痛讲了一个多小时。(刘谷风《邹韬奋在南通的日日夜夜》,《南通文史资料选辑》第 13 辑,收入《韬奋与南通》第 51 页)

从如皋渡过敌人的封锁线,到达南通县骑岸镇新四军一师师部,受到师长兼苏中区党委书记粟裕等的热情接待。在与粟裕交代一些情况后,韬奋忽又对刘季平说:"光说收复失地还不够,还应该说已经坚守了已收复的国土。"又接着说:"看起来坚守工作更加艰巨复杂,现在我又弄懂了三句话:扫荡与反扫荡;伪化与反伪化;包围与反包围。这几句话更加是了不起!有了占领与反占领,再加上这几条,就不单足以说明中国不会亡,而且已经证明根本没有亡,也永远亡不了。"(刘注:大意)后又到离南通城较近的通西南通县中。(刘季平《韬奋同志在苏中抗日根据地》,徐希权《抚今追昔话韬奋》,《南通文史资料选辑》第 13 辑,收入《韬奋与南通》第 5 页、12 页)

12 月 23 日　应粟裕师长的邀请,又去新四军一师驻地骑岸镇,在师直机关干部大会上作报告。(刘谷风《邹韬奋在南通的日日夜夜》1990 年 9 月 15 日,《南通文史资料选辑》第 13 辑,收入《韬奋与南通》第 51 页)

12 月 25 日　南通县县立中学受县政府委托,主持举行欢迎集会。上午九时许,刘季平陪同邹韬奋牵着匹马,进入通中。会场设在通中操场上。会议下午开始。与会者共约千余人。校长李伯平主持,吴浦云致欢迎词。韬奋操一口流利的国语,讲了他由汉口到重庆,又经香港到上海而来苏北;谈了大后方国民党蒋介石的黑暗统治;勉励各界人士加强团结,努力学习,在抗日民主政府领导下,一致抗日,积极做好救国工作,最后胜利一定是我们的。是日下午七时,又集合起来举行文娱晚会。(吴浦云《邹韬奋先生在温家桥南通县中》,原载《南通地区革命史料访谈录汇编》,收入《韬奋与南通》第 35—38 页)

12 月 26 日　上午,继昨日,集中同学在三年级大教室提问题请韬奋解答,如对抗战前途的看法,大后方军事、政治、经济等事的具体情况,青年的切身问题等八十余条。会开了近一天。(吴浦云《邹韬奋先生在温家桥南通县中》,原载《南通地区革命史料访谈录汇编》,刘谷风《邹韬奋在南通的日日夜夜》,《南通文史资料选辑》第 13 辑,收入《韬奋与南通》第 37 页、52 页)

同日　为欢迎邹韬奋,南通县通西领导机关在南通县立中学举行盛大欢迎会。

与会干群共约三千余人,其中也有从敌占区——南通城、平潮镇、金沙镇来的。刘季平作简单介绍。韬奋在会上作了《团结抗日的形势》的报告。第一句话是"敌人从大后方来"。接着介绍被迫从重庆流亡到香港,从香港到广东,然后来到苏中抗日民主根据地的经过。用许多亲闻目睹的事实,揭露国民党反动派消极抗日,积极反共,压制民主,迫害进步人士等倒行逆施;谈到到达苏北后的一些感受,赞扬抗日根据地的团结、民主、进步,说这是中国抗日胜利希望之所在。报告结束,几位青年学生请韬奋题词留念,其中马家齐同学至今保存着当年的题词。晚上,在汽油灯下举行了文娱晚会,师生们自编自唱,气氛热烈。(全集第 10 卷第 811 页注二,徐希权《抚今追昔话韬奋》,刘谷风《邹韬奋在南通的日日夜夜》,《南通文史资料选辑》第 13 辑,收入《韬奋与南通》第 10 页、51 页)

同日　为马家齐题词:"从实践中体验过的知识是最可宝贵的知识　家齐同学"。(全集第 10 卷第 811 页)

12 月 27 日　韬奋耳病发,南通县通西行署负责同志梁灵光通过内线,从敌占区请来新闸志明医院医师袁志明替韬奋诊治。韬奋录唐代诗人白居易五言诗《访陶公旧宅》前十句(全诗 36 句):"垢尘不污玉,灵凤不啄膻。呜呼陶靖节,生彼晋宋间。心实有所守,口终不能言。永惟孤竹子,拂衣首阳山。夷齐各一身,穷饿未为难。志明医师属书"写成条幅相赠,勉励他洁身自好,坚持民族气节。(《三角洲》1992 年第 2 期,夏溶作文《新发现邹韬奋佚诗一首》,误认该诗为韬奋所作。全集编者凭手迹误定,收入全集,需作修正。)(《梁灵光回忆录》第 100—102 页,全集第 10 卷第 812 页)

12 月 29 日　上午,四专区学生联合会在十总小学召开学联会,请韬奋演讲,与会的有南通县、通西行署、通海地区、如皋县、启东县、海门县等学联负责人、青年学生代表、中小学教师代表等共三百余人。刘季平主持会议。韬奋讲话的要点:① 自己久已向往抗日民主根据地,印象最深的是共产党领导根据地人民团结抗战。② 民主政治的实现,根据地人民普遍参加政治生活,热烈拥护政府。③ 他用在国统区耳濡目染的事实,揭露国民党反动派反共反人民的罪行。④ 用他自己的亲身经历,将国民党统治下青年学生遭遇,和共产党领导下青年学生热爱共产党、热爱自由、实行抗日,作了极其鲜明生动的对比。⑤ 号召青年学生热爱共产党,热爱毛主席,坚定不移地走抗日救国、解放中华民族的道路。(刘谷风《邹韬奋在南通的日日夜夜》1990 年 9 月 15 日,《南通文史资料选辑》第 13 辑,收入《韬奋与南通》第 52 页)

同日　应苏中文化界邀请,在新四军一师师部驻地骑岸镇作公开演讲。在演讲前两天,他的中耳炎病又发作了。他忍着疼痛,连着两个晚上,带夜准备讲稿。

同时,还替苏中四地委党报《江海报》的新年特刊,写了一篇题为《恭贺新禧》的文章。(编者:该文至今未征寻到。)那天他头部痛得厉害,右边的半个脸都涨红了。他一手抚摸痛处,坚持要把文章写出来。同志们劝他休息,他不肯,他说他心里有很多话,要向人民讲出来。(谷凤《韬奋同志在南通》,王淮《韬奋同志在南通的时候》,游云《韬奋在苏中解放区的片断》,收入《忆韬奋》第238页、305页、304页)

12月下旬 当时苏中各地开展"三冬运动"。刘季平主管"三冬"中的"冬学"。其他"二冬"是"冬防"和"冬耕"。关于冬学,刘提出"明理第一,识字第二"的方针。地方工作同志来向刘报告冬学工作情况,韬奋也听,也发表意见。在多次听了有关情况汇报后,有一天,韬奋恳切地对刘季平说:"我还是赞成陶行知先生的话:行是知之始,知是行之成,这里的一切,在实际上都是实践第一。我来苏中,就是听实践,看实践,亲自跟着实践,才愈益弄明白一些道理。我看老百姓也只有通过实践来明理,明了理又更好地实践。"刘季平说:"他的演讲除略谈来到苏中敌后根据地的主要观感外,多半着重介绍国内外形势,但讲得比较多,而且一谈就最易激动,还是在谈到国民党顽固派的倒行逆施的情况及其反共投降阴谋的时候,每到这时,他差不多忘记了自己耳朵的疼痛,总要大声疾呼地讲:'他们(指国民党顽固派)第一次搞反共投降阴谋,我们把它打下去了;第二次搞,把它打下去了;第三次搞,又把它打下去了! 如果还要搞,还是要把它打下去,谁要卖国投降,谁就要垮台,中国人民决不会答应!''首先,共产党、八路军、新四军和所有敌后抗日民主根据地的亿万群众,就不会答应! 更不是他们所能反得掉,卖得了的!'"他当时最关心的,都是围绕着在敌后抗日根据地究竟是怎样同敌人作斗争,并取得胜利的。他对许多有关的基本道理都了解得很透彻,认为如果没有中国共产党的核心领导,没有包括主力部队和民兵游击队在内的抗日武装力量,如果不放手发动和坚决依靠群众,如果不认真执行抗日民族统一战线政策,团结一切可以团结的力量,就什么也谈不上。他觉得新四军在皖南事变以后仍能很快建立包括苏中、苏北、淮南、淮北等地在内的这样一大片抗日民主根据地,实在是一个奇迹。这些根据地距离南京、上海这样近,较大城镇都已被敌伪占领,主要水陆交通都在敌伪控制之下,又无深山丛林足以隐蔽,居然能够生根立足,而且来去穿插自如,实在不能不令人感到既极振奋,又很惊奇。他特别关心和常常谈论的首要问题,是日本帝国主义侵占这个地区和我们开辟、建立这个抗日民主根据地、游击区的具体经过。一有机会,他就会打破砂锅问到底:某个县城或市镇是在什么时候,怎样沦陷成为敌伪据点的? 原先国民党的地方组织、地方政府、地方武装到哪儿去了? 共产党、新四军和抗日群众又是怎样把这些农村建成抗日根据地或游击区的? 终于使他悟出了一个至关重要的道理,就是占领与反占领。日本帝国主义侵占了上海、南京以及许多大小城镇,国民党顽固派或者撤退了,逃跑了,或者投降了,或是躲到边沿地带继续骑在人民头上,积极反共磨擦。共产党、新四军则挺进到敌后,坚定不移地进行反占领。什么叫反占领? 他认为:"就是初步、局步收复已被日寇侵占的国土,了不得!"(刘注: 大意。)在刘季平全程日夜陪同期间,韬奋和刘个别谈心的一个重要的话题,"是请求参加中国共产党,而且不只谈过一次,前后至少有四次。第一次",并告诉刘,"他曾亲口向周恩来同志提出加入共产党的要求,当时周恩来同志答复他暂先留在党外更有利于抗日救国工作,他觉得有道理,就服从了。可是现在他已不可能在国民党统治地区进行公开活动"因而,要刘"帮他考虑考虑,留在党外的时间是不是可以结束了?"之后,韬奋再次向刘表示:"他自己反复思考的结果,他不单自己已经下了更大的决心,要求加入中国共产党,而且认为现在已经到了应该结束留在党外的时间了。第三次,第四次,是反复强调他继续留在党外不单没有必要,而且正式加入中国共产党还更便于无所顾忌地为革命工作,更有利于推动进步力量下决心支持革命斗争,等等。"刘表示个人同意他的意见,并可向上反映,但究竟该怎么办,还须请示中央决定,事后,刘曾口头报告苏中区党委,建议转报华中局和中央。(刘季平《韬奋同志在苏中抗日民主根据地》,《南通文史资料选辑》第 13 辑,收入《韬奋与南通》第 1—6 页)

　　"冬季,日寇正在大举扫荡苏北抗日根据地"。"一个清晨,突然在海边垦区",戴白桃遇到韬奋。韬奋"兴奋得像个孩子似的跳起来。那时,他已害着严重的脑癌,一阵阵的头痛,使他有时不得不呻吟起来。但他仍然不放弃一切机会,向我们问长问短,一面谈,一面从怀里掏出笔记本来不停的写,他问得那末仔细,那么虚心。他觉得敌后抗日民主根据地是全国最模范最理想的地方,他所憧憬着的民主自由,在共产党领导下的敌后根据地实现了,他衷心的表示推崇,他觉得把理想变成事实不是一件容易的事,所以他细心的调查研究,虚心的学习,他愿意在敌后跟大家一起工作和学习。到病势十分沉重,我们大家非常担心他而又束手无策的时候,再三劝他回上海就医。分别时,他紧紧握住我的手说:'我本来可以到延安好好学习了,哪知事与愿违,希望病快快好,好了我立刻就回来!'"。(戴白桃《韬奋同志的革命精神》,收入《忆韬奋》第 201 页)

12 月 30 日　到南通县通西地区参观考察,参加群众欢迎大会。他谈了那时的国内外形势,揭露"大后方"的黑暗情景,也谈到了对根据地的观感。他谦虚地说:"我到根据地来不久,对一切都很生疏,正像一个刚进学校的小学生一样,懂得的东西是很肤浅的,然而使我感奋的是我从事民族解放、民主政治和进步的文化事业,虽然有了二十多年,可是看到真正的民主政治和进步的文化,还在今天开始。"

演讲结束时,他打着生动的比方说:"抗战已到了恭贺新禧的阶段。我目睹中国人民的伟大斗争,使我看到新中国的光明已经在望了。努力吧! 我向大家恭贺新禧!"当晚,应新认识的朋友的要求留下墨迹:为四分区专员公署文教科督学刘谷风书陈毅将军《卫岗初战》;为姜孝如书文天祥《过零丁洋》;还有一幅写白居易的《访陶公旧宅》前十句,赠予为他看病的袁志明医师。(《韬奋手迹》第83—84页,谷风《韬奋同志在南通》,收入《忆韬奋》第305页)

1943 年(民国三十二年) 49 岁

1 月　中美、中英新约在华盛顿、重庆签字,不平等条件废除。

1 月　日军进犯滇西边境。10 月,中国驻印军开始向缅北反攻。

3 月　蒋介石发表《中国之命运》。

6 月　中国驻印军总指挥部在印度成立。

9 月　三届二次国民参政会召开。会上通过促进实施宪政、组织宪政实施协进会等决议,抗日战争时期的第二次宪政运动由此开始。

9 月　苏、美、英三国外长举行莫斯科会议,讨论开辟第二战场、战争目标和战后维和等问题,会后发表《美、英、苏、中四国关于普遍安全的宣言》(即"莫斯科宣言")。

11 月　罗斯福、邱吉尔、蒋介石三国首脑召举行开罗会议,讨论对日作战及战后大计。12 月,中、美、英发表经斯大林同意的《开罗宣言》。

是年　国民党军事委员会成立战时新闻检查局,国民党政府颁布《新闻记者法》。

1 月 5 日　南通县二鸾童家店,专区召开各县士绅代表会。会议由季方专员主持。会议结束后,请韬奋作形势报告,地点在一家油坊堂屋。(刘谷风《邹韬奋在南通的日日夜夜》,《南通文史资料选辑》第 13 辑,收入《韬奋与南通》第 53 页)

1 月 6 日　下午,如皋掘南乡举行公务人员宣誓典礼,在一所小学校里,约二百余人,宣誓后,请韬奋谈形势,苏中军区管文蔚司令也讲了话。(刘谷风《邹韬奋在南通的日日夜夜》,《南通文史资料选辑》第 13 辑,收入《韬奋与南通》第 53 页)

1 月上旬　韬奋去盐阜地区,与刘季平分手。此时,日伪军集结大量部队向盐阜地区进行第二次大扫荡。为了确保他的安全,遂从苏中经如东、海安、东台,到达盐阜区的第一站:阜宁县西部孙河庄新四军第三师师部,受到师长黄克诚的欢迎,并决定送他到杨庄开明绅士杨芷江家隐蔽起来。(徐希权《抚今追昔话韬奋》,《南通文史资料选辑》第 13 辑,收入《韬奋与南通》第 12 页)

在盐阜区时,黄克诚同韬奋"就抗战和国家前途问题作了诚恳交谈,阐明了党的方针政策。他又作了实地考察,目睹各阶层人民在党的统一战线领导下团结一致,坚持抗战,以及根据地内民主政治实施的情况,十分欣喜,感慨地写道:'新四军与士绅朋友密切配合,能于生死之际互相信托,于敌伪高压之下毫无背离,此乃中共政策的伟大成功,绝非谎言。余不到敌后根据地,余亦不信能做到如此成功的地步。'"(朱鸿《尊重知识　尊重人才——纪念黄克诚同志诞辰 100 周年》,《解放日报》2002 年 9 月 23 日)

2月4日　农历除夕,记者戈扬途经南通的骑岸镇,听说韬奋在苏中行署,她没有休息,即登门去看他。"院子里静悄悄的,卧室的门斜开着",记者"在门外伫立了一下,看见韬奋一个人端坐在沙发上,侧着头,注视着窗外的天空。他裹着一件蓝布的厚棉披风,面孔黑而消瘦,比起一年半前在香港见到的时候,老了十岁。"记者原预计这次来见到韬奋,"能听到一些宏论,或者至少是他对于根据地的观感。事实不然",韬奋首先询问记者苏北的情形。记者在"谈到盐阜区参议会的盛况,参议会所产生的三三制政府时",韬奋的"脸上透出兴奋的欢喜,他把椅子拉近,左耳伸过来,仿佛为了听得更仔细更清楚,眼睛也停着。他是那么关心根据地的民主建设,哪怕是一个极小的消息,也能引起他莫大的注意",直到记者再也无话说了,他才默默地若有所思地然而是非常安慰地说:"敌后的民主政治能办得这么好……"第三天起,记者便和韬奋一起行动。韬奋有病,"行动困难,每走一步,右脚跟总不敢落地,怕使右脑受震动而发生剧痛。"苏中区的日军"扫荡"频繁,不能给韬奋"较长的时间休养,他自己也不愿意离开部队,他要和新四军生活在一起,他要用笔来报导新四军的战斗生活。"韬奋向记者描述某次夜行军中的情形,说:"深夜,天下小雨,队伍向北移动,西北风迎面吹来。我骑马,马走得很慢,身上冷透,耳朵也更痛了;走快,又怕右脑受震动。而水网地带,到处是桥,一会儿下马,一会儿上马;但是当我看到同行的战士们在雨地里跋涉,有时还要战斗,自己的病痛,马上就减轻了。"记者回忆"记得辫子还翘在头上的时候,就听到韬奋先生的声音了,此后一直听到他的声音。韬奋先生的声音,曾经激动着我们这一代的心,使千万青年有勇气咬断封建的锁链,走上抗日救亡的大道,最后进入了真理之门。""韬奋先生的声音是够大的了,然而他却是如此冷静,如此沉默,如此谦逊,仿佛是一个从来就没有讲过什么话,只是用眼睛看,用耳朵听的人。不论是谁讲话,他都注意地听,他不但用耳朵听,也用眼睛、用脑、用心灵去听。韬奋先生是新闻界的前辈,几次我总想问他,新闻记者要注意哪些方面的修养,但是没有问,因为我从他的沉默和谦虚,痛苦和热爱中,得到极大的启示。"(戈扬《忆韬奋先生》,《盐阜报》1944 年 10 月 19 日第 6 版)

是月　贺绿汀打埋伏在杨庄杨芷江家。一天,忽然接到军部通知,要贺立刻回军部。这时风声很紧，又要反扫荡了。贺"赶到张庄三师师部了解情况，三师也在准备反扫荡。此时，韬奋先生正在从一师到三师师部来"。韬奋"左耳有中耳炎，经常痛，必须每隔四小时服一次德国狮牌头痛片才能止痛。黄克诚师长准备送他到杨芷江家打埋伏"。贺"和车载两人改住杨庄以西五里地的汪集子"。天黑时，贺"又摸黑回到老黄河北岸杨家，家里人说杨芷江和韬奋已到杨庄北五里地的佃户家去了"。贺"摸到佃户家找到了他们"。"第二天一早，只远远看见西北方向几路日伪军在阳光下，像大会操一样往东边开来。""杨芷江看到我们必须离开这个村子才能安全，商定到南方二里地那个村去。"杨先走，韬奋和贺每隔五分钟一个人往南行，必须慢行，以免引起敌人注意。等"都到了南面村子时，原来的住处已经被搜查了，然后，又到我们所在的村来搜查。我们是在村东边一间小房子里，索性把大门打开，只见一队十余人的日本兵，每人肩上的刺刀在阳光下发亮。他们看不起我们的小屋子，斜穿着到村里去搜查去了"。晚上，杨的小老婆来报信，说"伪军徐继泰部队驻在杨庄，徐本人就住在杨芷江家"。他们已经知道韬奋和贺绿汀"都在这里，徐认为我们住的地方不安全，还是回到杨庄去，他可以保护我们"。杨芷江不同意。徐又派"他的参谋来当面劝说"，不得已，同意了。贺"扶着韬奋慢慢走回到杨庄。韬奋仍旧躺在自己原来房子的床上"。当晚，徐去韬奋的房间。"他说在武汉时看到过韬奋。他原来是属于冯玉祥西北军部下，后来搞曲线救国，现在连抗战意识都模糊了。"韬奋躺在床上，"哼哼哈哈应付他。徐知趣地退出去了"。（贺绿汀《有关邹韬奋先生从苏北回上海经过》1994 年 6 月 30 日）

第二天一早，徐继泰"奉命马上带部队离开杨庄。杨芷江抓住这个机会，雇两部独轮车，派他的女婿，护送韬奋和贺绿汀，离开杨庄南行，到笆斗山找宋乃德部队去了"。宋乃德在海边为人民筑海堤，人称宋公堤，在人民中享有很高威信。邹、贺"二人在那里会见了阿英（即钱杏村）"。（钱从华成公司来。华成公司系清末民初著名实业家、教育家张謇在苏北开辟的一个种棉花的大农场，面积大，修的庄子也很大。当时公司老板叫张仲汉，贺还看到第四师副师长张爱萍写给他的信。阿英一家人就住在那里。）"宋乃德派专人护送"邹、贺"到第三师师部，那时三师已到了盐城东边的龙王庙。又看到黄克诚和杨帆等同志"。（贺绿汀《有关邹韬奋先生从苏北回上海经过》1994 年 6 月 30 日）

离开杨庄，随着护送的同志又经历了几昼夜艰辛的行程，渡过盐河到了盐城东边的龙王庙，找到三师师部。师部领导看到他们脱险归来非常高兴，招呼韬奋在一个僻静的小村庄休养。（袁信之《韬奋同志在苏北的片断》，收入《忆韬奋》第 246 页）

"在三师住了几天，黄克诚师长专门为我们雇了一条海帆船，派战士田丰同志护送,从海道到第一师去。由于船里面是空的,载重量不够,出海时海风吹来船只左右摇摆,不得不回内河,装上很多泥土,出海时船才稳一些。""船在海中张帆向南航行,大陆只在西边远远地看到一线黑影。在船的前面也有一条向南航行的船只,看到我们,就向我们鸣枪,我们只好离他们远一点继续航行。到了晚上发现船身不动了,我爬起来看,原来船停在陆地上。""第二天早上,只见海水从东边滚滚而来,船又浮起来了,又继续南航。""原来从响水口到长江口几百里地的东海是几十里宽的浅海,日本军舰根本开不进来,是海上的安全地带。海里每天有潮汐,退潮时船着了陆地,就开不动了。"第二天天黑,"船到了如皋东海岸的小镇长沙乡。因为水浅,船离海岸很远就开不进去了"。我们"停下来做饭吃。浅海里有很多捕鱼虾的网,船上人从网里取出一些奇形怪状的小虾煮来做汤,这时才听到韬奋先生说了几句话,说味道很鲜。""韬奋先生的中耳炎实在太利害,必须每隔四小时服一片狮牌头痛片。在杨芷江家头痛片没有了,只好用鸦片来暂时勉强止痛,可想见他的痛苦情况。""长沙区公所派人推出一个很小的船来接我们,水仅尺深,推了很久才到陆地,韬奋坐独轮车到区公所,我和田丰在深夜的月光下去找县政府。""第二天一早,早饭后,一辆独轮车载着韬奋和行李南行,我和田丰跟在后面,走不多远,前面不准通行了,田丰去交涉才放行。"(贺绿汀《有关邹韬奋先生从苏北回上海经过》1994 年 6 月 30 日)

3 月 韬奋病情突变。根据地处于战争环境,敌人"扫荡",无法进行诊治。陈毅作出"速派同志重新护送韬奋回上海治病"的决定。于是由射阳至大丰,再从海道返回上海;途经新四军一师师部,再次会见了粟裕。(陈其襄《和韬奋最后相处的日子》,收入《忆韬奋》第 505 页)

"前面有一支精干的部队开往东边去,每个战士都年轻力壮,像足球队员,武器也挺好,他们是师直属第九团,曾听过韬奋的报告,一见面就招手跟着他们走。此时师司令部已开往北星桥(一说北兴桥)去,等我们到北星桥师部,师长粟裕同志接待我们。招待我们吃过晚饭,粟裕同志和我们谈战斗情况。他说日本人正在准备五月大扫荡,要我们必须趁早离开,明天一早派侦察员送我们到南通附近的天生港乡下(注:一说是通海的天星镇)汤景延(中共特别党员)司令部去。我们听从他的安排。""真的要离开新四军了,粟师长给韬奋一张两万五千元的支票,给我五千元伪币,加上三师给的三千元,我已经有八千元的路费。""第二天,和师部及田丰同志等分手,由四位侦察员护送,每人一支驳壳枪,一部脚踏车,两部载人,两部载行李,蜿蜒南行,途经敌据点附近集场时还停下来买东西,很快就到了汤景延的司令部。""我们在司令部住了十几天,买布作了新衣服,我留了八字胡子,韬奋留了希特勒式的胡子。""他们弄到了一颗伪海门县公安局的图章,和一本良民证书。大家照了像贴在良民证上,随便在证书上填上自己的名字,盖上伪公安局的图章就可以了。韬奋搞到一张常熟县清乡良民证,为了保证他的安全,专门为他安排去上海的道路,从此我们就分别了。"(贺绿汀《有关邹韬奋先生从苏北回上海经过》1994 年 6 月 30 日,《华中抗日根据地文化工作大事记》)

3 月 4 日　黄炎培在重庆得周恩来转去的邹韬奋电。(《黄炎培日记》)

3 月 19 日　由海边斗龙港乘船返上海治病。(徐希权《抚今追昔话韬奋》,收入《韬奋与南通》,《南通文史资料选辑》第 13 辑第 13 页)

是年春　张友渔从桂林回到重庆,担任南方局文委秘书长,对外公开职业是生活书店总编辑。(苏朝纲《恪守遗训写春秋》,载《重庆出版史志》1992 年第 1 期)

3 月底 4 月初　军部派人先送韬奋到一师,再转上海,考虑到他行动不便,组织上委派田丰同志护送,陪着他从华成公司(一个盐垦公司,形成地名,有出海的港湾)下了船。(袁信之《韬奋同志在苏北的片断》,收入《忆韬奋》第 247 页)

回到上海,由陈其襄、张锡荣、张又新等,约请专家检查,经诊断,乃系中耳癌。那时既要保护韬奋的安全,还要维护地下生活书店的安全。考虑再三,由陈其襄摆出一副资本家的架势,以德和企业公司经理的公开身份出面作保,韬奋化名"李晋卿",住进了红十字会的特等病房。(陈其襄《和韬奋最后相处的日子》,收入《忆韬奋》第 506 页)

"事隔两月以后,他再次访我。此时自诉头痛剧烈,以致无法继续工作。经友好数人详加检查,得悉所患为中耳癌,即请红十字医院穆瑞芬主任行根除割治手续,并以深度 X 光治疗。""情形一时转佳,""出院后就居其胞妹处,有邹夫人陪伴,数月后病情迅速加重,""不得不移住剑桥医院。在第二次住院期中,特务已尾随多时,作者三番两次被传讯;我一面多方推诿,一面将邹先生转迁于祁齐路上海医院。当时负该院医务责任者,多系友好。然直至邹先生逝世,并无一人得知此即为坚持抗战受尽折磨之邹韬奋。""邹先生自病复发后,头部疼痛倍重于前,作者亦深悉病势之不可挽回,唯求减其痛苦,各种麻醉药剂无不试用,然少有奏效者。最后找得'度冷丁'(DOIANTIN)可安神止痛,初期每日注射二三次,即可以安度如常。每在情形转佳时,邹先生即笔不停挥,企图以短促之时间,完成著作;常常废寝忘食。"(曾耀仲《纪念亡友邹韬奋先生》,收入《忆韬奋》第 205—206 页)

5 月　经过两个多月调养、护理,韬奋的体力有了恢复,征得地下党组织与韬奋的同意,决定由红十字会医院耳鼻喉科专家穆瑞芬主持手术。手术前需要亲属签字,他夫人和孩子还在内地,由陈其襄全权代表了。(陈其襄《和韬奋最后相处的日子》,收入《忆韬奋》第 506 页)

6 月　夫人沈粹缜,长子嘉骅,女儿嘉骊,先后从桂林被接来上海。(陈其襄《和

韬奋最后相处的日子》,收入《忆韬奋》第 506 页)

是年夏季　病势稍有起色,去信给陈毅,仍要求到苏北去,他说:"我死也要死在抗日民主根据地。"(陈毅《在延安举行的邹韬奋先生追悼大会上的讲话》,收入《忆韬奋》第 93 页)

7 月　病情再度恶化。地下党派张又新去新四军军部向陈毅军长汇报韬奋病情,请示如何办理后事。陈毅召开紧急会议,决定派人去北京寻找一位能治脑癌的医生,"要尽一切力量,想一切办法,不惜任何代价来医治他的病"。事后,因北平那位医生被日本侵略军逮捕,未能实现。(陈毅《在延安举行的邹韬奋先生追悼大会上的讲话》,收入《忆韬奋》第 92 页)

"1943 年大概是夏天,陈毅同志找我谈话,说党中央有命令,要华中局派一个同志到上海去慰问韬奋先生,同时还应该送去可能的经费,给他治病。他就找我,他知道我到上海能找得到韬奋先生,所以地址也没有告诉我。我说我可以找到,我有办法找到韬奋先生。我就领了一点经费到了上海。我到东升里一号找到陈其襄。韬奋是 1942 年到苏中的,我 1942 年在苏北军部。后来大扫荡了,我随军部搬到这个地方(淮南藕垦塘?)。所以我在 1942 年没有见到韬奋先生。这次他病重,我奉命代表党中央,代表华中局到上海去看望韬奋先生。找到其襄,其襄把所有的情况都告诉我。他讲得很详细,到红十字会,开刀的时候院方要保人,经济上也要保人,他就出面担保了。他是一个公司的总经理。动这种手术一定要家属出面。考虑到韬奋先生的亲妹妹家庭关系很复杂,最后还是由其襄担保。他说开了刀之后情况还是比较好的。当时精神也还是不错。他陪我到韬奋先生住的医院。这个时候住的医院已经不是红十字会医院,什么医院,我已记不起来了。他在上海住过五六个医院。我去看他,把来意都详详细细的告诉他,他很感动,觉得党,党中央对他非常关怀。我还告诉他一些根据地的情况,一些熟朋友在华中局工作的情况,譬如钱俊瑞、于毅夫、范长江,这些都是老朋友。我们都是在上海、武汉、重庆一起工作的。他们也要我带讯问候。我看他精神还不错,还在写东西。我去看了他两次,就告辞了。他也很高兴,没有讲别的什么事情。我回到军部,作了汇报。钱俊瑞、范长江,他们也非常着急,说生了这种病是没有希望的,当时说是绝症。有什么办法呢。我第一次去的时候你妈妈、你哥哥都不在上海,他们在桂林,徐伯昕也不在。"(徐雪寒访谈,1996 年 9 月 4 日上午,邹嘉骊整理)

10 月 23 日　《对国事的呼吁》。韬奋得知国民党调集大批军队进攻陕甘宁边区,愤不可遏,在病榻写下《对国人的呼吁》一文。1944 年 10 月在重庆,《群众》杂志要求刊登经过删节的这篇遗著,送审结果,被定下"诋毁政府,触犯审查标准"的罪名,被国民党图书杂志审查委员会全文扣留。1944 年 10 月 8 日,延安《解放日报》发表时恢复原稿全文,将原题《对国人的呼吁》改题为《对国事的呼吁》。(全集第 10 卷第 815 页)

《对国事的呼吁》全文:

"我正处在长期惨苦的病痛中,环境的压迫和重病的磨折,都可用我坚强的意志与之抗争,还能坦然处之,但每一念及祖国的前途,则忧心如捣,难安缄默。""抗战到了第七个年头,国际形势是民主阵线一天天的胜利,法西斯一天天的崩溃,对中国抗战很为有利。敌伪在沦陷区虽然实行欺骗怀柔政策,但人心必然向着祖国,向着抗战的胜利,足见我们的前途充满了光明。然而当这民族的苦难快到尽头,光明的胜利临到面前的时候,国民党内反动派却变本加利,策动对日妥协,调回大军,围攻陕甘宁边区及其他抗日民主根据地的阴谋,内战危机系于一发。我们知道以国共合作为中心的全国各抗日党派的团结,是发动抗战坚持抗战最后胜利的最基本条件之一,也是抗战胜利以后建设新中国的最基本条件之一,而且团结与抗战二者是不可分离的,能团结才能抗战,破坏团结必然就走上妥协的道路。七年多来国民党内反动派始终企图中途停止抗战,施尽一切阴谋诡计,破坏团结。靠着全国人民的力量,克服时时发生的阴谋危机,才使团结抗战坚持到今天。于今我国能废除不平等条约,位于四大强国之列,乃是全国人民坚持团结抗战的结果。国民党内反动派这次对敌妥协进攻共产党的策动,实是危害国家荼毒人民的滔天罪行,我们必须以全国人民的力量,全国舆论的力量,全国各抗日党派的力量,以及海外数千万华侨的力量,共同揭露国民党内反动派这种阴谋,坚持团结,坚持抗战到底。""其次,民主政治是中山先生三民主义的最宝贵的遗产,也是全国人民所最热烈希望实现的目标。民主政治同时是坚持抗战精诚团结的最基本条件之一。当我在敌后抗日民主根据地,亲眼看到民主政治鼓舞人民向上精神,发挥抗战力量,坚持最残酷的敌后斗争,并团结各阶层以解决一切困难的情形,我的精神极度兴奋,我变得年轻了。我对于伟大祖国更看出了前途光明。但是国民党内反动派却仍用一切方法来反对中山先生最宝贵遗产的民主政治,他们有的公开宣扬法西斯主义,认为民主与抗战不相容,或者反复因循,用延宕政策,一再自食其言,拖延民主政治的实现。最近国民党十一中全会又宣布需在抗战结束一年之后,方召开国民会议,实行宪政,便是延宕欺骗政策的一再重演。再不然,就实行挂羊头卖狗肉的民主,我所亲自经历过的国民参政会,演变至于今日,已成为国民党 CC 派所操纵的御用工具。国民党内反动派的所以反对民主政治,其目的无非为实行法西斯的一党专政而已。为了争取抗战胜利,祖国解放,民主自由,我们必须坚决反对这种拖延的政策,坚决反对这种伪装的民主政治,而主张以全国人民为本位的民主政治,并且要求立即实现。要办到此点,国民党必须诚意取消一党专政,诚意接受各抗日党派共同抗日,共同建国原则。否则一切都是空话。""最后,我们知道文化教育是近代国家最基本最重要的工作之一。在抗建时期,应该更加发扬和提倡文化教育的活动。然而国民党内反动派,害怕人民知识的启发,进步思想的普及,不惜用种种的方法来摧残文化教育。近数年来,不依标准审查书刊,任意停止书刊出版,把持新闻出版事业,违法封闭书店报社,包办学校教育,停聘有正义感的教授教员,学校管理特务化,与摧残文化教育,戕害青年的罪行,罄竹难书,而于今尤烈。我认为人民应有思想研究的自由,言论出版的自由,必须立即取消不合理的图书审查制度,必须立即取消将青年当囚犯的特务教育,必须立即取消残害进步文化人士和青年知识分子的罪行。我自愧能力薄弱,贡献微少,二十年来,追随诸先进,努力民族解放,民主政治和进步文化事业,竭尽愚钝,全力以赴,虽颠沛流离,艰苦危难,甘之如饴。此次在敌后视察研究,目击人民的伟大斗争,使我更看到新中国光明的未来。我正增加百倍的勇气和信心,奋勉自励,为我伟大祖国与伟大人民继续奋斗。但三四年来由于环境的压迫,我的行动不能自由,最近更不幸卧病经年,呻吟床褥,不能不暂时停止我二十余年来几于日不停挥,用笔管为民族解放、及人民自由进步文化事业呼喊倡导的工作。我个人的安危早置度外,但我心怀祖国,惓念同胞,苦思焦虑,中夜彷徨,心所谓危,不敢不告。故强支病体,以最沉痛迫切的心情,提出几个当前最严重的问题,对海内外同胞作最诚挚恳切的呼吁,希望共同奋起,各尽所能,挽此危机,保卫祖国。民国三十二年十月二十三日写于上海病榻"(全集第10卷第815页,原件上海韬奋纪念馆收藏)

得到情报,在《申报》工作的文化汉奸陈彬龢向日本人透露韬奋可能在上海。陈早年与韬奋共事,认识韬奋。为避开日伪耳目,安全治疗,对策是多次改名换姓,用邹恒逊、邹白甫、李晋卿、季晋卿等假名换取"居住证",不断转换医院,先后转换过剑桥医院、瞿直甫医院、德济医院等。(陈其襄《和韬奋最后相处的日子》,收入《忆韬奋》第508页)

10月30日　黄炎培在重庆遇"董君",得悉韬奋患耳癌,因病势转剧,从苏北折回上海,由耳科专家施诊。又得信,耳癌已蔓延及血管,陷于无法救治。(《黄炎培日记》)

1944年（民国三十三年）　50岁

4月　起日军分三路进攻河南，继占领郑州、驻马店、洛阳之后，又向湖南进攻，于6月中旬占领长沙、8月上旬占领衡阳。

9月　国民参政会三届三次会议在重庆开幕。林伯渠代表中共中央提出建立联合统帅部和成立联合政府的建议。

9月　中国远征军攻克滇西松山、腾冲，怒江战役取得胜利。

9月　中国民主政团同盟改组为以个人为基础的中国民主同盟。

是年　国民党政府颁布《战时出版品审查办法及禁载标准》和《战时书刊审查规则》。

1月5日　《访问邹韬奋先生》全文：

（新华社华中讯）苏北消息：全国救国会领袖、七君子之一的邹韬奋先生，于前日由苏北某地抵达某地，因为他正在病中，决定不出席任何会议，记者特赶程数十里，前去访问邹先生，以期告诉读者，满足根据地广大人民渴望了解他近况的要求。邹氏住一僻静的小村，房屋整洁，记者入见后，邹氏勉强起坐，很亲切温和，而且热情地答复记者的询问。记者问："邹先生病中跋涉辛苦万分，现在身体怎样？"答："谢谢你的好意，我因在病中，不能和大家多多接近，希望大家原谅，我的身体再经相当时期休养当可恢复。"问："你对根据地印象怎样？"答："很兴奋。我有两个最深刻的印象：第一是共产党对于抗日民族统一战线的忠实，充分而周到的照顾各阶级的利益，使全根据地人民紧密地团结起来，坚持了敌后抗战；第二是民主政治的实现，三三制的彻底执行，使民主政治真真成为人民大众自己的政治，成为各阶级共同拥护的政治，真使人兴奋极了。我看到老百姓热烈拥护政府，普遍参加政治活动的情形，使我对于十余年来为民主政治而鼓吹奔走的信心更加坚定了。"记者进而询问他，自从罗邱斯会议和开罗会议之后，国际国内局势的推演如何？邹氏根据他极丰富的国际和国内知识，评述苏联伟大胜利对于此次德黑兰会议的巨大作用，同盟国团结的巩固必能促使早日战胜德国法西斯的胜利。邹氏更正确地指出：苏英美团结的巩固,使开罗会议能胜利结束,击退了日本对重庆的政治攻势、诱降阴谋。邹氏特别指出:"目前国际条件已达到空前有利地步,中国抗战接近胜利,亟盼全国人民督责国民党忠实行民主政治,立即召集真正合乎民意的国民大会,给人民以言论集会出版之自由,同时应加强作战,加强反攻,加强援助敌后。"邹氏虽形体较为瘦弱,但精神旺盛,洋溢着生命之力。记者怀着愉快的心境和他握别,对于这位中国人民的忠实代表,青年们的导师邹韬奋先生,我们诚心默祷他早日复健。(《新路东报》1944 年 1 月 5 日)

1 月 7 日　《答〈苏中报〉记者》。原通讯标题《邹韬奋先生病中接见记者,赞扬根据地民主建设》,现题为全集编者所加。(全集第 10 卷第 821 页)

《答〈苏中报〉记者》全文:

"问:邹先生病中跋涉辛苦万分,现在身体如何? 答:谢谢你的好意,并望大家原谅我在病中不能与大家见面。问:近几年来邹先生行踪如何? 答:前冬去春,我扶病经过苏中二三四分区到盐阜区,适遇敌寇'扫荡',同时为了养病,就隐蔽下来,现在,身体虽未复员,但为了早日到延安,我仍一路养病,一路走路。问:你对根据地的印象如何? 答:我到根据地来是我平生最兴奋的事;在这里我有两个最深刻的印象:一是共产党在抗日民族统一战线中的中忠实而充分的照顾各阶级的利益,使全根据地人民团结起来坚持抗战;二是民主政治的实现,根据地内人民普遍参加政治生活,热烈拥护政府的情形,使我十余年来为民主政治而奔走的信心更加坚定了。""关于国际形势,苏联的胜利对德黑兰的会议有巨大的作用;苏英美团结的巩固使开罗会议能胜利召开结束;击退了日寇的政治诱降。目前国际形势空前有利,全国人民就督责国民党实行民主,准备反攻。"(《苏中报》1944 年 1 月 7 日)

是年春　病情稍有缓解,即坐于病床,开始撰写《患难余生记》,以记录自 1933 年起的历次流亡经过,并计划再写《苏北观感录》、《民主在中国》、《各国民主政治史》等。原计划写四章的《患难余生记》在写到第三章时,因体力不支而辍笔。

"周恩来先生有一次偶然和我提及《萍踪忆语》,他说关于美国的全貌,从来不曾看过有比这本书所搜集材料之亲切有味和内容丰富的。"(全集第 10 卷第 833 页)

《患难余生记》,1944 年春写于病榻,未及完稿。最后遗著。共三章,约五万字。1946 年 4 月 7 日、11 日、14 日、18 日、21 日、25 日、5 月 2 日,由夏衍等复刊的上海《消息》半周刊第 1—8 期连载第一章,署名韬奋。1946 年 5 月韬奋出版社上海初版单行本。手稿存韬奋纪念馆。(夏衍《懒寻旧梦录》第 397 页,全集第 10 卷第 825—905 页)

"韬奋已自知病情恶化,开始布置后事。有一次我在病房中,他叫我靠近他,低声地、郑重地说出他的遗愿。说到要求入党问题时,韬奋特别郑重地说:'请共产党中央审查我一生的历史,如若合格,请批准我入党。'我答说:'我一定把你的请求转告党中央,请你放心。'""停了一会他好像又想起什么事,对我说:'我的著作很多地方不成熟,如果能整理出版,请周恩来副主席或胡愈之先生帮我删削修改,因为在我毕生所结交的朋友中,他们两位是我最敬佩的。'我含着泪点头。事后才知道,邹韬奋这番话,同徐伯昕、胡耐秋、陈其襄都分别谈过了。"(张锡荣《我在"生活"工作的日子》,收入《忆韬奋》第 272 页)

3 月　陈毅又派徐雪寒来上海探望病情,表示慰问,并送来医疗费。韬奋向徐雪寒口述遗嘱内容,要求党审查他的一生,如其合格,请接受他为中共党员。时,地下党主要负责人刘长胜,还有陈其襄等也在座。目睹韬奋病重时,对党的一往情深、无限崇敬和追求真理的坚定神情。(陈其襄《和韬奋最后相处的日子》,收入《忆韬奋》第 507 页)

"1944 年(2、3 月间),这次也是其襄陪了我去,可能就是在毕青家里(注:系毕青弟弟田辛家的亭子间,地址:新闸路 1124 弄沁园村 22 号,毕黛莎提供),他躺在地板上,音容比较消沉,也比较瘦了。据他说痛的时候满地打滚(睡在床上,有跌下床的危险,所以安排睡在地上),打的一种针效力越来越差,能够稍微睡着一会的时间越来越短。我心里很难过,觉得这样一个人去了,对抗日力量,对进步力量,是一个非常大的损失。他那时候就要我代他起草一个遗嘱给党中央,要求入党。""他说:'雪寒先生(对于我这个后辈,他一直以平辈相待),我看来是不行了,日本帝国主义还没有赶出去,我却再也不能拿起笔保卫祖国、保卫人民了!我的心意,我的希望,寄托在延安,寄托在党中央,我要求入党,请你代我起草一份遗嘱,也就是一份申请书,请求党在我死了之后,审查我的一生行为,如果还够得上共产党员这样光荣的称号,请求追认我为伟大的中国共产党的党员。'""我回到住处来写韬奋先生嘱咐我写的东西。""写成的稿子总觉得不满意,只得拿去交给韬奋先生。我给他念了一遍,他点点头,说声'谢谢',就放在枕头旁边。后来正式公布的他的遗嘱,应该说是韬奋先生亲自起草而且是亲笔缮写而成的,同我的草稿是无关的。""我听说他对这件事情有情绪。有什么情绪呢?那是在武汉的时候,韬奋通过钱俊瑞曾经要求入党,中共党代表团的负责人王明对韬奋先生讲,你不要在党内,在党内反而工作不好,最好你能够参加国民党,对我们革命更多帮助。他对这个意见是很反感的。他跟我谈到这个事情的时候心里还有点气。这是我以后知道的。当时我还不知道。""这样,我大概前前后后去看过他两次。这时我不能在上海久留,我蹲在上海风险很大。搞不好的话要牵连韬奋先生,而韬奋先生的安全则是最重要的事。所以我过两天就回来了。1944 年我去的时候你妈妈、伯昕都到了上海,我都见到。"(徐雪寒访谈,1996 年 9 月 4 日上午,邹嘉骊整理)

4 月 韬奋生命处于垂危之中,为了抢救,决定第二次找曾耀仲医师。凭着对韬奋的敬佩,曾耀仲不惜冒着生命危险,同意接纳韬奋进他自己开设的上海医院。韬奋化名"季晋卿"住进上海医院。(陈其襄《和韬奋最后相处的日子》,收入《忆韬奋》第508 页)

"到他病危的时候,又在遗嘱中请求审查他的历史,如果他不久于人世,希望这次吸收他入党。"(徐伯昕《生活书店是怎样接受南方局的领导的》,收入《南方局党史资料·文化工作》第 270 页)

6 月初 "他在一次昏厥后口述遗言说:'倘能重获健康,决先完成《患难余生记》,再写《苏北观感录》《各国民主政治史》,并去陕甘宁边区及冀察晋边区等抗日民主根据地,视察民主政治情况,从事著述,决不做官。如时局好转,首先恢复书店,继办图书馆与日报,愿始终为进步文化事业努力,再与诸同志继续奋斗二三十年!'这种豪迈的雄心壮志,深深地感动了当时陪着他的同志和家人"。(徐伯昕《战斗到最后一息》,收入《忆韬奋》第 344 页)

6 月 2 日 《遗言记要》摘要:

一、关于临终处理:

1. 万一突变时,即送医院,转交殡仪馆殡殓,勿累住处友人。

2. 消息勿外泄,以免被敌造谣中伤,或肆意利用。

3. 遗体先为名医解剖检验,制作报告,或可对医药界有所贡献,而减少后人重犯此恶疾之痛苦。继即举行火葬。

4. 即派人通知雪(注:徐雪寒)、汉(注:潘汉年),转告周公,如须对外发表遗言,可由周、汉全权决定内容,电告各地。

5. 火葬骨灰,尽可能设法带往延安,请组织审查追认,以示我坚决奋斗之决心。

二、关于著作整理:

1.《患难余生记》第一部分与恶势力斗争,已在病中写完,第二部分为《对反民主的抗争》,可用香港华商报发表之专论辑成,第三部分为与疾病斗争,可由沪地及苏北友人分写完成。

2. 过去著作,《萍踪寄语》《萍踪忆语》及《抗战以来》等书尚可印行,但最好能将全部著作重加整理。如能请愈之审查,可由其全权决定取舍或增删。

三、关于家属布置:

1. 家中尚有老父在平,以后可由二弟、大妹、及二妹照料,不需我全部负担。

2. 与妻共同生活二十年,不能为短,今后希望参加社会工作,贡献其专长。

3. 大宝、二宝,从小专心机件构造,有志于电机工程,可予深造。我此次患病,感于医生亦甚重要,如二宝愿习医学,在高中毕业后,即入医科攻读。小妹爱好文学,尤喜戏剧,曾屡劝勿再走此清苦文字生涯之路,勿听,只得注意教育培养,倘有成就,聊为后继有人以自慰耳。

4. 我二十余年努力救国工作,深信革命事业之伟大,今后妻子儿女,亦应受此洗炼,贡献于进步事业,或受政治训练,或指派革命工作,可送延安决定。

四、关于政治及事业意见:

1. 对政治主张,始终不变,完全以一纯粹爱国者之立场,拥护政府,坚持团结,抗战到底,能真正实行民主政治。

2. 对事业希望能脚踏实地从小做起,一本以往服务社会与艰苦奋斗之精神,首先恢复书店,继则图书馆与日报。

3. 至于事业领导人,愈之思虑周密,长于计划,尽可能邀其坐镇书店,主持领导。仲实做事切实,亦应邀其协同努力。办报时仲华与仲持,亦可罗致。

五、关于其他方面:

1. 如能查得愈之安全消息,速设法汇款前去,以资补助。

2. 伦敦购回之英文本古典政治经济史与马恩全集,盼能保存于将来创立之图书馆中,以留纪念。

(嘉骊附记:2004 年 3 月 30 日上午,徐伯昕的次子徐敏来韬奋基金会,带来了这篇《遗言记要》。据称是在徐伯昕的遗物中清理出来的。就笔迹判断,无疑是徐伯昕的。原件在题目下方注明"卅三年六月二日口述"。与已经发表的《韬奋遗嘱》对照,后者在文字表达上比较有条理,叙述简捷;这篇"记要"的内容具体,详尽。有些内容,在一些回忆文章中已有提及。想了解两个遗嘱版本的原委,4 月 11 日晚,打听到徐雪寒北京的新电话号码。12 日和其子徐达联系上,得知老人患吸入性肺炎,高烧难退,已住院,气管切开,无法作采访。)

6 月 21 日　"上午,谈及某君事,惨极!"(《郑振铎日记》)

6 月 22 日　"上午,至张宅闲谈,购面包为午餐,往探友病。"(《郑振铎日记》)

"他的几个朋友觉到最后的时间快要到来,便设法找到我蛰居的地方,要我去看望他。(注:系徐伯昕去找到郑振铎。)我这时候才第一次知道他的在上海和他的病情。""我们到了一条冷僻的街上,一座很清静的小医院,走了进去。静悄悄的一点声息都没有。自己可以听见自己呼吸的声音。""我们推开病室的门,他夫人正悄悄的坐在一张椅上,见我们进来,点点头,悄悄的说道:'正打完针,睡着了呢。'""我带着沉重的心,走近病床。从纱帐外望进去,已经不大认识,躺在那里的便是韬奋他自己了。因为好久不剃,胡须已经很长,面容瘦削苍白得可怕。胸部简直一点肉都没有,隔着医院特用的白单被,根根肋骨都隆起着。双腿瘦小得像两根小木棒。他闭着双眼,呼吸还相当匀和。""我不敢说一句话,静静的在等候他的醒来。""等了很久,我觉得等了很久,韬奋在转侧了,呻吟了。""他睁开了眼,眼光还是有神的。他看到了我,微弱的说道:'这些时过得还好罢?'几乎是一个字一个字挣扎出来的。""我说,'没什么,只是躲藏着不出来。'""他大睁了眼睛还要说什么,可是痛楚来了,他咬着牙,一阵阵的痉挛,终于爆出了叫喊。""'你好好的养着病吧,不要多说话了。'我忍住了我要向他说的话,那么多要说的话。连忙离开了他的床前,怕增加他的痛楚。""我有许多话倒咽了下去,他也许也有许多话想说而未说。我静静的望着他,在数着他的呼吸,不忍离开。一离开了,谁知道是不是便永别了呢?"(郑振铎《韬奋的最后》,收入《忆韬奋》第95—97页)

7月7日 "新华社华中七日电(迟到)华中文化界邹韬奋、范长江、钱俊瑞、阿英、白桃、艾寒松、王阑西、陈农菲、张劲夫、林淡秋、梅雨、于毅夫、孙冶方、李仲融、刘定原、包之静、黄源等七月七日致电记者参观团,希望他们把根据地真实情况报导给全国全世界。""敌后军民不论环境如何艰苦,均坚决相信日本法西斯一定会被打倒,英美与苏联一定能彻底消灭希特勒,和平民主的世界和中国一定会很快到来。""华中敌后根据地东自黄海西至汉水,几千万农村人民都在自由的国土上生活和斗争着。但在过去这里却被敌伪和国土反民主的势力紧密封锁着,现在我们庆幸你们已在西北打开了一个'缝隙',希望各位以'世界人民的眼睛'光顾到这个地方,并作为世界人民的'喉舌',把这一'秘密'报导给全世界同盟战友,及大后方人民,使大家能在盟国战争合作及中国抗战的共同伟业上,得到新的力量与欣慰。"(《盐阜报》1944年7月30日)

7月24日 晨,7时20分,韬奋逝世于上海医院。大殓后,寄柩于上海殡仪馆。

谱　后

1944 年

7 月　"为了不被敌人发现韬奋的遗体,我们商请曾耀仲医师在韬奋的死亡证明书上除仍用假名'季晋卿'外,死亡原因填的是'肺炎'。"这是曾耀仲医师"对老朋友尽了最后的保护责任"。(陈其襄《和韬奋最后相处的日子》,张锡荣《我在"生活"工作的日子》,收入《忆韬奋》第 509 页、273 页)

7 月 25 日　"闻季君逝,为之怅然者久之!"(《郑振铎日记》)

"那位朋友又来了,说道:'韬奋昨天已经故世了! 今天下午在上海殡仪馆大殓。'""我震动了一下,好几秒钟说不出一句话来。""我低了头,默默的为他志哀。""我从来没有看见像他那样的和死神搏斗得那末利害的人。医生们断定了一二星期死去的人,然而他却继续的活了半年。直到最后,他还想活着,还想活着为祖国而工作。"(郑振铎《韬奋的最后》,收入《忆韬奋》第 97 页)

徐雪寒谈韬奋:"大概 7 月(注:应是 8 月),徐伯昕到新四军军部报丧。大家知道这个消息没有不动容的。我们私人感情,战斗的友谊是很深的,但是毕竟他去了。8 月 18 日晚上,军部在政治部大操场开了一个很大的追悼会,有一千多战士、干部来参加。这件事情过去半个世纪了。但是韬奋先生,中国人民、中国历史是不会忘记他的,也不能忘记他的。他将永垂不朽。"(1996 年 9 月 4 日上午,北京寓所,邹嘉骊采访整理)

8 月 18 日　在苏北,新四军军部所在地隆重举行追悼邹韬奋大会,党政军民各界人士数千人参加。当时陈毅去了延安。代军长张云逸,代政委饶漱石,生前友好范长江、钱俊瑞、于毅夫、徐雪寒等在会上致词发言。(延安《解放日报》10 月 7 日第 1 版)

9 月 2 日　周恩来获悉韬奋在沪病逝,向中共中央提议:① 在延安开追悼会,先组筹委会;②《解放日报》发表追悼文章;③ 中央致挽电。毛泽东同意照周恩来意见办。(《周恩来年谱》第 581 页)

9 月 12 日、14 日、15 日　由沈钧儒、黄炎培、陶行知、章乃器、沙千里、史良、张申府、王志莘、杨卫玉、徐伯昕等十人具名,在重庆《新华日报》第一版连续刊登《邹韬奋先生逝世讣告》。(同日重庆《新华日报》,《生活书店史稿》第 454 页)

9 月 15 日 "哀韬奋 邹韬奋以各地生活书店支店被封,于民卅年二月廿四日夜半大哭别我离渝走香港,是秋在港尚数度深谈,港陷流转至上海,以民卅三年七月廿四日病殁。"

"呜呼韬奋 呜呼韬奋 天呼韬奋。

胜利在门 强暴在室 呜呼韬奋。 妻儿何在 老父何在 呜呼韬奋。

何为而来 何为而去 呜呼韬奋。 何为而生 何为而殁 呜呼韬奋。

呜呼韬奋 天呼天呼 呜呼韬奋。"(《黄炎培日记》)

9 月 25 日、26 日、27 日、30 日 由发起人宋庆龄、于右任、孙科、冯玉祥、柳亚子、邵力子、陈布雷、李根源、李烈钧、林祖涵、张澜、张君劢、左舜生、李璜、章伯钧、董必武、黄炎培、钱永铭、江恒源、冷御秋、褚辅成、王云五、刘王立明、江庸、陈霆锐、程希孟、许德珩、郭沫若、马寅初、杜月笙、卢作孚、王志莘、潘序伦、曾虚白、周鲸文、阎宝航、杨卫玉、王昆仑、陆鸿仪、张似旅、潘梓年、徐盈、戈宝权、毕云程、夏衍、王卓然、高崇民、曹靖华、胡绳、黄洛峰、徐雪寒、沈钧儒、张申府、刘清扬、金仲华、章乃器、史良、陶行知、王造时、沙千里、李公朴、沈志远、沈雁冰、张志让、邓初民、胡子婴、曹孟君、王炳南、张友渔、韩幽桐、罗叔章、徐伯昕等七十二人署名,在重庆《新华日报》第一版,刊登《邹韬奋先生追悼大会启事》。启事公告:兹定于 10 月 1 日(星期天)上午九时假座道门口银社开会追悼。(重庆《新华日报》,《生活书店史稿》第 455 页)

9 月 26 日 在重庆,中华职业教育社和职校发起,在迁川大厦召开邹韬奋追悼会,黄炎培致悼词,认为韬奋之特长在真诚、勇敢、专一。杨卫玉报告韬奋事略。黄日记中载:"韬奋于 1941 年 2 月 24 日半夜来谈,大哭离渝,时生活各支店被封。同年 5 月 9 日,8 月 20 日,10 月 12 日,10 月 20 日,在香港相见,以后永别了。"(《黄炎培日记》)

9 月 28 日 中共中央唁电韬奋家属,接受韬奋临终请求,追认为中共党员。唁电全文:

"邹韬奋先生家属礼鉴:惊闻韬奋先生病逝,使我们十分悲悼;接读先生遗嘱,更增加我们的感奋。韬奋先生二十余年为救国运动,为民主政治,为文化事业,奋斗不息,虽坐监流亡,决不屈于强暴,决不改变主张,直至最后一息,犹殷殷以祖国人民为念,其精神将长在人间,其著作将永垂不朽。先生遗嘱,要求追认入党,骨灰移葬延安,我们谨以严肃而沉痛的心情,接受先生临终的请求,并引此为吾党的光荣。韬奋先生长逝了,愿中国人民齐颂先生最后呼吁,为坚持团结抗战,实行真正民主,建设独立、自由、繁荣、和平的新中国而共同奋斗到底。谨此电唁,更望家属诸位节哀承志,遵守先生遗志于永久。

中国共产党中央委员会　一九四四年九月二十八日"

（延安《解放日报》10月7日第1版）

10月1日　上午,重庆各界假道门。银社隆重集会,公开举行追悼韬奋逝世大会。黄炎培主祭,沈钧儒、左舜生陪祭。宋庆龄、董必武等各界人士八百余人出席。郭沫若、邵力子、林祖涵等先后在会上致词,作了极哀痛的演讲。（《新华日报》、《黄炎培日记》）宋庆龄亲题"精诚爱国"挽词,对邹韬奋致深切哀悼。沈钧儒报告了邹韬奋生平事迹,并谓:"韬奋先生为团结为民主毕生奋斗,他看定只有团结民主才能救中国。""我们哀悼他,我们要为实现民主而奋斗。"

10月2日　重庆《新华日报》第2版,为追悼会所作的特写报道摘要:

"在凄风苦雨里,一群一群的青年男女涌进了银社的大门,默默地走向韬奋先生的灵前。不到祭仪开始,会场就被挤满了。""灵前却始终是静悄悄的,一片庄严、静穆、悲愤的气氛,占据了每个人的心,笼罩着整个的会场。""签到簿上有宋庆龄、郭沫若、邵力子、褚辅成、莫德惠、左舜生、章伯钧、邓初民、马寅初、黄炎培、林祖涵、董必武、许德珩、冷御秋、王卓然、高崇民、潘公展、刘百闵、王昆仑、曹孟君、傅学文、倪斐君、史良、罗叔章、胡子婴、章乃器、张恨水、张友渔、潘序伦、潘梓年、阳翰笙、冯乃超、张申府、刘清扬、张西曼、郑振文、崔国翰、狄超白、俞颂华、张志让、常任侠、王炳南、艾芜、姚蓬子、刘尊棋、陆鸿仪、杨卫玉等八百多人。许多青年人没有留下名字来的,因为签到桌的旁边有些不三不四的人在注视着,他们提起笔来,又只得重重的摔在砚台上,就迅速的转身走进灵堂去了。""会场的四壁,挂满了挽词挽联,灵前摆满了花圈。孙夫人宋庆龄女士的横幅'精诚爱国'挂在当中,救国会的挽联是:'历廿余年文化斗争,卓识匡时,很早就提到民主政治;有数十万读者拥护,真诚爱国,永远是站在大众立场'。许多职业青年、许多大学生,从北碚、从沙坪坝、从歌乐山、从万县赶来参加这个追悼会,他们没有带来挽词,没有带来祭礼,他们只愿在韬奋先生的祭坛前默默地站几分钟。""黄炎培主祭,读完祭文后,沈老先生（注:沈钧儒）报告韬奋先生事略。沈先生热泪横流,泣不成声。""郭沫若先生、邵力子先生、林祖涵同志、褚辅成先生、纽约《新闻周报》记者伊罗生、莫德惠先生、邓初民先生都作了极哀痛的讲演。""郭沫若、莫德惠、邓初民等先生,都是在一边揩泪一边讲话,莫先生邓先生还沉痛的提到杜重远先生的死讯,更增加会场的悲愤情绪,顿时只听到一片唏嘘之声。""十二时散会,许多青年还不忍离去先生的灵前,许多青年在那里自动的帮助收拾会场的挽联。"

10月7日 延安党中央机关报《解放日报》报道韬奋逝世消息,公布中共中央在9月28日向家属发出的唁电,发表社论《悼邹韬奋先生》,表示沉痛哀悼,同版发表了《邹韬奋先生遗嘱》,遗嘱前述:【本报苏北通讯】"7月24日邹韬奋先生弥留时,嘱其夫人拿出遗嘱,要人读给他听,他嘱改正几个字后,即亲笔签了自己的名字,字迹挺秀如恒。"(同日《解放日报》)

《遗嘱》全文:

"我自愧能力薄弱,贡献微少,二十余年来追随诸先进,努力于民族解放、民主政治和进步文化事业,竭尽愚钝,全力以赴,虽颠沛流离,艰苦危难,甘之如饴。此次在敌后根据地视察研究,目击人民的伟大斗争,使我更看到新中国光明的未来。我正增加百倍的勇气和信心,奋勉自励,为我伟大祖国与伟大人民继续奋斗。但四五年来,由于环境的压迫,我的行动不能自由,最近更不幸卧病经年,呻吟床褥,竟至不起。但我心怀祖国,惓念同胞,愿以最沉痛迫切的心情,最后一次呼吁全国坚持团结抗战,早日实行真正的民主政治,建设独立自由幸福的新中国。我死后,希望能将遗体先行解剖,或可对医学上有所贡献,然后举行火葬,骨灰尽可能带往延安。请中国共产党中央严格审查我一生奋斗历史,如其合格,请追认入党,遗嘱亦望能妥送延安。我妻沈粹缜女士可参加社会工作,大儿嘉骅专攻机械工程,次子嘉骝研习医学,幼女嘉骊爱好文学,均望予以深造机会,俾可贡献于伟大的革命事业。韬奋 一九四四年六月二日口述。"

10月11日 延安召开"纪念和追悼韬奋先生办法"发起人第一次会议,参加会议的有周恩来、吴玉章、秦博古、邓颖超、周扬、艾思奇、柳湜、张宗麟、姜君辰、林默涵、李文、程今吾(宁越)、张仲实等十三人。张仲实记录。周恩来主持,讨论在延安纪念和追悼办法。(原件照片存韬奋纪念馆)

10月12日 周恩来致电重庆林伯渠、董必武、王若飞等,告知延安将于"十一月一日举行盛大追悼会和著作展览并出特刊,请在渝搜集《萍踪寄语》、《生活日报》、《大众生活》等,并请宋庆龄、柳亚子、张澜、黄炎培、沈钧儒、陶行知等撰写追悼文章"。同日,周恩来在记录稿纪念办法第三条后加上:"提议以韬奋为出版事业模范。"在末尾加上"我们在昨天集会上,到了十多个人,定出如上的办法。关于全国性的,已电林(注:林伯渠)、董(注:董必武)转商沈老(注:沈钧儒),关于在延安要做的,正在筹备中。你们有何增改的指示也请告知"。毛泽东于10月16日,在记录稿左上首批示:"照此办理。毛泽东 十月十六日。"(《周恩来年谱》第584页,原件照片存韬

奋纪念馆）

11月15日　毛泽东题词："热爱人民,真诚地为人民服务,鞠躬尽瘁,死而后已,这就是邹韬奋先生的精神,这就是他之所以感动人的地方。"(延安《解放日报》1944年11月22日,22日悬挂在追悼会韬奋遗像侧)

11月20日、21日　延安《解放日报》第一版发表《邹韬奋先生追悼大会通知》。(延安《解放日报》)

11月22日　下午二时,延安,在边区参议会大礼堂举行追悼大会,各界人士及韬奋生前友好近两千余人出席。会场四壁,悬有毛主席、朱德及各界人士、机关的挽联,台前列满花圈。在悲愤沉痛的挽歌声中,主祭人吴玉章,陪祭人周扬、柳湜就位,领导全体献花圈行礼。柳湜讲述韬奋生平事略,朱德总司令、吴玉章、新四军军长陈毅等在会上致词讲话,海员工人朱宝庭等群众发言,韬奋胞弟邹恩泳代表家属致答词,最后由张仲实代表筹委会报告,提议成立纪念委员会,大会一致通过周恩来、吴玉章、林伯渠、博古、陈毅、续范亭、杨秀峰、成仿吾、贾拓夫、柳湜、周扬、艾思奇、丁玲、张宗麟、林默涵、李文、张仲实为纪念委员会委员;陕甘宁边区政府决定设立"韬奋出版奖金"。追悼大会通过致韬奋家属唁电后,全体起立高唱《义勇军进行曲》,在雄壮的歌声中散会。24日,《解放日报》出版长篇纪念特刊。边区不少地方先后召开追悼会,发悼念文章和韬奋的《遗嘱》。(延安《解放日报》11月24日)

11月22日　追悼大会台前放满各单位、团体、学校、部队送的花圈,大厅两旁挂满了挽联,部分摘录：

朱德题词：韬奋同志　爱国志士　民主先锋。挽联：为坚强民主战士　是广大青年导师

挽联：

周恩来、邓颖超：忧时从不后人,办文化机关,组救亡团体,力争民主,痛捂独裁,那怕冤狱摧残,宵小枉徒劳,更显先生正气；历史终须前进,开国事会议,建联合政权,准备反攻,驱除日寇,正待吾曹努力,哲人今竟逝,倍令后死伤神。

吴玉章：生不愿当亡国奴,大义凛然,愧煞国贼；死亦必归民主地,仪型宛在,激励主人。

叶剑英：面向真理,毕生为劳苦大众利益着想；心怀救国,长留那民主抗日奋斗精神。

刘少奇、陈毅：噩耗传来,忆抗敌冤狱,民主文章,革命气骨,涕泪满襟哭贤哲；胜利在望,看欧西革故,敌后鼎新,人民抬头,光芒到处慰英灵。

续范亭:法西主义对头,鞠躬尽瘁,韬奋毕生五十岁;革命文化旗手,誓死不屈,鲁迅而后第一人。

李鼎铭:赤心谋救国,二十年奔走呼号,不避艰危行素志;病榻草遗文,千万言亲切沉痛,忍从患难记余生。

中共中央书记处办公厅:功业救中国,属念在延安,追求新民主,胜利在望愈遗憾;迫害离重庆,困逝于上海,消灭法西斯,英才早逝有余悲。

中共中央宣传部:毕生向真理追求,横眉冷对千夫指;廿载替大众服务,俯首甘为孺子牛。

中共中央党校:廿年任文化先锋,坚决追求是民主;毕生为人民服务,弥留属望在延安。

八路军总政治部:办书店,办周刊,灌输进步思想,作青年导师,功业不朽;为抗战,为民主,坚持韧性斗争,为我党同志,楷模永垂。(韬奋纪念馆提供)

1945 年

7 月 4 日　晨,黄炎培在延安,召韬奋次子邹竞蒙来谈。① 在延大科学研究院;② 一切公费;③ 学校报告学生担任生产工作,故杂费亦由公费;④ 功课紧张;⑤ 一切满意。(衡山嘱来。)(《黄炎培日记》)

7 月 24 日　上午 9 时,重庆文化界人士举行"邹韬奋、杜重远两先生逝世一周年纪念会",《新华日报》发表《纪念邹韬奋、杜重远先生逝世周年特刊》。(《新华日报》,唐金海、刘长鼎主编《茅盾年谱》第 718 页)

9 月 12 日　周恩来致韬奋夫人沈粹缜的慰问信,全文:

粹缜先生:在抗战胜利的欢呼声中,想起毕生为民族的自由解放而奋斗的韬奋先生已经不能和我们同享欢喜,我们不能不感到无限的痛苦。您所感到的痛苦自然是更加深切的了。我们知道,韬奋先生生前尽瘁国事,不治生产,由于您的协助和鼓励,才使他能够无所顾虑地为他的事业而努力。现在,他一生光辉的努力已经开始获得报偿了。在他的笔底,培育了中国人民的觉醒和团结,促成了现在中国人民的胜利。中国人民一定要继续努力,为实现韬奋先生全心向往的和平、团结、民主的新中国而奋斗不懈。韬奋先生的功业在中国人民心目中永垂不朽,他的名字将永远是引导中国人民前进的旗帜。想到这些,您,最亲切地了解韬奋先生的人,一定也会在苦痛中感到安慰的吧!您的孩子——嘉骝,在延安过得很好,他的品格和勤学,都使他能无负于他的父亲,这也一定是可以使您欣慰的事吧!谨向您致衷心的慰问,并祝您和您的孩子们健康!

周恩来启

卅四年九月十二日

(《周恩来选集》上卷第 225 页,原件藏中国革命历史博物馆)

1946 年

1 月 15 日 韬奋父亲邹国珍病逝于北平。

4 月 7 日(11 日、14 日、18 日、21 日、25 日)至 5 月 2 日 《患难余生记》第一章连载于上海《消息》半周刊第 1 至 8 期。

5 月 《患难余生记》初版本由生活书店出版。

6 月 胡愈之在新加坡他主编的《风下》杂志第 28 期上,提出设立"韬奋文化基金"的创议。(陈子善《胡愈之发起设立"韬奋文化基金"》,载《出版史料》1988 年第 3、4 期)

7 月 《对反民主的抗争》由韬奋出版社出版。

7 月 22 日 上午九时左右,由沈钧儒、陶行知等友好及文化界进步人士五十余人,在上海虹桥公墓为韬奋举行灵柩安葬仪式,以真名刻于石碑。参加者有沈钧儒、陶行知、郑振铎、王志莘、沙千里、艾寒松、罗叔章、许广平、戈宝权、徐伯昕、孙起孟、胡绳、胡子婴、杨卫玉、沈粹缜等。沈钧儒主祭,陶行知朗读祭文,徐伯昕报告韬奋病殁经过,韬奋夫人致答词。(邑君《记韬奋先生的葬仪》,收入《忆韬奋》第 165 页,沈谱、沈人骅编《沈钧儒年谱》第 281 页,孙起孟《韬奋的路向》,《民主》周刊 1946 年 7 月 27 日第 41 期)

10 月 6 日 周恩来率中共代表团工作人员参加上海各界公祭李公朴、闻一多大会。会后到墓地祭陶行知、邹韬奋、杨潮、刘光、鲁迅。(《周恩来年谱》第 696 页)

1948 年

6 月 6 日 周恩来致电章汉夫转胡绳电:请告三联书店负责同志: ① "即将三联书店工作人员及编辑人员主力逐渐转来解放区,资本尽可能转来";② "业务以出版通俗读物为主,向工、农、兵、学生、店员、贫民等介绍社会与自然科学知识及新文艺";③ "有计划编印或选印几套丛书";④ 为联系读者,在转移时应"保留一部分可能留下的活动力量";"有时可改换门面以求存在",对转移人员"必须告以解放区条件困难",使他们"有精神准备"。(《周恩来年谱》第 775 页)

7 月 《韬奋文录》,由茅盾、胡绳、史枚搜集整理编辑,胡愈之作序,韬奋出版社出版。

7月25日 香港人民救国会举行"邹韬奋、杜重远、李公朴、陶行知"纪念茶会。

9月 何香凝为韬奋同书馆题词:"真诚救国,努力民主,伟大精神,永留万世。"

1949年

7月24日 为纪念韬奋逝世五周年,毛泽东题词:"纪念民主战士邹韬奋。"周恩来题词:"邹韬奋同志经历的道路是中国知识分子走向进步走向革命的道路。"同日晚,北京,新中国书局举行邹韬奋、李公朴纪念会。(《周恩来年谱》第836页,《光明日报》)

1950年

是年 陈毅为邹韬奋逝世六周年纪念题词:"为人民利益奋斗是韬奋先生毕生的志愿,新中国的成立和巩固,足告慰英灵,我们继续为人民利益奋斗并向韬奋先生学习。"潘汉年还问:"学习韬奋同志热爱祖国同时又是一个国际主义者的精神。"

1956年

1月 《韬奋文集》三卷本由北京三联书店出版,范长江以"《韬奋文集》编辑委员会"名义作《韬奋的思想的发展(代序)》。

9月 上海韬奋纪念馆筹建。

1958年

4月23日 沈钧儒来沪,到韬奋纪念馆,见到沈粹缜、邹嘉骊、毕云程。

4月24日 沈粹缜、邹嘉骊访沈钧儒。

11月5日 韬奋诞辰63周年,上海韬奋纪念馆正式对外开放展出。

1976年

6月12日 史良题词:"民主先锋一代人,鞠躬尽瘁为人民,凌云壮志今犹在,韬奋精神永世存。"

1978年

7月14日 叶剑英题词:"学习韬奋同志为革命鞠躬尽瘁,为人民高度负责,对工作一丝不苟的优良品质和作风,为建成社会主义现代化强国作出新的贡献。"

1979 年

7 月 24 日　宋庆龄为纪念邹韬奋逝世 35 周年题词:"韬奋同志舍己为公,用他的一枝笔为革命利益奋斗一生的精神,永远活在人们心里。"

1981 年

5 月 12 日　应邹韬奋纪念馆的请求,宋庆龄为《韬奋手迹》一书题写书名。

1987 年

6 月 25 日　中国韬奋基金会在北京全国政协礼堂举行成立大会。

1995 年

10 月　《韬奋全集》共 14 卷,约 800 万字,中国韬奋基金会韬奋著作编辑部编,由上海人民出版社出版。

为纪念韬奋诞辰一百周年,江泽民题词:继承和弘扬韬奋真诚为人民服务的精神。李鹏同志题词:韬奋同志是新闻出版战线上的典范。

11 月 5 日　韬奋诞辰 100 周年。北京人民大会堂,举行纪念大会。丁关根主持会议,李鹏作重要讲话。会上发言的有胡绳(仲秋元代表)、吴冷西、杜颖、沈粹缜(邹嘉骊代表)。出席会议的有邹家华、姜春云、孙起孟、赵朴初、徐光春、于友先等文化新闻出版界和知名人士二百余人。

参考书目

（1895—1932 年）

《韬奋全集》第 1、2、7、11 卷。

《邹氏宗谱》卷之二十七号，韬奋纪念馆藏。

《1896—1986 九十周年校庆特辑》，福州福建机电学校档案。

《四堡乡志》，福建省连城县四堡乡人民政府四堡乡志编纂委员会辑录。

《邹韬奋先生世系图谱》，四堡乡志编纂委员会辑录。

《四堡纪行》，俞月亭作。

《1978 年 11 月 27、28 日访邹国珂谈话纪要》，袁信之作，韬奋纪念馆藏。

《福州高级工业专门学校百年校庆纪念画册》，福州。

《南洋模范中学八十五周年纪念特刊》，上海。

《对邹韬奋心远的回忆》，吴英俌作，1987 年，南昌心远校史组提供。

《南洋模范中学九十周年纪念特刊》，上海。

南洋公学《民国三年一月学期试验成绩册》，韬奋纪念馆藏。

南洋公学《民国三年七月学期试验成绩册》，韬奋纪念馆藏。

《南洋公学新国文》卷一、三、四。

《韬奋著译系年目录》，邹嘉骊辑录，1984 年 7 月，学林出版社。

《韬奋和生活书店》（上海《文史资料选辑》1979 年第 1 辑），毕云程作，收入《忆韬奋》第 290 页。

《我的老师邹韬奋》（《宜兴文史资料》1983 年第 4 辑），葛怀诚作。

（1933—1937 年）

《韬奋全集》第 5—8 卷。

《我的回忆》，胡愈之著，1990 年 7 月，江苏人民出版社。

《中国民权保障同盟》（中华民国史资料丛书），1979 年 12 月，中国社会科学出版社。

《中国民权保障同盟》，陈漱渝著，1985 年 8 月，北京出版社。

《忆韬奋》，邹嘉骊编，1985 年 11 月，学林出版社。

《中国民权保障同盟的斗争》,陆诒著,收入《文史杂忆》(上海文史资料选辑第75辑),1994年5月。

《宋庆龄年谱》,尚民轩、陈民、刘家泉、赵楚云编著,1986年10月,中国社会科学出版社。

《鲁迅全集》第15卷,1981年北京第一版,人民文学出版社。

《鲁迅书信集》上卷,人民文学出版社。

《中华书局现代名人书信手迹》,1992年1月,中华书局。

《黄炎培日记》,近代史研究所。

《韬奋和鲁迅的革命友谊》,方行作,1991年《出版史料》第1期。

《回忆我的叔父戈公振》(上、中、下),戈宝权作,《人物》1980年第4辑、1981年第1、2辑。

《戈公振年谱》,洪惟杰著,1990年10月,江苏人民出版社。

《生活书店史稿》,生活书店史稿编辑委员会编,1995年10月,生活·读书·新知三联书店。

《蔡元培年谱》,高平叔编著,1980年2月,中华书局。

《韬奋是怎样编译〈革命文豪高尔基〉的》,戈宝权作,《书林》1987年第7期。引自莫斯科《高尔基文献档案》第8卷第27、28页。

《韬奋手迹》,韬奋纪念馆编,1984年5月,香港生活·读书·新知三联书店。

《我的编译生活》,张仲实作,《出版史料》1983年12月第2辑。

《新生》周刊合订本。

《我和生活·读书·新知三家书店》,戈宝权作,《出版史料》1982年第1辑。

《一九三四年的文化"围剿"和反"围剿"》(回忆录十七),茅盾著,《新文学史料》1982年第4期,人民文学出版社。

《韬奋的共产主义思想》,徐永煐作,《世界知识》1949年7月8日第20卷第4期,收入《忆韬奋》第191页。

《生活的火花》,端木蕻良作,收入《化为桃林》,2000年12月,上海古籍出版社。

《救国会》,周天度编,1981年10月,中国社会科学出版社。

《南方局党史资料·文化工作》,南方局党史资料征集小组编,1990年6月,重庆出版社。

《从学徒到总经理》,邵公文著,1993年9月,朝华出版社。

《张学良与西安事变》,应德田著,1982年12月,中华书局。

《伟大的不平凡的斗争的一生——忆潘汉年同志》,胡愈之作,1983 年 7 月 14、15 日《人民日报》。

《潘汉年传》,尹骐著,1996 年 12 月,中国人民公安大学出版社。

《我和救国会》,章乃器作,收入《救国会》,1981 年 10 月,中国社会科学出版社。

《张元济年谱》,张树年主编,1991 年 12 月,商务印书馆。

《毛泽东书信选集》,1983 年 12 月,人民出版社。

《舒新城日记》,《出版史料》1987 年第 2 期、1988 年第 2 期。

《现代史资料——日中战争》,臼井胜美编著,1966 年 7 月,日本米司兹书房。

《"一二·九"以后上海救国会史料选辑》,中共上海市委党史资料征集委员会编,1987 年 12 月,上海社会科学院出版社。

《统战工作史料选辑》第三辑,1984 年 2 月,上海人民出版社。

《潘汉年史料简编》,上海市国家安全局编辑小组编,1996 年。

《冯玉祥日记》,中国第二历史档案馆编,1992 年 1 月,江苏古籍出版社。

《救国无罪——"七君子事件"》,1937 年 10 月,时代文献出版社。

《李公朴》画册,1996 年 6 月,群言出版社。

《宋庆龄书信集》上,1999 年 12 月,人民出版社。

《漫话救国会》,沙千里著,1983 年 10 月,文史资料出版社。

《宋庆龄冯玉祥等营救七君子电函选》,第二历史档案馆潘辑贤、韩文昌选编,1985 年《民国档案》第 2 期。

《毛泽东年谱》,中共中央文献研究室编,1993 年 12 月,人民出版社、中央文献出版社。

《中国共产党的七十年》,中共中央党史研究室著,胡绳主编,1991 年 8 月中共党史出版社。

《黄炎培》,尚丁著,1986 年 11 月,人民出版社。

《周恩来书信选集》,1988 年 1 月,中央文献出版社。

《七人之狱》,沙千里著,1984 年 2 月,生活·读书·新知三联书店。

《八十年来》,黄炎培著,1982 年 8 月,中国文史出版社。

《周恩来年谱》(1898—1949),中共中央文献研究室编,1989 年 3 月,人民出版社、中央文献出版社。

《盛世才与新新疆》,杜重远著,1938 年 4 月,生活书店广州版。

《老舍年谱》,张桂兴编撰,1997 年 12 月,上海文艺出版社。

《金仲华年谱》,华平、黄亚平编著,1994年12月,上海中山故居、宋庆龄故居和陵园管委会。

《金仲华纪念文集》,上海文史资料选辑1997年第一期,总第84期,1997年1月,上海市政协文史资料编辑部出版。

《范长江传》,方蒙著,1989年2月,中国新闻出版社。

《邹韬奋》,穆欣著,1995年10月,首都师范大学出版社。

《邹韬奋》,俞润生著,1994年12月,天津教育出版社。

《潘汉年在上海》,中共上海市委党史研究室编,1995年12月,上海人民出版社。

《潘汉年传奇》,张云著,1996年12月,上海人民出版社。

《韬奋的流亡生活》,胡耐秋著,1979年12月,北京三联书店。

《沈钧儒年谱》,沈谱、沈人骅编,1992年5月,中国文史出版社。

《重庆出版纪实》(第一辑),《重庆出版志》编纂委员会编,1988年12月,重庆出版社。

《南方局党史资料·群众工作》,1990年6月,重庆出版社。

《重庆出版史志》,编辑部编辑,1991年第2期,1992年第1、3期,重庆出版社。

(1938—1944年)

《韬奋全集》第8、第9、第10卷。

《韬奋年表》,邹嘉骊、汪习麟编写,收入《韬奋全集》第14卷。

《店务通讯》第1—108期。

《烽火连天的日子》(回忆录二十一),茅盾著,《新文学史料》1983年第4期,人民文学出版社。

《茅盾年谱》,唐金海、刘长鼎主编,1996年6月,山西高校联合出版社。

《言犹在耳 记忆仍新——对周恩来同志的回忆片断》,张仲实作,1985年1月8日《人民日报》,收入《怀念周恩来》第200页,1986年,人民出版社。

《文史杂忆》(上海文史资料第75辑),陆诒著,1994年5月。

《"青记"诞辰》,冯英子作,2002年10月2日《新民晚报》。

《黄炎培年谱》,许汉三编,1985年8月,文史资料出版社。

《出版史料》第3辑,1984年12月。

《国民参政会纪实》(上卷),孟广涵主编,重庆市政协文史资料研究委员会、中共重庆市委党校编,1985年10月,重庆出版社。

《八年烽火忆山城》,张友渔作,《重庆文史资料选辑》第9辑,收入《南方党史资料——统一战线工作》第 3 辑,1990 年 6 月,重庆出版社。

《南方局党史资料·大事记》,南方局党史资料征集小组编,1986 年 5 月,重庆出版社。

《生活书店为何出版〈蒋委员长抗战言论集〉》,许觉民作,1987 年《出版史料》第 1 辑。

《生活·读书·新知革命出版工作五十年纪念集》,1984 年 6 月,中国出版工作者协会。

《南方局党史资料·党的建设》"资料参考",1990 年 6 月,重庆出版社。

《国民参政会纪实》(下卷),孟广涵主编,重庆市政协文史资料研究委员会、中共重庆市委党校编,1985 年 10 月,重庆出版社。

《国民参政会纪实》(续编),孟广涵主编,重庆市政协文史资料研究委员会、中共重庆市委党校、中国第二历史档案馆编,1987 年 6 月,重庆出版社。

《我在抗战期间的经历》,胡愈之作,原载《中共党史资料》第 18 辑,收入《南方局党史资料·统一战线工作》,1990 年 6 月第 3 辑,重庆出版社。

《〈腐蚀〉后记》,茅盾著,《战斗的一九四一年》(回忆录二十八),《新文学史料》1985 年第 3 期第 54 页。

《报人生涯三十年》,张友渔著,1982 年,重庆出版社。

《萨空了同志谈抗日战争时期在新闻界的革命活动》,刘立群、蓝宇根据 1983 年访问记录整理,《重庆党史研究资料》1984 年第 11、12 期合刊。

为反法西斯的杰作《希特勒的杰作》上演题词,1941 年 9 月 17 日《华商报》第 4 版。

《懒寻旧梦录》,夏衍著,1985 年 7 月,生活·读书·新知三联书店。

《范长江和我的婚后生活》,沈谱作,1995 年《上海滩》第 7 期。

《香港沦陷日记》,萨空了著,1985 年 3 月,生活·读书·新知三联书店。

《脱险杂记》,茅盾著,1980 年 3 月,中国社会科学出版社。

《南方局党史资料·军事工作》,1990 年 6 月,重庆出版社。

《秘密大营救》,黄秋耘、夏衍、廖沫沙等著,1986 年 10 月,解放军出版社。

《韬奋在梅县江头村隐蔽的日子里》,陈启昌作,《忆韬奋伯伯在江头村》,陈汉辉作,均原载《中国现代文艺资料丛刊》1984 年第 8 辑,收入《忆韬奋》。

《同居一夜话　胜读十年书》,胡一声作,1980 年 11 月 5 日上海《文汇报》,收入《忆韬奋》。

《在"生活"工作的日子》,张锡荣作、《难忘的一夜》,沈一展作,1979 年 12 月

《书林》第 2 期、《艰险旅途中的一站》,徐中尼作,上海《新闻记者》1984 年第 7 期,均收入《忆韬奋》。

《苏中解放区十年》,陈丕显著,1988 年,上海人民出版社。

《管文蔚回忆录》(续编),1988 年 1 月,人民出版社。

《韬奋与南通》(《南通文史资料选辑》第 13 辑),政协南通市文史编辑部编,1993 年 12 月。

《华中抗日根据地文化工作大事记》。

《独轮车上的报社——回忆在〈滨海报〉的日子》,马达作,收入《我们的脚印》(老新闻工作者回忆录第 4 辑)。

《出版史料》,1988 年第 3、4 期。

《宪政运动论文选集》,1940 年 2 月,重庆生活书店。

徐伯昕的《遗言记要》是
韬奋遗嘱的原始版

邹嘉骊

2004 年 7 月 24 日,是父亲邹韬奋离开我们 60 周年。

正在想,编了多年《韬奋年谱》,应该在 60 周年纪念时反馈给社会写点什么。巧的是,我有幸得到一份与公开发表的《邹韬奋先生遗嘱》不同的"遗嘱"。很值得书写报告大家。

3 月 30 日上午,徐伯昕叔叔的次子徐敏代表徐家,来我办公的地方,送来了一本泛黄的簿子。据称是在徐叔叔的遗物中清理出来的。我仔细阅读后,不禁兴奋起来。

簿子薄薄的,小 16 开本稿纸大小,共 33 页,薄牛皮纸做的封面、封底,簿内有五篇文稿,全是直行书写。第一篇是无格白色纸,占 1 页,正反面直行书写,题为《遗言记要》,下注"卅三年六月二日口述";第二篇是红格稿纸,占小半张纸,题为《家属近况》,一百多字,写有祖父邹庸倩、大姑母邹恩敏等八位家属的年龄、住址,按内容推测,近似简介,文后有简单记事:① 遗像,② 遗嘱,③ 讣告,④ 事略,⑤ 新闻电稿,文首写有"钱处"二字;第三篇是第一篇《遗言记要》的整理稿,占 1 页,下注"六月二日口述",未注年份;第四篇是一张白色无格片艳纸,占 1 页,末尾书"民国卅二年十月廿三日写于病榻",是韬奋《对国事的呼吁》一文的遗墨手迹;第五篇也是用的红格稿纸,占 29 页,是徐伯昕写的《韬奋先生的一生》,文尾缺页,全文未完。

其中最弥足珍贵的是第一篇:《遗言记要》。我把《遗言记要》一文的字迹和《韬奋先生的一生》的字迹作对照,可以确认字迹出自一人之手。《韬奋先生的一生》末尾有这样几句话:"六月一日深夜三时左右,(韬奋)突然晕厥数分钟。二日即召开最接近的朋(友)";又读了徐伯昕 1979 年 7 月在《人民日报》上发表的纪念韬奋的回忆文章《战斗到最后一息》,其中即引用了《遗言记要》中的一段文字,并说"这种豪迈的雄心壮志,深深地感动了当时陪着他的同志和家人"。再读了陈其襄、张锡荣、张又新等写的有关文章,说到"口述"中的有些内容,同他们都分别谈过。由此可以推定,《遗言记要》是由父亲口述,徐伯昕手书。它记录了 1944 年 6 月 2 日的情景:父亲向身边的战友们口述他最后的嘱咐,一件件,一句句,一点、两点、三点,口语化,生活化,充满着对人间,对世界的爱恋深情。整篇文稿,今日读来,仍如亲历其境,深切地感受到当时凄凉悲壮的气氛。他忍受着"恶病"带给他的巨大折磨和痛苦,那么虚弱,而对所嘱咐的事情却思虑得那么周到,那么详尽。他既交代善后,又期盼着生的希望。那时,我们的祖国正蒙受着战争的苦难和屈辱,他无限深情地依恋战斗着生活着的这个不平的世界。他还很想"再与诸同志继续奋斗二三十年"!

徐敏提出,既然肯定是韬奋的遗言,为什么当年发表的《邹韬奋先生遗嘱》和这《遗言记要》的文字表述很不一样呢?

我把两个版本作一番对照,联系当时的环境,就明白了。

未发表的《遗言记要》全文如下:

我患此恶疾已达年余,医药渐告失效。头部疼痛,日夜不止,右颊与腿臀等处,神经压迫难受;剧痛时太阳穴如刀割,脑壳似爆裂,体力日益瘦弱,恐难长久支持。万一突变,不但有累友好,且可能被人利用,不若预作临危准备,妥为布置一切,使本人可泰然安眠。倘能重获健康,决先完成《患难余生记》,再写《苏北观感录》《各国民主政治史》,并去陕甘宁边区及冀察晋边区等抗日民主根据地,视察民主政治情况,从事著述,决不做官。如时局好转,首先恢复书店,继办图书馆与日报,愿始终为进步文化事业努力,再与诸同志继续奋斗二三十年!

一、关于临终处理:

1. 万一突变时,即送医院,转交殡仪馆殡殓,勿累住处友人。

2. 消息勿外泄,以免被敌造谣中伤,或肆意利用。

3. 遗体先为名医解剖检验,制作报告,或可对医药界有所贡献,而减少后人重犯此恶疾之痛苦。继即举行火葬。

4. 即派人通知雪(注:徐雪寒)、汉(注:潘汉年),转告周公(周恩来),如须对外发表遗言,可由周、汉全权决定内容,电告各地。

5. 火葬骨灰,尽可能设法带往延安,请组织审查追认,以示我坚决奋斗之决心。

二、关于著作整理:

1.《患难余生记》第一部分与恶势力斗争,已在病中写完,第二部分为《对反民主的抗争》，可用香港华商报发表之专论辑成，第三部分分为与疾病斗争，可由沪地及苏北友人分写完成。

2. 过去著作，《萍踪寄语》、《萍踪忆语》及《抗战以来》等书尚可印行，但最好能将全部著作重加整理。如能请愈之审查，可由其全权决定取舍或增删。

三、关于家属布置：

1. 家中尚有老父在平，以后可由二弟、大妹、及二妹照料，不需我全部负担。

2. 与妻共同生活二十年，不能谓短，今后希望参加社会工作，贡献其专长。

3. 大宝、二宝，从小专心机件构造，有志于电机工程，可予深造。我此次患病，感于医生亦甚重要，如二宝愿习医学，在高中毕业后，即入医科攻读。小妹爱好文学，尤喜戏剧，曾屡劝勿再走此清苦文字生涯之路，勿听，只得注意教育培养，倘有成就，聊为后继有人以自慰耳。

4. 我二十余年努力救国工作，深信革命事业之伟大，今后妻子儿女，亦应受此洗炼，贡献于进步事业，或受政治训练，或指派革命工作，可送延安决定。

四、关于政治及事业意见：

1. 对政治主张，始终不变，完全以一纯粹爱国者之立场，拥护政府，坚持团结，抗战到底，能真正实行民主政治。

2. 对事业希望能脚踏实地从小做起，一本以往服务社会与艰苦奋斗之精神，首先恢复书店，继则图书馆与日报。

3. 至于事业领导人，愈之思虑周密，长于计划，尽可能邀其坐镇书店，主持领导。仲实做事切实，亦应邀其协同努力。办报时仲华与仲持，亦可罗致。

五、关于其他方面：

1. 如能查得愈之安全消息，速设法汇款前去，以资补助。

2. 伦敦购回之英文本古典政治经济史与马恩全集，盼能保存于将来创立之图书馆中，以留纪念。

1944年10月7日，延安《解放日报》首次发表的《邹韬奋先生遗嘱》全文如下：

我自愧能力薄弱，贡献微少，二十余年来追随诸先进，努力于民族解放、民主政治和进步文化事业，竭尽愚钝，全力以赴，虽颠沛流离，艰苦危难，甘之如饴。此次在敌后根据地视察研究，目击人民的伟大斗争，使我更看到新中国光明的未来。我正增加百倍的勇气和信心，奋勉自励，为我伟大祖国与伟大人民继续奋斗。但四五年来，由于环境的压迫，我的行动不能自由，最近更不幸卧病经年，呻吟床褥，竟至不起。但我心怀祖国,惓念同胞,愿以最沉痛迫切的心情,最后一次呼吁全国坚持团结抗战,早日实行真正的民主政治,建设独立自由幸福的新中国。我死后,希望能将遗体先行解剖,或可对医学上有所贡献,然后举行火葬,骨灰尽可能带往延安。请中国共产党中央严格审查我一生奋斗历史,如其合格,请追认入党,遗嘱亦望能妥送延安。我妻沈粹缜女士可参加社会工作,大儿嘉骅专攻机械工程,次子嘉骝研习医学,幼女嘉骊爱好文学,均望予以深造机会,俾可贡献于伟大的革命事业。

韬　奋

一九四四年六月二日口述签字

那个年代,祖国的大好河山支离破碎。在中国的版图上,有共产党领导的解放区,以延安为中心,有国民党统治的国统区,陪都在重庆,有日本侵略者占领的沦陷区,东北在日本军国主义操纵下,成立以傀儡皇帝溥仪为代表的伪满洲国;民族矛盾与阶级矛盾交错,民主与独裁交错,光明与黑暗交错,战火纷飞,人民生活在水深火热之中。中国共产党领导的中国人民,与日本侵略者,与国民党反动派进行着不懈斗争。这种斗争有公开的,也有秘密的。《遗言记要》中提到的生前好友:周恩来、潘汉年、徐雪寒、胡愈之、张仲实、金仲华、胡仲持,还有韬奋自己和记录者徐伯昕,他们或是优秀的中国共产党党员,或是非党布尔什维克,在各自不同的战斗岗位上,为民族的解放,为共同的目标理想艰苦地奋斗着。

1944 年 6 月,记录《遗言记要》前后,上海还处在敌伪统治下,外面风声很紧,街上经常发生进步人士被捕或遭暗杀的事,极端恐怖。我们得到情报,文化汉奸陈彬龢向日本人透露,韬奋可能在上海;不久,又有情报,传闻韬奋在上海治病,敌人正在千方百计追寻韬奋的下落。陈与父亲早年共过事,认识父亲,为了防止意外,商量对策,几次改名换姓,先后调换医院,还曾住到可靠群众的家里,从而避开了敌人的耳目。徐伯昕与中共地下党员陈其襄、张锡荣、张又新,母亲沈粹缜,姑母邹恩俊等,在极端秘密状况下,随时提高警惕,共同肩负着掩护父亲在上海治病的重任。可以想像,《遗言记要》在这样情况下产生,口述者和记录者,还有见证者,都承担着这么大的风险。残酷的"恶病"缠绕着父亲,使他将不能再为这不平的世界呐喊了。

这份临终前的遗言是怎样处理的?

对这份《遗言记要》,也许父亲原本没有打算公开发表,所以那样真挚直白地提到他结交的许多革命者和共产党人,并把遗愿托付给共产党。可以想见,在那样险恶的环境下,不可能公开发表《遗言记要》。发表了,就是自我暴露,就是给敌人提供明靶。父亲很清楚,所以明确嘱咐"消息勿外泄,以免被敌造谣中伤,或肆意利用"。又嘱咐死后"即派人通知雪、汉,转告周公",更重要的是"如须对外发表遗言,可由周、汉全权决定内容,电告各地"。

1944 年 7 月 24 日清晨,父亲韬奋与世长辞。由掩护的同志们决定:请徐伯昕和张锡荣分赴淮南和重庆向党报告。徐伯昕带着"韬奋遗嘱",于 8 月中旬,到达苏中根据地华中局。

8 月 18 日,在苏北新四军军部所在地隆重举行邹韬奋追悼大会,党政军民各界人士数千人参加。时,陈毅去了延安。代军长张云逸,代政委饶漱石,生前好友范长江、钱俊瑞、于毅夫、徐雪寒等在会上致词发言。

9 月 2 日,周恩来获悉韬奋在沪病逝,向中共中央提议:(一) 在延安开追悼会,先组筹备会;(二)《解放日报》发表追悼文章;(三) 中央致挽电。毛泽东同意照周恩来意见办。噩耗传到重庆,激起大后方人民的极大悲愤,悼念父亲的活动变成对国民党迫害进步民主的控诉。9 月 25 至 27 日,连续三天在报上发表由宋庆龄、林祖涵、董必武、于右任、邵力子、孙科、冯玉祥、沈钧儒、张澜、陶行知、郭沫若、沈雁冰、夏衍、徐伯昕、徐雪寒等 72 人署名发起,刊登讣告启事,公布于 10 月 1 日举行追悼大会。9 月 28 日,中共中央向家属发出唁电,其中称:"惊闻韬奋病逝,使我们十分悲悼;接读先生遗嘱,更增加我们的感奋。""先生遗嘱,要求追认入党,骨灰移葬延安,我们谨以严肃而沉痛的心情,接受先生临终的请求,并引此为吾党的光荣。"10 月 1 日,在陪都重庆,召开了盛大的追悼会,郭沫若、沈钧儒、莫德惠等发言者热泪横流,台下群众泣不成声。10 月 7 日,延安党中央机关报《解放日报》报道父亲逝世的消息,公布中共中央发出的唁电,并发表社论《悼邹韬奋先生》,表示沉痛哀悼,同版发表了《邹韬奋先生遗嘱》。遗嘱前述:【本报苏北通讯】"7 月 24 日邹韬奋先生弥留时,嘱其夫人拿出遗嘱,要人读给他听,他嘱改正几个字后,即亲笔签了自己的名字,字迹挺秀如恒。"10 月 11 日,延安召开"纪念和追悼韬奋先生办法"发起人第一次会议,周恩来召集,参加会议的有吴玉章、秦博古、邓颖超、周扬、艾思奇、柳湜、张宗麟、姜君辰、林默涵、李文、程今吾(宁越)、张仲实等十三人。张仲实记录。10 月 12 日,周恩来致电林伯渠、董必武等,告知延安将于"十一月一日举行盛大追悼会和著作展览并出特刊"。同日,周恩来在记录稿纪念办法第三条后加上"提议以韬奋为出版事业模范";在末尾加上"我们在昨天集会上,到了十多个人,定出如上的办法。全国性的,已电林(注:林伯渠)、董(注:董必武)转商沈老(注:沈钧儒),关于在延安要做的,正在筹备中"。10 月 16 日,毛泽东在记录稿左上首批示"照此办理"。10 月 15 日毛泽东为韬奋题词:"热爱人民,真诚地为人民服务,鞠躬尽瘁,死而后已,这就是邹韬奋先生的精神,这就是他之所以感动人的地方。"11 月 22 日延安在边区大礼堂隆重举行追悼会,朱德、吴玉章、陈毅等在会上发言,《解放日报》出版长篇纪念特刊。边区不少地方先后开追悼会,发悼念文章和韬奋的《遗嘱》。

发表的《遗嘱》,简化了原始版中很多具体条款,隐去了人事上的设想和安排,变口语化为文字化,有精神,有原则,又讲究策略,文字简练,有条理。很多老同志回忆当年读《遗嘱》时的情景,犹激动不已,深切怀念,有的说是读了韬奋的遗嘱,坚定了自己的革命信心,有的说是读了韬奋的遗嘱,激励自己,申请加入了共产党。

现对两个版本的异同作如下比较:

对遗体的安排。

原始版:"遗体先为名医解剖检验,制作报告,或可对医药界有所贡献,而减少后人重犯此恶疾之痛苦。继即举行火葬。""火葬骨灰,尽可能设法带往延安"。发表版:"我死后,希望能将遗体先行解剖,或可对医学上有所贡献,然后举行火葬,骨灰尽可能带往延安。"

对入党申请。

原始版:"请组织审查追认,以示我坚决奋斗之决心。"发表版:"请中国共产党中央严格审查我一生奋斗历史,如其合格,请追认入党,遗嘱亦望能妥送延安。"

对家人的安排。

对妻子。

原始版:"与妻共同生活二十年,不能谓短,今后希望参加社会工作,贡献其专长。"发表版:"我妻沈粹缜女士可参加社会工作。"

对长子、次子、幼女。

原始版:"大宝、二宝,从小专心机件构造,有志于电机工程,可予深造。我此次患病,感于医生亦甚重要,如二宝愿习医学,在高中毕业后,即入医科攻读。小妹爱好文学,尤喜戏剧,曾屡劝勿再走此清苦文字生涯之路,勿听,只得注意教育培养,倘有成就,聊为后继有人以自慰耳。"发表版:"大儿嘉骅专攻机械工程,次子嘉骝研习医学,幼女嘉骊爱好文学,均望予以深造机会,俾可贡献于伟大的革命事业。"

关于隐去的人名。

原始版中提到好几位好友:"周公"(周恩来)、"汉"(潘汉年)、"雪"(徐雪寒)、"愈之"(胡愈之)、"仲实"(张仲实)、"仲华"(金仲华)、"仲持"(胡仲持)、"我妻"(沈粹缜)、"大宝"(长子邹嘉骅,又名邹家华)、"二宝"(次子邹嘉骝,又名邹竞蒙)、"小妹"(幼女邹嘉骊,又名邹加力),加上韬奋本人,和记录者徐伯昕,共13位。而当年的发表版,所提到的人名仅四位家庭成员:妻、长子、次子和女儿小妹。除韬奋,还有八位友好,姓名都隐去了。我的理解,那是国共第二次合作时期,共产党处在半公开半秘密状态,为工作需要,必须严格服从和遵守秘密工作原则,隐去人名,正是为了保护他们的安全。

关于"再奋斗二三十年"。

原始版:"如时局好转,首先恢复书店,继办图书馆与日报,愿始终为进步文化事业努力,再与诸同志继续奋斗二三十年!"发表版没有这段话,但是在 10 月 7 日刊登的遗嘱"口述签字"后有几句报道:"先生临终前听到国际形势急剧变化,法西斯匪徒垮台在望,他还沉痛地说:'我过去的二十年是锻炼自己,充实自己,刚到成年,如果病好了,还可为未来的光明的新中国再奋斗二三十年。'"其中采用了原始版中"再奋斗二三十年"。1979 年 7 月徐伯昕在《人民日报》上发表的纪念韬奋文章《战斗到最后一息》,更是首次摘引发表了原始版中的一段话:"倘能重获健康,决先完成《患难余生记》,再写《苏北观感录》、《各国民主政治史》,并去陕甘宁边区及冀察晋边区等抗日民主根据地,视察民主政治情况,从事著述,决不做官。如时局好转,首先恢复书店,继办图书馆与日报,愿始终为进步文化事业努力,再与诸同志继续奋斗二三十年!"

从此较中可以肯定,当时读到的遗嘱,是在原始版的基础上精炼而成的。它严谨、机巧、高昂,促人奋进。

那么最后定稿的《遗嘱》是由谁精炼而成的呢?《遗言记要》中说到"如须对外发表遗言,可由周、汉全权决定内容,电告各地"。是"周公"还是"汉"?可惜能够回答这个问题的先辈已先后作古,这个疑案只好留给后人去解答了。

新中国成立后,《遗言记要》中提到的"友好"们,都已走上国家领导岗位,工作范围,工作责任,大大超过韬奋当年的设想和安排。而发表版的《遗嘱》当年已深入人心(解放后,曾经编入过教科书,"文革"时期抽掉了,很多同志一再呼吁重新编入教科书),激励过多少青年走上革命道路。它已经在最佳时期发挥了最大化的作用,作为经典,载入韬奋的著作。

60 年后的今天,徐敏提供的这份珍贵的《遗言记要》,生动记述、真实再现了这段鲜为人知的历史片断。它是发表版《邹韬奋先生遗嘱》的有力注释,让我们重温了韬奋对革命事业的追求,对中国共产党的热情向往,直至生命的最后犹孜孜不倦的伟大精神。

至于从《遗言记要》到《邹韬奋先生遗嘱》是怎么精炼的?因手头没有资料,不能妄加猜测。60 年过去了,当年必须保密的事,现今是否可以解密?我向珍藏档案的同志们求助,也许会有新的发现。

2004 年 4 月 26 日初稿,4 月 30 日、5 月 8 日、
25 日修改,6 月 22 日端午改定。

　　附言：关于韬奋遗嘱，徐雪寒在 1982 年的一篇文章中有一段描写。时，他任华中根据地华中局情报部副部长，是潘汉年的主要助手，多次往返于敌占区和根据地之间，从事传递情报等地下工作。1943 年 10 月，受陈毅军长委托，代表毛泽东、周恩来和华中局到敌占区上海探望慰问韬奋；1944 年二三月间，韬奋病危，陈毅去了延安，华中局领导嘱徐雪寒代表党中央和华中局第二次到上海探望。对这次见面，徐雪寒作了这样的描述：

　　"半年不见，现在韬奋先生消瘦极了，除出大轮廓和一双眼睛之外，几乎很难认识了。他见到我，依然露出满脸高兴的样子，艰难地从棉被里伸出瘦弱的手，和我握了握。我说明来意后，他低声地道谢，迫不及待地对我说：'雪寒先生（对于我这个后辈，他一直以平辈相待），我看来是不行了，日本帝国主义还没有赶出去，我却再也不能拿起笔保卫祖国、保卫人民了！我的心意，我的希望，寄托在延安，寄托在党中央，我要求入党，请你代我起草一份遗嘱，也就是一份申请书，请求党在我死了以后，审查我的一生，如果还够得上共产党党员这样光荣的称号，请求追认我为伟大的中国共产党党员。'接着，他还说了一些对于抗日建国的重大政治问题的意见。要而不繁，若断若续。"徐雪寒一面安慰他，一面表示自己"文字上却毫无能耐，不堪完成你的嘱咐"。韬奋坚持要求，徐只好答应了。徐自称"我的秃笔，要在短短的几百字中，表达他的正义的崇高的请求，真是难啊！写成的稿子总不满意，只得拿去交给韬奋先生。我给他念了一遍，他点点头，说声'谢谢'，就放在枕头旁边。后来正式公布的他的遗嘱，应该说是韬奋先生亲自起草而且是亲笔缮写而成的，同我的草稿是无关的。""写下这段经过，无非说说韬奋先生在病榻临危前，对于党的热情向往的真实情况而已。"

——原载《出版史料》2004 年 9 月第 3 期

主要人名索引

J

K

L